LE ROBERT & NATHAN

allemand

grammaire

François Muller
Agrégé de l'Université
Professeur à Paris X (Nanterre)

Nathan

Avant-propos

Cette grammaire est dans le droit fil de notre ouvrage précédent destiné au collège et qui a paru dans la même collection en 1998. Il s'agit une nouvelle fois d'exposer les faits de langue dans leur logique interne, tout en préservant, voire en recherchant la cohérence de l'analyse de ces faits de langue avec ce que l'élève ou l'étudiant connaît par ailleurs de la grammaire. En d'autres termes, on part des acquis de la grammaire française, mais aussi de la grammaire anglaise, pour donner de l'allemand une description qui soit la plus familière possible à l'apprenant.

Il va de soi que nous avons largement mis à profit les résultats les plus saillants d'un demi-siècle de recherche linguistique. C'est ainsi, par exemple, que les « groupes syntaxiques » sont bien évidemment les héritiers de ceux de J. Fourquet, à l'exception notable du groupe verbal, qui correspond ici au groupe verbal tel qu'il est utilisé par les enseignants du secondaire et qui est proche du rhème de J.M. Zemb, à qui nous avons emprunté aussi sa théorie de la négation et le concept de « mutants », ainsi que sa classification de ces mots au statut incertain que sont les adjectifs-adverbes, problème qui est loin d'être résolu en français : quelle est la nature des mots en italique dans des expressions comme : « une *belle* menteuse », « des gens *bien* », « voter *utile* » ?

Le chapitre consacré à la syntaxe a été volontairement réduit au minimum. Il suffit en effet de quelques principes simples pour comprendre la logique de tout le système. En effet, la théorie, loin d'obscurcir la description, lui donne au contraire une cohérence indispensable aussi bien à la compréhension qu'à la mémorisation : on n'assimile correctement que ce que l'on a compris. Nous fondant sur la terminologie de la grammaire traditionnelle, nous n'avons introduit aucun néologisme, nous efforçant au contraire de respecter scrupuleusement le sens des termes en usage : par exemple, « direct » et « indirect » signifient : construit *sans* ou *avec* une préposition.

Conformément aux principes de la collection, la grammaire s'articule autour de deux parties complémentaires. La première est une **grammaire fondamentale** constituée de trois ensembles : le groupe nominal, le groupe verbal, la phrase. La seconde partie est un **dictionnaire grammatical** qui comprend 140 entrées ; la consultation de l'ouvrage ainsi que la circulation interne entre les deux parties de l'ouvrage sont facilitées par un **index** très précis situé en fin de volume.

Trois cents **exercices** de difficulté variée permettent à l'apprenant de vérifier sa compréhension de l'exposé théorique et de la mettre immédiatement en pratique. Comme tous les exercices sont **corrigés**, l'étudiant peut travailler de façon autonome et organiser la progression de son apprentissage à son rythme.

Ce travail a bénéficié de l'aide d'un certain nombre de collaboratrices et de collaborateurs bénévoles, que je remercie ici. J'adresse tout particulièrement mes remerciements à H. Boursicaut pour sa relecture minutieuse du texte français et à Uwe Bennert pour la grande attention portée à la relecture du texte allemand.

François Muller, avril 2001.

PARCOURS D'UTILISATION

Les deux parties de l'ouvrage répondent à deux modes de consultation complémentaires.

Comprendre une notion grammaticale

- Le SOMMAIRE renvoie à

LA GRAMMAIRE FONDAMENTALE

Un chapitre synthétique traite la notion, tout en permettant de :

– **retrouver une définition de la notion**

– **faire le point sur les règles générales de formation ou d'emploi**

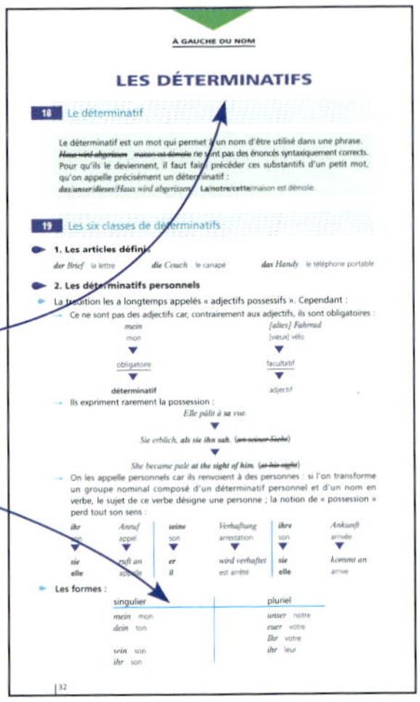
À GAUCHE DU NOM

LES DÉTERMINATIFS

18 Le déterminatif

19 Les six classes de déterminatifs

- **L'INDEX** dirige sur tous les articles traitant les difficultés liées à cette notion

- **LE DICTIONNAIRE GRAMMATICAL**

répertorie alphabétiquement les articles traitant en détail chaque difficulté

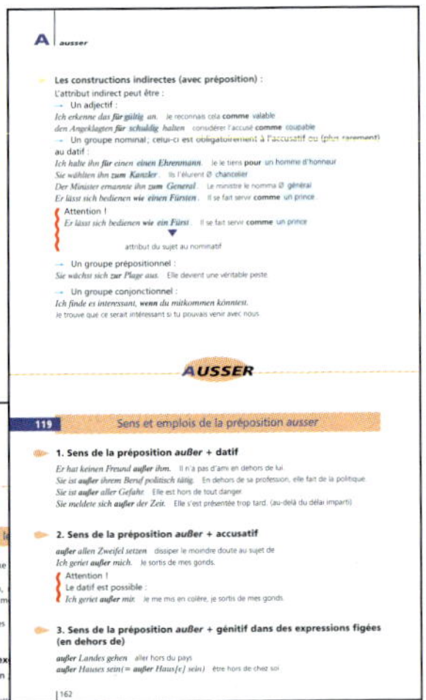
A außer

AUSSER

119 Sens et emplois de la préposition außer

F faux-amis

À VOUS !

FAUX-AMIS

169 Les faux-amis allemands

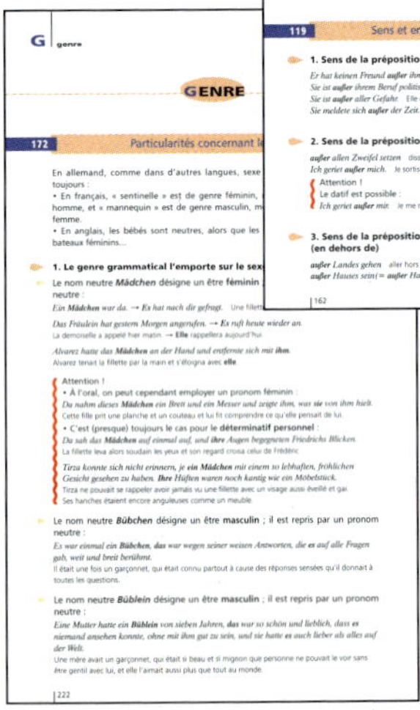
G genre

GENRE

172 Particularités concernant le genre

Résoudre un problème de traduction

Dans **LE DICTIONNAIRE GRAMMATICAL**

chaque difficulté courante de traduction,
du français vers l'allemand ou inversement,
est traitée dans un article spécifique qui :

- **expose toutes les possibilités de traduction**
- **resitue les difficultés linguistiques dans leur contexte grammatical global**
- **propose des exercices d'entraînement**

Y | y

Y

281 Traduction de « y »

1. « y » exprime le lieu

« y » exprime le lieu où l'on est (le locatif) :

*Bleiben Sie **dort**!* Restez-**y** !
*Sie ist in Aachen geboren und wohnt auch **dort**.*
Elle est née à Aix-la-Chapelle et elle **y** habite.

*Obwohl das Zimmer keine Heizung hatte, war es angenehm warm **darin**.*
Bien qu'il n'y eût pas de chauffage dans la chambre, il **y** faisait agréablement chaud.

« y » exprime le lieu où l'on va (le directif) :

*Aachen? Ich fahre eben **dorthin** /**dahin**.* Aix-la-Chapelle ? J'**y** vais justement.
*Sie ist **hingegangen**.* Elle **y** est allée.

2. « y » est un pronom, complément d'un verbe ou d'un adjectif

« y » est un pronom, complément d'un verbe :

*Denkt **daran**!* ← *denken **an*** Pensez-**y** !
*Sie arbeitet **daran**.* ← *arbeiten **an*** Elle **y** travaille.
*Ich verzichte **darauf**.* ← *verzichten **auf*** J'**y** renonce.
*Ich willige **darin** ein.* ← *einwilligen **in*** J'**y** consens.
*Ich rechne **damit**.* ← *rechnen **mit*** J'**y** compte bien.
*Er versteht sich **darauf**.* ← *sich verstehen **auf*** Il s'**y** entend.
*Verlassen Sie sich nicht **darauf**!* ← *sich verlassen **auf*** Ne vous-**y** fiez pas !

« y » est un pronom, complément d'un adjectif :

*Er ist aufmerksam **darauf**.* ← *aufmerksam **auf*** Il **y** est attentif.

3. Traduction de « y » dans les gallicismes

***Hier** bin ich, **hier** bleibe ich!* J'**y** suis, j'**y** reste !
*Ich kann nichts **dafür**!* Je n'**y** peux rien !
*Ich war **dabei**!* J'**y** étais !
*Was kann man **da** machen?* Que pouvons-nous **y** faire ?
miteinbegriffen **y** compris
Los! Allons-**y** !
*Ich komme nicht **dazu**.* Je n'**y** arrive pas.
Ich schaffe es nicht. Je n'**y** arriverai pas.

Voir Compléments des adjectifs, Annexe
Voir Compléments des verbes, Annexe
Voir Il y a 200

À VOUS !

299. Traduisez.
a. J'y suis, j'y reste ! – b. Elle y habite. – c. Je t'y invite. – d. Elle y court. – e. Cela y mène. – f. Vas-y ! – g. J'y suis habitué. – h. Il y est intéressé. – i. Je n'y crois plus. – j. Je me mets au travail. Je m'y mets.

364

Maîtriser les emplois délicats

- **LE DICTIONNAIRE GRAMMATICAL** ► permet l'accès direct à une information ponctuelle, qu'elle soit formulée en allemand ou en français.

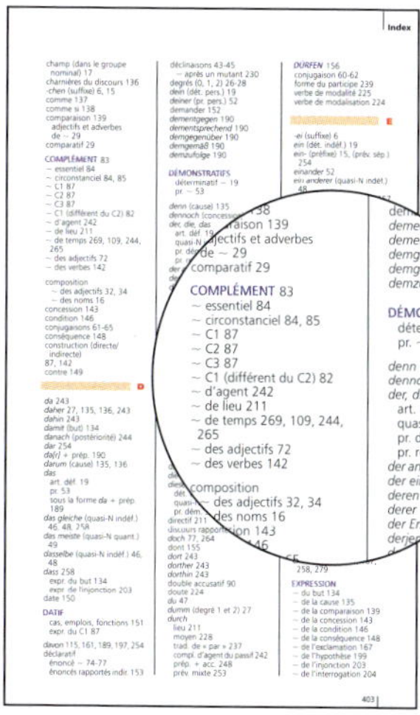

Index

403

- **L'INDEX** ► outil d'accès rapide à une information précise, il propose des entrées multiples :

  - notions grammaticales
  - termes allemands aux emplois mal connus
  - termes français dont on recherche la traduction
  - formes irrégulières
  - fonctions de communication
  - formes idiomatiques
  - formes proches prêtant à confusion

S'entraîner

- **À VOUS !**

– Dans les deux parties, chaque information traitée est directement suivie d'exercices de vérification et de fixation des acquis, dans la partie À VOUS !

Sommaire

GRAMMAIRE FONDAMENTALE

LA DÉCLINAISON DU GROUPE NOMINAL 71

LES QUASI-NOMS ET LE GROUPE QUASI-NOMINAL

LES PRONOMS ET LE GROUPE PRONOMINAL

LE VERBE ET LE GROUPE VERBAL

LE GROUPE VERBAL

LA PHRASE

DICTIONNAIRE GRAMMATICAL

ANNEXES

GRAMMAIRE FONDAMENTALE

LE GROUPE NOMINAL

1 Les spécificités du groupe nominal

- Le groupe nominal a une base, qui est le nom.
- Un groupe nominal peut être réduit à sa base : ***Deutschland***.

1. La nature du groupe nominal

La base du groupe nominal peut être **précédée** :

→ d'un déterminatif :
die *Hauptstadt* la capitale

→ d'un génitif antéposé :
Deutschlands *Hauptstadt* la capitale de l'Allemagne

→ d'un adjectif :
die ***schöne*** *Hauptstadt* la belle capitale

La base du groupe nominal peut être **suivie** (expansion) :

→ d'un génitif postposé :
der Besuch ***der alten Dame*** la visite de la vieille dame

→ d'un mot invariable :
Berlin ***heute*** le Berlin d'aujourd'hui

→ d'une apposition :
Berlin, ***die Hauptstadt der BRD,*** Berlin, la capitale de la RFA,

→ d'un groupe prépositionnel :

- avec un groupe nominal :
  das Lied ***von der Erde*** le chant de la terre
- avec un (groupe) infinitif :
  der Mut ***zu siegen*** le courage de vaincre
- avec un mot invariable :
  die Welt ***von gestern*** le monde d'hier

→ d'un groupe avec un verbe conjugué :

- groupe relatif :
  das Flugzeug, ***das abgestürzt ist,*** l'avion qui s'est écrasé
- groupe conjonctionnel :
  die Tatsache, ***dass es regnet,*** le fait qu'il pleut
- groupe quasi-nominal interrogatif :
  die Frage, ***wer zahlen soll*** la question de savoir qui va payer

2. La déclinaison du groupe nominal

Elle porte sur le nom et sur les composantes du groupe nominal situées à gauche du nom, soit sur le déterminatif et l'adjectif.

Déclinaison du groupe nominal, voir 43-45

3. Groupe nominal et pronom

Un groupe nominal réduit à sa base ou enrichi est toujours l'équivalent d'un pronom.

Deutschland	→ ***es***	*das* ***Lied von der Erde***	→ ***es***
die *Hauptstadt*	→ ***sie***	*der Mut* ***zu siegen***	→ ***er***
Deutschlands *Hauptstadt*	→ ***sie***	*die Welt* ***von gestern***	→ ***sie***
die ***schöne*** *Hauptstadt*	→ ***sie***	*das Flugzeug,* ***das abgestürzt ist,***	→ ***es***
der Besuch ***der alten Dame***	→ ***er***	*die Tatsache,* ***dass es regnet,***	→ ***sie***
Berlin ***heute***	→ ***es***	*die Frage,* ***wer zahlen soll,***	→ ***sie***
Berlin, ***die Hauptstadt der BRD***	→ ***es***		

LA BASE DU GROUPE NOMINAL : LE NOM

2 Les spécificités du nom

Le nom prend toujours une majuscule, qu'il soit propre (*Deutschland*) ou commun (*das Land*).
Il peut être sujet, attribut, ou complément.
Le nom a quatre spécificités :
- le genre : masculin, féminin, neutre ;
- le nombre : singulier, pluriel ;
- la déclinaison : les 4 cas (nominatif, accusatif, datif, génitif) ;
- la détermination : un nom est souvent précédé d'un déterminatif.

Attention ! Certains noms n'ont pas de nombre :
das Ich le moi

Les deux espèces de noms

Les noms premiers :

→ simples : *der Tisch* la table *die Sonne* le soleil *das Kind* l'enfant
→ dérivés : *der Berliner* le Berlinois *der Gesang* le chant
→ composés : *der Briefträger* le facteur *das Esszimmer* la salle à manger

Les noms seconds, qui résultent d'une nominalisation :

→ de verbes à l'infinitif : *das Lernen* l'apprentissage *das Rauchen* le fait de fumer
→ d'adjectifs :
- qualificatifs : *das Schöne* le beau *der, die Kleine* le petit, la petite *die Reichen und die Armen* les riches et les pauvres
- ordinaux : *der Zweite* le second *jeder Zweite* un sur deux

→ de participes 1 : *der Reisende* le voyageur
→ de participes 2 :
- authentiques participes : *der Gelehrte* le savant *der Abgeordnete* le député
- « faux » participes : *der Bebrillte* l'homme qui porte des lunettes
Ils sont « faux » parce que les verbes dont ils sont censés être dérivés n'existent pas.

→ de personnes du dialogue : *das Ich* le moi
→ de quasi-noms : *ein gewisser Jemand* un certain individu
→ de prépositions : *das Entweder-Oder* l'alternative *das Vor und Nach* l'avant et l'après *das Für und Wider* le pour et le contre
→ de conjonctions : *mit Wenn und Aber* avec des si...
→ de sigles : *der, die Azubi* (= ***Au****szu****bi****ldende* : l'apprenti[e]) l'apprenti[e]
→ propositions : *das Stelldichein* le rendez-vous *das Vergissmeinnicht* le myosotis *forget-me-not* (en anglais) *vasistas (was ist das?)* le vasistas

La formation des noms dérivés, voir 15
La formation des noms composés, voir 16
Infinitif substantivé, voir 202

3 Le genre du nom

L'allemand a trois genres : le masculin, le féminin et le neutre.
Le genre grammatical des êtres animés équivaut au genre naturel.
Le genre grammatical des êtres non animés se déduit de la référence à la réalité.
Le genre des noms dérivés et des noms d'emprunt se déduit de la morphologie.

Genre, voir **172**

4 Le genre des êtres animés

Le **genre grammatical** des noms désignant les membres de la famille correspond en principe au **genre naturel**.
das Geschlecht sexe - genre

masculin	féminin	neutre
der Herr le monsieur	*die Dame* la dame	*das Fräulein* la demoiselle
der Mann l'homme	*die Frau* la femme	*das Weib* la (vieille) femme
der Vater le père	*die Mutter* la mère	
der Großvater le grand-père	*die Großmutter* la grand-mère	*das Baby* le bébé
der Sohn le fils	*die Tochter* la fille	*das Kind* l'enfant
der Enkel le petit-fils	*die Enkelin* la petite-fille	
der Cousin le cousin	*die Cousine* la cousine	
der Bruder le frère	*die Schwester* la sœur	
der Onkel l'oncle	*die Tante* la tante	
der Schwager le beau-frère	*die Schwägerin* la belle-sœur	
der Pate le parrain	*die Patin* la marraine	
der Neffe le neveu	*die Nichte* la nièce	
der Junge le garçon	Ø	*das Mädchen* la jeune fille

5 Le genre des êtres non animés et des procès

1. Sont masculins

Les pierres, les minéraux et leurs dérivés : *der Stein* la pierre

Attention !

féminins	neutres
die Kohle le charbon	*das Kali* la potasse
die Koralle le corail	
die Kreide la craie	

Les phénomènes atmosphériques : *der Regen* la pluie

Attention !

féminins	neutres
die Luft l'air	*das Gewitter* l'orage
die Wolke le nuage	*das Klima* le climat
	das Wetter le temps

Les termes qui désignent le temps : *der Tag* le jour

Attention !

féminins	neutres
die Woche la semaine	*das Jahr* l'année
die Zeit le temps	

Les monnaies : *der Euro* l'euro

Attention !

féminins	neutres
die Mark le mark	*das Pfund* la livre
die Drachme le drachme	
die Krone la couronne	

2. Sont féminins

Les arbres et les arbustes : *die Eiche* le chêne

Attention !

masculins	neutres
der Ahorn l'érable	*das Mahagoni* l'acajou
der Taxus l'if	

Les fleurs : *die Lilie* le lis

Attention !

masculins	neutres
der Mohn le pavot	*das Geranium* le géranium
der Flieder le lilas	
der Jasmin le jasmin	

3. Sont neutres

- **Les couleurs** : *das Blau* le bleu
- **Les lettres de l'alphabet** : *das A* le A
- **Les langues** : *das Russische* le russe

- **Les métaux** : *das Metall* le métal

Attention !

masculins	féminins
der Stahl l'acier	*die Bronze* le bronze
der Schwefel le soufre	

6 Le genre des noms dérivés

1. Sont masculins

- Les noms **allemands** qui se terminent par :

→ *-er*

- Agents humains :
  der Arbeiter le travailleur
  der Fahrer le conducteur
  der Fußballer le footballeur
  der Gärtner le jardinier
  der Handwerker l'ouvrier
  der Kanzler le chancelier
  der Schlosser le serrurier, le mécanicien
  der Sportler le sportif
- Habitants :
  der Berliner le Berlinois
  der Dörfler le villageois
  der Europäer l'Européen
  der Pariser le Parisien
  der Provinzler le provincial
  der Städter le citadin
- Agents non humains :
  der Bohrer la perceuse
  der Drucker l'imprimante
  der Hammer le marteau
  der Computer l'ordinateur
  der Lautsprecher le haut-parleur
  der Staubsauger l'aspirateur
  der Zeiger l'aiguille
  der Messer le compteur

Attention !
neutres

das Barometer le baromètre
das Messer le couteau
das Thermometer le thermomètre

→ *-el*

der Schlüssel la clé
der Löffel la cuillère
der Sessel le fauteuil
der Pinsel le pinceau
der Kessel le chaudron, la marmite
der Ziegel la tuile

Attention !
féminins

die Gabel la fourchette
die Kugel 1. la cartouche 2. la boule
die Tafel 1. le tableau 2. la table

→ *-ling*

- Sens légèrement péjoratif :
  der Feigling le traître
  der Flüchtling le fuyard
  der Häftling le forçat
  der Sonderling l'original
- Désigne un être au début de son évolution :
  der Däumling le Petit-Poucet
  der Findling l'enfant trouvé
  der Jüngling le jeune homme
  der Lehrling l'apprenti
  der Säugling le nourrisson
  der Sperling le moineau
  der Zögling le pupille
  der Zwilling le jumeau
- Sans connotation particulière :
  der Frühling le printemps
  der Gründling le goujon
  der Schmetterling le papillon
  der Silberling la pièce d'argent

- Les noms **dérivés des verbes forts** (expression du « procès ») :

der Anfang le début
der Befehl l'ordre
der Fall la chute, le cas
der Fang la prise
der Gesang le chant
der Rat le conseil

Attention !

neutres	féminins
das Angebot l'offre	*die Lüge* le mensonge
das Verbot l'interdiction	*die Hilfe* l'aide

- Les noms **empruntés au français** terminés par les suffixes suivants :

→ *-ismus*

der Automatismus l'automatisme
der Buddhismus le bouddhisme
der Expresionismus l'expressionisme
der Materialismus le matérialisme
der Pessimismus le pessimisme
der Protestantismus le protestantisme

→ *-ist*

der Buddhist le bouddhiste
der Drogist le droguiste
der Journalist le journaliste
der Organist l'organiste
der Polizist le policier
der Tourist le touriste

→ *-or*

der Autor l'auteur
der Diktator le dictateur
der Doktor le docteur
der Major le commandant
der Professor le professeur
der Senator le sénateur

→ *-ant*

der Adjutant l'aide de camp
der Fabrikant le fabricant
der Laborant le garçon de laboratoire
der Kommandant le commandant
der Leutnant le sous-lieutenant
der Protestant le protestant

2. Sont féminins

- Les noms **allemands** qui se terminent par les suffixes :

→ *-ung*

- Ce suffixe sert à la **nominalisation d'un verbe** (termes abstraits) :

  die Ausbildung la formation
  die Benutzung l'utilisation
  die Buchführung la comptabilité
  die Handlung l'action

- Ce suffixe désigne un **objet concret :**

  die Kleidung l'habillement
  die Wasserleitung la conduite d'eau
  die Wohnung l'appartement
  die Zeitung le journal

→ *-keit*

Ce suffixe sert à **former des noms abstraits, qui désignent en général un état**. Il se soude essentiellement à 4 suffixes d'adjectifs :

- *-ig* → *-igkeit*

  die Schlaflosigkeit l'insomnie
  die Wahrhaftigkeit la vraisemblance

- *-lich* → *-lichkeit*

  die Möglichkeit la possibilité
  die Brüderlichkeit la fraternité

- *-bar* → *-barkeit*

  die Lesbarkeit la lisibilité
  die Sichtbarkeit la visibilité

- *-sam* → *-samkeit*

  die Langsamkeit la lenteur
  die Seltsamkeit l'étrangeté

→ *-heit*

Les mots en *-heit* désignent surtout un état.

- Le suffixe se soude le plus souvent sur un adjectif :

  die Freiheit la liberté *die Krankheit* la maladie *die Gesundheit* la santé
  die Wahrheit la vérité

- Il se soude plus rarement sur un nom :

  die Kindheit l'enfance *die Menschheit* l'humanité

→ *-in*

Ce suffixe sert à féminiser un nom masculin :

die Baronin la baronne *die Lehrerin* l'institutrice *die Königin* la reine
die Siegerin la championne *die Laborantin* la laborantine *die Zarin* la tsarine

→ *-ei*

Ce suffixe vient du suffixe français ***-ie*** :

- Activité artisanale ou industrielle :
  die Bäckerei la boulangerie
  die Brauerei la brasserie
  die Fischerei la pêche
  die Metzgerei la boucherie
- Nominalisation de verbes (souvent avec une nuance légèrement péjorative) :
  die Liebelei le badinage
  die Schlägerei la bagarre
  die Streiterei la dispute
  die Träumerei la rêverie

→ *-schaft*

Ce suffixe correspond au suffixe anglais « *-ship* » :

*friend**ship*** → *Freund**schaft*** *relation**ship*** → *Verwandt**schaft***

- Collectif :
  die Gesellschaft la société
  die Seilschaft la cordée
  die Gemeinschaft la communauté
  die Mannschaft l'équipe
- État :
  die Eigenschaft la qualité
  die Freundschaft l'amitié
  die Gefangenschaft la captivité
  die Feindschaft l'hostilité
- Relation :
  die Verwandtschaft la parenté
  die Herrschaft la domination
  die Partnerschaft la coopération
  die Kameradschaft la camaraderie

→ *-nis*

Les noms terminés par ce suffixe sont soit féminins, soit neutres.
Voici la liste de ceux qui sont **toujours** féminins :

die Bedrängnis l'affliction
die Befugnis les attributions
die Bekümmernis le chagrin, la peine
die Beschwernis l'importunité
die Besorgnis l'appréhension
die Betrübnis la désolation
die Bewandtnis le caractère (chose)
die Bitternis l'amertume
die Empfängnis la conception
die Erkenntnis la connaissance (féminin ou neutre)
die Erlaubnis la permission
die Erschwernis l'aggravation
die Ersparnis l'épargne (féminin ou neutre)
die Fäulnis la pourriture
die Finsternis l'obscurité
die Kenntnis la connaissance
die Trübnis l'affliction
die Wildnis la contrée sauvage
die Wirrnis la confusion

- Les noms empruntés au français et qui se terminent par les suffixes suivants :

→ *-ade*

die Marmelade la confiture *die Schokolade* le chocolat

→ *-age*

die Courage le courage
die Etage l'étage
die Reportage le reportage
die Sabotage le sabotage

→ *-tät*

die Identität l'identité *die Realität* la réalité

→ *-tion*

die Lektion le cours *die Fabrikation* la fabrication

→ *-ur*

die Literatur la littérature
die Frisur la coiffure
die Struktur la structure
die Reparatur la réparation

3. Sont neutres

Tous les infinitifs substantivés :

das Dasein l'existence
das Sein l'être
das Lesen la lecture
das Schreiben 1. le fait d'écrire 2. la lettre

Les noms qui se terminent par les **suffixes diminutifs** *-chen* et *-lein* :

→ *-chen*

das Mädchen la fillette
▼
diminutif de *die Magd* la servante

das Märchen le conte
▼
diminutif de *die Mär(e)* la nouvelle

das Blümchen la petite fleur
das Männchen le mâle (animaux)
Schneewittchen Blanche-Neige
das Brötchen le petit pain, le biscuit
das Röschen la petite rose
das Weibchen la femelle (animaux)

→ *-lein*

das Büchlein le petit livre
das Fräulein la demoiselle
das Röslein la petite rose
das Männlein le petit homme

Les noms qui se terminent par les suffixes :

→ *-tum*

das Bürgertum la bourgeoisie
das Christentum la chrétienté
das Eigentum la propriété
das Herzogtum le duché
das Königtum la royauté
das Wachstum la croissance

Attention !
der Irrtum l'erreur
der Reichtum les richesses

→ *-nis*

Les noms qui se terminent par ce suffixe sont soit féminins, soit neutres.
Voici la liste de ceux qui sont **toujours** neutres :

das Ärgernis la contrariété, le dépit
das Bedürfnis le besoin
das Begängnis les funérailles
das Begebnis l'événement
das Begräbnis l'enterrement
das Behältnis le récipient
das Bekenntnis la confession
das Bildnis le portrait
das Bündnis l'alliance
das Ereignis l'événement
das Erfordernis l'exigence
das Erkenntnis le jugement (neutre ou féminin)
das Erlebnis expérience, chose vécue
das Erträgnis le produit, le rapport
das Ersparnis l'épargne (neutre ou féminin)
das Erzeugnis le produit
das Gedächtnis la mémoire
das Gefängnis la prison
das Geheimnis le secret
das Gelöbnis le vœu
das Geschehnis l'événement
das Geständnis l'aveu
das Gleichnis la parabole
das Hemnis l'entrave
das Hindernis l'empêchement
das Schrecknis le sujet d'épouvante
das Verhältnis le rapport, la relation
das Verhängnis la destinée
das Verlöbnis les fiançailles
das Versäumnis l'omission, l'oubli
das Verzeichnis le catalogue
das Wagnis le coup d'audace
das Zerwürfnis le différend
das Zeugnis l'attestation

Les **collectifs** qui commencent par le préfixe *-Ge* :

das Geäst le branchage *das Getränk* les boissons *das Gefieder* le plumage
das Getreide les céréales *das Gemüse* les légumes *das Gewässer* les eaux

7 Le genre des noms seconds, résultant d'une nominalisation

Les nominalisations sont neutres, sauf quand elles désignent des êtres sexués :

- Verbes à l'infinitif (infinitifs substantivés) : *das Lernen* l'apprentissage *das Rauchen* le fait de fumer
- Adjectifs : *das Schöne* le beau *der, die Kleine* le petit, la petite
- Quasi-noms : *das Ich* le moi
- Prépositions : *das Entweder-Oder* l'alternative *das Vor und Nach* l'avant et l'après *das Für und Wider* le pour et le contre
- Conjonctions : *mit Wenn und Aber* avec des si...
- Propositions : *das Stelldichein* le rendez-vous *das Vergissmeinnicht* le myosotis

À VOUS !

1. Quel est le genre des noms suivants ?
a. Tanne – b. Gold – c. Barometer – d. Zeder – e. Ziegel – f. Bronze – g. Barbarei – h. Rot – i. Fräulein – j. Aluminium

2. Même exercice.
a. Mittwoch – b. Dollar – c. Kenntnis – d. Marmor – e. Sitz – f. Platane – g. Diamant – h. Verlust – i. Zypresse – j. Weib

3. Même exercice.
a. Kupfer – b. Schnee – c. Kohle – d. Graben – e. Geranium – f. Hobel – g. Lauf – h. Rat – i. Schlüssel – j. Klima

4. Même exercice.
a. Tulpe – b. Schluss – c. Rechnung – d. Sand – e. Geäst – f. Pinsel – g. Gewinn – h. Regen – i. Wachstum – j. Quarz

5. Même exercice.
a. Sprung – b. Zeichnung – c. Kessel – d. Tafel – e. Trunk – f. Slowakei – g. Drogist – h. Zeugnis – i. Fall – j. Verhältnis

6. Même exercice.
a. Türkei – b. Streit – c. Erlaubnis – d. Schrei – e. Bäckerei – f. Koks – g. Gemüse – h. Eigentum – i. Klang – j. Kugel

7. Même exercice.
a. Visage – b. Finsternis – c. Reichtum – d. Papagei – e. Melioration – f. Dach – g. Benzin – h. Irrtum – i. Konditorei – j. Garage

8 La déclinaison du nom

La déclinaison du nom concerne essentiellement :
- **Au singulier** : le génitif masculin et neutre (au féminin, il n'y a pas de marque).
- **Au pluriel** : les 4 cas, et plus particulièrement le datif.

Déclinaison du groupe nominal, voir 43-45

9 Les trois types de déclinaisons

1. La déclinaison forte

au singulier

→ génitif **masculin** et **neutre** : *(e)s*

au pluriel

→ soit le nominatif, l'accusatif, et le génitif **masculin** et **neutre** restent invariables : ø

→ soit le nominatif, l'accusatif, et le génitif **masculin, neutre** et **féminin** ajoutent autre chose que *(-e)n* : *¨ -e -se -¨e -er -¨er -s*

→ à l'exception de ceux qui prennent *-s*, ils ajoutent *-n* au **datif**

2. La déclinaison faible

au singulier

→ accusatif, datif et génitif **masculin** : *en*

au pluriel

→ nominatif, accusatif, datif et génitif **masculin** et **féminin** : *en*

3. La déclinaison mixte

Elle est dite mixte car elle est forte au singulier et faible au pluriel :

au singulier

→ génitif **masculin** et **neutre** : *(e)s*

au pluriel

→ nominatif, accusatif, datif et génitif **masculin** et **neutre** : *en*
Les noms mixtes sont très peu nombreux :

- 13 masculins et 6 neutres parmi les noms d'origine allemande ;
- une centaine au masculin, et une centaine au neutre parmi les noms d'emprunt.

répartition des noms **faibles**, **forts** et **mixtes** par genre

	masculins	féminins	neutres
forts	→ ∞	≅ 70	→ ∞
faibles	≅ 130 (*)	→ ∞	Ø
mixtes	≅ 100	Ø	≅ 100

(*) + les noms qui se terminent par -e

10 Règles de déclinaison communes aux noms masculins, neutres et féminins

Dans le dictionnaire, les noms communs se présentent accompagnés de leur génitif singulier et de leur nominatif pluriel. La déclinaison des noms porte donc essentiellement sur ces deux marques de cas et de genre. Les autres s'en déduisent.

1. Au singulier

→ Si la marque du génitif est *(e)n*, c'est aussi celle de l'accusatif et du datif.
→ Si la marque du génitif est *(e)s*, pas de marque à l'accusatif ni au datif.
→ S'il n'y a pas de marque au génitif, le nom est féminin ; pas de marque à l'accusatif ni au datif.

2. Au pluriel

→ Les marques du **nominatif** sont aussi celles de l'**accusatif** et du **génitif**.
→ Si la marque du **nominatif** est *-s* , c'est aussi celle de l'**accusatif**, du **datif** et du **génitif**.
→ Au **datif**, tous les noms (masculins, neutres, féminins) doivent se terminer par *-n* , sauf ceux qui ont *-s* .

11 Règles de déclinaison spécifiques aux noms masculins

Au singulier
- Si la marque du génitif est *(-e)s*, il n'y a pas de marque à l'accusatif ni au datif (forts ou mixtes)
- Si la marque du génitif est ***(-e)n***, c'est aussi la marque de l'accusatif et du datif (faibles)

Au pluriel
- Si la marque du nominatif est ***(-e)n***, c'est la marque de l'accusatif, du datif et du génitif

1. La majorité des noms masculins suit la déclinaison forte

Au singulier :

→ **génitif** en *(e)s*

Au pluriel :

→ les marques du **nominatif**, de **l'accusatif** et du **génitif** sont :

ø : tous les noms qui se terminent par ***-el***, ***-en***, ***-er*** (sauf ceux qui prennent l'inflexion)

die Sessel les fauteuils *die Wagen* les voitures *die Bohrer* les perceuses

-¨ : l'inflexion concerne une vingtaine de noms qui se terminent tous par ***-el***, ***-en***, ***-er***

der Acker le champ	*der Apfel* la pomme	*der Boden* le sol
der Bogen l'arc	*der Bruder* le frère	*der Faden* le fil
der Garten le jardin	*der Graben* le fossé	*der Hafen* le port
der Hammel le mouton	*der Hammer* le marteau	*der Handel* le commerce
der Kasten la caisse	*der Laden* le volet, la boutique	*der Magen* l'estomac
der Mangel le manque	*der Mantel* le manteau	*der Ofen* le four, le fourneau
der Sattel la selle	*der Schaden* le dommage	*der Schnabel* le bec
der Schwager le beau-frère	*der Vater* le père	*der Vogel* l'oiseau

-¨e : c'est la règle générale : *die Kanäle* les canaux

-e

- *die Tage* les jours
- les mots d'origine étrangère en ***-l***, ***-n***, ***-r***, ***-t***
  die Skandale les scandales *die Orkane* les ouragans *die Offiziere* les officiers *die Profite* les profits

-se : les mots en ***-s*** : *die Busse* les autobus

-er : les 3 mots suivants : *die Geister* les esprits *die Leiber* les corps *die Schier* les skis
-¨er : les 10 mots suivants :
der Gott le dieu *der Reichtum* la richesse *der Irrtum* l'erreur *der Strauch* l'arbuste
der Mann l'homme *der Vormund* le tuteur *der Mund* la bouche *der Wald* la forêt
der Rand le bord *der Wurm* le ver
→ au **datif**, tous ces noms doivent se terminer par *-n*

→ la marque du **nominatif**, de l'**accusatif** et du **génitif pluriel** est :
s : *die Chefs* les patrons
→ au **datif**, pas de *-n*

2. Une minorité de noms masculins suit la déclinaison faible

Au singulier :

→ génitif en *(e)n*

Au pluriel :

→ la marque du **nominatif**, de l'**accusatif**, du **datif** et du **génitif pluriel** est *(e)n*.
Il s'agit :

- d'une vingtaine de noms dont le radical se termine par une consonne : *die Menschen* les hommes
- des masculins animés qui se terminent par ***-e*** : *die Jungen* les garçons
- de 5 noms désignant des êtres vivants et se terminant par ***-er*** ou ***-ar*** :
  die Bauern les paysans *die Bayern* les Bavarois *die Pommern* les Poméraniens
  die Nachbarn les voisins *die Ungarn* les Hongrois
- de 5 noms abstraits qui se terminent par ***-e*** :
  die Buchstaben les lettres *die Gedanken* les pensées *die Willen* les volontés
  die Glauben les croyances *die Namen* les noms
- des noms d'origine étrangère qui se terminent par les suffixes suivants (tous accentués) :

-af → *die Fotografen*
-aph → *die Paragraphen*
-ant → *die Diamanten*
-arch → *die Monarchen*
-ast → *die Gymnasiasten*
-at → *die Advokaten*
-aut → *die Astronauten*
-krat → *die Demokraten*
-ent → *die Studenten*
-et → *die Athleten*
-ekt → *die Architekten*
-ik → *die Katholiken*
-ist → *die Komponisten*
-it → *die Satelliten*
-nom → *die Astronomen*
-ot → *die Patrioten*
-soph → *die Philosophen*
-urg → *die Chirurgen*

3. Une petite minorité de noms masculins suit la déclinaison mixte

Au singulier :

→ génitif en *(e)s*

Au pluriel :

→ la marque du **nominatif**, de l'**accusatif**, du **datif** et du **génitif** est *(e)n*.
Il s'agit :

- des 6 mots suivants :
  die Gevattern les compères *die Stacheln* les aiguillons *die Konsuln* les consuls *die Muskeln* les muscles *die Vettern* les cousins *die Seen* les lacs

- des 12 mots suivants :
  die Lorbeeren les lauriers ***die Masten*** les mâts ***die Nerven*** les nerfs ***die Psalmen*** les psaumes ***die Pfauen*** les paons ***die Schmerzen*** les douleurs ***die Staaten*** les États ***die Strahlen*** les rayons ***die Typen*** les types ***die Untertanen*** les sujets ***die Zehnen*** les orteils ***die Zinsen*** les taux
- de tous les mots d'origine française qui se terminent par ***-or*** : ***die Doktoren***

À VOUS !

8. Mettez les groupes nominaux entre parenthèses au pluriel.
a. Hebe (den Apfel) auf! – b. (Mein Bruder) kommen morgen zu Besuch. – c. Ich höre (einen Vogel) singen. – d. Sie hat (ihren Mantel) reinigen lassen. – e. (Der Schaden) betragen 1000 Euro. – f. Er muss (seinen Hund) noch füttern. – g. (Der Kasten) sind mir zu schwer. – h. Ich habe dir (den Katalog) mitgebracht. – i. Es hat (einen Monat) gedauert. – j. (Dieser Mord) sind unerklärt.

9. Mettez les groupes nominaux entre parenthèses au pluriel.
a. Wir haben (einen schönen Tag) gehabt. – b. (Der Verlust) ist geringfügig. – c. (Der Tisch) sind gedeckt. – d. Sie hat (einen Knall) gehört. – e. (In dem Obstgarten) stehen die Bäume in Blüte. – f. (Dieser Offizier) sind verwundet. – g. Sie hat (ihren Termin) versäumt. – h. (Der Kommissar) sind schon an Ort und Stelle. – i. (Der Stuhl) sind kaputt. – j. (Ein Schuss) sind gefallen.

10. Mettez au pluriel les groupes nominaux entre parenthèses.
a. Er hat nur (wenige Fisch) gefangen. – b. Die (Arzt) konnten leider nichts tun. – c. Russland hat mehrere große (Fluss). – d. Er hat viele (Freund). – e. Vor jedem Fenster hängen zwei (Vorhang) – f. (Wolf) und (Fuchs) vertragen sich nicht. – g. Er hat sich (die beiden Arm) gebrochen. – h. Kluge (Kopf) sind willkommen. – i. Wie viel (Turm) hat dieser Dom? – j. Sie haben teure (Teppich) zu Hause.

11. Mettez au pluriel les groupes nominaux entre parenthèses.
a. Die (Ast) dieses Baumes sind sehr dick. – b. Dieses Haus hat mehrere (Ausgang). – c. Die letzten (Sturm) waren sehr heftig. – d. Die (Feriengast) wollen etwas für ihr Geld haben. – e. Wo liegen meine (Handschuh)? – f. Die (Platz) in dieser Stadt sind sehr schön. – g. Die (Ufer) dieses Flusses sind sehr gefährlich. – h. Wie viel (Sohn) hat sie? – i. Diese (Mann) gehören zu den Führungskräften. – j. Sie hat (den alten Schrank) verkauft.

12. Mettez les groupes nominaux entre parenthèses au pluriel.
a. Ich kenne (den Namen) nicht. – b. Vor der Tür stehen (ein Franzose). – c. Er empfand (einen großen Schmerz). – d. Wir warten auf (den Inspektor). – e. (Der Mensch) sollen ihre Umwelt schonen. – f. (Der Chirurg) arbeiten jetzt schon seit drei Stunden. – g. (Der Bauer) haben ein schönes Leben. – h. Die Polizei sucht (einen Augenzeugen). – i. (Der Bayer) sind stolz auf ihr Land.

13. Mettez les groupes nominaux entre parenthèses au pluriel.
a. (Dieser Kosmonaut) sind sehr berühmt. – b. (Dieser Herr) sind ziemlich unhöflich. – c. Ich habe (einen Kameraden) getroffen. – d. (Der Architekt) haben sich leider verrechnet. – e. Hier wohnen (ein Student). – f. (Dieser Autor) verdienen viel Geld mit ihren Büchern. – g. (Der Fotograf) schießen wunderbare Bilder. – h. (Der Patient) möchten das Krankenhaus verlassen. – i. Vor der Kasse stehen (ein Kunde). – j. (Dieser Junge) haben etwas angestellt.

14. Mettez au pluriel les groupes nominaux entre parenthèses.
a. Meine (Muskel) tun mir weh. – b. Wie viel (Staat) zählt die EG? – c. Finnland hat viele (See) – d. Hinter den Wolken erblickt man (die Sonnenstrahl). – e. Der hat vielleicht (Nerv)! – f. Was sind das für (Typ)? – g. Meine (Nachbar) sind friedliche Leute. – h. Diese (Abgeordnete) möchten Minister werden. – i. Die (Gefangene) werden freigelassen. – j. Einige (Journalist) waren schon da.

15. Mettez au pluriel les noms donnés entre parenthèses.
a. Die (Adjutant) sind zähe Menschen. – b. Er hat alle seine (Ochs) verkauft. – c. Eingeladen waren alle (Prinz) und (Graf) Europas. – d. Die (Advokat) des Angeklagten sind sehr tüchtig. – e. Einige (Diplomat) plauderten gemütlich vor der Kamera. – f. Die (Fabrikant) wollen keine Verantwortung tragen. – g. Warum schießen sie auf die (Spatz)? – h. Die (Bär) sind seltsame Tiere. – i. Die (Leopard) sind große Katzen. – j. (Soldat) umzingeln das Haus.

12 Règles de déclinaison spécifiques aux noms neutres

Au singulier :
La marque du génitif est toujours *(-e)s*, voire *-ses (des Bildnisses)* ; absence de marque à l'accusatif et au datif.

1. La majorité des noms neutres suit la déclinaison forte

Au singulier :

→ génitif en *(e)s*

Au pluriel :

→ les marques du **nominatif**, de l'**accusatif** et du **génitif** sont :

ø : tous les noms qui se terminent par *-el*, *-en*, *-er*, *-chen*, *-lein*, ainsi que les noms qui commencent par *Ge-* et se terminent par *-e*

die Mittel les moyens
die Abenteuer les aventures
die Fräulein les demoiselles
die Leiden les souffrances
die Mädchen les filles
die Gefilde les champs

-¨ : cette marque concerne un nom : *die Klöster* les monastères, les cloîtres

-e : *die Jahre* les années

-se : *die Ereignisse* les événements (liste complète, voir page 17)

-¨*e* : cette marque concerne un nom : *die Flösse* les radeaux

-er : *die Bilder* les images

¨*er* : *die Blätter* les feuilles

→ au **datif**, tous ces noms doivent se terminer par *-n*

→ la marque du **nominatif**, de l'**accusatif** et du **génitif pluriel** est :

-s → *die Hotels* les hôtels

→ au **datif**, pas de *-n*

2. Une minorité de noms neutres suit la déclinaison mixte

Au singulier :

→ **génitif** en *(e)s*

Au pluriel :

→ la marque du **nominatif**, de l'**accusatif**, du **datif** et du **génitif** est *(e)n*.

- 6 mots d'origine germanique :
  die Augen les yeux — *die Enden* les fins — *die Ohren* les oreilles
  die Leiden les souffrances — *die Betten* les lits — *die Hemden* les chemises
- les noms d'origine étrangère qui se terminent par *-um*, *-a* :
  das Gymnasium → *die Gymnasien* les lycées
  das Thema → *die Themen* les thèmes

Attention !
4 noms prennent la marque *-ien* :
das Fossil → *die Fossil**ien*** les fossiles — *das Material* → *die Material**ien*** les matériaux
das Textil → *die Textil**ien*** les textiles — *das Utensil* → *die Utensil**ien*** les ustensiles

À VOUS !

16. Mettez les groupes nominaux entre parenthèses au pluriel.
a. (Das Dach) des Hauses sind nass. – b. Er lief quer über (das Feld). – c. (Dieses Buch) sind spannend. – d. Er hat (das Glas) fallen lassen. – e. Wir wollen (das Schloss) besichtigen. – f. Sie hat (ein altes Lied) gesungen. – g. Er hat (einen Irrtum) gemacht. – h. (Das Bett) sind zu weich. – i. (Das Schaf) werden geschlachtet. – j. (Das Museum) sind heute geschlossen.

17. Mettez au pluriel les noms donnés entre parenthèses.
a. Die (Volk) müssen sich verständigen. – b. Die Henne hat (Ei) gelegt. – c. Die (Leid) des jungen Werther. – d. Er hat drei (Jahr) im Ausland verbracht. – e. (Pferd) sind Säugetiere. – f. Er hat drei (Tor) geschossen. – g. Dieser Tisch hat nur drei (Bein). – h. Die (Schiff) segeln aus dem Hafen. – i. Ihre (Segel) sind weiß. – j. Diese (Fahrrad) sind ganz neu.

18. Traduisez.
a. Les feuilles des arbres sont vertes. – b. Les villages étaient inondés. – c. Combien de chemises as-tu achetées ? – d. Les serrures sont cassées. – e. Il a trois enfants. – f. J'ai vendu tous mes livres. – g. Ces images sont très belles. – h. Il apprend dix mots par jour. – i. Ses habits sont tout mouillés. – j. Ses oreilles sont tout rouges.

13 Règles de déclinaison spécifiques aux noms féminins

- **Au singulier**
Jamais de marque : Ø.
- **Au pluriel**
Toujours une marque.

1. La majorité des noms féminins suit la déclinaison faible

Au singulier :
→ absence de marque

Au pluriel :
→ *-(e)n* à **tous les cas** (voire *-nen*) : *die Frau**en*** les femmes *die Lehrerin**nen*** les institutrices

2. Une minorité des noms féminins suit la déclinaison forte

Au singulier :
→ absence de marque

Au pluriel :
→ les marques du **nominatif**, de l'**accusatif** et du **génitif** sont :
-¨ : cette marque concerne deux noms
*die M**ü**tter* les mères — *die T**ö**chter* les filles

-e : cette marque concerne quatre noms qui se terminent par ***-sal***
*die Drangsal**e*** les tourments — *die Trübsal**e*** les afflictions
*die Mühsal**e*** les peines — *die Wirrsal**e*** les confusions

-se : cette marque concerne les noms qui se terminent par ***-nis*** :
die Kenntnisse les connaissances (liste complète, voir page 16)
-¨e : *die Nächte* les nuits
→ au **datif**, tous ces noms doivent se terminer par *-n*

→ la marque du **nominatif**, de l'**accusatif** et du **génitif pluriel** est :
-s : *die Bars* les bars
→ au **datif**, pas de *-n*

TABLEAU SYNTHÉTIQUE

forts							**mixtes**	**faibles**
génitif singulier masculin et neutre	*(e)s*[1]						**génitif singulier masculin et neutre** *(e)s*	**génitif singulier masculin** *(e)n*
nominatif pluriel	¨	*e/se*	*¨e*	*er/¨er*	*s*	*Ø*	*(e)n*	*(e)n*
masculin	*Vaters* *Väter*	*Hundes* *Hunde* / *Busses* *Busse*	*Kanals* *Kanäle*	*Geistes* *Geister* / *Mannes* *Männer*	*Chefs* *Chefs*	*Wagens* *Wagen*	*Sees* *Seen*	*Helden* *Helden*
neutre	*Klosters* *Klöster*	*Jahrs* *Jahre* / *Ereignis* *Ereignisse*	*Flosses* *Flösse*	*Bildes* *Bilder* / *Blattes* *Blätter*	*Hotels* *Hotels*	*Mittels* *Mittel*	*Ohrs* *Ohren* / *Fossils* *Fossilien*	*Ø*
génitif singulier féminin	*Ø*							
féminin	*Mutter* *Mütter*	*Drangsal* *Drangsale* / *Kenntnis* *Kenntnisse*	*Nacht* *Nächte*	*Ø*	*Bar* *Bars*	*Ø*	*Ø*	*Frau* *Frauen*

1. *(e)* après d : *Todes* ; st : *Dienstes* ; ch : *Teppiches* ; sch : *Gulasches.*

À VOUS !

19. Mettez les groupes nominaux entre parenthèses au pluriel.
a. (Die Wand) sind ziemlich dünn. – b. (Diese Stadt) liegen am Rhein. – c. (Die Bank) sind schmutzig. – d. (Die Naht) sind geplatzt. – e. Er verschwendet seine Zeit in (einer Bar). – f. (Eine Großmacht) sind immer zu fürchten. – g. Der Jäger hat (eine Gans) geschossen. – h. Sie konnte (die Maus) nicht fangen. – i. (Diese Kuh) sind krank. – j. (Die Sau) werden bald geschlachtet.

20. Mettez au pluriel les noms donnés entre parenthèses.
a. Die (Nacht) werden immer kürzer. – b. Kannst du mir helfen, (Nuss) aufzuknacken? – c. Nimm deine (Hand) aus der Tasche! – d. Seine (Kraft) verlassen ihn. – e. (Mutter) und (Tochter) vertragen sich nicht immer. – f. Die (Mühsal) waren zu groß. – g. Aus Wut ballte er die (Faust). – h. Sie hat zwei (Kamera) zu Hause. – i. Seine (Kenntnis) reichen leider nicht aus. – j. Er hatte große (Angst).

21. Mettez les groupes nominaux entre parenthèses au pluriel.
a. (Die ausländische Firma) stellen Leute ein. – b. (Die Straße) in der Stadt sind ziemlich breit. – c. (Die Feder) der Gans sind weiß. – d. (Die Wunde) heilen langsam. – e. (Diese Krankheit) sind nicht schlimm. – f. (Die Insel) sind menschenleer. – g. (Die Bäckerei) sind zu. – h. (Die Fürstin) lassen sich fotografieren. – i. (Meine) Lippe tun mir weh. – j. (Die Brücke) wurden im Krieg zerstört.

22. Traduisez.
a. Il a acheté des pommes de terre. – b. As-tu fait tes devoirs ? – c. J'aime toutes les couleurs. – d. Elle parle trois langues. – e. Il a mangé deux poires. – f. Nous avons attendu plusieurs heures. – g. Il a coupé les racines. – h. Les murs de la maison ont été repeints. – i. Les plantes ont besoin d'eau. – j. Les vaches sont malades.

14 La formation des noms

L'allemand a recours à deux procédés de formation des noms.
• La dérivation
C'est la formation d'un nom à partir d'un mot qui peut être un adjectif, un nom ou un verbe (*krank*/*Erfolg*/*anfangen*). La dérivation se fait :
– par addition d'un **suffixe** : *Krank-**heit*** la maladie
– par addition d'un **préfixe** : ***Miss**-erfolg* l'échec
– par calque
– par addition d'un préfixe **et** d'un suffixe : *deuten* → ***miss**deuten* → *die **Miss**deut**ung***
– par soustraction : *anfang**en*** → *der Anfang* le commencement
• La composition
C'est la fusion de deux mots qui existent de façon autonome pour former un mot nouveau : *der Brief* + *der Träger* → *der Briefträger* le facteur

15 La dérivation

1. La dérivation par addition de suffixes

Le suffixe détermine le genre du nom dérivé.

- Les noms qui se terminent par les suffixes *-el*, *-er*, *-ismus*, *-ist*, *-or*, *-ant*, *-ling* sont **masculins**. (voir pages 14-15)
- Les noms qui se terminent par les suffixes *-heit*, *-keit*, *-schaft*, *-ung*, *-tät*, *-ei*, *-tion*, *-ur* sont **féminins**. (voir pages 15-16)
- Les noms qui se terminent par les suffixes *-chen*, *-lein*, *-tum* sont **neutres**. (voir page 16)

2. La dérivation par addition de préfixes

Le préfixe ne détermine pas le genre du nom dérivé, mais son sens.

ge- : sens collectif

*das **Gebirge*** les montagnes
*das **Gemüse*** les légumes
*das **Geschäft*** l'affaire
*das **Gespräch*** la conversation
*der **Gesang*** le chant
*der **Gebrauch*** l'usage

haupt- : « essentiel », « capital » (le latin *caput* = *das Haupt* = la tête)

*der **Haupt**mann* le capitaine
*die **Haupt**person* le personnage essentiel
*die **Haupt**sache* l'essentiel
*die **Haupt**stadt* la capitale
*das **Haupt**gericht* le plat principal
*die **Haupt**rolle* le rôle principal

mit- : « avec » (le latin *cum* = *mit* = avec ; en français ***cum*** a donné : *con-*, *col-*, *com-*)

*der **Mit**bürger* le **con**citoyen
*der **Mit**bruder* le **con**frère
*der **Mit**täter* le **com**plice
*der **Mit**arbeiter* le **col**laborateur
*das **Mit**glied* le membre
*der **Mit**mensch* le prochain

miss- : idée d'échec (anglais *mis-* : *to mislay* ; français **mé-** : **mé**sentente, **més**alliance)

*das **Miss**trauen* la **mé**fiance
*das **Miss**verständnis* le **mal**-entendu
*der **Miss**brauch* l'abus
*der **Miss**erfolg* l'échec
*die **Miss**achtung* le **mé**pris
*die **Miss**handlung* les **mauvais** traitements

über- : « au-dessus »

*der **Über**schall* l'ultra-son
*der **Über**mensch* le surhomme (*superman* en anglais)
*das **Über**gewicht* l'excès pondéral
*das **Über**-Ich* le sur-moi
*die **Über**stunde* l'heure supplémentaire
*die **Über**schicht* le travail supplémentaire

un- : sens négatif

*der **Un**mensch* le monstre
*der **Un**dank* l'ingratitude
*das **Un**glück* le malheur
*das **Un**behagen* le malaise
*die **Un**schuld* l'innocence
*die **Un**gnade* la disgrâce

ur- : « primitif »

*der **Ur**wald* la forêt vierge
*der **Ur**großvater* l'arrière-grand-père
*die **Ur**sprache* la langue primitive
*die **Ur**zeit* les temps préhistoriques
*der **Ur**sprung* l'origine
*die **Ur**aufführung* la première (au théâtre)

3. Cas particulier de formation par préfixes : le calque

Le calque est le procédé qui consiste à former et à traduire un nom allemand en le décomposant élément par élément (c'est-à-dire par préfixe et racine). Le sens d'un mot allemand peut donc être exactement déduit de son calque français. Le recours à l'étymologie est précieux :

aus- : **ex-, é-**

*der **Aus-**druck* l'ex-pression
*die **Aus-**wanderung* l'é-migration

ein- : **in-/en-, em-**

*die **Ein-**atmung* l'in-halation
*die **Ein-**balsamierung* l'em-baumement
*die **Ein-**bettung* l'en-diguement

ent- : **dé-**

*die **Ent-**deckung* la dé-couverte
***die Ent-**faltung* le dé-ploiement
*die **Ent-**spannung* la dé-tente

mit- : **co-, con-, col-, com-**

***Mit-**eigentum* co-propriété
*der **Mit-**bruder* con-frère
*der **Mit-**arbeiter* col-laborateur
*das **Mit-**leid* com-passion

miss- : **més-, mal-, dé-, dés-**

*die **Miss-**heirat* la més-alliance
*das **Miss-**verständnis* le mal-entendu
*das **Miss-**fallen* le dé-plaisir
*das **Miss-**verhältnis* le dés-accord

unter- : **entre-, inter-/sous-, sub-** ; *under*

das ***Unter****-nehmen* l'entre-prise
die ***Unter****-brechung* l'inter-ruption
die ***Unter****-ernährung* la sous-alimentation *(under-feeding)*

4. La dérivation par addition de préfixes et de suffixes

Les préfixes et les suffixes peuvent apparaître ensemble sur la même racine.

mit-	+	*-tum*	*das* ***Miteigentum***	la copropriété
über-	+	*-ung*	*die* ***Überredung***	la persuasion
miss-	+	*-ung*	*die* ***Missdeutung***	la méprise
un-	+	*-keit*	*die* ***Unmittelbarkeit***	l'immédiateté

5. La dérivation par soustraction

La dérivation par soustraction s'applique aux verbes. Le procédé consiste à former un nom à partir d'un verbe auquel on retire la terminaison de l'infinitif.

Les dérivations verbales de genre masculin :

→ À partir de verbes forts :

anfangen commencer ▼ *der Anfang* le début
laufen courir ▼ *der Lauf* la course
tanzen danser ▼ *der Tanz* la danse

→ À partir de verbes faibles :

kreisen tourner en rond ▼ *der Kreis* le cercle
teilen partager ▼ *der Teil* la partie
reimen rimer ▼ *der Reim* la rime

Attention !

- Le substantif a un « i » bref :

beißen mordre ▼ *der Biss* la morsure
treten marcher ▼ *der Tritt* le pas

- Le substantif a un « i » long :

aufsteigen monter ▼ *der Aufstieg* la montée
treiben pousser ▼ *der Trieb* l'impulsion

Les dérivations verbales de genre neutre :

spielen jouer ▼ *das Spiel* le jeu
messen mesurer ▼ *das Maß* la mesure
leiden souffrir ▼ *das Leid* la souffrance

Attention !
gebieten commander → *das Gebot* le commandement
verbieten interdire → *das Verbot* l'interdiction

Les dérivations verbales de genre féminin :

arbeiten travailler ▼ *die Arbeit* le travail
eilen se dépêcher ▼ *die Eile* la hâte
heiraten marier ▼ *die Heirat* le mariage
zahlen payer ▼ *die Zahl* le nombre

16 La composition

La composition est la réunion de deux noms :
- le déterminant
- le déterminé, ou base.

En français, le déterminé précède le déterminant.
En allemand (et en anglais) c'est l'inverse :

le **timbre**	- poste		*die* *Brief*	- ***marke***
↓	↓		*the* *postage*	***stamp***
↓	↓		↓	↓
déterminé	déterminant		déterminant	**déterminé**

allemand		français
récurrence à gauche		**récurrence à droite**
déterminant	déterminé	**déterminant**
Reiter- ←	*standbild*	
	statue →	**équestre**
Sonnen- ←	*uhr*	
	cadran →	**solaire**
Obst- ←	*bau*	
	culture →	**fruitière**

1. La composition simple réunit deux mots

le déterminant	le déterminé
• un autre nom : *das **Aktion**sprogramm* programme d'action • un adjectif : *der **Sauer**stoff* oxygène • un verbe : *die **Heiz**anlage* installation de chauffage • une préposition : *das **Bei**leid* compassion • un préverbe : *das **Ab**wasser* écoulement des eaux • un numéral : *der **Vier**gespann* quadrige	c'est toujours un nom il donne son genre et sa déclinaison au mot composé

Les déterminants les plus importants sont les **noms**, les **adjectifs** et les **verbes** :

→ **Le déterminant est un autre nom** :
- le premier nom est décliné ; il porte la marque *-s* du génitif au masculin et au neutre, ou la marque *-n* au féminin.
  *der **Hilfs**speicher* la mémoire auxiliaire *der **Taschen**rechner* la calculette
- les féminins en ***-ung***, ***-schaft***, ***-heit***, ***-keit***, ***-ät*** et ***-tion*** prennent un *-s-* de liaison.
  *der **Regierungs**chef* le chef du gouvernement *die **Wirtschafts**theorie* la théorie économique
  *die **Qualitäts**kontrolle* le contrôle de la qualité
- le premier nom n'est pas décliné :
  *der **Bild**schirm* l'écran *das **Netz**werk* le réseau
  *der **Benutzer**name* le nom de l'utilisateur

→ **Le déterminant est un adjectif** :
*der **Klein**krieg* la guérilla *die **Fest**platte* le disque dur
***Rot**käppchen* le Petit Chaperon rouge

→ **Le déterminant est un verbe** :

- \+ radical verbal pur

*der **Schreib**tisch* le bureau
*das **Trink**wasser* l'eau potable
*die **Glüh**lampe* l'ampoule

- \+ radical verbal + *-e*

*das **Bade**zimmer* la salle de bains
*die **Werbe**agentur* l'agence de publicité
*das **Klage**lied* la complainte

2. La composition complexe réunit trois ou quatre mots

La réunion de trois mots peut se faire de deux façons différentes :

→ [*Kriminal-polizei*] – *beamter*
▼ ▼
police criminelle agent
▼
agent de police criminelle

→ *Mädchen* –[*handels-schule*]
▼ ▼
filles école de commerce
▼
école de commerce réservée aux filles

La réunion de quatre mots peut se faire de cinq façons différentes :

→ [*Eß - waren*] – [*preis - liste*]
▼ ▼
produits alimentairesliste de prix
▼
tarif des produits alimentaires

→ *Wald* – [*Pflanzen* - (*schutz - mittel*)]
▼ ▼ ▼
forêt plantes moyen de protection
▼
moyen de protection des plantes forestières

→ [(*Arm - band) - uhr*] – *hersteller*
▼ ▼ ▼
bracelet montre fabricant
▼
fabricant de montres-bracelets

→ [*Segel - (flug - zeug)*] – *pilot*
▼ ▼ ▼
voile avion pilote
▼
pilote de planeur

→ *See* – [*(schiff - fahrts) - recht*]
▼ ▼ ▼
lac navigation droit
▼
droit de navigation sur les lacs

À GAUCHE DU NOM

17 La nature des deux champs situés à gauche du nom

1. Le champ 1

Il ouvre le groupe nominal ; il est occupé par :

	champ 1	champ 2	nom (champ 3)	
→ un **déterminatif** :	***der***	∅	*Wagen*	la voiture
→ un **génitif antéposé** :	***Sebastians***	∅	*Wagen*	la voiture de Sébastien
→ un **numéral** :	***zwei***	∅	*Wagen*	deux voitures

Il peut être vide : le déterminatif n'est pas obligatoire dans les cas suivants :

→ **Avec les noms non comptables (ou « partitifs ») :**

*Ich trinke **Wein**.* (*I drink wine.*) Je bois **du vin**.

*Sie kauft **Butter**.* (*She buys butter.*) Elle achète **du** beurre.

*Er verkauft **Zucker**.* (*He sells sugar.*) Il vend **du sucre**.

*Er isst gern **Schokolade**.* (*He likes chocolate.*) Il aime bien **le chocolat**.

→ **Avec les noms qui renvoient à de l'abstrait :**

Schadenfreude ist die schönste Freude. — **La** joie maligne est la plus belle des joies.

(*We need more ∅ **freedom**.*) — Nous avons besoin de plus de ∅ liberté.

→ **Avec les noms propres :**

- les noms de personnes : *Günther und Wolfgang*

Attention !
L'emploi de l'article défini devant un prénom est familier, mais courant : ***der** Hans* ***die** Anna*

- les noms géographiques : *Frankreich und England*

Attention !
Quelques noms féminins prennent le déterminatif défini :
- les féminins en ***-ei*** : *die Berberei die Lombardei die Mandschurei die Mongolei die Tschechoslowakei die Türkei die Walachei die (ehemalige) Tschechei* (1938-45)
- *die Schweiz*

→ **Au pluriel :**

Ø Bücher sind immer zu teuer. — **Les** livres sont toujours trop chers.

Ø Pferde sind Ø Säugetiere. — **Les** chevaux sont **des** mammifères. (*Ø Horses are Ø mammels.*)

▼

la traduction française montre qu'il existe bien deux ∅ différents en allemand et en anglais, et non un seul

2. Le champ 2

Il est occupé par l'adjectif épithète :

champ 1	champ 2	champ 3	
der	***neue***	*Wagen*	la nouvelle voiture

Il peut être vide :

champ 1	champ 2	champ 3	
der	*Ø*	*Wagen*	la voiture

Attention !
L'adjectif épithète est **obligatoire** dans les constructions du type :

GN1
GN2

*ein Ereignis **ersten Ranges*** — un événement de première importance

*Schuhe **bester Qualität*** — des chaussures d'excellente qualité

*ein Brief **folgenden Inhaltes*** — une lettre avec le contenu suivant

LES DÉTERMINATIFS

18 Le déterminatif

Le déterminatif est un mot qui permet à un nom d'être utilisé dans une phrase. ~~*Haus wird abgerissen*~~ ~~maison est démolie~~ ne sont pas des énoncés syntaxiquement corrects. Pour qu'ils le deviennent, il faut faire précéder ces substantifs d'un petit mot, qu'on appelle précisément un déterminatif :
***das**/**unser**/**dieses**/Haus wird abgerissen.* **La**/**notre**/**cette**/maison est démolie.

19 Les six classes de déterminatifs

1. Les articles définis

***der** Brief* la lettre — ***die** Couch* le canapé — ***das** Handy* le téléphone portable

2. Les déterminatifs personnels

- La tradition les a longtemps appelés « adjectifs possessifs ». Cependant :

→ Ce ne sont pas des adjectifs car, contrairement aux adjectifs, ils sont obligatoires :

mein	*[altes] Fahrrad*
mon	[vieux] vélo
▼	▼
obligatoire	facultatif
▼	▼
déterminatif	adjectif

→ Ils expriment rarement la possession :

*Elle pâlit à **sa** vue.*
▼
*Sie erblich, **als sie ihn sah**.* (~~*an seiner Sicht*~~)
▼
*She became pale **at the sight of him**.* (~~*at his sight*~~)

→ On les appelle personnels car ils renvoient à des personnes : si l'on transforme un groupe nominal composé d'un déterminatif personnel et d'un nom en verbe, le sujet de ce verbe désigne une personne ; la notion de « possession » perd tout son sens :

ihr	*Anruf*	***seine***	*Verhaftung*	***ihre***	*Ankunft*
son	appel	son	arrestation	son	arrivée
▼	▼	▼	▼	▼	▼
sie	*ruft an*	***er***	*wird verhaftet*	***sie***	*kommt an*
elle	appelle	**il**	est arrêté	**elle**	arrive

- **Les formes :**

singulier	pluriel
mein mon	*unser* notre
dein ton	*euer* votre
	Ihr votre
sein son	*ihr* leur
ihr son	

Les emplois :

- → On emploie ***euer*** pour des personnes que l'on tutoie.
- → On emploie ***Ihr*** pour une (ou des) personne(s) que l'on vouvoie.
- → Si le déterminatif renvoie à une personne de genre masculin, on emploie ***sein*** :
  Herr *Mayer und* ***sein*** *Bruder.* **Monsieur** Mayer et **son** frère. *(**Mr.** Mayer and **his** brother.)*
- → Si le déterminatif renvoie à une personne de genre féminin, on emploie ***ihr*** :
  Frau *Mayer und* ***ihr*** *Bruder.* **Madame** Mayer et **son** frère. *(**Mrs.** Mayer and **her** brother.)*

3. Les déictiques (ou démonstratifs)

Les formes :

das *Fenster* **cette** fenêtre
dieses *Fenster* **cette** fenêtre-**ci** *(**this** window)*
jenes *Fenster* **cette** fenêtre-**là** *(**that** window)*

Les emplois :

- → l'article défini *der, die, das* sert aussi de démonstratif :
  Gib mir ***das*** *Messer!* Donne-moi **ce** couteau ! *Nimm* ***den*** *Schlüssel!* Prends **cette** clé !
- → ***dieser*** et ***jener***

• ***dieser*** désigne un élément **plus proche** du locuteur que ***jener***	• ***jener*** désigne un élément **plus éloigné** du locuteur que ***dieser***
▼	▼
Siehst du ***diese*** *Blume* ***hier****?* Vois-tu cette fleur qui est **ici** ?	*Und* ***jene da****?* Et celle qui est **là-bas** ?

Voir Personnes du dialogue 243

4. Les indéfinis

Les formes :

ein *Irrtum*	*(**a** mistake)*	**une** erreur
irgendein *Irrtum*	*(**any** mistake)*	**n'importe quelle** erreur
solcher *Wein*	*(**such a** wine)*	**un tel** vin
derselbe *Irrtum*	*(**the same** mistake)*	**la même** erreur
der gleiche *Irrtum*	*(**the same** mistake)*	**la même** erreur
mancher *Fremde*	*(**many a** stranger)*	**plus d'un (maint)** étranger(s)

Les emplois :

- → *ein*

• *ein* inaccentué	• *ein* accentué
▼	▼
déterminatif indéfini (en anglais = ***a***)	quantificateur (en anglais = ***one***)

- → *derselbe* et *der gleiche*

derselbe	*der gleiche*
▼	▼
identité	similitude
Herr und Frau Mayer haben denselben Wagen. Monsieur et madame Mayer ont (partagent) la même voiture.	*Mayers haben den gleichen Wagen wie Schmitts.* Les Mayer ont la même voiture que les Schmitt.
▼	▼
il n'y a qu'une voiture	il y a deux voitures
▼	▼
derselbe s'écrit en 1 mot	*der gleiche* s'écrit en 2 mots

→ ***manch-*** est un **mutant**

au singulier	au pluriel
déterminatif indéfini	quantificateur

Quantificateurs, voir 257
Mutants, voir 230

5. Les quantificateurs

Quantificateurs globaux :

→ ***kein*** *großer Irrtum*	(***no*** *big mistake*)	**pas** d'erreur grave
→ ***ein*** *großer Irrtum*	(***one*** *big mistake*)	**une** (seule) erreur grave
→ ***beide*** *großen Irrtümer*	(***both*** *big mistakes*)	(les) **deux** erreurs graves
→ ***jeder*** *große Irrtum*	(***each*** *big mistake*)	**chaque** erreur grave
→ ***sämtliche*** *großen Irrtümer*	(***all*** *big mistakes*)	**toutes** les erreurs graves
→ ***alle*** *großen Irrtümer*	(***all*** *big mistakes*)	**toutes** les erreurs graves

Quantificateurs partiels :

→ ***mancher*** *große Irrtum* (***many*** *a big mistake*) **maintes** erreurs graves

6. Les interrogatifs et les exclamatifs

Was für ein

interrogatif	exclamatif
Was für eine Briefmarke ist das? *= Was ist das für eine Briefmarke?* Quel timbre ? (quelle espèce de timbre ?) (*What stamp?= What sort of? = What kind of?*)	*Was für eine Briefmarke!* Quel timbre ! (*What a stamp!*)

Was für ein? sert à interroger sur la classe dans laquelle il faut ranger l'objet.

Welcher

interrogatif	exclamatif
Welche Briefmarke ? *(= Welch eine Briefmarke?)* Quel timbre ? (parmi plusieurs) (*Which stamp? = What stamp?*)	*Welche Briefmarke!* *(= Welch eine Briefmarke!)* Quel timbre ! (*What a stamp!*)

Welch-? sert à interroger sur **la désignation en général**. (en anglais : ***which?*** ou ***what?***)

Welches *Hemd? Ich trage heute das* ***weiße*** *Hemd.*

Quelle chemise ? Aujourd'hui je mets la chemise blanche.

Welcher *Bürgermeister? Der* ***hiesige.*** Quel maire ? Le maire d'ici.

Welche *Zeitung? Die* ***heutige*** *Zeitung.* Quel journal ? Le journal d'aujourd'hui.

Désignation, voir 23

7. Déterminatifs et pronoms

Les déterminatifs et les pronoms ont des formes proches

déterminatifs		pronoms
article déictiques	***die*** *Frau* ***dieses*** *Kind* ***jenes*** *Tor*	***die*** ***dieses*** ***jenes***
personnels indéfinis	***mein*** *Heft* ***ein*** *Mann* ***irgendein*** *Blatt*	***mein(e)s*** ***einer*** ***irgendeines***

	mancher *Typ* ***derselbe*** *Mann* ***das gleiche*** *Zimmer*	***mancher*** ***derselbe*** ***das gleiche***
quantificateurs	***kein*** *Buch* ***ein*** *Brief* ***beide*** *Hände* ***jedes*** *Kind* ***sämtliche*** *Kinder* ***alle*** *Kinder*	***keines*** ***einer*** ***beide*** ***jedes*** ***sämtlich****[e]* ***alle***
interrogatifs	***welcher*** *Kerl?*	***welcher?***

Déclinaison des déterminatifs, voir 43-44

À VOUS !

23. Complétez les phrases suivantes par un déterminatif personnel.
a. Ich weiß gar nicht, wo ... Schuhe liegen. – b. Bist du schon mit ... Aufgaben fertig? – c. Sie will ... Arbeit nicht aufgeben. – d. Warum hat er ... Eltern nicht besucht? – e. Die Studenten bereiten sich auf ... Prüfung vor. – f. Wir wollen ... Zug nicht verpassen. – g. Habt ihr ... Großvater eine Postkarte geschickt? – h. Wir verbringen ... Ferien in Dänemark. – i. Ich will ... alten Computer durch einen neuen ersetzen. – j. Sie hat ... Pass verloren.

24. Complétez les phrases suivantes par la forme déclinée de *der gleiche* ou *derselbe*.
a. Zwillinge haben ... Mutter, aber haben sie auch ... Vater? – b. Alle demokratischen Staaten haben ... Verfassung. – c. Meine Cousine und ich, wir hatten ... Volksschullehrer. – d. Wir sitzen im ... Boot. – e. Das ... Gewicht. – f. Sie hat es auf ... Weise getan. – g. Sie trägt ... Hut wie gestern. – h. Die zwei Partner sprechen ... Sprache. (sens figuré) – i. Ross und Reiter haben nicht ... Sinn. – j. Der Mann, der sich gemeldet hat, war ... wie derjenige, der gestern kam.

25. Traduisez.
a. Il a donné de **ses** nouvelles. – b. J'ai couru de toutes **mes** forces. – c. Saluez-le de **ma** part. – d. J'allais à **sa** rencontre. – e. Nous courûmes à **son** secours. – f. Il l'a aimée de tout **son** cœur. – g. C'est **mon** tour ; c'est **votre** tour. – h. Il se jeta à **mes** pieds. – i. J'ai parlé de **mon** mieux. – j. Il l'écrivit de **sa** main.

26. Traduisez.
a. Chaque nouvel invité doit se présenter. – b. Tous les vieux journaux ont été brûlés. – c. Un seul étudiant a trouvé la bonne réponse. – d. Je n'ai pas trouvé de gants en cuir. – e. Toutes les chaussures bon marché avaient été vendues. – f. Chaque chèque non couvert *(ungedeckt)* sera rejeté. – g. Elle ne veut plus de boucles d'oreilles en or. – h. Tous les arbitres *(Schiedsrichter)* internationaux sont d'anciens sportifs. – i. On a retrouvé les deux jeunes gens. – j. Demain sera une longue journée.

27. Traduisez.
a. Qu'est-ce que c'est comme dictionnaire ? – b. Quel courage ! – c. Que veux-tu comme stylo ? – d. Dans quel bus est-il monté ? – e. Il habite dans quelle maison ? – f. Qu'est-ce qu'il habite comme maison ? – g. Quelles armes a-t-on trouvées ? – h. Qu'est-ce qu'on a trouvé comme armes ? – i. Quel athlète ! – j. Dans quel monde vivons-nous !

LE GÉNITIF ANTÉPOSÉ

20 La nature et la fonction du génitif antéposé

Le génitif antéposé, ou génitif saxon, est un nom ou un groupe nominal au génitif qui se situe à gauche du nom, à la place du déterminatif.

1. La nature du génitif antéposé

Il peut être :

- **Un nom commun :**

*des **Bürgermeisters** Amt* la fonction du maire

- **Un nom propre :**

***Frankreichs** Premier* le premier ministre français

Attention !
on préférera : *die Königin **Englands*** la reine d'Angleterre
à : ***Englands** Königin*

- **Un quasi-nom :**

→ personne du dialogue
*Es liegt in **unser aller** Interesse.* C'est dans l'intérêt commun. **(de nous tous)**

→ quantificateur
*Das ist nicht **jedermanns** Sache.* Ce n'est pas l'affaire de tout le monde.
*Das ist unter **aller** Kanone.* C'est en dessous de tout. (littéralement : de la critique **de tous**)

- **Un pronom :**

→ relatif :
*Der alte Herr, sein Sohn und **dessen** Hund.* Le vieux monsieur, son fils et le chien de ce dernier.

→ interrogatif :
***Wessen** Handy ist das?* C'est le portable de qui ?

2. Fonction du génitif antéposé

- Le **génitif antéposé** exerce la fonction d'un **déterminatif** :

(fonction déterminatif)	nom	
das	*Handy*	
le	portable	
Peters	*Handy*	→ pas d'article devant *Handy*
le portable **de Peter**		→ article devant « portable »
*(**Peter's***	*phone)*	→ pas d'article devant *phone*

- Le **génitif antéposé** n'exerce pas **la fonction de marquage du groupe nominal** ; il ne porte pas de marque forte.

C'est donc l'adjectif qui suit le génitif antéposé qui porte **la marque forte** :

(fonction déterminatif)	adjectif	nom
der Tragödie	*erster*	*Teil*
	▼ **la** première partie de la tragédie	

À GAUCHE DU NOM : LE GÉNITIF ANTÉPOSÉ

Dieters	*neues* ▼ **la** nouvelle chemise de Dieter	*Hemd*
Dieter, dessen	*rotes* ▼ Dieter, dont **la** chemise rouge...	*Hemd*
Wessen	*neues* ▼ **Le** nouveau portable de qui ?	*Handy?*

Marques fortes, marques faibles, voir 44-45

À VOUS !

28. Traduisez.

a. Englands Kriegsmarine – b. Italiens Sportler – c. Süsskinds letzter Roman – d. Wilhelm Meisters Wanderjahre – e. Schröders Außenpolitik – f. Deutschlands neue Hauptstadt – g. Frankreichs Premier – h. Mutters Geburtstag (Mutter est assimilé à un nom propre) – i. Maries Vater – j. Russlands Präsident.

29. Traduisez.

a. Goethes gesammelte Werke – b. Des Menschen Wille ist sein Himmelreich. – c. Preußens Hauptstadt – d. Des Menschen Engel ist die Zeit. – e. Afrikas führende Kräfte – f. Des Vaterlands Vater – g. Roms alte Gebäude – h. Mozarts Klavierkonzerte – i. Athens Philosophen – j. Des alten Mannes Bart.

30. Traduisez.

a. Des Knaben Wunderhorn – b. Das Wandern ist des Müllers Lust. – c. Des Lebens Mai blüht einmal und nicht wieder. – d. Des Teufels General – e. Mach dich fertig, einen Apfel von des Knaben Kopf zu schießen! – f. Des Meeres und der Liebe Wellen – g. Des Mädchens schönes Gesicht – h. Der Onkel Wilhelms Haus – i. Rührt euch nicht des Kindes Unschuld? – j. Des Menschen Seele gleicht dem Wasser.

31. Traduisez.

a. König Ottokars Glück und Ende – b. Franz Sternbalds Wanderungen – c. Sibiriens Bodenschätze – d. Algeriens Bürgerkrieg – e. Londons Nachtleben – f. New Yorks Bevölkerung – g. Argentiniens Rinder – h. Irlands grüne Wiesen – i. Lybiens Wüsten – j. Tunisiens Feriendörfer

32. Traduisez.

a. Uwes neuer Freund – b. Annas alter Mantel – c. Helga, deren Söhne im Ausland arbeiten, lebt jetzt in Kiel. – d. Heinrichs erste Reise um die Welt – e. Helmuts altes Haus – f. Karls seltsames Benehmen – g. Ingrids krankes Kind – h. Die Nacht ist niemands Freund. – i. Er kam herein, ohne daß jemands Aufmerksamkeit dadurch erregt wurde. – j. Er tat es vor jedermanns Augen.

33. Traduisez en utilisant un génitif antéposé.

a. la capitale du Brésil – b. la politique étrangère de Bismarck – c. les côtes de Norvège – d. les forces dirigeantes d'Afrique – e. les Aborigènes *(die Einheimischen)* d'Australie – f. le président de la Chine – g. le premier ministre du Japon – h. les monuments de Rome – i. les paysages du Schleswig – j. les rois de France.

LES ADJECTIFS DE NOMS

21 Les adjectifs de noms

• Les adjectifs de noms sont des mots qui font partie du groupe nominal ; ils sont par définition « **épithètes** ». Ils se placent dans le champ 2, entre le déterminatif et le nom. Ils **se déclinent**.

champ 1	**champ 2**	champ 3
der	***neue***	*Drucker*
la	**nouvelle**	imprimante

• Ils peuvent constituer **la base d'un groupe** : le groupe adjectif.
• Ils peuvent avoir des **compléments**.
• Il existe deux classes d'adjectifs de noms : les **qualificatifs** et les **désignatifs**.

Adjectifs, voir **91-103**
Groupe adjectif, voir **31**
Déclinaison des adjectifs, voir **45**
Compléments des adjectifs, voir **Annexe**

Attention !
On ne mentionnera que pour les exclure les « **adjectifs de verbe** » (qui font partie du groupe verbal), c'est-à-dire :
• Les adjectifs **attributs**, qui s'emploient avec des verbes d'état : ***krank** sein*, *werden*, *scheinen*, etc.
• Les **adverbes**, qui s'emploient avec des verbes transitifs *(die Zeitung **schnell** lesen)* ou intransitifs *(**schnell** laufen)*.

22 Les adjectifs qualificatifs

1. Nature de l'adjectif qualificatif (ou descriptif)

l'adjectif **qualificatif** répond à la question *wie?*

▼

***Wie** ist die Straße?*
Comment est la route ?

la réponse porte sur un **groupe verbal**

▼

*Die Straße ist **nass**.*
La route est **mouillée**.

→ le groupe verbal est : *nass sein*
→ ***nass* est un adjectif attribut, donc qualificatif**

Attention !
wie interroge aussi sur l'adverbe :

***Wie** kocht er?* — **Comment** cuisine-t-il ?

▼

*Er kocht **ausgezeichnet**.* — **Excellemment !**

le groupe verbal est : *ausgezeichnet kochen*

2. Les 3 types d'adjectifs qualificatifs

Les adjectifs déclinables et graduables :

Ils sont très nombreux.

schön beau *hoch* haut *gut* bon *lächerlich* ridicule *sonnig* ensoleillé *weit* lointain *klein* petit *alt* vieux *neu* neuf *richtig* juste *jung* jeune *nah* proche *kurz* court...

Les adjectifs déclinables, mais non graduables :

Ils sont nombreux. Ce sont essentiellement des adjectifs dérivés ou composés :

heilbar guérissable *regnerisch* pluvieux *gemeinsam* commun *wohnhaft* habitant à *tödlich* mortel *langhaarig* aux cheveux longs...

Les adjectifs ni déclinables, ni graduables :

Ils sont très peu nombreux.

→ Adjectifs de couleur empruntés au français :

rosa rose *orange* orange *beige* beige *oliv* olive *lila* lilas *creme* crème...

*ein **lila** Kleid* une robe lilas *ein **rosa** Hut* un chapeau rose *ein **beige** Pullover* un pull-over beige

→ Ainsi que : *ein **klasse** Foto* une excellente photo

23 Les adjectifs désignatifs : uniquement épithètes

1. Nature de l'adjectif désignatif

l'adjectif **désignatif** répond à la question ***was für ein?*** ou ***welch?*** ***(what sort of? – what kind of?/which?)***	la réponse porte sur **un nom**
▼	▼
***Was für ein** Buch ist das?* Quelle sorte de livre est-ce ? *(**What kind of** a book is that?)*	*Das ist ein **deutsches** Buch.* C'est un livre **allemand**. → *deutsch* **est un adjectif désignatif (il désigne le nom** *Buch*)

Attention !
À la question : ***Wie** ist das Buch?* → la réponse serait : *Das Buch ist klein, dünn...*

Les adjectifs désignatifs sont tous déclinables mais non graduables (sauf les 7 adjectifs suivants désignant l'espace : *inner-, äußer-, unter-, ober-, vorder-, hinter-, mittler-*).

2. Les 6 types d'adjectifs désignatifs

Les adjectifs de relation (en relation avec un nom). Ils sont dérivés :

golden-	*eisern-*	*silbern-*	*seiden-*	*polizeilich*	*ärztlich*	*staatlich*	*studentisch*
en or	en fer	en argent	en soie	policier	médical	étatique	estudiantin

Les adjectifs qui désignent l'espace et le temps : ***hiesig- / heutig-***

→ **l'espace :**

hiesig- d'ici ↔ *dortig-* de là (de là-bas)

*der **hiesige** Bürgermeister* le maire de cette ville-ci

diesseitig- de ce côté-ci, d'ici-bas ↔ *jenseitig-* de ce côté-là, de l'au-delà

recht- droit ↔ *link-* gauche

erst- premier ↔ *letzt-* dernier

*in der **ersten** Reihe* dans la première rangée

*in der **letzten** Reihe* dans la dernière rangée

auswärtig extérieur

Les adjectifs suivants ont une forme de base au degré 1 ; contrairement à tous les autres adjectifs désignatifs, ils ont exceptionnellent une forme de degré 2 :

inner- (innerst-) intérieur ↔ *äußer- (äußerst-)* extérieur
unter- (unterst-) inférieur ↔ *ober- (oberst-)* supérieur
*der **obere** Teil* la partie supérieure
vorder- (vorderst-) antérieur ↔ *hinter- (hinterst)* postérieur
*das **hintere** Rad* la roue arrière *das **hinterste** Buch* le livre qui est tout derrière
mittler- (mittelst-) central *die **mittelste** Säule* la colonne qui est exactement au centre

Attention !
Dans l'exemple suivant, le mot du champ 2 n'est pas un adjectif, mais un génitif pluriel antéposé :
*das **Pariser** Leben*
▼
*das Leben **der Pariser***
la vie parisienne

→ **le temps :**

baldig- prochain
einstig- d'autrefois
diesjährig- de cette année
jetzig- d'aujourd'hui, actuel
erst- premier
morgig- de demain
sonstig- autre, habituel, d'autrefois
vorgestrig- d'avant-hier
vorig- antérieur
zukünftig- futur
bisherig- qui a eu lieu jusqu'à présent
gestrig- d'hier
heutig- d'aujourd'hui
künftig- futur
letzt- dernier
sofortig- immédiat
übermorgig- d'après-demain
vorherig- précédent
wiederholt- répété

→ **tous les composés de *-malig* :**

abermalig- répété
dermalig- actuel, présent
ehemalig- d'autrefois
einstmalig- unique
jedesmalig- de chaque fois
mehrmalig- répété
oftmalig- répété
damalig- d'alors
diesmalig- qui a lieu cette fois-ci
einmalig- unique
erstmalig- qui a lieu pour la première fois
letztmalig- qui a lieu pour la dernière fois
nochmalig répété
vormalig- d'autrefois

Attention !
Dans l'exemple suivant, le mot du champ 2 n'est pas un adjectif, mais un génitif pluriel antéposé :
*die **sechziger** Jahre* les années soixante

Les ordinaux :

*erst- zweit- ... **der letzt-*** premier deuxième ... le dernier

*Sie wohnt im **ersten** Stock.* Elle habite au **premier** étage.
*im **zweiten** Kapitel* dans le **second** chapitre
*die **Dritte** Welt* le **Tiers**-Monde
*der **letzte** Student* le **dernier** étudiant

À VOUS !

34. Recopiez les phrases suivantes en écrivant les adjectifs ordinaux en toutes lettres.
a. Im I. und im II. Weltkrieg ist die Schweiz neutral geblieben. – b. Im 5. Akt stirbt die Hauptfigur. – c. Am 3. Tag war er verschwunden. – d. In der 2. Woche wurde er krank. – e. Sie hat zum 4. Mal angerufen.

35. Traduisez.
a. Als Erstes würde ich anrufen. – b. Die Ersten werden die Letzten sein. – c. Er hat den Erstbesten eingestellt. – d. Am Ersten des Monats muss er seine Miete zahlen. – e. Jeder Zweite musste sich melden. – f. Zum Ersten ruhig bleiben, zum Zweiten die Feuerwehr anrufen. – g. Er arbeitet wie kein Zweiter. – h. Der Dritte kam zu spät. – i. Jeder Dritte wurde entlassen. – j. Ich möchte in eurem Bund der Dritte sein.

36. Traduisez.
a. die damalige Wissenschaft – b. ihr ehemaliger Beruf – c. die bisherigen Ergebnisse – d. eine einstmalige Erfahrung – e. bei unserem erstmaligen Treffen – f. der vorige Präsident – g. das vordere Rad – h. die äußeren Umstände – i. das mehrmalige, ungeduldige Klopfen.

- **Les adjectifs de quantité** : (Quantificateurs, voir 257)

→ **globaux :**

*die **beiden** Hände* les deux mains
*Herren **jeden** Alters* des hommes de tous âges
*das **ganze** Land* le pays tout entier
***sämtliche** Anwesenden* toutes les personnes présentes
*das **gesamte** Werk* l'œuvre complète
***all** die Zeit* tout le temps

→ **partiels :**

*ein **paar** alte Steine* quelques vieilles pierres
*die **paar** Blumen* les quelques fleurs
***manche** Beamte* (pluriel) plus d'un fonctionnaire
*die **wenige** Zeit* le peu de temps
*mit **etlichem** Staunen* avec quelque étonnement
***mehrere** junge Kinder* plusieurs jeunes enfants
***einige** alte Scheine* quelques vieux billets
*der **halbe** Tag* la demi-journée
*die **vielen** Freunde* les nombreux amis
*die **meiste** Zeit* la plupart du temps

→ **indéfinis :**

*Helfet mir **einzelnem*** — Aidez-moi, qui suis seul.
*Es gibt nur einen **einzigen** Ausweg.* — Il n'y a qu'une seule issue.
*das **übrige** Geld* — l'argent restant

Attention !
- *ein paar* et *die paar* sont invariables.
- *manche* et *mehrere*, adjectifs, s'emploient au pluriel uniquement.

- **Les indexicaux :**

Ils ne renvoient qu'à la langue, ils ne correspondent à aucune réalité du monde.

*das **folgende** Beispiel* — l'exemple suivant
*der **genannte** Minister* — le ministre nommé
*ein **solcher** Mann* — un tel homme
*der **besagte** Zwischenfall* — l'incident mentionné
*die **sogenannten** Freunde* — les soi-disant amis

- **Certains participes 1 et 2 employés comme adjectifs** :

→ participe 1 : *die **bildende** Kunst* les arts plastiques

→ participe 2 :

*ein **studierter** Kerl* — un gars qui a fait des études
*eine **gelernte** Kosmetikerin* — une esthéticienne diplômée
*ein **emeritierter** Professor* — un professeur émérite
*ein **gelehrter** Streit* — une dispute entre savants

Attention !
Il est parfois difficile de distinguer entre qualificatif et désignatif :

*das **klagende** Lied*

le chant **plaintif**, la complainte	le chant **accusateur**
▼	▼
klagende est **qualificatif**	*klagende* est **désignatif**
▲	▲
***Wie** ist das Lied?*	***Was für ein** Lied ist das?*

24 La place des adjectifs de noms devant le nom

1. Si un adjectif qualificatif et un adjectif désignatif se rapportent au même nom, leur place par rapport au nom est fixe.

en allemand et en anglais	en français, en espagnol et dans les langues latines
l'adjectif qualificatif précède l'adjectif **désignatif** :	l'adjectif qualificatif précède le nom l'adjectif **désignatif** suit le nom :
*ein guter **französischer** Wein*	un bon vin **français**
*a good **French** wine*	*un buen vino **francés***
qualificatif **désignatif** nom	qualificatif nom **désignatif**

Attention !
L'absence de virgule souligne la différence de statut entre les deux adjectifs.
Si les deux adjectifs sont qualificatifs, la virgule est obligatoire :
ein guter, billiger Wein un vin bon et pas cher

2. Si deux adjectifs désignatifs se suivent, l'ordre est généralement le suivant :

	désignatif		désignatif	
die	***besten***		***deutschen***	*Physiker*
les	meilleurs	physiciens	allemands	
(the	*best*		*German*	*physicists)*

3. Si deux adjectifs désignatifs et un quantificateur (ou un ordinal) apparaissent dans la même phrase, l'ordre est le suivant :

	quantificateur	désignatif		désignatif	
die	*zwei*	***besten***		***deutschen***	*Physiker*
les	deux	meilleurs	physiciens	allemands	
(the	*two*	*best*		*German*	*physicists)*

25 Les limites de la distinction entre les adjectifs

La distinction entre **qualificatifs** et **désignatifs** n'a de sens que pour les adjectifs en contexte. En effet, la désignation ne se limite pas aux seuls adjectifs désignatifs, **le qualitatif servant lui aussi à la désignation** :

- Les adjectifs de couleur sont, théoriquement, des adjectifs qualificatifs. Mais on peut très facilement les employer de façon désignative :

***Welches** Hemd soll ich heute anziehen?*	**Quelle** chemise dois-je mettre aujourd'hui ?
*Das **weiße** oder das **blaue**?*	La **blanche** ou la **bleue** ?
*Zieh heute das **blaue** Hemd an.*	Aujourd'hui tu mettras la **bleue**.

- Il en va de même pour les adjectifs de nationalité, désignatifs par définition, mais qui peuvent être employés comme qualificatifs :

*" ... dass Luther nicht bloß der größte, sondern auch der **deutscheste** Mann unserer Geschichte ist. " (Heine)*

" ... que Luther n'est pas seulement le plus grand homme de notre histoire, mais aussi le plus **allemand**. "

LES ADJECTIFS DE NOM

qualificatifs (épithètes **et** attributs)	**désignatifs** (uniquement épithètes)				
	de **relation**	à désigné **spatio-temporel**	**ordinaux**	de **quantité**	**indexicaux**
schön	*golden*	*hiesig-, heutig-*	*erst-*	*gesamt-*	*folgend-*

À VOUS !

37. Précisez si les adjectifs sont désignatifs ou qualificatifs.

a. die **schöne** Stadt – b. ein **gutes** Essen – c. eine **schwere** Frage – d. die **heutige** Zeitung – e. Er hat schon **große** Kinder. – f. die **damalige** Zeit – g. der **weiße** Schnee – h. Gib mir das **weiße** Hemd! – i. Er hat ein **altes** Fahrrad gekauft. – j. Das ist **nett** von dir.

38. Précisez si les adjectifs sont désignatifs ou qualificatifs (proverbes).

a. Mit **alten** Hunden ist die **sicherste** Jagd. – b. Auf **großen** Seen sind **große** Wellen. – c. **Kleine** Leute sieht man nicht. – d. In der Jugend **wild**, im Alter **mild**. – e. **Kalte** Hände, **warme** Liebe. – f. **Faule** Leute haben **lange** Tage. – g. Besser auf dem **rechten** Wege hinken als auf dem **falschen** reiten. – h. Wer **trübe** Fenster hat, dem erscheint alles grau. – i. **Alte** Bäume biegt man nicht mehr. – j. In **engen** Schuhen ist nicht gut tanzen.

39. Insérez les adjectifs dans le groupe nominal.

a. die Zeit (schön, alt) – b. der Wagen (deutsch, neu) – c. ein Wein (italienisch, billig) – d. der Kunde (best-, erst-) (le premier client venu) – e. der Präsident (amerikanisch, künftig) – f. das Reich (Heilig, Römisch) – g. der Anzug (wollen-, dunkelblau) – h. eine Regelung (europäisch, umstritten) – i. die Seilbahn (österreichisch, gefährlich) – j. eine Prominenz (politisch, hochkarätig).

40. Traduisez.

a. "**Pariser** Leben" ist eine Operette von Offenbach. – b. Der **Schweizer** Käse wird in der Stadt Gruyères hergestellt. – c. Der **Emmentaler** Käse hat kirschgroße Löcher. – d. Die **Lyoner** Wurst ist eine Wurst mit Knoblauch. – e. Die **Frankfurter** Würstchen sind bogenförmig..., – f. ... während die **Wiener** Würstchen gerade sind. – g. Das **Wiener** Schnitzel ist ein paniertes Schnitzel. – h. Im **Siebziger** Krieg (= 70er Krieg) haben die Franzosen gegen die Preußen gekämpft. – i. Die Beatles wurden Anfang der **sechziger** Jahre weltberühmt. – j. Der **Hamburger** ist ein Beefsteak aus der Stadt Hamburg.

26 Les formes dérivées : degré 1 et degré 2

Les degrés sont des formes dérivées à l'aide de suffixes : *-er* pour le degré 1 ; *-st-* pour le degré 2.
Ces formes sont porteuses de significations diverses, dont les plus connues sont le comparatif et le superlatif. Pour des raisons essentiellement sémantiques, les adjectifs n'ont pas tous de tels dérivés. Il faut donc vérifier dans un dictionnaire si, pour un adjectif donné, les formes dérivées en *-er* et/ou en *-st-* sont attestées.
On appelle degré zéro la forme de base à partir de laquelle se fait la dérivation :

degré 0	*dick*
degré 1	*dick**er***
degré 2	*dick**st-***

27 Les particularités orthographiques des degrés 1 et 2

1. L'inflexion

- L'inflexion s'ajoute aux désinences des degrés 1 et 2 sur les adjectifs suivants :

alt	≠	*jung*	*dumm*	≠	*klug*	*kalt*	≠	*warm*
vieux	≠	jeune	bête	≠	avisé	froid	≠	chaud
krank	≠	*gesund*	*kurz*	≠	*lang*	*schwach*	≠	*stark*
malade	≠	sain	court	≠	long	faible	≠	fort
arm		*hart*	*grob*		*scharf*	*groß*		*schwarz*
pauvre		dur	grossier		aigu, tranchant	grand		noir

- L'inflexion s'ajoute ou non sur les adjectifs suivants :

degré 0	degré 1	degré 2	
bang(e)	*banger/bänger*	*bangst-/bängst-*	anxieux
blass	*blasser/blässer*	*blassest-/blässest-*	pâle
fromm	*frommer/frömmer*	*frommst-/frömmst-*	pieux
gesund	*gesunder/gesünder*	*gesündest-/(gesundest-)*	sain
glatt	*glatter/glätter*	*glattest-/glättest-*	glissant
karg	*karger/(kärger)*	*kargst-/kärgst-*	avare, chiche
krumm	*krummer/krümmer*	*krummst-/krümmst-*	tordu
nass	*nasser/(nässer)*	*nassest-/(nässest-)*	mouillé
rot	*roter/rotest* (sens figuré)	*röter/rötest* (sens propre)	rouge
schmal	*schmaler/schmäler*	*schmalest-/schmälest-*	étroit

2. La voyelle « e » retranchée, ajoutée

- Au degré 1, on retranche « e » aux adjectifs dont le radical se termine par :

	degré 0	degré 1	
-el	*dunkel*	*dunkler*	sombre
-en	*trocken*	*trockner*	sec
-er	*teuer*	*teurer*	cher

- Au degré 2, on ajoute « e » aux adjectifs dont le radical se termine par :

→ *-d* *wild* sauvage *wildest-*
  • sauf si la syllabe finale n'est pas accentuée : *spannend* captivant *spannendst-*
→ *-t* *bekannt* connu *bekanntest*
→ *-s* *seriös* sérieux *seriösest-*
→ *-ß* *süß* doux *süßest-*

- sauf : *groß* grand *der größte Held* le plus grand héros

→ -*sch* *rasch* rapide *raschest-* plus rapide

- sauf si la syllabe finale n'est pas accentuée : *praktischst-* pratique *komischst-* comique *neidischst-* jaloux
- mais : *fesch* chic *fesch(e)st-* très chic *frisch* frais *frisch(e)st* très frais

→ -*x* *laxest-* relâché *fixest-* prompt *orthodoxest-* orthodoxe *paradoxest-* paradoxal

→ -*z* *spitzest-* aigu *kurzest-* court *schwärzest-* noir

3. Les formes irrégulières

degré 0		degré 1		degré 2	
gut	bon	*besser*	meilleur	*best-*	le meilleur
hoch	haut	*höher*	plus haut	*höchst-*	le plus haut
nah	proche	*näher*	plus proche	*nächst-*	le plus proche

Attention !
Deux adverbes ont des formes irrégulières de degré 1 et 2
gern volontiers → *lieber* de préférence → *am liebsten* plus volontiers
viel beaucoup → *mehr* davantage → *am meisten* le plus

28 Les emplois des degrés 1 et 2

1. Les emplois du degré 1

Le sens premier du suffixe -*er* n'est pas le comparatif mais la modalisation du sens de l'adjectif par rapport à la forme sans suffixe. Cet emploi est soumis à des contraintes très précises qui sont à la fois :

→ **sémantiques** : cette modalisation n'est possible qu'avec quelques couples d'adjectifs antonymiques qui expriment la mesure ou l'évaluation :
jung/alt jeune/vieux *kurz/lang* court/long *alt/neu* vieux/nouveau *groß/klein* grand/petit

→ **syntaxiques** : l'adjectif ne peut être qu'épithète et il doit être précédé de *ein* :
Ein jüngerer Mann ist älter (~~jünger~~) als ein junger Mann.
Un homme assez jeune est plus âgé (~~plus jeune~~) qu'un homme jeune.
Eine ältere Dame ist jünger (~~älter~~) als eine alte Dame.
Une femme d'un certain âge est plus jeune (~~plus âgée~~) qu'une vieille femme.

Le degré 1 modalise le sens de base pour un certain nombre d'adjectifs :

*Sie glauben, sie wären **bessere** Leute.* Ils se croient **sortis de la cuisse de Jupiter**.
*Die **reicheren** Leute denken da anders.* Les gens **aisés** pensent différemment.
*die **neueren** Sprachen* les langues **vivantes** (et non mortes)
*die **neuere** Kunst* l'art **contemporain**
*die **Neuere** Zeit* les temps **modernes** (1789-1917)
*in **neuerer** Zeit* **récemment**
*Morgen sagen ich Ihnen **Genaueres**.* Je vous donnerai **plus de précisions** demain.
*Dieser Weise war kein **Geringerer** als Sokrates.* Ce sage n'était **autre** que Socrate.
*Es ist ein Fall von **höherer** Gewalt.* C'est un cas de force **majeure**.

2. Les emplois du degré 2

Les adjectifs au degré 2 peuvent avoir un sens sans rapport réel avec le superlatif :

*die **neuesten** Nachrichten* les **dernières** nouvelles
*der **neueste** Stand der Forschung* l'état **actuel** de la recherche
*in **neuester** Zeit* **récemment**
*die **Neueste** Zeit* l'époque **contemporaine** (depuis 1917)

Liebste Tante! **Ma très chère** tante !
*aus **tiefstem** Afrika* **du fin fond** de l'Afrique
*mit **herzlichsten** Grüßen* **chaleureuses** salutations
*das **Jüngste** Gericht* le Jugement **dernier**
*es ist **höchste** Zeit* il est **grand temps**
*Er ist auch nicht mehr der **Jüngste**.* C'est qu'il n'est plus **tout jeune**.

À VOUS !

41. Parmi les adjectifs suivants, lesquels ont un comparatif et/ou un superlatif ?
a. früh – b. damalig – c. frei – d. inner – e. interessant – f. vierbeinig – g. alt – h. bebrillt – i. neu – j. ärztlich

42. Mettez aux degrés 1 et 2.
a. lang – b. groß – c. müde – d. ängstlich – e. verdorben – f. stolz – g. wild – h. teuer – i. krank – j. kalt

43. Traduisez.
a. Ein älterer Herr kam vorbei. – b. In jüngerer Zeit hat sich manches geändert. – c. Sie interessiert sich für die neuere Kunst. – d. Er hat den Kürzeren gezogen. – e. Ein jüngerer Mann hat sich gemeldet.

29 Les comparatifs et le superlatif

1. Les comparatifs de supériorité, d'égalité, d'infériorité

Formation et nature du comparatif de supériorité :

→ Formation du comparatif de supériorité :

	adjectif au degré 1	+ *als*		**plus**	adjectif	**que**
Berlin ist	*größer*	*als München.*	Berlin est	**plus**	**grand**	**que** Munich.
	(bigger	*than)*				

Attention !
• On trouve *denn* à la place de *als* :
– dans les proverbes :
*Geben ist **seliger denn** Nehmen.* Il vaut mieux donner **que** prendre.
– lorsqu'on veut éviter la succession de deux *als* :
*Schiller war **größer als** Dramatiker **denn** als Lyriker.*
Schiller était meilleur dramaturge **que** poète lyrique.
• On peut comparer aussi deux qualités d'un même élément :
*Sie ist **mehr** elegant **als** schön.* Elle est **plus** élégante que belle.
*Sie ist **eher** elegant **als** schön.* Elle est **plutôt** élégante que belle. (= Elle est moins belle qu'élégante.)

→ Nature de l'adjectif au comparatif de supériorité :
• Quand l'adjectif au comparatif de supériorité est **attribut**, il a un emploi **qualificatif** : il est employé dans le groupe verbal et il répond à la question ***Wie ist...?*** :
*Der Bruder ist **älter als** die Schwester.* Le frère est **plus âgé que** la sœur.
***Wie** ist der Bruder?*
▼
l'adjectif est **attribut**, **donc qualificatif**

• Quand l'adjectif au comparatif de supériorité est **épithète**, il a un emploi **désignatif** : il est employé dans le groupe nominal et répond à la question ***Welch?*** ; il désigne l'un des deux éléments d'un **couple** :

*Der **Klügere** gibt nach.*	**Le plus intelligent** (des deux) cède.
*der **ältere** Bruder*	**le plus âgé** des deux frères
*(the **elder** brother)*	
▼	▼
***Welcher** Bruder?*	
l'adjectif est **épithète**	le français utilise le superlatif

Le comparatif d'égalité :

	***so** (ebenso)*	adjectif	***wie***		**aussi**	adjectif	**que**
Paris ist	***so***	*schön*	***wie** Rom.*	Paris est	**aussi**	beau	**que** Rome.
(Paris is	***as***	*nice*	***as** Rome.)*				
Er ist	***so***	*groß*	***wie** dumm.*	Il est	**aussi**	grand	**que** bête.
(He is	***as***	*tall*	***as** he is stupid.)*				

▼

l'adjectif est **attribut**

	***so** (ebenso)*	adjectif	***wie***		**aussi**	adjectif	**que**
eine	***so***	*dicke Orange*	***wie** diese*	une orange	**aussi**	grosse	**que** celle-là

▼

l'adjectif est **épithète**

Le comparatif d'infériorité :

→ On nie l'égalité : ***nicht so ... wie*** — pas aussi ... que *(not so ... as)*

	nicht so	adjectif	***wie***		**pas aussi**	adjectif	**que**
Es war	***nicht so***	*einfach,*	***wie** ich dachte.*	Ce n'était	**pas aussi**	simple	**que** je (le) pensais.
(It was	*not so*	*easy*	*as I thought.)*				

▼

l'adjectif est **attribut**

*eine **nicht so** einfache Frage **wie** die vorige* — une question **pas aussi** simple **que** la précédente

▼

l'adjectif est **épithète**

→ On a recours à *weniger* : ***weniger ... als*** — moins ... que *(less ... than)*

	weniger	adjectif	***als***		**moins**	adjectif	**que**
Es war	***weniger***	*einfach,*	***als** ich dachte.*	C'était	**moins**	simple	**que** je le pensais.
(It was	*less*	*easy*	*than I thought.)*				

▼

l'adjectif est **attribut**

*eine **weniger einfache** Frage **als** die vorige* — une question **moins** simple **que** la précédente

▼

l'adjectif est **épithète**

2. Le superlatif

Quand le superlatif est **épithète**, il se met au degré 2 ; il est donc déclinable :

***die schönsten** Rosen* **les plus belles** roses

- Quand le superlatif est **attribut** :
  - → Comme les attributs sont invariables en allemand, il faut recourir à une forme de type adverbial :
    Diese Rosen sind ***am schönsten.*** Ces roses sont **les plus belles**.
  - → On intègre le superlatif dans un groupe nominal elliptique, où il redevient épithète, donc déclinable :
    Diese Rosen sind ***die schönsten*** *[Rosen].* Ces roses sont **les plus belles** [roses].

À VOUS !

44. Traduisez.
a. Die reichen Leute sind nicht immer die freigebigsten. – b. Der Adler ist der stärkste unter allen Vögeln. – c. Das beste Bier kommt aus München. – d. In Asien findet man höhere Berge als in Europa. – e. Der Rhein, der bedeutendste deutsche Strom, entspringt in der Schweiz. – f. Manche Zeitungen werden immer billiger und andere immer teurer. – g. Der längste Weg ist oft der kürzeste. – h. Mein Handy ist nicht so schwer wie deins. – i. Die Schweiz gehört zu den kleinsten Ländern Europas, aber sie ist nicht das unbedeutendste. – j. Auch der Klügste kann sich irren.

30 Les formes de l'appréciatif

Cette appellation est préférable à « superlatif absolu », qui crée des confusions avec le « superlatif (relatif) » du système comparatif (le plus grand). L'appréciatif n'est pas de type comparatif (on ne compare pas, on apprécie).

1. L'adjectif est au degré 2

in der ***höchsten*** *Not* au comble de la détresse *aus* ***tiefstem*** *Herzen* du fond du cœur *in* ***tiefster*** *Seele* viscéralement

2. L'adjectif est précédé d'un adjoint (voir 91-103)

allzu, äußerst, gar extrêmement
ausdrücklich, ausgesprochen expressément
außergewöhnlich, außerordentlich inhabituellement, extraordinairement
besonders particulièrement
heiß brûlant
hoch, höchst, aufs höchste au plus haut point
höchlich, höchlichst au plus haut degré
maßlos démesurément
sagenhaft fabuleusement
schwer gravement
sehr très
stark fortement
tief, zutiefst profondément
total totalement
ungeheuer immensément
unheimlich de façon impressionnante
verdammt sacrément
vollends complètement
völlig, ganz, gänzlich entièrement
weit largement

3. L'adjectif est dérivé

- **La dérivation se fait à partir de préfixes germaniques** :

aller-	*der* ***aller****letzte Kandidat*	le tout dernier candidat
best-	*Er ist immer* ***best****informiert.*	Il est toujours parfaitement informé.

grund-	*Diese Auffassung ist **grund**falsch.*	Cette conception est fondamentalement erronée.
höchst-	*Der Sieg ist **höchst**wahrscheinlich.*	La victoire est hautement probable.
nächst-	*das **nächst**beste Buch* *die **nächst**höhere Person*	n'importe quel livre la personne juste au-dessus
stink-	*Er ist **stink**reich.*	Il pue le fric.

- **La dérivation se fait à partir de préfixes grecs** :

erz-	*Er ist **erz**faul.*	Il est très paresseux (archiparesseux).
hyper-	*Er ist **hyper**sensibel.*	Il est d'une sensibilité excessive.

- **La dérivation se fait à partir de préfixes latins** :

super-	*Das ist **super**modern.*	C'est à la pointe de la modernité.

4. L'adjectif est composé

***abgrund**tief*	profond comme l'abîme
***bären**stark*	fort comme un Turc
***baum**lang*	très long
***baum**stark*	fort comme un Turc
***bienen**fleißig*	diligent
***bild**schön*	de toute beauté
***blei**schwer*	lourd comme du plomb
***blitz**sauber*	propre comme un sou neuf
***blitz**schnell*	rapide comme l'éclair
***blut**arm*[1]	pauvre comme Job
***blut**jung*	tout jeune
***bomben**sicher*	absolument certain
***brand**neu*	flambant neuf
***eis**kalt*	glacé, glacial
***faust**dick*	gros comme le poing
***feder**leicht*	léger comme une plume
***fuchsteufels**wild*	fâché tout rouge
***funkelnagel**neu*	flambant neuf
***granaten**voll*	saoûl comme une grive
***hauch**dünn*	mince comme une crêpe
***haut**nah*	très près
***heil**froh*	tout heureux
***hell**wach*	parfaitement éveillé
***hunde**elend*	misérable comme un chien
***kern**gesund*	qui a une santé de fer
***klamm**heimlich*	en catimini
***klatsch(e)**nass*	trempé jusqu'aux os
***klitze**klein*	minuscule
***knall**rot*	rouge vif
***kohlraben**schwarz*	noir comme un corbeau
***kohl**schwarz*	noir comme du charbon
***kreide**bleich*	blanc comme un linge
***kreuz**fidel*	d'une gaité à toute épreuve
***mäuschen**still*	muet comme une carpe
***mause**tot*	raide mort
***pech**schwarz*	noir comme l'ébène
***piek**fein*	très chic
***piek**sauber*	propre comme un sou neuf
***puter**rot*	cramoisi
***putz**munter*	plein d'entrain
***quietsch**vergnügt*	gai comme un pinson
***riesen**groß*	immense
***schloh**weiß*	chenu
***schnee**weiß*	blanc comme neige
***sperrangel**weit*	grand ouvert
***spindel**dürr*	mince comme un clou
***splitterfaser**nackt*	nu comme un ver
***spott**billig*	(un prix) ridiculement bas
***spring**lebendig*	gai comme un pinson
***stein**alt*	vieux comme Mathusalem
***stein**reich*	riche comme Crésus
***sternhagel**voll*	saoûl comme un Polonais
***stock**finster*	noir comme dans un four
***stock**steif*	raide comme un piquet
***stroh**dumm*	bête à manger du foin
***stroh**trocken*	très sec
***wasch**echt*	bon / grand teint
***welt**weit*	très loin
***wiesel**flink*	souple comme une anguille
***wild**fremd*	totalement étranger
***wunder**schön*	merveilleusement beau

1. *sehr arm* : très pauvre/anémique.

À VOUS !

45. Donnez l'appréciatif des adjectifs suivants en ajoutant un adjoint ou en formant un adjectif dérivé.
sehr möglich → höchstmöglich
a. sehr interessant – b. sehr faul – c. sehr geliebt – d. sehr anständig – e. sehr betrübt – f. sehr taub – g. sehr blass – h. sehr sicher – i. sehr klein – j. sehr heiß.

46. Même exercice.
a. sehr modern – b. sehr krank – c. sehr langweilig – d. sehr dumm – e. sehr modisch – f. sehr gepflegt – g. sehr falsch – h. sehr ehrlich – i. sehr umstritten – j. sehr poetisch.

47. Remplacez l'adjectif précédé d'un adjoint par un adjectif composé qui a le même sens.
sehr weiß → schneeweiß
a. sehr schön – b. sehr alt – c. äußerst gesund – d. sehr trocken – e. ganz wach – f. sehr rot – g. sehr billig – h. äußerst sauber – i. sehr elend – j. sehr reich.

48. Même exercice.
a. sehr dünn – b. sehr neu – c. sehr sauber – d. sehr leicht – e. sehr bleich – f. ganz nah – g. ganz schwarz – h. ganz munter – i. sehr groß – i. völlig lebendig.

31 Le groupe adjectif et le groupe participe

Les adjectifs épithètes ou les participes 1 et 2 employés comme adjectifs épithètes peuvent avoir une expansion, c'est-à-dire un complément à gauche. Ils deviennent ainsi la base (ou le noyau) d'un groupe adjectif (ou participe). Le schéma est le même que pour les noms composés. (voir 16)

1. Le groupe adjectif

Le groupe adjectif sans préposition :

	2 complément	1 adjectif	0 NOM	1 adjectif	2 complément
un *ein*	*zehn Kilometer*	*langer*	tunnel *Tunnel*	long	de dix kilomètres

← **allemand** — **français** →

Le groupe adjectif avec préposition :

	2 complément	1 adjectif	0 NOM	1 adjectif	2 complément
une *eine*	*auf ihren Sohn*	*stolze*	mère *Mutter*	fière	de son fils

← **allemand** — **français** →

2. Les groupes participes 1 et 2

Le groupe participe 1 :

	3	2	1	0	1	2	3
	temps	lieu	adjectif/ participe	**NOM**	adjectif/ participe	lieu	temps
l'				épave	qui dérive	en haute mer	depuis hier
das	*seit gestern*	*auf hoher See*	*treibende*	*Wrack*			

allemand **français**

Le groupe participe 2 :

	3	2	1	0	1	2	3
	temps	lieu	adjectif/ participe	**NOM**	adjectif/ participe	lieu	temps
le				traité	signé	à Rome	en 1957
der	*1957*	*in Rom*	*unterzeichnete*	*Vertrag*			

allemand **français**

À l'exception du déterminatif, les constructions allemande et française sont symétriques l'une par rapport à l'autre autour du **nom**.

Compléments des adjectifs, voir Annexe

À VOUS !

49. Réduisez les groupes adjectifs et les groupes participes sur le modèle :
der vorige Woche gewählte Präsident → der gewählte Präsident
a. die von allen bewunderte Sängerin – b. die heute eingegangene Post – c. das in Amerika operierte Mädchen – d. der lang ersehnte Sieg – e. der im Seedient erfahrene Matrose – f. die aus dem Altertum geerbte Philosophie – g. die vorigen Monat gekaufte Festplatte – h. das aus dem Feuer gerettete Fotoalbum – i. die bei uns üblichen Sitten – j. der in der ganzen Welt berühmte Gründer der Microsoft Firma.

50. Composez des groupes adjectifs et des groupes participes avec les éléments qui vous sont donnés.
die Universität (besucht / von vielen Studenten) → die von vielen Studenten besuchte Universität
a. das Luftschiff (gebaut/vom Grafen von Zeppelin) – b. das Kind (geboren/vorgestern/in Landau) – c. die Polizei (kritisiert/oft/von den Bürgern) – d. eine Wunde (vernarbt/seit langem) – e. der Direktor (ernannt/vor kurzem) – f. die Wunde (untersucht/vom Chirurgen) – g. die Strahlen (entdeckt/von Röntgen) – h. der Bundespräsident (gewählt/von den beiden Kammern) – i. die Staatsgewalt (ausgehend/vom Volk) – j. der Beamte (strafversetzt/nach Fulda).

32 La formation des adjectifs : dérivation, composition et amalgame syntaxique

L'allemand dispose d'un nombre limité d'adjectifs dits « premiers ».
Pour augmenter ce nombre, la langue a eu recours à trois types d'enrichissement :
- La **dérivation**.
- La **composition**.
- L'**amalgame syntaxique**.

Les deux types d'adjectifs de nom

Les adjectifs premiers :

→ **Simples** :

grün	*alt*	*dick*	*hoch*
vert	vieux	épais	haut
(green	*old*	*thick*	*high)*

→ **Dérivés** :

golden	*hölzern*	*tugendhaft*	*töricht*
en or	en bois	vertueux	fou
(golden	*wooden*	*virtuous*	*foolish)*

→ **Composés** :

vierbeinig	*langhaarig*	*kurzfristig*
quadrupède	aux cheveux longs	à court terme
(four-legged	*long-haired*	*short-dated)*

Les adjectifs seconds qui résultent d'une adjectivation :

→ Participes 1 devenus adjectifs :
- **Simples**

*die **bildende** Kunst* les arts plastiques — *ein **treffender** Vergleich* une comparaison pertinente
*die **betreffende** Person* la personne concernée — *das **klagende** Lied* la complainte

- **Complexes (amalgames syntaxiques)**

***gleichlaufende** Linien* des droites parallèles

→ Participes 2 devenus adjectifs :
- **Simples**

*ein **behelmter** Motorradfahrer* un cyclomotoriste casqué
*ein **gebauchter** Polizeikommissar* un commissaire de police ventripotent
***geflügelte** Worte* des citations célèbres — *der **Gestiefelte** Kater* le Chat botté

- **Complexes (amalgames syntaxiques)**

*die **neugeborenen** Kinder* les nouveau-nés — ***altbackenes** Brot* du pain rassis

33 La dérivation

La **dérivation** consiste à créer un adjectif à partir d'un autre mot en lui ajoutant :

• un suffixe :	*der Schmerz*	la douleur	→ *schmerz**voll***	douloureux
• un préfixe :	*denkbar*	pensable	→ ***un**denkbar*	impensable
• un suffixe et un préfixe :	*das Glück*	le bonheur	→ ***un**glück**lich***	malheureux

1. La dérivation par suffixation

Les suffixes non autonomes (les indications chiffrées donnent un ordre de grandeur) :

suffixes	sens	
→ *-ig* (4 000)	**pourvu de**	*lebendig* vivant *lustig* gai *mächtig* puissant *witzig* spirituel *vierbeinig* quadrupède
→ *-isch* (2 000)	**origine**	*aristokratisch* aristocratique *irdisch* terrestre *himmlisch* céleste *bergmännisch* de mineur • syncope du ***i*** dans : *welsch* français/belge *deutsch* allemand *hübsch* joli • ainsi que dans les adjectifs dérivés de noms propres : *die grimmschen Märchen* les Contes de Grimm *die hegelsche Philosophie* la philosophie de Hegel
	manière avec souvent une nuance péjorative	*verführerisch* séducteur *verräterisch* traître *kindisch* enfantin *modisch* à la mode *gaunerisch* voyou Par fausse coupe (*gaun-erisch* au lieu de *gauner-isch*) on a obtenu *-erisch* : *regnerisch* pluvieux *trügerisch* trompeur
→ *-lich* (1 000)	**ressemblance**	*ähnlich* analogue *grünlich* verdâtre *väterlich* paternel *mütterlich* maternel *männlich* viril
	passif	*zerbrechlich* cassable *verkäuflich* vendable *beweglich* mobile *fraglich* problématique
	dérivation essentiellement syntaxique	*jährlich* annuel *natürlich* naturel *sonderlich* bizarre *mörderlich* criminel
→ *-bar* (700)	**sens passif** (possibilité)	*trennbar* séparable *brennbar* inflammable *dehnbar* extensible *wohnbar* habitable *findbar* trouvable *trinkbar* buvable *lesbar* lisible *unsagbar* indicible
	sens actif (qui porte)	*fruchtbar* fertile *furchtbar* épouvantable *dankbar* reconnaissant
→ *-los* (400)	**privation**	*sorglos* sans souci *ziellos* sans but *berufslos* sans profession *sittenlos* immoral *geschmacklos* fade *atemlos* hors d'haleine *tadellos* irréprochable *gewissenlos* sans scrupule *rücksichtslos* brutal
→ *-haft* (300)	**« qui tient »**	*lebhaft* vivant *glaubhaft* crédible *zweifelhaft* douteux *ekelhaft* dégoûtant *mangelhaft* défectueux *schmerzhaft* douloureux *märchenhaft* fabuleux *possenhaft* plaisant *nebelhaft* nébuleux
→ *-sam* (100)	• **idée de similitude** (anglais *the same* : le même) • **« qui a du goût pour »**	*arbeitsam* travailleur *gehorsam* obéissant *beredsam* éloquent *duldsam* patient *tugendsam* vertueux *sparsam* économe *aufmerksam* attentif *gleichsam* semblable *achtsam* attentif *wachsam* vigilant

→ *-en* (15) et *-ern* (30)		*golden* en or *wollen* en laine *baumwollen* en coton *irden* en terre cuite *seiden* en soie *eichen* en chêne *papieren* en papier *silbern* en argent Par fausse coupe (*silb-**ern*** au lieu de : *silber-**n***) on a obtenu : *steinern* en pierre *hölzern* en bois *elfenbeinern* en ivoire *bleiern* en plomb *gläsern* en verre *blechern* en fer-blanc *zinnern* en étain *stählern* en acier *tönern* en argile *hörnern* en corne

Les suffixes autonomes :

Les « suffixes autonomes » sont des mots qui existent indépendamment de leur emploi comme suffixes.
Les indications chiffrées donnent un ordre de grandeur.

suffixes simples	sens	
→ *-arm* (35)	**pauvre en**	*geldarm* sans le sou *fettarm* pauvre en graisse *fischarm* pauvre en poissons
→ *-fähig* (125)	**capable de**	*besserungsfähig* qui peut être amélioré *kampffähig* qui peut combattre
→ *-frei* (110)	**libre de**	*einwandfrei* incontestable *zollfrei* sans droits de douane *bleifrei* sans plomb *sorgenfrei* sans souci
→ *-leer* (20)	**vide de**	*menschenleer* sans personne *luftleer* vide d'air *gedankenleer* sans idée *wolkenleer* sans nuage
→ *-recht* (10)	**conforme à**	*senkrecht* vertical *regelrecht* régulier *winkelrecht* d'équerre *waagerecht* horizontal
→ *-reich* (110)	**riche en**	*zahlreich* nombreux *ereignisreich* riche en événements
→ *-voll* (170)	**plein de**	*schmerzvoll* douloureux *zweckvoll* adéquat *prunkvoll* prestigieux *ruhmvoll* glorieux
→ *-wert* (65)	**digne de**	*ehrenwert* honorable *empfehlungswert* recommandable *bemerkenswert* remarquable
→ *-widrig* (40)	**contraire à**	*regelwidrig* contraire à la règle *befehlswidrig* contraire à la consigne *gesetzwidrig* illégal
suffixes dérivés	**sens**	
→ *-artig* (125)	de : ***die Art*** : **à la manière de**	*gleichartig* semblable *eigenartig* particulier *glasartig* semblable au verre
→ *-farben* (40)	de : ***die Farbe*** : **qui a la couleur de**	*erdfarben* qui a la couleur de la terre *orangefarben* orange *aschfarben* cendré
→ *-farbig* (50)	**qui a la couleur de**	*goldfarbig* doré *orangefarbig* orange *aschfarbig* cendré

→ *-förmig* (110)	de : ***die Form*** : **qui a la forme de**	*herzförmig* en forme de cœur *gleichförmig* égal *birnförmig* piriforme *schraubenförmig* hélicoïdal
→ *-freudig* (15)	**qui aime**	*arbeitsfreudig* qui aime le travail *trinkfreudig* qui aime boire *farbenfreudig* qui aime les couleurs
→ *-gemäß* (50)	**conforme à**	*zweckgemäß* pratique *plangemäß* méthodique *ordnungsgemäß* réglementaire
→ *-haltig* (60)	de ***halten*** : **qui (con)tient**	*goldhaltig* aurifère *erzhaltig* qui contient du minerai *wasserhaltig* qui renferme de l'eau
→ *-herzig* (30)	**qui a le cœur de telle ou telle façon**	*barmherzig* miséricordieux *warmherzig* chaleureux *hartherzig* qui a le cœur sec
→ *-lustig* (40)	**qui aime**	*kriegslustig* belliqueux *mordslustig* criminel *kampflustig* batailleur *angriffslustig* agressif
→ *-mäßig* (150)	**conforme à**	*gleichmäßig* proportionné *regelmäßig* régulier *mittelmäßig* moyen *rechtmäßig* légal
→ *-pflichtig* (50)	de : ***die Pflicht*** : **astreint à**	*schulpflichtig* soumis à l'obligation scolaire *zollpflichtig* soumis à la douane
→ *-seitig* (30)	de : ***die Seite*** : **de (x) côtés**	*vierseitig* quadrilatère *gegenseitig* réciproque *diesseitig* de ce côté-ci *jenseitig* de ce côté-là
→ *-selig* (25)	**qui aime**	*redselig* éloquent *mühselig* laborieux *armselig* malheureux *leutselig* affable
→ *-süchtig* (65)	**qui recherche**	*lobsüchtig* vaniteux *geldsüchtig* cupide *rachsüchtig* vindicatif *eifersüchtig* jaloux
→ *-unfähig* (25)	**incapable de**	*flugunfähig* incapable de voler *arbeitsunfähig* incapable de travailler
→ *-würdig* (60)	**digne de**	*lobwürdig* louable *liebwürdig* aimable *sehenswürdig* qui mérite d'être vu

2. La dérivation par préfixation

Les préfixes non autonomes (les indications chiffrées donnent un ordre de grandeur) :

préfixes	sens	
→ *un-* (1 000)	**exprime le négatif d'un adjectif**	***un**denkbar* **im**pensable ***un**aufmerksam* **in**attentif

Attention !

• L'adjectif à partir duquel on forme l'adjectif dérivé peut ne pas exister : *unzählig* innombrable *unerhört* inouï *ungehobelt* non rabotté *ungeniert* pas gêné *unerzogen* mal élevé *unförmig* difforme

• Le préfixe sert de négatif à certains sens de l'adjectif de base :

billig signifie :	1. *gerecht* (juste)	2. *nicht teuer* (bon marché)
***un**billig* signifie :	1. ***un**gerecht* (injuste)	2. Ø
gemein signifie :	1. *gewöhnlich* (habituel)	2. *böse* (méchant)
***un**gemein* signifie :	1. ***un**gewöhnlich* (inhabituel)	2. Ø

→ *miss-* (≈ 15)	nuance péjorative	***miss**gestimmt* de mauvaise humeur ***miss**gebildet*, ***miss**gestaltet* difforme
→ *ur-* (≈ 12)	• « qui remonte aux origines » • superlatif	***ur**germanisch* qui remonte aux premiers Germains ***ur**alt* très vieux ***ur**komisch* extrêmement comique ***ur**plötzlich* très soudainement

Les préfixes autonomes :

préfixes	sens	
→ *wohl-* (40)	bien	***wohl**bekannt* bien connu ***wohl**gemeint* bien intentionné ***wohl**genährt* bien nourri
→ *über-* (20)	• au-dessus de • trop • au-delà de	***über**irdisch* qui est au-dessus du sol ***über**empfindlich* excessivement sensible ***über**reif* trop mûr ***über**reich* trop riche ***über**durchschnittlich* supérieur à la moyenne
→ *unter-* (12)	• insuffisamment • en dessous	***unter**bezahlt* sous payé ***unter**entwickelt* sous-développé ***unter**ernährt* sous-alimenté ***unter**irdisch* souterrain ***unter**meerisch* sous-marin ***unter**würfig* servile
→ *grund-* (7)	fondamentalement	***grund**ehrlich* foncièrement honnête ***grund**falsch* fondamentalement faux
→ *übel-* (6)	nuance péjorative	***übel**wollend* **mal**veillant ***übel**riechend* nauséabond

À VOUS !

51. À partir des noms suivants, formez des adjectifs avec le suffixe *-ig* ou *-isch*.
a. die Lust – b. die Szene – c. der Witz – d. der Bergmann – e. die Ecke – f. der Spieler – g. die Technik – h. die Macht – i. der Biss – j. der Aristokrat.

52. À partir des mots suivants, formez des adjectifs avec le suffixe *-lich*.
a. der König – b. der Gott – c. die Welt – d. die Natur – e. verändern – f. verbessern – g. das Amt – h. die Zeit – i. der Kaiser – j. das Weib.

53. À partir des mots suivants, formez des adjectifs avec le suffixe *-bar* ou *-los*.
a. heilen – b. die Treue – c. zünden – d. vergleichen – e. der Draht – f. essen – g. die Arbeit – h. strafen – i. die Grenze – j. die Verantwortung.

54. Insérez les adjectifs obtenus dans l'exercice précédent dans les phrases suivantes.
a. Das Verletzen des Gesetzes ist ... . – b. ... Stoff ist sehr gefährlich. – c. ... Waren müssen kühl gelagert werden. – d. Die Wunde ist ... . – e. Dieser verrückte Fahrer ist völlig ... . – f. Der Verräter ist ... . – g. Ich bewundere die ... Weite des Himmels. – h. Die ... Übertragung der Information war damals ein riesiger Fortschritt für die Menschheit. – i. Diese Ergebnisse sind nicht ... . – j. Sie ist sehr unglücklich, denn sie ist seit drei Monaten ... .

55. À partir des mots suivants, formez des adjectifs avec les suffixes autonomes.
arm - farbig - frei
a. die Asche – b. der Alkohol – c. das Blut – d. der Zoll – e. das Land – f. die Schuld – g. die Schule – h. das Gold – i. das Nikotin – j. der Vogel.

56. Insérez les adjectifs obtenus dans l'exercice précédent dans les phrases suivantes.
a. Hier werden nur ... Getränke serviert. – b. Er ist frei wie ein Vogel : er ist ... . – c. Gedanken sind ... . – d. Das deutsche Wort für "anämisch" ist ... . – e. Vor der Revolution waren die kleinen Bauern ... . – f. Er wurde zu Unrecht verurteilt, weil er ... war. – g. Dieser Schmuck glänzt wie Gold, er ist ... . – h. Sie raucht nicht einmal ... Zigaretten. – i. Heute ist Sonntag, ein ... Tag. – j. Ihr Kleid ist ... .

57. À partir des mots suivants, formez des adjectifs avec les suffixes autonomes : leer - lustig - mäßig - reich - süchtig - voll
a. der Tarif – b. der Einfluss – c. der Inhalt – d. die Reise – e. das Ich – f. die Fantasie – g. zanken – h. die Hilfe – i. das Kokain – j. der Sieg.

58. Insérez les adjectifs obtenus dans l'exercice précédent dans les phrases suivantes.
a. Er denkt nur an sich, er ist ... . – b. Dieser Preis entspricht dem Tarif, er ist ... . – c. Er ist drogenabhängig, genauer gesagt ... . – d. Er hilft gern aus, er ist ... . – e. Sie hat tolle Ideen, sie ist ... . – f. Dieses Buch ist völlig uninteressant, weil es ... ist. – g. Dieser Sportler hat eine ... Laufbahn hinter sich. – h. Sie reist gern in der Welt herum, sie ist ... . – i. Dieser Politiker übt einen großen Einfluss aus, er ist ... . – j. Sie zankt gern, sie ist ... .

59. Donnez le contraire des adjectifs suivants.
a. angenehm – b. aufmerksam – c. echt – d. vorstellbar – e. bewaffnet – f. erfahren – g. freundlich – h. gebräuchlich – i. gewöhnlich – j. gekürzt.

60. Insérez les adjectifs obtenus dans l'exercice précédent dans les phrases suivantes.
a. Sie hat die ... Fassung dieses Romans gelesen. – b. Ich wundere mich: dieses Verfahren ist nämlich sehr ... . – c. Dieser Professor ist leider ziemlich ... . – d. Der Polizist war ..., als er den Dieb verhaftete. – e. Sich einen Zahn ziehen lassen ist immer ... . – f. So was kann man sich gar nicht vorstellen; ja, es ist sogar ... . – g. Du hast nichts verstanden, weil du ... warst. – h. Man kann ihm nicht trauen; seine Freundlichkeit ist völlig ... . – i. Er war sehr ... mir gegenüber. – j. Was du sagst, ist sehr... .

34 La composition

La composition consiste à créer un adjectif en réunissant deux mots qui existent de façon autonome, c'est-à-dire qui ne sont ni suffixe ni préfixe :

sonnenklar
↙ ↘
klar clair — ***die Sonne*** le soleil
▼ ▼
adjectif + nom

Les adjectifs composés sont formés sur le modèle suivant :
déterminant + déterminé (= adjectif)
Le déterminant peut être un nom, un adjectif, un verbe, un mot invariable.

1. Le déterminant est un nom

Sans altération : *feuerfest* ignifuge *wasserscheu* hydrophobe

Avec altération :

→ syncope du *e* : *kohlschwarz* noir comme du charbon
→ génitif en *-s* : *kriegslustig* belliqueux
→ génitif ancien : *sonnenklar* clair comme de l'eau de roche
→ amalgame syntaxique (avec noyau nominal) : *diesjährig* de cette année

2. Le déterminant est un adjectif

***neu**gierig* curieux — ***hell**blau* bleu clair — ***dunkel**rot* rouge sombre

3. Le déterminant est un verbe

- **Un verbe seul** :
  - → Sens actif du verbe : ***lebens**froh* heureux de vivre
  - → Sens passif du verbe : ***druck**reif* prêt pour l'impression — ***knitter**sicher* infroissable
- **Un amalgame syntaxique** (avec noyau verbal) :

*schwer**hörig*** ← *schwer **hören*** dur d'oreille — ***augen**fällig* évident

4. Le déterminant est un mot invariable

***nimmer**satt* insatiable — ***nimmer**müde* infatigable
***vier**stimmig* à quatre voix — ***vier**beinig* quadrupède

35 L'amalgame syntaxique

L'**amalgame syntaxique** réunit un participe 1 ou 2 adjectivé et un autre mot.

1. Les adjectifs formés d'un participe 1 et d'un autre mot

- **Un nom** :

ausschlag gebend
impulsion ↲ ↳ donnant
▼
décisif

- **Un adverbe** (adjectif de verbe, puisque l'adjectif est employé avec un verbe) :

gleich laufend
pareillement ↲ ↳ courant
▼
parallèle

- **Un quasi-nom** :

all wissend
tout ↲ ↳ sachant
▼
omniscient

2. Les adjectifs formés à partir d'un participe 2 et d'un adverbe

alt backenes
de longue date ↲ ↳ cuit
▼
rassis

frisch backenes
fraîchement ↲ ↳ cuit
▼
frais

neu geboren
nouvellement ↲↳ né
▼
nouveau-né

Attention !
• Dans tous les exemples précédents, le déterminant est subordonné au déterminé.
• Dans les exemples suivants, c'est une relation de coordination qui relie les deux, voire les trois adjectifs entre eux ; il n'y a donc ni déterminant, ni déterminé.
die kaiserlich-königliche Armee l'armée impériale et royale (en Autriche-Hongrie entre 1867 et 1918)
die schwarzrotgoldene Fahne le drapeau noir, rouge et or (le drapeau de l'Allemagne) (ou : *schwarz-rot-goldene*)
der Deutsch-Französische Garten le Jardin franco-allemand (à Sarrebruck)
ein frankokanadisches Wort un mot franco-canadien
taubstumm sourd-muet

À VOUS !

61. Formez 5 adjectifs à partir des éléments qui vous sont donnés dans le désordre.
a. schreib- – b. schlag- – c. treff- – d. spring- – e. denk- – f. -lebendig – g. -sicher – h. -fertig – i. -faul – j. -faul.

62. Complétez les phrases suivantes avec les adjectifs composés que vous venez de former.
a. Dieser Student überlegt nicht gern, er ist ... . – b. Sie ist ziemlich frech, denn ihre Antworten sind sehr ... . – c. Dieses kleine Mädchen ist kerngesund und ... . – d. Die Schüler wollen nicht arbeiten, sie sind ... . – e. Diese Sportlerin ist äußerst geschickt und ... .

63. Complétez les phrases suivantes avec les adjectifs composés formés à partir des éléments qui vous sont donnés dans le désordre.
welt- ; -blau ; schnee- ; -stimmig ; hell- ; -müde ; zwei- ; -krank ; nase- ; -weiß ; umwelt- ; weis- ; farben- ; -breit ; hand- ; -blind ; lebens- ; -berühmt ; herz- ; -freundlich
a. Dieses Kind hat wunderschöne ... Augen. – b. Er ist ...; er muss operiert werden. – c. Möchtest du dieses ... Lied mit mir singen? – d. Dieser Sänger ist ... . – e. Dieser alte Mann hat ... Haare. – f. Dieser neue Kunststoff ist ... . – g. Diese junge Frau kann die Farben nicht unterscheiden: sie ist ... . – h. Dieses Kind will immer alles wissen, es ist ... . – i. Das Brett ist ziemlich schmal, ja sogar nur ... . – j. Er ist ..., denn er ist völlig verzweifelt.

64. Formez des adjectifs à partir des éléments qui vous sont donnés dans le désordre.
feuer – wasser – hörig – scheu – schwer – augen – sicher – fällig – selbst – fest

65. Insérez les adjectifs ainsi formés dans les phrases suivantes.
a. Diese Backsteine können nicht brennen: sie sind ... . – b. Sie hört nicht mehr sehr gut, sie ist ... . – c. Diese Frau hat ein sehr positives Bild von sich selbst, sie ist... – d. Diese Katze hat Angst vor dem Wasser, sie ist ... . – e. Das kann ein jeder einsehen, es ist ... .

66. Même exercice.
schwer – neu – schwindel – kreuz – blau – frei – dunkel – fidel – krank – geboren

67. Insérez les adjectifs ainsi formés dans les phrases suivantes.
a. Sie kann auf jeden Baum klettern, denn sie ist ... . – b. Seine Augen sind ... . – c. Das Kind ist noch keine Woche alt, es ist ein ... Kind. – d. Er geht nicht mehr arbeiten, denn er ist ... . – e. Dieser Junge ist sehr lustig, er ist ... .

LE GÉNITIF POSTPOSÉ

36 Le génitif postposé

Le génitif postposé est un nom ou un groupe nominal au génitif qui se situe à droite du nom.

Génitif, voir 170-171

La formation du génitif postposé

- Le génitif peut suivre :
  → Un **nom** : ***die Angst** des Tormanns* l'angoisse du gardien de but
  → Un **quasi-nom** : ***niemand** des Personals* personne parmi le personnel
- Le génitif peut être porté :
  → Par un **nom simple** : *das Lenkrad **des Wagens*** le volant **de la voiture**
  → Par un groupe nominal **complexe** :
  *die Angst **des Tormanns beim Elfmeter*** l'angoisse **du gardien de but au moment du penalty**
- Le nom (ou le groupe nominal) au génitif est généralement **précédé d'un déterminatif** :
  → Défini (= article) : *im Dickicht der **Städte*** dans la jungle des **villes**
  → Personnel : *die Mappe meines **Urgroßvaters*** la serviette **de** mon **arrière-grand-père**
  → Démonstratif : *Ich suche Arbeit jeder **Art**.* Je cherche du travail **de** toute **nature**.
  → Indéfini : *Aus dem Leben eines **Taugenichts*** La vie **d'** un **propre-à-rien**
- Le nom au génitif employé sans déterminatif est **obligatoirement précédé d'un adjectif** : (voir 17)

*Schuhe bester **Qualität*** des chaussures **de** bonne **qualité**
*ein Brief folgenden **Inhaltes*** une lettre **avec le contenu** suivant
*ein Ereignis ersten **Ranges*** un événement **de** première **importance**

Attention !
• Un **nom propre** précédé d'un déterminatif reste **invariable** :
*Das Leben **des Galilei*** La vie **de Galilée**
*Die Leiden **des** jungen **Werther*** Les souffrances **du jeune Werther**
*Bekenntnisse **des** Hochstaplers **Felix Krull*** Les confessions **du chevalier d'industrie Félix Krull**
• Un **nom propre** employé **sans déterminatif** se décline :
*Das Leben **Galilei**s* La vie de Galilée
*Das Leben **Eduard**s des zweiten von England* La vie d'Édouard II d'Angleterre
• Les **noms propres féminins** sont obligatoirement précédés d'un déterminatif (car ils ne portent pas de marque de génitif) :
*die Geschichte der **Simone Machard*** l'histoire **de Simone Machard**

LES MOTS INVARIABLES

37 La nature des mots invariables situés à droite du nom

- Soit ils répondent à la question *wie?*
  → Ce sont des **adjectifs épithètes** :
  *Hänschen **klein*** **petit** Jean — *Röslein, Röslein **rot*** petite rose, petite rose **rouge**
  *meine Tante **selig*** **feu** ma tante — *Möbel in Eiche **rustikal*** meubles en chêne **rustique**
  → Ce sont des **adverbes** :
  *Forelle **blau*** truite **au bleu** — *Flamenkuchen **böhmisch*** tarte flambée **à la bohémienne**
- Soit ils répondent aux questions *wo?* ou *wann?*
  Ils donnent alors des informations de type circonstanciel :

*das Fenster **oben rechts*** la fenêtre **en haut à droite** - *das Haus **dort*** la maison **là-bas**
*Die Reise **gestern** war sehr angenehm.* Le voyage **d'hier** était très agréable.

Attention !
• *allein* se met à gauche ou à droite du nom quand il signifie « uniquement » :
*Dagmar **allein** ist gestern Abend gekommen.*
▼
***Allein** Dagmar ist gestern Abend gekommen.* **Seule** Dagmar est venue hier soir.
• *allein* est attribut/apposé ; il signifie « seul » :
*Dagmar ist gestern Abend **allein** gekommen.* Dagmar est venue **seule** hier soir.
*Sie war **allein**.* Elle était **seule**.

À VOUS !

68. Remplacez l'adjectif désignatif par un génitif postposé.
die **englischen** Könige → die Könige **Englands**
a. die deutschen Städte – b. die mozartschen Klavierkonzerte – c. die polizeilichen Maßnahmen – d. die philosophischen Begriffe – e. die grammatischen Regeln – f. die französische Regierung – g. die chinesische Bevölkerung – h. die goethischen Dramen – i. die armenische Tragödie – j. die italienische Kultur.

69. Remplacez le premier nom du nom composé par un génitif postposé.
die **Universitäts**bibliothek → die Bibliothek **der Universität**
a. der Frauenschutz – b. die Menschenrechte – c. der Regierungssitz – d. die Gesellschaftskritik – e. das Kanzleramt – f. der Stadtplan – g. die Betriebsleitung – h. die Textanalyse – i. die Weltgeschichte – j. der Oppositionsführer.

70. Remplacez l'adjectif désignatif par un génitif postposé.
a. die französische Literatur – b. die spanischen Landschaften – c. die amerikanische Kultur – d. die sibirischen Sprachen – e. die kanadischen Wälder – f. die afrikanischen Ströme – g. die englische Landwirtschaft – h. die isländischen Geiser – i. die belgischen Städte – j. die hollandischen Dämme.

71. Traduisez.
a. die Dialekte des frühen Italien – b. auf der Basis des gesprochenen Englisch oder Französisch – c. die Bevölkerung des Elsass[es] – d. die Rolle des Lohengrin – e. die Verben des Sanskrit – f. die Schriften des Islam – g. die Lehre des Koran – h. die Hauptstädte des Irak und des Iran – i. die Erforschung des modernen Orient – j. das Gebiet des mittleren Euphrat.

72. Remplacez le premier nom du nom composé par un génitif postposé.
a. der Betriebsleiter – b. der Schuldirektor – c. der Universitätspräsident – d. das Stadttheater – e. der Parteisekretär – f. die Landesgrenze – g. die Landwirtschaftswissenschaft – h. der Jahresbeginn – i. die Tagestemperatur – j. der Unternehmerverband.

L'APPOSITION

38 Les spécificités de l'apposition

L'apposition est un mot ou un groupe de mots posé le plus souvent à la droite d'un nom et relié à ce nom soit directement par une virgule, obligatoire en allemand comme en français, soit indirectement par *als* ou *wie*.

39 La nature de l'apposition

- **L'apposition est un nom ou un groupe nominal** :
  *Adenauer, **der erste Bundeskanzler**, wurde 1876 in Köln geboren.*
  Adenauer, **le premier chancelier de la République fédérale**, est né en 1876 à Cologne.
  *am Dienstag, **dem 6. April** = Dienstag, **den 6. April***
  mardi, **le 6 avril**

- **L'apposition est un groupe prépositionnel** :
  *ein Tierbändiger, mit **der Peitsche in der Hand**,* un dompteur, **le fouet à la main**,

- **L'apposition est un adjectif ou un groupe adjectif** :
  *ein erstklassiger Kellner, rasch **und** höflich* un serveur de première classe, rapide **et** poli
  *eine junge Dame, **nicht besonders** elegant* une jeune femme, **pas particulièrement** élégante

Attention !
• **L'apposition est une proposition elliptique**, c'est-à-dire **sans verbe**. On peut la paraphraser par une proposition avec un verbe conjugué :
*ein Kellner, **rasch** und **höflich*** un serveur, **rapide** et **poli**
▼
*Der Kellner **ist rasch** und **höflich**.* Le serveur **est rapide** et **poli**.
→ Seul un adjectif attribut peut être apposé.
→ Un adjectif désignatif, qui ne peut pas être attribut, ne peut pas être apposé :
~~*die Zeitung ist heutig*~~ ~~*die Zeitung, heutig,*~~
• Il arrive que l'adjectif ne suive pas directement le nom auquel il est censé se rapporter ; il y a alors une ambiguïté sur sa nature : est-il adjectif ou adverbe ?
*Sonja lächelt **sanft** und **schön**.* → Sonia a un doux et beau sourire.
→ Sonia sourit, de manière douce et belle.

- **L'apposition est un participe 1 ou un groupe participe dont la base est un participe 1 employé comme adjectif** :
  *Unruhig sitzen wir so, wartend **auf den Tag der Rückkehr**.*
  Nous sommes assis, inquiets, attendant **le jour du retour**.

- **L'apposition est un participe 2 ou un groupe participe dont la base est un participe 2 employé comme adjectif** :
  *Sie saß am Tisch, **über ihre Arbeit** gebückt.* Elle était assise à table, penchée **sur son travail**.
  *Das Kind lag auf dem Boden, **in eine Decke** eingehüllt.*
  L'enfant était étendu sur le sol, roulé **dans une couverture**.

Attention !

*"Zum Sehen **geboren**,*	Né pour voir,
*Zum Schauen **bestellt**,*	Mandé pour observer,
*Dem Turme **geschworen**,*	Voué à la tour,
Gefällt mir die Welt."	Le monde me plaît.

Ce dernier exemple est particulièrement intéressant car :
- Il aligne trois groupes ayant pour base un participe 2.
- Ces participes sont **à gauche** de la base (qui est ***mir***, et non *die Welt* !).
- Cette base est une personne du dialogue (et non un substantif).
- Le cas est le datif.

40 La syntaxe de l'apposition

1. L'apposition est au même cas que le nom auquel il se rapporte

→ Avec *wie* :

*Er fürchtet sich **vor Leuten** wie Ihnen.*

datif — datif

Il redoute des gens comme vous.

→ Avec *als* + article :

*die Würdigung **Dürers** als eines großen Malers*

génitif — génitif

la célébration de Dürer **comme grand peintre**

→ Avec le datif + *als* :

***Dir** als meinem besten Freund*

datif — datif

À toi **comme à mon meilleur ami**

2. L'apposition n'est pas au même cas que le nom auquel il se rapporte

L'apposition est au nominatif :

→ Avec *als* :

*das Wirken W. von **Humboldts** als Politiker*

génitif — nominatif

(il faudrait : *als eines Politikers*, au génitif)

l'action de W. von Humboldt en tant qu'homme politique

→ Sans *als* :

*Das Verhalten **des Vorsitzenden**, ein sonst so netter Mensch, blieb ein Rätsel für uns alle.*

génitif — nominatif

Le comportement du président, un homme par ailleurs si affable, resta pour nous tous une énigme.

→ Apposition à fonction :

- **distributive** :

  *Sie hatte ihren Kindern **Filzstifte** mitgebracht, jeder von einer anderen Farbe.*

  accusatif — nominatif

  Elle avait rapporté à ses enfants des crayons feutres, chacun de couleur différente.

- **collective** :

  *Keiner hatte mit all **den Spießbürgern** gerechnet, alle gut angesehene Leute, die auch kamen...*

  datif — nominatif

  Personne n'avait compté avec tous ces philistins, tous des gens bien en vue, qui sont venus aussi...

L'apposition est au datif :

Elle reprend un nom ou un groupe nominal au **génitif** :

*Am Beispiel **Brasiliens,** dem größen Land des Subkontinents...*

génitif — datif

Avec l'exemple du Brésil, le plus grand pays du sous-continent...

L'apposition est au génitif :

Elle reprend un nom ou un groupe nominal au **datif** :

*Ähnlich strukturiert ist das Ruhrgebiet, Kerngebiet **von Nordrhein-Westfalen,***

datif

des bevölkerungsreichsten Landes der BRD...

génitif

La Ruhr, le noyau de la Rhénanie-du-Nord-Westphalie, le land le plus peuplé de la RFA, est structuré de façon analogue...

À VOUS !

73. Transformez la 2e phrase en apposition et insérez-la dans la première.

Er hat den Abend bei Wolfgang verbracht. Wolfgang ist sein bester Freund.

→ Er hat den Abend bei Wolfgang, **seinem besten Freund**, verbracht.

a. Ich habe Dieter und Dagmar eingeladen. Dieter und Dagmar sind meine Arbeitskollegen. – b. Der Bundeskanzler hat mit Romano Prodi ein langes Gespräch geführt. Romano Prodi ist der Präsident der EG-Kommission. – c. In Harare fand eine wichtige internationale Konferenz statt. Harare ist die Hauptstadt von Simbabwe. – d. Der Rechtsanwalt verteidigt den Angeklagten mit viel Energie. Der Angeklagte ist ein ehemaliger Offizier. – e. Professor Doktor Hansen hat den jungen Mann operiert. Professor Doktor Hansen ist ein weltberühmter Chirurg. – f. Er stellte seinen Partner vor. Sein Partner war ein bebrillter Vierziger mit einem kleinen Schnurrbart. – g. Mit seinem ersten Roman hat er Schlagzeilen geliefert. Sein erster Roman war eine historische Kompilation. – h. Das Schiff segelte aus dem Hafen. Das Schiff war ein stolzer Dreimaster. – i. Der Jäger hat eine Hyäne erlegt. Die Hyäne ist ein dem Hund ähnliches Raubtier. – j. "Lili Marleen" ist ein Film von Fassbinder. Fassbinder ist ein deutscher Film- und Fernsehregisseur.

LES GROUPES PRÉPOSITIONNELS

41 Les groupes prépositionnels situés à droite du nom

Un goupe prépositionnel est un groupe ayant pour base une préposition.
Il existe trois types de groupes prépositionnels situés à droite du nom :
- Les groupes prépositionnels avec un nom ou un groupe nominal.
- Les groupes prépositionnels avec un infinitif ou un groupe infinitif.
- Les groupes prépositionnels avec un mot invariable.

Groupe prépositionnel, voir 189-191
Groupe nominal et quasi-nominal, voir 184-188

1. Les groupes prépositionnels avec un nom ou un groupe nominal

Le nom est non dérivé :

von + **datif** peut remplacer le génitif :

*Ich bin die Tochter **des Königs**.* Je suis la fille **du roi**.

▼ **génitif**

→ *Ich bin die Tochter von **dem König**.* Je suis la fille du **roi**.

▼ **datif**

*ein Telefon mit **eingebautem Tastenfeld*** un téléphone à **touches**

*das Lied von **der Erde*** le chant de **la terre**

Le nom vient d'un verbe :

→ Un nom qui vient d'un **verbe** conserve en règle générale la construction du verbe dont il est issu :

die Arbeit an dem Projekt	le travail **sur le projet**	← *arbeiten an* + datif
die Antwort auf die Frage	la réponse **à la question**	← *antworten auf* + accusatif
das Bummeln durch die Stadt	la promenade **en ville**	← *bummeln durch*
die Fahrt nach Berlin	le voyage **à Berlin**	← *fahren nach*
die Reise in die Schweiz	le voyage **en Suisse**	← *reisen in* + accusatif
der Spaziergang durch den Wald	la promenade **en forêt**	← *spazierengehen durch*
der Sieg über den Feind	la victoire **sur l'ennemi**	← *siegen über* + accusatif
sein Urteil über ihre Leistung	le jugement qu'il porte **sur son travail**	← *urteilen über* + accusatif
die Furcht vor dem Unbekannten	la peur **de l'inconnu**	← *sich fürchten vor* + datif
die Wanderung in die Vogesen	l'excursion **dans les Vosges**	← *wandern in* + accusatif
die Warnung vor dem Anschlag	la mise en garde **contre l'attentat**	← *warnen vor* + datif
die Werbung für ein Produkt	la publicité **pour un produit**	← *werben für*

→ Le nom a parfois une construction différente de celle du verbe dont il est issu :

das Interesse an dem Fremden	l'intérêt porté **à l'étranger**	← *sich interessieren für*
die Begegnung mit dem Direktor	la rencontre **avec le directeur**	← *begegnen* + datif
die Kritik an der Gesellschaft	la critique **sociale**	← *kritisieren* + accusatif
der Wille zur Macht	la volonté **de puissance**	← *wollen* + accusatif

→ Il arrive qu'il n'y ait pas de verbe correspondant au nom :

der Weg zur Schule	le chemin **qui mène à l'école**	← Ø
ein Mittel zum Zweck	un moyen **pour arriver à sa fin**	← Ø

- **Le nom vient d'un adjectif :**

Un nom qui vient d'un **adjectif** conserve en règle générale la construction de l'adjectif dont il est issu :

die Armut an Bodenschätzen	la pauvreté **en matières premières**	← *arm an* + datif
die Sorgen um das Geld	les soucis **d'argent**	← *besorgt um*
die Eifersucht auf ihre Schwester	la jalousie **envers sa sœur**	← *eifersüchtig auf* + accusatif
der Neid auf den Nächsten	la jalousie **envers son prochain**	← *neidisch auf* + accusatif
die Verantwortung für die Kinder	la responsabilité **pour les enfants**	← *verantwortlich für*

À VOUS !

74. Transformez les groupes verbaux suivants en groupes nominaux.
durch den Wald spazieren → der Spaziergang **durch** den Wald
a. **nach** Wissen durstig sein – b. **zu** den Kindern zärtlich sein – c. **auf** das Resultat neugierig sein – d. **an** dem Unglück schuldig sein – e. **über** den Misserfolg ärgerlich sein – f. **für** die Hilfe dankbar sein – g. **über** den Vorfall empört sein – h. **von** der See entfernt sein – i. **über** ihr Verhalten entrüstet sein – j. **auf** vielen Gebieten erfahren sein.

75. Même exercice.
a. **von** der Krankheit befreien – b. **über** den Unfall berichten – c. **für** die getane Arbeit danken – d. sich **an** die Kindheit erinnern – e. **nach** der Wahrheit fragen – f. **an** die Menschen glauben – g. sich **von** den Waffen verabschieden – h. sich **auf** die Reise vorbereiten – i. **auf** eine bessere Zukunft hoffen – j. sich **in** einen Käfer verwandeln.

76. Même exercice.
a. **zum** Tanz auffordern – b. **für** einen Freund bürgen – c. **nach** Rauschgift fahnden – d. **nach** den Ursachen forschen – e. **in** die Tasche greifen – f. **auf** die Folgen hinweisen – g. **um** sein Leben kämpfen – h. **um** den Verlust klagen – i. **an** Geld mangeln – j. **gegen** die Regierung protestieren.

2. Les groupes prépositionnels avec un infinitif ou un groupe infinitif situés à droite du nom

- **Les groupes prépositionnels avec un infinitif seul situés à droite du nom :**

der Mut zu siegen la volonté **de vaincre**

- **Les groupes prépositionnels avec un groupe infinitif situés à droite du nom :**

der Befehl[,] sofort zu kommen	l'ordre **de venir immédiatement**
die Aufforderung[,] pünktlich zu sein	l'incitation **à être à l'heure**
die Berechtigung[,] die Pässe zu kontrollieren	le droit **de vérifier les passeports**
die Bereitschaft[,] mitzuarbeiten	le fait **d'être prêt à coopérer**
die Entschlossenheit[,] an Ort und Stelle zu bleiben	la volonté **de rester sur place**
das Vermögen[,] alles wieder gutzumachen	le pouvoir **de tout réparer**
der Wille[,] den Schmerz zu überwinden	la volonté **de surmonter sa douleur**

- **Les groupes prépositionnels avec un groupe infinitif annoncé par *da-* + préposition situés à droite du nom :**

Le groupe infinitif peut être annoncé par un mot invariable composé de deux éléments :

da (pronom) + préposition
▼
dafür dagegen damit

Si la préposition commence par une voyelle, on ajoute un «*r*» entre ***da*** et la préposition : *darauf, daran, darüber*
La virgule séparant le nom du groupe infinitif est facultative.
abgeneigt sein ***gegen*** → être opposé à
die Abneigung ***dagegen*** *[,] früh aufzustehen* le refus de se lever tôt

sich entschuldigen ***für*** → s'excuser de
die Entschuldigung ***dafür*** *[,] sie nicht begrüßt zu haben* le fait de s'excuser de ne pas l'avoir saluée

sich/jemanden ***an*** *etwas gewöhnen* → s'habituer à quelque chose
die Gewöhnung ***daran*** *[,] immer kalt zu duschen* l'habitude de prendre des douches écossaises

hoffen ***auf*** → espérer en
die Hoffnung ***darauf*** *[,] sie wiederzusehen* l'espoir de la revoir

hungrig ***nach*** → avoir faim de
der Hunger ***danach*** *[,] sie endlich mal zu sehen* le vif désir de la voir enfin

verlangen ***nach*** → souhaiter
das Verlangen ***danach*** *[,] in die Heimat zurück zu dürfen*
le souhait de pouvoir retourner dans sa patrie

À VOUS !

77. Traduisez.
a. die Einladung, das Wort **zu** ergreifen – b. die Fähigkeit, die Führung **zu** übernehmen – c. die Geduld, bis **zum** Ende **zu** warten – d. die Genehmigung, in den Hafen ein**zu**laufen – e. die Gewohnheit, alles selbst **zu** tun – f. die Mühe, alles **zu** erklären – g. der Mut, alles wieder an**zu**fangen – h. das Pech, auf frischer Tat ertappt **zu** werden – i. die Pflicht, seine Schulden **zu** bezahlen – j. der Versuch, den Ärmelkanal **zu** überfliegen.

78. Traduisez.
a. die Mühe, den Kindern etwas beizubringen – b. die Vermutung, im Rechten gewesen zu sein – c. der Mut, alles aufs Spiel zu setzen – d. das Pech, den Kürzeren gezogen zu haben – e. die Tendenz, alles schwarz zu sehen – f. die Pflicht, seinem Nächsten zu helfen – g. der Stolz, den Sieg davon getragen zu haben – h. das Fähigkeit, ein Team zusammenzustellen – i. die Bestätigung, die Rechnung zu bezahlen – j. das Versprechen, an der Sitzung teilzunehmen.

79. Insérez le composé de *da*-.
a. die Begeisterung ..., das Projekt leiten zu dürfen – b. die Beteiligung ..., den Stadtpark neu zu gestalten – c. die Freude ..., die Arbeit erledigt zu haben – d. der Ekel ...., die Spinne anzurühren – e. das Entzücken ..., Sie wieder zu sehen – f. die Erbitterung ..., mal wieder Mist gebaut zu haben – g. der Erlass ..., die Steuern zu erhöhen – h. das Erstaunen ..., sich noch einmal melden zu müssen – i. die Furcht ..., weiter machen zu müssen – j. die Frage ..., ob der Bericht allen zur Verfügung steht.

3. Les groupes prépositionnels avec un mot invariable situés à droite du nom

die Welt von gestern le monde **d'hier**
die Zeitung von heute le journal **d'aujourd'hui**
die Leute von hier les gens **d'ici**
Er kommt von drüben. Il vient **de l'autre côté**. (de la frontière)

LES GROUPES AVEC UN VERBE CONJUGUÉ

42 Les groupes relatif, conjonctionnel, quasi-nominal interrogatif

1. Le groupe relatif

Le groupe relatif est introduit par un pronom relatif :

→ ***der, das, die; die***

*Mein Bruder, der **krank ist**, wird nicht kommen.* Mon frère, qui **est malade**, ne viendra pas. (= parce qu'il est malade)

→ ***welcher, welches, welche; welche***

*Mein Bruder, welcher **krank ist**...* Mon frère, celui qui **est malade...** (et non un autre)

Les spécificités du pronom relatif :

→ Son **genre** et son **nombre** sont ceux de l'antécédent.
→ Une virgule sépare obligatoirement l'antécédent du pronom.
→ Sa **fonction** est celle qu'il a dans le groupe relatif :
*der Anrufbeantworter, den **du mir geschenkt hast*** le répondeur que **tu m'as offert**

genre : masculin
nombre : singulier
fonction : complément à l'accusatif de *schenken*

Attention !
Le groupe relatif est une expansion **à droite du nom.**
Exceptionnellement, il peut être **à gauche** :
*Die **ich rief**, die Geister, werd'ich nun nicht los.*
Les esprits que j'ai appelés, je ne peux à présent m'en débarrasser.

Groupe relatif, voir 192-194
Pronom relatif, voir 56

À VOUS !

80. Précisez si les groupes relatifs sont déterminatifs ou qualificatifs puis traduisez.
a. Ein Onkel, der was mitbringt, ist besser als eine Tante, die Klavier spielt. – b. Er hat ein Porträt gemacht, das ich sehr hoch schätze. – c. Ich suche ein Wörterbuch, das mich nicht im Stich lässt. – d. Diese Landschaft, die von Caspar David Friedrich verewigt wurde, ist wirklich faszinierend. – e. Das Essen, das wir gestern bekamen, war nicht sehr appetitlich. – f. Er hat vier Kinder, die alle vier noch studieren. – g. Der Rechtsanwalt hat seine Sekretärin, die er erst vorige Woche eingestellt hat, schon entlassen. – h. Der Rechtsanwalt hat die Sekretärin, die er erst vorige Woche eingestellt hat, schon entlassen. – i. Der LKW, der das Unglück verursacht hat, kam aus Norwegen. – j. Ein LKW, der aus Norwegen kam, hat ein Unglück verursacht.

2. Le groupe conjonctionnel

Le groupe conjonctionnel est un groupe dépendant (avec un verbe en dernière position) introduit par une conjonction de subordination.

Les groupes conjonctionnels introduits par *dass* :

Tous les noms formés sur des verbes qui expriment des pensées, des paroles, sont suivis de *dass*.

meinen, dass → der Meinung sein, ***dass****...* — être d'avis que → l'avis **selon lequel...**
äußern, dass → die Äußerung, ***dass****...* — déclarer que → la déclaration **selon laquelle**...

Attention !
• Si l'on supprime *dass*, le verbe est en **deuxième position** :
Ich bin der Meinung, es ***ist*** *zu spät.*
Je pense **qu'il est trop tard**.

Les groupes conjonctionnels introduits par *ob* :

Die Frage, ***ob*** *er zugelassen wird, bleibt noch offen.*
La question de savoir **s'il sera reçu** reste ouverte.
Ich habe nicht die geringste Ahnung, ob er noch mit ihr ist .
Je ne sais absolument pas **s'il est encore avec elle**.

Le groupe conjonctionnel introduit par *wie* :

Ce groupe conjonctionnel n'est possible qu'avec *Art und Weise* :
Die Art und Weise, ***wie*** *er die Frage gelöst hat , ist verblüffend.*
La façon **dont il a résolu la question** est ahurissante.

Les groupes conjonctionnels introduits par *dass, ob,* ou un mot interrogatif en *w-* et annoncés par *da-* :

Der Dank ***dafür****,* ***dass*** *ihm sofort geholfen wurde.* La reconnaissance pour l'aide immédiate.
*Die Nachfrage [****danach****],* ***ob*** *er an dem Symposium teilnimmt.*
La demande sur sa participation au colloque.
Die Beschränkung ***darauf****,* ***was*** *wirklich nötig ist .* La restriction à ce qui est vraiment nécessaire.
Die Achtung ***davor****,* ***wie*** *er den Streit beigelegt hat .* L'admiration sur sa façon de régler le litige.

Groupes conjonctionnels ou groupes infinitifs ?

Quelques substantifs peuvent se construire soit avec un groupe conjonctionnel, soit avec un groupe infinitif.

→ *die Gefahr* le danger
Es besteht ***Gefahr****,* ***dass*** *sie alles verliert .* Il y a danger à ce qu'elle perde tout.
Sie läuft ***Gefahr****, alles* ***zu verlieren****.* Elle court le danger de tout perdre.

→ *die Möglichkeit* la possibilité
Die ***Möglichkeit****,* ***dass*** *er anruft, ist gering .* La possibilité qu'il appelle est mince.
Besteht noch eine ***Möglichkeit****, das Problem* ***zu lösen****?*
Existe-t-il encore une possibilité de résoudre le problème ?

→ *der Grund* la raison
der ***Grund dafür****,* ***dass*** *man sie verhaftet.* La raison pour laquelle on la condamne.
der ***Grund*** *sie* ***zu verhaften****.* La raison de la condamner.

→ *die Angst* la peur
Die ***Angst [davor]****,* ***dass*** *sie die Klasse wiederholen muss .*
La peur qu'elle soit obligée de redoubler.
Die ***Angst*** *die Klasse* ***wiederholen zu müssen*** *.* La peur d'être obligée de redoubler.

3. L'énoncé interrogatif

C'est un groupe introduit par un mot interrogatif en *w-* : ***wer, was, wo, wann, wie, warum...***

Ich habe nicht die geringste ***Ahnung****,* — Je n'ai pas la moindre idée
wer *angerufen hat.* — → qui a téléphoné.
was *er treibt* — → ce qu'il fait.

***wo** er steckt.*	→ **où** il se trouve.
***wann** er zurückkommt.*	→ **quand** il revient.
***wie** er mich gefunden hat*	→ **comment** il a fait pour me trouver.
***warum** er abgehauen ist.*	→ **pourquoi** il est parti.

Interrogation partielle, voir 204

À VOUS !

81. Transformez les phrases suivantes en groupes nominaux.

Sie äußert, dass sie damit nicht einverstanden ist.
→ Ihre Äußerung, dass sie damit nicht einverstanden ist,

a. Sie bemerkt, dass der Bericht manches verschweigt. – b. Sie bestätigt, dass sie diese Woche noch kommt. – c. Er sieht ein, dass er sich geirrt hat. – d. Sie erkennt, dass es eine gute Leistung war. – e. Er erwidert, dass er das nicht akzeptiert. – f. Sie meint, dass wir überlegen sollten. – g. Er meldet, dass er sich zurückzieht. – h. Sie teilt mit, dass sie nächste Woche Urlaub hat. – i. Er beweist, dass er Recht hatte. – j. Sie versichert, dass sie damals dabei war.

82. Traduisez.

a. Ich habe den Eindruck, dass es zu spät ist. – b. Ich habe den Eindruck, als sei es zu spät. – c. Seine Worte erwecken den Eindruck, als ob er dagegen wäre. – d. Gesetzt den Fall, dass er abwesend ist. – e. Für den Fall, dass sie noch kommt. – f. Im Fall(e), dass sie sich noch meldet. – g. Die Tatsache, dass er gekommen ist, zeigt, dass er mitmachen will. – h. Die Beschränkung darauf, was wirklich nötig ist. – i. Die Achtung davor, wie er den Streit beigelegt hat. – j. Der Kommentar dazu, wie man das Haus sanieren soll.

83. Complétez avec un mot en *da-* + préposition

Die Beratung **darüber**, wie das Projekt realisiert werden kann.

a. Die Beschränkung ...., was wirklich nötig ist. – b. Die Beschwerde ..., dass das Material nicht rechtzeitig geliefert wurde. – c. Der Dank ...., dass man ihn nicht im Stich gelassen hat. – d. Die Debatte ...., wie man den Streit beilegen soll – e. Die Einigung ...., wie man zusammenarbeiten könnte – f. Die Empfindlichkeit ...., dass man sie ständig kritisiert – g. Die Empörung ...., dass man ihn allein ließ – h. Die Entscheidung ...., wie man am besten das Unternehmen retten könnte – i. Die Entrüstung ...., dass die Arbeiter immer noch nicht bezahlt worden sind. – j. Die Absprache ...., wie man das Tiermehl los werden kann.

84. Complétez les phrases suivantes avec :

wo, wann, warum, wie viel, wem, was, wofür, ob, worauf, wer

a. Sie hat keine Ahnung, ... er unser Fax bekommen hat. – b. Sie hat keine Ahnung, ... E-Mails wir ihm schon geschickt haben. – c. Sie hat keine Ahnung, ... er uns antworten wird. – d. Sie hat keine Ahnung, ... die Verbindung so schlecht ist. – e. Sie hat keine Ahnung, ... in seiner Antwort stehen wird. – f. Sie hat keine Ahnung, ... er sich zur Zeit befindet. – g. Sie hat keine Ahnung, ... von uns den Mut hat, ihn persönlich anzurufen. – h. Sie hat keine Ahnung, ... wir eigentlich noch warten, um die Verhandlungen zu unterbrechen. – i. Sie hat keine Ahnung, ... er sich wirklich interessiert. – j. Sie hat keine Ahnung, ... man die gesamte Angelegenheit übergeben könnte.

LA DÉCLINAISON DU GROUPE NOMINAL

43 Les marques de la déclinaison du groupe nominal

La déclinaison du groupe nominal est la déclinaison de l'ensemble constitué par le déterminatif (D), l'adjectif (A) et le nom (N). Les marques de la déclinaison apportent des informations sur le cas, le genre et le nombre des éléments constituant le groupe nominal.
Il existe deux types de marques : la marque principale et la marque seconde.

44 La marque principale

LA MARQUE PRINCIPALE

	masculin	neutre	féminin	pluriel
nominatif	(e) R /ø	(e) S /ø	E	E
accusatif	(e) N	(e) S /ø	E	E
datif	(e) M	(e) M	R	(e) N [n]
génitif	(e) S [s]	(e) S / [s]	R	(e) R

[entre crochets, le marquage de N]

1. La marque principale porte :

- **Prioritairement sur le déterminatif (D)** : *deR Mann* l'homme
- **Sur l'adjectif (A)** :
  → Quand il n'y a pas de terminaison (ø) sur le déterminatif :
  einø schöneS Kind un bel enfant
  → À défaut de déterminatif : *ø frischeS Wasser* de l'eau fraîche
- **Sur les noms (N)** :
  → Sur les masculins et neutres au génitif : *der Preis des WeineS* le prix du vin
  → Sur les adjectifs substantivés : *BekanntE* des connaissances

2. La nature des déterminatifs qui prennent la marque principale

- **Les déterminatifs** :
  → option marquée : *R* au nominatif masculin singulier et *S* au nominatif et accusatif neutre singulier
  - les articles définis :
    deR, daS, diE; diE
  - les déterminatifs démonstratifs :
    dieseR, dieseS, diesE; diesE
    jeneR, jeneS, jenE; jenE

  → option non marquée : ø au nominatif masculin et neutre singulier
  ein, kein
  mein, dein, sein, ihr, unser, euer, Ihr, ihr
- **Les pronoms** :
  → les pronoms personnels :
  eR, eS, siE; siE
  meineR, mein[e]S, meinE; meinE
  deineR, dein[e]S, deinE; deinE

→ les pronoms démonstratifs :
de R, da S , di E ; di E
diese R, diese S , dies E ; dies E ; jene R, jene S , jen E ; jen E .

→ les pronoms relatifs :
de R, da S , di E ; di E (génitif : *dessen/deren* ; datif pluriel : *denen*)
welche R, welche S , welch E ; welch E
wa S

→ les pronoms indéfinis : *eine R, ein[e] S , ein E*

Les quantificateurs :

- *eine R, ein[e] S , ein E*
- *manche R, manche S , manch E ; manch E*
- *jede R, jede S , jed E ; jed E*
- *alle R, alle S , all E ; all E*
- *beid E ,* etc.

La marque principale dans le groupe nominal

Le nominatif

MASCULIN			NEUTRE			FÉMININ			PLURIEL		
D	A	N	D	A	N	D	A	N	D	A	N
de R		*Wein*	*da S*		*Bier*	*di E*		*Frau*	*di E*		*Leute*
einø		*Wein*	*einø*		*Bier*	*ein E*		*Frau*	*kein E*		*Leute*
ø	*gute R*	*Wein*	*ø*	*gute S*	*Bier*	*ø*	*klug E*	*Frau*	*ø*	*klug E*	*Leute*
einø	*gute R*	*Wein*	*einø*	*gute S*	*Bier*						
			ø	*Gefrorene S*					*ø*	*Bekannt E*	
einø	*Bekannte R*		*einø*	*Unbekannte S*							
einø	*gute R* *Bekannte R*		*einø*	*neue S* *Unbekannte S*							
ø	*gute R* *Bekannte R*		*ø*	*neue S* *Unbekannte S*		*ø*	*gut E* *Bekannt E*		*ø*	*gut E* *Bekannt E*	

L'accusatif

MASCULIN			NEUTRE			FÉMININ			PLURIEL		
D	A	N	D	A	N	D	A	N	D	A	N
de N		*Wein*	*da S*		*Bier*	*di E*		*Frau*	*di E*		*Leute*
eine N		*Wein*	*einø*		*Bier*	*ein E*		*Frau*	*kein E*		*Leute*
ø	*gute N*	*Wein*	*ø*	*gute S*	*Bier*	*ø*	*klug E*	*Frau*	*ø*	*klug E*	*Leute*
			einø	*gute S*	*Bier*						
			ø	*Gefrorene S*					*ø*	*Bekannt E*	
			einø	*Unbekannte S*							
			einø	*neue S* *Unbekannte S*							
ø	*gute N* *Bekannte N*		*ø*	*neue S* *Unbekannte S*		*ø*	*gut E* *Bekannt E*		*ø*	*gut E* *Bekannt E*	

Le datif

MASCULIN			NEUTRE			FÉMININ			PLURIEL		
D	A	N	D	A	N	D	A	N	D	A	N
de M		*Wein*	*de M*		*Bier*	*de R*		*Frau*	*de N*		*Leute N*
eine M		*Wein*	*eine M*		*Bier*	*eine R*		*Frau*	*keine N*		*Leute N*
ø	*gute M*	*Wein*	*ø*	*gute M*	*Bier*	*ø*	*kluge R*	*Frau*	*ø*	*kluge N*	*Leute N*
			ø	*Gefrorene M*					*ø*	*Bekannte N*	
ø	*gute M* *Bekannte M**		*ø*	*neue M* *Unbekannte M**		*ø*	*gute R* *Bekannte R*		*ø*	*gute N* *Bekannte N*	

* L'usage tend à imposer : *ø gute M Bekannte N et neue M Unbekannte N*

Le génitif

MASCULIN			NEUTRE			FÉMININ			PLURIEL		
D	A	N	D	A	N	D	A	N	D	A	N
de S		*Weine S*	*de S*		*Biere S*	*de R*		*Frau*	*de R*		*Leute*
eine S		*Weine S*	*eine S*		*Biere S*	*eine R*		*Frau*	*keine R*		*Leute*
ø		*Weine S*	*ø*		*Biere S*	*ø*	*kluge R*	*Frau*	*ø*	*kluge R*	*Leute*
			ø	*Gefrorene N*					*ø*	*Bekannte R*	

45 La marque seconde

	masculin	neutre	féminin	pluriel
nominatif	*e*	*e*	*e*	*n*
accusatif	*n*	*e*	*e*	*n*
datif	*n*	*n*	*n*	*n*
génitif	*n*	*n*	*n*	*n*

- Elle ne porte que sur l'adjectif (y compris un adjectif substantivé).
- Elle se limite à *-e* ou *-n*.
- Elle ne peut apparaître que si la marque principale est déjà exprimée.

MARQUE PRINCIPALE

marque seconde

Le nominatif

MASCULIN			NEUTRE			FÉMININ			PLURIEL		
D	A	N	D	A	N	D	A	N	D	A	N
de R	*gut e*	*Wein*	*da S*	*gut e*	*Bier*	*di E*	*klug e*	*Frau*	*di E*	*klug en*	*Leute*
						ein E	*klug e*	*Frau*	*kein E*	*klug en*	*Leute*
de R	*alt e* *Bekannt e*		*da S*	*alt e* *Bekannt e*		*di E*	*alt e* *Bekannt e*		*di E*	*alt en* *Bekannt en*	
						ein E	*gut e* *Bekannt e*		*kein E*	*alt en* *Bekannt en*	

L'accusatif

MASCULIN			NEUTRE			FÉMININ			PLURIEL		
D	A	N	D	A	N	D	A	N	D	A	N
de N	*gut en*	*Wein*	*da S*	*gut e*	*Bier*	*di E*	*klug e*	*Frau*	*di E*	*klug en*	*Leute*
eine N	*gut en*	*Wein*				*ein E*	*klug e*	*Frau*	*kein E*	*klug en*	*Leute*
de N	*alt en* *Bekannt en*		*da S*	*alt e* *Bekannt e*		*di E*	*alt e* *Bekannt e*		*di E*	*alt en* *Bekannt en*	
eine N	*alt en* *Bekannt en*					*ein E*	*alt e* *Bekannt e*		*kein E*	*alt en* *Bekannt en*	

Le datif

MASCULIN			NEUTRE			FÉMININ			PLURIEL		
D	A	N	D	A	N	D	A	N	D	A	N
de M	*gut en*	*Wein*	*de M*	*gut en*	*Bier*	*de R*	*klug en*	*Frau*	*de N*	*klug en*	*Leute N*
eine M	*gut en*	*Wein*	*eine M*	*gut en*	*Bier*	*eine R*	*klug en*	*Frau*	*keine N*	*klug en*	*Leute N*
de M	*alt en* *Bekannt en*		*de M*	*alt en* *Bekannt en*		*de R*	*alt en* *Bekannt en*		*de N*	*alt en* *Bekannt en*	
eine M	*alt en* *Bekannt en*		*eine M*	*alt en* *Bekannt en*		*eine R*	*alt en* *Bekannt en*		*keine N*	*alt en* *Bekannt en*	

Le génitif

MASCULIN			NEUTRE			FÉMININIST			PLURIEL		
D	A	N	D	A	N	D	A	N	D	A	N
de S	*gut en*	*Weine S*	*de S*	*gut en*	*Biere S*	*de R*	*klug en*	*Frau*	*de R*	*klug en*	*Leute*
eine S	*gut en*	*Weine S*	*eine S*	*gut en*	*Biere S*	*eine R*	*klug en*	*Frau*	*keine R*	*klug en*	*Leute*
de S	*alt en Bekannt en*		*de S*	*alt en Bekannt en*		*de R*	*alt en Bekannt en*		*de R*	*alt en Bekannt en*	
eine S	*alt en Bekannt en*		*eine S*	*alt en Bekannt en*		*eine R*	*alt en Bekannt en*		*keine R*	*alt en Bekannt en*	

→ En un mot :
- *de R jenig e, da S jenig e, di E jenig e; di E jenig en*
- *de R selb e, da S selb e, di E selb e; di E selb en*

→ En deux mots :
- *de R ein e, da S ein e, di E ein e; di E ein en*
- *de R ander e, da S ander e, di E ander e; di E ander en*
- *de R gleich e, da S gleich e, di E gleich e; di E gleich en*
- *de R mein e, da S mein e, di E mein e, di E mein en*
- *de R meinig e, da S meinig e, di E meinig e; di E meinig en*
- *ein jede R, ein jede S, ein E jed e; jed E*
- *de R Erst e, da S Erst e, di E Erst e; di E Erst en,* et tous les ordinaux
- *di E beid en,* etc.

Attention !
Dans certaines expressions, l'adjectif n'est pas décliné :
Klar Schiff! Branle-bas de combat !
ihr eigen Fleisch und Blut sa propre chair et son propre sang
Auf gut Glück! Au petit bonheur !

Mutants, voir 230
Quantificateurs, voir 257

À VOUS !

85. Mettez les groupes nominaux suivants au pluriel.
a. der arme Ochs – b. die unsichere Nahrungskette – c. ein ruinierter Bauer – d. eine geschlachtete Kuh – e. ein interessantes Fernsehprogramm – f. ein blauer Anzug – g. das teuere Buch – h. die gefährliche Krankheit – i. der letzte Tag – j. der deutsche Wagen.

86. Mettez les groupes nominaux suivants au pluriel.
a. die billige Zeitung – b. ein hoher Berg – c. die schöne Landschaft – d. ein alter Mann – e. ein seltsames Gefühl – f. der bebrillte Beamte – g. ein bekannter Schauspieler – h. der dreckige Lumpen – i. ein wertvoller Ring – j. die rote Ameise.

87. Mettez les groupes nominaux suivants au pluriel.
a. ein winziger Eisvogel – b. ein guter italienischer Wein – c. ein mutiger politischer Entschluss – d. eine neue japanische Firma – e. eine wichtige internationale Versammlung – f. ein wertvoller goldener Ring – g. das schnelle Segelschiff – h. ein lederner Handschuh – i. eine saubere Scheibe – j. eine hübsche junge Frau.

88. Mettez les groupes nominaux suivants au singulier.
a. rote Fahnen – b. französische Käse – c. die amerikanischen Arbeiter – d. die europäischen Abgeordneten – e. süße Bonbons – f. strenge Maßnahmen – g. dicke Wörterbücher – h. faule Äpfel – i. die frechen Kinder – j. steile Berge.

89. Mettez les groupes nominaux suivants au singulier.
a. gefährliche Spiele – b. langsame Züge – c. fette Kälber – d. wunderschöne italienische Gemälde – e. die schwarzen Steine – f. die breiten Straßen – g. mittelalterliche Städte – h. gute Nachrichten – i. bunte Regenschirme – j. alte Kisten.

90. Mettez les groupes nominaux suivants au singulier.
a. weiße Seiten – b. kugelförmige Perlen – c. saubere Hände – d. schwere Schuhe – e. grausame Menschen – f. die weisen Ratschläge – g. die gemütlichen Sessel – h. die zu hoch geschätzten Aktien – i. ausländische Börsen – j. gestohlene Waren.

91. Complétez les phrases suivantes.
a. Ich folge immer ihr... Ratschlägen. – b. Inge arbeitet erst seit ein... Woche. – c. Hans-Peter arbeitet in ein... ausländisch... Firma. – d. Das amerikanisch... Flugzeug musste notlanden. – e. Die Feriengäste bummeln in d... Gassen d... Altstadt. – f. Warum hast du kein... frisch... Semmeln gekauft? – g. Am Strand bauen d... Kinder gern riesig... Sandschlösser. – h. Das faule Obst liegt auf d... Boden. – i. D... deutsch... Schnellzüge sind nicht immer sehr pünktlich. – j. D... französisch... übrigens auch nicht.

92. Complétez les phrases suivantes.
a. Manch... Leute wissen nicht, was sie wollen. – b. Er trägt d... gleich... Hemd wie ich. – c. Ein... von euch muss sich melden. – d. Er verzichtet auf d... groß... Geld. – e. Er hat drei groß... Kinder. – f. - Alles ander... sehen wir dann später. – g. Viel... Student... essen in d... Mensa. – h. Einig... Abgeordnet... schliefen ein. – i. Er sammelt alt... Wörterbücher. – j. Sie hat ihr... neu... Pass schon verloren.

93. Complétez les phrases suivantes.
a. Diese wenig... klein... Flecken kannst du doch entfernen, oder? – b. Manche jung... Tiere fürchten sich vor nichts. – c. Die Türkei hat deutsch... Panzer gekauft. – d. In dies... mein... Garten habe ich d... ganz... Sommer gearbeitet. – e. Ihr... neu... Nachbarn kommen aus Kroatien. – f. Europäisch... Student... können im Ausland studieren. – g. Mit sein... verletzt... Hand kann er zur Zeit nichts tun. – h. Uwes jung... Bruder hat seine Prüfung bestanden. – i. Der Bildschirm mein... alt... Computer... war mir zu klein. – j. Der Experte will all... neu... Verfahren überprüfen.

94. Mettez les groupes nominaux au pluriel.
a. ein unerfahrener Beamter – b. eine tiefe Kluft – c. mancher Franzose – d. eine graue Maus – e. das strenge Gesetz – f. das geheimnisvolle Cello – g. der Schnellzug nach Paderborn – h. eine glänzende Glatze – i. die eiserne Gießkanne – j. der tapfere Blauhelm – k. ein gefährlicher Nagel – l. ein gelber Flitzer – m. ein armer Bauer – n. eine gesalzene Rechnung.

95. Mettez les groupes nominaux au singulier.
a. neue Schuhe – b. süße Kinder – c. althergebrachte Sitten – d. lange Beine – e. unglaubliche Geschichten – f. kranke Kühe – g. faule Birnen – h. verrostete Waffen – i. schwarze Pferde – j. weiße Zähne – k. kurze Röcke – l. saure Kirschen – m. billige Wörterbücher – n. saubere Betttücher.

96. Complétez les phrases suivantes.
a. Nimm dein... ledern... Handschuhe mit! – b. Er zerschneidet d... saftig... Braten. – c. Wir wollen ein... neu... Fernseher kaufen. – d. Sie hat ein... Reise um d... Welt gewonnen. – e. Wertvoll... Gemälde wurden versteigert. – f. Arm... hungrig... Kinder betteln auf der Straße. – g. Ich kenne d... Vater dies... Kinder. – h. D... Rechtsanwalt d... Angeklagt... [singulier] ist sehr berühmt. – i. Der Direktor d... ausländisch... Firma wurde verhatet. – j. D... Juwelen d... Baronin wurden gestohlen.

LES QUASI-NOMS

46 Les spécificités du quasi-nom

Le quasi-nom s'écrit toujours avec une minuscule : *jemand, etwas.*
Il peut être sujet, attribut, ou complément.
Le quasi-nom peut avoir trois spécificités (il peut ne pas les avoir toutes les trois) :

- **Le genre :** le masculin, le neutre et / ou le féminin : *dieser, dieses, diese*.
- **Le nombre :** singulier et pluriel.
- **La déclinaison :** les 4 cas (nominatif, accusatif, datif, génitif).

Les quasi-noms n'ont pas tous de déclinaison complète.
En revanche, et contrairement au nom, ils n'ont pas besoin de détermination.
Il existe **quatre espèces** de quasi-noms.

Groupe quasi-nominal, voir 186-188

47 Les personnes du dialogue

ich je *du* tu *wir* nous *ihr* vous *Sie* vous (politesse)
Les personnes du dialogue ne sont pas des pronoms, **puisqu'elles ne remplacent aucun nom**.

	singulier		pluriel		
	1re pers.	2e pers.	1re pers.	2e pers.	2e pers.
nominatif	*ich*	*du*	*wir*	*ihr*	*Sie*
accusatif	*mich*	*dich*	*uns*	*euch*	*Sie*
datif	*mir*	*dir*	*uns*	*euch*	*Ihnen*
génitif	*meiner*	*deiner*	*unser*	*euer*	*Ihrer*

Pour l'emploi, Personnes du dialogue, voir 243

48 Les indéfinis

1. Les quasi-noms indéfinis masculins singuliers
(ils renvoient à un être animé)

man on	→ indéclinable • toujours au nominatif ; uniquement sujet • aux autres fonctions, il est remplacé par les formes correspondantes de *einer* : *einen* *einem* *eines*	***Man** möchte verstehen.* On aimerait comprendre. *So was erinnert **einen** an etwas, woran **man** nicht erinnert sein will.* Une chose pareille **nous** rappelle quelque chose à quoi **on** ne veut pas être renvoyé. ***Eines** Haus und Hof.* Sa maison et sa ferme **à soi**.
*frau**	→ indéclinable → ne peuvent être la base d'un groupe quasi-nominal ; on ne peut rien leur ajouter à gauche ni à droite	*Bevor **frau** von einer richtigen Gleichberechtigung reden könnte…* Avant que l'**on** puisse parler d'une véritable égalité des droits…

*jemand*** quelqu'un *(someone, somebody)*	→ déclinable *jemand* *jemanden* *jemandem* *jemandes* → peut être la base d'un groupe quasi-nominal	*Wenn man **jemandes** Freund ist...* Quand on est l'ami **de quelqu'un**... *Das ist jemand, den ich nicht kenne.* C'est **quelqu'un** que je ne connais pas.
wer celui qui [emploi **générique** : *whoever*/ emploi **spécifique** : *the one, who*]	→ déclinable *wer* *wen* *wem* *wessen* → n'est possible que dans un groupe dépendant (comme tous les éléments en ***w-***) → peut être la base d'un groupe quasi-nominal	• emploi **générique** (quantificateur universel) ***Wer** zu spät kommt, den straft das Leben.* **Celui** qui vient trop tard est puni par la vie. ***Wen** das Glück verlässt, den verlassen auch die Freunde.* **Celui** que la fortune abandonne est abandonné aussi par ses amis. ***Wem** ich gefalle, dem bin ich schön genug.* Je suis assez belle **à qui** je plais. • emploi **spécifique** (ne désigne qu'une personne) ***Wer** die Scheibe eingeworfen hat, muss sie zahlen.* **Celui/celle** qui a cassé le carreau doit le payer. ***wer** von uns…* celui d'entre nous…

* Création des féministes allemandes au début des années 80.
** Aux XVIIIe et XIXe siècles, les indéfinis s'écrivaient souvent avec une majuscule, car ils étaient perçus comme de véritables noms.
*"[...] und ehe **Jemand** ihm antwortete, hatte er schon die Harfe des alten Zauberers ergriffen."*
Et avant que quelqu'un lui ait répondu, il s'était déjà emparé de la harpe du vieux magicien.
*"Wehe, wenn euch **Jemand Anderes** zusähe als Zarathustra!"*
Malheur à vous, si quelqu'un d'autre que Zarathoustra vous observait !

2. Les quasi-noms indéfinis neutres singuliers

etwas, was quelque chose *(something)*	→ ne se déclinent pas (***etwas*** et ***was*** sont à la fois nominatif et accusatif) → peuvent être la base d'un groupe quasi-nominal	*Er hat **etwas** (= **was**) gesagt.* Il a dit **quelque chose**. *Ist **etwas**?* Est-ce qu'il y a **quelque chose** qui ne va pas ? ***Etwas** Geheimnisvolles, das in keiner Sprache einen Namen trägt.* **Quelque chose de mystérieux,** qui n'a de nom dans aucune langue.
dasselbe, das gleiche la même chose (pluriel animé : *the same people* ; pluriel inanimé : *the same ones*)	→ se déclinent comme un groupe nominal → ne peuvent être la base d'un groupe quasi-nominal	*Wenn zwei **dasselbe** tun, so ist es nicht **das gleiche**.* Quand deux personnes font la **même chose**, ce n'est en fin de compte pas la **même chose**.

es (*it*)	→ indéclinable (toujours au nominatif ; uniquement sujet) → ne peut être la base d'un groupe quasi-nominal	***Es** regnet.* **Il** pleut. ***Es** zieht.* **Il y** a un courant d'air. ***Es** ist früh.* **Il** est tôt.

3. Les quasi-noms indéfinis aux trois genres

Ils se déclinent tous.

Ils peuvent tous être la base d'un groupe quasi-nominal.

der, das, die; die celui-ci, celle-ci ; ceux-ci	*Was will denn **der** [da]?* Que veut-il, **celui-là** ? ***Das** habe ich nicht gewollt.* **Cela**, je ne l'ai pas voulu.
dieser, dieses, diese; diese *(this one; these ones)* *jener, jenes, jene; jene* *(that one; those ones)*	*« Was **dieser** heute baut, reisst **jener** morgen ein » (A. Gryphius)* Ce que **celui-ci** construit aujourd'hui, **celui-là** le détruira demain.
einer, eines, eine; ø l'un, l'une *(the one)*	***Einer** von uns.* **L'un** de nous.
der eine, das eine, die eine; die einen l'un, l'une ; les uns *(the one; the ones)* *der andere, das andere, die andere; die anderen* l'autre ; les autres *(the other one; the other ones)*	***Dem einen** gefällt der Pastor, **dem anderen** die Pastorin.* **L'un** trouve son compte avec le pasteur, **l'autre** avec la femme du pasteur. ***Das eine** lege ich dir ans Herz : sei vorsichtig.* **Il y a une chose** que je te recommande particulièrement : sois prudent.
ein anderer, ein anderes, eine andere; andere un autre, une autre ; d'autres *(another one ;* pluriel animé : *others*/pluriel inanimé : *other ones)*	*Er besann sich **eines anderen**.* Il se ravisa.

4. Les quasi-noms indéfinis aux deux genres

er, sie; sie celui-ci, celle-ci ; ceux-ci *(the one; the ones)*	***Er** da drüben. = Der da drüben.* **Lui** là-bas.

Attention !
er, sie accentués ne reprennent pas un élément du texte ; avec une détermination (groupe prépositionnel, mot invariable, groupe relatif), ils constituent la base de groupes quasi-nominaux.
Er als mein bester Freund.
Lui mon meilleur ami.
Sie mit ihren Faxen!
Elle et ses lubies !

49 Les quantificateurs

1. Les quantificateurs uniquement quasi-noms

niemand personne *(nobody/ no one)*	→ se décline → toujours masculin	***Niemand** will etwas davon gewusst haben.* **Personne** ne prétend avoir été au courant. *Ich habe es **niemand[em]** gesagt.* Je ne l'ai dit **à personne**.
	→ peut être la base d'un groupe quasi-nominal	***niemand des Personals*** **personne** parmi le personnel
jedermann chacun *(everybody/ every one)*	→ se décline uniquement au génitif → toujours masculin	*Joggen ist nicht **jedermanns** Sache.* Faire du jogging n'est pas du goût **de tout le monde**.
	→ peut être la base d'un groupe quasi-nominal	***Jedermann um den Tisch** lauschte gespannt.* **Chacun** autour de la table écoutait attentivement.
nichts rien *(nothing)*	→ ne se décline pas (la forme *nichts* est à la fois nominatif et accusatif) → toujours neutre	*Keiner kann **nichts** und keiner kann alles.* Personne ne sait **rien** et personne ne sait tout. *Aus **nichts** wird **nichts**.* **Rien** ne peut provenir de **rien**.
	→ peut être la base d'un groupe quasi-nominal	***Nichts Neues** unter der Sonne.* **Rien de neuf** sous le soleil.

2. Les quantificateurs quasi-noms, déterminatifs, pronoms, voire adjectifs

Quantificateurs, voir 257

Ils se déclinent.

Ils peuvent tous être la base d'un groupe quasi-nominal.

→ Les quantificateurs globaux :

einer, eines, eine un *(one)*	***Einer** für alle.* **Un** pour tous.
keiner, kein(e)s, keine; keine personne *(no one)*	*Zum Lernen ist **keiner** zu alt.* **Personne** n'est trop âgé pour apprendre.
jeder, ein jeder, jedes, ein jedes, jede, eine jede; jede chacun, tout le monde *(everyone, everybody)*	***Jeder** findet einmal seinen Meister.* **Chacun** trouve un jour son maître. ***Ein jeder** kann das verstehen.* **Chacun** peut comprendre cela.

alle, alles tout, tous *(all)*	→ au neutre singulier ***Alles** zu seiner Zeit.* **Chaque chose** en son temps. ***Alles** hat ein Ende, nur die Wurst hat zwei.* **Tout** a une fin, seule la saucisse en a deux. → au pluriel *Wer **allen** helfen will, hilft niemand.* Celui qui veut aider **tout le monde** n'aide personne. ***Allen** muss man nicht gefallen.* On n'est pas obligé de plaire à **tout le monde**. ***Alle** können nicht **alles**.* **Tout le monde** ne peut pas **tout** faire.

→ Les quantificateurs partiels :

mancher, manches, manche; manche maint, plus d'un, certains ; certaines choses *(many)*	***Manche** glauben noch an den Weihnachtsmann.* **Certains** croient encore au Père Noël. *Seitdem er pensioniert ist, hat er auf **manches** verzichten müssen.* Depuis qu'il est à la retraite, il a dû renoncer à **pas mal de choses**.
wenig *weniges* peu *(a little, a few)*	*Besser **wenig** als nichts.* Il vaut mieux **un peu** que rien du tout. *Er hat nur **weniges** gesagt.* Il n'a dit que **peu de choses**. *Nur **wenige** verstehen das.* **Peu de gens** comprennent cela.
etliches certaines choses *(some, several)*	→ au singulier uniquement (rare) *Sie hat **etliches** auf dem Kerbholz.* Elle a **certaines choses** à se faire pardonner.
einiges certaines choses *(some, several)*	→ au singulier uniquement *Ich habe dazu **einiges** zu bemerken.* J'ai sur ce point **quelques remarques** à faire.
mehreres plusieurs	→ au singulier *Er hat **mehreres** kritisiert.* Il a critiqué **plusieurs** points.
viel *vieles* beaucoup *(many)*	→ au singulier *Dem Verschwender fehlt **viel**, dem Geizigen alles.* **Beaucoup de choses** manquent au prodigue, l'avare manque de tout. → collectif *Sie hat **vieles** übersehen.* Il y a **beaucoup de choses** qu'elle n'a pas vues. → au pluriel ***Viele** sind berufen, aber wenige sind auserwählt.* **Beaucoup** d'appelés mais peu d'élus.
das meiste, die meisten la plupart *(the most)*	→ au singulier *Sie hat **das meiste** vergessen.* Elle a oublié **la plupart** des choses. → au pluriel ***Die meisten** wollen davon nichts wissen.* **La plupart** s'en désintéressent.

50 Les quasi-noms interrogatifs

wer? qui ? *(who?)*	→ se décline uniquement au singulier	***Wer*** *hat nach mir gefragt?* **Qui** a demandé à me voir ? ***Wen*** *haben sie gewählt?* **Qui** ont-ils élu ? ***Wem*** *darf ich das sagen?* **À qui** qui suis-je autorisé à le dire ? ***Wessen*** *Wagen ist das?* C'est la voiture **de qui** ?
	→ peut être la base d'un groupe quasi-nominal	***Wer anders*** *als sie kann uns noch helfen?* Qui d'autre qu'elle peut encore nous aider ? ***Wer da****?* Qui va là ? ***Wer alles*** *war gekommen?* Combien de personnes étaient venues ?
was? quoi ? *(what?)*	→ ne se décline pas → toujours neutre (nominatif, accusatif) → peut être la base d'un groupe quasi-nominal	***Was*** *ist geschehen?* **Que** s'est-il passé ? ***Was*** *ist er?* **Qu**'est-il ? (quelle est sa profession ?) ***Was*** *hat er gefunden?* **Qu**'a-t-il trouvé ? ***Was anderes****?* Quoi d'autre ?
welches? lequel ? *(which?)*	→ ne se décline pas → invariable car attribut	***Welches*** *ist der höchste Berg Europas?* ↓ ↑ **Quelle** est la plus haute montage d'Europe ? ***Welches*** *ist die schönste Freude?* ↓ ↑ **Quelle** est la plus grande joie ? ***Welches*** *ist das Haus des Bürgermeisters?* ↓ ↑ **Quelle** est la maison du maire ? ***Welches*** *sind die ausländischen Briefmarken?* ↓ ↑ **Quels** sont les timbres étrangers ?
	→ peut être la base d'un groupe quasi-nominal	***Welches*** *von diesen ist das Haus des Bürgermeisters ?* **Laquelle** de ces maisons est celle du maire ?
was für einer, was für eines, was für eine; was für welche? de quelle espèce ? *(what kind?)*	→ se décline → ne peut être la base d'un groupe quasi-nominal	***Was für einer*** *ist das?* **Quelle espèce** d'individu est-ce ? *Er hat Äpfel gekauft.* ***Was für welche****?* Il a acheté des pommes. **Lesquelles** ?

À VOUS !

97. Complétez par l'un des quasi-noms donnés.
niemand - keiner - jemand - manches - nichts - jeder - einer - man - etwas - wer
a. Hat ... angerufen? – b. Ich habe lange gesucht, aber ... gefunden. – c. ... kann verstehen, wie er gelitten hat. – d. Möchtest du ... essen? – e. ... kennt die Antwort? – f. Sie hat viel gelesen, und dabei auch ... gelernt. – g. ... ist seines Glückes Schmied. – h. ... ehrt den Pfennig, nicht den Mann. – i. ... kann alles erklären. – j. Nur... kann die Lage noch retten.

98. Précisez si ***wer (wen, wem)*** est spécifique ou générique, puis traduisez.
a. Wir müssen herausbekommen, wer gestern Abend angerufen hat. – b. Wer zuletzt lacht, lacht am besten. – c. Wer spart, hat doppelt. – d. Sie hat erfahren, wem ich das Geheimnis anvertraut hatte. – e. Wer gute Nachricht bringt, kommt nie zu spät. – f. Ich weiß genau, wen du meinst. – g. Wer viel spricht, der lügt auch viel. – h. Ich kann mich nicht mehr daran erinnern, wem ich den Schlüssel gegeben habe. – i. Wer keinen Stuhl hat, muss auf der Bank sitzen. – j. Sie will wissen, wer heute Abend noch kommen soll.

99. Complétez par ***was*** ou une forme de ***wer (wer, wen, wem)***. (proverbes)
a. ... man hat, das hat man. – b. ... viel hat, hat selten genug. – c. ... die Hände gebunden sind, der kann wenig tun. – d. ... man im Hause hat, braucht man nicht draußen suchen. – e. ... im Regen geht, wird nass. – f. ... das Herz fehlt, dem nützt der Degen (l'épée) nichts. – g. ... man nicht jagt, der soll nicht laufen. – h. ... man jung lernt, das bleibt. – i. ... nicht zu raten ist, dem ist auch nicht zu helfen. – j. ... der Schuh drückt, der schreit.

100. Traduisez.
a. Quel est le train le plus rapide au monde ? – b. À qui a-t-il remis les documents ? – c. Il n'a rien vu. – d. Il y a quelqu'un à la porte. – e. A-t-elle perdu quelque chose ? – f. Qui a dit quoi ? – g. Chacun recherche le bonheur. – h. J'ai tout perdu. – i. Personne n'a rien entendu. – j. Personne n'a jamais dit cela.

101. Complétez par l'un des quasi-noms donnés.
manches – niemand – jeder – jemand – keiner – man – etwas – nichts – wer – einer
a. ... will die Verantwortung für den Schaden tragen. – b. ... soll etwas davon wissen. – c. Ist ... da? – d. Er hielt so ... für möglich, was ein anderer bezweifelt hätte. – e. Er will ... davon wissen. – f. ... hier weiß jetzt Bescheid. – g. ... von uns hat uns verraten. – h. ... muss die Leute nehmen, wie sie sind. – i. Es muss endlich mal ... passieren! – j. ... hat eine Frage?

102. Précisez si ***wer (wen, wem)*** est spécifique (S) ou générique (G). Puis traduisez.
a. Wer oft fällt, der muss oft aufstehen. – b. Ich weiß noch nicht, wer mich abholen soll. – c. Wer nichts hat, dem kann man nichts nehmen. – d. Mit wem willst du arbeiten? – e. Wer lehren will, findet überall eine Schule. – f. Wem die Hände gebunden sind, der kann wenig tun. – g. Wen hast du gestern im Schwimmbad gesehen? – h. Mit wem ist sie verheiratet? – i. Wer viel hat, will mehr haben. – j. Wen du ins Haus lässt, der kommt dir auch in die Stube.

103. Traduisez.
a. Alles hat seine Grenze. – b. Alles neu, alles gut. – c. Jeder ist sich selbst der Nächste. – d. Ein jeder kehre vor seiner Tür. – e. Ein jeder weiß das. – f. Allerwelts Freund, niemands Freund. – g. Jedermann sagt es, niemand weiß es. – h. Heute Herr von Etwas, morgen Herr von Nichts. – i. Einer nach dem anderem. – j. Einer wie der andere.

LES PRONOMS

51 Les spécificités des pronoms

- **Les pronoms sont non seulement les représentants du nom mais de l'ensemble du groupe nominal** :

Die gestern im Fernsehen übertragene Sendung hat mir gefallen.

▼

Sie war nämlich spannend.

L'émission retransmise hier à la télévision m'a beaucoup plu.

▼

Elle était en effet passionnante.

- **Le pronom peut remplacer aussi un attribut** :

*Bist du **traurig**?*	Es-tu **triste** ?
▼	▼
Ja, ich bin es.	Oui, je le suis.
*Sind Sie **Ingenieur**?*	Êtes-vous **ingénieur** ?
▼	▼
Ja, ich bin es.	Oui, je le suis.

- **Les pronoms ne peuvent pas avoir d'expansion, c'est-à-dire qu'ils ne peuvent constituer la base d'un groupe.**

- **Les pronoms reprennent un mot du texte ; ils sont interchangeables** :

→ Un pronom **démonstratif** :

*"Nach Frankreich zogen zwei Grenadier'; **die** waren in Russland gefangen." (Heine)*

Deux grenadiers rentraient en France ; **ceux-ci** avaient été prisonniers en Russie.

On aurait pu avoir tout aussi bien :

→ Un pronom **relatif** :

*Nach Frankreich zogen zwei Grenadier', **die** in Russland gefangen waren.*

Deux grenadiers, **qui** avaient été prisonniers en Russie, rentraient en France.

→ Un pronom **personnel** :

*Nach Frankreich zogen zwei Grenadier'. **Sie** waren in Russland gefangen.*

Deux grenadiers rentraient en France. **Ils** avaient été prisonniers en Russie.

→ Un **quantificateur** :

*Nach Frankreich zogen zwei Grenadier'. **Beide** waren in Russland gefangen.*

Deux grenadiers rentraient en France. **Tous deux** avaient été prisonniers en Russie.

Attention !
Les mots renvoyant à des réalités qui existent **en dehors du texte** ne sont pas des pronoms, mais des **quasi-noms**. (voir 46)
*Hat **jemand etwas** gesagt?* Est-ce que **quelqu'un** a dit **quelque chose** ?

52 Les pronoms personnels

1. Les pronoms simples de la 3e personne

Ils sont dit « simples » parce qu'ils ne font que reprendre le nom (ou le groupe nominal) qui précède :

***Bismarck** war 75 Jahre alt, als er vom Kaiser entlassen wurde.*

Bismarck avait 75 ans quand il fut démis de ses fonctions par l'empereur.

Les pronoms simples non réfléchis de la 3e personne :

	singulier			pluriel
	masculin	neutre	féminin	3 genres
nominatif	*eR*	*eS*	*siE*	*siE*
accusatif	*ihN*	*eS*	*siE*	*siE*
datif	*ihM*	*ihM*	*ihR*	*ihneN*
génitif	*seiner*	*seiner*	*ihrer*	*ihrer*

*Er folgt **ihr**.* Il **la** suit. ***Sie** gedenken **seiner**.* Ils se souviennent **de lui**.

Les pronoms réfléchis de la 3e personne :

	singulier			pluriel
	masculin	neutre	féminin	3 genres
accusatif	*sich*	*sich*	*sich*	*sich*
datif	*sich*	*sich*	*sich*	*sich*
génitif	*seiner*	*seiner*	*ihrer*	*ihrer*

*Er sieht **sich** im Spiegel.* Il **se** voit dans le miroir.
▼
complément à l'accusatif

*Sie waschen **sich** die Hände.* Ils **se** lavent les mains.
▼
complément au datif

*Er hat kein Geld bei **sich**.* Il n'a pas d'argent sur lui.
▼
complément au datif introduit par *bei*

*Sie ist mit **sich** zufrieden.* Elle est satisfaite d'elle-même.
▼
complément au datif introduit par *mit*

*das Ding an **sich*** la chose en soi
▼
complément au datif introduit par *an*

*Er ist **seiner** nicht mehr mächtig.* Il n'est plus maître de soi.
▼
complément au génitif de l'adjectif *mächtig*

Sie spottet ***ihrer*** [selbst]. Elle se moque d'elle [-même].
▼
complément au génitif du verbe *spotten*

Les pronoms réciproques de la 3e personne :

→ *einander* se combine avec la plupart des prépositions *(an-, auf-, aus-, bei-, durch-, für-, gegen-, hinter-, in-, mit-, nach-, von-, vor-, über-, um-, unter, zu-)* :
*Sie helfen **einander**.* Ils s'entraident. (Ils s'aident les uns les autres.)
*Die Häuser stehen neben**einander**.* Les maisons sont l'une à côté de l'autre.

→ Quand le sens est suffisamment explicite, on peut aussi utiliser le pronom réfléchi, renforcé éventuellement par les adverbes *gegenseitig* et *wechselseitig* :
*Sie umarmen **sich**.* Ils s'embrassent. *Sie helfen **sich gegenseitig**.* Ils s'entraident.
*Aktion und Reaktion bedingen **sich wechselseitig**.* Action et réaction se conditionnent réciproquement.

2. Les pronoms simultanés des trois personnes

- Ils sont dits **simultanés** parce qu'ils renvoient **simultanément** à deux éléments de la phrase :

Gerhard hat sein Handy verlegt. — Gerhard a égaré son portable.

Sophie hat ihm ihres geliehen. — Sophie lui a prêté le sien.

Gerhard hat sein Handy verlegt. — Gerhard a égaré son portable.

Franz hat ihm seines geliehen. — Franz lui a prêté le sien.

(Sophie) ← (féminin singulier) *ihres* (neutre singulier) → *(das Handy)*
(Franz) ← (masculin singulier) *seines* (neutre singulier) → *(das Handy)*
La fonction (et par conséquent le cas) est celui que le pronom a dans le groupe :
Ici *ihres* et *seines* sont compléments premiers (fonction) à l'accusatif (cas).

- Les pronoms simultanés ont **trois formes** en allemand contre une seule en français : le mien.

Déclinaison, voir 43-45

	singulier		pluriel	
1re pers. du sing.	*meiner, meines, meine* *der meine, das meine, die meine* *der meinige, das meinige, die meinige*	*le mien* *le mien* *la mienne*	*meine* *die meinen* *die meinigen*	*les miens* *les miens* *les miennes*
2e pers. du sing.	*deiner, deines, deine* *der deine, das deine, die deine* *der deinige, das deinige, die deinige*	*le tien* *le tien* *la tienne*	*deine* *die deinen* *die deinigen*	*les tiens* *les tiens* *les tiennes*
3e pers. du sing. (masc.)	*seiner, seines, seine* *der seine, das seine, die seine* *der seinige, das seinige, die seinige*	*le sien* *le sien* *la sienne*	*seine* *die seinen* *die seinigen*	*les siens* *les siens* *les siennes*
3e pers. du sing. (fém.)	*ihrer, ihres, ihre* *der ihre, das ihre, die ihre* *der ihrige, das ihrige, die ihrige*	*le sien* *le sien* *la sienne*	*ihre* *die ihren* *die ihrigen*	*les siens* *les siens* *les siennes*

	singulier		pluriel	
1re pers. du plur.	*unserer, unseres, unsere* *der unsere, das unsere, die unsere* *der unsrige, das unsrige, die unsrige*	*le nôtre* *le nôtre* *la nôtre*	*unsere* *die unseren* *die unsrigen*	*les nôtres*
2e pers. du plur.	*eu[e]rer, eu[e]res, eu[e]re* *der eu[e]re, das eu[e]re, die eu[e]re* *der eu[e]rige, das eu[e]rige, die eu[e]rige*	*le vôtre* *le vôtre* *la vôtre*	*eu[e]re* *die eu[e]ren* *die eu[e]rigen*	*les vôtres*
2e pers. du plur. (politesse)	*Ihrer, Ihres, Ihre* *der Ihre, das Ihre, die Ihre* *der Ihrige, das Ihrige, die Ihrige*	*le vôtre* *le vôtre* *le vôtre*	*Ihre* *die Ihren* *die Ihrigen*	*les vôtres*
3e pers. du plur. (politesse)	*ihrer, ihres, ihre* *der ihre, das ihre, die ihre* *der ihrige, das ihrige, die ihrige*	*le leur* *le leur* *la leur*	*ihre* *die ihren* *die ihrigen*	*les leurs*

***Dein Wagen** ist neu; meiner ist alt.* **Ta voiture** est neuve ; la mienne est vieille.
*Wir haben **ein Ferienhaus** in den Vogesen; wo liegt das Ihre ?*
Nous avons une **résidence secondaire** dans les Vosges ; où se trouve la vôtre ?
***Deine Kinder** sind schon von der Schule zurück; ich frage mich, wo meine bleiben.*
Tes enfants sont déjà rentrés de l'école ; je me demande où sont les miens.

- Comme en français, ce pronom peut être employé comme substantif :
  - Au singulier :
    *Das **Seine** tun.* Faire ce que l'on a à faire. *Jedem das **Seine**.* À chacun son dû.
    *Jeder lobt das **Seine**.* Chacun loue ce qui est à lui.
  - Au pluriel :
    *Wer **den Seinen** nicht beisteht, wird Fremden nicht helfen.*
    Qui n'aide pas **les siens** n'aidera pas autrui.
    *Wer unter **den Seinen** ist, der ist daheim.* Celui qui est parmi **les siens** se sent chez soi.
    *Grüße **die Dein[ig]en** von mir.* Salue **les membres de ta famille** de ma part.

À VOUS !

104. Donnez des réponses positives aux questions suivantes en utilisant un pronom de la 3e personne.
Kennst du meinen Geheimcode? Nein, ich kenne **ihn** nicht.
a. Hat er seinen neuen Computer schon bestellt? – b. Hast du die Fernbedienung? – c. Hast du den Brief geschrieben? – d. Hat sie die Einbauküche gekauft? – e. Gefällt dir diese Sitzgruppe? – f. Ist der Wagen repariert? – g. Ist dein Freund schon angekommen? – h. Hast du meine Telefonnummer vergessen? – i. Kannst du mir dein Handy leihen? – j. Verstehen Sie meine Frage?

105. Donnez des réponses négatives aux questions suivantes en utilisant un pronom de la 3e personne.
a. Hast du das Buch schon gelesen? – b. Hat sie die Zeitung gekauft? – c. Hast du deine Schuhe gebürstet? – d. Hast du dir die Hände gewaschen? – e. Hat er seinen Regenschirm irgendwo liegen lassen? – f. Schmeckt dir der Kuchen? – g. Möchtest du deinen Mantel ausziehen? – h. Hat sie das Zimmer vermietet? – i. Hat er das Essen bezahlt? – j. Ist die Tür auf?

106. Donnez des réponses positives puis négatives aux questions suivantes en utilisant un pronom de la 3e personne.
a. Hast du das Gemälde schon aufgehängt? – b. Möchtest Sie den neuen Wein kosten? – c. Hat sie ihren Mann in aller Öffentlichkeit blamiert? – d. Hast du die Qualität des Materials geprüft? – e. Hat er den Zug verpasst? – f. Hat man das Virus entdeckt? – g. Hat sie den Gipfel bestiegen? – h. Haben Sie die Versammlung einberufen? – i. Hat das Gericht den Angeklagten freigesprochen? – j. Hast du das Fenster aufgemacht?

107. Traduisez.
a. J'ai commandé mon nouvel ordinateur. As-tu commandé le tien ? – b. J'ai ton numéro de téléphone ; mais as-tu le mien ? – c. Son portable est plus cher que le mien. – d. J'ai oublié mon parapluie ; peux-tu me prêter le tien ? – e. Ma voiture a été réparée ; et la tienne ? – f. Son téléviseur est plus vieux que le mien. – g. J'ai noté ton code secret ; as-tu noté le mien ? – h. Mon manteau est plus long que le sien. – i. Mes parents sont en vacances ; et les tiens ? – j. Notre maison est plus confortable que la vôtre.

53 Les 6 pronoms démonstratifs

1. *der, das, die; die* celui-ci, celle-ci, celui-là, celle-là, ceci, cela ; ceux-ci, ceux-là, celles-ci, celles-là

	singulier			pluriel
	masculin	**neutre**	**féminin**	**3 genres**
nominatif	*der*	*das*	*die*	*die*
accusatif	*den*	*das*	*die*	*die*
datif	*dem*	*dem*	*der*	*denen*
génitif	*dessen*	*dessen*	*deren*	*deren* / derer***

* ***deren*** renvoie à ce qui précède :
*Die Nachbarn und **deren** Kinder.* Les voisins et les enfants de ceux-ci (= et leurs enfants).

** ***derer*** annonce ce qui suit ; il peut être remplacé par ***derjenigen*** :
*Hier stehen die Verwandten **derer**, welche ermordet wurden.*
*Hier stehen die Verwandten **derjenigen**, welche ermordet wurden.*
Ici se tiennent les parents de ceux qui ont été assassinés.

Les emplois de ***der*** sans préposition :
*"Nach Frankreich zogen zwei Grenadier', **die** waren in Russland gefangen." (Heine)*
Deux grenadiers rentraient en France ; ceux-ci avaient été prisonniers en Russie.
*Der Präsident, der Minister und **dessen** Sekretär.**
Le président, le ministre et le secrétaire de ce dernier.

****dessen*** est ici un **Génitif saxon** ; voir 20

Les emplois de ***der*** avec préposition :
Sous la forme ***da[-r-]*** il sert à former des **Groupes prépositionnels pronominaux**, voir 190.

2.

dieser	***jener***
dieser, dieses, diese; diese	*jener, jenes, jene; jene*
celui-ci, celle-ci ; ceux-ci	celui-là, celle-là ; ceux-là
(this; these)	*(that; those)*
dieser désigne un élément proche	***jener*** désigne un élément plus éloigné

*Hans geht mit Franz spazieren; **dieser** ist barfuß, **jener** ist barhäuptig.*
Hans va se promener avec Franz ; **celui-ci** est nu-pieds, **celui-là** nu-tête.

Déclinaison, voir 43-44
Déterminatifs démonstratifs, voir 19
Personnes du dialogue, voir 243

3. ***derjenige, dasjenige, diejenige; diejenigen*** celui (qui), celle (qui) ; ceux (qui)
__Derjenige__, der das glaubt, ist ein Esel. Celui qui croit cela est un âne.
__dasjenige__, was ich am liebsten tue ce que je préfère faire

Au génitif pluriel : ***derer***
*die Namen **derer**, die gewonnen haben* les noms de ceux qui ont gagné
*Gedenke **derer**, die nicht mehr da sind.* Souviens-toi de ceux qui ne sont plus.

Attention !
derjenige n'est pas obligatoirement suivi d'un pronom relatif :

diejenige *da vorne*	celle-ci tout devant
derjenige *in der ersten Reihe*	celui dans la première rangée
Welchen Hut willst du? ***Denjenigen*** *da oben.*	Quel chapeau veux-tu ? Celui qui est là-haut.

Déclinaison, voir **43-45**

4. ***derselbe, dasselbe, dieselbe; dieselben***
le même, la même ; les mêmes
(the same one; the same);
(the same one; the same ones)

Seit seinem Unfall ist er nicht mehr ***derselbe.***
Depuis son accident, il n'est plus le même.

der, das, die gleiche; die gleichen
le même, la même ; les mêmes
(the same one; the same);
(the same one; the same ones)

Sie hat ein Gemälde gekauft, und er hat ***das gleiche*** *gekauft.*
Elle a acheté un tableau et il a acheté le même.

Attention !
L'emploi de *derselbe* permet de lever une ambiguïté :

Der Vater schrieb seinem Sohn, ***er*** *müsse sofort abreisen.*
Le père écrivit à son fils
qu'**il** [= **le père**] devait partir immédiatement.

Der Vater schrieb seinem Sohn, ***derselbe*** *müsse sofort abreisen.*
Le père écrivit à son fils
que **ce dernier** [= le **fils**] devait partir immédiatement.

Sie sprach mit mir von ihrer Cousine und erzählte mir auch ***ihr*** *Leben.*
Elle me parla de sa cousine
et me raconta aussi sa vie. (la sienne)

Sie sprach mit mir von ihrer Cousine und erzählte mir auch das Leben ***derselben.***
Elle me parla de sa cousine
et me raconta aussi sa vie. (celle de sa cousine)

Déclinaison, voir **43-45**

5. ***der, das, die eine; die einen***
l'un, l'une ; les uns

der, das, die andere; die anderen
l'autre ; les autres

Nach Frankreich zogen zwei Grenadier. Die waren in Russland gefangen. [...]
Deux grenadiers rentraient en France. Ils avaient été prisonniers en Russie. [...]

Der eine *sprach: "Wie weh wird mir!"*
L'un dit : « Comme je souffre ! »

Der andere *sprach: "Das Lied ist aus!"*
L'autre dit : « C'en est fini ! »

6. ***der, die Erstere;***
die Ersteren
(= Ersterer, Ersteres, Erstere; Erstere)
le premier (de deux)
(the former)

der, die Letztere;
die Letzteren
(= Letzterer, Letzteres, Letztere; Letztere)
le dernier (de deux)
(the latter)

Gerd und Udo kamen mit ihren Musikinstrumenten,
Gerd et Udo sont venus avec leur instrument de musique,

der Erstere *(=* ***Ersterer****) mit seiner Flöte,*
le premier avec sa flûte,

der Letztere *(=* ***Letzterer****) mit seiner Geige.*
le second avec son violon.

54 Les quantificateurs

1. Les quantificateurs globaux

beide les deux *(both)*	→ **au singulier : neutre** Uniquement pour des noms de genre ou de nombre différent : *Willst du den Brief oder das Paket?* Tu veux la lettre ou le paquet ? *Bring mir [alles] **beides**.* Apporte-moi **les deux**. (= l'un et l'autre) → **au pluriel** *Möchten Sie Tee oder Kaffee? Keins von **beiden**.* Vous voulez du thé ou du café ? Ni l'un ni l'autre. *Die Polizei hat zwei Diebe erwischt: **alle beide** sind verhaftet worden und die Pässe **aller beider** waren falsch.* La police a surpris deux voleurs : ils ont été arrêtés **tous les deux** et leurs passeports étaient faux.
jeder, jedes, jede chacun, chacune *(each one)*	→ **au singulier** *Die Wähler kamen einzeln in den Saal; **jeder** erhielt einen Zettel und einen Umschlag.* Les électeurs entrèrent un à un dans la salle ; **chacun** reçut un bulletin et une enveloppe.
sämtlich tous	→ **au pluriel** (invariable) *Die Abgeordneten waren **sämtlich** weg.* Les députés étaient **tous** partis.
gesamt tous	→ **au pluriel** (invariable) *Sie haben **gesamt** ein Lied angestimmt.* Ils ont **tous** entonné une chanson.
alle tous *(all)*	→ **au pluriel** *Die Schüler waren **alle** krank.* Les élèves étaient **tous** malades.

2. Les quantificateurs partiels

ein paar quelques-uns *(some, a few)*	→ **invariable** *Ich kann dir Aktien abgeben. Willst du **ein paar**?* Je peux te céder des actions. En veux-tu **quelques-unes** ?
mancher, manches, manche; manche plus d'un *(some, quite a few)*	*Fehler hat er **manche** gemacht.* Des fautes, il en a fait **plus d'une**.
weniger, weniges, wenige; wenige peu de *(a few* + pluriel ; *a little* + singulier)	→ **au singulier** *Darauf aß er so viel, als er vermochte, nur **weniges** blieb übrig.* Puis il mangea autant qu'il put, mais il en resta **un peu**. → **au pluriel** *Studenten waren nur **wenige** da.* Des étudiants, il n'y en avait **pas beaucoup**.
etliche quelques-uns, quelques-unes *(some, a few)*	→ **au pluriel** *Hast du noch Patronen? Ja, ich habe noch **etliche**.* As-tu encore des cartouches ? Oui, j'en ai encore **quelques-unes**.
einige quelques-uns, quelques-unes *(some)*	→ **au pluriel** *Ausländer? Ja, ich habe **einige** gesehen.* Des étrangers ? Oui, j'en ai vu **quelques-uns**.

mehrere plusieurs *(several)*	→ **au pluriel** *Von den Gästen kamen **mehrere** zu spät.* **Plusieurs** invités arrivèrent en retard.
viele beaucoup *(many, a lot)*	→ **au singulier** *Bier hat er **viel** getrunken.* De la bière, il en a **beaucoup** bu. → **au pluriel** *Freunde hat sie **viele**.* Des amis, elle en a **beaucoup**.
die meisten la plupart *(most of them)*	→ **au pluriel** *Viele Tiere wurden angesteckt und **die meisten** starben daran.* Beaucoup d'animaux furent contaminés et **la plupart** moururent.

À VOUS !

108. Traduisez.

a. S'il te reste des enveloppes, tu peux m'en donner quelques-unes. – b. Il y avait beaucoup d'étudiants sur le parking ; la plupart étaient assis par terre. – c. Ils étaient tous partis en promenade, mais beaucoup avaient oublié leur parapluie. – d. Les touristes n'avaient pas tous leur passeport sur eux. – e. Les joueurs de football étaient sur le terrain ; chacun portait un maillot *(das Trikot)* différent. – f. Les hommes politiques font de grandes promesses, mais la plupart ne les tiennent pas. – g. Les vaches ont toutes été abattues. – h. Les publicités à la télévision sont souvent bonnes ; quelques-unes sont même excellentes. – i. Dessert ou fromage ? Les deux ! – j. Les enfants parlaient tous en même temps, et chacun réclamait autre chose.

109. Traduisez.

a. Unsere Nachbarn stammen beide aus Österreich. – b. Ein junger und ein älterer Herr, beide taubstumm, haben schriftlich nach ihrem Weg gefragt. – c. Er sagte jedem der Anwesenden ein freundliches Wort. – d. Die Kinder waren alle um den Weihnachtsbaum versammelt, und ein jedes bekam sein Geschenk. – e. Die Gäste sind alle da. – f. Fehler hat er nur wenige entdeckt. – g. Wildenten habe ich einige gesehen. – h. Von den Wählern sind viele zu Hause geblieben. – i. Die Schafe sind sämtlich geschlachtet worden. – j. Dann wurden sie alle verbrannt, aber die meisten waren nicht einmal krank.

55 Les pronoms qualitatifs

Ils ne sont que deux : ***welch-* et *solch-***

welcher, welches, welche; welche Au singulier, comme au pluriel, *welch-* sert à traduire **« en »** *(some)*	→ **au singulier** *Haben Sie Wein? Ja, ich habe **welchen**.* Avez-vous du vin ? Oui, j'**en** ai. *Haben Sie Bier? Ja, ich habe **welches**.* Avez-vous de la bière ? Oui, j'**en** ai. *Haben Sie Milch? Ja, ich habe **welche**.* Avez-vous du lait ? Oui, j'**en** ai. → **au pluriel** *Haben Sie Nüsse? Ja, ich habe **welche**.* Avez-vous des noix ? Oui, j'**en** ai.
solcher, solches, solche; solche tel *(such)*	*Mit **solchen** wie Ihnen will ich nichts zu tun haben.* Je ne veux pas avoir affaire à des gens **comme vous**. *Das sind freche Kinder, und **solche** mag ich nicht.* Ces enfants sont effrontés, et je n'aime pas **ce genre** d'enfants.

56 Les pronoms relatifs

1. Les pronoms déclinables

der, das, die; die qui, que…

	singulier			pluriel
	masculin	**neutre**	**féminin**	**3 genres**
nominatif	*der*	*das*	*die*	*die*
accusatif	*den*	*das*	*die*	*die*
datif	*dem*	*dem*	*der*	*denen*
génitif	*dessen*	*dessen*	*deren*	*deren*

Der Wagen, ***der*** *das Wettrennen gewonnen hat…* La voiture **qui** a gagné la course…
Der Student, ***dem*** *ein Preis zugesprochen wurde…* L'étudiant, **à qui** on a attribué un prix…

Attention !
• Au génitif, il n'y a jamais de déterminatif entre le pronom relatif et le nom qui suit :
Die Kinder, ***deren*** *Eltern im Ausland geboren sind…*
Les enfants, **dont les** parents sont nés à l'étranger…
Die Mutter, ***deren*** *Tochter das Abitur bestanden hat…*
La mère, **dont la** fille a réussi le baccalauréat…
• Au génitif, s'il y a un adjectif devant le nom, il suit la déclinaison forte :
Der Baum, ***dessen neuer*** *Ast schon Blüten trägt…*
L'arbre **dont la** jeune branche est déjà en fleurs…
Das Schiff, ***dessen rostiges*** *Ruder zerbrach…**
Le navire, **dont le** gouvernail rouillé s'est brisé…

* Pour l'accord de l'adjectif, voir **Génitif saxon** **20**

welcher, welches, welche; welche qui, que…
welcher est moins usité que ***der***. On l'emploie surtout pour éviter une répétition :
Das U-Boot, ***das das*** *Flaggschiff versenkte…*

▼

Das U-Boot, ***welches*** *das Flaggschiff versenkte...*
Le sous-marin, qui coula le navire amiral…

Déclinaison, voir **43-45**

2. Les pronoms indéclinables

was
À la différence des deux précédents, qui ont pour antécédent un nom ou un pronom, ***was*** a pour antécédent :
→ Soit un pronom neutre (jamais un nom) :
Vieles *ist heute möglich,* ***was*** *früher unmöglich schien.*
Beaucoup de choses sont devenues possibles, **qui** semblaient impossibles autrefois.
→ Soit toute une proposition :
Bevor er zu mir kommt, ***ruft er immer an, was*** *ich besonders schätze.*
Avant de venir chez moi, **il téléphone toujours**, **ce que** j'apprécie particulièrement.

wo
"Kennst du das Land, ***wo*** *die Zitronen blühen?" (Goethe)*
Connais-tu le pays **où** fleurissent les citronniers ?

- ***wohin, woher***

*Die Maus rannte in die Küche, **wohin** die Katze ihr nachlief.*
La souris s'enfuit à la cuisine, **où** le chat la poursuivit.
*Die Bude, **woher** diese Ware stammt, existiert nicht mehr.*
La boutique **d'où** provient cette marchandise n'existe plus.

- ***wo[r]*** + préposition (ne pas confondre avec les Groupes prépositionnels pronominaux, voir 190)

→ L'antécédent est toute la proposition qui précède :
Er drückte mir die Hand, wobei er vermied mich anzusehen.
Il me serra la main, **en** évitant de me regarder.
Er atmete tief ein, wodurch es ihm schon besser ging.
Il inspira profondément, **et** aussitôt il se sentit mieux.
Er hatte dem Freund das Leben gerettet, wofür er das Ehrenkreuz bekam.
Il avait sauvé la vie à son ami, et il reçut **pour cela** la croix d'honneur.
Sie bewarb sich auf die Stelle, wogegen niemand Protest erhob.
Elle se présenta sur le poste, **et** personne ne protesta.

→ L'antécédent est un nom ou un pronom, qui désigne un être non animé :
Das ist der Dolch, womit sie ermordet wurde.
C'est le poignard **avec lequel** elle fut assassinée.
Das ist etwas, wonach er seit langem strebt.
C'est quelque chose **à quoi** il aspire depuis longtemps.
Das ist der Parkplatz, woneben sie das Kaufhaus bauen.
C'est le parking **à côté duquel** on construit le supermarché.
Der Haken, woran die Lampe hing, ist los.
Le crochet **auquel** était accrochée la lampe s'est détaché.
Die Seite, worauf der Titel stand, wurde ausgerissen.
La page **sur laquelle** était écrit le titre a été arrachée.
Das Glas, woraus sie trinkt, ist nicht sehr sauber.
Le verre **dans lequel** elle boit n'est pas très propre.
Das Zimmer, worin sie schläft, wurde neu tapeziert.
On a refait la tapisserie dans la chambre **où** elle dort.

Attention !
- Pour les animés, il faut la préposition + le pronom : ***mit dem*** *(~~womit~~)*
- La construction en deux mots, avec une préposition et le pronom, par exemple : ***mit dem***, est plus usuelle que l'amalgame en un mot : ***womit***.

*Die Waffe, **mit der** er geschossen hat.* ~~*Die Waffe, womit er geschossen hat.*~~
L'arme[,] avec laquelle il a tiré.

LE VERBE

57 Les spécificités du verbe

Le verbe est au centre des relations syntaxique de la phrase.
Il a 6 spécificités :

- la personne : la 1re, la 2e, la 3e ;
- le nombre : le singulier et le pluriel ;
- le temps : présent, passé et futur ;
- le mode : indicatif ou subjonctif ;
- l'aspect : accompli ou non accompli ;
- la voix : actif ou passif.

Personnes du dialogue, voir 243
Aspect, voir 113-114
Passif, voir 241-242

58 La classification générale des verbes

1. Les verbes forts, faibles et mixtes

Les verbes forts, faibles et mixtes se distinguent les uns des autres par la formation de leur prétérit et de leur participe 2.

	forts	faibles	mixtes
prétérit	• modification de la voyelle du radical ▼ *kommen → kam*	• pas de modification de la voyelle du radical • t après le radical ▼ *reisen → reiste*	• modification de la voyelle du radical • t après le radical ▼ *brennen → brannte*
participe 2	• modification possible de la voyelle du radical • en après le radical ▼ *gekommen*	• pas de modification de la voyelle du radical • t après le radical ▼ *gereist*	• modification de la voyelle du radical • t après le radical ▼ *gebrannt*

- **Les verbes forts sont au nombre de 155 (voir Annexe).**
- **La classe des verbes faibles est ouverte.**
- **Les verbes mixtes sont au nombre de 10 :**

1. *brennen*	*brannte*	*gebrannt*	brûler
2. *kennen*	*kannte*	*gekannt*	connaître
3. *nennen*	*nannte*	*genannt*	nommer
4. *rennen*	*rannte*	*gerannt*	courir
5. *senden*	*sandte*	*gesandt*	envoyer
6. *wenden*	*wandte*	*gewandt*	tourner
7. *können*	*konnte*	*gekonnt*	pouvoir
8. *müssen*	*musste*	*gemusst*	falloir
9. *dürfen*	*durfte*	*gedurft*	devoir
10. *wissen*	*wusste*	*gewusst*	savoir

À VOUS !

110. Mettez au prétérit puis au parfait les phrases suivantes.
a. Im Kamin brennt Holz. – b. Ich kenne ihn nicht. – c. Er rennt durch die Altstadt. – d. Sie wendet mir den Rücken. – e. Sie sendet ihre besten Wünsche. – f. Ich nenne alle Namen. – g. Er bekennt Farbe. – h. Sie verbrennt alte Papiere. – i. Man benennt den Platz nach einem Muziker. – j. Er verkennt den Ernst der Lage.

111. Mettez au prétérit puis au parfait les phrases suivantes.
a. Er schreibt jeden Tag an den Bürgermeister. – b. Der Flitzer fährt auf der Autobahn. – c. Sie findet die Biomütonne nicht. – d. Wer reitet so spät durch Nacht und Wind? – e. Sie schweigt viel zu lange. – f. Sie streiten sich ständig. – g. Sie greift in die Tasche. – h. Sie pfeift ihrem Hund. – i. Er gleicht seinem Cousin. – j. Warum schreist du nur so laut?

112. Mettez au prétérit puis au parfait les phrases suivantes.
a. Ich weiche der Gefahr aus. – b. Er reißt die Tür auf. – c. Er greift nach einer Waffe. – d. Sie schleicht auf Zehenspitzen in das Kinderzimmer. – e. Er beißt ein Stück Schokolade ab. – f. Er streicht das Wort durch. – g. Sie schmeißt die Leute hinaus. – h. Sie schleift das Messer. – i. Sie streiten schon wieder! – j. Wir reiten früh aus. – k. Die Preise steigen. – l. Er bleibt ganz ruhig. – m. Er schreit nicht mehr so laut. – n. Was treibst du denn? – o. Sie schreibt lange Briefe. – p. Er leiht mir seine Gitarre. – q. Wir reiben uns die Hände warm. – r. Er beweist viel Interesse. – s. Diese Urkunde beweist gar nichts. – t. Sie verzeiht ihm.

113. Mettez au prétérit puis au parfait les phrases suivantes.
a. Er genießt seine Jugend. – b. Sie schließt alle Türen hinter sich. – c. Die Sonne schmilzt den Schnee. – d. Der Fluss schwillt an. – e. Das Feuer erlischt. – f. Musik erschallt in der Ferne. – g. Er schießt mit dem Gewehr. – h. Es riecht nach Benzin. – i. Er begießt die Blumenbeete. – j. Eine Schlange kriecht über den Weg. – k. Sie fliegt nach Amerika. – l. Er schiebt den schweren Koffer hinaus. – m. Es friert! – n. Er verliert die Geduld. – o. Der Hund zieht an der Leine. – p. Der Wagen biegt um die Ecke. – q. Er hebt den Kuli auf. – r. Er lügt wie gedruckt. – s. Er betrügt die ganze Welt. – t. Er schwört, dass es wahr ist.

114. Mettez au prétérit puis au parfait les phrases suivantes.
a. Wer gibt die richtige Antwort? – b. Es geschieht etwas Sonderbares. – c. Sie liest die ganze Zeit. – d. Kommen wir früh genug? – e. Sie sieht fern. – f. Er tritt langsamen Schrittes hinaus. – g. Er vergisst immer meine Telefonnummer. – h. Wir messen diesem Ereignis große Bedeutung bei. – i. Die Vögel fressen alles auf. – j. Er kommt regelmäßig zu spät. – k. Sie trägt die Verantwortung. – l. Er wäscht sein Hemd. – m. Ihr Herz schlägt für Paris. – n. Sie lädt das Gewehr. – o. Er gräbt ein Loch in seinem Garten. – p. Er fährt links. – q. Die Stadt wächst von Jahr zu Jahr. – r. Er schlägt etwas Interessantes vor. – s. Er lädt viele Gäste ein. – t. Der Künstler schafft eine neue Plastik.

115. Mettez au prétérit puis au parfait les phrases suivantes.
a. Sie bläst die Trompete. – b. Er brät kein Rindfleisch mehr. – c. Sie rät mir, alles aufzugeben. – d. Er schläft während der Versammlung ein. – e. Ostern fällt den ersten April. – f. Er ruft sie ständig an. – g. Wie heißt sie noch? – h. Sie läuft ihm nach. – i. Er hält sich an das Gesetz. – j. Hier lässt es sich leben.

116. Traduisez en utilisant les verbes donnés.
gelingen - singen - trinken - wringen - finden - sinken - zwingen - schwingen - springen - verschwinden
a. Elle chantait toute la journée. – b. Le sous-marin a sombré. – c. Ils ont bu tout le champagne. – d. Elle fut contrainte de revenir. – e. Elle trouva son chemin toute seule. – f. Le cheval sauta par-dessus le fossé. – g. Il a disparu sans laisser de traces (*spurlos*). – h. Il essorait le linge mouillé. – i. Elle brandissait une arme. – j. Tout lui réussit.

117. Traduisez en utilisant les verbes donnés.

bergen - gelten - helfen - schelten - sterben - verderben - werben - werfen

a. On le traita de voleur. – b. Il mourut dans la nuit. – c. Il lançait l'argent par la fenêtre. – d. Elle m'aide beaucoup. – e. Elle m'a beaucoup aidé. – f. Le passeport n'était plus valable. – g. de la viande avariée. – h. Ici je me sens en sécurité. – i. Il faisait de la publicité pour une nouvelle lessive. – j. Il fait de la publicité pour ce nouveau produit.

118. Traduisez en utilisant les verbes donnés.

empfehlen - gebären - erschrecken - befehlen - stechen - brechen - stehlen - sprechen - nehmen - treffen

a. Elle a brisé la glace. – b. Il sursauta de peur. – c. Il a beaucoup parlé. – d. Elle a recommandé ce restaurant. – e. Elle est née le 31 décembre. – f. Les tableaux volés ont été retrouvés. – g. Elle a pris tout l'argent. – h. Il a été piqué par une guêpe. – i. Nous nous sommes retrouvés devant la gare. – j. On a donné l'ordre aux soldats de tirer.

2. Les verbes réguliers et irréguliers

Les verbes forts, faibles et mixtes sont presque tous formés régulièrement. Cependant, il existe des verbes forts, faibles et mixtes irréguliers.

Il est important de ne pas confondre les verbes forts avec les verbes irréguliers.

	forts		faibles		mixtes	
	réguliers	**irréguliers**	**réguliers**	**irréguliers**	**réguliers**	**irréguliers**
PRÉTÉRIT	• modification de la voyelle du radical ▼ *kommen* → *kam*	• modification de la voyelle du radical + altération du radical ▼ *ziehen* → *zog*	• pas de modification de la voyelle du radical • t après le radical ▼ *reisen* → *reiste*	• pas de modification de la voyelle du radical • t après le radical ▼ *backen* → *backte* + altération du radical pour *haben* uniquement ▼ *haben* → *hatte*	• modification de la voyelle du radical • t après le radical ▼ *brennen* → *brannte*	• modification de la voyelle du radical • t après le radical + altération du radical ▼ *bringen* → *brachte*
PARTICIPE 2	• modification possible de la voyelle du radical • en après le radical ▼ *gekommen*	• modification possible de la voyelle du radical • en après le radical (sauf : *getan*) + altération du radical ▼ *gezogen*	• pas de modification de la voyelle du radical • t après le radical ▼ *gereist*	• t après le radical pour *haben* uniquement ▼ *gehabt* • en après le radical ▼ *gebacken*	• modification de la voyelle du radical • t après le radical ▼ *gebrannt*	• modification de la voyelle du radical • t après le radical + altération du radical ▼ *gebracht*

Les 11 verbes forts irréguliers :

En plus de l'alternance vocalique, ces verbes subissent aussi une altération de leur radical :

1. *essen*	*aß*		*gegessen*	*du, er isst*	manger
2. *gehen*	*ging*	*ist*	*gegangen*		aller
3. *hauen*	*hieb*		*gehauen*		frapper (voir 60)
4. *sitzen*	*saß*		*gesessen*		être assis
5. *stehen*	*stand*		*gestanden*		être debout
6. *tun*	*tat*		*getan*		faire
7. *ziehen*	*zog*	*hat*	*gezogen*		tirer
		ist	*gezogen*		partir en groupe, passer
8. *sein*	*war*	*ist*	*gewesen*		être
9. *leiden*	*litt*		*gelitten*		souffrir
10. *schneiden*	*schnitt*		*geschnitten*		couper
11. *sieden*	*sott*		*gesotten*		bouillir

Les 5 verbes faibles irréguliers :

1. *backen*	*backte*	*gebacken*	cuire au four
2. *mahlen*	*mahlte*	*gemahlen*	moudre
3. *salzen*	*salzte*	*gesalzen**	saler
4. *spalten*	*spaltete*	*gespalten*	fendre
5. *haben*	*hatte*	*gehabt*	avoir

* *eine gesalzene Rechnung* une addition salée *ein gesalzter Schinken* un jambon salé

Les 4 verbes mixtes irréguliers :

1. *bringen*	*brachte*	*gebracht*	apporter
2. *denken*	*dachte*	*gedacht*	penser
3. *mögen*	*mochte*	*gemocht*	aimer
4. *werden*	*wurde*	*geworden**	devenir

* *werden* est mixte car il a au prétérit les désinences personnelles des verbes faibles (e), mais une alternance vocalique de verbe fort *(wurde)* ; *werden* est irrégulier à cause de ses désinences personnelles : *du wirst* (sans le « d » du radical).

	faibles	forts	mixtes
réguliers	classe ouverte	155	10
irréguliers	5	11	4
	classe ouverte	**166**	**14**

À VOUS !

119. Mettez au prétérit puis au parfait les phrases suivantes.

a. Sie schneidet sich in den Finger. – b. Du gehst viel zu schnell. – c. Sie leidet an einem Herzfehler. – d. Wir sitzen unter der Laube. – e. Er tut sein Bestes. – f. Die Vögel ziehen alle nach Süden. – g. Du bist ein fauler Kerl. – h. Er isst immer in der Küche. – i. Wer steht vor der Tür? – j. Er haut den Nagel in die Wand.

120. Mettez au prétérit puis au parfait les phrases suivantes.

a. Sie mahlt den Kaffee. – b. Sie bäckt gern. – c. Das Pferd hat Fieber. – d. Er spaltet das Holz. – e. Ich salze die Suppe. – f. Ich mag ihn nicht. – g. Es wird dunkel. – h. Er bringt die Kinder nach Hause. – i. Ich denke nicht mehr daran.

59 Liste alphabétique des 166 verbes forts réguliers (155) et irréguliers (11)

Voir Annexe

60 Cas particuliers de verbes ayant des formes fortes et faibles

1. Certains verbes ont des formes fortes et faibles, sans différence de sens (les formes surlignées sont les plus usuelles).

	prétérit faible	prétérit fort	participe 2 faible	participe 2 fort	sens
backen	*backte*	*buk*	∅	*gebacken*	cuire au four
bleichen	*bleichte*	*blich*	*gebleicht*	*geblichen*	blanchir
dingen	*dingte*	*dang*	*gedingt*	*gedungen*	engager
dünken	*dünkte*	*deuchte*	*gedünkt*	*gedeucht*	sembler (3e pers.)
(er)schallen	*(er) schallte*	*(er)scholl*	*(er)(ge)schallt*	*(er)(ge)schollen*	retentir
glimmen	*glimmte*	*glomm*	*geglimmt*	*geglommen*	brûler, jeter une faible lueur
hauen	*haute*	*hieb**	*gehaut*	*gehauen*	frapper
klimmen	*klimmte*	*klomm*	*geklimmt*	*geklommen*	grimper
melken	*melkte*	*molk*	*gemelkt*	*gemolken*	traire
saugen	*saugte*	*sog*	*gesaugt*	*gesogen*	sucer
schinden	*schindete*	*schund*	∅	*geschunden*	tondre
schnauben	*schnaubte*	*schnob*	*geschnaubt*	*geschnoben*	s'ébrouer
sieden	*siedete*	*sott*	*gesiedet*	*gesotten*	bouillir
stecken	*steckte*	*stak*	*gesteckt*	∅	mettre/être (lieu)
stieben	*stiebte*	*stob*	*gestiebt*	*gestoben*	voler en poussière
triefen	*triefte*	*troff*	*getrieft*	*getroffen***	goutter
verbleichen	*verbleichte*	*verblich*	*verbleicht*	*verblichen*	passer (couleurs)
verlöschen	*verlöschte*	*verlosch*	*verlöscht*	*verloschen*	s'éteindre

* *hieb* est littéraire ; *haute* a plusieurs sens :
Der Riese haute eine Esche. Le géant abattit un frêne.
Der Künstler haute ein Standbild. L'artiste a sculpté une statue.
Sie haute ihre Tochter. Elle battait sa fille.
** *getroffen* est le participe 2 de *treffen* et de *triefen*

2. Dans le groupe suivant, l'opposition fort/faible est liée à des changements syntaxiques et sémantiques.

Le verbe intransitif est fort, le verbe transitif est faible (sauf *schmelzen*). Le sens reste globalement le même.

le verbe transitif est faible	le verbe intransitif est fort
erschrecken	
erschreckte; hat erschreckt; er erschreckt	***erschrak, ist erschrocken; er erschrickt***
ich erschreckte ihn; ich habe ihn erschreckt	*ich erschrak; ich bin erschrocken*
je l'effrayai ; je l'ai effrayé	je fus effrayé ; j'ai été effrayé
Die Vögel flogen erschreckt auf.	*ein erschrockenes Gesicht machen*
Les oiseaux, effrayés, se sont envolés.	montrer un visage effrayé

sich erschrecken
→ faible ou fort

Wie habe ich mich darüber erschreckt!
Wie habe ich mich darüber erschrocken!
Comme cela m'a effrayé !

le verbe transitif est faible	le verbe intransitif est fort
hängen	
hängte, hat gehängt	***hing, hat gehangen***
Er hängte das Gemälde an die Wand.	*Das Gemälde hing an der Wand.*
Il accrocha le tableau au mur.	Le tableau était accroché au mur.
Er hat das Gemälde an die Wand gehängt.	*Das Gemälde hat an der Wand gehangen.*
Il a accroché le tableau au mur.	Le tableau a été accroché au mur.
quellen	
quellte, hat gequellt; sie quellt	***quoll, ist gequollen; es quillt***
Er quellte die Erbsen.	*Erdöl quoll aus dem Boden.*
Il a fait gonfler les petits pois.	Le pétrole jaillit du sol.
gequellte Kartoffeln	*Die Augen quollen ihr fast aus dem Kopf.*
des pommes de terre bouillies	Elle avait les yeux exorbités.

schmelzen
Ce verbe est fort, qu'il soit transitif ou intransitif.

schmolz, hat geschmolzen	***schmolz, ist geschmolzen***
Die Sonne schmolz den Schnee.	*Der Schnee schmolz in der Sonne.*
Le soleil fit fondre la neige.	La neige fondit au soleil.
Die Sonne hat den Schnee geschmolzen.	*Der Schnee ist in der Sonne geschmolzen.*
Le soleil a fait fondre la neige.	La neige a fondu au soleil.
schwellen	
schwellte, hat geschwellt; es schwellt	***schwoll, ist geschwollen; es schwillt***
Der Wind schwellte das Segel.	*Seine verletzte Hand schwoll plötzlich.*
Le vent gonfla la voile.	Sa main blessée enfla brusquement.
stecken	
steckte, hat gesteckt	***steckte (stak), hat gesteckt***
Er steckte den Schlüssel in die Tasche.	*Die Kugel steckte (stak :* littéraire*) noch in der Wunde.*
Il mit la clé dans sa poche.	La balle était encore dans la plaie.

3. *bleichen* et *löschen*

bleichen → blanchir

• intransitif : *bleichte, ist gebleicht* (*blich, ist geblichen* : vieilli)
Das Hemd ist in der Sonne gebleicht.
La chemise a perdu ses couleurs au soleil.

• transitif : *bleichte, hat gebleicht*
Die Sonne hat die Wäsche gebleicht.
Le soleil a blanchi le linge.

er bleichen → blêmir

• intransitif : *erbleichte, ist erbleicht* (*erblich, ist erblichen* : vieilli)
Sein Gesicht erbleichte. Son visage devint blême.

er bleichen → mourir (poétique)

• intransitif : *erblich, ist erblichen*
Sie ist sanft erblichen. Elle s'en est allée tout doucement.

ver bleichen → passer (couleur)

• intransitif : *verblich, ist verblichen* (*verbleichte, ist verbleicht* : plus rare)
Die Gardinen verblichen in der Sonne.
Les rideaux ont perdu leur couleur au soleil.

ver bleichen → mourir (poétique)

• intransitif : *verblich, ist verblichen* : mourir
die Verblichenen les défunts

löschen

• intransitif : *losch, ist geloschen* (vieilli ; remplacé par *erlöschen*, *verlöschen*)
Das Feuer ist geloschen. Le feu est éteint.

• transitif : *löschte, hat gelöscht*
Kalk löschen éteindre de la chaux
das Feuer löschen éteindre le feu
den Durst löschen étancher la soif
den Staub löschen abattre la poussière
die Tinte löschen absorber l'encre

aus löschen → éteindre

• transitif : *löschte aus; hat ausgelöscht*
Sie hat das Feuer ausgelöscht.
Elle a éteint le feu.

er löschen → s'éteindre

• intransitif : *erlosch, ist erloschen; es erlischt*
Die Kerze erlischt. La bougie s'éteint.

ver löschen → s'éteindre

• intransitif : *verlosch, ist verloschen; es verlischt* ou : *verlöschte, ist verlöscht*
Sein Andenken wird nicht verlöschen.
Son souvenir ne s'éteindra pas.

À VOUS !

121. Traduisez.

a. Elle l'a effrayé. – b. Elle a accroché la lampe au plafond. – c. Le beurre a fondu au soleil. – d. La flèche était fichée dans l'arbre. – e. Son pied enflait lentement. – f. De l'eau jaillit du sable. – g. Elle a blanchi ses vêtements. – h. Elle a éteint le feu. – i. Il a étanché sa soif. – j. Les lumières s'éteignirent.

4. Dans ce groupe, l'opposition transitif / intransitif n'est plus pertinente et les sens ne sont souvent plus les mêmes.

faible	fort
	backen
backte; ist gebackt; er backt	*backte/(buk), hat gebacken; er bäckt*
→ **coller**	→ **cuire au four**
• intransitif	• transitif
Lehm backte an seinen nassen Schuhen.	*Früher backte man das Brot zu Hause.*
La glaise collait à ses chaussures mouillées.	Autrefois on cuisait le pain à la maison.
	• intransitif
	Annick bäckt gern.
	Annick aime faire de la pâtisserie.
	Der Kuchen muss noch 10 Minuten backen.
	Le gâteau doit rester encore 10 mn au four.
	bewegen
bewegte, hat bewegt; er bewegt	*bewog, hat bewogen; er bewegt*
→ **agiter, remuer, actionner**	→ **pousser à, engager à**
• transitif	• transitif
Er bewegte plötzlich alle Hebel.	*Sie hat ihn bewogen, sein Studium wieder aufzunehmen.*
Il actionna soudain tous les leviers.	Elle l'a poussé à reprendre ses études.
	gären
gärte, hat gegärt	*gor, hat/ist gegoren*
→ **fermenter (au sens figuré)**	→ **fermenter (chimie)**
• intransitif	• intransitif
Es gärte im Volk.	*Der Saft ist / hat gegoren.*
La colère grondait dans le peuple.	Le jus a fermenté.
	pflegen
pflegte, hat gepflegt (= betreuen*)*	*pflog, hat gepflogen* (vieilli)
→ **soigner**	→ **s'adonner à**
• transitif	• transitif
Er pflegte seine kranke Mutter.	*Rat / Rats pflegen*
Il soignait sa mère malade.	tenir conseil
Er pflegte der Ruhe.	*Er pflog der Ruhe.*
Il se reposait.	Il se reposait
	schaffen
schaffte, hat geschafft; er schafft	*schuf, hat geschaffen; er schafft*
→ **travailler** (dans la zone germanophone sud)	→ **créer**
• intransitif	• transitif
Er schafft den ganzen Tag.	*Am Anfang schuf Gott Himmel und Erde.*
Il travaille toute la journée.	Au début, Dieu créa le ciel et la terre.
• **transitif**	
Er hat's geschafft. Il a réussi.	
	scheren
scherte, hat geschert; es schert	*schor, hat geschoren; er schiert*
→ **concerner**	→ **tondre**
• transitif	• transitif
"Was schert mich Weib, was schert mich Kind?"	*geschorene Schafe* des moutons tondus
Que m'importe ma femme, que m'importe mon enfant ? *(Heine, Die Grenadiere)*	*ungeschoren davonkommen = ungeschoren bleiben*
scherte sich, hat sich geschert; er schert	s'en tirer indemne

→ **aller, filer**	
• transitif	
Scher dich ins Bett! an die Arbeit!	
Va-t-en au lit ! Va-t-en au travail !	

schleifen

schleifte, hat geschleift; er schleift	*schliff, hat geschliffen; er schleift*
→ **1. traîner 2. glisser, patiner 3. raser (un bâtiment)**	→ **aiguiser**
• transitif	• transitif
Der Panzer schleifte einen Baumstamm.	*Er hat sein Messer geschliffen.*
Le tank traînait un tronc d'arbre.	Il a aiguisé son couteau.
Die Fransen schleiften am Boden/auf dem Boden.	
Les franges balayaient le sol.	
Der Feind hat die Stadtmauern geschleift.	
L'ennemi a rasé les murs de la ville.	

senden

sendete, hat gesendet	*sandte, hat gesandt*
→ **1. diffuser 2. envoyer**	→ **envoyer (courrier)**
• transitif	• transitif
Das Schiff sendete Notrufe.	*Wer hat mir dieses Paket gesandt?*
Le navire a envoyé des signaux de détresse.	Qui m'a envoyé ce paquet ?

sprießen

sprießte, hat gesprießt	*spross, ist gesprossen*
→ **étançonner, soutenir**	→ **germer, éclore, sortir de terre**
• intransitif	• intransitif
Die Wand muss unbedingt gesprießt werden.	*Das Getreide spross aus der Erde.*
Il faut absolument étançonner le mur.	Les céréales sortaient du sol.

verderben

Pas de prétérit, *verderbt* (*verderbter, verderbtest-*)	*verdarb, hat verdorben; er verdirbt*
→ **gâté, corrompu**	→ **se gâter**
eine verderbte Stelle	*ein verdorbener Mensch*
un passage indéchiffrable (dans un livre)	un homme corrompu (*verderbter Mensch* est vieilli)
verdarb, ist verdorben; er verdirbt	• intransitif
→ **gâter, corrompre**	*Die Ware verdirbt/ist verdorben.*
	La marchandise se gâte/s'est gâtée.
• transitif	• transitif
	Er hat sich den Magen verdorben.
	Il s'est gâté l'estomac.

weben

webte, hat gewebt; er webt	*wob, hat gewoben; er webt*
→ **tisser (sens propre)**	→ **tisser (sens figuré)**
• transitif	• transitif
Er webte den Teppich.	*Die Sonne wob Silberfäden in den Ästen.*
Il a tissé le tapis.	Le soleil tissait des fils d'argent dans les branches.
ein handgewebter Teppich	
un tapis tissé à la main	

weichen

weichte, hat geweicht	*wich, ist gewichen*
→ **1. (s') amollir 2. laisser tremper**	→ **céder le pas, reculer**
• transitif	• intransitif
Er hat die Wäsche geweicht.	*Sie wich vor der Gefahr. Sie wich der Gefahr aus.*
Il a fait tremper son linge.	Elle recula devant le danger.

• intransitif

Das Brot ist in der Milch [auf]geweicht.

Le pain s'est ramolli dans le lait.

wenden

wendete, hat gewendet

→ **tourner**

• transitif

Er wendete seinen Wagen.

Il fit demi-tour.

Der Schneider wendete die Jacke.

Le tailleur a retourné la veste.

wandte (sich), hat (sich) gewandt

→ **(se) tourner**

• intransitif

Er wandte sich zu mir.

Il se tourna vers moi.

Tous les composés de *wenden* admettent les 2 formes, sauf *entwenden*, qui n'admet que la forme faible :

Sie hat Geld aus der Kasse entwendet.

Elle a détourné de l'argent de la caisse.

wiegen

wiegte, hat gewiegt

→ **1. bercer 2. hacher menu**

• transitif

Sie wiegte den Säugling.

Elle berçait le nourrisson.

fein gewiegte Kräuter

des fines herbes hachées menu

wog, hat gewogen

→ **peser**

• intransitif

Er wiegt zuviel.

Il a des kilos en trop.

Sein Urteil wog nicht schwer.

Son jugement ne pesait pas lourd.

• transitif

Sie wog den Säugling.

Elle pesait le nourrisson.

Während seiner Diät wog er sich regelmäßig.

Pendant son régime, il se pesait régulièrement.

À VOUS !

122. Traduisez.

a. Il soignait tous les malades. – b. Je l'ai poussé à partir pour l'étranger. – c. Je lui ai envoyé toutes les lettres. – d. La télévision diffuse beaucoup de publicité. – e. Les fruits sont pourris. – f. Elle a tissé tous ses habits. – g. L'araignée a tissé sa toile. – h. Il a utilisé un bon exemple. – i. Il a haché menu les fines herbes. – j. Il avait des kilos en trop.

5. Les verbes de modalité

La place des verbes de modalité dans la classification générale des verbes est difficile à appréhender, car ils ressortissent à plusieurs catégories.
D'après les critères du paragraphe 58, on a :

infinitif	prétérit	participe 2*	description	
sollen	*sollte*	*(gesollt)***	faible régulier	voir **266**
wollen	*wollte*	*gewollt*	faible régulier	voir **280**
dürfen	*durfte*	*gedurft*	mixte régulier	voir **156**
müssen	*musste*	*gemusst*	mixte régulier	voir **229**
können	*konnte*	*gekonnt*	mixte régulier	voir **209**
mögen	*mochte*	*gemocht*	mixte irrégulier	voir **226**

* Le participe a deux formes :
gekonnt / können *gewollt / wollen* *gedurft / dürfen* *gemusst / müssen* *gemocht / mögen* *(gesollt) / sollen*
On utilise les formes sans *ge-* après un infinitif :
Das hättest du nicht sagen sollen. Tu n'aurais pas dû dire cela.
** La forme *gesollt* est pratiquement inusitée.

61 La conjugaison des temps simples : le présent et le prétérit

1. Le présent

Le présent des auxiliaires de conjugaison :

haben		*sein*		*werden*	
ich	*habe*	*ich*	*bin*	*ich*	*werde*
du	*hast*	*du*	*bist*	*du*	*wirst*
er	*hat*	*er*	*ist*	*er*	*wird*
wir	*haben*	*wir*	*sind*	*wir*	*werden*
ihr	*habt*	*ihr*	*seid*	*ihr*	*werdet*
sie	*haben*	*sie*	*sind*	*sie*	*werden*

Le présent des verbes de modalité :

können		*dürfen*		*wollen*	
ich	*kann*	*ich*	*darf*	*ich*	*will*
du	*kannst*	*du*	*darfst*	*du*	*willst*
er	*kann*	*er*	*darf*	*er*	*will*
wir	*können*	*wir*	*dürfen*	*wir*	*wollen*
ihr	*könnt*	*ihr*	*dürft*	*ihr*	*wollt*
sie	*können*	*sie*	*dürfen*	*sie*	*wollen*

mögen		*müssen*		*sollen*	
ich	*mag*	*ich*	*muss*	*ich*	*soll*
du	*magst*	*du*	*musst*	*du*	*sollst*
er	*mag*	*er*	*muss*	*er*	*soll*
wir	*mögen*	*wir*	*müssen*	*wir*	*sollen*
ihr	*mögt*	*ihr*	*müsst*	*ihr*	*sollt*
sie	*mögen*	*sie*	*müssen*	*sie*	*sollen*

Le présent des verbes faibles, mixtes et forts :

verbes faibles		verbes mixtes		verbes forts 1*	
ich	*lege*	*ich*	*renne*	*ich*	*komme*
du	*legst*	*du*	*rennst*	*du*	*kommst*
er	*legt*	*er*	*rennt*	*er*	*kommt*
wir	*legen*	*wir*	*rennen*	*wir*	*kommen*
ihr	*legt*	*ihr*	*rennt*	*ihr*	*kommt*
sie	*legen*	*sie*	*rennen*	*sie*	*kommen*

verbes forts 2*		verbes forts 3*		verbes forts 4*	
ich	*spreche*	*ich*	*sehe*	*ich*	*fange*
du	*sprichst*	*du*	*siehst*	*du*	*fängst*
er	*spricht*	*er*	*sieht*	*er*	*fängt*
wir	*sprechen*	*wir*	*sehen*	*wir*	*fangen*
ihr	*sprecht*	*ihr*	*seht*	*ihr*	*fangt*
sie	*sprechen*	*sie*	*sehen*	*sie*	*fangen*

* Les verbes forts 1 ne changent pas la voyelle de leur radical à la 2e et à la 3e personne.
* Les verbes forts 2 changent la voyelle de leur radical à la 2e et à la 3e personne de *e* en *i* (bref).
* Les verbes forts 3 changent la voyelle de leur radical à la 2e et à la 3e personne de *e* en *ie* (long).
* Les verbes forts 4 changent la voyelle de leur radical à la 2e et à la 3e personne de *a* en *ä* (long) ou (bref). Voir Liste des verbes forts réguliers et irréguliers, **Annexe**.

2. Le prétérit

Le prétérit des auxiliaires de conjugaison :

haben		***sein***		***werden***	
ich	*hatte*	*ich*	*war*	*ich*	*wurde*
du	*hattest*	*du*	*warst*	*du*	*wurdest*
er	*hatte*	*er*	*war*	*er*	*wurde*
wir	*hatten*	*wir*	*waren*	*wir*	*wurden*
ihr	*hattet*	*ihr*	*wart*	*ihr*	*wurdet*
sie	*hatten*	*sie*	*waren*	*sie*	*wurden*

Le prétérit des verbes de modalité :

können		***dürfen***		***wollen***	
ich	*konnte*	*ich*	*durfte*	*ich*	*wollte*
du	*konntest*	*du*	*durftest*	*du*	*wolltest*
er	*konnte*	*er*	*durfte*	*er*	*wollte*
wir	*konnten*	*wir*	*durften*	*wir*	*wollten*
ihr	*konntet*	*ihr*	*durftet*	*ihr*	*wolltet*
sie	*konnten*	*sie*	*durften*	*sie*	*wollten*

mögen		***müssen***		***sollen***	
ich	*mochte*	*ich*	*musste*	*ich*	*sollte*
du	*mochtest*	*du*	*musstest*	*du*	*solltest*
er	*mochte*	*er*	*musste*	*er*	*sollte*
wir	*mochten*	*wir*	*mussten*	*wir*	*sollten*
ihr	*mochtet*	*ihr*	*musstet*	*ihr*	*solltet*
sie	*mochten*	*sie*	*mussten*	*sie*	*sollten*

Le prétérit des verbes faibles, mixtes et forts :

verbes faibles		verbes mixtes		verbes forts 1*	
ich	*legte*	*ich*	*rannte*	*ich*	*kam*
du	*legtest*	*du*	*ranntest*	*du*	*kamst*
er	*legte*	*er*	*rannte*	*er*	*kam*
wir	*legten*	*wir*	*rannten*	*wir*	*kamen*
ihr	*legtet*	*ihr*	*ranntet*	*ihr*	*kamt*
sie	*legten*	*sie*	*rannten*	*sie*	*kamen*

verbes forts 2*		verbes forts 3*		verbes forts 4*	
ich	*sprach*	*ich*	*sah*	*ich*	*fing*
du	*sprachst*	*du*	*sahst*	*du*	*fingest*
er	*sprach*	*er*	*sah*	*er*	*fing*
wir	*sprachen*	*wir*	*sahen*	*wir*	*fingen*
ihr	*sprachet*	*ihr*	*sahet*	*ihr*	*fingt*
sie	*sprachen*	*sie*	*sahen*	*sie*	*fingen*

62 La conjugaison des temps composés du passé : le parfait et le plus-que-parfait

1. Le parfait (accompli du présent)

Le parfait des auxiliaires de conjugaison :

haben			*sein*			*werden*		
ich	*habe*		*ich*	*bin*		*ich*	*bin*	
du	*hast*		*du*	*bist*		*du*	*bist*	
er	*hat*	*gehabt*	*er*	*ist*	*gewesen*	*er*	*ist*	*geworden*
wir	*haben*		*wir*	*sind*		*wir*	*sind*	
ihr	*habt*		*ihr*	*seid*		*ihr*	*seid*	
sie	*haben*		*sie*	*sind*		*sie*	*sind*	

Le parfait des verbes de modalité :

können			*dürfen*			*wollen*		
ich	*habe*		*ich*	*habe*		*ich*	*habe*	
du	*hast*		*du*	*hast*		*du*	*hast*	
er	*hat*	*gekonnt*	*er*	*hat*	*gedurft*	*er*	*hat*	*gewollt*
wir	*haben*		*wir*	*haben*		*wir*	*haben*	
ihr	*habt*		*ihr*	*habt*		*ihr*	*habt*	
sie	*haben*		*sie*	*haben*		*sie*	*haben*	

mögen			*müssen*			*sollen*		
ich	*habe*		*ich*	*habe*		*ich*	*habe*	
du	*hast*		*du*	*hast*		*du*	*hast*	
er	*hat*	*gemocht*	*er*	*hat*	*gemusst*	*er*	*hat*	*gesollt*
wir	*haben*		*wir*	*haben*		*wir*	*haben*	(forme très rare)
ihr	*habt*		*ihr*	*habt*		*ihr*	*habt*	
sie	*haben*		*sie*	*haben*		*sie*	*haben*	

Le parfait des verbes faibles, mixtes et forts :

verbes faibles			verbes mixtes			verbes forts 1*		
ich	*habe*		*ich*	*bin*		*ich*	*bin*	
du	*hast*		*du*	*bist*		*du*	*bist*	
er	*hat*	*gelegt*	*er*	*ist*	*gerannt*	*er*	*ist*	*gekommen*
wir	*haben*		*wir*	*sind*		*wir*	*sind*	
ihr	*habt*		*ihr*	*seid*		*ihr*	*seid*	
sie	*haben*		*sie*	*sind*		*sie*	*sind*	

2. Le plus-que-parfait (accompli du passé)

Le plus-que-parfait des auxiliaires de conjugaison :

haben			*sein*			*werden*		
ich	*hatte*		*ich*	*war*		*ich*	*war*	
du	*hattest*		*du*	*warst*		*du*	*warst*	
er	*hatte*	*gehabt*	*er*	*war*	*gewesen*	*er*	*war*	*geworden*
wir	*hatten*		*wir*	*waren*		*wir*	*waren*	
ihr	*hattet*		*ihr*	*wart*		*ihr*	*wart*	
sie	*hatten*		*sie*	*waren*		*sie*	*waren*	

Le plus-que-parfait des verbes de modalité :

können			*dürfen*			*wollen*		
ich	*hatte*		*ich*	*hatte*		*ich*	*hatte*	
du	*hattest*		*du*	*hattest*		*du*	*hattest*	
er	*hatte*	*gekonnt*	*er*	*hatte*	*gedurft*	*er*	*hatte*	*gewollt*
wir	*hatten*		*wir*	*hatten*		*wir*	*hatten*	
ihr	*hattet*		*ihr*	*hattet*		*ihr*	*hattet*	
sie	*hatten*		*sie*	*hatten*		*sie*	*hatten*	

mögen			*müssen*			*sollen*		
ich	*hatte*		*ich*	*hatte*		*ich*	*hatte*	
du	*hattest*		*du*	*hattest*		*du*	*hattest*	
er	*hatte*	*gemocht*	*er*	*hatte*	*gemusst*	*er*	*hatte*	*gesollt*
wir	*hatten*		*wir*	*hatten*		*wir*	*hatten*	(forme très rare)
ihr	*hattet*		*ihr*	*hattet*		*ihr*	*hattet*	
sie	*hatten*		*sie*	*hatten*		*sie*	*hatten*	

Le plus-que-parfait des verbes faibles, mixtes et forts :

verbes faibles			verbes mixtes			verbes forts 1*		
ich	*hatte*		*ich*	*war*		*ich*	*war*	
du	*hattest*		*du*	*warst*		*du*	*warst*	
er	*hatte*	*gelegt*	*er*	*war*	*gerannt*	*er*	*war*	*gekommen*
wir	*hatten*		*wir*	*waren*		*wir*	*waren*	
ihr	*hattet*		*ihr*	*wart*		*ihr*	*wart*	
sie	*hatten*		*sie*	*waren*		*sie*	*waren*	

Voir Aspect, 113

63 La conjugaison des temps composés du futur

Le futur se construit avec un auxiliaire ; le plus courant est *werden* :
Ich werde vorbeikommen. Je passerai.

Pour le futur proche, on emploie l'auxiliaire *wollen* :
Ich will noch kurz vorbeikommen. Je vais passer rapidement.

Pour le futur antérieur, qui est moins courant en allemand qu'en français, on utilise :

- *werden* + infinitif accompli* :

Um die Zeit wird sie schon angekommen sein À cette heure-là, elle sera déjà arrivée.

- Le groupe conjonctionnel + *wenn* et l'accompli du présent, qui est moins lourd :
  Wenn ich das Geschenk eingewickelt habe, schicke ich es fort
  Quand j'aurai emballé le cadeau, je l'enverrai.

Comme *werden* est aussi l'auxiliaire du passif, le futur passif se conjuguera avec deux auxiliaires *werden* :

Sie wird gewählt werden. Elle sera élue.

wird ▼ auxiliaire du futur — *werden* ▼ auxiliaire du passif

Accompli, voir Aspects, 113
Sur la formation du passif, voir 241-242

64 Les deux subjonctifs

1. Le subjonctif 1

Le présent du subjonctif 1 :

→ Le présent du subjonctif 1 des verbes faibles, forts, mixtes, réguliers et irréguliers se forme sur le radical de l'infinitif auquel on ajoute les **marques** suivantes :

forts		faibles		mixtes	
régulier : *fahren*	**irrégulier :** *tun*	**régulier :** *reisen*	**irrégulier :** *haben*	**régulier :** *brennen*	**irrégulier :** *können*
ich fahr e	*ich tu e*	*ich reis e*	*ich hab e*	*ich brenn e*	*ich könn e*
du fahr est	*du tu est*	*du reis est*	*du hab est*	*du brenn est*	*du könn est*
er fahr e	*er tu e*	*er reis e*	*er hab e*	*er brenn e*	*er könn e*
wir fahr en	*wir tu en*	*wir reis en*	*wir hab en*	*wir brenn en*	*wir könn en*
ihr fahr et	*ihr tu et*	*ihr reis et*	*ihr hab et*	*ihr brenn et*	*ihr könn et*
sie fahr en	*sie tu en*	*sie reis en*	*sie hab en*	*sie brenn en*	*sie könn en*

Le présent du subjonctif 1 de *sein* est particulier :

ich sei
du sei (e)st
er sei
wir sei en
ihr sei et
sie sei en

Le futur du subjonctif 1 :

Il est constitué de l'auxiliaire *werden* au subjonctif 1 présent + infinitif :

sein	***haben***
ich werd e	*ich werd e*
du werd est	*du werd est*
er werd e sein	*er werd e haben*
wir werd en	*wir werd en*
ihr werd et	*ihr werd et*
sie werd en	*sie werd en*

Le passé du subjonctif 1 :

Il est constitué de l'auxiliaire *haben* ou *sein* au subjonctif 1 présent + participe 2 :

haben	***sein***	***werden***
ich hab e	*ich sei*	*ich sei*
du hab est	*du sei (e)st*	*du sei (e)st*
er hab e gehabt	*er sei gewesen*	*er sei geworden*
wir hab en	*wir sei en*	*wir sei en*
ihr hab et	*ihr sei et*	*ihr sei et*
sie hab en	*sie sei en*	*sie sei en*

À VOUS !

123. Traduisez les formes de subjonctif 1.
a. Man nehme täglich zwei Tabletten. – b. Wie dem auch sei, er geht heute in die Schule! – c. Gegeben sei ein Viereck ABCD... – d. Seien Sie herzlich willkommen! – e. Es komme, was kommen mag! – f. Man isst, damit man lebe. – g. Wer geben will, der gebe bald! – h. Ein jeder tue seine Pflicht! – i. Lange lebe die Freiheit! – j. Es koste, was es wolle!

125. Traduisez les formes de subjonctif 1.
a. Bilde dir nicht ein, dass du dich wehren könnest. – b. Möge sie lange leben! – c. Dem sei, wie ihm wolle! – d. Meinst du, du dürfest hier tun, was du willst? – e. Sie wünschte, dass er bald kommen möge. – f. Mag kommen, was da wolle! – g. Sie wollte wissen, wie er aussehen möge. – h. Möge sie bald anrufen! – i. Dein Vater hätte in sein Testament gesetzt, dass du bei mir erzogen werden sollest. – j. Mögest du bald wieder gesund sein!

125. Traduisez.
a. Sie sagt, wenn du mit mir zu ihnen übertretest, so wolle sie dich wie eine Schwester halten, und nur, wenn du durchaus nicht mit mir gehen wollest und nach Haus begehrest, wolle sie mir Geld für dich geben, damit du nicht Not leiden müssest. – b. Vermutlich denkt sie, du werdest wissen, wo du sie suchen müssest.

126. Traduisez.
a. Es sei, wie es wolle, es war doch so schön. – b. So reich er auch sei, er kann sich das nicht leisten. – c. Man mache Raum! – d. Er nehme Platz! – e. Sie bat ihn, er möge bleiben.

2. Le subjonctif 2

Le présent du subjonctif 2 :

- Le présent du subjonctif 2 des verbes faibles, forts, mixtes, réguliers et irréguliers se forme sur le radical du prétérit auquel on ajoute les **marques** suivantes (les mêmes que pour le subjonctif 1) :

forts		faibles		mixtes	
régulier : *fahren*	**irrégulier :** *tun*	**régulier :** *reisen*	**irrégulier :** *haben*	**régulier :** *brennen*	**irrégulier :** *können*
ich führ e	*ich tät e*	*ich reist e*	*ich hätt e*	*ich brennt e*	*ich könnt e*
du führ est	*du tät est*	*du reist est*	*du hätt est*	*du brennt est*	*du könnt est*
er führ e	*er tät e*	*er reist e*	*er hätt e*	*er brennt e*	*er könnt e*
wir führ en	*wir tät en*	*wir reist en*	*wir hätt en*	*wir brennt en*	*wir könnt en*
ihr führ et	*ihr tät et*	*ihr reist et*	*ihr hätt et*	*ihr brennt et*	*ihr könnt et*
sie führ en	*sie tät en*	*sie reist en*	*sie hätt en*	*sie brennt en*	*sie könnt en*

- La voyelle **a, o, u** du radical du prétérit des verbes forts ou mixtes prend l'inflexion :

	prétérit	subjonctif
verbes forts	*nahm*	→ *nähme*
	flog	→ *flöge*
	fuhr	→ *führe*
verbes mixtes	*musste*	→ *müsste*
	mochte	→ *möchte*
	durfte	→ *dürfte*
	konnte	→ *könnte*

- Cas particuliers de subjonctif 2 de certains verbes forts :

infinitif	prétérit	subjonctif 2 en **ü**
helfen	*half*	*hülfe*
sterben	*starb*	*stürbe*
verderben	*verdarb*	*verdürbe*
werben	*warb*	*würbe*
werden	*(ward)/wurde*	*würde*
werfen	*warf*	*würfe*

infinitif	prétérit	deux formes concurrentes de subjonctif 2	
heben	*hob*	*höbe*	*hübe*
schwören	*schwur/schwor*	*schwüre*	*schwöre*
stehen	*stand*	*stünde*	*stände*
befehlen	*befahl*	*beföhle*	*befähle*
beginnen	*begann*	*begönne*	*begänne*
empfehlen	*empfahl*	*empföhle*	*empfähle*
gelten	*galt*	*gölte*	*gälte*
gewinnen	*gewann*	*gewönne*	*gewänne*
schelten	*schalt*	*schölte*	*schälte*
schwimmen	*schwamm*	*schwömme*	*schwämme*
spinnen	*spann*	*spönne*	*spänne*

- Cas particuliers de subjonctif 2 de certains verbes mixtes :

infinitif	prétérit	subjonctif 2
brennen	*brannte*	*brennte*
kennen	*kannte*	*kennte*
nennen	*nannte*	*nennte*
rennen	*rannte*	*rennte*
senden	*sendete/sandte*	*sendete*
wenden	*wendete/wandte*	*wendete*

Le futur du subjonctif 2 :

Il est constitué de l'auxiliaire *werden* au subjonctif 2 présent + infinitif :

Ich würde so gern reisen, wenn ich Geld hätte!

J'aimerais tellement voyager si j'avais de l'argent !

sagen

ich würd e	*ich würd e*
du würd est	*du würd est*
er würd e *sagen*	*er würd e* *gesagt haben*
wir würd en	*wir würd en*
ihr würd et	*ihr würd et*
sie würd en	*sie würd en*

er würde sagen il dirait	*er würde gesagt haben* il aurait dit
er würde tragen il porterait	*er würde getragen haben* il aurait porté
du würdest sein tu serais	*sie würden gewesen sein* ils auraient été
du würdest haben tu aurais	*sie würden gehabt haben* ils auraient eu

Le passé du subjonctif 2 :

Il est constitué de l'auxiliaire *haben* ou *sein* au subjonctif 2 présent + participe 2 :

sagen	*haben*	*sein*	*kommen*
ich hätt e	*ich hätt e*	*ich wär e*	*ich wär e*
du hätt est	*du hätt est*	*du wär est*	*du wär est*
er hätt e gesagt	*er hätt e gehabt*	*er wär e gewesen*	*er wär e gekommen*
wir hätt en	*wir hätt en*	*wir wär en*	*wir wär en*
ihr hätt et	*ihr hätt et*	*ihr wär et*	*ihr wär et*
sie hätt en	*sie hätt en*	*sie wär en*	*sie wär en*
j'aurais dit...	j'aurais eu...	j'aurais été...	je serais venu...

À VOUS !

127. Traduisez.

a. Das dürfte wohl wahr sein. – b. Nicht dass ich wüsste! – c. Das wäre alles für heute. – d. Ich hätte noch eine Frage. – e. Ich wäre auch gern mitgekommen. – f. Sollte es auch wahr sein... – g. Sie sollte es doch wissen! – h. Hätte ich das gewusst, wäre ich früher gekommen. – i. Würden Sie so freundlich sein und mir sagen, wo ich hier telefonieren kann? – j. Könnte er unseren Termin vergessen haben?

128. Traduisez.

a. Es wäre nett, wenn du sie einladen würdest. – b. Hätten Sie vielleicht noch ein Zimmer frei? – c. Wie wäre es, wenn Sie sofort anriefen? – d. Könnte ich noch um diese Zeit zu Abend essen? – e. Tee? Nein, danke; ich hätte lieber eine Tasse Kaffee. – f. Wenn sie hätte kommen können, wäre sie bestimmt gekommen. – g. "Hier sitz ich splitterfasernackt und bloß, wenn doch mein Liebster käme und würfe mir mein Hemd in den Schoß!" (Grimm) – h. Es war, als stünde ich vor einem Spiegel. – i. Es war, als ob der Boden unter ihr brennte. – j. Als er einschlafen wollte, war es ihm, als nennte jemand seinen Namen.

65 L'impératif

L'impératif des verbes faibles et forts :

	2e pers. du singulier	2e pers. du pluriel	singulier et pluriel
faibles	*arbeite!* *frag(e)!*	*arbeitet!* *fragt!*	*arbeiten Sie!* *fragen Sie!*
forts	*komm!* *sprich! (e → i)* *steh(e)!* *tu(e)!*	*kommt!* *sprecht!* *steht!* *tut!*	*kommen Sie!* *sprechen Sie!* *stehen Sie!* *tun Sie!*

Les verbes forts qui changent le *e* du radical en *i* à la 2e et à la 3e personne du singulier ont l'impératif en *i* (sauf *werde*). Ces verbes sont mentionnés dans la liste des verbes forts, voir **Annexe**.

L'impératif du verbe *sein*:

sei!	*Sei nicht so blöd!*	Ne fais pas l'imbécile !
seid!	*Seid endlich mal vernünftig!*	Soyez donc raisonnables !
seien Sie!	*Seien Sie bitte höflich!*	Soyez polis, s'il vous plaît !

À VOUS !

129. Mettez les phrases suivantes à la 2e personne de l'impératif (singulier et pluriel).
a. die Handtasche nehmen – b. die Schlüssel nicht vergessen – c. die Namen vorlesen – d. lauter sprechen – e. mir helfen – f. dein Butterbrot essen – g. nachsehen, wo das Wörterbuch liegt – h. schneller kommen – i. sofort bremsen – j. die Tür aufmachen.

130. Mettez les phrases suivantes à l'impératif.
a. Du darfst dich nicht in alles einmischen. – b. Du musst das endlich mal einsehen. – c. Du sollst das eigentlich selber erledigen. – d. Du darfst das Gespräch nicht unterbrechen. – e. Du musst darauf verzichten. – f. Du sollst allein hingehen. – g. Du schreibst das ins Reine. – h. Nicht einschlafen! – i. Du wirst endlich mal vernünftig sein! – j. Du hast aufzupassen!

131. Même exercice (impératif singulier uniquement).
a. nicht weinen – b. Du brauchst nicht zu fragen. – c. Du musst deine Sachen aufräumen. – d. Kannst du den Schraubenzieher bitte aufheben? – e. Du darfst das Paket nicht aufmachen! – f. Du sollst dich kämmen. – g. Du hast zu gehorchen. – h. Du sagst mir jetzt die Wahrheit. – i. Du sollst hier bleiben. – j. Du hörst damit auf.

66 La formation des verbes

On distingue :
- Les verbes primitifs : *gehen, fallen, machen, haben, sein, tun...*
- Les verbes dérivés :
  – de noms *(der Film → filmen)* ;
  – d'adjectifs *(leer → leeren)* ;
  – de verbes *(lachen → lächeln)*
- Les verbes composés :
  – avec des préfixes inséparables :
  *Er **hinterlässt** Spuren.* Il laisse des traces derrière lui.
  – avec des particules (préverbes) séparables :
  *Sie kommt **zurück**.* Elle revient.

67 La dérivation

1. Les verbes dérivés de noms auxquels on ajoute *(e)n*

Les verbes dérivés directement de noms :

sans inflexion				avec inflexion			
der Film	le film	→ *film**en***	filmer	*der Kamm*	le peigne	→ *kämm**en***	peigner
der Pfeffer	le poivre	→ *pfeffer**n***	poivrer	*die Farbe*	la couleur	→ *färbe**n***	colorer
das Land	la terre	→ *land**en***	atterrir	*die Krone*	la couronne	→ *kröne**n***	couronner
das Lager	l'entrepôt	→ *lager**n***	entreposer	*die Zahl*	le nombre	→ *zähl**en***	compter

Les verbes dérivés de noms avec l'intermédiaire d'un suffixe :

→ *-ig-*

der Stein	la pierre	*das Kreuz*	la croix	*die Pein*	la peine
→ *steinigen*	lapider	→ *kreuzigen*	crucifier	→ *peinigen*	peiner

→ *-ier-*

der Beton	le béton	*die Fraktion*	la fraction	*die Funktion*	la fonction
→ *betonieren*	bétonner	→ *fraktionieren*	fractionner	→ *funktionieren*	fonctionner

→ *-isier-*

der Katalog	le catalogue	*der Skandal*		*das Symbol*	le symbole
→ *katalogisieren*	cataloguer	→ *skandalisieren*		→ *symbolisieren*	symboliser

→ *-izier-* : le nom n'est pas conservé intégralement

die Amplifikation	l'amplification	*die Modifikation*	la modification
→ *amplifizieren*	amplifier	→ *modifizieren*	modifier
die Verifikation	la vérification		
→ *verifizieren*	vérifier		

2. Les verbes dérivés d'adjectifs

Les verbes directement dérivés d'adjectifs :

sans inflexion				avec inflexion			
einig	uni	→ *einigen*	unir	*glatt*	lisse	→ *glätten*	lisser
faul	pourri	→ *faulen*	pourrir	*kurz*	court	→ *kürzen*	raccourcir
leer	vide	→ *leeren*	vider	*lahm*	paralysé	→ *lähmen*	paralyser
reif	mûr	→ *reifen*	mûrir	*rot*	rouge	→ *röten*	rougir

Les verbes dérivés d'adjectifs avec l'intermédiaire d'un suffixe :

→ **sans inflexion**

- *-ig-*

fest	solide	*rein*	pur	*genehm*	qui convient
→ *festigen*	consolider	→ *reinigen*	purifier	→ *genehmigen*	autoriser

- *-ier-*

blond	blond	*halb*	demi	*sublim*	sublime
→ *blondieren*	blondir	→ *halbieren*	diviser en deux	→ *sublimieren*	sublimer
stolz	fier				
→ *stolzieren*	fanfaronner				

- *-isier-*

banal	banal	*egal*	égal	*real*	réel
→ *banalisieren*	banaliser	→ *egalisieren*	égaliser	→ *realisieren*	réaliser

→ **avec inflexion**

- *-el-*

fromm	pieux	*klug*	avisé	*krank*	malade
→ *frömmeln*	faire le dévot	→ *klügeln*	faire le malin	→ *kränkeln*	être fragile

- *-er-*

sans inflexion				avec inflexion			
alt	vieux	*lind*	doux	*nah*	proche	*schmal*	étroit
→ *altern*	vieillir	→ *lindern*	adoucir	→ *nähern*	approcher	→ *schmälern*	rétrécir

3. Les verbes dérivés de verbes

Les verbes dérivés de verbes sans modification du radical, par addition du suffixe *-el-* (diminutif) :

sans inflexion				avec inflexion			
deuten	interpréter	→ *deuteln*	ergoter	*falten*	plier	→ *fälteln*	plisser
fußen	avoir pied	→ *fußeln*	trottiner	*fußen*	avoir pied	→ *füßeln*	faire du pied
lieben	aimer	→ *liebeln*	être amoureux	*lachen*	rire	→ *lächeln*	sourire
trotten	trotter	→ *trotteln*	trottiner	*husten*	tousser	→ *hüsteln*	toussoter

Les verbes dérivés de verbes avec modification du radical :

intransitifs, forts		transitifs, faibles	
liegen	être étendu	→ *legen*	coucher, mettre voir 211
sitzen	être assis	→ *setzen*	asseoir, mettre voir 211
stehen	être debout	→ *stellen*	mettre debout voir 211
fahren	rouler	→ *führen*	conduire
fallen	tomber	→ *fällen*	abattre (un arbre)
schwimmen	nager	→ *schwemmen*	entraîner au fil de l'eau
springen	exploser	→ *sprengen*	faire sauter
sinken	couler	→ *senken*	couler (trans.)
verschwinden	disparaître	→ *verschwenden*	dilapider

transitifs, forts		transitifs, faibles	
beißen	mordre	→ *beizen*	corroder, décaper
essen	manger	→ *ätzen*	ronger (acides)
schwingen	brandir	→ *schwenken*	agiter
trinken	boire	→ *tränken*	faire boire
winden	tordre	→ *wenden*	tourner
ziehen	tirer	→ *zücken, zucken*	brandir, tirer vivement

4. Les verbes dérivés de mots invariables

du toi	*Sie* vous	*ja* oui	*nein* non	*nicht* ne... pas
↓	↓	↓	↓	↓
duzen tutoyer	*siezen* vouvoyer	*bejahen* confirmer	*verneinen* nier	*vernichten* anéantir

5. Les verbes dérivés d'onomatopées

gack!	*mäh!*	*miau!*	*muh!*	*tschilp!*
↓	↓	↓	↓	↓
gacksen, gackern caqueter	*mähen* bêler	*miauen* miauler	*muhen* beugler	*tschilpen* piailler

68 La composition

1. Les verbes composés avec des préverbes séparables

Ce préverbe est toujours accentué.
Entre le préverbe et le verbe, on intercale *ge-* (participe 2) et *zu* (infinitif).

Préverbes séparables, voir 254

2. Les verbes composés avec des préverbes inséparables

Ce préverbe n'est jamais accentué.

Préverbes inséparables, voir 252

3. Les verbes composés avec des préverbes mixtes

Préverbes mixtes, voir 253

À VOUS !

132. Traduisez.
a. Wieviel soll ich davon abziehen? – b. Was willst du heute anziehen? – c. Bevor man ins Bett geht, zieht man sich aus. – d. Eine weiße Wolke durchzieht den Himmel. – e. Wir werden bald in eine neue Wohnung einziehen. – f. Warum verziehst du so dein Gesicht? – g. Ziehst du Rotwein oder Weißwein vor? – h. Ich wollte mein Konto nicht überziehen. – i. Warum umziehen? Wir haben's doch so schön hier. – j. Der Präsident musste sich zurückziehen.

133. Traduisez.
a. Ich muss meine Uhr aufziehen. – b. Kannst du den Vorhang aufziehen? – c. Er hat seine drei Kinder allein aufgezogen. – d. Die Segel aufziehen! – e. Sie hat dem Hasen das Fell abgezogen. – f. Davon muss ich 10 Euro abziehen. – g. Sie zog ihren Ring ab. – h. Er zieht das Betttuch ab. – i. Sie zieht sich an. – j. Der Magnet zieht das Eisen an.

134. Traduisez.
a. Nimm deinen Hut ab! – b. Ich nehme an, dass Sie das verstanden haben. – c. Er hat das Kind aufgenommen. – d. Der Fisch muss ausgenommen werden. – e. Der Autoschlosser nimmt den Motor auseinander. – f. Wir wollen den Text durchnehmen. – g. Kannst du mich mitnehmen? – h. Sie hat das Kommando übernommen. – i. Was nimmst du dir für heute vor? – j. Ich nehme kein Wort zurück.

135. Traduisez.
a. Sie haben die Sache gründlich besprochen. – b. Das entspricht meinen Wünschen. – c. Was hat er dir versprochen? – d. Man kann ihm eine gewisse Begabung nicht absprechen. – e. Sie hat mich sehr höflich angesprochen. – f. Ich kann dieses Wort nicht aussprechen. – g. Der Angeklagte wurde freigesprochen. – h. Bei wem muss ich vorsprechen? – i. Ich kann dir nichts versprechen. – j. Warum widersprichst du mir ständig?

136. Traduisez.
a. Als er erschien, standen wir auf. – b. Ich kann ihn nicht ausstehen. – c. Der Turm besteht seit langem. – d. Ich werde dir immer beistehen. – e. Hast du etwas zu gestehen? – f. Er steht ihm in allem nach. – g. Er hat seine Angst überstanden. – h. Sie hat alles verstanden. – i. Er steht dem Gemeinderat vor.

LE GROUPE VERBAL

69 Les déterminants du verbe

• On appelle déterminant du verbe le mot ou le groupe de mots étroitement lié au verbe par le sens et avec lequel il forme le groupe verbal.
Er fährt nach Hause. → le groupe verbal est : *nach Hause fahren*.
• Les verbes intransitifs n'ont pas de déterminant :
Sie schläft. Elle dort. → le groupe verbal est réduit au verbe : *schläft*.
• Il y a deux types de verbes qui ont des déterminants :
– les verbes transitifs,
– les verbes d'état.

70 Les verbes transitifs

1. Les verbes transitifs sont des verbes qui ont au moins un complément

nehmen, kaufen, sehen, lesen... prendre, acheter, voir, lire...

Sie liest die Zeitung. ▼ le groupe verbal est : *die Zeitung lesen*

Elle lit le journal. ▼ le groupe verbal est : lire le journal

Attention !
La différence entre intransitif et transitif n'est pas liée à la nature du verbe, mais à ses emplois :
• Un verbe généralement intransitif peut s'employer transitivement :
Sie schläft den Schlaf des Gerechten. Elle dort du sommeil du juste.
• Un verbe généralement transitif peut s'employer intransitivement :
Sie liest. Elle lit.

2. Les verbes transitifs ont deux types de construction

Les verbes transitifs qui se construisent avec un nom ou groupe nominal :

→ Le nom ou le groupe nominal est à l'accusatif :
Sie kauft einen Computer. Elle achète un ordinateur.

→ Le nom ou le groupe nominal est au datif :
Sie winkt dem Kellner. Elle fait signe au garçon.

→ Le nom ou le groupe nominal est au génitif :
Er erfreut sich bester Gesundheit. Il jouit d'une excellente santé.

Les verbes transitifs qui se construisent avec un groupe prépositionnel :

→ Le groupe prépositionnel comprend un groupe nominal à l'accusatif :
• ce groupe prépositionnel est attribut :
*Ich betrachte ihn **als** einen Ehrenmann.* Je le considère **comme** un homme d'honneur.
• ce groupe prépositionnel est complément :
*Er glaubt noch **an** den Weilhnachtsmann.* Il croit encore **au** Père Noël.

→ Le groupe prépositionnel comprend un groupe nominal au datif :
*Sie spricht **von** dem Film.* Elle parle **du** film.

71 Les verbes d'état

1. Les verbes d'état sont le verbe « être » ainsi que les verbes qui peuvent être paraphrasés par le verbe « être » :

devenir → commencer à être *werden*
sembler ou paraître → être sous un certain aspect *scheinen*
rester → continuer à être... *bleiben*

Le déterminant d'un verbe d'état est un attribut :

Sie ist jung. — Elle est jeune.

le groupe verbal est : *jung sein* — le groupe verbal est : être jeune

l'attribut fait toujours partie du groupe verbal

2. Les verbes d'état ont trois types de construction

Les verbes d'état qui se construisent avec un groupe nominal attribut :

Sie ist die Erste. — Elle est la première.
Dieser Tag war der schönste Tag meines Lebens. — Ce jour-là était le plus beau jour de ma vie.

groupe nominal — groupe nominal

Attention !
L'attribut peut être variable.
S'il est variable, il s'accorde en genre ou en nombre avec le sujet.

Les verbes d'état qui se construisent avec un groupe prépositionnel attribut :

Sie ist von Berlin. Elle est de Berlin.
Sie ist außer Gefahr. Elle est hors de danger.

Les verbes d'état qui se construisent avec un adjectif attribut ou groupe adjectif attribut :

Er wird krank. — Il tombe malade.

adjectif attribut — adjectif attribut

Der Tunnel ist zehn Kilometer lang. — Le tunnel fait dix kilomètres de long.

groupe adjectif attribut

Attention !
L'adjectif ou le groupe adjectival attribut est toujours invariable.

72 Les compléments des adjectifs

1. Beaucoup d'adjectifs peuvent s'employer seuls, c'est-à-dire sans compléments

*Das Essen ist **kalt** und das Bier ist nicht **kühl**.* Le repas est **froid** et la bière n'est pas **fraîche**.
*(The food is **cold** and the beer is **warm**.)*

2. Certains adjectifs peuvent s'employer avec ou sans complément

Le sens est le même :

*Sie ist **höflich**.* Elle est **polie**. *(She's **polite**.)*
*Sie ist sehr **höflich** zu mir.* Elle est très **polie** avec moi. *(She's **polite** to me).*

Le sens n'est pas le même :

*Er ist **alt**.* *(He's **old**.)* Il est **vieux**.
*Er ist zehn Jahre **alt**.* *(He's ten years **old**.)* Il est **âgé** de dix ans.

3. Un certain nombre d'adjectifs exigent un complément

Le complément de l'adjectif se construit de quatre manières différentes :

Le complément de l'adjectif est un groupe nominal :

→ à l'accusatif :
*Der Graben ist einen Meter **breit**.* Le fossé est **large** d'un mètre.

→ au datif :
*Der Hund ist seinem Herrn **treu**.* Le chien est **fidèle** à son maître.

→ au génitif :
*Er ist mehrerer Sprachen **mächtig**.* Il est **capable** de parler plusieurs langues.

Le complément de l'adjectif est un groupe prépositionnel :

→ à l'accusatif :
*Er ist **stolz** **auf** seinen Hund.* Il est **fier** **de** son chien.

→ au datif :
*Er ist **mit** seinem Schicksal **zufrieden**.* Il est **satisfait** **de** son sort.

Le complément de l'adjectif est un groupe conjonctionnel :

*Ich bin **sicher**, dass er noch kommt.* Je suis **sûr** qu'il va venir.

Le complément de l'adjectif est un groupe infinitif :

*Ich bin **sicher**, ihn schon irgendwo gesehen zu haben.*
Je suis **sûr** de l'avoir déjà vu quelque part.

Compléments des verbes, voir Annexe
Compléments des adjectifs, voir Annexe

À VOUS !

137. Soulignez le groupe verbal dans les proverbes suivants.
a. Das Wandern ist des Müllers Lust. – b. Ein silberner Schlüssel findet leicht ein goldenes Schloss. – c. Altes Fleisch gibt fette Suppen. – d. Durch Flickerei wird ein alter Rock nicht neu. – e. Gutes Fleisch verkauft sich selbst. – f. Der Glückliche verliert das Gedächtnis. – g. Speck und Brot schlägt den Hunger tot. – h. Am Spiegel ist keine Frau hässlich. – i. Jedem Vogel gefällt sein Nest. – j. Neid hat scharfe Augen.

138. Reprenez les verbes intransitifs suivants pour en faire des groupes verbaux avec complément.
Sie isst. → Sie isst ein Brötchen.
a. Sie schreibt. – b. Er liest. – c. Sie tanzen. – d. Sie singt gern. – e. Er malt. – f. Sie läuft. – g. Er schwimmt. – h. Sie raucht. – i. Sie sehen zu. – j. Sie trinkt.

139. Mettez les phrases suivantes au pluriel.
a. Dieser Schüler ist der Erste. – b. Sie bleibt die Beste. – c. Er wird Beamter. – d. Er scheint Franzose zu sein. – e. Der Student will Angestellter werden. – f. Dieser Baum scheint eine Eiche zu sein. – g. Er bleibt immer derselbe. – h. Jedes Kind will eines Tages ein Erwachsener werden. – i. Die Spinne ist kein Insekt. – j. Das ist ein Deutscher.

LA PHRASE

73 La phrase

• Une phrase est un énoncé comprenant au moins un verbe conjugué. Un énoncé est une unité de communication. Toute phrase est un énoncé, mais tout énoncé n'est pas une phrase : il existe des énoncés sans verbe.
• L'ordre des mots, au niveau de la phrase et des groupes syntaxiques, est porteur d'informations syntaxiques, stylistiques, rhétoriques ; la négation de phrase, appelée aussi « négation globale », interfère avec l'ordre des mots.
• Les fonctions de base, sujet et compléments, trouvent leur place dans l'analyse syntaxique de la phrase.

74 Les quatre types d'énoncés

Les 4 types d'énoncés peuvent exister sous deux formes :
• une forme avec un verbe conjugué ; c'est la phrase ;
• une forme sans verbe.

énoncés

		avec verbe conjugué (= phrase)	**sans verbe**
type d'énoncé	**mode**		
1. déclaratif	indicatif	*Sie ist krank.* Elle est malade.	*Er auch.* Lui aussi.
	subjonctif 2	*Sie wäre krank.* Elle serait malade.	
2. injonctif	impératif	*Lies lauter vor!* Lis plus fort !	*Lauter!* Plus fort !
interrogatif (global)	indicatif	*Wohnen Sie hier?* Habitez-vous ici ?	
	subjonctif 2	*Möchtest du noch ein Bier?* Veux-tu encore une bière ?	*Noch ein Bier?* Encore une bière ?
3. hypothétique	indicatif	*Bist du nicht willig, so...* Si tu n'es pas consentant...	Ø
	subjonctif 2	*Hätte er das früher gesagt...* S'il avait dit cela plus tôt...	Ø
4. exclamatif	indicatif	*Ist das ungeschickt!* Que c'est malhabile !	*Wie ungeschickt!* Quelle maladresse !
souhait/regret	subjonctif 2	*Wäre er doch nur hier!* Si seulement il était là !	*Wie schade!* Quel dommage !

75 Spécificités des types d'énoncés

1. La ponctuation

L'intonation des énoncés diffère, ce que traduit, à l'écrit, la ponctuation :

- **Le point pour les énoncés déclaratifs et hypothétiques :**

Ich komme morgen. Je viendrai demain.

- **Le point d'interrogation pour les énoncés interrogatifs :**

Kommst du morgen? Viendras-tu demain ?

- **Le point d'exclamation pour les énoncés injonctifs, exclamatifs, souhait/ regret :**

Komm morgen! Viens demain ! *Wie schön!* Comme c'est beau !

2. Types d'énoncés et modes grammaticaux

Il n'y a pas de correspondance stricte entre modes grammaticaux et types d'énoncés. L'indicatif peut être employé dans les 4 types d'énoncés à l'exception du souhait/regret, mais il est en concurrence avec :
– l'impératif pour l'expression de l'injonction ;
– le subjonctif 2 pour l'expression de l'interrogation.

3. Types d'énoncés et modalité

La modalité exprime le degré de probabilité d'un fait. Ainsi, dans l'exemple de l'assertion :

Sie ist krank. Elle est malade.
↓
indicatif
▼
expression d'une réalité avérée

Sie wäre krank. Elle serait malade.
↓
subjonctif 2
▼
expression d'une probabilité

Voir Modalité 223-225

4. Types d'énoncés et négation

Non seulement les énoncés avec verbes conjugués, mais aussi les énoncés sans verbe peuvent avoir une forme négative :

énoncés

	affirmatifs		négatifs	
type d'énoncé	**avec verbe conjugué (= phrase)**	**sans verbe**	**avec verbe conjugué (= phrase)**	**sans verbe**
déclaratif	*Sie arbeitet viel.* Elle travaille beaucoup.	*Er auch.* Lui aussi.	*Sie arbeitet nicht viel.* Elle ne travaille pas beaucoup.	*Er auch nicht.* Lui non plus.
injonctif	*Lies weiter!* Lis encore !	*Weiter!* Encore !	*Lies nicht weiter!* Ne lis pas plus !	*Nicht weiter!* Pas plus !
interrogatif	*Willst du ein Bier?* Veux-tu une bière ?	*Noch ein Bier?* Encore une bière ?	*Willst du kein Bier mehr?* Tu ne veux plus de bière ?	*Kein Bier mehr?* Plus de bière ?
hypothétique	*Kommt er...* S'il vient...	Ø Ø	*Kommt et nicht...* S'il ne vient pas...	Ø Ø
exclamatif	*Ist das blöd!* Que c'est bête !	*Wie blöd!* Comme c'est bête !	*Was du nicht sagst!* Ce n'est pas croyable !	*Nicht möglich!* Pas possible !
souhait/ regret	*Wäre er doch nur hier!* Si seulement il était là !	*Wie schade!* Quel dommage !	*Wäre er doch nur nicht hier!* Si seulement il n'était pas là !	Ø Ø

À VOUS !

140. Précisez de quel type d'énoncé relèvent les phrases suivantes. Mettez la ponctuation qui convient.
a. Pass auf – b. Der Zug kommt immer pünktlich an – c. Kannst du mir das Salz reichen – d. Der 1. Januar fällt auf einen Montag – e. Hätte er das doch nur früher gesagt – f. Bitte machen Sie Platz – g. Fahr nicht so schnell – h. Ist der aber frech – i. Du hältst jetzt den Mund – j. Sie hat sich die Haare schneiden lassen

141. À partir des groupes verbaux suivants, formez des énoncés déclaratifs, interrogatifs et injonctifs.
rechtzeitig kommen → Sie kommt rechtzeitig. Kommt sie rechtzeitig? Komm rechtzeitig!
a. die Festplatte löschen – b. sich die Hände waschen – c. den Tisch decken – d. zum Postamt gehen – e. mit dem Wagen in die Stadt fahren – f. eine Viruswamung weiterschicken – g. das Rad wechseln – h. eine Fahrkarte lösen – i. eine Sonate spielen – j. eine Datei öffnen.

142. Précisez de quel type d'énoncé relèvent les phrases suivantes. Mettez la ponctuation qui convient.
a. Lauf schneller – b. Können Sie mir Ihre Adresse geben – c. Du hast zu gehorchen – d. Du wirst dir jetzt die Zähne putzen – e. Wie spät ist es – f. Wo liegt Paderborn – g. Bei null Grad wird Wasser zu Eis – h. Binde deine Schnürsenkel – i. Komm doch mit – j. Ich friere

76 La place du verbe dans les quatre types d'énoncés

énoncés
avec verbe conjugué (= phrase)

type d'énoncé	place du verbe	mode	
1. déclaratif	verbe en 2e position	indicatif	*Sie ist krank.* Elle est malade.
		subjonctif 2	*Sie wäre krank.* Elle serait malade.
2. injonctif	verbe en 1re position	impératif	*Lies lauter vor!* Lis plus fort !
interrogatif (global)	verbe en 1re position	indicatif	*Wohnen Sie hier?* Habitez-vous ici ?
		subjonctif 2	*Möchtest du noch ein Bier?* Veux-tu encore une bière ?
3. hypothétique		indicatif	*Bist du nicht willig, so...* Si tu n'es pas consentant...
		subjonctif 2	*Hätte er das früher gesagt...* S'il avait dit cela plus tôt...
4. exclamatif	verbe en 1re position	indicatif	*Ist das ungeschickt!* Que c'est malhabile !
souhait/regret		subjonctif 2	*Wäre er doch nur hier!* Si seulement il était là !

- **Dans les phrases autonomes, le verbe ne peut occuper, en principe, que deux places :**
  → La seconde dans les phrases déclaratives.

(Voir 77)

  → La première dans les phrases interrogatives (interrogation globale), injonctives et exclamatives.
- **Un groupe avec un verbe en position finale n'est pas un énoncé, mais un groupe dépendant.**

(Voir 76)

À VOUS !

143. Précisez si les phrases en V1 (verbe en 1re position) sont de type injonctif, interrogatif, hypothétique, exclamatif ou déclaratif.
a. Fahr nicht so schnell! – b. Hat sie selbst gesagt. – c. Hat sie schon fertig studiert? – d. Sollte er da sein, so... – e. Mag sein. – f. Ist das teuer! – g. Käme sie jetzt, dann... – h. Ist der aber blöd! – i. Verzichte darauf! – j. Sprichst du fließend Englisch?

144. Même exercice.
a. Kann ja jeder sagen. – b. Schick mir dein Antivirusprogramm! – c. Bist du damit einverstanden, dann... – d. Hätte ich das damals gewusst! – e. Hätte ich das damals gewusst, dann... – f. Macht nichts. – g. Faxe ich den Text jetzt oder später? – h. Wäre ich doch nur geblieben! – i. Trinken Sie gern Burgunder? – j. Mach keine Sachen!

145. Même exercice.
a. Tue recht und scheue niemand! – b. Hab'ich Milch, was kümmert mich die Kuh. – c. Mach den Mund zu, so kommet keine Fliege hinein. – d. Kräht der Hahn auf dem Mist, ändert sich's Wetter oder bleibt, wie's ist. – e. Ist der Teufel alt, so will er Mönch werden. – f. Lebe, als solltest du morgen sterben, und arbeite, als solltest du ewig leben. – g. Ließest du das Knurren (grognement), so ließe man das Murren (les murmures de reproche). – h. Iss, wen du hast, und faste, wenn du musst! – i. Bleib auf deinem Mist! – j. Lügt auch der Mund, das Herz tut's nicht.

146. Même exercice.
a. "Ist sie schon zurück?" – b. "Weiss ich nicht." – c. Mag sein. – d. Mach das Licht an! – e. Tu, was du sollst, und lass die Leute reden. – f. Hätte ich das Haus doch nur früher verkauft! – g. Hält der Zug in Kehl? – h. Hol's der Teufel! – i. Lass ihn reden! – j. Ist er noch da?

77 L'ordre des groupes syntaxiques dans les différents types d'énoncés

C'est l'ordre d'un groupe de mots qui n'ont qu'une et même fonction.

1. L'ordre des groupes syntaxiques dans les énoncés déclaratifs

- **Les énoncés déclaratifs se caractérisent par la seconde position du verbe conjugué :**

Der Briefträger bringt die Post jeden Tag ins Haus.
Le facteur livre le courrier tous les jours à domicile.

▼

tout ce qui précède le verbe conjugué forme un groupe qui n'a qu'une fonction

L'allemand peut placer n'importe quel groupe syntaxique (voir 195-197) avant le verbe conjugué :

1.	2.	3.	4.	5.
Der Briefträger	*bringt*	*die Post*	*jeden Tag*	*ins Haus.*
Le facteur	livre	le courrier	tous les jours	à domicile.
Die Post	*bringt*	*der Briefträger*	*jeden Tag*	*ins Haus.*
C'est le courrier que	le facteur	livre	tous les jours	à domicile.
Jeden Tag	*bringt*	*der Briefträger*	*die Post*	*ins Haus.*
C'est tous les jours que	le facteur	livre	le courrier	à domicile.
Ins Haus	*bringt*	*der Briefträger*	*jeden Tag*	*die Post.*
C'est à domicile que	le facteur	livre	tous les jours	le courrier.

→ Quand le sujet n'est pas en position 1., il est obligatoirement en position 3.

→ Le français a recours au gallicisme « c'est... que » pour rendre compte du groupe syntaxique qui, en allemand, est en position 1.

→ Quand il n'est pas en position 1., *ins Haus* est obligatoirement en position 5., parce que c'est le premier déterminant du verbe avec lequel il forme le groupe verbal : *ins Haus bringen*

Phrases de type déclaratif avec verbe en première position :

Les auxiliaires de conjugaison, *(sein, haben, werden)*, les prétérito-présents *(können, wollen...)* et certains autres verbes occupent cette première position.

→ Dans la langue parlée, il peut y avoir ellipse du pronom en première position :

• Ellipse de *es* (sujet) :

Ist gut. C'est bon.
Wird gemacht! Ce sera fait.
Mag sein. Peut-être.
Leuchtet doch ein, oder? C'est clair, non ?
Macht nichts. Cela ne fait rien.
Sieht aus, als ob es regnen sollte. On dirait qu'il va pleuvoir.
Tut mir leid. Je regrette.

• Ellipse de *das* (complément) :

Hat er selbst gesagt. C'est lui-même qui l'a dit.
Kann ein jeder sagen. N'importe qui peut dire ça.
Wollen wir hoffen. Espérons-le.
Mache ich. Je le ferai.

→ Dans la langue littéraire, notamment dans les récits, le verbe peut être en tête :

*"**Sah** ein Knab ein Röslein stehn..."* Un jeune garçon vit une petite rose.
*"**Habe** nun, ach ! Philosophie, Juristerei und Medizin [...] durchaus studiert."*
J'ai, hélas ! étudié à fond la philosophie, le droit et la médecine... (Premiers vers du *Faust* de Goethe).

→ Suivi de *doch*, le verbe en tête correspond à la question rhétorique en français :

"Weiß doch der Gärtner, wenn das Bäumchen grünt, dass Blüt' und Frucht die künft' gen Jahre zieren."
Le jardinier ne **sait-il** pas (= **sait bien**) que quand l'arbuste verdit, les fleurs et les fruits embelliront les années à venir.

2. L'ordre des groupes syntaxiques dans les énoncés injonctifs

Le verbe conjugué est en première position :

Sag uns doch, was du weißt! **Dis**-nous donc ce que tu sais !

Le reste du groupe verbal est à la fin :

***Bleib** doch nicht den ganzen Tag **zu Hause**!* Ne reste donc pas toute la journée à la maison !

3. L'ordre des groupes syntaxiques dans les énoncés interrogatifs

L'ordre des groupes syntaxiques dans l'interrogation partielle :

→ L'interrogation partielle porte sur un groupe syntaxique, à l'exclusion du verbe. Elle est introduite par :

• un mot simple en *w-* :
wer? was? wo? wann? wie? Qui ? Quoi ? Où ? Quand ? Comment ?

• un mot composé en *w-* :
warum? weshalb? weswegen? Pourquoi ?

• tous les composés avec *wo-* :
worum? wofür? ... (voir 190)

→ Le terme interrogatif est en première position :
***Wo** liegt mein Handy?* **Où** est mon portable ?

→ La préposition fait partie du groupe syntaxique interrogatif :
***Seit wann** ist er krank?* **Depuis quand** est-il malade ?
***Mit wem** hast du gesprochen?* **À qui** as-tu parlé ?
*Wer **hat** angerufen?* Qui a appelé ?
*Wo **bist** du geblieben?* Mais où étais-tu donc ?

L'ordre des groupes syntaxiques dans l'interrogation globale :

L'interrogation globale porte sur le verbe, c'est-à-dire sur toute la phrase.

→ Le verbe conjugué est obligatoirement en première position, suivi du sujet :
***Kommst** du noch heute?* Viens-tu encore aujourd'hui ?

→ Le reste du groupe verbal est en fin de phrase :
***Ist** er schon **angekommen**?* Est-il déjà arrivé ?
***Willst** du noch was **essen**?* Veux-tu encore manger quelque chose ?
***Ist** sie seit langem **zu Hause**?* Est-elle chez elle depuis longtemps ?
***Ist** sie lange **zu Hause geblieben**?* Est-elle restée longtemps chez elle ?

4. L'ordre des groupes syntaxiques dans les énoncés exclamatifs :

Le type exclamatif peut être construit de trois manières différentes :

Le verbe conjugué est en première position :

***Ist** das eine Schweinerei!* Quelle cochonnerie !
La partie non conjuguée du groupe verbal est à la fin :
***Bist** du aber **gewachsen**!* Comme tu as grandi !

Le verbe conjugué est en seconde position :

*Das **kann** doch nicht wahr sein!* Mais c'est impossible !
La partie non conjuguée du groupe verbal est à la fin :
*Du **bist** aber **gewachsen**!* Comme tu as grandi !

Le verbe conjugué est en position finale :

*Was du gewachsen **bist**!* Comme tu as grandi !
*Was der nicht alles angestellt **hat**!* Il en a fait, des bêtises !

À VOUS !

147. Mettez en tête de phrase le groupe souligné.
a. Klaus möchte ein Moped zu Weihnachten. – b. Sie will mit diesen Leuten nicht arbeiten. – c. Ich habe mir das ganz anders gedacht. – d. Er will mir alle seine CDs schenken. – e. Ich verzichte auf das Erbe. – f. Diese CD-ROMs sind mir zu teuer. – g. Ich weiß nicht, wo mein Handy liegt. – h. Ich gehe abends nicht gern aus. – i. Zu seinem Geburtstag hat er nur wenige Freunde eingeladen. – j. Er strengt sich nur selten an.

148. Mettez en tête de phrase le groupe souligné.

a. Ich kaufe mir vielleicht einen neuen Drucker. – b. Sie hat ihren Mitarbeitern den Vertrag vorgelegt. – c. In absehbarer Zukunft müssen Lehrkräfte eingestellt werden. – d. Mein Wagen muss vor Ende der Woche unbedingt repariert werden. – e. Nächsten Sommer verbringt sie ihre Ferien auf Korsika. – f. Facharbeiter werden gesucht. – g. Die russische Marine hat ein U-Boot in der Barentssee verloren. – h. Der amerikanische Präsident wurde mit einer sehr knappen Mehrheit gewählt. – i. Der Briefkasten muss jeden Morgen geleert werden. – j. Das größte Flugzeug der Welt wird in Europa gebaut.

149. Même exercice.

a. Am nächsten Samstag lade ich alle meine Freunde ein. – b. Abends laufen alle Schiffe in den Hafen ein. – c. Heute hält der Zug ausnahmsweise in Paderborn. – d. Die Fische essen seit Jahren Tiermehl. – e. Die Lufthansa will nächstes Jahr ihre Preise stark reduzieren. – f. Nächste Woche läuft ein neuer Film hier im Kino. – g. Er muss jeden Tag den Rasen mähen. – h. Ich trinke morgens keinen Tee. – i. Das Gebäude brach vorige Woche zusammen. – j. Die neue Brücke wird heute für den Verkehr freigegeben.

150. Traduisez.

a. Avec quoi a-t-il ouvert la boîte ? – b. Depuis quand est-il malade ? – c. A-t-il réussi ? – d. Cherche-t-il toujours du travail ? – e. Où habites-tu à présent ? – f. À qui a-t-elle offert des fleurs ? – g. Qui avez-vous vu au théâtre hier soir ? – h. Pour qui sont ces livres ? – i. A-t-elle remporté l'élection ? – j. Il pleut ?

151. Traduisez.

a. Où veux-tu aller ? – b. Est-ce qu'il travaille le dimanche ? – c. Qui est venu hier soir ? – d. Qui as-tu vu à la gare ? – e. Viendra-t-il oui ou non ? – f. Voudra-t-il dîner avec nous ? – g. Avec qui es-tu allé au cinéma ? – h. À qui avez-vous raconté cette histoire ? – i. Pour qui as-tu acheté ce cadeau ? - j. Quand s'arrêtera-t-il de pleuvoir ?

78 La négation

1. La négation partielle

Elle porte sur un groupe de la phrase.

- *Morgen arbeitet Karl **nicht den ganzen Tag**, sondern nur am Nachmittag.*
  Demain Karl ne travaille **pas** toute la journée mais seulement l'après-midi.
- ***Nicht morgen**, sondern heute arbeitet Karl den ganzen Tag.*
  Ce n'est pas demain mais aujourd'hui que Karl travaille toute la journée.
- ***Nicht Karl**, sondern Claudia arbeitet morgen den ganzen Tag.*
  Ce n'est pas Karl mais Claudia qui travaille demain toute la journée.

2. La négation globale

→ La place de *nicht* devant la particule séparable :

*Er kommt heute Abend **nicht zurück**.* Il ne revient pas ce soir.

▼

le groupe verbal est : *zurückkommen*

→ La place de *nicht* devant le premier déterminant du groupe verbal :

*Er kommt heute Abend **nicht nach Hause zurück**.* Il ne rentre pas à la maison ce soir.

▼

le groupe verbal est : *nach Hause zurückkommen*

*Sie hat die Flasche **nicht leer getrunken**.* Elle n'a pas vidé la bouteille.

▼

le groupe verbal est : *leer trinken*

Sie hat das Haus ***nicht*** *bauen lassen* . Elle n'a pas fait constuire la maison.

▼

le groupe verbal est : *bauen lassen*

- *kein* n'est possible que si le groupe nominal dont il fait partie est dans le groupe verbal :

  Ich trinke ***kein*** *Bier* . Je ne bois pas de bière.

  ▼

  le groupe verbal est : *Bier trinken* boire de la bière

  Er hat noch ***keine*** *Kinder* . Il n'a pas encore d'enfants.

  ▼

  le groupe verbal est : *Kinder haben* avoir des enfants

- Si le groupe verbal n'a pas de déterminant, *nicht* se met à la fin de la phrase :

  Er kommt heute Abend nicht . *Il ne vient pas ce soir.*

  ▼

  le groupe verbal est réduit à *kommt* ; il n'a pas de déterminant

  Morgen arbeitet Karl den ganzen Tag nicht . Demain Karl ne travaille pas de la journée.

  ▼

  le groupe verbal est réduit à *arbeitet* ; il n'a pas de déterminant

À VOUS !

152. Indiquez s'il s'agit d'une négation globale (G) ou partielle (P).

a. Sie hat keine Zeit für mich. – b. Er kommt nicht heute, sondern morgen. – c. Sie fährt nicht nach Hause. – d. Nicht er, sondern sie hat die Scheibe eingeworfen. – e. Dieser Teppich ist nicht handgewebt. – f. Er hat den Eingang nicht gefunden. – g. Sie hat keinen deutschen Pass mehr. – h. Bei uns schneit es nicht jeden Winter. – i. Ich will nicht mit diesen Leuten arbeiten. – j. Ich will mit diesen Leuten nicht arbeiten.

153. Traduisez.

a. Tausch ist kein Raub. – b. An einem schönen Tage sollte man nicht ohne Mantel ausgehen. – c. Mit großen Herren ist nicht gut Kirschen essen. – d. Es ist nicht alles Gold, was glänzt. – e. Allzu gut taugt auch nichts. – f. Auf einen Hieb fällt kein Baum. – g. Die Welt ist auch nicht an einem Tage erschaffen worden. – h. Not kennt kein Gebot. – i. Vornehme Glocken klingen nicht alle Tage. – j. Auf dem rollenden Stein wächst kein Moos.

154. Traduisez les proverbes suivants.

a. Man soll den Tag nicht vor dem Abend loben. – b. Die Henne lebt nicht mehr, die goldene Eier legt. – c. Ein goldener Zaum (la bride) macht das Pferd nicht besser. – d. Nicht jede Leiter führt in den Himmel. – e. Wenn's die Klugen nicht wissen, so frage die Narren. – f. Wer nehmen kann, braucht nicht zu bitten. – g. Kein Feuer ohne Rauch, keine Tugend ohne Neid. – h. Wo nichts ist, kann man nichts nehmen. – i. Nimm dir Zeit und nicht das Leben. – j. Von der Schönheit kann man nicht leben.

79 Le sujet

Il faut faire la distinction entre :

- Le sujet grammatical qui s'accorde toujours avec le verbe.
- Le thème, qui est une mise en relief stylistique (ou rhétorique) d'un mot ou d'un groupe de mots dans la phrase.
- L'agent, qui renvoie à la réalité : c'est celui qui fait l'action exprimée par le verbe.

80 La nature du sujet grammatical

1. Le sujet grammatical peut être un nom

*Fette **Hühner** legen wenig Eier.* Les **poules** grasses pondent peu.

2. Le sujet grammatical peut être un pronom

*Max ist heute Abend zu Hause. **Er** sieht fern.* Max est chez lui ce soir. **Il** regarde la télévision.

3. Le sujet grammatical peut être un quasi-nom

__Jeder__ will glücklich sein. **Chacun** aspire au bonheur.
__Alle__ können nicht alles. **Tout le monde** ne peut pas tout faire.

4. Le sujet grammatical peut être *es*

Le verbe est toujours au singulier.

_es_ est obligatoire :

__Es__ schneit heute. = Heute schneit __es__. Il neige aujourd'hui.
__Es__ gefällt mir. = Mir gefällt __es__. Cela me plaît.

_es_ est obligatoire uniquement en première position :

__Es__ wird hier nicht geraucht. On ne fume pas ici.

▼

Hier wird ø nicht geraucht. On ne fume pas ici.

Attention !
Es kommen viele Leute. Beaucoup de gens viennent.

▼

Viele Leute kommen. Beaucoup de gens viennent.
→ Le sujet est *viele Leute*, parce que le verbe est au pluriel.
→ *es* est un bouche-trou : il occupe la première place car l'énoncé est déclaratif (verbe en 2e position).

5. Le sujet grammatical peut être un groupe syntaxique

Le verbe est toujours au singulier.

Le sujet grammatical est un groupe conjonctionnel :

__Dass sie doch noch kam__, überraschte mich. Le fait qu'elle soit tout de même venue m'a surpris.
__Ob er alles verstanden hat__, ist fraglich. On peut se demander s'il a tout compris.

Le sujet grammatical est un groupe quasi-nominal (voir 186-188) **introduit par *wer/was* :**

__Wer von Hoffnung lebt__, stirbt vor Hunger. Celui qui vit d'espoir mourra de faim.
__Wer zuletzt lacht__, lacht am besten. Rira bien qui rira le dernier.

Le sujet grammatical est un groupe infinitif (ou un infinitif seul) :

__Klagen__ füllt keinen Magen. Ce n'est pas en se plaignant qu'on se remplit l'estomac.
__Lieben__ ist leiden. Aimer, c'est souffrir.

Le sujet grammatical est un adjectif ou un participe 2 non substantivé, c'est-à-dire employé sans déterminatif :

Er meint, __klein__ ist schön. Il pense que ce qui est petit est beau.
Frisch __gewagt__ ist halb gewonnen. La fortune sourit aux audacieux.
Man sagt __Gleich und Gleich__ gesellt sich gern. On dit que ce qui se ressemble s'assemble.

81 L'agent

L'agent fait l'action. On l'appelait autrefois le « sujet logique ».

Birgit wurde von einem LKW überfahren.

Brigitte s'est fait renverser par un camion.

▼

la traduction confond le sujet grammatical et l'agent

La traduction française est inexacte : il faudrait dire :
Birgit a été renversée par un camion.
Le sujet (Brigitte) n'est pas à l'origine de l'action :
elle n'est pas « active » mais « passive ». Elle n'est pas agent.

82 Le thème

Le thème est une information stylistique (ou rhétorique).

*Guter Rat kommt **über Nacht**.* **La nuit** porte conseil.

La traduction française fait de « la nuit » le sujet, alors que c'est une information purement temporelle.
Dans les exemples suivants le sujet grammatical est en gras, le thème est souligné. On remarquera que le thème correspond au sujet grammatical en français, d'où la difficulté de les distinguer :

Mit der Zeit (▼ thème) *heilt* ***jede Wunde.*** (▼ sujet grammatical) | **Le temps** (▼ sujet grammatical) guérit toute blessure.

Es (▼ sujet grammatical) *geht mir gut.* (*mir* ▼ thème) | **Je** (▼ sujet grammatical) vais bien.

Es (▼ sujet grammatical) *fällt mir etwas ein.* (*mir* ▼ thème) | **Je** (▼ sujet grammatical) pense à quelque chose.

À VOUS !

155. Soulignez le groupe nominal sujet dans les phrases suivantes.

a. Die Pfeife raucht hier keiner mehr. – b. Eines war ihm bewusst; er hatte verloren! – c. Das Essen brachte sie um acht Uhr. – d. Auf alles verzichten ist schwierig. – e. Dreimal fünf ist fünfzehn. – f. Da weinen die Götter, es weinen die Göttinnen alle. – g. Auch ein Klaglied zu sein im Mund der Geliebten ist herrlich. – h. Nicht errettet den göttlichen Held die unsterbliche Mutter. – i. Nur zu Zeiten erträgt göttliche Fülle der Mensch. – j. Aber zuweilen liebt auch klares Auge den Schatten.

156. Soulignez le groupe nominal sujet dans les proverbes suivants.

a. Aus Liebe frisst der Wolf das Schaf. – b. Zugucken macht nicht müde. – c. Ohne Mühe ist nichts in der Welt. – d. Ohne Mühe gibt's kein Mehl. – e. Trübes Wasser treibt die Mühle auch. – f. Die Maus in der Falle freut kein Speck. – g. Beinahe bringt keine Mücke um. – h. Einem Narren darf man kein Messer geben. – i. Dem Kranken mangelt nur eines, dem Gesunden fehlt vieles. – j. Volle Kammern machen kluge Frauen.

157. Même exercice.

a. Den Himmel möchte mancher erben. – b. Faule Austern (huîtres) geben die schönsten Perlen. – c. Es spielen viele, aber nur einer gewinnt. – d. Es muss eine Lösung geben. – e. Es waren viele Kunden im Geschäft. – f. Es ist alles möglich, aber es regnet kein Geld. – g. Es regneten die Hiebe. – h. Es hagelt Taubeneier – i. Im Lande der Blinden ist ein Einäugiger König. – j. Dem fleißigen Hamster schadet der Winter nicht.

83 Les compléments

Il existe des compléments essentiels et des compléments circonstanciels :
- **Les compléments essentiels sont étroitement liés au sens du verbe.**
- **Les compléments circonstanciels sont indépendants du sens du verbe.**

84 Distinction entre les compléments essentiels et les circonstanciels

les verbes transitifs ont des compléments essentiels	les verbes intransitifs n'ont pas de compléments essentiels [ø]
Er hat *ein Handy gekauft.* Il a acheté un portable.	*Er liest ø.* Il lit.
ils peuvent avoir aussi des compléments circonstanciels	mais ils peuvent avoir un complément circonstanciel
Er hat vorige Woche ein Handy gekauft. La semaine dernière, il a acheté un portable.	*Er liest im Wohnzimmer.* Il lit au salon.

1. Les compléments essentiels sont étroitement liés au sens du verbe

Im Zug zeigt er dem Schaffner seine Fahrkarte vor.

↓ ______ ↑ ______ ↑

▼

compléments essentiels liés au sens du verbe *vorzeigen* :

jemandem etwas vorzeigen

présenter quelque chose à quelqu'un

Dans le train il présente son billet au contrôleur.

2. Les compléments circonstanciels sont indépendants du sens du verbe

Im Zug zeigt er dem Schaffner seine Fahrkarte vor.

↓

im Zug n'est pas induit par le verbe « présenter »

▼

complément circonstanciel

3. Les compléments circonstanciels ne font pas partie de la phrase-noyau ; ils sont facultatifs

Si l'on retranche le complément circonstanciel, on obtient une phrase-noyau, qui comprend le verbe avec son sujet et son (ses) complément(s) essentiel(s) :

*Er zeigt **dem Schaffner seine Fahrkarte** vor.*

Il présente son billet au contrôleur.

Attention !
• Une information sur le lieu n'est pas obligatoirement un complément circonstanciel !

Sie wohnen ***in Bayern.*** ▼ complément essentiel	Ils habitent en Bavière.
phrase-noyau : ~~Sie wohnen.~~	~~Ils habitent.~~
Er dreht einen Film ***in Bayern.*** ▼ complément circonstanciel	Il tourne un film. en Bavière.
phrase-noyau : *Er dreht einen Film.*	Il tourne un film.

Attention !
• Une information sur le temps n'est pas obligatoirement un complément circonstanciel !

Es dauerte ***zwei Stunden.*** ▼ complément essentiel	Cela a duré deux heures.
phrase-noyau : ~~*Es dauerte.*~~	~~Cela a duré.~~
Sie haben ***zwei Stunden*** *lang Schach gespielt.* ▼ complément circonstanciel	Ils ont joué aux échecs pendant deux heures.
phrase-noyau : *Sie haben Schach gespielt.*	Ils ont joué aux échecs.

85 La nature du complément circonstanciel

Le complément circonstanciel peut être :

1. Un groupe nominal

Die Wachstumsraten sind ***letztes Jahr*** *gestiegen.*
Les taux de croissance ont augmenté l'an dernier.

2. Un mot invariable

Der Auftraggeber ist ***manchmal*** *unbekannt.*
Le commanditaire est parfois inconnu.

3. Un groupe prépositionnel

Die Zeitung wurde ***vor einem Monat*** *eingestellt.*
Le journal a cessé de paraître il y a un mois.

4. Un groupe conjonctionnel

Er hat fürchterliche Kopfschmerzen, ***seitdem er keine Brille mehr trägt.***
Depuis qu'il ne porte plus de lunettes, il a de violents maux de tête.

Le complément circonstanciel peut avoir plusieurs sens : il peut exprimer une idée de temps, de lieu, de moyen, de manière...

Voir Expression du temps 269
Voir Expression du lieu 211-213
Voir Expression du moyen 228
Voir Expression de la manière 217

86 Distinction entre le complément 1 (C1) et le complément 2 (C2)

Quand il y a deux compléments essentiels dans une phrase-noyau (sans complément circonstanciel), il suffit, pour identifier le C1, de retrancher l'un ou l'autre de ces deux compléments.

Er zeigt	*dem Schaffner*	*seine Fahrkarte*	*vor.*	Il présente son billet au contrôleur.
Er zeigt		*seine Fahrkarte* ▼ C1	*vor.*	Il présente son billet.
Er zeigt	*dem Schaffner* ▼ C2		*vor.*	~~Il présente au contrôleur.~~

1. Le complément 1 (C1) est obligatoire avec le verbe pour former une phrase

Le C1 est prioritaire ou premier. Il peut apparaître sans le C2.

2. Le C2 ne peut être inséré dans la phrase que si le C1 y est déjà

Le C2 est ni obligatoire ni prioritaire : il est second. Le C2 ne peut apparaître sans le C1.

87 Les spécificités du C1 et du C2

1. La nature du C1

Un groupe nominal (nom ou pronom) :

Ich kann ***den Schalter*** *nicht finden.* — Je ne peux pas trouver l'interrupteur.

Ich kann ***ihn*** *nicht finden.* — Je ne peux pas le trouver.

Un groupe conjonctionnel :

Sie fragte mich, ***ob sie einen Scanner kaufen soll.***

Elle m'a demandé si elle devait acheter un scanner.

Ich antwortete ihr, ***dass man einen Scanner immer*** *gebrauchen kann.*

Je lui ai répondu qu'on pouvait toujours avoir besoin d'un scanner.

2. Le C1 peut être à n'importe quel cas

À l'accusatif :

Mache ***das Fenster*** *auf!* — Ouvre la fenêtre !

Au datif :

Ich danke ***Ihnen****.* — Je vous remercie.

Au génitif :

Er schämt sich ***seiner Worte****.* — Il a honte de ce qu'il a dit.

Voir Compléments des verbes, Annexe

3. C1/C2 et construction directe/indirecte

Direct signifie : construit sans préposition.
Indirect signifie : construit avec préposition.

- Le C1 peut être direct ou indirect :

*Er hat **ein Haus** geerbt.* → Il a hérité d' **une maison**.

construction directe en allemand → construction indirecte en français

*Aber er verzichtet auf **das Erbe**.* → Mais il renonce à **l'héritage**.

construction indirecte en français et en allemand

*Er schickte nach **dem Arzt**.* → Il a envoyé chercher **le médecin**.

construction indirecte en allemand → construction directe en français

- Le C2 peut être direct ou indirect :

*Sie schlägt **dem Huhn** den Kopf ab.* Elle coupe la tête **du poulet (au poulet)**.

construction directe en français et en allemand

*Es graut mir vor **ihm**.* Il me fait froid dans le dos.

construction indirecte en allemand

4. L'ordre d'apparition des compléments varie selon la nature du complément

- Le C1 et le **C2** sont des noms :

*Er zeigt **dem Schaffner** seine Fahrkarte vor.* Il présente son ticket **au contrôleur**.

- Le C1 est un nom et le **C2** est un pronom :

*Er zeigt **ihm** seine Fahrkarte vor.* Il **lui** présente son ticket.

- Le C1 est un pronom et le **C2** est un nom :

*Er zeigt sie **dem Schaffner** vor.* Il le présente **au contrôleur**.

- Le C1 et le **C2** sont des pronoms :

*Er zeigt sie **ihm** vor.* Il le **lui** présente.

5. Le C1 étant un complément obligatoire, le directif est toujours un C1 ; le locatif l'est souvent

- Le directif :

*Er kommt **nach Hause**.* → négation : *Er kommt nicht nach Hause.*
Il rentre à la maison. Il ne rentre pas à la maison.

le groupe verbal est : *nach Hause kommen* rentrer à la maison

- Le locatif :

*Er wohnt **in Bayern**.* → négation : *Er wohnt nicht in Bayern.*
Il habite en Bavière. Il n'habite pas en Bavière.

le groupe verbal est : *in Bayern wohnen* habiter en Bavière

6. Avec certains verbes, il est difficile de distinguer le C1 du C2 ; ils sont alors tous les deux obligatoires

*Sie lässt sich **mit dem ersten Besten** ein.* Elle se commet avec le premier venu.

sich → C1 ; mit dem ersten Besten → C2

7. Dans certaines constructions, il faut admettre l'existence d'un C3

Er legt	*ihr*	*die Hand*	*auf die Schulter.*	Il lui met la main sur l'épaule.
	▼ C3	▼ C1	▼ C2	
Er legt		*die Hand*	*auf die Schulter.*	Il met la main sur l'épaule.

Contrairement au C1 et au C2, le C3 peut être supprimé.

À VOUS !

158. Soulignez les compléments circonstanciels.
a. Sie wohnt seit drei Wochen in Hannover. – b. Im schlimmsten Fall dauert es nur zwei Sekunden. – c. Er hat mit seinem Wagen einen Hund überfahren. – d. Durch seinen Leichtsinn hat er ein Unglück verschuldet. – e. Sie bestieg den Berg mit größter Mühe. – f. Bei dem Wetter geht er spazieren. – g. Sie beschattete die Augen mit den Händen. – h. Er ist vorigen Sonntag aus Hamburg zurückgekommen. – i. Er zerfetzte die Zeitung mit eigenen Händen. – j. Er studiert Malerei an der Kunstakademie.

159. Remplacez les compléments C1 par un pronom.
a. Sie hat ihren Partner im Ausland kennen gelernt. – b. Bring mir bitte das Fotoalbum! – c. Trinkst du noch ein Bier? – d. Sie gleicht ihrem Bruder. – e. Warum kann man den Wagen nicht reparieren? – f. Bomben haben das Haus beschädigt. – g. Er hat sein Vermögen verspielt. – h. Wir essen gern frisches Gemüse. – i. Hat die Reise den Studenten gefallen? – j. Hast du schließlich die beiden Wörterbücher gekauft?

160. Soulignez les compléments C2.
a. Was verschweigst du mir? – b. Sie schenkte der Angelegenheit große Aufmerksamkeit. – c. Man muss nicht einem jeden sagen, wo der Fuchs Eier legt. – d. Er hat unsern Plan einem Fremden verraten. – e. Rindern sollte man eigentlich kein Tiermehl geben. – f. Man hat die Leitung der Firma einem Ausländer anvertraut. – g. Sie zeigte ihrem Chef, wie er das machen sollte. – h. Sie hat ihrem Mann manches vorgeworfen. – i. Dieser Arzt verschreibt seinen Patienten viel zu viel Medikamente. – j. Unser Partner schlägt uns einen neuen Vertrag vor.

161. Soulignez les compléments circonstanciels.
a. Sie zerschneidet den Hahn mit dem Messer. – b. Sie kauft jedes Jahr einen neuen Computer. – c. Ohne ihren Freundinnen fährt sie nicht in die Ferien. – d. Man kann das Herz mit einem Stethoskop abhören. – e. Eisvögel bauen jeden Frühling ein neues Nest. – f. Ich habe meine Schuhe mit einem Lumpen sauber gerieben. – g. Er hat das ohne Mühe geschafft. – h. Es regnete die ganze Woche. – i. Sie haben im Ausland geheiratet.

162. Remplacez le complément C1 par un pronom.
a. Bring die Kleider zur Reinigung. – b. Isst nicht den ganzen Käse! – c. Zeig mir mal dein Zeugnis! – d. Mach die Wagentür auf! – e. Trag den Koffen in den Keller! – f. Ich habe den Kuchen bestellt. – g. Sie hat ihrem Freund ein weiteres Mal ihren Wagen geliehen. – h. Er hat seine Schlüssel verloren. – i. Ich möchte, dass du dein Zimmer aufräumst. – j. Sie verlangt einen Teil der Erbschaft.

163. Remplacez le complément C2 par un pronom.
a. Er hat seiner Freundin eine neue Armbanduhr geschenkt. – b. Er hat die Zeitung der Nachbarin gegeben. – c. Er meldet seinen Arbeitskollegen eine gute Nachricht. – d. Der Briefträger hat die Post dem Hausmeister überreicht. – e. Sie zeigte den Studenten einen Dokumentarfilm. – f. Er erzählte den Kindern eine spannende Geschichte. – g. Er brachte das kranke Tier dem Tierarzt. – h. Er bot den Gästen einen guten Abend. – i. Sie konnte dem Kommissar beweisen, dass sie nichts mit der Sache zu tun hatte. – j. Er verbot jedoch der jungen Dame, das Polizeipräsidium zu verlassen.

DICTIONNAIRE GRAMMATICAL

ACCENTUATION

88 Accent de mots, de groupes de mots, d'insistance

L'unité d'accentuation est la syllabe. Une syllabe accentuée est prononcée plus fortement qu'une autre. Il y a trois types d'accent.

1. L'accent de mot

C'est l'accent que porte un mot, quelle que soit sa place dans la phrase.

Pour les mots d'origine allemande, il est généralement sur la 1re syllabe :

Esel – Umschlag – Fahrrad – Werkzeug – Häuser – Fische – Handschuh

Attention !
die Forelle : la truite

Certaines particules ne sont jamais accentuées :

- ***be-*** *benehmen – bewegen – bewundern – bezwingen*
- ***emp-*** *empfehlen – empfangen – empfinden*
- ***ent-*** *entnehmen – entlaufen – entschädigen – entgegen*
- ***er-*** *erblicken – ereignen – ergänzen – erkennen – Erfolg*

Attention !
der Erker le bow-window
ge- *genehmigen – gefallen – Gebirge – Gewitter*
ver- *verzeihen – vergeben – verschlafen – verfallen*
zer- *zerreißen – zerschneiden – zerschmelzen*

Les mots d'origine française gardent l'accent français :

Astronomie Café Courage Hotel Musik Physik Politik

Attention !
Diskothek mais : ***Disko***

Les suffixes provenant du français sont accentués :

→ Substantifs en :

- ***-eur*** (amateur) *Amateur – Deserteur – Friseur – Ingenieur – Regisseur*
- ***-or*** (auteur) *Autor – Direktor – Doktor –, Lektor – Major – Pastor – Professor*
- ***-ie*** (boulangerie) *Bäckerei – Brauerei – Druckerei – Konditorei – Sägerei – Polizei – Prügelei*
- ***-tion*** (action) *Aktion – Dekoration – Demonstration – Kreation – Nation – Opposition*
- ***-tur*** (architecture) *Architektur – Karikatur – Konjunktur – Korrektur – Literatur – Temperatur*

→ Adjectifs en :

- ***-iv*** (expansif) *expansiv – explosiv – impulsiv – negativ – offensiv*
- ***-al*** (égal) *egal – frugal – legal – liberal – maximal – normal – optimal – real*
- ***-abel*** (honorable) *honorabel – komfortabel – miserabel – räsonabel – respektabel – variabel*
- ***-ös*** (généreux) *generös – graziös – monströs – pompös – preziös – tendenziös*
- ***-är*** (binaire) *binär – familiär – imaginär – ordinär – primär – reaktionär – revolutionär*
- ***-ial*** (équatorial) *äquatorial – genial – kollegial – kolonial – sozial – spezial*

→ Verbes en :

- ***-ieren*** *interessieren – kritisieren – rasieren – reparieren – spazieren*
- ***-isieren*** (ironiser) *ironisieren – kanalisieren – sympathisieren – symbolisieren*

2. L'accent des groupes de mots

Dans le groupe nominal, c'est le dernier élément qui est accentué :

*König Ottokars Glück und **Ende*** Fortune et fin du roi Ottokar

*der arme **Spielmann*** le pauvre ménestrel

*die Angst des Tormanns beim **Elfmeter*** l'angoisse du gardien de but au moment du penalty

Dans le groupe verbal, c'est le 1er élément à gauche du verbe qui est accentué :

*ins **Ausland** fahren* partir à l'étranger ***früh** aufstehen* se lever tôt ***viel** lesen* lire beaucoup

***Beifall** klatschen* applaudir ***neu** anfangen* recommencer ***Klavier** spielen* jouer du piano

3. L'accent d'insistance

Il fait ressortir une information par opposition à une autre :

*Sind die **Kin**der gestern allein ins Kino gegangen ?*

▼

*Nein, die **Groß**eltern sind gestern allein ins Kino gegangen.*

*Sind die Kinder **ges**tern allein ins Kino gegangen ?*

▼

*Nein, die Kinder sind **vor**gestern allein ins Kino gegangen.*

*Sind die Kinder gestern **allein** ins Kino gegangen ?*

▼

*Nein, die Kinder sind gestern mit **uns** ins Kino gegangen.*

*Sind die Kinder gestern allein ins **Ki**no gegangen ?*

▼

*Nein, die Kinder sind gestern allein ins **The**ater gegangen.*

À VOUS !

164. Lisez les mots suivants à haute voix.

Restaurant – Bewohner – spekulativ – Briefkasten – Computer – Bildschirm – bezahlen – zerfetzen – Bücher – verreisen – gewöhnen – stabilisieren – entlaufen – kapriziös – erschrecken – Betttuch – Fischerei – rudimentär – studieren – Schreinerei – Garage – spezialisieren – klerikal – Barrikade – Coiffeur – blamabel – territorial – verschreiben – erklären – egalisieren – Handy – Deklaration – empfohlen – gewinnen – Treppe – Aufmerksamkeit – Rektor – Humanist – Bahnhof – Schere – analysieren – aufschneiden – vergeben – begabt – Forelle – verlieren.

165. Lisez les mots suivants à haute voix.

nach Hause fahren – die Nase hoch tragen – einem die Leviten lesen – die Mappe meines Urgroßvaters – der jüngere Bruder – Flöte spielen – die Entführung aus dem Serail – die letzten Tage der Menschheit – Figaros Hochzeit – wie Hund und Katze leben – von Luft und Liebe leben – zum alten Eisen gehören – eine kleine Nachtmusik – Prinz Friedrich von Hamburg – die Marquise von O... – der zerbrochene Krug – des Teufels General – die Hand mit dem Messer – die zwölf Brüder – der singende Knochen – der gestiefelte Kater – Hänsel und Gretel – Dreck in den Ohren haben – ins Trockene bringen – alles auswendig lernen.

166. Déplacez l'accent d'insistance dans les phrases suivantes.

a. Professor Arndt hat seinen Vortrag vor vielen Studenten gehalten. – b. Axel hat vorige Woche einen hervorragenden Aufsatz geschrieben. – c. Der Bundeskanzler hat im Ausland über innere Angelegenheiten gesprochen. – d. Der Libero hat das zweite Tor gegen Leverkusen geschossen. – e. Lise hat ihre Nachbarn zu ihrem Geburtstag eingeladen.

ACCORD DU VERBE

89 Les règles d'accord du verbe avec le sujet

Le sujet et le verbe n'ont pas toujours le même nombre :

La majorité des élèves **est** absente. | **La plupart** des élèves **sont** absents.

1. Le sujet est au pluriel, le verbe est au singulier

Dans les comptes, les calculs :

*Fünfzig Pfennig **reicht** nicht für das Eis.*
Cinquante pfennigs ne suffisent pas pour acheter une glace.

*Drei Mark **ist** doch ziemlich viel für diese Zeitung.*
Trois marks, c'est assez cher pour ce journal.

*Dreimal fünf **ist** fünfzehn.* Trois fois cinq font quinze.

Un sujet coordonné avec un autre par *mit* entraîne un verbe au singulier, quand *mit* signifie « accompagné de » :

*Um acht Uhr **kam** Herr Schmitt mit seinem Sohn.*
À huit heures arriva monsieur Schmitt accompagné de son fils.

Avec les noms de fêtes :

Les noms de fêtes, qui sont au pluriel, exigent un verbe au singulier

Ostern Pâques
Pfingsten la Pentecôte
Weihnachten Noël
Allerheiligen (Allerseelen) la Toussaint

*Ostern **fällt** dieses Jahr den ersten April.*
Cette année, Pâques tombe le 1er avril.

2. Le sujet est au singulier, le verbe est au singulier ou au pluriel

eine Anzahl un grand nombre de :

*Eine Anzahl Kinder **spielte** in dem Hof.* → *Eine Anzahl Kinder **spielten** in dem Hof.*
Un grand nombre d'enfants jouaient dans la cour.

eine Menge une quantité de :

*Eine Menge Birnen **lag** auf dem Tisch.* → *Eine Menge Birnen **lagen** auf dem Tisch.*
Sur la table, il y avait une grande quantité de poires.

die Dudzend la douzaine :

*eine Dudzend Eier **kostet** 6 Mark.* → *eine Dudzend Eier **kosten** 6 Mark.*
une douzaine d'œufs coûte 6 marks.

die Hälfte la moitié :

*Die Hälfte der Schüler **ist** abwesend.* → La moitié des élèves est absente.
*Die Hälfte der Schüler **sind** abwesend.* La moitié des élèves sont absents.

eine Handvoll une poignée de :

*Eine Handvoll Studenten **demonstriert** vor der Botschaft.*
Une poignée d'étudiants manifeste devant l'ambassade.

*Eine Handvoll Studenten **demonstrieren** vor der Botschaft.*
Une poignée d'étudiants manifestent devant l'ambassade.

ein Haufen un tas de :

*Ein Haufen Sand **liegt** vor dem Haus.* Il y a un tas de sable devant la porte.
*Ein Haufen faulender Äpfel **liegen** im Keller.* Il y a un tas de pommes pourries à la cave.
*Ein Haufen Neugieriger **steht/stehen** vor dem Schaufenster.* Un tas de curieux se pressent devant la vitrine.

3. Plusieurs sujets sont coordonnés : le verbe est au singulier ou au pluriel

Les sujets sont coordonnés par *nicht nur ... sondern auch* :

*Nicht nur Europa, sondern auch Amerika **will/(wollen)** einen starken Euro.*
Non seulement l'Europe, mais aussi l'Amérique veut un euro fort.

Les sujets sont coordonnés par *weder ... noch* :

*Weder Siemens noch Bosch **(ist)/sind** daran interessiert.*
Ni Siemens ni Bosch n'est / ne sont intéressé(s).

Les sujets sont coordonnés par *teils ... teils* :

*"Und nun **überwältigt** uns teils Furcht, teils Ehrfurcht, teils Überraschung." (Nietzsche)*
Et à présent c'est en partie la crainte, en partie le respect, en partie la surprise qui nous terrassent.

Les sujets sont coordonnés par *sowohl ... als auch* :

Le verbe est au pluriel (il est au singulier en français).

Sowohl der Vater als auch die Mutter sollen sich um seine Kinder kümmern.
Le père comme la mère doit s'occuper de ses enfants.

4. Un pluriel grammatical peut renvoyer à du singulier dans la réalité

fröhliche Weihnachten joyeux Noël
fröhliche Ostern joyeuses Pâques

Voir Nombre 231

ACCUSATIF

Les emplois de l'accusatif 90

L'accusatif est la marque de cas de groupes nominaux compléments.

1. L'accusatif s'emploie pour :

Le complément essentiel des verbes transitifs :

*Sie trug **den Becher** in der Hand.* Elle portait le gobelet à la main.

L'attribut du complément essentiel :

*Man schalt **ihn***	***einen Dieb.***	On le traita de voleur.
▼ complément essentiel	▼ attribut du complément essentiel	
*Er schimpft **sich***	***einen Narren.***	Il se considère lui-même comme un fou.
▼ complément essentiel	▼ attribut du complément essentiel	

- **Le complément exprimant le temps :**

*Sie trinkt **den ganzen Tag**.* Elle boit toute la journée.

- **Le complément exprimant l'espace parcouru :**

*Sie läuft **die Treppe** hinauf.* Elle monte l'escalier en courant.

2. Le double accusatif s'emploie avec les verbes *lehren, kosten, fragen, angehen*

*Er lehrt **mich die Geometrie**.* Il **m'**enseigne **la géométrie**.
*Das kostet **mich eine Mark**.* Cela **me** coûte **un mark**.
***Was** fragst du **mich**?* **Qu'est-ce que** tu **me** demandes ?
*Das geht **mich nichts** an.* Cela ne **me** concerne **en rien**.

3. Certains adjectifs ont un complément à l'accusatif (voir Annexe)

La plupart de ces adjectifs expriment une quantité (longueur, largeur, hauteur, profondeur, masse, durée, âge, prix...). Le complément précède toujours l'**adjectif** :

*Dieses Kind ist zehn Jahre **alt**.* Cet enfant est âgé de dix ans.

4. Les compléments des verbes à l'accusatif (voir Annexe)

La grande majorité des compléments se construit avec l'accusatif.
Ces compléments peuvent être indirects, c'est-à-dire construits avec des prépositions :

***auf** einige Statuen war Wäsche **aufgehängt**.*
Sur certaines statues était accroché du linge.

*Das Kind war **in** eine Decke **eingehüllt**.*
L'enfant était enroulé dans une couverture.

*Der Fluss **mündet in** das Meer.*
Le fleuve se jette dans la mer.

*Sie sind **in** ein interessantes Gespräch **vertieft**.*
Ils sont plongés dans une conversation intéressante.

*Sie liegt, das Kinn **in** beide Fäuste **gestützt**.*
Elle est couchée, le menton appuyé sur ses deux poings.

*Das steht ihr so deutlich **ins** Gesicht **geschrieben**.*
C'est écrit si distinctement sur son visage.

*Er **ist über** alle Berge.*
Il s'est fait la malle.

*Er saß **über** den Tisch **gebeugt**.*
Il était assis, penché sur la table.

*Die Hand **vor** die Augen, vor den Mund **halten**.*
Tenir la main devant les yeux, devant la bouche.

*Die Zeitschrift war **zwischen** die Bücher **gequetscht**.*
La revue était coincée entre les livres.

5. Les prépositions avec l'accusatif

Deux séries de prépositions exigent l'accusatif :

- **7 prépositions exigent toujours l'accusatif** (voir 248) :

durch – für – gegen – ohne – um – wider – entlang

- **9 prépositions exigent soit l'accusatif, soit le datif** (voir 250) :

an – auf – hinter – in – neben – über – unter – vor – zwischen

6. Dans certaines expressions figées, l'accusatif peut aussi exprimer aussi l'intensité

Il équivaut alors à : *gar nicht, überhaupt nicht* pas du tout, absolument pas
*Er schert sich **einen Dreck** um mich.* Il se fiche royalement de moi.
*Er schert sich **den Teufel** um diese Sache.* Il se soucie de cette affaire comme de l'an quarante.
*Das geht ihn **einen Dreck** an.* Cela ne le concerne en rien.
*Das geht dich **einen Schmarren** an.* Cela ne te regarde absolument pas.
*Das interessiert mich **einen Quark**.* Je m'en soucie comme d'une guigne.

ADJECTIFS, ADVERBES, ADJOINTS

La distinction entre adjectif, adverbe et adjoint 91

- L'invariabilité des adjectifs attributs rend difficile la distinction entre adjectifs et adverbes :

Die Frau singt schön.	*Diese Frau ist **schön**.*
▼	▼
adverbe	adjectif
La femme chante bien.	Cette femme est belle.
(She's pretty nasty.)	*(She's pretty.)*
Elle est passablement méchante.	Elle est jolie.

- Un grand nombre d'adjectifs peuvent être employés comme adverbes *(schön)*.
- Il existe une catégorie de mots qui ne s'emploient qu'avec des adjectifs ou des adverbes, mais jamais avec des verbes ; on ne les appellera donc pas des « adverbes », mais des adjoints *(allzu)*.

un adjectif est un mot qui est ajouté :

à un nom	à un verbe	à un autre adjectif
adjectifs de **nom**	adjectif de **verbe** autre que *sein*	adjectif d'**adjectif** ou d'**adverbe**
= adjectif	= adverbe	= adjoint
▼	▼	▼
*ein **guter** Computer*	***schnell** laufen*	***sehr** gut - **sehr** schnell*
un bon ordinateur	courir rapidement	très bon - très rapidement

- Le même mot peut être :
  - adjectif, adverbe et adjoint : *schön*
  - adjectif et adverbe : *gut*
  - adjectif et adjoint : *winzig*
  - adjverbe et adjoint : *sehr*
  - uniquement adjectif : *sonnig*
  - uniquement adverbe : *gern*
  - uniquement adjoint : *allzu*

	adjectifs		adverbes	adjoints
	épithète	attribut		
schön	OUI	OUI	OUI	OUI
gut	OUI	OUI	OUI	non
winzig	OUI	OUI	non	OUI
halb	OUI	non	OUI	OUI
sonnig	OUI	OUI	non	non
polizeilich	OUI	non	OUI	non
allein	non	OUI	OUI	non
sehr	non	non	OUI	OUI
heutig	OUI	non	non	non
schuld	non	OUI	non	non
gern	non	non	OUI	non
allzu	non	non	non	OUI

→ Sont considérés comme **adjectifs de nom** :

- Les adjectifs qualificatifs (épithètes et attributs) :

schön beau *gut* bon *winzig* minuscule *sonnig* ensoleillé

- Les adjectifs désignatifs (épithètes, mais non attributs) :

halb demi *polizeilich* policier *heutig* d'aujourd'hui

→ Sont considérés comme **adverbes** : *allein* seul *sehr* très *gern* volontiers

→ Est considéré comme **adjoint** : *allzu* (par) trop

Attention !
schuld n'est ni adjectif ni adverbe ni adjoint ; c'est une **locution verbale** :
Er ist daran schuld. C'est de sa faute.

Voir Adjectifs désignatifs 23
Voir Adjectifs qualificatifs 22

92 Les adjectifs à la fois épithètes, attributs, adverbes et adjoints

adjectifs		adverbes	adjoints
épithètes	attributs		
*eine **schöne** Frau* une belle femme	*Diese Frau ist **schön**.* Cette femme est belle.	*Diese Frau singt **schön**.* Cette femme chante bien.	*Seid **schön** brav!* Soyez bien sages !
*ein **hoher** Baum* un arbre élevé	*Der Turm ist **hoch**.* La tour est élevée.	***hoch** ehren* vénérer	***hoch** uninteressant* hautement inintéressant

Ils sont très peu nombreux.
Ils sont **qualificatifs**.
De même :

außerordentlich extraordinaire[ment] *bitter* amère[ment]
enorm énormé[ment] *maßlos* démesuré[ment]

sagenhaft fabuleuse[ment]
tief profondé[ment]
ungeheuer immensé[ment]
weit large[ment]
stark forte[ment]
unermesslich incommensurable[ment]
verrückt folle[ment]

Les adjectifs à la fois épithètes, attributs et adverbes 93

adjectifs		adverbes	adjoints
épithètes	attributs		
*ein **guter** Rat* un bon conseil	*Es ist **gut**.* C'est bon.	*Es ist **gut**.* C'est bien.	
*ein **rosa** Kleid* une robe rose	*Das Kleid ist **rosa**.* La robe est rouge.	*das Kleid **rosa** färben* teindre la robe en rose	

Ils sont très nombreux.
Ils sont **qualificatifs**.
De même :

deutsch [en] allemand
teuer chère[ment]
kalt froide[ment]
warm chaude[ment]

Les adjectifs à la fois épithètes, attributs et adjoints 94

adjectifs		adverbes	adjoints
épithètes	attributs		
*ein **winziger** Punkt* un point minuscule	*Das ist ziemlich **winzig**!* C'est plutôt minuscule !		***winzig** klein* très petit

Ils sont très peu nombreux.
Ils sont **qualificatifs** ou **désignatifs**.

Les adjectifs à la fois épithètes, adverbes et adjoints 95

adjectifs		adverbes	adjoints
épithètes	attributs		
*die **halbe** Flasche* la demie bouteille		*nur **halb** verstehen* ne comprendre qu'à moitié	*Der Saal ist **halb** leer.* La salle est à moitié vide.

Ils sont très peu nombreux.
Ils sont **désignatifs** (voir **adjectifs de quantité** 21 ◄). De même :

völlig complète[ment]
gänzlich entière[ment]
total totale[ment]
vielfach multiple ; à maints égards

96 Les adjectifs à la fois épithètes et attributs

adjectifs: épithètes	adjectifs: attributs	adverbes	adjoints
*ein **sonniger** Tag* une journée ensoleillée	*Das Wetter war **sonnig**.* Le temps était ensoleillé.		

Ils sont assez nombreux. Ils sont **qualificatifs**.
De même :

klasse remarquable
regnerisch pluvieux
heilbar guérissable
wahr vrai
rund rond…

Attention !
• *krank werden* être malade *sich krank stellen* faire semblant d'être malade
krank est attribut.
• *mein, dein, sein…* qui sont des déterminatifs (voir **19**) ou des pronoms (voir **52**) fonctionnent aussi comme adjectifs :
– épithète : *der meine* (pronom) le mien
– attribut : *Das ist mein*. Cela est mien. (à moi)

97 Les adjectifs à la fois épithètes et adverbes

adjectifs: épithètes	adjectifs: attributs	adverbes	adjoints
*eine **polizeiliche** Untersuchung* une enquête policière		*Das ist **polizeilich** untersagt.* C'est interdit par la police.	
*mit **erneuter** Kraft* en redoublant d'effort		*Er hat **erneut** gefragt.* Il a réitéré sa demande.	

Ils sont peu nombreux. Ils sont **désignatifs** ou **qualificatifs**.
De même :

freudig aimable[ment]
absichtlich intentionnelle[ment]
ärztlich médicale[ment]
maschinell automatique[ment]

98 Les adjectifs à la fois attributs et adverbes

adjectifs: épithètes	adjectifs: attributs	adverbes	adjoints
	*Sie steht **allein**.* Elle est seule.	*eine **allein** stehende Frau* une femme célibataire	
	*Die Fragen werden immer **weniger**.* Les questions se font plus rares.	*Er wird morgen **weniger** schlafen.* Il dormira moins demain.	

Ils sont peu nombreux.

Les adverbes et les adjoints 99

adjectifs — épithètes	adjectifs — attributs	adverbes	adjoints
		Er leidet ***sehr****.* Il souffre beaucoup.	***sehr*** *schön* très beau ; très bien

Ils sont très peu nombreux.
De même :
zutiefst profondément — *besonders* particulièrement
mehr plus

Les adjectifs ni adverbe ni adjoint 100

adjectifs — épithètes	adjectifs — attributs	adverbes	adjoints
die ***heutige*** *Zeitung* le journal d'aujourd'hui			

Ils sont **désignatifs**. Il en existe une centaine :
heutig-, gestrig-, hiesig-, dortig-, inner-, vorder-

Les adjectifs uniquement attributs 101

adjectifs — épithètes	adjectifs — attributs	adverbes	adjoints
	Er ist daran ***schuld****.* C'est de sa faute. *Ich bin immer* ***fit****.* Je suis toujours en forme. *Es ist* ***schade****!* C'est dommage ! *Geldfragen sind* ***tabu****.* Les questions d'argent sont taboues. *Nun sind wir* ***quitt****.* Nous sommes quittes.		

De même :
Das ist ***blitz*** *und* ***blank****.* C'est propre comme un sou neuf. *Er war schnell* ***fix*** *und* ***fertig****.* Il était fin prêt. *Das ist* ***gang*** *und* ***gäbe****.* C'est très courant. *Das ist* ***klipp*** *und* ***klar****.* C'est parfaitement clair. *Das ist* ***null*** *und* ***nichtig****.* C'est nul et non avenu.

Cette catégorie, qui ne comprend que des attributs, ne fait pas partie des adjectifs. Elle a été rangée ici pour permettre une vue d'ensemble.

102 Les adverbes

adjectifs		adverbes	adjoints
épithètes	attributs		
		Er sieht gern fern. Il regarde volontiers la télévision.	

Ils sont peu nombreux. Ce sont tous les « adverbes » de manière :

blindlings à l'aveuglette
rittlings à califourchon
eilends à la hâte
sofort immédiatement...

103 Les adjoints

adjectifs		adverbes	adjoints
épithètes	attributs		
			*ein **äußerst** peinlicher Fall* un cas extrêmement gênant *Das ist **höchst** unwahrscheinlich.* C'est hautement improbable. *eine **allzu** einfache Lösung* une solution bien trop simple

Il ne s'agit ici que des véritables adjectifs, c'est-à-dire des adjectifs qui ne portent pas d'informations de nature verbale (voix, aspect) comme les participes 1 et 2 et les adjectifs avec des suffixes de dérivation à sens passif *(-bar, -lich)* : ceux-ci sont l'équivalent de verbes et ils admettent par conséquent un adverbe :

*eine immer teurer **werdende** Wohnung* un appartement toujours plus cher
*eine längst **ausgestorbene** Familie* une famille éteinte depuis longtemps
*ein kaum **lesbares** Buch* un livre à peine lisible
*eine schwer **verständliche** Frage* une question difficilement compréhensible

À VOUS !

167. Précisez si le mot souligné est adjectif de nom, adjectif de verbe (« adverbe ») ou adjectif d'adjectif (« adjoint »).

a. eine warme Suppe – b. ein klasse Foto – c. langsam gehen – d. hoch begabt – e. sehr klug – f. eine rote Fahne – g. lange warten – h. anfangs tun – i. besonders interessant – j. alte Bücher

168. Complétez les phrases suivantes avec les mots donnés.

unermesslich – weit – tief – bitter – sagenhaft – ungeheuer – stark – außerordentlich – enorm – maßlos

a. Dieser Baum schlägt ... Wurzeln. – Stille Wasser sind ... – Sie hat ihn ... beleidigt. – Sie war ... erschüttert. – b. Eine ... Entfernung – Diese Jacke ist ihr zu ... – Damit wird er nicht ... kommen. – Dieses Gemälde gefällt ihr ... besser als jenes. – c. Das war eine ... Leistung. – Die Verluste waren ... – Sie freute sich ... – Das ist ... groß. – d. Es liegt in ...

Ferne. – Sie ist ... reich – Sie liebte ihn ... – Sie ist ... schön. – e. ... Schokolade – Das war sehr ... für uns alle. – Diese Arznei schmeckt sehr ... – Es ist ... kalt. – f. Eine ... Erfahrung – Sein Erstaunen war ... – Er schätzt das ... – Eine ... schwierige Lage. – g. ... Summen – Das ist ja ... ! – Die Preise sind .... gestiegen. – Das ist ... praktisch. – h. Ein ... Held – Diese Geschichte ist eher ... als historisch. – Er kann ... prahlen. – Dieser Flitzer ist ... teuer! – i. Eine ... Wut – Sein Ehrgeiz ist ... – Sie hat ... übertrieben. – Sie ist ... eifersüchtig. – j. Die ... Konjugation – Dieser Mann ist groß und ... – Es hat ... geregnet. – Sie ist ... betrunken.

169. Complétez les phrases suivantes avec les mots donnés.
frisch – faul – alt – jung – kalt – schnell – billig – klein – englisch – neu
a. Ein ... und verfallenes Haus. – Diese Steine sind sehr ... – Er ist ... geworden. – b. Eine ... Winternacht – Das Meerwasser ist ziemlich ... – Weißwein muss ... gestellt werden – c. Ein ... Flitzer – Er ist sehr ... bei der Arbeit. – Du musst dich ... entscheiden. – d. Ein ... Pass – Dieses Benehmen ist typisch ... – Fließend ... sprechen – e. Ein ... Kind – Trotz seines Alters ist er ... geblieben. – ... heiraten. – f. Eine ... Nachtmusik – Der Junge ist noch zu ... dafür. – ' ... beigeben' heißt 'nachgeben' – g. ... Bier schmeckt am besten. – Das Brot ist leider nicht mehr ... – Das Bett ... beziehen – h. Sie kauft nur ... Kleider. – Diese CD ist ziemlich ... – Er muss alles ... verkaufen. – i. Meyers haben vorige Woche einen ... Wagen gekauft. – Unser Wagen ist auch ... – Das Buch ist ... erschienen. – j. Ein ... Arbeiter – Dieses Obst kann man nicht essen, es ist nämlich ... – Diese Eier riechen ...

170. Complétez les phrases suivantes avec les mots donnés.
angenehm – winzig – relativ – unangenehm – außergewöhnlich – lächerlich – peinlich – ganz – sonderbar – extrem
a. Eine ... Kraft – Das ist weder unmöglich noch ... – Die Kabine war ... groß. – b. Sie ist eine sehr ... Person. – Das Wetter ist ziemlich ... – Es ist ... frisch heute Morgen. – c. Der ... Saal klatschte Beifall. – Das Brot ist noch ... – Das ist etwas ... Anderes. – d. Eine unangenehme und sogar ... Frage – Die Lage war für alle sehr ... – ... genau. – e. Ein ... Typ – Sein Benehmen war eher ... . – Es klingt ... . – f. Eine ... Situation – Ihnen das mitzuteilen ist mir sehr ... – Im Schlafzimmer war es ... kalt. – g. Ein ... Clown – Dieze Szene ist einfach ... – Ein ... niedrieger Preis. – h. Am Nordpol erlebt man ... Temperaturen. – Deine revolutionären Ansichten sind mir zu ... . – Sie steht ... links. – i. Ein ... Begriff – Es ist alles ... . – Dieses Problem ist ... einfach. – j. Ein ... Bruchteil (fraction) der Wähler war ausschlaggebend. – Das ist sehr klein, ja sogar... . – Ein ... kleiner Punkt.

ÂGE

Expression de l'âge 104

– Quel **âge** as-tu ? – J'ai seize ans.	*"Wie alt bist du?" "Ich bin 16 [Jahre alt]."*
Elle n'avait que 17 ans quand elle a eu son baccalauréat.	*Sie war erst 17, als sie das Abitur bestand.*
Le film est interdit aux moins de 16 ans.	*Der Film ist ab 16 [Jahren]frei.*
les enfants jusqu'à huit ans	*die Kinder bis zu acht Jahren*
Elle a la trentaine.	*Sie ist ungefähr dreißig Jahre alt.*
Elle va sur ses quatre-vingts ans.	*Sie geht ins achtzigste Jahr.*

la sœur la plus **âgée** (si elles ne sont que deux)	*die ältere Schwester*
la sœur la plus **âgée** (si elles sont plus de deux)	*die älteste Schwester*
Elle est deux fois plus **âgée** que moi.	*Sie ist doppelt so alt wie ich.*
un enfant **âgé** de quatre ans	*ein vierjähriges Kind= ein Kind von 4 Jahren*
un enfant mineur	*ein minderjähriges Kind*
un enfant majeur	*ein großjähriges Kind*
Elle a le même **âge** que moi.	*Sie ist so alt wie ich.*
Elle est de mon **âge**.	*Sie ist in meinem Alter.*
Elle a mon **âge**.	*(=Wir sind im gleichen Alter.)*
Elle est aussi **âgée** que moi. (= Nous sommes du même **âge**.)	
Elle mourut à l'**âge** de quatre-vingts ans.	*Sie starb mit achtzig.*
Quel **âge** me donnes-tu ?	*Für wie alt hälst du mich?*
prendre de l'**âge**	*zu Jahren kommen*
Elle est allée à l'université à l'**âge** de 18 ans.	*Mit 18 [Jahren] ging sie auf die Universität.*
une femme d'un certain **âge**	*eine ältere Dame*
Elle est encore assez petite pour son **âge**.	*Sie ist noch ziemlich klein für ihr Alter.*
Elle est **en âge** de comprendre cela.	*Sie ist alt genug, um das zu begreifen.*
Avec l'**âge** il n'entend plus rien.	*Mit dem Alter wird er langsam taub.*
J'ai passé l'**âge**.	*Ich bin zu alt dazu.*
dans la fleur de l'**âge**	*in der Blüte der Jahre*
le grand **âge**	*das hohe Alter*

AIMER

105 Traduction de « aimer »

1. « aimer » est l'expression d'un sentiment amoureux, d'une affection

On emploie *lieben* ou *liebhaben* *(to love)* :

*eine Frau, einen Mann, ein Kind **lieben*** aimer une femme, un homme, un enfant
*die Menschheit, das Vaterland **lieben*** aimer l'humanité, la patrie
*die Natur, die frische Luft **lieben*** aimer la nature, le grand air
*das Leben **lieben*** aimer la vie
*Ich **habe** ihn **lieb**.* Je l'aime.

2. « aimer » signifie apprécier

On emploie *mögen* *(to like)* :

*Er **mag** früh aufstehen.* Il aime se lever tôt.
***Mögen** Sie moderne Musik?* Vous aimez la musique moderne ?
*Sie **mag** keinen Rotwein.* Elle n'aime pas le vin rouge.
*Ich **mag** ihn.* Je l'apprécie.

On emploie *gern haben* *(to like)* :

*Ich **habe** ihn **gern**.* Je l'aime bien.
*Ich **habe** Bier **gern**.* J'apprécie la bière.
*Sie **hat** Fisch **gern**.* Elle apprécie le poisson.

3. aimer faire quelque chose

On emploie *gern tun (to like)* :

*Ich **trinke gern** Bier.* J'aime la bière.
*Sie **isst gern** Fisch.* Elle aime le poisson.
*Sie **arbeitet gern**.* Elle aime travailler.

ALL- TOUT/TOUS

Les différentes natures de *all-* 106

C'est un quantificateur global qui peut être à la fois déterminatif, adjectif, quasi-nom et pronom.

1. *All-* est un déterminatif

Au singulier :

***Aller** Anfang ist schwer.* Tout commencement est difficile.
***alles** Übrige* tout le reste
***alles** irdische Glück* tout le bonheur terrestre
***alles** Fremde* tout ce qui est étranger
*trotz **allem** Schönen* malgré tout ce qui est beau
*die Schönheit **alles** Irdischen* la beauté de tout ce qui est terrestre

Au pluriel :

alle Beteiligten tous les participants
*Bei Nacht sind **alle** Katzen grau.* La nuit tous les chats sont gris.
Aller guten Dinge sind drei. Toutes les bonnes choses vont par trois.
littéralement : « De toutes bonnes choses, il y en a trois. »

2. *All-* est un adjectif

Il est invariable quand il précède le déterminatif :

***all** die Zeit = die ganze Zeit* tout le temps
*in **all** der Gegend = in der ganzen Gegend* dans toute la région
***all** die Jahre* toutes ces années

Il est variable quand il n'est pas précédé d'un déterminatif :

*den Weg **allen** Fleisches gehen* aller le chemin de toute chair (= mourir)

3. *All-* est un quasi-nom

Au singulier neutre uniquement :

***Alles** hat seine Grenzen.* Tout a ses limites.
*Sie hat **alles** im Krieg verloren.* Elle a tout perdu pendant la guerre.
all und jedes tout sans exception

Au pluriel :

*Es sind nicht **alle** krank, die klagen.* Ceux qui se plaignent ne sont pas tous malades.
*Wer **allen** helfen will, hilft niemand.* Celui qui veut aider tout le monde n'aide personne.
*wir **alle**, ihr **alle**, sie **alle*** nous tous, vous tous, eux tous

4. *All-* est un pronom

*Die Pest hatte den Tieren den Krieg erklärt. Zwar starben sie nicht **alle**, doch **alle** waren krank.*
La Peste faisait aux animaux la guerre. Ils ne mouraient pas tous, mais tous étaient frappés.

Voir Quantificateurs 257
Voir Déclinaison 43-45

ALLER

107 Traduction de « aller »

1. « aller » signifie « se rendre quelque part »

On emploie *gehen* :

hin und her gehen aller et venir
auf und ab gehen aller et venir
ins Ausland gehen aller à l'étranger
in die Schule gehen aller à l'école
auf die Post gehen aller à la poste
zum Friseur gehen aller chez le coiffeur

Autres verbes :

den Arzt aufsuchen aller chez le médecin
Freunde besuchen aller chez des amis

2. « aller » signifie « se déplacer en véhicule » : on emploie *fahren*

Sie fährt mit dem Zug nach Berlin. Elle va à Berlin en train.
Sie fährt mit dem Rad zu ihrer Freundin. Elle va chez son amie en bicyclette.
Fährst du mit dem Bus in die Stadt? Est-ce que tu prends le bus pour aller en ville ?

3. Traduction de « aller » + infinitif : *gehen* + infinitif sans *zu*

Er geht spazieren. Il va se promener.
Er ist einkaufen gegangen. Il est allé faire les courses.
tanzen, schwimmen gehen aller danser, nager

4. « aller » exprime le futur proche

On emploie le présent + *gleich* :

Der Zug fährt gleich ab. Le train va partir.
Er kommt gleich zurück. Il va bientôt revenir.

On emploie *werden* :

*Ich **werde** ihn **besuchen**.* Je vais lui rendre visite.

On emploie le verbe *wollen* :

Wir wollen uns auf den Weg machen. Nous allons nous mettre en route.

5. Locutions avec « aller »

Sie wird es weit bringen. Elle ira loin.
Er hat zu viel getan. Il en a trop fait.
Er ist zu weit gegangen. Il est allé trop loin.
Er hat es zu weit getrieben. Il est allé trop loin.
Das versteht sich von selbst. Cela va de soi.
Das ist selbstverständlich. Cela va de soi.
Es ging anders. Il en alla autrement.
Es verlief anders. Il en alla autrement.
Wie geht es Ihnen? Comment allez-vous ?
Es geht mir nicht gut. Je ne vais pas bien.
Alles ist in bester (schönster) Ordnung. Tout va bien !
zuerst das Dringendste besorgen aller au plus pressé
kein Blatt vor den Mund nehmen ne pas y aller par quatre chemins
Seine Ehre steht auf dem Spiel. Il y va de son honneur.
Alles läuft bestens. Tout va pour le mieux.
Dieses Kleid steht Ihnen sehr gut. Cette robe vous va très bien.
Das passt mir. Cela me va. (me convient)
Es geht um ihr Leben. Il y va de leur vie.
Ich hole dich vom /am Bahnhof ab. J'irai te chercher à la gare.
Sie geht früh ins Bett. Elle va se coucher tôt.

ALS

Les emplois de *als* 108

1. *Als* est une conjonction de temps

On emploie *als* pour situer un fait ou état unique :

Als ich noch jung war... Quand j'étais encore jeune...
Als er reinkommt, steht sie auf. Quand il rentre, elle se lève.
*Kaum war er draußen, **als** es anfing zu regnen.* Il était à peine dehors qu'il se mit à pleuvoir.

Voir Expression du temps 269

2. *Als* dans la comparaison irréelle : *als ob, als wenn* (comme si)

Sie tut, als ob sie nichts davon wüsste. Elle fait comme si elle n'en savait rien.

3. *Als* est un corrélateur

Après un comparatif :

*Der Drachen ist nicht größer **als** eine Fledermaus.* Le cerf-volant n'est pas plus grand qu'une chauve-souris.

Après *um so (mehr)* :

*Ich langweilte mich um so mehr, **als** ich nichts verstand.* Je m'ennuyais d'autant plus que je ne comprenais rien.

Après *niemand, nichts* :

*Er kennt niemand(en) hier **als** diese Frau.* Il ne connaît personne ici si ce n'est cette femme.

*Der Greis war niemand anders **als** sein eigener Vater.* Le vieillard n'était autre que son propre père.
*Es ist nichts gewisser, **als dass** der Fremde jetzt seinen Neffen in die Welt einführt.*
Il est certain que l'étranger va introduire à présent son neveu dans le monde.

4. *Als* signifie « en qualité de, comme » (anglais : *as*)

*Seine Brüder sind **als** Schwäne weggeflogen.* Ses frères se sont envolés sous la forme de cygnes.
*Er sprach **als** erster Präsident.* Il parla en tant que premier président.
*Er entpuppte sich **als** ein echter Schelm !* Il s'est révélé être un vrai coquin !
*Er gibt sich **als** Deutsch**er** zu erkennen.* Il se présente comme Allemand.
~~*(als Deutschen)*~~
*Er gilt **als** de**r** Nachfolge**r** des Chefs.* Il passe pour être le successeur du patron.

À VOUS !

171. Traduisez.
a. Aujourd'hui il fait plus froid qu'hier. – b. Personne d'autre que lui ne connaît la bonne réponse. – c. Quand elle était à l'étranger, elle était obligée de parler l'anglais. – d. Elle était à peine partie que le téléphone sonna. – e. Il se comporte comme si rien ne s'était passé. – f. L'étranger n'était personne d'autre que son mari. – g. N'as-tu rien de mieux à faire que de regarder la télévision ? – h. Je suis ici en tant qu'expert. *(der Sachverständige)* – i. Il n'a vu personne d'autre que le gardien *(der Wächter)* – j. Elle était d'autant plus surprise qu'elle ne s'y attendait pas. *(darauf gefasst sein)*

ANTÉRIORITÉ

109 Traduction de « avant »

1. Traduction de « avant » avec un groupe prépositionnel : *vor* + datif

Avec un déterminatif :

***vor** dem Krieg* avant la guerre
***vor** der französischen Revolution* avant la Révolution française
***vor** dem Essen Hände waschen nicht vergessen* ne pas oublier de se laver les mains avant de manger
*Er hat **vor** einer Stunde angerufen.* Il a appelé il y a une heure.

Sans déterminatif :

***vor** Sonnenuntergang* avant le coucher du soleil
***vor** Christi Geburt* avant Jésus-Christ
***vor** der Zeitenwende* avant Jésus-Christ
***vor** langer Zeit* **il y a** bien longtemps
***vor** Jahren* il y a des années
*Es ist **vor** 14 Tagen geschehen.* Cela s'est passé il y a 15 jours.
*heute **vor** 8 Tagen* il y a aujourd'hui 8 jours
***vor** einiger Zeit* il y a quelque temps

2. Traduction de « avant » avec des mots invariables

davor, vorher, zuvor avant, antérieurement

Du kannst morgen kommen; ruf aber vorher an.
Tu peux passer demain ; mais appelle-moi avant.

3. Traduction de « avant » avec un groupe prépositionnel pronominal

vordem jadis, précédemment, antérieurement, avant

Traduction de « avant de » + infinitif 110

Traduction de « avant de » avec un groupe conjonctionnel : *bevor* + verbe conjugué à l'indicatif

***Bevor** er zurückkommt, ruft er an.* Il téléphonera avant de rentrer.
***Bevor** er zurückkam, rief er an.* Il a téléphoné avant de rentrer.

Attention !
bevor + infinitif est impossible en allemand
~~*bevor zu essen*~~

À VOUS !

172. Transformez le groupe conjonctionnel en groupe prépositionnel.
Bevor Australien entdeckt wurde, kannte man keine schwarzen Schwäne.
→ Vor der Entdeckung Australiens kannte man keine schwarzen Schwäne.
a. Man geht nicht hinaus, bevor der Film zu Ende ist. – b. Bevor die Firma gegründet wurde, gab es hier viele Arbeitslosen. – c. Bevor die Oper uraufgeführt wurde, haben die Sänger lange üben müssen. – d. Bevor das Kaufhaus eröffnet wurde, haben die Eigentümer eine gezielte Werbekampagne veranstaltet. – e. Bevor man zu Mittag isst, kann man einen Aperitif nehmen. – f. Bevor sie starb, hatte sie alles ihren Neffen überlassen. – g. Bevor es anfängt zu regnen, wird der Himmel plötzlich dunkel. – h. Bevor die Erde bebt (trembler), schnattern die Gänse aufgeregt. – i. Bevor man abfährt, muss man sich anschnallen. – j. Bevor sie auf Besuch kommt, ruft sie immer an.

ANTONYMES

Les antonymes allemands 111

Les antonymes sont des mots dont les sens sont opposés.

1. Les antonymes de même racine

Le terme négatif s'obtient par l'addition au terme positif du préfixe *Un-* :

der Mensch	→	*der Unmensch*	l'être humain	→	le monstre
der Sinn	→	*der Unsinn*	le sens	→	le non-sens
das Behagen	→	*das Unbehagen*	l'aise	→	le malaise
das Glück	→	*das Unglück*	le bonheur	→	le malheur
das Heil	→	*das Unheil*	le salut	→	le désastre

das Kraut → *das Unkraut*		l'herbe → la mauvaise herbe	
das Recht → *das Unrecht*		le droit → l'injustice	
die Geduld → *die Ungeduld*		la patience → l'impatience	
die Gnade → *die Ungnade*		la grâce → la disgrâce	
die Gunst → *die Ungunst*		la faveur → le discrédit	
die Person → *die Unperson*		la personne → la personne tombée en disgrâce	
die Ruhe → *die Unruhe*		la tranquillité → l'inquiétude	
die Schuld → *die Unschuld*		la patience → l'impatience	
die Sitte → *die Unsitte*		la coutume → les mauvaises mœurs	
die Tat → *die Untat*		le fait → le méfait	

On peut considérer comme antonymes les mots qui sont dans un rapport de complémentarité ou de réciprocité :

die Einfahrt → *die Ausfahrt*	l'entrée → la sortie (voiture)
der Eingang → *der Ausgang*	l'entrée → la sortie (piéton)
die Einfuhr → *die Ausfuhr*	l'importation → l'exportation
der Aufstieg → *der Niedergang*	l'ascension → la descente
die Hinfahrt → *die Rückfahrt*	l'aller → le retour
die Abgabe → *die Annahme*	le don → l'acceptation
der Mieter → *der Vermieter*	le locataire → le loueur
der Käufer → *der Verkäufer*	l'acheteur → le vendeur

2. Les antonymes de racine différente

der Anfang → *das Ende*	le commencement → la fin
der Friede → *der Krieg*	la paix → la guerre
das Leben → *der Tod*	la vie → la mort
der Sieg → *die Niederlage*	la victoire → la défaite
die Vergangenheit → *die Zukunft*	le passé → le futur

Les substantifs dérivés d'adjectifs :

die Gesundheit → *die Krankheit*	la santé → la maladie
die Stärke → *die Schwäche*	la force → la faiblesse

À VOUS !

173. Donnez le contraire des adjectifs suivants, puis traduisez.
a. interessant – b. möglich – c. fair – d. fähig – e. aufmerksam – f. begabt – g. geeignet – h. klar – i. logisch – j. rasiert

174. Donnez le contraire des adjectifs suivants, puis traduisez.
a. farbig – b. hilfreich – c. geschmackvoll – d. gefühlvoll – e. gewissenhaft – f. hoffnungsvoll – g. anspruchsvoll – h. rücksichtsvoll – i. taktvoll – j. erfolgreich

175. Donnez le contraire des adjectifs suivants, puis traduisez.
a. treu – b. bequem – c. geistvoll – d. empfindsam – e. einig – f. erfahren – g. freundlich – h. kinderreich – i. gerecht – j. kunstvoll

176. . Donnez le contraire des adjectifs suivants, puis traduisez.
a. leicht – b. hoch – c. groß – d. kalt – e. dumm – f. lieb – g. hart – h. richtig – i. breit – j. dick

177. Donnez le contraire des adjectifs suivants, puis traduisez.
a. süß – b. grob – c. roh – d. dunkel – e. sauber – f. verdünnt – g. laut – h. alt – i. tot – j. seicht

ARRIVER

Traduction de « arriver » 112

1. Traduction de « arriver » dans un lieu

L'action concerne des humains :

On emploie ***ankommen, anreisen, eintreffen*** :

*Er ist gestern Abend **angekommen**.* Il est arrivé hier soir.
*Unsere Gäste **reisen** morgen früh **an**.* Nos invités arrivent demain matin.
*Der russische Sprinter **kam** als Erster **ein**.* Le sprinter russe est arrivé le premier.

L'action concerne des non humains :

On emploie ***eingehen, einlaufen, eintreffen*** :

*Ist die Post schon **eingegangen**?* Est-ce que le courrier est déjà arrivé ?
*Das Schiff **läuft** in den Hafen **ein**.* Le bateau arrive au port.
*Das Flugzeug **traf** pünktlich **ein**.* L'avion est arrivé à l'heure.

2. Traduction de « arriver » dans le temps

L'événement est non marqué :

On emploie ***geschehen, sich ereignen, vorkommen*** :

*Was ist **geschehen**?* Qu'est-il arrivé ?
*Es kann dir dabei nichts **geschehen**.* Il ne t'arrivera rien.
Hat sich etwas Besonderes ereignet? Est-ce qu'il est arrivé quelque chose de particulier ?
*Es **kommt** immer wieder **vor**, dass...* Il arrive régulièrement que...

L'événement est négatif :

On emploie ***passieren, zustoßen*** :

*Ein Unglück ist **passiert**.* Il est arrivé un malheur.
*Mir ist etwas Unangenehmes **passiert**.* Il m'est arrivé quelque chose de désagréable.
*Gib Acht, dass dir nichts **zustößt**!* Fais attention qu'il ne t'arrive rien.

3. Expression de la modalité : « arriver » signifie « parvenir à », « pouvoir »

*Er **kann** die Tür nicht aufmachen.* Il n'arrive pas à ouvrir la porte.
*Mit dieser Methode **kommt** man immer **durch**.* Avec cette méthode on y arrive toujours.
*Ich wollte das noch heute erledigen, aber ich bin nicht **dazu gekommen**.*
Je voulais encore finir cela aujourd'hui, mais je n'y suis pas arrivé.

ASPECT et TEMPS

L'aspect grammatical 113

• Le **temps** verbal situe le procès (= le sens du verbe) par rapport à un **repère** temporel : hier, il y a dix ans, aujourd'hui, la semaine prochaine.

• L'**aspect** considère le procès en lui-même, depuis son commencement jusqu'à sa fin, mais indépendamment d'un repère temporel :
jaunir *gelb werden* marque le début du sens « devenir jaune ».

1. L'aspect grammatical concerne l'opposition :

non accompli	accompli
je lis ▼	j'ai lu ▼
procès non achevé	procès achevé
Madame liegt im Sterben!	*Madame ist gestorben!*
Madame se meurt !	Madame est morte !
Madam is dying!	*Madam has died!*

2. La réalisation de l'aspect grammatical

réalisation du non-accompli	réalisation de l'accompli
en français le présent — il lit l'imparfait — il lisait le futur simple — il lira	**en français** le passé-composé — il a lu le passé antérieur — il eut lu le plus-que-parfait — il avait lu le passé-simple — il lut le futur antérieur — il aura lu
en allemand le présent — *er liest* le prétérit — *er las* le futur simple — *er wird lesen*	**en allemand** le parfait — *er hat gelesen* le plus-que-parfait — *er hatte gelesen* Le parfait sert également à exprimer l'accompli au futur : *Nachdem er das Buch **gelesen hat**, soll er es zurückbringen.* Quand il **aura lu** le livre, il devra le rapporter.
en anglais *be + -ing* *he's reading* *he was reading* *he has been reading* *he had been reading* *he will be reading*	**en anglais** le parfait — *I have read* le plus-que-parfait — *I had read* l'accompli du futur — *I will have read*

114 L'aspect lexical

1. L'aspect lexical porte sur le sens du verbe, indépendamment de sa conjugaison

On distingue essentiellement trois couples d'opposition :

le perfectif	l'imperfectif
le procès est limité dans le temps ▼	le procès n'est pas limité dans le temps ▼
brechen briser *öffnen* ouvrir *fallen* tombe *töten* tuer *ausreißen* arracher	*leben* vivre *arbeiten* travailler *fürchten* craindre *träumen* rêver

l'itératif (ou fréquentatif)	le semelfactif
le procès est répété ▼ *hacken* hacher *schütteln* secouer *streicheln* caresser *zittern* trembler *stottern* bégayer	le procès ne se produit qu'une fois ▼ *geboren sein* naître *sterben* mourir
l'inchoatif	**le désinatif**
marque le début du procès ▼ *erkranken* tomber malade *erblinden* devenir aveugle *erwachen* se réveiller *altern* vieillir	marque la fin du procès ▼ *ausstudieren* finir ses études *absterben* dépérir *verschwinden* disparaître *austrinken* vider son verre

Attention !
Pour ce dernier couple d'opposition, c'est le préverbe qui marque l'aspect lexical.
L'inchoatif et le désinatif peuvent aussi être exprimés par des formes analytiques :
*Es **fängt an** zu regnen.* Il **commence à** pleuvoir. Il **se met à** pleuvoir.
*Es **hört auf** zu regnen.* Il **cesse de** pleuvoir. Il **s'arrête de** pleuvoir.

Ces informations se retrouvent aussi dans certaines nominalisations :

le perfectif	l'imperfectif
der Bruch la rupture *die Eröffnung* l'ouverture *der Fall* la chute *der Mord* le meurtre	*das Leben* la vie *die Arbeit* le travail *die Furcht* la crainte *der Traum* le rêve
l'itératif	**le semelfactif**
das Wiederholen la répétition *das Streicheln* les caresses *das Zittern* le tremblement	*die Geburt* la naissance *der Tod* la mort *das Verschwinden* la disparition
l'inchoatif	**le désinatif**
das Erkranken, die Erkrankung le fait de tomber malade *der Alternde* un homme qui commence à vieillir	*das Ausblühen* la fin de la floraison *das Absterben* la mort *das Verschwinden* la disparition

À VOUS !

178. Complétez les phrases suivantes avec l'un des verbes donnés.
betteln – hüsteln – lächeln – säuseln – spötteln – streicheln – wackeln – tänzeln – tröpfeln – frösteln
a. der Wind ... in den Bäumen. – b. Sie stand draußen und ... im Wind. – c. Er ist so arm, dass er auf der Straße ... muss. – d. Sie ... verlegen, um Aufmerksamkeit auf sich zu ziehen. – e. Er ... seiner Nachbarin aufmunternd zu. – f. Er ... die Katze am Kopf. – g. Er geht auf den Fußspitzen, ja er ... sogar. – h. Regen ... vom Dach. – i. Er ist so alt, dass seine Zähne ... . – j. Die hübsche Frau ... schadenfroh über alles.

179. Complétez les phrases suivantes avec l'un des verbes donnés.
erblassen – erblinden – erkranken – erwachen – erblicken – ertönen – sich erkälten – eröffnen – erröten – ertauben
a. Er ... vor Schreck. – b. Der Hund wurde alt und... . – c. Ich ... mit der Morgenröte. – d. Jeden Winter ... die alte Dame. – e. Sie ... ihren Freund auf der anderen Seite der Straße. – f. Musik ... in dem Zimmer nebenan. – g. Sie hat sich draußen ... . – h. In der Altstadt wurde ein neues Geschäft ... . – i. Er ... vor Freude. – j. Der alte Mann hört kaum noch etwas: auf einem Ohr ist er fast ... .

180. À l'aide des préverbes *ver-*, *aus-* et *ab-*, complétez les phrases avec les verbes donnés.
dursten – bluten – gehen – hungern – schlafen – trinken – sein – laufen – bauen – blühen
a. Der Kranke konnte nichts mehr essen und ... . – b. Der Turm wurde ... . – c. Manche Tiere ... in der Wüste. – d. Das Feuer ... . – e. Morgen früh kann ich endlich mal ... . – f. Der Verletzte ... . – g. Er ... sein Glas immer ... . – h. Die Rosen ... . – i. Die Frist ist ... . – j. Das Lied ... .

ASSEZ

115 Traduction de « assez »

1. Traduction de « assez » : on emploie *genug*

genug se place après :

→ un adjectif attribut :

*Er ist groß **genug** um das zu begreifen.* Il est assez grand pour comprendre cela.

→ une forme verbale conjuguée en deuxième position :

*Sie arbeitet **genug**.* Elle travaille assez. *(She works **enough**.)*
*Sie hat **genug** gearbeitet.* Elle a assez **travaillé**. *(She has worked **enough**.)*

genug se place avant :

→ le groupe verbal avec verbe final :

*Ich glaube, dass sie **genug** gearbeitet hat.* Je suis d'avis qu'elle a assez travaillé.

→ une forme verbale non conjuguée :

genug arbeiten assez travailler ***genug** gearbeitet haben* avoir assez travaillé
(***genug*** occupe la même place que ***nicht*** ; voir 78)

genug se place avant ou après un nom :

*Er hat **genug** Geld / Geld **genug** um sich diese Reise zu leisten.*
Il a assez d'argent pour se payer ce voyage.
*(**enough** money / money **enough**)*

genug + von :

*Sie hat **genug von** dieser Arbeit.* Elle en a assez de ce travail.
Genug davon! J'en ai assez !

2. « assez » signifie « suffisamment » : on emploie *genügend*

genügend + verbe :

*Pedro war unsicher, weil ihn Ramón nicht **genügend** auf das Zusammentreffen vorbereitet hatte.*
Pedro était inquiet, parce que Ramon ne l'avait pas suffisamment préparé à la rencontre.

genügend + nom :

*Wichtig ist nur, dass wir **genügend** Wasser mitnehmen.*
La seule chose importante, c'est d'emporter assez d'eau.

*Wasser ist noch **genügend** da.* Il y a encore assez d'eau.

3. « assez » signifie « passablement » : on emploie *ziemlich*

*Sein Vortrag war **ziemlich** interessant.* Son exposé était assez intéressant.
*Sie hat die Angelegenheit **ziemlich** schnell erledigt.* Elle a assez vite réglé l'affaire.
*Sie ist **ziemlich** frech.* Elle est assez effrontée.
*(She's **pretty** nasty.)*

4. Locution avec « assez »

Ich bin es satt. J'en ai assez.

ATTRIBUT

Les spécificités de l'attribut 116

En grammaire française, on désigne par attribut la fonction de l'adjectif ou du groupe nominal qui est en relation :

→ Avec **le sujet** au moyen d'un verbe d'état *(être, paraître, sembler, devenir, demeurer, rester...)* ; voir 71 :

Il semble **fatigué**. **Elle** semble **fatiguée**. **Elles** sont **heureuses**.

→ Avec le **complément essentiel** (appelé autrefois « attribut du COD ») :

Je **la** trouve **fatiguée**. Je **les** considère comme **honnêtes**.

L'adjectif attribut est **variable**, il s'accorde en genre et en nombre avec le sujet ou le complément essentiel.

En grammaire allemande (et anglaise), la définition est la même, mais l'adjectif attribut y est **invariable** :

*Er scheint **müde**.* Il semble fatigué.
*Sie scheint **müde**.* Elle semble fatiguée.

Mais quand l'attribut allemand concerne le **groupe nominal décliné**, il est variable :

au nominatif	ou à l'accusatif
*Er ist **der Beste**.* C'est le meilleur.	*Ich betrachte ihn als **den Besten**.* Je le considère comme le meilleur.

117 La nature de l'attribut

L'attribut peut être :

- **Un adjectif :**
*Er scheint **müde**.* Il semble fatigué.
- **Un groupe nominal :**
*Er ist **der Beste**.* C'est le meilleur.
- **Un participe 1 :**
*Die Lage ist nicht **glänzend**.* La situation n'est pas brillante.
- **Un participe 2 :**
*Frisch gewagt ist halb **gewonnen**.* La fortune sourit aux audacieux.
- **Un pronom :**
*Wenn ich **Sie** wäre...* Si j'étais vous...
*"Ist sie verheiratet?" – "Natürlich ist sie **das**!"* Est-elle mariée ? – Bien sûr qu'elle l'est !
- **Un groupe avec *wer* / *was* :**
*Werde, **was du bist**! (Goethe)* Deviens ce que tu es !
- **Un groupe prépositionnel :**
*Er ist **aus Berlin**.* Il est de Berlin.
*Sie ist **außer Gefahr**.* Elle est hors de danger.
- **Un infinitif :**
*Leben heißt **kämpfen**.* Vivre, c'est lutter.
- **Un groupe conjonctionnel :**
*Er ist und bleibt, **wie er immer war**.* Il est et il reste comme il a toujours été.

118 Les constructions de l'attribut

1. L'attribut du sujet

- **Les constructions directes (sans préposition) :**

→ Verbes + groupe nominal au nominatif (le plus souvent) :
*Da ich **ein Knabe** war...* Quand j'étais un enfant...
*Er ist **der erste Gerichtspräsident**.* C'est le premier président du tribunal.

→ Verbes + groupe nominal à l'accusatif (dans quelques expressions très courantes) :
***den Blöden** markieren* faire l'imbécile
***den Beleidigten** spielen* faire semblant d'être vexé
***die große Dame** spielen* jouer à la grande dame

Attention !
Comment distinguer le sujet et l'attribut dans des constructions du type : A est B ?
• Le sujet doit être précédé d'un déterminatif, l'attribut peut ne pas l'être :
ø *Traum von ihnen ist drauf **das Leben**.* La vie se passe ensuite à rêver d'eux.
▼ attribut ▼ **sujet**

• Si deux déterminatifs sont en concurrence, le sujet est le nom précédé du déterminatif le plus précis :
*Ein Lump ist **dieser Mann**!* Cet homme est une canaille !
▼ attribut ▼ **sujet**

Les constructions indirectes (avec préposition) :

→ Préposition suivie du nominatif :
*Er gilt **als** der Beste.* Il passe pour le meilleur.
*Er sieht aus **wie** ein Armseliger.* Il a l'air d'un misérable.

→ Préposition suivie de l'accusatif :
*Er gilt **für** den größten Dichter seiner Zeit.* Il passe pour le plus grand poète de son temps.
*Er wird **für** einen Faulpelz gehalten.* On le prend pour un paresseux.

→ Préposition suivie du datif :
*Es ist **zum** Kotzen.* *C'est à vomir.*
*Es ist nicht mehr **zum** Aushalten.* Ce n'est plus tenable.
*Er wurde **zum** Hauptmann befördert.* Il fut promu capitaine.

2. L'attribut du complément

Les constructions directes (sans préposition) :

*Der Arzt schreibt mich **krank**.* Le médecin me donne un arrêt de maladie.
▼ C1 ▼ **attribut du C1**

*Er macht alles **kaputt**.* Il casse tout.
▼ C1 ▼ **attribut du C1**

Si l'attribut est un groupe nominal, celui-ci est obligatoirement à l'accusatif :
*Man schalt ihn **einen Dieb**.* On le traita de voleur.
▼ complément ▼ **attribut du complément**
▼
l'attribut allemand est direct/l'attribut français est indirect (« **de** voleur »)

*Sie nennt mich **einen Schelm**.* Elle me traite de coquin.
▼ complément ▼ **attribut du complément**
▼
l'attribut allemand est direct/l'attribut français est indirect (« **de** coquin »)

→ Le complément 1 peut être un pronom réfléchi :
*Ich lache mich **kaputt**.* Je suis mort de rire.
*Er stellt sich **krank**.* Il fait semblant d'être malade.
*Er schreit sich **heiser**.* Il s'enroue à force de crier.

→ Le complément 2 peut être un pronom réfléchi :
*Ich laufe mir die Füße **wund**.* Je m'écorche les pieds à force de courir.
(= Je cours à m'en écorcher les pieds.)
▼ C2 ↓ C1 ↓ **attribut du C1**

Les constructions indirectes (avec préposition) :

L'attribut indirect peut être :

→ Un adjectif :

*Ich erkenne das **für** gültig an.* Je reconnais cela **comme** valable.

*den Angeklagten **für** schuldig halten* considérer l'accusé **comme** coupable

→ Un groupe nominal ; celui-ci est obligatoirement à l'accusatif ou (plus rarement) au datif :

*Ich halte ihn **für** einen Ehrenmann.* Je le tiens **pour** un homme d'honneur.

*Sie wählten ihn **zum** Kanzler.* Ils l'élurent Ø chancelier.

*Der Minister ernannte ihn **zum** General.* Le ministre le nomma Ø général.

*Er lässt sich bedienen **wie** einen Fürsten.* Il se fait servir **comme** un prince.

Attention !

*Er lässt sich bedienen **wie** ein Fürst.* Il se fait servir **comme** un prince.

▼

attribut du sujet au nominatif

→ Un groupe prépositionnel :

*Sie wächst sich **zur** Plage aus.* Elle devient une véritable peste.

→ Un groupe conjonctionnel :

*Ich finde es interessant, **wenn** du mitkommen könntest.*

Je trouve que ce serait intéressant si tu pouvais venir avec nous.

AUSSER

119 Sens et emplois de la préposition *ausser*

1. Sens de la préposition *außer* + datif

*Er hat keinen Freund **außer** ihm.* Il n'a pas d'ami en dehors de lui.

*Sie ist **außer** ihrem Beruf politisch tätig.* En dehors de sa profession, elle fait de la politique.

*Sie ist **außer** aller Gefahr.* Elle est hors de tout danger.

*Sie meldete sich **außer** der Zeit.* Elle s'est présentée trop tard. (au-delà du délai imparti)

2. Sens de la préposition *außer* + accusatif

***außer** allen Zweifel setzen* dissiper le moindre doute au sujet de

*Ich geriet **außer** mich.* Je sortis de mes gonds.

Attention !

Le datif est possible :

*Ich geriet **außer** mir.* Je me mis en colère, je sortis de mes gonds.

3. Sens de la préposition *außer* + génitif dans des expressions figées (en dehors de)

***außer** Landes gehen* aller hors du pays

***außer** Hauses sein (= **außer** Haus[e] sein)* être hors de chez soi

4. Sens de la préposition *außer* sans cas

***außer** Betrieb sein* être hors service
***außer** Dienst sein* ne plus être en activité
***außer** Atem sein* être hors d'haleine
*Sie war **außer** sich.* Elle était hors d'elle.

5. Sens du groupe prépositionnel pronominal (voir 190)

***außer**dem* en outre, en plus

Sens des conjonctions de subordination *außer, außer wenn, außer dass* 120

1. Sens de *außer*

*Das wird nie fertig, **außer** du tust es selbst.*
Cela ne sera jamais fini, **à moins que** tu ne le fasses toi-même.

2. Sens de *außer wenn*

*Sie kommt, **außer wenn** es regnet.*
Elle viendra, **à moins qu**'il pleuve.

3. Sens de *außer dass*

*Die Reise war sehr angenehm, **außer dass** sie zu teuer war.*
Le voyage était très agréable, **sauf qu**'il était trop cher.

À VOUS !

181. Traduisez.
a. Sie waren ganz außer sich. – b. Sonst, das heißt außer von Februar bis April, regnet es mindestens einmal am Tag. – c. Das Schiff hatte außer zweihundert Hühnern auch drei Passagiere an Bord. – d. Er wird außer Landes gejagt werden. – e. Es befindet sich außer den oben genannten Personen kein Mensch mehr im Saal. – f. Es ist außer mir niemand mehr da. – g. Da er außer Hause war, hatte er nichts gehört. – h. Das Erscheinen der Zwerge bedeutet ein Unglück, außer wenn man sie auf den Wiesen tanzen sieht. – i. Ich verlange gar nichts, außer dass ihr mich nach Hause bringt. – j. Er redete mit niemandem, außer wenn er gefragt wurde.

182. Traduisez en utilisant *außer*.
a. On n'entendait que le chant des oiseaux. – b. À part elle je ne connais personne ici. – c. Je ne serai pas à la maison aujourd'hui. – d. Je ne l'entends plus : il est hors de portée. – e. Nous ne pouvons plus la voir, car elle est hors de vue. – f. Elle est hors de danger. – g. Il n'est pas en service. – h. Cette entreprise n'est plus en service. – i. Je suis tout essoufflé. – j. C'est hors de question.

183. Même exercice.
a. L'avion fut mis hors service. – b. Il fut mis hors de combat. – c. C'est hors de doute. – d. Elle viendra, sauf si on lui dit de ne pas venir. – e. Nous n'avons rien appris, si ce n'est qu'il n'est plus là. – f. Il était hors de lui. – g. Ce règlement n'est plus en vigueur. – h. Personne ne fera cela, hormis lui. – i. En plus de sa profession il est aussi pompier volontaire. – j. Il vient toujours en dehors du temps réglementaire. (On ne traduit pas ce dernier mot.)

AUSSI

121 Traduction de « aussi »

1. « aussi » signifie « également » : on emploie *auch, gleichfalls, ebenfalls*

Le sens de ***auch*** change selon qu'il est accentué ou non :

auch accentué : **aussi**	*auch* non accentué : **même**
auch porte sur le sujet de la phrase	auch porte sur ce qui suit
*Er braucht **auch** Hilfe.* Lui aussi a besoin d'aide.	*Auch **er** braucht Hilfe.* Même lui a besoin de secours.
*Sie spielt **auch** gut Klavier.* Elle aussi joue bien du piano.	*Sie spielt auch gut **Klavier**.* Elle joue du piano (en plus du violon).

*Kommt sie **auch**?* Vient-elle aussi ?
Ich wünsche dir viel Glück zum neuen Jahr. Je te souhaite une bonne et heureuse année.
*Ich wünsche dir **gleichfalls** alles Gute für das neue Jahr.* Je te souhaite aussi une bonne année.
*Das hat er **ebenfalls** hevorgehoben.*
Il l'a aussi fait remarquer.

2. « aussi » signifie « c'est pourquoi » : on emploie *deshalb, deswegen, daher, darum*

*Naturseide ist sehr schön; **deshalb** ist sie auch sehr teuer.*
La soie naturelle est très belle ; aussi est-elle très chère.

*Der Egoist ist nicht beliebt; **darum** ist er oft allein.*
L'égoïste n'est pas aimé ; aussi est-il souvent seul.

3. « aussi » signifie « en plus » : on emploie *obendrein, dazu*

*Er zeigte ihm nicht nur den Weg, sondern schenkte ihm noch **obendrein** zwei Mark.*
Il ne lui indiqua pas seulement le chemin, mais lui donna aussi deux marks.

*Hans Sachs: Schuhmacher und Poet **dazu**.* Hans Sachs : cordonnier et aussi poète.

4. Traduction de « aussi ... que » : on emploie le comparatif : *so ... wie*

*Sie ist **so** groß **wie** ihre Schwester.* Elle est aussi grande que sa sœur.
*Er ist **so** dumm **wie** böse.* Il est aussi bête que méchant.

5. « aussi » signifie « si » : on emploie *so*

*Wie kann man nur **so** rüde sein?* Comment peut-on être aussi brutal ?
*Eine **so** alte Kiste habe ich noch nie gesehen.* Je n'ai jamais vu une caisse aussi vieille.
***So** etwas Blödes habe ich noch nie gehört.* Je n'ai jamais entendu des propos aussi idiots.

6. Traduction de « aussi » dans les locutions :

« non seulement ... mais aussi » : ***nicht nur ... sondern auch*** :

*Sie ist **nicht nur** Mitglied des Verwaltungsrates, **sondern auch** des Aufsichtsrates.*
Elle est membre non seulement du Conseil d'Administration, mais aussi du Conseil de Surveillance.

« aussi bien ... que » : ***sowohl ... als auch, sowohl ... wie [auch]*** :

*Sie spielt **sowohl** Flöte **als/wie [auch]** Klavier.* Elle joue de la flûte aussi bien que du piano.

Attention !
*Sie spielt Flöte **so gut wie** Klavier.* Elle joue aussi bien de la flûte que du piano.

AUTANT – TANT

Traduction de « autant », « autant que », « d'autant plus/moins que », « d'autant » 122

1. Traduction de « autant » : *so viel, so sehr*

*zweimal **so viel*** deux fois autant
*ihr alle, **so viel** ihr seid* tous, autant que vous êtes
*Reden Sie nicht **so viel**!* Ne parlez pas autant !
*Jammern Sie nicht **so sehr**!* Ne vous lamentez pas autant !

2. Traduction de « autant que » : *so viel ... wie ; soviel ; soweit ; insofern*

*Er verdient doppelt **so viel** Geld **wie** ich.* Il gagne deux fois autant que moi.
*Du kannst **so viel** haben, **wie** du willst.* Tu peux en avoir autant que tu veux.
*Du kannst haben **so viel [wie]** du willst.* Tu peux en avoir autant que tu veux.
***so viel wie** möglich* autant que possible
***Soviel** ich weiß, ist er immer noch im Ausland.* Autant que je sache, il est toujours à l'étranger.

***Soweit** ich es beurteilen kann, ist er nicht fähig, das zu tun.*
Autant que j'en puisse juger, il n'est pas capable de faire cela.

***Soweit** ich zurückdenken kann, war sie blond.* Autant que je m'en souvienne, elle était blonde.
***Insofern** ich informiert bin.* Pour autant que je sois informé.

3. Traduction de « d'autant plus que » : *um so mehr als*

*Die zwei werden sich gut vertragen, **um so mehr als** sie früher schon zusammengearbeitet haben.*
Ils s'entendront bien tous les deux, d'autant plus qu'ils ont déjà travaillé ensemble autrefois.

*Er kam **um so schneller, als** er wusste, dass sie da war.*
Il est venu d'autant plus vite qu'il savait qu'elle était là.

4. Traduction de « d'autant moins que » : *um so weniger als*

*Ich habe **um so weniger** mit ihm gerechnet, **als** ich nicht einmal wusste, dass er hier war.*
J'ai d'autant moins compté sur lui que je ne savais même pas qu'il était là.

5. Traduction de « d'autant que » : *zumal*

*Das ist die Schuld der Parteien und Politiker, möchte man meinen, **zumal** man von letzteren wenig Erbauliches hört und liest.*
C'est la faute des partis et des hommes politiques, pourrait-on penser, d'autant qu'on n'entend ni ne lit rien d'édifiant sur ces derniers.

123 Traduction de « tant », « tant que »

1. Traduction de « tant »

« tant » exprime une quantité ; on emploie *so viel/so viele* :

*Du solltest nicht **so viel** rauchen!* Tu ne devrais pas tant fumer !

*Sie hat **so viel** Geld verdient, dass sie nicht mehr weiß, was sie damit anfangen soll.*
Elle a gagné tant d'argent qu'elle ne sait plus quoi en faire.

*Er hat **so viele** Verwandte, dass er sie selber nicht alle kennt.*
Il a tant de parents qu'il ne les connaît lui-même pas tous.

« tant » exprime une intensité ; on emploie *so sehr* :

*Es hat **so sehr** geregnet, dass die Felder überschwemmt sind.*
Il a tant plu que les champs sont inondés.

2. Traduction de « tant que » : *solange*

***Solange** du reich bist, wirst du viele Freunde zählen.*
Tant que tu seras riche, tu auras de nombreux amis.

***Solange** ihr hier bleibt, seid ihr in Sicherheit.*
Tant que vous resterez ici, vous serez en sécurité.

3. « tant » dans les locutions

bei weitem nicht tant s'en faut
so gewiss es ist, dass tant il est vrai que
das macht soundsoviel cela fait tant
Er läuft, was er laufen kann. Il court tant qu'il peut.
desto schlimmer! macht nichts! Schade darum! tant pis !
um so besser! desto besser! tant mieux
einigermaßen; wenn auch noch so wenig tant soit peu
mehr als nötig tant et plus
so gut es geht; so gut als / wie möglich tant bien que mal
als Arzt en tant que médecin
Es geht solange der Krug zum Brunnen, bis er bricht.
Tant va la cruche à l'eau qu'à la fin elle se casse.
Es ist so schwer, die Spreu vom Weizen zu trennen.
Tant il est difficile de séparer le bon grain de l'ivraie.

À VOUS !

184. Traduisez.

a. Tu ne devrais pas tant boire ! – b. Pour autant que je sache, il est maintenant à la retraite. – c. Il était d'autant plus intéressé par le projet qu'il avait lui-même imaginé un projet analogue. – d. J'ai d'autant moins envie de partir que je ne sais même pas où aller. – e. Il a immédiatement accepté notre offre, d'autant plus qu'il n'avait toujours pas de travail. – f. Il n'a pas pris le poste, d'autant plus ce poste ne correspondait pas à sa formation. – g. Elle a tant travaillé qu'elle n'a plus qu'une chose en tête : se reposer. – h. Il lui a fallu tant de temps et il n'est tout de même arrivé à rien. – i. Tant qu'on a la santé, il n'y a pas de raison de s'inquiéter. – j. En tant que juriste, je peux vous assurer que vous avez tort.

AUXILIAIRES DES TEMPS COMPOSÉS DU PASSÉ

Les emplois de *haben* 124

On emploie *haben* :

- **Avec tous les verbes transitifs :**

*Sie **hat** ihren Wagen verkauft.* Elle a vendu sa voiture.

- **Avec tous les verbes réfléchis :**

*Wir **haben** uns über deinen Erfolg gefreut.* Nous nous sommes réjouis de ton succès.

- **Avec les verbes intransitifs qui n'expriment pas le changement de lieu ni le changement d'état :**

***Hast** du gut geschlafen?* As-tu bien dormi ?

Attention !
Certains verbes forts intransitifs changent d'auxiliaire quand ils deviennent faibles transitifs.
*Er **ist** erschrocken.* Il a été effrayé.
*Er **hat** mich erschreckt.* Il m'a effrayé.
De même :
quellen, schmelzen, schwellen, bleichen et löschen (voir 60)

Les emplois de *sein* 125

On emploie *sein* :

- **Avec les verbes exprimant un déplacement dans l'espace :**

dringen	***ist** gedrungen*	a pénétré
fahren	***ist** gefahren*	a roulé
fallen	***ist** gefallen*	est tombé
fliegen	***ist** geflogen*	a volé
fliehen	***ist** geflohen*	a fui
fließen	***ist** geflossen*	a coulé
gehen	***ist** gegangen*	est allé
gleiten	***ist** geglitten*	a glissé
kommen	***ist** gekommen*	est venu
kriechen	***ist** gekrochen*	a rampé
laufen	***ist** gelaufen*	a couru
quellen	***ist** gequollen*	a jailli
reiten	***ist** geritten*	a fait du cheval

rinnen	***ist** geronnen*	a coulé
scheiden	***ist** geschieden*	est parti
schießen	***ist** geschossen*	s'est précipité
schleichen	***ist** geschlichen*	s'est glissé
schreiten	***ist** geschritten*	a marché
schwimmen	***ist** geschwommen*	a nagé
sinken	***ist** gesunken*	a sombré
springen	***ist** gesprungen*	a sauté
steigen	***ist** gestiegen*	est/a monté
treten	***ist** getreten*	a marché
weichen	***ist** gewichen*	a cédé le pas
ziehen	***ist** gezogen*	est parti

Avec les verbes exprimant un changement :

bersten	***ist** geborsten*	a éclaté
erlöschen	***ist** erloschen*	s'est éteint
erschrecken	***ist** erschrocken*	a sursauté de peur
gebären	***ist** geboren*	est né
gedeihen	***ist** gediehen*	a prospéré
genesen	***ist** genesen*	a guéri
schmelzen	***ist** geschmolzen*	a fondu
schwellen	***ist** geschwollen*	a enflé
schwinden	***ist** geschwunden*	a disparu
sterben	***ist** gestorben*	est mort
verderben	***ist** verdorben*	s'est gâté
wachsen	***ist** gewachsen*	a crû
werden	***ist** geworden*	est devenu

Avec les verbes d'état :

bleiben	***ist** geblieben*	est resté
erscheinen	***ist** erschienen*	est apparu
sein	***ist** gewesen*	a été
werden	***ist** geworden*	est devenu

Avec les deux verbes suivants :

erschallen	***ist** erschollen*	a retenti
geschehen	***ist** geschehen*	s'est passé

À VOUS !

185. Mettez les phrases suivantes au parfait.
a. Was trinkst du? – b. Sie wäscht sich. – c. Wir kommen sofort. – d. Liest du die Zeitung? – e. Er erschreckt mich. – f. Träumst du? – g. Ich schneide mir die Fingernägel. – h. Sie hebt den Bleistift auf. – i. Er rasiert sich. – j. Er schreibt dem Direktor.

186. Mettez les phrases suivantes au plus-que-parfait.
a. Er verzichtete auf das große Geld. – b. Sie leitet die Firma ganz allein. – c. Sie flog nach Amerika. – d. Er bestellt einen neuen Sessel. – e. Es gelingt ihr alles. – f. Er folgt ihrem guten Beispiel. – g. Er weicht ihr aus. – h. Er ruht sich aus. – i. Sie fährt zu schnell. – j. Sie reist viel.

BEAUCOUP

Traduction de « beaucoup », « beaucoup de » : *viel* ou *sehr* ? 126

1. Traduction de « beaucoup »

« beaucoup » sert à exprimer une quantité ; on emploie *viel* + verbe :

Er hat viel getrunken. Il a beaucoup bu.
Sie reist viel. Elle voyage beaucoup.
Ich habe viel gelesen. J'ai beaucoup lu.

« beaucoup » sert à exprimer une durée ; on emploie *lange* + verbe :

Er hat lange gesprochen. Il a beaucoup parlé.
Ich habe lange überlegt. J'ai beaucoup réfléchi.
Sie hat lange geschlafen. Elle a beaucoup dormi.

« beaucoup » sert à exprimer une intensité ; on emploie *sehr* + verbe

Er langweilt sich sehr. Il s'ennuie beaucoup.
Sie hat sich sehr angestrengt. Elle a fait beaucoup d'efforts.
Es regnet sehr. Il pleut beaucoup.
Er bedauerte sehr, dass er zu spät gekommen war. Il regrettait beaucoup d'être venu trop tard.
Danke sehr! Merci beaucoup !

2. Traduction de « beaucoup de »

« beaucoup de » est suivi d'un nom au singulier ; on emploie *viel*, indéclinable

L'adjectif qui suit *viel* prend la déclinaison forte :
Sie hat viel Geld verdient. Elle a gagné beaucoup d'argent.
Er hat viel Zeit verloren. Il a perdu beaucoup de temps.
Ich wünsche dir viel Spaß. Je te souhaite beaucoup de plaisir.
mit viel gutem Willen avec beaucoup de bonne volonté

Attention !
• *viel* est décliné dans certaines expressions :
vielen Dank merci beaucoup
in vieler Hinsicht à beaucoup d'égards

- « beaucoup de » est suivi d'un nom au pluriel ; on emploie *viele*, déclinable :

viele andere beaucoup d'autres *mit vielen guten Büchern* avec beaucoup de bons livres
viele Beamte beaucoup de fonctionnaires

3. Traduction de « beaucoup de choses » : on emploie *vieles*

Er hat vieles nicht verstanden. Il y a beaucoup de choses qu'il n'a pas comprises.
vieles Erfreuliche beaucoup de choses réjouissantes
Sie weiß vieles, was du nicht weißt. Elle sait beaucoup de choses que tu ne sais pas.

BEIDE - DIE BEIDEN

127 Les différentes natures de *beide/die beiden*

C'est un quantificateur global qui peut être à la fois déterminatif, adjectif désignatif, pronom.

1. *beide ; die beiden* est un déterminatif

***beide** kleinen Kinder* les deux petits enfants ***beide** Beamten* deux fonctionnaires
*Sie ist **beide Mal** gescheitert.* Elle a échoué deux fois.
*ein Doktor **beider** Rechte* un docteur en droit civil et ecclésiastique
(des weltlichen und kirchlichen Rechtes)

2. *beide ; die beiden* est un adjectif désignatif

*die **beiden** Hände* les deux mains

3. *beide ; die beiden* est un pronom

- **Au singulier neutre seulement :**

Pour des noms de genre ou de nombre différent :
*"Willst du **den** Brief oder **das** Paket?" "Bring mir [alles] **beides**."*
– Tu veux la lettre ou le paquet ? – Apporte-moi les deux. (= l'un et l'autre)

- **Au pluriel :**

*"Möchten Sie Whisky oder Cognac?" "Keins von **beiden**."*
– Vous voulez du whisky ou du cognac ? – Ni l'un ni l'autre.

*Die Polizei hat zwei Diebe erwischt: **alle beide** sind verhaftet worden und die Pässe **aller beider** waren falsch.*
La police a surpris deux voleurs : ils ont été arrêtés tous les deux et les passeports des deux étaient faux.

Attention !
• Après un pronom personnel :

nominatif	*wir*	*ihr*	*Sie*	*sie*	*beide*
accusatif	*uns*	*euch*	*Sie*	*sie*	*beide*
datif	*uns*	*euch*	*Ihnen*	*ihnen*	*beiden*
génitif	*unser*	*euer*	*Ihrer*	*ihrer*	*beider*

• Mais :
wir beiden Armen pauvres de nous deux *ihr beide[n]* vous deux

Voir Quantificateurs 257
Voir Déclinaison 43-45

BEKOMMEN

Sens et emplois de *bekommen* 128

1. *bekommen* signifie « recevoir »

*Ich habe heute Morgen keine Post **bekommen**.* Je n'ai pas reçu de courrier ce matin.

2. Traduction de *bekommen* dans certaines expressions :

*Wo **bekommt** man das zu kaufen?* Où peut-on acheter cela ?

*Seine Familie konnte den verhafteten Sohn frei **bekommen**.*
Sa famille a pu faire libérer le fils emprisonné.

*In der Küche hat er was zu trinken **bekommen**.*
On lui a donné quelque chose à boire dans la cuisine.

*Wenn er geraucht hat, **bekommt** er von mir etwas zu hören!*
S'il a fumé, il aura de mes nouvelles !

3. *bekommen* sert à mettre en perspective un élément nominal de la phrase

Paul schenkt Helena einen Ring.	Paul offre une bague à Hélène.	la mise en perspective est axée sur Paul, sujet ▼ on emploie l'actif
Ein Ring wird Helena von Paul geschenkt.	C'est une bague que Paul offre à Hélène.	la mise en perspective est axée sur la bague ▼ on emploie le passif
Helena bekommt von ihrem Freund einen Ring geschenkt.	Hélène se voit offrir une bague par son ami.	la mise en perspective est axée sur Hélène ▼ on emploie *bekommen*

4. *bekommen* sert de paraphrase à la tournure passive

*Helga **bekommt** die Schuhe ausgezogen.* On retire les chaussures à Helga.

*Für sie gab es nichts Interessanteres, als Geschichten über ihre Babyzeit erzählt zu **bekommen**.*
Il n'y avait rien de plus intéressant pour elle que de se faire raconter des histoires de l'époque où elle n'était encore qu'un bébé.

*Welches Schauspiel möchten sie von mir geboten **bekommen**?*
Quel spectacle attendent-ils que je leur offre ?

BIEN

129 Traduction de « bien » : *gut* ou *wohl* ?

1. *gut* s'emploie avec les verbes qui expriment une idée concrète

*Sie fährt sehr **gut**.* Elle conduit très **bien**.
*Diese Jacke steht dir **gut**.* Cette veste te va **bien**.
*Hast du **gut** geschlafen?* As-tu **bien** dormi ?

Attention !
• le comparatif de *gut* : ***besser***
*Mit ihrer Brille sieht sie **besser** als vorher.* Avec ses lunettes, elle voit **mieux** qu'avant.
*Sie spielt **besser** Klavier als voriges Jahr.* Elle joue **mieux** du piano que l'an dernier.
• le superlatif de *gut* : ***am besten***
*Das muss er selber **am besten** wissen.* Nul ne le sait **mieux** que lui.

2. *wohl* s'emploie avec les verbes qui expriment une idée plus abstraite

*Sie fühlt sich nicht sehr **wohl**.* Elle ne se sent pas très **bien**.
*Leben Sie **wohl**!* Adieu ! (= Portez vous **bien** !)
***Wohl** bekomm's!* Grand **bien** vous fasse !

Attention !
• le comparatif de *wohl* : ***wohler***
*Sie musste jetzt viel **wohler** sein.* Elle devait être à présent beaucoup **mieux**.
• le superlatif de *wohl* : ***am wohlsten***
***Am wohlsten** fühlt sie sich daheim.* C'est chez elle qu'elle se sent le **mieux**.

3. « bien » devant un comparatif et devant *zu, zu viel, zu sehr* : *viel, allzu*

*Er ist **viel** größer als du.* Il est bien plus grand que toi.
*Sie singt **viel** besser als ich.* Elle chante bien mieux que moi.
*Sie möchte **viel** lieber hier bleiben.* Elle préférerait bien plus rester ici.
*Diese Schuhe sind **viel** zu groß.* Ces chaussures sont bien trop grandes.
*Sie raucht **viel** zu viel.* Elle fume bien trop.
*Sie hat **viel** zu wenig gegessen.* Elle a bien trop peu mangé.
*Sie hat **viel** zu sehr abgenommen.* Elle a bien trop perdu de poids.
*Sie ist **allzu** oft abwesend.* Elle est bien trop souvent absente.

4. « bien » signifie « beaucoup » : *viel/manch-*

*Er hat sich **viel** Mühe gegeben.* Il s'est donné bien de la peine.
***viele** Leute; **manche** Leute* bien des gens

5. « bien » signifie « très »

On emploie ***sehr*** :
*Er ist **sehr** dumm.* Il est bien bête.
***sehr** warm* bien chaud
*Er ist nicht **sehr** böse.* Il n'est pas bien méchant.
*Es ist **sehr** bedauerlich.* C'est bien regrettable.
*Ich danke Ihnen **sehr**.* Je vous remercie bien.

On emploie ***recht*** :

Das geschieht ***recht*** *oft.* Cela se passe bien souvent.
Das ist ***recht*** *gut.* C'est très bien.
Grüß ihn ***recht*** *herzlich von mir.* Salue-le bien cordialement de ma part.

6. « bien » signifie « juste » : *recht/richtig*

Wenn ich Sie ***recht (= richtig)*** *verstanden habe...* Si je vous ai bien compris...
Das geschieht dir ***recht.*** C'est bien fait pour toi.

7. « bien » dans l'expression du doute

Sie mag ***wohl*** *etwa fünfzig sein.* Elle doit bien avoir dans les cinquante ans.
Es muss ***wohl*** *eine Lösung geben.* Il doit bien y avoir une solution.

Voir aussi *wohl*, adverbe de phrase, expression du doute, 224

8. « bien » signifie « environ »

Es waren wenigstens ***an*** *die zweihundert Gäste.* Il y avait bien au moins deux cents invités.
vor ***ungefähr*** *zehn Jahren* il y a bien dix ans

9. « bien » dans l'expression de la concession

Ich habe ***ja*** *nichts dagegen!* Je veux bien !
Ich will ***ja*** *zugeben, dass ich Unrecht habe.* Je veux bien admettre que j'ai tort.

À VOUS !

187. Traduire.
a. Il cuisine aussi bien qu'elle. – b. Je me sens mieux. – c. Il est bien bâti. – d. Cela fait du bien. – e. Il était du dernier bien avec le directeur. – f. C'est dans la piscine qu'il se sentait le mieux. – g. Il a fait aussi bien qu'il pouvait. – h. Est-ce que tu m'entends bien ? – i. Elle a bien travaillé. – j. Les affaires vont bien.

BIS

Traduction de « jusqu'à » 130

- Jusqu'à se traduit par la préposition *bis* suivie de l'accusatif.
- *bis* peut être employé seul ou avec d'autres prépositions.
- Avec les prépositions mixtes, *bis* exige toujours l'accusatif.

Les différents sens de *bis*, employé seul ou non

Sens spatial :

bis *hierher* jusqu'ici
Das Haus war von unten ***bis*** *oben erleuchtet.* La maison était illuminée de bas en haut.

*Die Brücke reichte nicht **bis ans** trockene Land.* Le pont n'allait pas jusqu'à la terre ferme.
*Er leerte das Glas **bis auf** den letzten Tropfen.* Il vida son verre jusqu'à la dernière goutte.
*Eine Treppe führte empor **bis zur** ersten Etage.* Un escalier conduisait au premier étage.
*Er leerte den Kelch **bis zur** Neige.* Il vida le calice jusqu'à la lie.
*Der Zug fährt **bis nach** Köln.* Le train va jusqu'à Cologne.

Sens temporel :

***bis** dahin* jusque-là
***bis** nächsten Montag* d'ici à lundi prochain
***bis zum** 31. Dezember* jusqu'au 31 décembre
*von Morgen **bis in** die Nacht hinein* du matin jusqu'à la nuit
*Er wird so stehen bleiben **bis in** alle Ewigkeit.* Il restera ainsi pour l'éternité.
*vier **bis** sechs Wochen **hindurch*** de quatre à six semaines
*Sie bleibt hier **bis zu** Weihnachten.* Elle reste ici jusqu'à Noël.

Attention !
bis peut être composé :
*wie **bisher*** comme par le passé
*Er bemerkte, dass ihre Hand **bisweilen** zuckte.* Il remarqua que sa main tressaillait de temps en temps.
*Der alte Mann hatte **bislang** geschwiegen.* Le vieil homme s'était tu jusque-là.

Sens abstrait :

→ intensité :
*Meine Seele ist betrübt **bis an** den Tod.* Mon âme est triste à en mourir.
*Sie war müde **bis zur** Ohnmacht.* Elle était fatiguée jusqu'à en perdre conscience.

→ approximation :
*Das Fest dauerte zwei **bis** drei Tage.* La fête dura deux à trois jours.

→ ***bis auf***, au sens figuré, peut avoir un sens inclusif ou exclusif :
- jusque, y compris

*Sie sind alle gekommen **bis auf** die Präsidentin.*
Ils sont tous venus, y compris la présidente.
- sauf, excepté (= *außer*)

*Sie sind alle gekommen **bis auf** die Präsidentin.*
Ils sont tous venus, sauf la présidente.

131 Traduction de « jusqu'à ce que »

On emploie la conjonction *bis*, suivie de l'indicatif :

*Er wartete, **bis** die Gefahr vorüberging.* Il attendit jusqu'à ce que le danger soit passé.

*Sie liefen im Walde umher, **bis** die Nacht einbrach.*
Ils coururent en tous sens dans la forêt jusqu'à la tombée de la nuit.

*Gib ihr so lange Opium, **bis** sie eines sanften Todes dahinscheidet.*
Donne-lui de l'opium jusqu'à ce qu'une douce mort l'emporte.

*Das Bild blieb hängen, **bis** es durch ein anderes Bild ersetzt wurde.*
L'image resta accrochée jusqu'à ce qu'elle fût remplacée par une autre.

*Er weinte so lange, **bis** er fast keine Tränen mehr hatte.*
Il pleura jusqu'à ce qu'il n'eût presque plus de larmes.

À VOUS !

188. Traduisez.

a. Il attendra jusqu'à demain. – b. Je t'emmène jusqu'à Bielefeld. – c. Cela peut durer trois à quatre mois. – d. Jusqu'à quand veux-tu rester ici ? – e. Du début à la fin. – f. Il est venu jusqu'ici. – g. Je t'accompagne jusqu'à la frontière. – h. Elle fut mouillée jusqu'aux os. (en allemand, on traduit par « jusqu'à la peau ») – i. Le magasin est ouvert jusqu'à 12 heures. – j. Je suis venu jusqu'à toi.

189. Traduisez.

a. Je reste jusqu'à ce qu'elle parte. – b. Elle se promenait dans les rues jusqu'à ce qu'il se mette à pleuvoir. – c. Il a recommencé jusqu'à ce qu'il réussisse. – d. Elle a dormi jusqu'à ce qu'il vienne la réveiller. – e. Nous avons travaillé jusqu'à ce qu'on nous dise d'arrêter. – f. Ils ont nagé jusqu'à ce que la piscine ferme. – g. Ils ont bavardé jusqu'à ce qu'on leur annonce les résultats. – h. Nous y avons cru jusqu'à ce qu'on nous rende attentifs à certains détails. – i. Ils seront unis jusqu'à ce que la mort les sépare. – j. Elle l'a attendu jusqu'à ce que le bateau rentre au port.

BRAUCHEN

Sens et emplois de *brauchen* 132

1. *brauchen* suivi d'un groupe nominal signifie « avoir besoin de »

*Ich brauche **eine neue Festplatte**.* J'ai besoin d'un nouveau disque dur.
*Wir brauchen noch **ein wenig Zeit**.* Nous avons encore besoin d'un peu de temps.
*Es wird **einige Zeit** brauchen, bis ich wieder gesund bin.* Cela va prendre quelque temps avant que je sois guéri.

2. Les sens de *brauchen* suivi de *zu* + infinitif

Avec *nur*, il exprime la restriction :

*Du brauchst **nur** anzurufen.* Il suffit que tu me passes un coup de fil.

Au subjonctif II, la forme peut être fléchie :
*Er brauchte / bräuchte **nur** zu kommen, und alles wäre geregelt.*
Il suffirait qu'il vienne et tout serait réglé.

*Nun **brauchten** sie nur noch die Kinder von mir fernzuhalten.*
Il ne manquerait plus qu'ils éloignent les enfants de moi.

Avec *nicht*, il sert à *nier müssen* :

*Du brauchst heute nicht **zu** kommen.* Il n'est pas nécessaire que tu viennes aujourd'hui.
*Das brauchst du mir nicht zweimal **zu** sagen.* Ce n'est pas la peine de me le dire deux fois.
*Das brauche ich mir nicht gefallen **zu** lassen.* Je n'ai pas à tolérer cela.
*Das hättest du nicht **zu** sagen brauchen.* Il n'était pas nécessaire que tu dises cela.

Attention !
• À l'oral, on a aussi ***brauchen* sans *zu*** :
Du brauchst heute nicht kommen. Ce n'est pas la peine que tu viennes aujourd'hui.
• Si la phrase est positive, on emploie ***müssen*** :
Du musst heute kommen. Il faut que tu viennes aujourd'hui.

BRINGEN

133 Sens et emplois de *bringen*

1. *bringen* signifie « apporter »

Der Briefträger bringt mir die Post ins Haus.
Le facteur m'apporte le courrier jusque chez moi.

Ich habe dir was gebracht. Je t'ai apporté quelque chose.

2. *bringen* sert de verbe support dans de nombreuses expressions :

*die Kinder **ins** Bett bringen* mettre les enfants au lit
*jemandem **zur** Kenntnis bringen* porter à la connaissance de quelqu'un

*jemand **zum** Reden bringen*
faire parler quelqu'un

*jemand **zum** Lachen bringen*
faire rire quelqu'un

*jemand **zum** Schweigen bringen*
réduire quelqu'un au silence

*jemand **in** Verlegenheit bringen*
mettre quelqu'un dans l'embarras

*jemand **in** Wut bringen*
mettre quelqu'un en rage

*jemand **in** Zorn bringen*
mettre quelqu'un en colère

*etwas **zu** Ende bringen* terminer quelque chose
*etwas **in** Gang bringen* mettre en mouvement
*etwas **zu** Papier bringen* mettre par écrit
*ein Kind **zur** Welt bringen* mettre un enfant au monde

BUT

134 Traduction de « pour », « afin de », « afin que/pour que »

1. Traduction de « pour »

On emploie ***zu*** **+ nom au datif** :

***Zu** welchem Ziel?* Dans quel but ?
*ein Mittel **zum** Zweck* un moyen pour arriver à une fin
*Stoff **zu** einem Rock* du tissu pour faire une jupe
*das beste Mittel, das Ziel **zu** erreichen* le meilleur moyen pour atteindre le but

2. Traduction de « afin de »

On emploie ***um... zu* + infinitif** quand le sujet du verbe conjugué et le sujet (implicite) de l'infinitif sont **les mêmes** :

Sie kam[,] um sich zu erkundigen. Elle est venue pour se renseigner.

Man soll essen um zu leben, und nicht leben um zu essen.

Il faut manger pour vivre, et non vivre pour manger.

On peut utiliser aussi l'**infinitif substantivé** :

***Zum Zanken** gehören immer zwei.* Il faut toujours être deux pour se disputer.

3. Traduction de « afin que »

On emploie ***damit*** quand il y a **deux sujets différents**, c'est-à-dire quand le sujet du verbe en 2e position est différent de celui du groupe qui suit :

*Er sprach laut, **damit** man ihn hörte.* Il parlait fort pour qu'on l'entende.

▼ 1er sujet ▼ 2e sujet

On peut aussi employer ***dass*** (à l'oral) :

*Er sprach laut, **dass** man ihn hörte.* Il parlait fort pour qu'on l'entende.

À VOUS !

190. Répondez aux questions suivantes avec le groupe infinitif *um ... zu*. Le verbe prétérito-présent devient inutile dans le groupe infinitif.

a. Wozu geht sie zum Arzt? (Sie will sich gründlich untersuchen lassen.) – b. Wozu will er ein Jahr in Deutschland verbringen? (Er will fließend Deutsch sprechen können.) – c. Wozu braucht er unbedingt einen Engländer? (une clé anglaise) (Er will das Wasser abstellen.) – d. Wozu fährt sie in die Alpen? (Sie will sich erholen.) – e. Wozu treibt sie so viel Sport? (Sie will fit bleiben.) – f. Wozu hat sie ihn rufen lassen? (Sie will ihm etwas Wichtiges mitteilen.) – g. Wozu schreist du so laut? (Ich will dich vor der Gefahr warnen.) – h. Wozu sperrt er sich in sein Zimmer ein? (Er will besser arbeiten können.) – i. Wozu ist er so früh gekommen? (Er wollte sie überraschen.) – j. Wozu nimmt sie Schlaftabletten? (Sie möchte leichter einschlafen.)

191. Reliez les deux phrases avec le groupe infinitif *um ... zu* ou le groupe conjonctionnel avec *damit*. Le verbe prétérito-présent conjugué devient inutile dans le groupe infinitif et conjonctionnel.

a. Sie spricht sehr langsam. Man soll sie verstehen. – b. Er lernt Japanisch. Er will seinen Kameraden durch seine Kenntnisse imponieren. – c. Sie ruft ihren Freund an. Dieser soll sie an der Uni abholen. – d. Sie wiederholt, was sie eben gesagt hat. Man soll es nicht vergessen. – e. Sie kauft ein neues Computerprogramm. Sie will ihre Abrechnung schneller machen können. – f. Er hält Diät. Er will ein paar Kilos abnehmen. – g. Er kauft Tabletten. Er möchte, dass seine Haare wieder wachsen. – h. Sie lässt die Kinder fernsehen. Sie will ihre Ruhe haben. – i. Sie schreibt ihrer Tante. Sie will ihr ihre bevorstehende Hochzeit mitteilen. – j. Er rückt eine Anzeige in die Zeitung ein. Die ganze Stadt soll wissen, dass er am Samstag heiratet.

192. Traduisez.

a. Je suis venu ici pour me reposer. – b. Elle apprend à taper à la machine pour pouvoir travailler plus vite. – c. Elle a débranché la sonnette pour ne plus être dérangée. – d. Elle se couche tôt pour pouvoir se lever tôt. – e. On vaccine les moutons pour éviter la fièvre aphteuse. – f. On a besoin de pelleteuses mécaniques pour dégager la route. – g. Il a acheté un ordinateur pour envoyer des e-mails à ses amis. – h. On a envoyé des casques bleus en Macédoine pour maintenir la paix. – i. Elle va à la banque pour chercher son nouveau chéquier. – j. Elle va nager tous les jours pour rester en forme.

CAUSE

135 Expression de la cause

1. Traduction de « par », « de », « à cause de » : groupes prépositionnels

On emploie un groupe prépositionnel introduit par ***aus*** **+ datif** :

*Aus welchem Grunde? **Aus** diesem Grunde.* Pour quelle raison ? Pour cette raison.
*Er tat es **aus** Schwäche.* Il a agi par faiblesse.
*Er tat es **aus** Erfahrung.* Il a agi par expérience.
*Er tat es **aus** Versehen.* Il a agi par inadvertance.

On emploie un groupe prépositionnel introduit par ***vor*** **+ datif** :

*Er konnte **vor** Herzklopfen nicht einschlafen.*
Il ne pouvait pas s'endormir à cause des palpitations de son cœur.

***vor** Kälte, **vor** Angst sterben* mourir de froid, de peur
*Sie sieht den Wald **vor** lauter Bäumen nicht.* Les arbres l'empêchent de voir la forêt.
*Er weinte **vor** Freude.* Il pleurait de joie.
*Das arme Tier starb **vor** Hunger.* La pauvre bête est morte de faim.

On emploie un groupe prépositionnel introduit par ***an*** **+ datif** (maladie) :

***an** Aids, **an** einer Lungenentzündung sterben* mourir du sida, d'une pneumonie
*Er ist **an** allem schuld.* Tout est de sa faute.

On emploie un groupe prépositionnel introduit par ***wegen*** **+ génitif** :

***Wegen** eines Herzfehlers durfte sie nicht Schi laufen.*
Elle ne pouvait pas faire du ski à cause d'une affection cardiaque.

On emploie un groupe prépositionnel introduit par ***wegen*** **+ datif** :

→ Quand le génitif n'est pas possible, on emploie le datif :

***wegen** etwas anderem* à cause d'autre chose

→ Avec les pronoms personnels :

*Ich habe es **wegen** ihm (= seinetwegen) getan.* Je l'ai fait pour lui (= à cause de lui).

2. Traduction de « c'est pourquoi », « pour cette raison »

On emploie les groupes prépositionnels pronominalisés : ***darum, daher, deswegen, deshalb*** :

*Dieser Vogel baute bei mir sich das Nest; **darum** liebe und herze ich ihn.*
Cet oiseau a fait son nid à côté de chez moi ; c'est pourquoi je l'aime et le chéris.

*Aber er hatte nichts anderes erwartet und war **daher** auch nicht enttäuscht.*
Il ne s'attendait à rien d'autre et pour cette raison il ne fut pas déçu.

*Er hatte wieder was angestellt und wurde **deswegen** bestraft.*
Il avait encore fait une bêtise et pour cette raison il fut puni.

*Aschenbrödel wurde von der Stiefmutter missachtet und **deshalb** auch schlecht behandelt.*
Cendrillon était méprisée par sa belle-mère et c'est la raison pour laquelle elle était également maltraitée.

3. Traduction de « parce que », « comme », « d'autant plus que »

On emploie les groupes conjonctionnels : ***weil, da, zumal*** :

*Die Uraufführung musste abgesagt werden, **weil** die Sopranistin heiser war.*
La première a dû être annulée, parce que la soprano était enrouée.

***Da** alle gegen ihn abgestimmt hatten, zog er sich zurück.*
Comme tout le monde avait voté contre lui, il s'est retiré.

*Wir konnten nicht zurück, **zumal** man im Walde nur sehr langsam gehen konnte.*
Nous ne pouvions pas revenir en arrière, d'autant plus qu'on ne pouvait marcher que très lentement dans la forêt.

4. Traduction de « car », « en effet »

On emploie les conjonctions de coordination : ***denn, nämlich*** :

*Ich habe ihn nicht gesehen, **denn** er war schon weg.*
Je ne l'ai pas vu, car il était déjà parti.
*Ich habe ihn nicht gesehen, er war **nämlich** schon weg.*
Je ne l'ai pas vu ; en effet, il était déjà parti.

5. Expression de la cause par la ponctuation

On emploie les deux points :

Ich habe ihn nicht gesehen : er war schon weg.
Je ne l'ai pas vu : il était déjà parti.

On emploie le tiret :

Ich habe ihn nicht gesehen – er war schon weg.
Je ne l'ai pas vu : il était déjà parti.

À VOUS !

193. Reliez les deux phrases en établissant entre elles un lien causal.
Er hat den Zug verpasst. Er ist zu spät aufgestanden.
→ Er hat den Zug verpasst, **weil** er zu spät aufgestanden ist.
a. Er konnte die Inschrift nicht lesen. Er war zu weit weg. – b. Sie muss sparen. Sie wird während der Ferien nicht bezahlt. – c. Sie kann im Sommer nicht in Urlaub fahren. Sie muss arbeiten. – d. Er muss den Brief übersetzen lassen. Er versteht kein Englisch. – e. Sie haben einen Flügel (piano à queue) gekauft. Ihre Tochter will Klavier lernen. – f. Ich habe diese CD zurückschicken müssen. Sie war defekt. – g. Er konnte die Datei nicht öffnen (ouvrir). Sie war verschlüsselt. – h. Sie hat sich sofort gemeldet. Sie wollte diese Stelle unbedingt. – i. Sie hat viele Freunde. Sie ist sehr weltgewandt. – j. Er kann auf den Job verzichten. Er hat einen besseren gefunden.

194. Transformez le groupe conjonctionnel en groupe prépositionnel.
Das Training wurde abgesagt, **weil es zu kalt war**.
→ Das Training wurde wegen der zu großen Kälte abgesagt.
a. Er hat nicht kommen können, weil der Bus eine Panne hatte. – b. Die Kinder sind zu Hause geblieben, weil es regnete. – c. Ich konnte nicht nach Paderborn fahren, weil die Eisenbahnarbeiter an dem Tag streikten. – d. Er hat seine Arbeit nicht gemacht, weil er einfach zu faul war. – e. Die Ausgrabungsarbeiten mussten unterbrochen werden, weil der Bagger plötzlich versagte. – f. Sie hat eine kleine Feier veranstaltet, weil sie zum Doktor der Medizin promoviert hatte. – g. Die Arbeiter sind zwei Tage zu Hause geblieben, weil ihr Betrieb umstrukturiert wurde. – h. Der Ausflug konnte nicht stattfinden, weil das Wetter zu schlecht war. – i. Er hat den Bericht noch nicht geschrieben, weil er keine Zeit hatte. – j. Er hat den Wagen nicht gekauft, weil er kein Geld mehr hatte.

CHARNIÈRES DU DISCOURS

136 Les charnières du discours

Les charnières du discours sont des mots qui permettent d'articuler les différentes parties d'une phrase ou d'un texte.
Ils sont aussi les supports de l'argumentation.

1. Les charnières formelles

Les charnières de l'énumération : *erstens, zweitens, drittens, viertens*

→ Entre deux membres de phrase :

*Wenn sie morgens in die Berge gingen, nahmen sie dreierlei mit: **erstens** ihre Spitzaxt, **zweitens** ihr Licht, **drittens** ein bißchen Brot.*

Quand ils partaient le matin dans la montagne, ils emportaient trois choses : **premièrement** leur pic, **deuxièmement** leur lampe et **troisièmement** un peu de pain.

→ Entre deux phrases :

"So? Kann ich mich etwa wirklich irren?"
*"Ebenso wie jeder andre Mensch. **Erstens** ist im Originale weder von der Polizei, noch von einem Amtsgerichte die Rede; **zweitens** ist das Gedicht nicht von Heine, sondern von Bürger, und **drittens** lautet seine Überschrift nicht "Des Sängers Fluch", sondern "Der wilde Jäger"."*

– Ah bon ? Ainsi donc, je pourrais vraiment me tromper ?
– Comme tout le monde. **Premièrement**, dans l'original, il n'est question ni de la police ni d'un tribunal administratif ; **deuxièmement**, le poème n'est pas de Heine, mais de Bürger, et **troisièmement**, son titre n'est pas « La malédiction du chanteur », mais « Le féroce chasseur ».

Les charnières de la division binaire

→ ***einerseits, anderseits***

• Entre deux membres de phrase :

*Dieses Tier ist zwischen Pferd und Nashorn **einerseits**, und Nilpferd, Schwein und Kamel **anderseits** einzuordnen.*

Cet animal est à classer entre le cheval et le rhinocéros **d'une part**, entre l'hippopotame, le porc et le chameau **d'autre part**.

• Entre deux phrases :

*Ich dagegen zerbrach mir den Kopf über vielerlei Dinge. **Einerseits** konnte ich ja stolz sein, weil es mir gelungen war, mich bis in das Hauptquartier einzuschleichen. **Andererseits** befand ich mich nicht in einer sehr sicheren Lage.*

Quant à moi, je me cassais la tête à propos de plusieurs choses. **D'une part** je pouvais être fier, car j'avais réussi à me glisser jusque dans le quartier général. **D'autre part** je n'étais pas dans une situation très assurée.

→ ***bald... bald***

• Entre deux membres de phrase :

*Sie streitet **bald** mit dem einen, **bald** mit dem anderen.*

Elle se dispute **tantôt** avec l'un, **tantôt** avec l'autre.

• Entre deux phrases :

***Bald** lacht sie, **bald** weint sie.* **Tantôt** elle rit, **tantôt** elle pleure.

→ ***teils... teils***

- Entre deux membres de phrase :

*Sie waren **teils** mit Blasrohren, Lanzen, Bogen und Pfeilen, **teils** auch mit Gewehren bewaffnet.*
Certains étaient armés de sarbacanes, de lances, d'arcs et de flèches, **d'autres** aussi de fusils.

- Entre deux phrases :

Die Gebeine waren **teils** *vom Treibsand verschüttet, **teils** bleichten sie in der Sonne.*
Les ossements étaient **en partie** enfouis dans les sables mouvants, **en partie** ils blanchissaient au soleil.

Les charnières chronologiques

→ **d'abord : *zuerst, zunächst***

*Die Zuschauer schwiegen **zuerst** verständnislos, **dann** verbreitete sich heftige Unruhe.*
Les spectateurs gardèrent **d'abord** le silence sans comprendre, **puis** une violente agitation gagna la salle.

***Zunächst** lief alles gut. Das Wasser war ziemlich ruhig, und sie kamen gut voran. **Dann** wurde die See zunehmend rauher.*
D'abord tout allait bien. L'eau était relativement calme, et ils avancèrent facilement. **Puis** la mer devint progressivement plus houleuse.

→ **ensuite : *danach, dann, da***

*Pedro dachte **zuerst**, er habe nicht richtig hingesehen. Aber **dann** wurde ihm klar, dass wirklich kein Wasser da war.*
Pedro pensait **d'abord** n'avoir pas bien vu. Mais **ensuite** il comprit qu'il n'y avait vraiment pas d'eau.

→ **enfin : *schließlich, zum Schluss***

*Sie sahen zu, wie sich das grüne Wasser langsam grau, **dann** nachtblau und **schließlich** schwarz verfärbte.*
Ils voyaient l'eau devenir lentement grise, puis bleu sombre et **finalement** noire.

***Zuerst** sagte mein Vater: "Wir haben noch ein bißchen Zeit!" **Später** seufzte er, **schließlich** stimmte er bei.*
Au début, mon père disait : nous avons encore le temps ; **puis** il se mit à soupirer, et **finalement** il donna son accord.

Les charnières de l'ampliation et de la restriction

→ **L'ampliation surenchérit sur ce qui a été dit précédemment : *auch, außerdem, ferner, überdies, übrigens...***

*Er hatte keine Lust dazu. **Auch** war es zu spät.*
Il n'en avait aucune envie. **D'ailleurs**, c'était trop tard.

*Ihr Bildnis steht auf ihrem Grab. **Außerdem** hing ihr Gemälde im grünen Schlosssaal.*
Sa statue se trouve sur sa tombe. **Par ailleurs**, son portrait est accroché dans la salle verte du château.

*Er hatte die Kunst verstanden, sich unsichtbar zu machen. **Ferner** hatte er auch das Zweite Gesicht.*
Il avait compris l'art de se rendre invisible. **En outre**, il avait le don de seconde vue.

*Wer hat um diese Stunde hier etwas zu suchen ? Und **überdies** ist dieser Ort in der ganzen Umgebung verrufen.*
Qui a affaire ici à cette heure ? Et **en plus** cet endroit a mauvaise réputation dans toute la région.

*Denke daran mein Haushaltsgeld auf den Küchentisch zu legen. **Übrigens** brauchen unsere Kinder wieder Winterkleidung.*
Pense à déposer sur la table l'argent dont j'ai besoin pour le ménage. **Par ailleurs**, il faut à nouveau des vêtements d'hiver pour les enfants.

→ **La restriction limite la portée de ce qui a été dit précédemment : *nur, bloß***

*Was er sagte, war sehr gut, **nur** konnte ich nichts verstehen.*
Ce qu'il disait était très bien, **sauf que** je ne pouvais rien comprendre.

*Er hat lange mit ihr gearbeitet; **bloß** jetzt will er nichts mehr von ihr hören.*
Il a longtemps travaillé avec elle. **Seulement** maintenant il ne veut plus en entendre parler.

2. Les charnières spécifiques

Les charnières marquant l'opposition : *dagegen, hingegen*

*Meine Kameraden haben ihre Freiheit. Ich **dagegen** werde von meinen Eltern streng erzogen.*
Mes camarades ont leur liberté. Moi **en revanche**, mes parents m'élèvent avec sévérité.

*Ich sah sie; **hingegen** sie mich nicht.* Je l'aperçus. **Mais** elle ne me vit pas.

Les charnières marquant la disjonction : *sonst, andernfalls*

*Hole mich am Bahnhof ab, **sonst** muss ich ein Taxi nehmen.*
Viens me chercher à la gare, **sinon** je serai obligé de prendre un taxi.

*Das tu ich nur, wenn ihr mir hundert Mark auf die Hand legt. **Andernfalls** könnt ihr das selber machen!*
Je ne le ferai que si vous me mettez cent marks dans la main. Dans le cas contraire, vous pouvez le faire vous-même !

Les charnières marquant la déduction : *also, folglich, darum, daher, deshalb, deswegen*

*Er hat die Unterlagen geschickt. **Also** hat er meine E-Mail bekommen.*
Il a envoyé les documents. **C'est donc** qu'il a reçu mon courrier.

*Wir haben einen Maschinenschaden und **folglich** werden wir ein paar Tage später in Hamburg eintreffen.*
Nous avons une avarie dans les machines et **par conséquent** nous arriverons avec quelques jours de retard à Hambourg.

*Die Miete war ihm zu teuer in der Stadt, **darum** wohnt er auf dem Land.*
Le loyer était trop cher en ville ; **c'est pourquoi** il habite à la campagne.

*Es war ihm klar, dass er sich ihm nicht widersetzen durfte. Er tat **daher**, was ihm befohlen war.*
Il avait compris qu'il ne pouvait pas s'opposer à lui. **C'est pourquoi** il fit ce qu'on lui avait ordonné.

*Der Zug hatte Verspätung; **deshalb** ist Ute noch nicht da.*
Le train avait du retard ; **c'est pourquoi** Ute n'est pas encore là.

*Er hat fast nichts verstanden; **deswegen** hat er alles aufgeschrieben.*
Il n'a presque rien compris ; **c'est pourquoi** il a tout noté.

Les charnières marquant la concession : *doch, dennoch, trotzdem, zwar*

*Sie war nicht eingeladen, ist aber **doch** gekommen.*
Elle n'était pas invitée, mais elle est **tout de même** venue.

*Sie fühlte sich nicht wohl; **dennoch** wollte sie ihre Rede halten.*
Elle ne se sentait pas bien ; elle voulut **néanmoins** faire son discours.

*Sie weiß, dass ich keinen Alkohol trinke; sie hat mir **trotzdem** ein Glas Wein eingeschenkt.*
Elle sait que je ne bois pas d'alcool ; mais elle m'a **tout de même** versé un verre de vin.

*Diese Frage erschien mir **zwar** überflüssig, aber ich beantwortete sie **dennoch**.*
La question me parut **certes** superflue, mais j'y répondis **tout de même**.

***Zwar** hat es nicht an wohlgemeinten Versuchen gefehlt, **doch** haben derartige Bemühungen immer nur einen momentanen Erfolg gehabt.*
Certes, les tentatives bien intentionnées n'ont pas manqué, mais ces efforts n'ont eu qu'un succès limité.

À VOUS !

195. Traduisez les phrases suivantes.
a. Der Vulkan speit zwar kein Feuer mehr, aber er bläst aus seinen Schluchten schweflige Gase in die Lagune. – b. Um diese Jahreszeit haben wir zwar meist blauen Himmel, aber sonst, das heißt außer von Februar bis April, regnet es mindestens

einmal am Tag. – c. Ramón hatte ihn zwar gesehen, als er in die Hütte trat, aber er hatte ihn nicht wahrgenommen. – d. Es kam zwar eine Menge Wasser ins Boot, aber sie konnten noch rechtzeitig das Ufer erreichen. – e. Er war zwar schon sechzehn, aber wirkte eher wie vierzehn. – f. Es war zwar Nacht, als es geschah, aber schönstes Wetter. – g. Ich hatte zwar einen Waffenschein, doch eine Waffe trug ich nie bei mir. – h. Mir erscheinen Ihre Erlebnisse zwar merkwürdig, doch bezweifeln werde ich sie nicht. – i. Ich wunderte mich zwar, hatte aber keineswegs Angst. – j. Diese Aufgabe war zwar ehrenvoll, aber eben doch nur symbolisch.

196. Découpez le texte suivant en vous fondant sur les quatre charnières du discours.

Zwar bin ich gescheiter als alle die Laffen,
Doktoren, Magister, Schreibe und Pfaffen;
Mich plagen keine Skrupel noch Zweifel,
Fürchte mich weder vor Hölle noch Teufel –
Dafür ist mir auch alle Freud' entrissen,
Bilde mir nicht ein, was Rechts zu wissen,
Bilde mir nicht ein, ich könnte was lehren,
Die Menschen zu bessern und zu bekehren.
Auch hab' ich weder Gut noch Geld,
Noch Ehr' und Herrlichkeit der Welt;
Es möchte kein Hund so länger leben!
Drum hab' ich mich der Magie ergeben.

(Goethe, *Faust*, 366-377)

197. Traduisez.

a. Wir haben viel füreinander gefühlt, / Und dennoch uns gar vortrefflich vertragen. / Wir haben oft "Mann und Frau" gespielt, /Und dennoch uns nicht gerauft und geschlagen. (Heine) – b. Es war ein mexikanisches Schiff, und seine Offiziere waren Mexikaner. Folglich kümmerte sich keiner um so geringfügige Verstöße gegen die Ordnung. – c. Sie rieben sich die Haut ein. Trotzdem hatten sie am Abend Blasen um die Mundwinkel herum und unter den Augen. – d. "Ohne Genehmigung geht es leider nicht!" - "Was geschieht, wenn wir trotzdem fahren?" – e. Wenn du hier bleibst, bist du in Sicherheit. Trotzdem haben wir alle Angst um dich.

COMME

Traduction de « comme » 137

1. Traduction de « comme » dans l'expression de la comparaison

On emploie ***wie*** :

wie zum Beispiel comme par exemple
*eine Frau **wie** sie* une femme comme elle
*Er lügt **wie** gedruckt.* Il ment comme un arracheur de dents.
*stark **wie** ein Bär* fort comme un Turc
bärenstark fort comme un Turc

2. Traduction de « comme » dans l'expression de l'identité (en tant que)

On emploie ***als*** :

*Er gibt sich **als** Franzose zu erkennen.* (et non *Franzosen*) Il se présente comme Français.

3. Traduction de « comme » dans l'expression de la simultanéité (au moment où)

On emploie *als* :

Als er in der Altstadt spazieren ging, begegnete ihm ein alter Freund.
Comme il se promenait dans la vieille ville, il rencontra un vieil ami.

4. Traduction de « comme » dans l'expression de la cause

On emploie *da* (puisque) :

Da er noch krank war, blieb er zu Hause.
Comme il était encore malade, il resta à la maison.

5. Traduction de « comme » dans l'expression de l'exclamation

On emploie *wie* :

***Wie** geschickt er doch ist!* Comme il est habile !
***Wie** sie das geschafft hat!* Comme elle s'y est prise !
***Wie** schade!* Comme c'est dommage !
***Wie** furchtbar!* Comme c'est épouvantable !

6. Traduction de « comme » dans l'expression de l'énumération

On emploie *wie* :

*Männer **wie** Frauen nahmen an der Arbeit teil.*
Les hommes comme les femmes prirent part aux travaux.

*Das Gebäude wurde außen **wie** innen frisch angestrichen.*
Le bâtiment a été repeint à l'intérieur comme à l'extérieur.

138 Traduction de « comme si »

La comparaison est irréelle : on emploie le subjonctif 2

Traduction de « comme si » avec *als ob* – *als wenn* – *wie wenn* :

*Sie ging an ihm vorbei, **als ob** sie ihn gar nicht bemerkt hätte.*
*Sie ging an ihm vorbei, **als wenn** sie ihn gar nicht bemerkt hätte.*
*Sie ging an ihm vorbei, **wie wenn** sie ihn gar nicht bemerkt hätte.*
▼ le verbe est en position finale ▲
Elle passa à côté de lui comme si elle ne l'avait pas remarqué.

Traduction de « comme si » avec *als* + verbe :

*Sie ging an ihm vorbei, **als hätte** sie ihn gar nicht bemerkt.*
Elle passa à côté de lui comme si elle ne l'avait pas remarqué.

À VOUS !

198. Traduisez.
a. Il travaille comme vétérinaire. – b. Comme il est bête ! – c. Elle continue sa route, comme si elle n'avait pas vu l'agent de police. – d. Tous les animaux doivent être vaccinés, les vaches comme les moutons. – e. Comme il n'y avait personne, il n'est pas resté non plus. – f. Je te mets en garde contre des gens comme eux. – g. Je l'ai reçu comme un ami. – h. Comme tu m'as invité la semaine dernière, c'est moi qui t'inviterai la semaine prochaine. – i. Comme on fait son lit on se couche. – j. Il hurle comme un lion.

COMPARAISON

Expression de la comparaison 139

1. La comparaison est réelle : on emploie l'indicatif

Traduction de « aussi que » : *wie*

*Das Haus ist **so** groß, **wie** wir vermutet haben.* La maison est aussi grande que nous l'avons supposé.
*Sie spricht **so** schnell, **wie** sie denkt.* Elle parle aussi vite qu'elle pense.
*Er hat **so viel** Zucker nehmen dürfen, **wie** er gewollt hat.*
Il a pu prendre autant de sucre qu'il a voulu.

Traduction de « plus que » :

→ Avec un adjectif : adjectif au comparatif + *als*
*Das Haus ist **größer**, **als** wir vermutet haben.* La maison est plus grande que nous l'avons supposé.
*Sie spricht **schneller**, **als** sie denkt.* Elle parle plus vite qu'elle pense.

→ Avec un verbe : *mehr ... als*
*Du darfst nicht **mehr** ausgeben, **als** du verdienst.* Tu ne dois pas dépenser plus que tu gagnes.

Traduction de « pas aussi que » :

→ Avec un adjectif : *nicht so* + adjectif + *wie*
*Das Haus ist **nicht so** groß, **wie** wir vermutet haben.*
La maison n'est pas aussi grande que nous l'avons supposé.
*Sie spricht **nicht so** schnell, **wie** sie denkt.* Elle ne parle pas aussi vite qu'elle pense.
*Du darfst **nicht so** viel ausgeben, **wie** du willst.* Tu ne dois pas dépenser autant que tu le veux.

→ Avec un verbe : *weniger ... als*
*Sie gibt **weniger** aus, **als** sie verdient.* Elle dépense moins que ce qu'elle gagne.

Expression de l'altérité : *als*

*Sie ist ganz **anders**, **als** wir sie uns vorgestellt hatten.*
Elle est très différente de ce que nous nous étions imaginé.

Traduction de « comme si » 140

La comparaison est irréelle : on emploie le subjonctif 2

Avec *als ob – als wenn – wie wenn* :

*Sie ging an ihm vorbei, **als ob** sie ihn gar nicht bemerkt hätte.*
*Sie ging an ihm vorbei, **als wenn** sie ihn gar nicht bemerkt hätte.*
*Sie ging an ihm vorbei, **wie wenn** sie ihn gar nicht bemerkt hätte.*
▼ le verbe est en position finale ▲
Elle passa à côté de lui comme si elle ne l'avait pas remarqué.

Avec *als* + verbe :

*Sie ging an ihm vorbei, **als hätte** sie ihn gar nicht bemerkt.*
Elle passa à côté de lui comme si elle ne l'avait pas remarqué.

141 Les énoncés parallèles

Il existe un grand nombre d'expressions très courantes (dictons, proverbes) construites sur le modèle du parallélisme dans la comparaison.

1. Traduction de « plus... plus... »

Avec verbe : *je* introduit un groupe conjonctionnel avec verbe final :

***Je** älter der Wein ist, **desto besser** schmeckt er.* Plus le vin est vieux, meilleur il est.

***Je mehr** man die Katze streichelt, **desto** höher trägt sie den Schwanz.*
Plus on caresse le chat, plus il lève la queue.

***Je mehr** der Mensch weiß, **je mehr** will er wissen.* Plus l'homme sait, plus il veut savoir.
***Je mehr** einer weiß, **je** bescheiden**er** ist er.* Plus on est sage, plus on est modeste.

***Je** schnell**er** das Geschoss geschleudert wird, eine **desto** dicker**e** Panzerung ist nötig.*
Plus l'obus est rapide, plus le blindage doit être épais.

Sans verbe :

***Je mehr** Advokaten, **je mehr** Prozesse.* Plus il y a d'avocats, plus il y a de procès.
***Je mehr** Hühner, **je mehr** Eier.* Plus il y a de poules, plus il y d'œufs.
***Je mehr** Gefahr, **je mehr** Vorsicht.* Plus il y a de danger, plus il faut être prudent.
***Je** bitter**er** die Wurzel, **je süßer** die Frucht.* Plus la racine est amère, plus le fruit est sucré.
***Je älter** die Kuh, **je** hübsch**er** das Kalb.* Plus la vache est âgée, plus le veau est beau.
***Je älter**, **je dümmer**.* Plus on est vieux, plus on est bête.
***Je** voll**er** Magen, **je** leer**er** Kopf.* Plus l'estomac est plein, plus la tête est vide.
***Je** weis**er**, **je** bescheiden**er**.* Plus on est sage, plus on est modeste.

2. Traduction de « moins... moins... »

Avec verbe :

***Je weniger** er arbeitet, **je weniger** verdient er.* Moins il travaille, moins il gagne.

Sans verbe :

***Je weniger** Kühe, **je weniger** Milch.* Moins il y a de vaches, moins il y a de lait.

3. Traduction de « plus... moins... »

Avec verbe :

***Je mehr** er verdient, **je weniger** gibt er aus.* Plus il gagne, moins il dépense.
***Je** läng**er** er aufbleibt, **je weniger** arbeitet er.* Plus il veille tard, moins il travaille.

Sans verbe :

***Je mehr** Gesetz, **je weniger** Recht.* Plus il y a de lois, moins il y a de droit.
***Je mehr** Verstand, **je weniger** Worte.* Plus il y a de bon sens, moins il y a de mots.
***Je mehr** Wölfe, **je weniger** Schafe.* Plus il y a de loups, moins il y a de brebis.

4. Traduction de « moins... plus... »

Avec verbe :

***Je weniger** die Hände tun, **desto mehr** tut die Zunge.* Moins les mains travaillent, plus on cause.
***Je weniger** man redet, **je** gesünd**er** ist es.* Moins on parle, mieux ça vaut.

Sans verbe :

***Je weniger** zu essen, **desto mehr** Appetit.* Moins on a à manger, plus on a d'appétit.
***Je weniger** Gesetz, **je besser** Recht.* Moins il y a de lois, meilleur est le droit.

À VOUS !

199. Traduisez.

a. Cette excursion était plus fatigante que je le pensais. – b. Ce film était moins captivant que tu me l'avais dit. – c. Cet exposé était aussi ennuyeux que je l'avais imaginé. – d. Cette expérience était aussi dangereuse que nous l'avions prévu. – e. Ce magnétoscope *(der Videorecorder)* ne fonctionne pas aussi bien que le promettait la publicité. – f. L'université est très différente de ce que m'avaient dit les enseignants du lycée. – g. Il a pu prendre autant de congés qu'il voulait. – h. Elle a parlé aussi longtemps qu'elle l'avait souhaité. – i. Il a dépensé plus qu'il n'avait. – j. Il a moins travaillé que prévu.

200. Traduisez.

a. Plus vous parlez lentement, et mieux on vous comprend. – b. Plus le soleil est haut, plus il faut chaud. – c. Plus on roule vite, plus grand est le danger. – d. Plus on a faim, meilleur est ce qu'on mange. – e. Moins on travaille, moins on gagne – f. Plus vous achetez, moins les prix sont élevés. – g. Plus une pensée est claire, moins elle compte de mots. – h. Meilleur est le café, et plus on en boit. – i. Plus on travaille, et plus le travail est agréable. – j. Plus il ment, et plus il rougit.

201. Traduisez.

a. Le pêcheur faisait comme s'il avait attrapé un poisson. – b. Notre voisin se comporte comme si notre verger lui appartenait. – c. Il bondit de sa chaise comme s'il avait été piqué par une araignée. – d. Il a vidé son verre d'un trait comme s'il n'avait rien bu depuis trois jours. – e. Elle avait l'air épuisé comme si elle avait travaillé toute la journée. – f. Il jette l'argent par la fenêtre comme s'il venait de gagner le gros lot. – g. Elle fait comme si de rien n'était. – h. Il tape sur son clavier comme s'il avait fait cela toute sa vie. – i. Le professeur parlait très fort comme si ses élèves étaient tous sourds. – j. Il parle à ses collègues de travail comme s'il était leur directeur.

COMPLÉMENTS DES ADJECTIFS

Voir Annexe

COMPLÉMENTS DES VERBES

Les compléments directs et indirects — 142

Le complément obligatoire d'un verbe (le C1) peut être :

- direct (= sans préposition)
- indirect (= avec une préposition)

1. Le complément direct

Il est généralement à l'accusatif :

*Ich sehe **den Mond** und **die Sterne**.* Je vois la lune et les étoiles.

Il est plus rarement au datif :

*Das gefällt **mir** nicht.* Cela ne me plaît pas.

Il est exceptionnellement au génitif :

*Gedenke **der Toten**!* Souviens-toi des morts !

2. Le complément indirect

Il exige une préposition :

*Ich verzichte **auf** meinen Urlaub.* Je renonce **à** mon congé.

Il peut se construire avec deux prépositions :

*sich ängstigen **vor... um...*** avoir peur de ... pour ...
*bangen **vor... um...*** avoir peur de ... pour ...
*sich einigen **auf/über... mit*** se mettre d'accord sur ... avec ...
*sich einlassen **in/auf*** + acc. ... ***mit...*** se laisser entraîner dans ... avec ...

Il peut se construire avec un cas et une préposition :

*Es graut **mir vor** dem Tod.* J'ai peur de la mort.

Attention !

• Un verbe avec une construction **indirecte** en allemand peut être traduit par un verbe avec une construction directe en français :

*Wer fragt **nach** dem Direktor?* → indirect
Qui demande le directeur ? → direct

• De même, un verbe avec une construction **directe** en allemand peut être traduit par un verbe avec une construction indirecte en français :

*Sie haben **den Krieg** überlebt.* → direct
Ils ont survécu **à la guerre**. → indirect

Voir Annexe

CONCESSION

143 Traduction de « malgré »

1. On emploie la préposition *trotz* + génitif

***trotz** ihrer Wachsamkeit* malgré sa vigilance

***Trotz** seiner Jugend war er ein etwas beleibter Mann.* Malgré sa jeunesse, c'était un homme un peu enrobé.

*Man konnte **trotz** der einbrechenden Dunkelheit und des Regens die Landebahn erkennen.*
Malgré l'obscurité naissante et la pluie, on pouvait distinguer la piste.

***trotz** der Protestaktionen der Bevölkerung* malgré les protestations de la population

2. On emploie le groupe prépositionnel pronominalisé *trotzdem*

trotzdem malgré cela

*Er war krank ; er ist **trotzdem** gekommen.*
Il était malade ; il est tout de même venu.

3. On emploie la préposition *trotz* + datif

Quand il n'y a pas de déterminatif :

***trotz** allem, **trotz** alledem* malgré tout cela
***Trotz** dickem Mantel hat er sich doch erkältet.* Il a pris froid malgré son gros manteau.

Pour éviter la succession de deux génitifs :

***trotz** dem Protest der Bevölkerung* malgré les protestations de la population

4. On emploie la préposition *bei* + datif

***Bei** allem Fleiß ist es ihm doch nicht gelungen.* Malgré son travail acharné, il n'a pas réussi.
*Das geht **beim** besten Willen nicht.* Avec la meilleure volonté du monde, ce n'est pas possible.
***bei** alledem* malgré tout cela

> Attention !
> • Le groupe prépositionnel introduit par ***bei*** peut être hors construction :
> *[Bei aller Freundschaft,] das geht zu weit.*
> ▼ le verbe est en 2e position
> Malgré toute notre amitié, cela dépasse les bornes.

Traduction de « bien que », « quoique », « même si » 144

1. On emploie les conjonctions *obwohl, obschon, obgleich*

À la différence du français, on emploie toujours l'indicatif.

Le groupe conjonctionnel est intégré :

***Obwohl** er müde ist,*	*geht*	*er noch nicht ins Bett.*
***Obgleich** er müde ist,*	*geht*	*er noch nicht ins Bett.*
***Obschon** er müde ist,*	*geht*	*er noch nicht ins Bett.*
▼ groupe conjonctionnel en 1re position	▼ verbe en 2e position	
Bien qu'il soit fatigué,		il ne va pas encore se coucher.
Quoiqu'il soit fatigué,		il ne va pas encore se coucher.

2. On emploie les conjonctions *wenn ... auch/auch ... wenn*

Le groupe conjonctionnel est non intégré (la phrase commence après lui) :
Il est introduit par un élément en ***w-*** + ***auch*** ; le verbe conjugué est ***mögen*** ou un verbe à l'indicatif :

*[Wie dem **auch** sein mag,]*	*es*	*bleibt dabei.*
▼ groupe conjonctionnel non intégré		▼ verbe en 2e position
Quoi qu'il en soit,	les choses	resteront en l'état.

*[**Wenn** er **auch** meckert,]*	*ich*	*gebe nicht nach.*
*[**Wenn** er **auch noch soviel** meckert,]*	*ich*	*gebe nicht nach.*
▼		▼
groupe conjonctionnel non intégré		verbe en 2e position
Il a beau rouspéter,	je	ne céderai pas.

Cette construction a tendance à se développer :

__Auch wenn__ Larissa von der Welt enttäuscht ist, diese Sehnsucht __wird__ weiterhin in ihrem Herzen brennen.
Même si Larissa est déçue par le monde, ce désir continuera à brûler dans son cœur.

__Auch wenn__ Sie es nicht wahrhaben wollen, es __gehört__ eine Menge Mut dazu, so ein Kind __aufzunehmen__.
Même si vous ne voulez pas l'accepter, il faut beaucoup de courage pour s'occuper d'un tel enfant.

__Auch wenn__ es Jutta schwer fällt, sie __ist__ dabei, sich bei ihrem Stiefvater einzuleben.
Même si c'est pénible pour Jutta, elle est en train de s'adapter à sa nouvelle vie avec son beau-père.

145 Traduction de « certes »

1. Avec la conjonction de coordination *zwar*, en corrélation avec *aber, dennoch* (= *und doch*)

Er wohnt (__zwar__) in der Nähe, __aber__ er nimmt __dennoch__ den Bus.
Il habite certes tout près, (mais) il prend tout de même l'autobus.

Sie ist __zwar__ blind und __dennoch__ (= __und doch__) geht sie allein spazieren.
Elle est certes aveugle, mais elle va tout de même se promener toute seule.

2. Sans conjonction de coordination

On emploie ***mögen ... noch so*** :

Er __mag noch so laut__ schreien, keiner hört ihm zu.
Il a beau s'égosiller, personne ne l'écoute.

On emploie ***so ... auch*** ; le verbe est ***mögen*** ou un verbe à l'indicatif :

__So__ geschickt du __auch__ sein magst / bist, du kannst ihn nicht überreden.
Tu as beau être habile, tu n'arriveras pas à le convaincre.

À VOUS !

202. Reliez les deux phrases en établissant entre elles un lien concessif.
Er arbeitet als Kellner. Er hat jahrelang studiert.
→ Obwohl er jahrelang studiert hat, arbeitet er als Kellner.
a. Ich bin früh aufgestanden. Ich war sehr müde. – b. Er hat einen neuen Drucker gekauft. Der alte Drucker war noch gut. – c. Er ist zu spät gekommen. Er hatte einen wichtigen Termin. – d. Sie hat die Heizung abgestellt. Es ist ziemlich kalt. – e. Sie hat Hammelfleisch gegessen. Sie ist Vegetarierin. – f. Er reist in der ganzen Welt. Er ist arm wie eine Kirchenmaus. – g. Die beiden können sich nicht vertragen. Sie sind immer zusammen. – h. Die Wachstumsrate steigt in Europa. Der Euro verliert an Wert. – i. Er ist zuckerkrank. Er nascht den ganzen Tag. – j. Deutsch ist die meistgesprochene Sprache in Europa. In der EG ist Deutsch nicht als Arbeitssprache anerkannt.

CONDITION

L'expression de la condition 146

hypothèse	condition
pas de lien nécessaire entre les deux idées exprimées	lien nécessaire entre les deux idées exprimées
▼	▼
S'il fait beau, je vais me promener.	Je vais me promener [uniquement] s'il fait beau.

1. L'expression de la condition par le groupe prépositionnel introduit par *bei* + datif

Beim *Besuch des Museums muss man ein Eintrittsgeld bezahlen.*
Si on veut visiter le musée, on doit payer un droit d'entrée.

2. L'expression de la condition par des groupes conjonctionnels introduits par :

wenn :

Wenn *du gesund bleiben willst, musst du Sport treiben.*
Si tu veux rester en bonne santé, il faut que tu fasses du sport.

nur wenn :

Ich will sie gern am Bahnhof abholen, aber ***nur wenn*** *sie vorher anruft.*
Je veux bien aller la chercher à la gare, mais seulement si elle appelle auparavant.

vorausgesetzt, dass ou ***vorausgesetzt*** :

vorausgesetzt, dass	*vorausgesetzt*
Er macht ein Fest, vorausgesetzt, dass alle ihren Beitrag zahlen.	*Er macht ein Fest, vorausgesetzt, alle zahlen ihren Beitrag.*
▼	▼
verbe en position finale	verbe en 2e position

Il organise une fête, à condition que tout le monde paye son écot.

es sei denn, dass (à moins que) + indicatif ou ***es sei denn*** :

es sei denn, dass	*es sei denn*
Der Eintritt ist allen untersagt, ***es sei denn, dass*** *man eine Sondergenehmigung hat.*	*Der Eintritt ist allen untersagt,* ***es sei denn,*** *man hat eine Sondergenehmigung.*
▼	▼
verbe en position finale	verbe en 2e position

L'entrée est interdite à tout le monde, à moins que l'on ait / sauf si l'on a une autorisation spéciale.

außer wenn ou ***außer*** :

außer wenn	außer
*Sie kommt, **außer wenn** wir Glatteis haben.*	*Sie kommt, **außer** wir haben Glatteis.*
verbe en position finale	verbe en 2e position

Elle viendra, sauf s'il y a du verglas.

unter der Bedingung, dass + indicatif :

*Ich gehe nur **unter der Bedingung, dass** du mitkommst.* J'y vais à condition que tu m'accompagnes.

147 Les modes et les temps de la condition

Contrairement au français, l'allemand utilise **la même forme verbale** (temps et mode) dans les deux propositions.

1. La condition est réalisable dans le futur (potentiel)

On emploie l'**indicatif présent** :

Ich fahre nach Russland, nur wenn ich fließend Russisch spreche.

Je n'irai en Russie que si je parle couramment le russe.

2. La condition est non réalisée dans le présent

On emploie le **subjonctif 2 présent** :

Ich würde nach Russland fahren, nur wenn ich fließend Russisch sprechen würde.

Je n'irais en Russie que si je parlais couramment le russe.

3. La condition est non réalisée dans le passé

On emploie le **subjonctif 2 passé** :

*Ich **wäre** nach Russland **gefahren**, nur wenn ich fließend Russisch gesprochen **hätte**.*

Je ne serais allé en Russie que si j'avais parlé couramment le russe.

À VOUS !

203. Traduisez.

a. Il peut se présenter à ce poste à condition qu'il réussisse son examen. – b. Elle n'achètera sa prochaine Mercedes que si elle a assez d'argent. – c. Il répondra à mon e-mail, à moins qu'il ne l'ait pas reçu. – d. Elle fera le travail, dans la mesure où elle saura exactement ce qu'elle doit faire. – e. Elle fera l'ascension de l'Eiger, à condition qu'elle soit en parfaite santé. – f. Il ne peut conduire que s'il a le permis de conduire. – g. Elle ne viendra que s'il ne neige pas. – h. On ne lui livrera son téléviseur que s'il est payé. – i. Je t'aiderai, dans la mesure où tu le souhaites. – j. La fonte devient liquide si on la chauffe suffisamment.

204. Traduisez.

a. On peut tout acheter, à condition de payer. – b. Il reprendra le travail que s'il n'est plus malade. – c. On ne peut passer dans la classe supérieure que si l'on a de bonnes notes. – d. Je ne t'emmenerai sur mon bateau que si tu sais nager. – e. Il ne reste dans cette entreprise que s'il touche la prime. – f. Je ne peux faire de la bicyclette avec vous que si la mienne est réparée. – g. Elle ne joue au piano que si elle est seule à la maison. – h. Elle le conduira à la gare, à condition qu'il ne fume pas dans la voiture. – i. Nous serions volontiers venus vous voir si on avait su que vous étiez là. – j. Je ne peux retirer les cartes de théâtre que si la caisse est ouverte.

CONSÉQUENCE

L'expression de la conséquence : traduction de « si ... que », « de sorte que », « si bien que », « tellement que » 148

1. La conséquence est réelle : on emploie l'indicatif

L'expression de la conséquence par les groupes conjonctionnels introduits par :

→ ***so ... dass***

*Es war **so** kalt, **dass** ich fast erfror.*
La température était si glaciale que j'ai failli mourir de froid.

*Der Schnee lag **so** hoch, **dass** man die Haustür nicht öffnen konnte.*
La neige était si haute qu'on ne pouvait pas ouvrir la porte de la maison.

*Sie saß **so lange** am Steuerrad, **dass** sie einschlief.*
Elle resta si longtemps au volant qu'elle finit par s'endormir.

→ ***so dass***

*Er ließ das Schild tiefer hängen, **so dass** ein jeder es lesen konnte.*
Il fit descendre la pancarte de sorte que chacun puisse la lire.

→ ***solch- ... dass***

*Er hatte **solche** Vorurteile, **dass** er ihre Worte missverstand.*
Il avait de tels préjugés qu'il se méprit sur le sens de ses paroles.

→ ***dermaßen ... dass***

*Er hat **dermaßen** gewettert, **dass** ihm alle wegliefen.*
Il a tellement fulminé que tout le monde s'est enfui en courant.

L'expression de la conséquence par les conjonctions de coordination :

so, also aussi *folglich* par conséquent *insofern* c'est pourquoi

*Es war zu dunkel und er hatte kein Licht, **also (so)** musste er mit der Arbeit aufhören.*
Il faisait trop sombre et il n'avait pas de lumière ; aussi dut-il cesser son travail.

*Dieser Arzt ist ein Gauner, **folglich** gehe ich nicht mehr zu ihm.*
Ce médecin est un escroc ; par conséquent je ne retourne plus chez lui.

*Sie hat immer ihr Bestes getan, **insofern** ist ihre Kündigung gesetzwidrig.*
Elle a toujours fait de son mieux ; c'est pourquoi son licenciement est illégal.

L'expression de la conséquence par des groupes prépositionnels pronominalisés :

demzufolge, demnach, infolgedessen, deshalb c'est pourquoi, par conséquent

*Er hat eben angerufen; **demzufolge** nehme ich an, dass er noch zu Hause ist.*
Il vient d'appeler ; c'est pourquoi je suppose qu'il est encore à la maison.

Die Bürger wurden mit ihm einig.
*Der Rattenfänger zog **demnach** ein Pfeifchen heraus und fing an zu pfeifen.*
Les bourgeois se mirent d'accord avec lui.
C'est pourquoi le joueur de flûte sortit un pipeau et se mit à jouer.

*Wir vermissen einen Beamten und schöpfen **infolgedessen** Verdacht.*
Nous constatons qu'un fonctionnaire a disparu et c'est pourquoi nous avons des soupçons.

*Keiner hat sich um die Stellung beworben. **Deshalb** ist sie noch frei.*
Personne ne s'est présenté pour cet emploi. C'est pourquoi il n'est pas encore pourvu.

L'expression de la conséquence par deux propositions juxtaposées :

Ich bin so satt, ich mag kein Blatt. Je n'ai plus faim, je ne peux plus rien avaler.

2. La conséquence est irréelle : on emploie *[als] dass* ou *so ... dass* + subjonctif 2

*Er ist **zu** weit, **als dass** er uns noch hören könnte.* Il est trop loin pour pouvoir nous entendre.
*Er hat **so viel** Geld, **dass** er die ganze Zeit verreisen könnte.* Il a tellement d'argent qu'il pourrait voyager tout le temps.

À VOUS !

205. Reliez les deux phrases en établissant entre elles un lien consécutif.
Er ist sehr reich. Er kann sich alles leisten.
→ Er ist so reich, dass er sich alles leisten kann.
a. Er ist sehr schwach. Er muss sofort ins Krankenhaus. – b. Sie ist sehr ungeduldig. Sie kann nicht länger warten. – c. Ich habe lang gejoggt. Ich bin in Schweiß gebadet. – d. Er trimmt seine Kinder für die Klassenarbeit. Sie haben keine Lust mehr an der Arbeit. – e. Es ist sehr kalt. Man kann nicht ohne Handschuhe hinausgehen. – f. Ich bin sehr müde. Ich kann kaum noch gehen. – g. Wir sind sehr überrascht. Wir sind sprachlos. – h. Dieser Videorecorder ist sehr kompliziert. Ich kann ihn nicht einmal einschalten. – i. Die Tage sind zu kurz! Ich komme nicht dazu, alles zu erledigen. – j. Diese Übung ist sehr leicht. Ich brauche kaum zu überlegen.

CONTRE

149 Traduction de « contre »

1. Traduction de « contre » au sens propre

On emploie ***gegen*** + accusatif :

→ Dans l'expression de l'opposition :
***gegen** einen Feind kämpfen* lutter **contre** un ennemi
*Tabletten **gegen** den Husten* des comprimés **contre** la toux
***gegen** die Gesetze verstoßen* agir **contre** les lois

→ Dans l'expression de l'échange :
***gegen** Barzahlung* **contre** paiement comptant
***gegen** Nachnahme* **contre** remboursement
*Er wettete fünf **gegen** eins.* Il a parié cinq **contre** un.

On emploie ***dagegen*** :
*Ich bin **dagegen**.* Je suis **contre**.
*Ich bin **dagegen, dass...*** Je me suis opposé à ce que...

2. Traduction de « contre » au sens spatial

On emploie ***gegen*** + accusatif :

Er prallte mit dem Kopf ***gegen*** *den Balken.* Il s'est cogné la tête **contre** la poutre.
Im Dunkeln stieß er ***gegen*** *einen Baum.* Dans l'obscurité il s'est heurté **contre** un arbre.
gegen *den Strom schwimmen* nager **contre** le courant

On emploie ***an*** + accusatif :

die Leiter ***an*** *die Wand anlehnen* poser l'échelle **contre** le mur

On emploie ***an*** + datif :

Die Leiter steht ***an*** *der Wand.* L'échelle est posée **contre** le mur.

3. Traduction de « contre » au sens figuré

On emploie ***wider*** + accusatif :

Wer nicht für mich ist, ist ***wider*** *mich.* Qui n'est pas pour moi est **contre** moi.
wider *alles Erwarten* **contre** toute attente
wider *meinen Willen* **contre** ma volonté
das Für und ***Wider*** le pour et le **contre**

4. Les noms qui commencent par « contre » (voir 15 ◄)

gegen		*wider*	
contre-attaque	→ *der* ***Gegen****angriff*	**contre**coup	→ *der* ***Wider****schlag*
contre-courant	→ *der* ***Gegen****strom*	**contre**dire	→ ***wider****sprechen*
contre-enquête	→ *die* ***Gegen****untersuchung*	**contre**sens	→ *der* ***Wider****sinn*
contre-jour	→ *das* ***Gegen****licht*	à **contre**cœur	→ *mit* ***Wider****willen*
contre-ordre	→ *der* ***Gegen****befehl*		
contre-partie	→ *das* ***Gegen****spiel, das* ***Gegen****stück*		
contre-poids	→ *das* ***Gegen****gewicht*		
contre-poison	→ *das* ***Gegen****gift*		
contre-projet	→ *der* ***Gegen****entwurf*		
contresigner	→ ***gegen****zeichnen*		

DATE

L'expression de la date 150

1. La date du jour et autres datations

Paris, den 25. Juli 2001 (dans le courrier)	Paris, le 25 juillet 2001
vor dem 14. Juli	avant le 14 Juillet
vor dem Ende der Woche, des Monats, des Jahres	avant la fin de la semaine, du mois, de l'année
in vierzehn Tagen	dans une quinzaine
nach dem ersten März	après le premier mars
in der Nacht von Montag auf Dienstag	dans la nuit de lundi à mardi
um die Jahrhundertwende	au tournant du siècle
im 6. Jahrhundert vor der Zeitenwende	au sixième siècle avant J.-C.
im nächsten Jahrtausend	au prochain millénaire

2. Locutions usuelles exprimant la date

Der Wievielte ist heute? Den Wievielten haben wir heute?
Le combien sommes-nous aujourd'hui ?

Welches Datum haben wir heute?/ Welches Datum ist heute?
Quelle est la date d'aujourd'hui ?

das heutige Datum	la date d'aujourd'hui
das Datum angeben, ändern	donner, modifier la date
ein Schriftstück mit dem Datum versehen	dater un document
Heute haben wir den 13. Januar.	Aujourd'hui nous sommes le 13 janvier.
Heute ist der 13. Januar.	Aujourd'hui nous sommes le 13 janvier.
ein Brief von dem und dem Datum	une lettre datée du...
ein früheres, ein späteres Datum auf eine Urkunde setzen	antidater, postdater un document
ein Datum festsetzen	fixer une date

Adenauer wurde (ou ist) [im Jahre] 1876 ***am 5.*** *Januar geboren.*
= *Adenauer wurde (ou ist) [im Jahre] 1876* ***den 5.*** *Januar geboren.*
Adenauer est né en 1876, le 5 janvier.

Voir Temps (expression du) 269

DATIF

151 Les emplois du datif

1. Le datif est la marque du complément obligatoire (C1)

- Après certains **verbes** (Compléments des verbes, voir Annexe) :

Ich danke dir. Je te remercie.
Er folgt mir. Il me suit.

Attention !
• Certains verbes se construisent avec le datif, alors qu'on attendrait l'accusatif (l'inverse est vrai, voir Accusatif 90) :
sich hinter ***der*** *Tür* ***verstecken*** se cacher derrière la porte
Die Sonne ***verschwindet*** *hinter* ***den*** *Wolken.* Le soleil disparaît derrière les nuages.
das Gesicht in den Händen ***verbergen*** se cacher le visage dans les mains

- Après certains **adjectifs** (Compléments des adjectifs, voir Annexe) :

Das ist ***mir*** *sehr nützlich.* Cela m'est très utile.
Ist ***dir*** *das klar?* Est-ce clair pour toi ?

- Après les **prépositions** : ***aus - bei - mit - nach - seit - von - zu*** (Prépositions avec le datif, voir 249).

- Après les **postpositions** : ***zuliebe, zufolge***

Tu es ***ihr*** *zuliebe.* Fais-le **par amour pour** elle.
einem Erfahrungssatz *zufolge...* conformément à une vérité d'expérience...

Attention !
• La préposition ***zufolge*** entraîne le **génitif** :
zufolge eines Erfahrungssatzes d'après une vérité d'expérience...

En alternance avec l'accusatif après : ***an, auf, hinter, in, neben, über, unter, vor, zwischen*** (Prépositions avec le datif ou l'accusatif, voir 250).

2. Le datif libre

Il n'est pas régi par un verbe ou un adjectif.
Brich ***dem Hungrigen*** *dein Brot.* Partage ton pain avec celui qui a faim.
Ich lege ***ihm*** *die Hand auf die Schulter.* Je pose ma main sur son épaule.

3. Le datif éthique

Il est « hors construction », c'est-à-dire sans relation syntaxique avec les autres constituants de la phrase.
Gestern habe ich ***mir*** *mal das Haus angeschaut.* Hier j'ai jeté un coup d'œil à la maison.

4. Datif et stylistique

Le datif peut servir à focaliser un élément de l'énoncé :
Einem reichen Mann, dem *wurde seine Frau krank. (Grimm, Cendrillon)*
La femme d'un homme riche tomba malade.

dem Hans *seine Schwester* la sœur à Jean

DEMANDER

Traduction de « demander » 152

1. « demander » signifie « poser une question » : *fragen*

Was *hast du gefragt?* Qu'est-ce que tu as demandé ?
Er hat ***mich etwas*** *gefragt.* Il m'a demandé quelque chose. (voir 90)

2. Traduction de « demander si »

fragen ob + groupe conjonctionnel :
Wir haben ihn gefragt, ***ob*** *er mit uns kommen möchte.*
Nous lui avons demandé s'il voulait venir avec nous.

fragen + interrogatif en ***w-*** :
Ich habe ihn gefragt, ***wie*** *er heißt,* ***wo*** *er wohnt und seit* ***wann*** *er in Frankreich ist.*
Je lui ai demandé comment il s'appelait, où il habitait, et depuis quand il était en France.

3. Traduction de « se demander » : *sich fragen*

Er ***fragt sich****, was er tun soll.* Il se demande ce qu'il doit faire.

4. « demander » signifie « vouloir un renseignement » : *fragen nach* + datif

Wir fragten sie ***nach*** *ihrem Namen.* Nous lui avons demandé son nom.

5. « demander » signifie « désirer rencontrer quelqu'un » : *fragen nach* + datif

Jemand hat angerufen und ***nach*** *Ihnen gefragt.*
Quelqu'un a téléphoné et vous a demandé.

6. « demander » signifie « réclamer, exiger la présence de » : *verlangen nach*

Das Kind ***verlangt nach*** *seiner Mutter.* L'enfant demande sa mère.

7. « demander » signifie « réclamer, désirer posséder »

Was du niemand geben willst, sollst du auch von niemand ***verlangen.***
Ce que tu ne veux donner à personne, ne le demande à personne.

Wer nichts ***verlangt,*** *bekommt auch nichts.*
Celui qui ne demande rien n'obtient rien.

8. « demander » signifie « demander avec insistance » : *bitten um, bitten, zu...*

um Hilfe bitten demander de l'aide
ums Wort bitten demander la parole
um Geld bitten demander de l'argent
um Rat bitten demander conseil

Darf ich um den nächsten Tanz bitten?
Puis-je vous demander de m'accorder la prochaine danse ?

Ich muss Sie bitten, sich noch ein wenig zu gedulden.
Je vous demanderai de patienter encore un peu.

DISCOURS RAPPORTÉ

153 Les énoncés rapportés indirectement

Le discours rapporté permet de rapporter des propos, qu'il s'agisse d'affirmations, de questions ou d'ordres. Il y a trois types **d'énoncés rapportés indirectement**.

1. Les énoncés déclaratifs rapportés indirectement

Ils sont introduits par des verbes comme *sagen, behaupten, erklären, berichten*...
Pour rapporter des énoncés, l'allemand a deux possibilités :

- Groupe conjonctionnel avec *dass* ; le verbe est en position finale :
  Sie behauptet, ***dass*** *sie alles bezahlt* ***hat.*** Elle affirme qu'elle a tout réglé.
- Une proposition avec le verbe en 2e position :
  Sie behauptet, sie ***hat*** *alles bezahlt.* Elle affirme avoir tout réglé.

2. Les questions rapportées indirectement

Elles sont introduites par des verbes comme *(sich) fragen, nicht wissen, wissen, die Frage stellen, zweifeln*...
Deux cas se présentent :

- L'interrogation **globale** introduite par ***ob*** :
  Ist er schon zurück? Est-il déjà de retour ?
  Ich will wissen, ***ob*** *er schon zurück ist.* Je veux savoir s'il est déjà de retour.

L'interrogation **partielle** introduite par un mot interrogatif en *w-* :

***Wann** soll er zurückkommen?* Quand doit-il revenir ?

*Ich will wissen, **wann** er zurückkommt.* Je veux savoir quand il revient.

***Wer** hat angerufen?* Qui a appelé ?

*Ich möchte wissen, **wer** angerufen hat.* Je voudrais savoir qui a appelé.

3. Les injonctions rapportées indirectement

Elles sont introduites par des verbes comme ***sollen, müssen***.
Ce sont en fait de simples énoncés déclaratifs rapportés, construits avec ou sans ***dass***.
Il existe plusieurs possibilités :

***sollen* + infinitif :**

*Er hat gesagt, dass du eine neue Festplatte **kaufen sollst**.*
*Er hat gesagt, du **sollst** eine neue Festplatte **kaufen**.*
Il a dit que tu dois acheter un nouveau disque dur.

***müssen* + infinitif :**

*Er hat gesagt, dass du dich ans Netz **anschließen musst**.*
*Er hat gesagt, du **musst** dich ans Netz **anschließen**.*
Il a dit que tu dois te connecter au réseau.

***nicht dürfen* + infinitif :**

*Er hat gesagt, dass du ihre E-Mails nicht **lesen darfst**.*
*Er hat gesagt, du **darfst** ihre E-Mails nicht **lesen**.*
Il a dit que tu ne dois pas lire ses mails.

***haben* + *zu* + infinitif :**

*Er hat gesagt, dass du **aufzupassen hast**.*
*Er hat gesagt, du **hast aufzupassen**.*
Il a dit que tu dois faire attention.

infinitif :

*Er bat mich, das Licht **auszumachen**.*
Il m'a prié d'éteindre la lumière.

Mode et temps du discours rapporté 154

1. Le mode du verbe

Le mode est généralement l'**indicatif**. L'emploi du **subjonctif** dans les propos rapportés indique que le locuteur prend ses distances par rapport à ce qu'il énonce : il fait comprendre à son interlocuteur qu'il ne croit pas forcément à ce qu'a dit celui dont il rapporte les paroles.

Emploi de l'indicatif :

*Sie behauptet, **dass** sie alles bezahlt hat.* Elle affirme qu'elle a tout réglé.

Emploi du subjonctif 1 :

*Sie behauptet, **dass** sie alles bezahlt habe.* Elle affirme qu'elle a tout réglé.

Emploi du subjonctif 2 :

*Sie behauptet, **dass** sie alles bezahlt hätte.* Elle affirme qu'elle aurait tout réglé.

Attention !
• La différence entre l'indicatif et le subjonctif 1 est surtout une question de niveau de langue :
– on emploie l'indicatif à l'oral ;
– on emploie le subjonctif à l'écrit.

2. Le temps du verbe

Contrairement au français, il n'y a pas de « concordance » des temps en allemand. Le temps dans la proposition rapportée est celui du style direct.

	en allemand	en français
discours direct	*Sie sagte: "Ich will bezahlen."* ▼ ▼ imparfait + présent	Elle disait : « Je veux payer. » ▼ ▼ imparfait + présent
discours rapporté	*Sie sagte, sie* ***will*** *bezahlen.* ▼ ▼ imparfait + présent	Elle disait qu'elle voulait payer. ▼ ▼ imparfait + imparfait

À VOUS !

206. Mettez les phrases suivantes au discours rapporté.

a. Er sagt: "Morgen bleibe ich zu Hause." – b. Er sagt: "Ich will das Öl des Wagens wechseln." – c. Er sagt: "Ich habe den Wecker nicht gehört." – d. Er sagte: "Ich bin schwer krank." – e. Er sagte: "Ich verzichte auf meinen Urlaub" – f. In der Zeitung steht: "Alle Steuern sind abgeschafft worden." – g. Über Lautsprecher wird gemeldet: "Der Zug aus Wien hat zwei Stunden Verspätung." – h. Im Fernsehen habe ich gehört: "In Kakanien haben zwölfjährige Kinder einen Bären gesehen." – i. Die europäischen Finanzminister behaupten einstimmig: "Der Euro ist die beste Währung der Welt" – j. Die heutige Zeitung berichtet: "Hunderte von Menschen sind bei einem riesigen Brand in China ums Leben gekommen."

207. Mettez les phrases suivantes au discours rapporté.

Sie fragt :

a. "Ist Post für mich da?" – b. "Hat jemand für mich angerufen?" – c. "Wer holt mich heute Abend am Bahnhof ab?" – d. "Ist das Taxi schon bestellt?" – e. "Wo ist mein Handkoffer?" – f. "Wird es heute regnen?" – g. "Brauche ich einen Schirm?" – h."Steckt der Schlüssel im Schloss?" – i. "Sind die Fensterläden zu?" – j. "Bin ich schön gekämmt?"

208. Mettez les phrases suivantes au discours direct.

Er will, dass du vor Mitternacht zurückkommst.
→ Du sollst vor Mitternacht zurückkommen.

a. Sie hat gesagt, dass du dich anstrengen sollst. – b. Sie hat gesagt, dass du den Mülleimer leeren sollst. – c. Sie hat gesagt, dass du dein Zimmer aufräumen sollst. – d. Sie hat gesagt, dass du den Teppich im Wohnzimmer saugen sollst. – e. Sie hat gesagt, dass du dir die Hände waschen sollst. – f. Sie will nicht, dass ihr heute Abend fernseht. – g. Auf dem Schild steht, dass man aufpassen soll. – h. Die Krankenkasse verlangt, dass man sich persönlich meldet. – i. Der Arzt hat darauf gedrungen, dass Sie das Kind sofort ins Krankenhaus bringen. – j. Sie verlangt, dass ihr mehr arbeitet.

209. Mettez les phrases suivantes au discours rapporté.

Sie hat gesagt: a. "Bring mir eine Flasche Bier!" – b. "Schnarche nicht so laut!" – c. "Häng die Wäsche auf!" – d. "Putze die Scheiben im Salon!" – e. "Geh einkaufen!" – f. "Mähe den Rasen!" – g. "Repariere den Kronleuchter!" – h. "Trage die Vorräte in die Küche!" – i. "Mach das Bett!" – j. "Wichse deine Schuhe!" – k. "Kümmere dich um die Kinder!" – l. "Mach das Fernsehen aus!" – m. "Führe den Hund aus!" – n. "Wasche dir die Hände!" – o. "Beklage dich nicht!" – p. "Gratuliere mir zum 8. März!"

DONT

Traduction de « dont » 155

1. « dont » a pour antécédent un nom

« dont » se traduit par ***dessen*** quand son antécédent est un nom masculin ou un nom neutre singulier :

Das Schloss, ***dessen*** *Türme man von weitem sieht...*
Le château, dont on voit les tours de loin...

« dont » se traduit par ***deren*** quand son antécédent est un nom féminin singulier ou un nom au pluriel :

Die Stadt, ***deren*** *Prinz ein Kind ist* La ville dont le prince est un enfant

Attention !
• il n'y a jamais de déterminatif entre le pronom relatif et le nom qui suit :
Die Kinder, ***deren*** *Eltern im Ausland geboren sind…*
Les enfants, dont les parents sont nés à l'étranger…

Die Mutter, ***deren*** *Tochter das Abitur bestanden hat…*
La mère, dont la fille a réussi son baccalauréat…

• s'il y a un adjectif devant le nom, il suit la déclinaison forte :
Der Baum, ***dessen neuer*** *Ast schon Blüten trägt…*
L'arbre dont la jeune branche est déjà en fleurs…

Das Schiff, ***dessen*** *rostiges Ruder zerbrach…*
Le navire, dont le gouvernail rouillé s'est brisé…

2. « dont » a un sens partitif

Au singulier : *von dem / von der* :

Der Ausschuss, ***von dem*** *alle Mitglieder anwesend waren...*
Le comité, dont tous les membres étaient présents...

Die Herde, ***von der*** *alle Kühe krank waren...*
Le troupeau, dont toutes les vaches étaient malades...

Au pluriel (« parmi lesquels ») : *von denen* :

Die Rinder, ***von denen*** *nur eins krank war...*
Les bovins, dont un seul était malade...

3. « dont » est complément d'un adjectif

« dont » se traduit par le pronom relatif dont la forme dépend de la construction de l'adjectif :

L'antécédent est animé :

die Magd, ***auf die*** *Sie eifersüchtig waren* — la servante dont vous étiez jalouse
▼ ▼
eifersüchtig auf + accusatif du pronom relatif

die Kinder, ***für die*** *er verantwortlich ist* — les enfants dont il est responsable
▼ ▼
verantwortlich für + accusatif du pronom relatif

L'antécédent est non animé :

die Sensationen, ***wonach*** *er süchtig war* — les sensations dont il était avide

süchtig nach

der Irrtum, ***dessen*** *ich mir völlig bewusst bin* — la faute dont j'ai pleinement conscience

bewusst + pronom relatif au génitif

4. « dont » est complément d'un verbe

« dont » se traduit par le pronom relatif dont la forme dépend de la construction du verbe :

L'antécédent est animé :

die Tante, ***von der*** *ich die Bibliothek geerbt habe* la tante dont j'ai hérité la bibliothèque
erben von + datif → hériter de

der Mann, ***von dem*** *sie sich scheiden ließ* l'homme dont elle a divorcé
sich scheiden lassen von + datif → divorcer

L'antécédent est non animé :

dieser Besuch, ***worüber*** *ich mich freue...* cette visite, dont je me réjouis...
sich freuen über → se réjouir de

das Holz, ***woraus*** *dieser Tisch gemacht ist* le bois dont est faite cette table
machen aus → faire en

Attention !
La traduction de « dont » dépend de la construction du verbe :
der Mantel, ***den*** *ich brauche...* le manteau dont j'ai besoin...
das Land, ***aus dem*** *er stammt* le pays dont il est originaire

5. Gallicisme

die Art und Weise, ***wie*** *er die Angelegenheit geregelt hat*
la manière dont il a réglé la question

À VOUS !

210. Traduisez.

a. L'école dont le directeur a été arrêté (*verhaften*) a dû fermer. – b. Les couverts dont ils se sont servis doivent être lavés. – c. Le fils dont elle était si fière l'a beaucoup déçue par la suite. – d. Le voisin dont je t'ai parlé a eu un grave accident. (*verunglücken*) – e. J'ai rapporté au magasin cet aspirateur dont je ne suis pas satisfait. – f. La famille dont il est issu était très riche. – g. Le vin dont j'ai passé commande a encore augmenté. – h. Les étudiants dont pas un ne savait l'allemand n'ont pas compris de quoi il s'agissait. – i. La farine animale (*das Tiermehl*), dont on a tant parlé, est désormais interdite. – j. Les contrats dont il a été question hier ont enfin été signés. – k. Le paysan dont les moutons ont été abattus est désormais ruiné. – l. Ses parents habitent la maison dont elle vient juste de sortir. – m. Il a acheté la maison dont je rêvais depuis longtemps. – n. La manière dont il parle est plutôt ridicule. – o. L'élève dont la mère est venue se plaindre est plus bête que méchant.

DÜRFEN

L'autorisation, la permission 156

1. Conjugaison de *dürfen*

dürfen est un verbe mixte régulier

L'indicatif

formes simples		formes composées	
présent	**prétérit**	**parfait**	**plus-que-parfait**
ich darf *du darf**st*** *er darf* *wir dürf**en*** *ihr dürf**t*** *sie dürf**en***	*ich durf**te*** *du durf**test*** *er durf**te*** *wir durf**ten*** *ihr durf**tet*** *sie durf**ten***	*ich habe (sprechen) dürfen* *das habe ich nie gedurft*	*ich hatte (sprechen) dürfen* *das hatte ich nie gedurft*

Le subjonctif

formes simples		formes composées	
subjonctif 1	**subjonctif 2**	**parfait**	**plus-que-parfait**
ich dürfe *du dürf**est*** *er dürfe* *wir dürf**en*** *ihr dürf**et*** *sie dürf**en***	*ich dürf**te*** *du dürf**test*** *er dürf**te*** *wir dürf**ten*** *ihr dürf**tet*** *sie dürf**ten***	*ich habe gedurft/ dürfen* *du habest gedurft/ dürfen*	*ich hätte gedurft / dürfen* *du hättest gedurft/*

2. Sens de *dürfen*

Sens de *dürfen* employé seul :

*Wenn ich **darf**, wie ich will, so tue ich, wie ich will.*
Si je peux faire comme je veux, je fais comme je veux.

Sens de *dürfen* employé avec un complément :

***So etwas darf** man nicht.* On n'a pas le droit de faire cela.
***Das** hat sie nie **gedurft**.* Elle n'a jamais osé faire cela.

Sens de *dürfen* employé avec un infinitif :

Expression de la modalité : sens propre : « pouvoir », « avoir la permission de » :
*Er **darf** nicht **ausgehen**.* Il n'est pas autorisé à sortir. *(He may not go out.)*
Darf** ich **eintreten? Puis-je entrer ?
Darf** ich Sie um einen Dienst **bitten? Puis-je vous demander un service ?
***Hier** darf nicht **geraucht werden**.* Ici on n'a pas le droit de fumer.
*Das hättest du nicht **sagen dürfen**.* Tu n'aurais pas dû dire cela.
*Das **darf** doch nicht wahr **sein!*** Ce n'est pas possible !

- **Sens de *nicht dürfen* employé avec un infinitif :**

nicht dürfen sert de négation à ***müssen***

*Ihr **dürft nicht** so viel **trinken**.* Vous ne devriez pas boire tant. *(You **must not** drink so much.)*

- **Sens de *dürfen nur* employé avec un infinitif : « n'avoir qu'à » :**

*Sie **dürfen** nur **fragen**.* Vous n'avez qu'à demander. *(You only need to ask.)*

Expression de la modalisation au subjonctif 2 : sens figuré : probabilité

*Das **dürfte** so **sein**.* Cela devrait être ainsi. *(That's probably so.)*

*Es **dürfte** sich **erübrigen**, ihn zu erwähnen.* Il n'est probablement pas nécessaire de le mentionner. *(It is **probably** unnecessary to mention him.)*

*Es **dürfte** zu spät **werden**, wenn wir nicht gleich gingen.*
Nous risquerions d'être en retard si nous ne partions pas sur-le-champ.

Voir 58/224-225

EIN[ER]/KEIN[ER]

157 Les différentes natures de *ein[er]/kein[er]*

C'est un quantificateur global qui peut être à la fois déterminatif et quasi-nom.

1. *ein/kein* est un déterminatif

***Ein** neuer Wagen ist immer teuer.* Une voiture neuve est toujours chère.
***kein** einziger Student* pas un seul étudiant

2. *einer/keiner* est un quasi-nom

einer, ein[e]s, eine un, une
keiner, kein[e]s, keine pas un, pas une, personne
keine aucun
***Einer** für alle und alle für **einen**.* Un pour tous et tous pour un.
*Ich glaube, **einer** von euch hat ihn verraten.* Je crois que c'est l'un d'entre vous qui l'a trahi.
***Keiner** von uns war dabei.* Personne d'entre nous n'était présent.
*ein Buch für alle und **keinen*** un livre pour tous et pour personne

Voir Quantificateurs 257
Voir Déclinaison 43-45

À VOUS !

211. Traduisez.

a. Das Glück ist keinem treu. – b. Es klagt keiner über sich selbst. – c. Es hütet keiner die Gänse umsonst. – d. Sich zu bessern ist keinem verboten. – e. Zum Lernen ist keiner zu alt. – f. Einem trauen ist genug, keinem trauen ist nicht klug. – g. Kann einer eines, so kann ein anderer ein anderes. – h. Einer muss der Letzte sein. – i. Einer hat das Brot und der andere den Hunger. – j. Einer sät, ein anderer erntet.

EINIG- QUELQUES-UNS

Les différentes natures de *einig-*

158

C'est un quantificateur partiel qui peut être à la fois déterminatif, adjectif, quasi-nom et pronom.

1. *einig-* est un déterminatif

Au datif masculin singulier :

*mit **einigem** guten Willen* avec un peu de bonne volonté

Aux nominatif, accusatif, datif neutre singulier :

***einiges** bare Geld* un peu d'argent liquide
*mit **einigem** baren Geld* avec un peu d'argent liquide

2. *einig-* est un adjectif

Au singulier :

→ À tous les cas du féminin
→ Au nominatif, à l'accusatif et au génitif masculin
→ Au génitif neutre

*Sie hat einigen **guten** Willen.* Elle a un peu de bonne volonté.
*mit einiger **inniger** Freude* avec une certaine joie intérieure

Au pluriel :

einige schöne Bilder quelques belles images
*Briefe einiger **guter** Bekannter* des lettres de quelques bons amis
einige Beamte quelques fonctionnaires

récapitulatif des emplois de *einig-* comme déterminatif /adjectif

	masculin	neutre	féminin
nominatif	*einiger **guter** Wille*	*einiges bare Geld*	*einige innige Freude*
accusatif	*einigen **guten** Willen*	*einiges bare Geld*	*einige innige Freude*
datif	*einigem guten Willen*	*einigem baren Geld*	*einiger **inniger** Freude*
génitif	*einigen **guten** Willens*	*einigen **baren** Geldes*	*einiger **inniger** Freude*

3. *einig-* est un quasi-nom

Au singulier uniquement :

*Ich habe dazu **einiges** zu bemerken.* J'ai sur ce point quelques remarques à faire.

*« Ihr hörtet wohl schon **einiges** vom Wanderer und seinem Schatten? » (Nietzsche)*
Vous avez certainement déjà entendu quelque chose au sujet du voyageur et de son ombre ?

4. *einig-* est un pronom

Au pluriel uniquement :

*Ausländer? Ja, ich habe **einige** gesehen.* Des étrangers ? Oui, j'en ai vu quelques-uns.

Voir Mutants 230
Voir Quantificateurs 257
Voir Déclinaison 43-45

EN

159 Traduction de « en » suivi du participe présent

1. Traduction de « en » par deux propositions coordonnées

Mach bloß nicht den gleichen Fehler wie ich, ***und*** *verzichte der Karriere zuliebe auf ein Familienleben.*
Ne commets surtout pas la même erreur que moi en renonçant à une vie de famille au profit de ta carrière.

2. Traduction de « en » par *wobei*

Er drückte mir die Hand, ***wobei*** *er vermied mich anzusehen.*
Il me serra la main, en évitant de me regarder.

3. Traduction de « en » par un participe 1

Er zählte ***lachend*** *die Gäste um den Tisch.*
Il compta en riant les invités qui étaient autour de la table.

4. Traduction de « en » par *indem*

Wir müssen uns selbst retten, ***indem*** *wir unsere Lebensgrundlagen sichern.*
Nous devons nous sauver nous-mêmes en assurant nos moyens de subsistance.

Er gab seine Zustimmung, ***indem*** *er nickte.*
Il donna son accord en faisant un signe de tête.

5. Traduction de « en » par *als*

Als *er das Licht anmachte, sah er, dass das Zimmer leer war.*
En allumant la lumière, il vit que la pièce était vide.

6. Traduction de « en » par *beim* + infinitif substantivé

Beim Eintreten *in das Haus*
en entrant dans la maison

7. Traduction de « en » par *über* + infinitif substantivé au datif

Sie ist ***über dem Lesen*** *eingeschlafen.*
Elle s'est endormie en lisant. (= sur son livre)

8. « en » avec les verbes de déplacement

Sie ***läuft*** *die Treppe hinauf.*
Elle monte l'escalier en courant.

9. Traduction de « en » par *im* + nom

Er starb ***im*** *Kampf gegen die Hunnen.*
Il mourut en combattant les Huns.
Er redet ***im*** *Schlaf.*
Il parle en dormant.

Voir Infinitif substantivé 202
Voir Manière 217

Traduction de « en » préposition

1. « en » dans l'expression de l'espace : *nach, auf* ou *in* + datif

*Sie fährt **nach** Deutschland.* Elle va en Allemagne.
*Sie wohnt **in** Deutschland.* Elle habite en Allemagne.
***auf** freiem Felde* en plein champ
***im** Freien* en plein air
oben; unten en haut ; en bas

2. « en » dans l'expression du temps

***im** Sommer* en été
***im** Januar* en janvier
*2001 ; **im** Jahre 2001* en 2001
***zur** rechten Zeit* en temps voulu
rechtzeitig en temps opportun
***innerhalb** zwei Minuten* en deux minutes

3. « en » dans l'expression de la matière : *aus* + datif

***aus** Holz; holzern* en bois
***aus** Gold; golden* en or

4. « en » dans l'expression du moyen

***mit** einem Wort* en un mot
***mit** dem Wagen kommen* venir en voiture

5. « en » dans l'expression de la manière

***im** Kreise* en cercle
***auf** Deutsch* en allemand
***schwarz** gekleidet* habillé en noir

6. « en » dans l'expression de l'identité

*Er kam **als** Freund.* Il est venu en ami.

7. « en » dans l'expression du procès

***auf** der Reise* en voyage
***unterwegs** sein* être en route
***auf** der Fahrt nach; **auf** dem Weg nach* en route pour
vorwärts! Abfahren! en route !
*sich **auf** den Weg machen* se mettre en route

8. Sens abstrait

***für** sich; an und für sich* pour soi ; en soi et pour soi
***zum** Teil* en partie
***im** Ganzen* en tout
*ein Student **der** Medizin* un étudiant en médecine

Voir Temps 269
Voir Manière 217
Voir Moyen 228

161 Traduction de « en » pronom

1. *davon*

"Weißt du, wann er züruckkommt?" "Ich habe nicht die geringste Ahnung ***davon.****"*
– Sais-tu quand il revient ? – Je n'**en** ai pas la moindre idée.

Er hatte sieben Kinder; ***davon*** *leben heute nur noch drei.*
Il avait sept enfants ; il ne lui **en** reste que trois.

Welchen roten Filzstift? Ich habe mehrere ***davon.***
Quel feutre rouge ? J'**en** ai plusieurs.

"Das war ein Schuss! ***Davon*** *wird man noch reden in den spätesten Zeiten."*
« Quel coup ! On **en** parlera encore dans mille ans. »

2. ***welch-*** (voir Pronoms 54-56)

« Ich habe kein Geld bei mir. » « Macht nichts. Ich habe ***welches.*** *»*
– Je n'ai pas d'argent sur moi. – Ce n'est pas grave, moi j'**en** ai.

3. Complément de verbes

L'antécédent est animé :

Der Arzt? ***Den*** *brauche ich nicht mehr.* Le médecin ? Je n'**en** ai plus besoin.
Die Kinder? Er kümmert sich ***um sie.*** Les enfants ? Il s'**en** occupe.

L'antécédent est inanimé :

Die Krücken? ***Die*** *brauche ich nicht mehr.* Les béquilles ? Je n'**en** ai plus besoin.
Das Gepäck? Sie kümmert sich ***darum.*** Les bagages ? Elle s'**en** occupe.

4. Complément d'adjectifs

L'antécédent est animé :

Die Krankenschwester? Ich bin sehr zufrieden ***mit ihr.*** L'infirmière ? J'**en** suis très satisfait.

L'antécédent est inanimé :

Mein neuer Computer? Ich bin sehr zufrieden ***damit.*** Mon nouvel ordinateur ? J'**en** suis très satisfait.

Attention !
La traduction de : *Wie* ***dem*** *auch sei...* Quoi qu'il en soit... est un gallicisme.

Voir Lieu 211-213
Voir Temps 269
Voir Moyen 228
Voir Manière 217

À VOUS !

212. Traduisez.
a. En arrivant chez lui, il constata qu'il avait oublié ses clés. – b. Il apporta une bouteille de vin, en faisant remarquer qu'elle était à moitié vide. – c. Il descendit l'escalier en courant. – d. Il déclara, en allumant un cigare, que c'était trop tard. – e. Elle est assise sur le banc en attendant qu'il vienne la chercher. – f. On gagne de l'argent en fumant moins. – g. Il fut saisi de rage, tout en laissant échapper un cri. – h. Tout en continuant à marcher, il se mit à réfléchir. – i. En me réveillant, je vis qu'il faisait encore noir. – j. Il a glissé en descendant du véhicule *(aussteigen)*.

213. Traduisez.

a. Nous nous reverrons en Alsace en été. – b. Il porte une alliance en or. – c. Elle viendra en bicyclette. – d. Hans-Peter est étudiant en mathématiques. – e. Il a parcouru la distance en deux heures. – f. Il te reste des punaises ? *(die Reißzwecke)* Oui, il m'en reste. – g. Des téléphones cellulaires ? J'en ai plusieurs. – h. Si tu as encore de l'encre, tu peux m'en donner ? – i. J'en suis convaincu. – j. Je n'en pense que du bien.

214. Traduisez.

a. En rentrant chez lui, il rencontra son avocat. – b. En partant, il la remercia une dernière fois. – c. Elle était en sueur. – d. Il avoua sa faute en pleurant. – e. En m'approchant du pigeon, je constatais qu'il était mort. – f. Tu lui raconteras ce qui s'est passé, en évitant de parler des choses désagréables. – g. En prenant un raccourci tu gagneras cinq minutes. – h. On défend ses droits en allant voter. – i. Elle était déguisée en sorcière. – j. Il parle en connaisance de cause.

215. Traduisez.

a. Il a été renversé par une voiture en traversant la rue. – b. En lisant cet article, je me suis demandé qui l'avait écrit. – c. J'ai obtenu votre numéro en téléphonant aux renseignements. – d. Il a beaucoup appris en trois semaines. – e. En raison de la grève, aucun train ne circule aujourd'hui. – f. La ville a été en partie détruite. – g. En Australie, on mange du kangourou. – h. En Rhénanie-Palatinat vivent beaucoup de Turcs. – i. En réfléchissant un peu, tu trouveras la réponse tout seul. – j. En visitant Paris, n'oublie pas la Tour Eiffel.

ENCORE

Traduction de « encore » 162

1. « encore » signifie « en plus, une fois de plus »

On emploie ***noch*** :

*Es hat sich **noch** ein Gast gemeldet.* Il y a encore un invité qui s'est annoncé.

*Sie haben alle Wahlzettel **noch** einmal durchgezählt.*
Ils ont encore une fois compté tous les bulletins de vote.

*Er will **noch** mehr davon haben.* Il en veut encore plus !

*Ich möchte **noch** etwas hinzufügen.* Je voudrais encore ajouter une chose.

2. « encore » signifie « toujours »

On emploie ***(immer) noch*** :

*Regnet es **immer noch**?* Est-ce qu'il pleut encore ?

*Ist er immer **noch** krank?* Est-ce qu'il est encore malade ?

***noch** heute* encore aujourd'hui

*Damals war er **noch** jung.* À l'époque, il était encore jeune.

3. « encore » signifie « jusqu'à présent »

On emploie ***noch*** :

*So was habe ich **noch** nie gehört!* Je n'ai encore jamais entendu une chose pareille.

*Er ist **noch** nicht da.* Il n'est pas encore là.

4. « encore » signifie « qui reste »

On emploie ***noch … übrig*** :
*Hast du **noch** Geld **übrig**?* As-tu encore de l'argent ?
*Hast du **noch** etwas Zeit für mich **übrig**?* As-tu encore un peu de temps à me consacrer ?

5. « encore » signifie « une nouvelle fois »

On emploie ***wieder, (schon) wieder*** :
*Er hat (schon) **wieder** vergessen, den Apparat auszuschalten.*
Il a encore oublié de débrancher l'appareil.

*Er hat sich **schon wieder** geirrt!* Il s'est encore trompé !
*Was gibt's **schon wieder**?* Qu'y a-t-il encore ?

ERST

163 Traduction de « seulement », « ne … que »

1. Les emplois de *erst* avec un sens temporel

erst signifie « seulement » dans le sens de : « pas avant », « pas plus tôt que » ; le point de vue est subjectif.

*Sie macht ihr Abitur **erst** in zwei Jahren.*
Elle ne passe son baccalauréat que dans deux ans.
▼
(Je pensais qu'elle le passait l'année prochaine.)

*Es ist **erst** Montag.* Nous ne sommes que lundi.
▼
(J'ai encore toute la semaine devant moi.)

*Du kommst **erst** jetzt zurück?* Tu ne rentres que maintenant ?
▼
(Je t'attendais plus tôt.)

2. Les emplois de *erst* et de *nur* avec un sens quantitatif

Dans les exemples précédents, ***nur*** est impossible. En revanche, dans les deux exemples suivants, il y a une différence de sens entre ***erst*** et ***nur*** :

erst	***nur***
*Sie hat **erst** zwei Kinder.* Elle n'a que deux enfants. ▼ pour le moment (quantité provisoire) ▼ aspect non accompli	*Sie hat **nur** zwei Kinder.* Elle n'a que deux enfants. ▼ en tout et pour tout, uniquement (quantité définitive) ▼ aspect accompli

Voir Aspect 113-114 ◄

À VOUS !

216. Complétez les phrases suivantes, puis traduisez.
a. Sie ist noch jung; sie ist ... 31 Jahre alt. – b. Meyers haben ... einen Wagen und wollen keinen zweiten. – c. Sie kommt ... im Januar zu uns. – d. Es ist ... 10 Uhr; wir haben noch viel Zeit. – e. Die Spinne hat 8 Beine; ein Insekt ... 6. – f. In diesem Spiel hat der Torwart ... ein Tor kassiert. – g. Sie ist leider ... zwei Tage geblieben. – h. Er kommt ... , wenn er mit seiner Arbeit fertig ist. – i. Ich habe nicht viel getrunken; ... ein Glas. – j. ... die Arbeit, dann das Vergnügen.

ES

Les emplois de *es* 164

1. *es* est un pronom sujet non permutable avec *das*

es est le sujet de verbes impersonnels :

Es regnet. Il pleut.

es est complément dans certaines locutions :

*Er hat **es** eilig.* Il est pressé.
*Sie meint **es** gut mit mir.* Elle est bien disposée à mon égard.
*Sie hat **es** nicht leicht.* La vie n'est pas facile pour elle.

2. *es* est un pronom sujet, complément ou attribut permutable avec *das*

es reprend :

→ Un nom ou un groupe nominal :

"Hast du schon mein neues Mountainbike gesehen?" – As-tu déjà vu mon nouveau VTT ?
*"Nein, ich habe **es** noch nicht gesehen."* – Non, je ne l'ai pas encore vu.

▼

es est complément 1

*"Nein, ich habe **das** noch nicht gesehen."*

"Ist sie verheiratet?" – Est-ce qu'elle est mariée ?
*"Ja, sie ist **es**."* – Oui, elle l'est.

▼

es est attribut

*"**Das** ist sie."*

→ Un groupe avec un verbe à l'infinitif :

*Sie hat versprochen, morgen zu kommen, aber **es** ist noch nicht sicher.*

▼

es est sujet

*Sie hat versprochen, morgen zu kommen, aber **das** ist noch nicht sicher.*
Elle a promis de venir demain, mais ce n'est pas encore sûr.

→ Un groupe conjonctionnel :

Er hat gesagt, dass er den Wein bezahlt hatte, aber ich glaube ***es*** *ihm nicht.*

▼

es est complément 1

Er hat gesagt, dass er den Wein bezahlt hatte, aber ***das*** *glaube ich ihm nicht.*

Il a dit qu'il avait payé le vin, mais je ne le crois pas.

es annonce :

Es *ist eine Schande, dass sie das gesagt hat.*

▼

es est sujet

Das *ist eine Schande, dass sie das gesagt hat.*

C'est une honte qu'elle ait dit cela.

Ich betrachte ***es*** *als einen Fortschritt, dass wir jetzt länger leben können.*

▼

es est complément 1

Ich betrachte ***das*** *als einen Fortschritt, dass wir jetzt länger leben können.*

Je considère comme un progrès le fait qu'à présent nous puissions vivre plus longtemps.

"Bist du ***es****, der heute um sechs angerufen hat?"*

▼

es est attribut

"Bist du ***das****, der heute um sechs angerufen hat?"*

C'est toi qui as appelé ce matin à 6 heures ?

3. *es* est explétif

Dans un énoncé déclaratif, il occupe la première place pour que le verbe puisse occuper la seconde place :

Avec un sujet exprimé :

Es *steht jemand vor der Tür.*

▼

Jemand steht vor der Tür.

▼

Vor der Tür steht jemand.

Il y a quelqu'un à la porte.

Sans sujet exprimé :

Es *wurde den ganzen Abend getrunken.*

▼

Den ganzen Abend wurde getrunken.

▼

Getrunken wurde den ganzen Abend.

Ils ont bu toute la soirée.

4. Locutions avec *es*

Es *gibt einen Ausweg.*	Il y a une issue.
Es *ist der Briefträger.*	C'est le facteur.
Es *sind ein paar Leute im Saal.*	Il y a quelques personnes dans la salle.
Es *handelt sich um eine heikle Sache.*	Il s'agit d'une affaire délicate.
Es *geht jetzt um die Wurst!*	C'est maintenant que ça se décide.
Ich bin ***es*** *müde, satt.*	J'en ai assez de tout cela.
Ich bin ***es*** *gewöhnt.*	J'y suis habitué.

Voir Verbes impersonnels **201**

ETLICH- QUELQUES-UNS

Les différentes natures de *etlich-* 165

C'est un quantificateur partiel qui peut être à la fois déterminatif, adjectif, quasi-nom et pronom.

1. *etlich-* est rarement employé comme déterminatif

*etliche **schweren** Fehler* quelques graves fautes

2. *etlich-* est un adjectif

Au singulier :
*nach **etlicher** Zeit* après quelque temps

Au pluriel :
*Er hat **etliche** schwere Fehler übersehen.* Il n'a pas vu quelques graves fautes.

3. *etlich-* est un quasi-nom

Au singulier (rare) :
*Sie hat **etliches** auf dem Kerbholz.* Elle a certaines choses à se faire pardonner.

Au pluriel :
*Nur **etliche** sind damit einverstanden.* Seuls quelques-uns sont d'accord.

4. *etlich-* est un pronom

"Hast du noch Patronen?" – As-tu encore des cartouches ?
*"Ja, ich habe noch **etliche**."* – Oui, j'en ai encore quelques-unes.

Voir Quantificateurs 257
Voir Déclinaison 43-45

ÊTRE EN TRAIN DE

Expression de l'aspect non accompli 166

1. Traduction de « être en train de » : expression de l'aspect non accompli dans le passé et le présent

gerade
*"Wann räumst du dein Zimmer auf?" "Ich bin **gerade** dabei!"*
Quand est-ce que tu vas ranger ta chambre ? C'est justement ce que je suis en train de faire.

*Was sie jetzt wohl **gerade** macht? Sie liest **gerade**. (She's reading.)*
Qu'est-ce qu'elle est en train de faire ? Elle est en train de lire.

*Ich bin **(gerade)** beim Kochen.* Je suis en train de faire la cuisine.

- ***eben*** **(facultatif)**

*Ich war (**eben**) beim Kochen, als jemand an der Tür klopfte.*
(I was cooking when someone knocked at the door.)
J'étais en train de faire la cuisine quand on frappa à la porte.

Sie saßen bei einer Tasse Tee, als plötzlich das Licht ausging.
(They were having a cup of tea when the light went out.)
Ils étaient en train de prendre une tasse de thé quand soudain la lumière s'éteignit.

2. Traduction de « être en train de » : expression de l'aspect non accompli dans le futur : sans *eben* ni *gerade*

Ich werde beim Kochen sein, wenn ihr ankommt.
Je serai en train de faire la cuisine quand vous arriverez.

Sie werden wahrscheinlich bei einer Tasse Tee sitzen, wenn Sie ankommen.
Ils seront probablement en train de boire le thé quand vous arriverez.

Voir Aspect 113-114

EXCLAMATION

167 Expression de l'exclamation

L'exclamation se traduit par des phrases ou par des énoncés sans verbe.

1. Les phrases avec verbe conjugué

- **Le verbe est en première position :**

***Ist** sie aber hübsch!* Qu'est-ce qu'elle est jolie ! *(**Isn't** she lovely!)*
***War** ich (vielleicht) enttäuscht!* Quelle ne fut pas ma déception ! *(**Was** I ever disappointed!)*
***Ist** sie gewachsen!* Comme elle a grandi !

- **Le verbe est en 2e position :**

*Das **ist** aber teuer!* Qu'est-ce que c'est cher !
*Das **ist** (ja / schon / doch) allerhand!* C'est scandaleux !

- **Les phrases sont introduites par des mots exclamatifs :**

***Wie** hübsch **ist** sie heute!* Comme elle est jolie aujourd'hui !
***Was ist** das für ein Gepolter!* Qu'est-ce que c'est que ce boucan !
*So **was kann** man nicht dulden!* On ne saurait tolérer ça !

- **Le verbe est en position finale :**

***Wie** hübsch sie heute **ist**!* Comme elle est jolie aujourd'hui !
***Wie** groß du geworden **bist**!* Comme tu as grandi !
***Was** man nicht alles hören **muss**!* Qu'est-ce qu'il ne faut pas entendre !
***Dass** du mir ja nicht ins Gehege **kommst**!* Ne t'avise surtout pas de marcher sur mes plate-bandes !

2. Les phrases sans verbe conjugué

Elles sont introduites par des mots exclamatifs :
***Wie** nett von Ihnen!* Comme c'est gentil de votre part ! *(How nice of you!)*

***Wie** schade !* Quel dommage ! *(What a pity!)*
***Welch eine** Überraschung!* Quelle surprise ! *(What a surprise!)*
***Was für ein** Appetit!* Quel appétit ! *(What an appetite!)*
***Was für ein** schönes Haus!* Quelle belle maison ! *(What a beautiful house!)*

À VOUS !

217. Traduisez.
a. Qu'est-ce qu'il ne faut pas entendre ! – b. Qu'elle est triste ! – c. Qu'est-ce qu'il fait froid ! – d. Que tu es bête ! – e. Comme la petite a grandi ! – f. Comme je suis heureuse qu'elle ait réussi ! – g. Que c'est cher ! – h. Que c'est beau – i. Comme il va vite ! – j. Que tout cela est difficile !

FAIRE

Les emplois de *machen* et de *tun* 168

L'allemand a deux verbes qui correspondent à **faire** : ***machen*** et ***tun*** (*to make* et *to do*).

1. Les sens de *machen*

Le sens premier est « faire » :

*Kaffee, Tee **machen*** faire du café, du thé
*Sie hat sich im Ausland viele Freunde **gemacht**.* Elle s'est fait beaucoup d'amis à l'étranger.

Comme auxiliaire, *machen* a un sens factitif (Voir *lassen* 210) :

*Sie will mir glauben **machen**, dass sie krank ist.* Elle veut me faire croire qu'elle est malade.
*Der Witz **macht** mich lachen.* La blague me fait rire.

2. Les sens de *tun*

Le sens premier est « faire » :

***Tue** recht und scheue niemand.* Fais ce que dois, advienne que pourra.
*Denken und **tun** ist zweierlei.* Penser et agir sont deux choses différentes. (Voir 89)
*Ich habe noch einiges zu **tun**.* J'ai encore pas mal de choses à faire.
*Es **tut** mir leid.* Je suis désolé, je regrette.

Comme auxiliaire, *tun* peut remplacer un autre verbe :

En français, « faire » peut jouer le même rôle :
« Puis-je autrement marcher que ne **fait** ma famille ? » demande l'écrevisse. (La Fontaine, XII, 10, 21)
*Lieben, so wie andere Paare, die dann heiraten, **tun** wir einander nicht.*
Nous aimer comme le font ces couples qui ensuite se marient, non, nous ne nous aimons pas ainsi.

***tun* conjugé permet la mise en relief** (généralement, mais pas toujours, en 1re position) **d'un verbe non conjugué :**

*Wohnen **tut** sie drüben im Hochhaus.* Elle habite en face dans l'immeuble.
*Gefallen **tun** sie mir eigentlich alle.* En fait, ils me plaisent tous.
*Ich wüsste, was ich mir wünschen **täte**!* Je saurais ce que je souhaiterais !

À VOUS !

218. Complétez les phrases suivantes.
a. ... dein Bett! – b. Sie ... ihr Bestes. – c. Du musst etwas für deine Gesundheit ... . – d. Er gibt viel Geld aus; ja, er hat sogar Schulden ... . – e. Diese Krankheit ... mir Angst. – f. Damit wäre diese Arbeit ... . – g. Früher ... der Schuster die Schuhe und der Schneider den Anzug. – h. Sie hat viel Gutes ... . – i. Sie braucht sich keine Illusionen zu ... . – j. ... Salz an die Suppe!

219. Complétez les phrases suivantes.
a. Die am wenigsten zu ... haben, haben immer die größte Eile. – b. Wer einen guten Tag haben will, muss ihn sich ... . – c. Der Fleißige hat immer etwas zu ... . – d. Die Erfahrung ... 's. – e. Liebe ... alles. – f. Ein jeder ...'s, so gut er kann. – g. Gut ... ist besser als gut meinen. – h. Der Zufall kann große Dinge ... . – i. Geredet ist nicht ... . – j. Gelehrte reden viel Gutes, aber keiner ... es.

FAUX-AMIS

169 Les faux-amis allemands

Les faux amis sont des mots empruntés au français, mais qui n'ont pas gardé le sens du terme français d'origine.

1. Les noms

A

*die **Addition***	l'addition (arithmétique)	≠ l'addition (restaurant)	*die Rechnung*
*eine **Affäre***	une fâcheuse affaire ; un déduit	≠ l'affaire	*die Angelegenheit*
*die **Allee***	l'avenue, le boulevard	≠ l'allée	*der Gang*
*das **Appartement***	la suite (dans un hôtel)	≠ l'appartement	*die Wohnung*

D

*statistische **Daten***	des données statistiques	≠ la date	*die Zeitangabe*
*die **Demonstration***	la manifestation	≠ la démonstration	*die Beweisführung*
*der **Dirigent***	le chef d'orchestre	≠ le dirigeant	*der Leiter, der Führer*
*die **Dissertation***	la thèse de doctorat	≠ la dissertation	*der Aufsatz*

E

*der **Etat***	le budget	≠ l'État ≠ l'état	*der Staat* *der Zustand*

F

das ***Fagott***	le basson (instrument de musique)	≠ le fagot	*das Reisigbündel*
das ***Feuilleton***	la page culturelle	≠ le feuilleton	*der Fortsetzungsroman; die Fernsehserie*
die ***Figur***	la personne	≠ la figure	*das Gesicht*

I

die ***Infusion***	la perfusion sous-cutanée	≠ l'infusion	*der Kräutertee*

K

der ***Kadaver***	la charogne	≠ le cadavre	*die Leiche*
ein ***Kavalier*** *sein*	se montrer galant	≠ être cavalier	*unverschämt sein*
das ***Klavier***	le piano	≠ le clavier	*die Tastatur*
die ***Koffer***	les valises	≠ le coffre	*die Kiste, der Kasten, der Safe*
das ***Kolleg***	le cours	≠ le collège	*das Gymnasium, die Realschule*
der ***Kompass***	la boussole	≠ le compas	*der Zirkel*
das ***Komplet***	l'ensemble	≠ le complet	*der Anzug* (voir *Kostüm)*
das ***Konzept***	le brouillon	≠ le concept	*der Begriff*
der ***Konkurs***	la faillite	≠ 1. le concours (de recrutement)	*der Wettbewerb*
		≠ 2. avec le concours de	*unter Mitwirkung von*
das ***Kostüm***	le tailleur	≠ le costume	*der Anzug* (voir *Komplet)*

P

die ***Parole***	1. le mot de passe 2. le slogan	≠ la parole	*das Wort*
die ***Phrasen***	de belles paroles	≠ la phrase	*der Satz*
die ***Politesse***	la contractuelle	≠ la politesse	*die Höflichkeit*

R

die ***Rakete***	la fusée	≠ la raquette	*der Schläger*

T

das ***Tablett***	le plateau	≠ la tablette de chocolat	*die Tafel Schokolade*
der ***Tank***	le réservoir	≠ le tank	*der Panzer*
die ***Tapete***	le papier peint	≠ la tapette	*die Fliegenklappe*

2. Les adjectifs

F

fidel	joyeux	≠ fidèle	*treu*

O

obligatorisch	inévitable	≠ obligatoire	*verbindlich*
ordinär	vulgaire	≠ ordinaire	*gewöhnlich*

N

nett	chic	≠ net	*scharf*

S

solid	sérieux	≠ solide	*kräftig*

3. Les adverbes

partout	absolument	≠ partout	*überall*

4. Les verbes

appellieren	en appeler à	≠ appeler	*[an]rufen*
sich ***blamieren***	se ridiculiser	≠ blâmer	*tadeln*
demonstrieren	manifester	≠ démontrer	*beweisführen*

GÉNITIF

170 Les formes du génitif

1. Le génitif des noms communs

Voir Déclinaison des noms, 8-13

2. Le génitif des noms propres

Le génitif des noms de personne :

→ Le génitif des noms de personnes seuls

- ***-s*** : *das Werk Goethes* l'œuvre de Goethe

– Si le nom se termine par une sifflante ***(s, ß, x, z, tz)*** : trois possibilités
Horaz' Satiren = die Satiren ***des*** *Horaz = Horazens Satiren* les Satires d'Horace
Grass' Romane les romans de Grass

– Pour les noms tirés de l'Antiquité : abandon de la terminaison + ***s*** :
Achilles → Achills Ferse le talon d'Achille

• Maintien de la déclinaison étrangère pour la langue religieuse uniquement :
Jesus Christus → Jesu Christi
Jesu Wirken l'œuvre de Jésus
Christi Himmelfahrt l'Ascension
Mariä Himmelfahrt l'Assomption
die Offenbarung Johannis l'Apocalypse de Jean
das Evangelium Matthäi l'Évangile selon Saint Matthieu
Pauli Bekehrung la conversion de Paul

→ Le génitif des noms propres avec d'autres déterminations
• Avec article : le nom qui suit est invariable
die Rolle des Lohengrin le rôle de Lohengrin
die Botschaft des Buddha le message du Bouddha

• Avec prénom(s) : seul le dernier nom est décliné
die Werke Rainer Maria Rilkes les œuvres de Rainer Maria Rilke
Moritz von Schwinds Bilder les tableaux de Moritz von Schwind
Friedrich von Schillers Gedichte les poèmes de Friedrich von Schiller

• Avec un (ou plusieurs) nom(s) sans article + nom propre : seul le nom propre porte la marque
der Sieg Kaiser Karls la victoire de l'empereur Charles
Regierungsrat Professor Pfeifers Rede
le discours du conseiller du gouvernement le professeur Pfeifer

Attention !
• Sont toujours déclinés :
– *Herr*
Herrn Meyers Einladung l'invitation de monsieur Meyer
– les masculins en **-e** :
*Genosse**n** Schmidts Tod* la mort du camarade Schmidt
*Vorsitzende**n** Eckerts Ankunft* l'arrivée du président Eckert
• Si le nom se termine par une sifflante, 2 possibilités :
– *ein Dekret Papst Innozenz' III* un décret du pape Innocent III
– *ein Dekret **des Papstes** Innozenz III* un décret du pape Innocent III

Le génitif des noms géographiques :

→ Seuls : **-s**
Preußens Niederlage/die Niederlage Preußens la défaite de la Prusse

• Si le nom se termine par une sifflante ***(s, ß, x, z, tz)***
– apostrophe :
Florenz' Kirchen les églises de Florence
– ***-ens*** (littéraire) :
*Florenz**ens** Kirchen* les églises de Florence
– addition d'un substantif :
*die Kirchen **der Stadt** Florenz* les églises de la ville de Florence

→ Avec un déterminatif ou avec un déterminatif et un adjectif :
• Les masculins et neutres ne prennent généralement plus de **-s** :
die Bevölkerung des Irak la population de l'Irak
(plus rarement : *des Iraks*)

die Landschaft des Iran les paysages de l'Iran
(plus rarement : *des Irans*)

Cette tendance, très marquée à l'écrit, se retrouve même pour des noms qui ne sont pas des noms propres géographiques :
die Verben des Sanskrit les verbes du sanskrit
die Geschichte des Islam l'histoire de l'islam
die Sprache des Koran la langue du Coran

auf der Basis des gesprochenen Englisch oder Französisch
sur la base de l'anglais ou du français parlé

• Si le nom se termine par une sifflante ***(s, ß, x, z, tz)*** : ***-es*** ou **invariable** :
*die Hauptstadt des **Elsass** / des **Elsasses*** la capitale de l'Alsace

• Le nom propre tend à rester invariable si en plus de l'article il y a un adjectif :
die Erforschung des modernen Orient la recherche qui porte sur l'Orient moderne
die Dialekte des frühen Italien les dialectes de l'Italie ancienne

171 Les emplois du génitif

1. Le génitif employé comme déterminatif

Il s'agit du génitif saxon, ou antéposé (voir 20).

2. Le génitif absolu

Il est employé seul, sans relation syntaxique avec le reste de la phrase :

Adverbes de phrase :

keineswegs en aucune façon
meines Erachtens d'après moi
meines Wissens à ma connaissance
meiner-, deiner-, seiner-, ihrer-, unserer-, Ihrerseits en ce qui me (te, vous, nous) concerne
meines-, deines-, seinesteils pour ma (ta, sa) part

Circonstant :

• Datation indéfinie : question ***wann?***
eines Tages un jour
seinerzeit (= damals) en son temps

• Manière : question ***wie?***
langsamen Schrittes d'un pas lent
schweren Herzens le cœur gros
unverrichteter Dinge bredouille, sans avoir rien fait
(= unverrichteterdinge)
unverrichteter Sache bredouille, sans avoir rien fait
(= unverrichtetersache)
derart de telle manière, de cette façon

3. Les prépositions suivies du génitif (voir 251)

***Namens** des Direktors* au nom du directeur

4. Les adjectifs suivis du génitif (voir Annexe)

*mehrerer Sprachen **mächtig*** qui maîtrise plusieurs langues

5. Les verbes suivis du génitif (voir Annexe)

Gedenke der Toten! Souviens-toi des morts!
frohen Mut[e]s sein = frohen Sinnes sein être de bonne humeur
anderen Sinnes werden changer d'avis
guter Dinge sein être de bonne humeur

6. Les noms suivis du génitif (voir 36)

Les relations de sens entre un nom au génitif et le nom auquel il se rapporte sont très complexes.
On se limitera ici aux nominalisations d'un verbe. On distingue :

Le génitif subjectif :

C'est la nominalisation d'une construction : sujet + **verbe intransitif**

*[Mein Freund **kommt an.**]*	[Mon ami arrive.]
→ ***die Ankunft** meines Freundes*	→ l'arrivée de mon ami
▼	▼
***seine** Ankunft*	**son** arrivée

Le génitif objectif :

C'est la nominalisation d'une construction : **verbe transitif + C1**

*[(Kolumbus) hat Amerika **entdeckt.**]*	*[Christophe Colomb a découvert l'Amérique.]*
→ ***die Entdeckung** Amerikas*	→ la découverte de l'Amérique
▼	▼
***seine** Entdeckung*	**sa** découverte

Le génitif « attributif » (voir 19) :

C'est la nominalisation d'une construction : sujet + **attribut**

*[Die Frau **ist schön.**]*	[La femme est belle.]
→ ***die Schönheit** der Frau*	→ la beauté de la femme
▼	▼
***ihre** Schönheit*	**sa** beauté

À VOUS !

220. À partir du groupe nominal avec génitif attributif, faites une phrase avec un verbe d'état.
die Dummheit des Jägers → Der Jäger ist dumm.
a. die Faulheit des Studenten – b. das Glück des jungen Ehepaars – c. die Grausamkeit des Krieges – d. die Freude der Kinder – e. die Kälte des Wassers – f. die Verletzung des Gefangenen – g. die Vergoldung des Ringes – h. die Feigheit mancher Politiker – i. die Klugheit des Sachverständigen – j. das hohe Alter des Gebäudes.

221. Précisez si le génitif est subjectif (S) ou objectif (O), puis traduisez.
a. die Entdeckung der Röntgen-Strahlen – b. die Entdeckung Röntgens – c. der Besuch der alten Dame – d. die Besichtigung der Kunsthalle – e. die Übertragung der Sendung – f. die Verfolgung und Ermordung Jean-Paul Marats – g. das Kochen des Wassers – h. der Flug der Vögel – i. die Errichtung des Denkmals – j. das Quietschen der Bremsen.

GENRE

172 Particularités concernant le genre

En allemand, comme dans d'autres langues, sexe et genre ne coïncident pas toujours :

• En français, « sentinelle » est de genre féminin, même si la sentinelle est un homme, et « mannequin » est de genre masculin, même si le mannequin est une femme.

• En anglais, les bébés sont neutres, alors que les avions sont masculins et les bateaux féminins...

1. Le genre grammatical l'emporte sur le sexe

Le nom neutre ***Mädchen*** désigne un être **féminin** ; il est repris par un pronom neutre :

*Ein **Mädchen** war da. → **Es** hat nach dir gefragt.* Une fillette était là. → **Elle** t'a demandé.

*Das Fräulein hat gestern Morgen angerufen. → **Es** ruft heute wieder an.*
La demoiselle a appelé hier matin. → **Elle** rappellera aujourd'hui.

*Alvarez hatte das **Mädchen** an der Hand und entfernte sich mit **ihm**.*
Alvarez tenait la fillette par la main et s'éloigna avec **elle**.

Attention !
• À l'oral, on peut cependant employer un pronom féminin :
*Da nahm dieses **Mädchen** ein Brett und ein Messer und zeigte ihm, was **sie** von ihm hielt.*
Cette fille prit une planche et un couteau et lui fit comprendre ce qu'elle pensait de lui.
• C'est (presque) toujours le cas pour le **déterminatif personnel** :
*Da sah das **Mädchen** auf einmal auf, und **ihre** Augen begegneten Friedrichs Blicken.*
La fillette leva alors soudain les yeux et son regard croisa celui de Frédéric.

*Tirza konnte sich nicht erinnern, je **ein Mädchen** mit einem so lebhaften, fröhlichen Gesicht gesehen zu haben. **Ihre** Hüften waren noch kantig wie ein Möbelstück.*
Tirza ne pouvait se rappeler avoir jamais vu une fillette avec un visage aussi éveillé et gai. Ses hanches étaient encore anguleuses comme un meuble.

Le nom neutre ***Bübchen*** désigne un être **masculin** ; il est repris par un pronom neutre :

*Es war einmal ein **Bübchen**, **das** war wegen seiner weisen Antworten, die **es** auf alle Fragen gab, weit und breit berühmt.*
Il était une fois un garçonnet, qui était connu partout à cause des réponses sensées qu'il donnait à toutes les questions.

Le nom neutre ***Büblein*** désigne un être **masculin** ; il est repris par un pronom neutre :

*Eine Mutter hatte ein **Büblein** von sieben Jahren, **das** war so schön und lieblich, dass **es** niemand ansehen konnte, ohne mit ihm gut zu sein, und sie hatte **es** auch lieber als alles auf der Welt.*
Une mère avait un garçonnet, qui était si beau et si mignon que personne ne pouvait le voir sans être gentil avec lui, et elle l'aimait aussi plus que tout au monde.

- ***wer***, quasi-nom peut renvoyer à un nom masculin, féminin ou neutre :
*"**Wer** von euch möchte an die Tafel?", fragte die Lehrerin die Schülerinnen.*
« Qui parmi vous veut aller au tableau ? », demanda l'institutrice à ses élèves.

Mais il peut aussi renvoyer exclusivement à des noms masculins :
*"**Wer** nicht liebt Wein, Weib und Gesang, der bleibt **ein Narr sein** Leben lang." (Luther)*
Celui qui n'aime pas le vin, les femmes et les chansons reste un fou toute sa vie.

- Inversement, un quasi-nom neutre peut renvoyer à de l'animé :
***Was** sich liebt, neckt sich.* Ce qui s'aime se taquine.
mein Liebes ma chérie

- Certains mots abstraits peuvent désigner des êtres humains, généralement de sexe féminin :

die Hilfe l'assistant(e), l'aide
die Bedienung le serveur / la serveuse
die Politesse la contractuelle (pervenche)

De même, les composés de ***-kraft*** :

die Arbeitskraft la main-d'œuvre
die Bürokraft l'auxiliaire de bureau
die Hilfskraft l'auxiliaire
die Lehrkraft l'enseignant (e)
die Schreibkraft le / la secrétaire

2. Les mots allemands d'origine française qui ne conservent pas leur genre d'origine

- **Les mots de genre inverse :**

der Alarm, der Bankrott, der BMW, der Caravan, der Chartreuse, der Disput, der Jetset, der Komet, der Likör, der Marsch, der Musselin, der Rekrut, der Trupp, der Tumor

die Chiffre, die Courage, die Eloge, die Hommage, die Karosse, die Message, die Nummer, die Patriot (missile)

- **Sont neutres :**

→ Alors que le mot français d'origine est masculin :
das Malheur, das Volt, das Verdikt, das Trio, das Theater, das Watt, das Veto, das Verb, das Tribunal

→ Alors que le mot français d'origine est féminin :
das Douceur, das Porzellan, das Manöver, das Omelett, das Idol, das Dynamit, das Radio, das Pedal, das Kompott, das Gelee, das Scharnier

3. Cas particuliers de noms composés dont le genre n'est pas celui du déterminé

Il s'agit des composés de ***Mut*** et de ***Teil***.

- **Les composés de *der Mut* :**

→ Une majorité de composés conserve le genre **masculin**, surtout quand ***Mut*** garde son sens de **« courage »** :

der Edelmut la noblesse d'esprit, la noblesse d'âme
der Gleichmut l'indifférence
der Hochmut l'orgueil
der Lebensmut le courage face à la vie
der Frohmut la jovialité
der Heldenmut le courage héroïque
der Kleinmut la pusillanimité
der Missmut la mauvaise humeur

der Todesmut le courage face à la mort
der Übermut la suffisance, la prétention
der Unmut la mauvaise humeur
der Wagemut la témérité
der Wankelmut la versatilité, l'inconstance

→ Quand le sens « courage » s'est affaibli, le terme devient **féminin** :

die Anmut la grâce
die Demut l'humilité
die Großmut la magnanimité
die Langmut la patience
die Sanftmut la douceur
die Schwermut la mélancolie
die Wehmut la tristesse

Les composés de *der Teil* :

Teil peut être masculin ou neutre. Les composés sont :

masculin	masculin ou neutre	neutre
Anteil la part	*Erbteil* la part d'héritage	*Abteil* le compartiment
Bestandteil l'élément	*Ersatzteil* la pièce de rechange	*Altenteil* les réserves (droit)
Bruchteil la fraction	*Oberteil* la partie supérieure	*Einzelteil* la pièce détachée
Erdteil le continent	*Pflichtteil* la légitime réserve (droit)	*Gegenteil* le contraire
	Hinterteil la partie postérieure	*Urteil* le jugement
Großteil la majeure partie, la majorité	*Unterteil* la partie inférieure	
Körperteil la partie du corps	*Vorderteil* la partie antérieure	
Nachteil l'inconvénient		
Stadtteil le quartier		
Vorteil l'avantage		

Voir Genre 172
Voir Antonymes 111
Voir Paronymes 238

GESAMT - TOUT

173 Les différentes natures de *gesamt*

C'est un quantificateur global qui peut être à la fois adjectif et pronom.

1. *gesamt* est un adjectif

*das **gesamte** Werk* l'œuvre complète
*sein **gesamtes** Gepäck* tous ses bagages
*sein **gesamtes** Handeln* toute son action

2. *gesamt* est un pronom invariable

Au pluriel :

*Ihr schweigt **gesamt**.* Vous gardez tous le silence.
*Sie haben sich **gesamt** zurückgezogen.* Ils se sont tous retirés.

Voir Déclinaison du groupe nominal 43-45
Voir Quantificateurs 257

GROUPE ADVERBIAL

Les spécificités du groupe adverbial 174

- Le **groupe adverbial** a pour base un adverbe (un adjectif de verbe) :

*Sie spricht **laut**.* Elle parle fort.
*Er fährt **schnell**.* Il roule vite.

- Il peut être précédé d'un adjoint :

*Sie spricht **ziemlich laut**.* Elle parle assez fort.

adjoint adverbe

- Il peut être précédé de deux adjoints :

*Er fährt **viel zu schnell**.* Il roule beaucoup trop vite.

adjoints adverbe

Voir adjectif de verbe 91-103
Voir adjoint 91-103

Les propriétés du groupe adverbial 175

1. Le groupe adverbial est permutable avec sa base

*Sie spricht **ziemlich laut**.* → *Sie spricht **laut**.* Elle parle assez fort. → Elle parle fort.
*Er fährt **viel zu schnell**.* → *Er fährt **schnell**.* Il roule beaucoup trop vite. → Il roule vite.

2. Le groupe adverbial peut être repris par un autre adverbe : *so*

*Sie spricht **ziemlich laut**.* Elle parle assez fort.
→ *Ich weiß, dass sie **so** spricht.* → Je sais qu'elle parle ainsi.
*Er fährt **viel zu schnell**.* Il roule beaucoup trop vite.
→ *Ich weiß, dass er **so** fährt.* → Je sais qu'il roule ainsi.

3. Le groupe adverbial peut être utilisé seul (il peut constituer un énoncé)

"Wie spricht sie?" Comment parle-t-elle ?
→ *"**Ziemlich laut**."* → Assez fort.
"Wie fährt er?" Comment roule-t-il ?
→ *"**Viel zu schnell**."* → Beaucoup trop vite.

Fonction du groupe adverbial 176

Le groupe adverbial est un membre du groupe verbal.

GROUPE CONJONCTIONNEL

177 Les spécificités du groupe conjonctionnel

- Le groupe conjonctionnel a pour base une conjonction de subordination (« subjoncteur ») et pour membre (ou déterminant) obligatoire une proposition avec verbe final :

nachdem ***sie operiert wurde...*** après qu'elle eut été opérée

base — membre

- La position finale du verbe est due au fait que le groupe conjonctionnel est dépendant.

178 Les propriétés du groupe conjonctionnel

1. Le groupe conjonctionnel n'est pas permutable avec sa base

Il n'y a groupe conjonctionnel que s'il y a une base (la conjonction) et un membre.

2. Le groupe conjonctionnel peut être repris par un groupe prépositionnel pronominalisé (voir 190)

Nachdem *er operiert wurde, fühlte er sich viel besser.*
Après qu'il eut été opéré, il se sentit beaucoup mieux.
→ ***Danach*** *fühlte er sich viel besser.* Il se sentit **ensuite** beaucoup mieux.
Während *sie die Zeitung liest, spült er das Geschirr.*
Pendant qu'elle lit le journal, il fait la vaisselle.
→ ***Währenddessen*** *spült er das Geschirr.* Pendant ce temps, il fait la vaisselle.

3. Le groupe conjonctionnel peut être utilisé seul

- **Il peut constituer un énoncé :** (voir Énoncés 74)

Wenn *ich das gewusst hätte!* Si j'avais su ça !
Ob *er noch kommt?* Est-ce qu'il passera avant la fin de la journée ?

- **Il peut servir à désigner, notamment dans les titres :**

Als *ich die Stadt betrat... (Brecht)* Quand j'entrai dans la ville...
Wie *man mit dem Hammer philosophiert.* (Nietzsche)
Comment on fait de la philosophie à coups de marteau.

4. Le groupe conjonctionnel peut, dans certains cas, être transformé en groupe prépositionnel

Pour que cette transformation soit possible, il faut que le verbe puisse être nominalisé (transformé en nom) :

nachdem *die Stadt zerstört wurde...*	après que la ville fut détruite...
→ ***nach*** *der Zerstörung der Stadt*	→ après la destruction de la ville
nachdem *sie geboren wurde...*	après qu'elle fut née...
→ ***nach*** *ihrer Geburt*	→ après sa naissance
bevor *die Sonne aufgeht...*	avant que le soleil se lève...
→ ***vor*** *Sonnenaufgang*	→ avant le lever du soleil

Les fonctions du groupe conjonctionnel 179

Le groupe conjonctionnel peut être :

1. Complément 1 d'un verbe transitif (voir 86-87)

*Ich sehe, **dass die Fernbedienung kaputt ist.*** Je vois que la télécommande est cassée.
*Sie wusste nicht, **wie ihr geschah.*** Elle ne comprenait pas ce qui lui arrivait.

2. Complément à droite de la base du groupe nominal (voir 42)

*die Tatsache, **dass es regnet*** le fait qu'il pleut
*die Frage, **ob sich ein Geheimcode lohnt*** la question de savoir si un code d'accès est utile

3. Complément de certains adjectifs

*Er ist sicher, **dass sie kommt.*** Il est sûr qu'elle va venir.
*Es ist klar, **dass ein Handy sehr nützlich ist.*** Il est clair qu'un portable est très utile.

4. Complément d'une forme au degré 1 (voir 29)

*Sie ist älter, **als sie scheint.*** Elle fait plus jeune que son âge.
*Sie kam schneller, **als ich dachte.*** Elle est venue plus vite que je pensais.

5. Complément d'un mot invariable

*Früher, **als die Tiere noch sprachen...*** Du temps où les animaux parlaient...

6. Hors construction, le groupe conjonctionnel peut avoir une fonction illocutoire (commentaire sur l'énoncé)

*Die Neuarmen, **wenn ich so sagen darf,** haben oft schon in der Volksschule versagt.*
Les nouveaux pauvres, si je peux m'exprimer ainsi, ont souvent connu l'échec dès l'école primaire.

À VOUS !

222. Transformez les groupes conjonctionnels en groupes prépositionnels.
Seitdem die Messe eröffnet ist, sieht man ihn kaum noch.
→ Seit der Eröffnung der Messe sieht man ihn kaum noch.
a. Nachdem die Sonne untergegangen ist, wird es schnell kalt. – b. Bevor sie starb, hatte sie noch Zeit, ihr Testament zu diktieren. – c. Seitdem man in Frankreich die 35-Stunden-Woche eingeführt hat, geht die Arbeitslosigkeit zurück. – d. Ihr Mann hat seine Arbeit aufgegeben, ohne dass sie zustimmte. – e. Bevor er heiratete, lebte er im Ausland. – f. Wenn es regnet, soll man langsamer fahren. – g. Und wenn es schneit, soll man besonders vorsichtig sein. – h. Ich trage eine Gasmaske, weil die Luft verpestet ist. – i. Nachdem er seine Arbeit beendigt hatte, ruhte er sich drei Tage aus. – j. Seitdem die Einbauküche installiert ist, will er nicht mehr kochen.

223. Transformez les groupes prépositionnels en groupes conjonctionnels.
Seit der Eröffnung der Messe sieht man ihn kaum noch.
→ Seitdem die Messe eröffnet ist, sieht man ihn kaum noch.
a. Seit der Entdeckung des Penicillins lassen sich die Bakterien besser bekämpfen. – b. Er wurde wegen seiner andauernden Krankheit entlassen. – c. Vor der Erfindung des Rades musste alles getragen werden. – d. Bei Glatteis lässt man den Wagen am besten in der Garage. – e. Er hätte das nie ohne ihre Zustimmung unternommen. – f. Seit den Ausgrabungen ist das ganze Gelände abgesperrt. – g. Sie sind wegen der beißenden Kälte den ganzen Tag zu Hause geblieben. – h. Vor der Einführung der Kartoffel in Europa gab es oft Hungersnot. – i. Wegen Mangels an Beweisen wurde er freigesprochen. – j. Sie plauderten gemütlich bei einer Tasse Tee.

GROUPE INFINITIF

180 Les spécificités du groupe infinitif

1. Le groupe infinitif est dérivé du groupe verbal

L'infinitif, utilisé seul ou comme base du groupe infinitif, porte la marque spécifique : **-[e]*n*** qui indique que la forme n'est pas conjuguée, conformément à l'étymologie du mot « infinitif » (in-finitivum) signifiant littéralement : « qui n'est pas dé-fini », « indéfini ».

2. Le groupe infinitif a pour base l'infinitif et pour déterminant l'ensemble des éléments qui, sémantiquement, sont rattachés au verbe (voir Groupe verbal 69-72)

Groupe infinitif sans *zu* :

*Sie möchte sich **einen neuen Mantel kaufen**.* Elle aimerait s'acheter un nouveau manteau.

la base est : ***kaufen***
le déterminant est : ***einen neuen Mantel***

Groupe infinitif avec *zu* : Les emplois de *zu*, voir 182

*Er hat noch **viel zu lernen**.* Il a encore beaucoup à apprendre.

la base est : ***lernen***
le déterminant est : ***viel***

3. Le groupe infinitif n'a pas de marques de temps ni de mode

En revanche, il a toujours des marques d'**aspect** (accompli / non accompli) et de **voix** (actif / passif) :

	voix active	voix passive
aspect non-accompli	*essen* manger *gehen* marcher	*gegessen werden* être mangé
aspect accompli	*gegessen haben* avoir mangé *gegangen sein* avoir marché	*gegessen worden sein* avoir été mangé

Cette opposition aspectuelle est importante pour les verbes prétérito-présent (voir), car elle permet de faire la différence entre la **modalité** et la **modalisation** :

modalité (non accompli)	modalisation (accompli)
*Sie hat ihn gestern sehen **wollen**.* Elle a voulu le voir hier.	*Sie **will** ihn gestern gesehen haben.* Elle prétend l'avoir vu hier.

Voir Modalisation 224
Voir Modalité 225

4. Le sujet grammatical n'est pas marqué, mais l'agent (sémantique) est clairement désigné par le sens du verbe conjugué et du verbe à l'infinitif

*Ich sehe ihn **kommen**.* Je le vois venir.

▼

ihn ne peut pas être le sujet grammatical (il est à l'accusatif)

→ syntaxiquement, c'est le complément 1 de ***sehe***

→ sémantiquement, il représente l'agent du verbe ***kommen***

*Ich **verspreche** dir zu kommen.* Je te promets de venir. (c'est moi qui viens)
(I promise [you] to come.)
*Ich **verbiete** dir zu kommen.* Je t'interdis de venir. (c'est toi qui ne dois pas venir)
(I forbid you to come.)

Voir Sujet 79

Les propriétés du groupe infinitif 181

1. Le groupe infinitif n'est pas permutable avec sa base

2. Seul le groupe infinitif sans *zu* peut être repris par un pronom

*Sie möchte sich **einen neuen Mantel kaufen**.* Elle voudrait s'acheter un nouveau manteau.

▼ ▼

→ ***Das** möchte sie.* Elle aimerait cela.

3. Le groupe infinitif peut être utilisé seul

Die Tür schließen! Fermer la porte !

Voir Injonction 203

L'infinitif avec ou sans *zu* 182

1. L'infinitif sans *zu*

L'infinitif sujet sans *zu* :

L'infinitif est employé seul, ou avec un seul déterminant :
***Arbeiten** ist kein Vergnügen.* Travailler n'est pas une partie de plaisir.
***Nachts arbeiten** ist kein Vergnügen.* Travailler la nuit n'est pas une partie de plaisir.

L'infinitif complément sans *zu* :

→ Avec les verbes prétérito-présent ***können, dürfen, wollen, mögen, müssen, sollen*** :
*Hier **darf** man nicht **rauchen**.* On n'a pas le droit de fumer ici.
*Wir **müssen** leider **warten**.* Il faut malheureusement que nous attendions.

→ Avec les verbes de perception ***sehen, hören, fühlen*** :
***Sahst** du deinen Freund schon **schlafen**?* As-tu déjà vu ton ami dormir ?
*Ich **höre** ihn schnarchen.* Je l'entends ronfler.
***Fühlst** du nicht dein Herz **erglühen**?* Ne sens-tu pas ton cœur s'embraser ?

→ Avec ***lassen, bleiben, gehen, legen*** :
***Lass** ihn **ausreden**!* Ne l'interromps pas !

*Er hat die Schlüssel im Wagen **liegen lassen**.* Il a laissé les clés dans la voiture.

▼

lassen n'est pas un infinitif, mais une ancienne forme de participe 2
→ pas de règle du « double infinitif »

*Sie ist **liegen geblieben**.* Elle est restée couchée.
*Sie ist **sitzen geblieben**.* 1. Elle est resté assise./2. Elle a redoublé./3. Elle n'a pas trouvé de mari.
*Er **geht einkaufen**.* Il va faire les courses.
*Sie **legte** das Baby **schlafen**.* Elle coucha le bébé.

→ Avec ***lehren, lernen, helfen*** :
*Er **lehrt schwimmen**.* Il enseigne la natation.
*Sie **lernt** Skateboard **fahren**.* Elle apprend à faire du skateboard.
*Er **lernt** Tennis **spielen**, Auto **fahren**.* Il apprend à jouer au tennis, à conduire.
*Ich **helfe** dir **aufräumen**.* Je t'aide à ranger.

2. L'infinitif avec *zu*

L'infinitif sujet avec *zu* :

L'infinitif a plus d'un déterminant.
*Ihm das **zu erklären** war keine leichte Sache.* Lui expliquer cela n'était pas simple.

L'infinitif complément avec *zu* :

Le complément est un complément obligatoire (C1) :
→ ***lehren, lernen, helfen*** sont suivis d'un infinitif avec ***zu*** quand le groupe infinitif est plus étoffé :
*Sie **lehrte** mich, eine E-Mail **zu schicken**.* Elle m'a appris à envoyer un e-mail.
***Wird** er eines Tages **lernen** selbst **zu denken**?* Apprendra-t-il un jour à penser par lui-même ?
*Ich **helfe** dir, deine Sachen **aufzuräumen**.* Je t'aide à ranger tes affaires.
→ Les verbes qui expriment une intention, une opinion, un avis sont suivis d'un infinitif avec ***zu***. Le sujet est le même pour les deux verbes :
*Ich **glaube** mich anständig **benommen zu haben**.* Je pense m'être conduit comme il faut.
*Er **hofft** noch heute kommen **zu können**.* Il espère pouvoir venir avant la fin de la journée.
*Sie **versprach** mich **abzuholen**.* Elle a promis de venir me chercher.
→ Les verbes qui se rapportent au déroulement d'une action sont suivis d'un infinitif avec ***zu*** :
*Sie **fängt an** wieder **zu lächeln**.* Elle a retrouvé le sourire.
*Er **hörte auf** sie **zu plagen**.* Il a cessé de la tourmenter.
*Ich **beabsichtige**, einen neuen Wagen **zu kaufen**.* J'envisage d'acheter une nouvelle voiture.
*Sie **versuchte**, mich **zu überrumpeln**.* Elle a essayé de me rouler dans la farine.
*Er **weiß** / **versteht** mit Kindern **umzugehen**.* Il sait comment s'y prendre avec les enfants.

→ **Constructions impersonnelles :**
- **verbes impersonnels :**

*Es ärgerte sie ständig anrufen **zu** müssen.* Cela l'agaçait d'être toujours obligée de téléphoner.
*Es ekelte sie das ganze Blut **zu** sehen.* Cela la dégoûtait de voir tout ce sang.
*Es freute sie wieder gehen **zu** können.* Cela la réjouissait de pouvoir à nouveau marcher.

*Es wunderte sie so fließend Russisch sprechen **zu** können.*
Cela l'étonnait de pouvoir parler le russe aussi couramment.

*Es gefällt ihm hier **zu** wohnen.* Cela lui plaît d'habiter ici.
*Es gelang ihr das Klavier **zu** stimmen.* Elle réussit à accorder le piano.
*Es genügt ihr nur einmal in der Woche aus**zu**gehen.* Cela lui suffit de ne sortir qu'une fois par semaine.
- ***sein*** **+ adjectif de verbe :**

*Mir ist es (un-)angenehm mit ihr aus**zu**gehen.* Il m'est (dés-)agréable de sortir avec elle.

*Es ist (un-)möglich hier Auskunft **zu** erhalten.* Il est (im-)possible d'obtenir ici un renseignement.
*Es ist erlaubt/verboten hier **zu** rauchen.* Il est autorisé/interdit de fumer ici.

*Es ist nicht nötig/notwendig, diese Gebäude **zu** sanieren.*
Il est nécessaire/Il n'est pas nécessaire de rénover ces bâtiments.

→ ***sein, haben :***
*Ich **habe** noch viel **zu tun**.* J'ai encore beaucoup de choses à faire.
*Da **ist** nichts **zu verstehen**.* Il n'y a rien à comprendre.

Les fonctions du groupe infinitif 183

Les fonctions du groupe infinitif sont nombreuses. **Seule la fonction épithète lui est interdite**, c'est-à-dire qu'il ne peut occuper la place à gauche de la base nominale (contrairement aux participes 1 et 2).

1. Le groupe infinitif est sujet

***Ein Glas Wein pro Tag trinken** schadet nicht der Gesundheit.*
Boire un verre de vin par jour ne nuit pas à la santé.

2. Le groupe infinitif est attribut du sujet

*Leben heißt **hoffen**.* Vivre, c'est espérer.

Attention !
Quand l'infinitif attribut (à droite du nom) passe à gauche du nom (il devient épithète), il devient participe 1 :
*Das Buch, das **zu lesen** ist.* Le livre à lire.
▼
*Das **zu lesende** Buch.* Le livre à lire.

3. Le groupe infinitif est complément 1

Complément direct :

*Ich sehe **ihn kommen**.* Je le vois venir.

Complément indirect (à cause de *zu*) :

*Er hat mir versprochen (,) **zu** schreiben.* Il m'a promis d'écrire.

4. Le groupe infinitif est attribut du complément 1

*Das nenne ich **ein Tor schießen**!* Voilà ce que j'appelle marquer un but !

*Ich finde es traurig, **seine Zeit so zu vergeuden**.*
Je trouve [cela] triste de perdre son temps de cette façon.

Attention !
es est obligatoire avec les verbes qui expriment un jugement, une estimation (*finden, betrachten, bezeichnen, halten für,* etc.).

5. Le groupe infinitif est complément d'un nom (déterminant à gauche de la base nominale)

*der Wunsch **zu siegen*** la volonté de vaincre *(the will to conquer)*

6. Le groupe infinitif est complément d'un adjectif

*Er ist fähig, das **zu tun**.* Il est capable de le faire. *(He is able to **do** it.)*
*Du bist bereit, es **zu kaufen**.* Tu es prêt à l'acheter. *(You're ready to **buy** it.)*

7. Le groupe infinitif est membre d'un groupe prépositionnel avec *um... zu, ohne... zu, anstatt... zu, statt ... zu*

*Sie kam **um** das neue Haus **zu** sehen.* Elle est venue pour voir la nouvelle maison.
*Er ging aus **ohne** ein einziges Wort **zu** sagen.* Il sortit sans dire un seul mot.
***Anstatt zu** kommen hat sie angerufen.* Au lieu de venir, elle a téléphoné.

Le groupe infinitif est l'expansion d'un C2 (voir 86-87 ◄) :

*Ich warne dich **davor**, das zu unternehmen.* Je te mets en garde d'entreprendre cela.

C1 (dich) — C2 (davor) — expansion (das zu unternehmen)

"davor" est un pur outil grammatical que l'on peut supprimer à l'oral sans nuire au sens de la phrase ; le groupe infinitif qui suit n'est qu'une explicitation de l'élément pronominal ***da-***.

À VOUS !

224. Complétez les phrases suivantes.
a. Ich sah den Krankenwagen ... vorbeifahren. – b. Sie hat heute nichts ... tun. – c. Dieser Text ist schwer ... lesen. – d. Er glaubt, dich gesehen ... haben. – e. Gehst du mit mir ... spazieren? – f. Er fing an ... lachen. – g. Wann hörst du auf ... rauchen? – h. Er legt die Kinder... schlafen. – i. Ich warne Sie davor, diesen Schritt ... unternehmen. – j. Mein Handy ist auf meinem Schreibtisch ... liegen geblieben.

225. Complétez les phrases suivantes.
a. Sie ließen die Köpfe ... hängen. – b. Lass sie betteln ... gehen. – c. Das Ehrenkreuz sollst du aufs Herz mir ... legen. – d. Dann steig'ich gewaffnet aus dem Grab, den Kaiser ... schützen. – e. Wer Unkraut säen will, braucht den Boden nicht ... pflügen (labourer) – f. Wo sich zwei vertragen, hat der Dritte nichts ... sagen. – g. Der Kasus macht mich ... lachen. – h. Haben Sie etwas ... sagen? – i. Sie hat die Absicht, ihren Wagen ... verkaufen. – j. Ich freue mich ... hören, dass Sie die Prüfung bestanden haben.

GROUPE NOMINAL

184 Les propriétés du groupe nominal

1. Le groupe nominal est permutable avec sa base

der Bundeskanzler der BRD le chancelier de la RFA
→ ***der Bundeskanzler*** le Chancelier fédéral
→ ***der Kanzler*** le Chancelier

2. Le groupe nominal peut être repris par un pronom

***Das Gemüse in meinem Garten** braucht Wasser.* Les légumes de mon jardin ont besoin d'eau.
→ *Sonst vertrocknet **es**.* Sinon ils dessèchent.

3. Le groupe nominal peut être utilisé seul

die Angst des Tormanns beim Elfmeter l'angoisse du gardien de but au moment du pénalty

Les fonctions du groupe nominal 185

1. Le groupe nominal peut être sujet ou attribut

__Die deutsche Bundesbahn__ verliert viel Geld.
Les chemins de fer allemands perdent beaucoup d'argent.

Er ist und bleibt __ein ewiger Student__. Il est et restera un éternel étudiant.

2. Le groupe nominal peut être complément 1 d'un verbe transitif

Kauf dir __einen neuen Computer__! Achète-toi un nouvel ordinateur !

3. Le groupe nominal peut être complément 2 d'un verbe transitif

Das kann ich __den Kindern__ nicht versprechen. Je ne peux pas promettre cela aux enfants.

4. Le groupe nominal peut être complément d'agent d'un verbe passif

Er wurde __von einem schweren LKW__ überfahren. Il a été renversé par un gros camion.

5. Le groupe nominal peut être complément d'un adjectif

Sie ist neidisch __auf ihre kleine Schwester__. Elle est jalouse de sa petite sœur.

6. Le groupe nominal peut être complément d'un nom

Direct (génitif) :

Der Präsident __der Kommission__ le président de la Commission

Indirect (préposition) :

Der Glaube __an eine glücklichere Zukunft__ la foi en un avenir plus heureux

7. Le groupe nominal peut être complément circonstanciel

Sie haben __vorige Woche__ geheiratet. Ils se sont mariés la semaine dernière.

GROUPE QUASI-NOMINAL

Les spécificités du groupe quasi-nominal 186

Le groupe quasi-nominal a pour base un quasi-nom et peut avoir pour déterminant

Un groupe relatif :

Du, __der du immer alles besser weißt__... Toi qui sais toujours tout mieux que les autres...
Sie kennt jemand, __der das erledigen kann__. Elle connaît quelqu'un susceptible de régler cela.
Jemand, __welchem ich vor der Tür begegnete__ Quelqu'un que j'ai rencontré devant la porte

Un groupe prépositionnel :

ich __als deine Mutter__... moi, étant ta mère...
du __mit deinen Faxen__! toi et tes pitreries...
jemand __aus dem Volk__ quelqu'un issu du peuple
niemand __von uns__ personne parmi nous

- Un (ou plus d'un) mot(s) invariable(s) à désigné spatio-temporel :
*Du **da oben**, sag mir, ob du was siehst.* Toi là haut, dis-moi si tu vois quelque chose.
- Un groupe nominal au génitif :
*niemand **des Personals*** personne parmi le personnel
- Un substantif (adjectif substantivé) :
*jemand **Fremde*** quelqu'un d'étranger *niemand **Besseres*** personne de meilleur
- ***anders, anderen, anderem***
*Wer **anders**?* Qui d'autre ? *jemand **anders*** quelqu'un d'autre
*niemand **anders*** personne
*Er sah niemand **anders** als sie.*
▼
*Er sah niemanden **anders** als sie.* } Il n'a vu personne d'autre qu'elle.
▼
Er sah niemand anderen als sie.
*mit jemand **anderem*** avec quelqu'un d'autre
- ***irgend***
***irgend**jemand* quelqu'un, quel qu'il soit ; n'importe qui
***irgend**einer; **irgend**welche* un individu quelconque ; des individus quelconques
***irgend**wer, **irgend**was, **irgend**etwas* quelqu'un, quelque chose, n'importe quoi
- Quand les pronoms personnels ***er, es, sie*** et les pronoms démonstratifs ***(der; derselbe)*** sont accentués (toniques), ils ne reprennent pas un élément du texte ; ce ne sont donc pas des « pronoms », mais ils constituent la base de groupes quasi-nominaux :
→ Si la base est un pronom personnel de la 3e personne, le déterminant est :
• un groupe prépositionnel :
sie als Schauspielerin elle en tant qu'actrice
er mit seinen Freunden lui et ses amis
• ou un (ou plus d'un) mot(s) invariable(s) qui désigne(nt) l'espace ou le temps :
er da drüben lui là-bas
→ Si la base est un pronom démonstratif, le déterminant est un groupe prépositionnel :
die aus Berlin ceux de Berlin
derselbe wie du le même que toi

187 Les propriétés du groupe quasi-nominal

1. Le groupe quasi-nominal est permutable avec sa base

***Niemand von uns** wird dich verraten.* Personne parmi nous ne te trahira.
→ ***Niemand** wird dich verraten.* Personne ne te trahira.

2. Le groupe quasi-nominal peut être repris par un pronom

*Wer das Mögliche tut, **der** tut genug.* Celui qui fait son possible en fait suffisamment.

3. Le groupe quasi-nominal peut être utilisé seul

"Wer keine Hilfe weiß." « Celui qui ne sait comment s'en sortir. » (Brecht)

Les fonctions du groupe quasi-nominal

188

Nom et quasi-noms étant exclusifs l'un de l'autre, le groupe quasi-nominal n'est jamais membre d'un groupe nominal et il exerce, à l'exception de la fonction circonstancielle, les mêmes fonctions que le groupe nominal.

1. Il peut être sujet ou attribut

__Ein jeder, der eingeladen war__, kam mit einer Rose in der Hand.
Tous les invités sont arrivés une rose à la main.

In seinem Dorf ist er wieder __wer__. Il est redevenu quelqu'un dans son village.

2. Complément 1 d'un verbe transitif

Sie kennt __niemand, der die Prüfung bestanden hat__. Elle ne connaît personne qui ait réussi l'examen.

3. Complément 2 d'un verbe transitif

Sie wollte __keinem von uns__ ihre Aufmerksamkeit schenken.
Elle ne voulait accorder son attention à personne d'entre nous.

4. Complément d'agent d'un verbe passif

Ich wurde __von jemand Fremdem__ angesprochen. J'ai été abordé par quelqu'un qui m'était inconnu.

5. Complément d'un adjectif

Ich bin stolz __auf jemand wie dich__. Je suis fier de quelqu'un comme toi.

6. Complément d'un nom

Direct (génitif) :

zu __jedermanns__ Verwunderung à l'étonnement général (de chacun)

Indirect (préposition) :

Der Verzicht <u>auf</u> __etwas Interessantes__. Le renoncement à quelque chose d'intéressant.

À VOUS !

226. Relevez le groupe quasi-nominal et soulignez sa base.
a. Kann uns niemand hier um den Tisch ein Liedchen singen? – b. Jemand, der so etwas sagt, gehört nicht zu uns. – c. Sie hat sich mit niemandem von uns unterhalten wollen. – d. Wenigstens einer unter den Studenten muss die richtige Antwort geben können. – e. Alle übrigen mussten draußen bleiben. – f. Mancher in diesem Gremium hat etwas zu gestehen. – g. Für diese Arbeit kenne ich leider niemand anders. – h. Ich habe dir etwas Kostbares mitgebracht. – i. Keiner von uns will es gewesen sein. – j. Niemand anders als sie kann diese Übung machen.

227. Traduisez.
a. Personne ici n'a de feu ? – b. Qui d'autre que lui peut être élu ? – c. Lui en tant qu'expert a certainement la solution. – d. Connais-tu quelqu'un qui n'aime pas le chocolat ? – e. Il n'a voulu confier son secret à personne parmi nous. – f. Je respecte quelqu'un comme toi qui sait ce qu'il veut. – g. Celui qui se contente de peu est riche. – h. Il faudra choisir quelqu'un d'autre. – i. Elle dans le rôle principal, c'est une bonne idée. – j. J'ai du nouveau pour toi.

GROUPE PRÉPOSITIONNEL

189 Les spécificités du groupe prépositionnel

Le groupe prépositionnel a pour base une préposition et pour déterminant obligatoire :

- Un nom ou un groupe nominal ou quasi-nominal :

bei seiner Freundin chez son amie
seit dem Anfang der Ferien depuis le début des vacances
mit jemand[em] avec quelqu'un

- Un pronom :

mit ihr avec elle — *ohne sie* sans elle — *bei ihm* chez lui

- Un mot invariable :

seit gestern depuis hier — *ab morgen* à partir de demain

- Un infinitif ou un groupe infinitif :

ohne zu zögern sans hésiter

- Un groupe conjonctionnel avec ***dass*** :

ohne dass er zögerte sans qu'il hésite

Attention !
Le groupe prépositionnel peut aussi avoir pour base :
- une postposition : *meiner Meinung* ***nach*** à mon avis
- une circonposition : ***von*** *heute* ***ab*** à partir d'aujourd'hui

190 Les propriétés du groupe prépositionnel

1. Le groupe prépositionnel n'est pas permutable avec sa base

2. Le groupe prépositionnel peut être repris par un groupe prépositionnel pronominalisé *daran, darauf, dagegen*
(voir Pronoms 41)

Ein Schild hing an ***der Tür.*** Une pancarte était accrochée à la porte.	→ *Es hing daran.* → Elle y était accrochée.
Sie schlägt auf ***den Nagel.*** Elle tape sur le clou.	→ *Sie schlägt darauf.* → Elle tape dessus.
Ich bin gegen ***dieses Projekt.*** Je suis contre ce projet.	→ *Ja, ich bin tatsächlich dagegen.* → Oui, je suis même vraiment contre.

3. Le groupe prépositionnel peut être utilisé seul

- Il peut constituer un énoncé autonome :

Bis *morgen !* À demain ! — ***Auf*** *Wiedersehen !* Au revoir !

Il sert aussi à des désignations de toutes sortes, comme par exemple dans les titres :

Unter *den Linden*	Unter den Linden (célèbre avenue berlinoise)
In *Stahlgewittern* (E. Jünger)	Orages d'acier
Über *das Marionettentheater* (Kleist)	Sur le théâtre de marionnettes
An *meine Landsleute* (Brecht)	À mes compatriotes

4. La plupart des prépositions peuvent se combiner

Avec l'élément invariable ***wo[-r-]*** pour former des **groupes prépositionnels interrogatifs** qui interrogent sur le complément prépositionnel ; ces groupes sont tous indéclinables.

Dans ces composés en *w-*, ***wo-*** est mis pour ***was***, quasi-nom :

Wofür *interessierst du dich?*	À quoi t'intéresses-tu ?
Womit *hat er die Scheibe eingeschlagen?*	Avec quoi a-t-il brisé la vitre ?
Wonach *sehnt er sich?*	À quoi aspire-t-il ?
Woran *denken Sie?*	À quoi pensez-vous ?
Worauf *hat sie so lange gewartet?*	Qu'a-t-elle attendu si longtemps ?
Woraus *besteht ein Komet?*	De quoi se compose une comète ?
Worin *liegt der Unterschied?*	En quoi consiste la différence ?
Worüber *hat sie geredet?*	De quoi a-t-elle parlé ?
Worum *handelt es sich?*	De quoi s'agit-il ?
Worunter *leidet er?*	De quoi souffre-t-il ?
Wovor *hast du Angst?*	De quoi as-tu peur ?
Wozu *leben?*	À quoi bon vivre ?

Avec l'élément invariable ***da[-r-]*** pour former des **groupes prépositionnels pronominaux** :

daran	*Ein Schild hing* ***an*** *der Tür.* *Es hing* ***daran.***	Une pancarte était accrochée **à** la porte. Elle **y** était accrochée.
darauf	*Sie schlägt* ***auf*** *den Nagel.* *Sie schlägt* ***darauf.***	Elle tape sur le clou. Elle tape **dessus**.
daraus	*Er klopft den Staub* ***aus*** *dem Teppich.* *Er klopft den Staub* ***daraus.***	Il bat le tapis pour **en** faire sortir la poussière. Il **en** fait sortir la poussière.
dabei	*Kannst du mir* ***bei*** *der Arbeit helfen?* *Ja, ich kann dir* ***dabei*** *helfen.*	Peux-tu m'aider **dans** ce travail ? Oui, je peux t'aider.

*da**durch***	*Die Kugel flog **durch** die Scheibe.* *Sie flog **dadurch**.*	La balle passa **à travers** la vitre. Elle **l'**a traversée.
*da**für***	*Sie ist verantwortlich **für** die Arbeit.* *Sie ist **dafür** verantwortlich.*	Elle est responsable **de** ce travail. Elle **en** est responsable.
*da**gegen***	*Ich bin **gegen** dieses Projekt.* *Ja, ich bin tatsächlich **dagegen**.*	Je suis **contre** ce projet. Oui, je suis effectivement **contre**.
*da**hinter***	*Was liegt **hinter** der Bühne?* *Ich weiß nicht, was **dahinter** liegt.*	Qu'y a-t-il **derrière** la scène ? Je ne sais pas ce qu'il y a **derrière**.
*da**rin***	*Liegt die Schraube **in** der Büchse?* *Ja, sie liegt **darin**.*	Est-ce que la vis est **dans** la boîte ? Oui, elle **y** est.
*da**mit***	*Bist du **mit** der Korrektur fertig?* *Ja, ich bin **damit** fertig.*	As-tu fini **de** corriger ? Oui, j'ai fini.
*da**nach***	*Sie greift **nach** dem Revolver.* *Sie greift **danach**.*	Elle prend le revolver. Elle **le** prend.
*da**neben***	*Er steht **neben** der Kuh.* *Er steht **daneben**.*	Il est debout **à côté de** la vache. Il est debout **à côté d'elle**.
*dar**über***	*Er wurde **über** den Brief ausgefragt.* *Er wurde **darüber** ausgefragt.*	Il fut interrogé **au sujet de** la lettre . Il fut interrogé à **son** sujet.
*dar**um***	*Er kümmert sich **um** die Fahrkarten.* *Er kümmert sich **darum**.*	Il s'occupe **des** billets. Il s'**en** occupe.
*dar**unter***	*Er liegt **unter** dem Tisch.* *Er liegt **darunter**.*	Il est couché **sous** la table. Il est couché **dessous**.
*da**von***	*Sie spricht **von ihren** Reisen.* *Sie spricht **davon**.*	Elle parle **de** ses voyages. Elle **en** parle.
*da**vor***	*Er fürchtet sich **vor** der Prüfung.* *Er fürchtet sich **davor**.*	Il a peur **de** l'examen. Il **en** a peur.
*da**zu***	*Er wurde **zum** Gestehen gezwungen.* *Er wurde **dazu** gezwungen.*	Il fut contraint de passer **aux** aveux. Il **y** fut contraint.
*da**zwischen***	*Der See liegt **zwischen** zwei Bergen.* *Er liegt **dazwischen**.*	Le lac s'étend **entre** deux montagnes. Il s'étend **entre** les deux.

→ La soudure ***da(r)* + préposition** est soumise à trois restrictions :

• Elle est impossible avec *ohne*, *seit* et *gegenüber*.

• Le pronom ne doit pas être antécédent d'une proposition relative :

*Sie ist stolz **auf das**, was ihre Kinder erreicht haben.*

Sie ist stolz ~~darauf, was ihre Kinder erreicht haben~~.

• Le pronom doit en principe renvoyer à un être non animé.

Avec un être animé, on emploie la forme préposition + pronom :

*Sie ist stolz **auf** ihren Sohn.* Elle est fière de son fils.

*Sie ist stolz **auf ihn**.* Elle est fière de lui.

~~Sie ist stolz darauf.~~

Si l'antécédent non animé est de genre masculin, la forme préposition + pronom reste possible :

*Sie erinnert sich **an** den Garten.* Elle se souvient du jardin.

*Sie erinnert sich **an ihn**.* Elle s'en souvient.
*Sie erinnert sich **daran**.* Elle s'en souvient.
→ La transformation avec soudure du type ***an*** → ***daran*** n'est pas automatique :
*Er geht **auf** das Land.* Il va à la campagne.
*Er geht **dorthin**. (~~Er geht darauf~~.)*

- avec **dessen, des** ou **dem**, respectivement génitifs et datif du pronom ***das*** :

*außer**dem*** par ailleurs ; aussi
***dem**entgegen* contre cela ; là contre
***dem**entsprechend* conformément à ; suite à
***dem**gegenüber* en comparaison
***dem**gemäß* en conséquence ; en conformité avec
***dem**nächst* après cela, ensuite
***dem**zufolge* en conséquence (de quoi)
***des**wegen* = ***des**halb* à cause de cela, c'est pourquoi
indessen**, **indes sur ces entrefaites, en attendant
*infolge**dessen*** en conséquence (de quoi)
*ohne**dies*** sans cela, en outre, au surplus
*seit**dem*** depuis ; depuis ce temps-là ; dès lors
*statt**dessen*** au lieu de cela
*trotz**dem*** malgré cela
*unter**dessen**, unter**des*** sur ces entrefaites, en attendant
*während**dessen** = während**dem*** pendant ce temps

Les fonctions du groupe prépositionnel — 191

1. Complément 1 d'un verbe transitif

*Wir hoffen **auf bessere Tage**.* Nous espérons des jours meilleurs.

2. Complément 2 d'un verbe transitif

*Er schickt den Brief **an die Behörde**.* Il envoie la lettre aux autorités.

3. Complément circonstanciel

*Er liest **im Wohnzimmer**.* Il lit au salon.

4. Complément d'agent d'un verbe passif

*Er wurde **vom Direktor** empfangen.* Il fut reçu par le directeur.

5. Attribut du sujet

*Sie ist **von Berlin**.* Elle est de Berlin.

6. Attribut du complément 1

*Ich halte ihn **für einen Ehrenmann**.* Je le tiens pour un homme d'honneur.

7. Complément à droite de la base du groupe nominal

*Der Wille **zur Macht*** La volonté de puissance

8. Complément d'un adjectif

Er ist ***mit seinem neuen Drucker*** *zufrieden.* Il est satisfait de sa nouvelle imprimante.

9. Complément d'un mot invariable

draußen ***vor der Tür*** dehors devant la porte

À VOUS !

228. Transformez les groupes prépositionnels en groupes conjonctionnels.
a. Nach Ablauf der festgesetzten Zeitspanne wurde das Haus verkauft. – b. Die Firma wurde wegen Nichterfüllung des Vertrages verurteilt. – c. Trotz Einhaltung der vereinbarten Normen waren die Softwarekomponenten nicht kompatibel. – d. Nach Beendigung der Arbeit wurde jeder nach seiner Leistung entlohnt. – e. Seit der Einführung des Euro müssen alle Preise zweimal angegeben werden. – f. Vor dem Ausbruch einer Seuche gibt es immer Vorzeichen. – g. Wegen der Unterbrechung der Verhandlungen kam man zu keinem Ergebnis. – h. Trotz des Blauhelmeinsatzes kamen viele Unschuldige ums Leben. – i. Nach dem Rückzug der Blauhelme aus Bosnien hat sich die Lage noch mehr zugespitzt. – j. Nach Durchführung bestimmter Maßnahmen wurde die Staatsgewalt wiederhergestellt.

229. Transformez les groupes conjonctionnels en groupes prépositionnels.
a. Nachdem der Vulkan ausgebrochen war, wurde die Räumung der Stadt unmöglich. – b. Bevor die Truppen eingesetzt werden, müssen sie trainiert werden. – c. Seitdem die USSR zusammengebrochen ist, dürfen die Osteuropäer in den Westen. – d. Der Flugzeugträger musste in den Hafen einlaufen, weil ein Propellerflügel ausfiel. – e. Obwohl er lange studiert hatte, konnte er keine Arbeit finden. – f. Nachdem sie heute Morgen angerufen hat, ist die Stimmung hier im Hause nicht mehr dieselbe. – g. Er konnte seine E-Mail nicht abschicken, weil sein Computer versagt hatte. – h. Obwohl es geschneit hatte, fuhr er mit dem Wagen nach Mainz. – i. Seitdem die Geschäfte am Samstagnachmittag geöffnet sind, stürzen sich die Kunden in die Einkaufszentren. – j. Bevor die Sendung übertragen wird, muss alles mit größter Sorgfalt geplant werden.

230. Posez les questions dont les réponses vous sont données.
Sie machte ihn auf die Konsequenzen aufmerksam.
→ Worauf machte sie ihn aufmerksam?
a. Sie freute sich über das erste Tor. – b. Die Geschichte beruht auf einer Tatsache. – c. Sie liest über die moderne Kunst. – d. Er spielte auf ihre Verantwortung in dieser Angelegenheit an. – e. Ich warne Sie vor einem frühzeitigen Aussteigen aus dem Geschäft. – f. Sie war um ihre Gesundheit besorgt. – g. Sie ist neidisch auf die Frisur der Freundin. – h. Das führt noch zu Ausschreitungen. – i. Sie drohte mir mit einem Schraubenzieher. – j. Wir diskutierten über den Arbeitsmarkt.

231. Reprenez le complément par un groupe prépositionnel pronominal.
Er las aus dem Märchenbuch vor. → Er las daraus.
a. Er zerschneidet das Fleisch mit dem Messer. – b. Er naschte an dem Kuchen. – c. Er trinkt aus dem Becher. – d. Sie verzichtet auf die Juwelen. – e. Er griff nach der Waffe. – f. Ich versuche das Plakat von der Mauer zu lösen. – g. Ich habe die Lust an dem Spiel verloren. – h. Der Garten liegt hinter dem Haus. – i. Er stellte den Tisch neben die Wand. – j. Ich verstehe unter « Freiheit » etwas ganz anderes.

GROUPE RELATIF

Les spécificités du groupe relatif 192

1. La base du groupe relatif est un pronom relatif

Son déterminant est une proposition avec un verbe en position finale. La position finale du verbe est due au fait que le groupe relatif est un groupe dépendant.

Der Amerikaner, ***der die Glühlampe erfand,*** *...*

L'Américain qui a inventé la lampe à incandescence...

2. On distingue deux types de groupe relatif

Le groupe relatif déterminatif (ou « restrictif », ou « sélectif ») :

Sie ist die Einzige, ***die das verstanden hat.***

Elle est la seule à avoir compris (qui ait compris) cela.

Le groupe relatif explicatif (ou « appositif ») :

Das Haus, ***das er von seinen Eltern geerbt hatte,*** *hat er vorige Woche verkauft.*

Il a vendu la semaine dernière la maison qu'il avait héritée de ses parents.

3. L'antécédent du groupe relatif peut être

Un nom :

Die Concorde*, die bei Paris abgestürzt ist, ...* Le Concorde, qui s'est écrasé près de Paris,...

Un quasi-nom :

Ich*, der so viel für dich getan hat,* Moi, qui ai tellement fait pour toi...

= ***Ich****, der ich so viel für dich getan habe,*

Jemand*, den ich nicht kenne.* Quelqu'un que je ne connais pas.

Un mot invariable :

Da*, wo ich wohne...* Là où j'habite...

Quand l'antécédent est une proposition tout entière, le pronom relatif est *was* :

Bevor sie kommt, ***ruft sie immer an****,* Avant de venir, elle appelle toujours,

was ich besonders schätze. ce que j'apprécie particulièrement.

Les propriétés du groupe relatif 193

1. Le groupe relatif n'est pas permutable avec sa base

2. Le groupe relatif déterminatif ne peut être repris

Le groupe relatif explicatif peut être repris par ***solch*** :

ein Kind, ***das sehr hübsch aussah,*** *→ ein* ***solches*** *Kind*

3. Le groupe relatif ne peut en principe être utilisé seul

Les exceptions sont rarissimes :

Der mit den Wölfen tanzt Danse avec les loups (titre de film)

4. Le groupe relatif est une expansion de la base du groupe nominal. Il fait donc partie intégrante du groupe nominal et il se déplace avec lui

- Le groupe nominal est en 1re position :

__Der Anrufbeantworter, den du mir geschenkt hast,__ steht auf meinem Schreibtisch.
Le répondeur que tu m'as offert est sur mon bureau.

- Le groupe nominal est en 3e position :

Auf meinem Schreibtisch steht __der Anrufbeantworter, den du mir geschenkt hast.__
Sur mon bureau il y a le répondeur que tu m'as offert.

194 Fonction du groupe relatif

Le groupe relatif n'a qu'une fonction : il est expansion à droite de la base du groupe nominal ou d'un groupe quasi-nominal.

À VOUS !

232. Intégrez la seconde phrase dans la première à l'aide d'un pronom relatif.
Der neue Drucker ist nicht kompatibel mit ihrem alten PC.
Sie hat einen neuen Drucker bestellt.
→ Der neue Drucker, den sie bestellt hat, ist nicht kompatibel mit ihrem alten PC.
a. Der neue Aufsichtsrat zählt zwölf Mitglieder. Der neue Aufsichtsrat wurde vorige Woche gewählt. – b. Der Präsident hat die Briefe unterschrieben. Seine Sekretärin hatte ihm die Briefe vorgelegt. – c. Der Eisvogel frisst gern frische Fische. Der Eisvogel heißt auf Französisch « martin-pêcheur. » – d. Der Rinderwahn stammt aus England. Er bedroht die Gesundheit der europäischen Bevölkerung. – e. England exportierte Tiermehl nach ganz Europa. Das Tiermehl war in England verboten. – f. Die Grünen protestieren gegen die Verpestung der Luft. Die Grünen werden von den Industriellen kritisiert. – g. In Bosnien kamen viele Menschen ums Leben. In Bosnien hatte die UNO versagt. – h. Der LKW hat einen Hund überfahren. Der Hund lief über die Straße. – i. In Kalifornien wird zu wenig Strom produziert. In Kalifornien gibt es zu viele Klimaanlagen. – j. Barbara fliegt nächste Woche nach Ibiza. Barbara hat viel Geld im Lotto gewonnen.

233. Même exercice.
a. Die Journalistin hat ein Interview mit einem Rechtsanwalt geführt. Der Rechtsanwalt verteidigt die Obdachlosen. – b. Der Flugzeugträger ist nun wieder seeklar. Der Propeller des Flugzeugträgers wurde beschädigt. – c. Ich bin gestern einem Freund begegnet. Diesen Freund hatte ich seit Jahren nicht mehr gesehen. – d. Viele Bauern bekamen Subventionen von der Regierung. Das Vieh dieser Bauern ist krank. – e. Die Armbanduhr wurde ihr in Zug gestohlen. – Die Armbanduhr hatte sie vor kurzem erst gekauft. – f. Die Äpfel waren alle faul. Er hat Äpfel im Supermarkt gekauft. – g. Der neue Bürgermeister wurde gestern gewählt. Der neue Bürgermeister ist ein ehemaliger Metzger – h. Die Blauhelme stammen aus verschiedenen europäischen Ländern. Blauhelme wurden in Bosnien eingesetzt. – i. Berlin liegt nur fünfzig Kilometer von der polnischen Grenze entfernt. Die Regierung ist jetzt in Berlin. – j. Bonn ist eine kleine verschlafene Provinzstadt. Die ehemalige Regierung hatte ihren Sitz in Bonn.

GROUPES SYNTAXIQUES

Les spécificités des groupes syntaxiques 195

• Une phrase se décompose en **groupes syntaxiques** (appelés aussi « syntagmes »).
• Un groupe syntaxique est un ensemble de mots qui exerce une fonction au sein de la phrase.
• Un groupe comprend obligatoirement une **base** qui peut être enrichie par d'autres éléments, appelés « déterminants ».

Les types de groupes syntaxiques 196

Les groupes syntaxiques sont **en gras**, la base est surlignée :

1. Le groupe nominal

der erste Präsident der Bundesrepublik Deutschland le premier président de la RFA

2. Le groupe quasi-nominal

Wer die Scheibe eingeworfen hat, *muss sie bezahlen.* Celui qui a cassé la vitre doit la payer.

3. Le groupe verbal

Sie ***erhält eine genaue Auskunft.*** Elle obtient un renseignement précis.

4. Le groupe adjectival et les groupes participe 1 et 2

ein ***zehn Meter langer*** *Tunnel* un tunnel de dix mètres
die ***nur nachts singenden*** *Vögel* les oiseaux qui ne chantent que la nuit
ein ***neu vermähltes*** *Paar* les nouveaux mariés

5. Le groupe adverbial

Sie spricht ***viel zu schnell.*** Elle parle beaucoup trop vite.

6. Le groupe prépositionnel

Der Drucker steht ***auf der Kommode.*** L'imprimante est sur la commode.

7. Le groupe conjonctionnel

Er kam, ***nachdem ich schon weg war.*** Il est venu après que je suis parti. (après mon départ)

8. Le groupe infinitif

Ich rate dir ***das Rauchen aufzugeben.*** Je te conseille d'arrêter de fumer.

9. Le groupe relatif

Groupe relatif déterminatif :
Er ist der Einzige, ***der so was fertig bringen kann.*** Il est le seul qui puisse faire cela.

Groupe relatif explicatif :
Ein Kind, ***das besonders hübsch war,*** *...* Une enfant, qui était particulièrement jolie, ...

197 Les propriétés des groupes syntaxiques

1. Trois de ces groupes peuvent être remplacés par leur base (ils sont permutables avec elle)

- Le groupe nominal et quasi-nominal :

der erste Präsident der Bundesrepublik Deutschland → der Präsident
niemand in der Stadt → niemand

- Le groupe adjectival / participial :

ein zehn Meter langer Tunnel → ein langer Tunnel
die nur nachts singenden Vögel → die singenden Vögel
ein neu vermähltes Paar → ein vermähltes Paar

- Le groupe adverbial :

Er läuft sehr schnell. → Er läuft schnell.

2. Sept de ces groupes peuvent être repris par une forme plus brève (ils peuvent être « anaphorisés » par une proforme)

- Le groupe nominal et quasi-nominal :

der erste Präsident der Bundesrepublik Deutschland → ***er***
Jemand aus der Firma *hat angerufen.* → ***er***

- Le groupe adjectival / participial :

ein ***zehn Meter langer*** *Tunnel* → *ein* ***solcher*** *Tunnel* un tel tunnel
die ***nur nachts singenden*** *Vögel* → ***solche*** *Vögel* de tels oiseaux
ein ***neu vermähltes*** *Paar* → *ein* ***solches*** *Paar* un tel couple
Sie spricht ***viel zu laut.*** → *Sie spricht immer* ***so.*** Elle parle toujours ainsi.

- Le groupe prépositionnel :

Der Drucker steht ***auf der Kommode.*** → *Er steht* ***darauf.*** Elle y est.

- Le groupe conjonctionnel :

Er kam, ***nachdem ich schon weg war.*** → *Er kam* ***danach.*** Il vint après.

- Le groupe infinitif :

Ich rate dir ***das Rauchen aufzugeben.*** → *Ich rate* ***es*** *dir.* Je te le conseille.

- Le groupe relatif explicatif uniquement :

Ein Kind, ***das besonders hübsch war,*** *...* → *ein* ***solches*** *Kind* un(e) tel(le) enfant

3. Deux groupes ne peuvent pas être repris

- Le groupe verbal
- Le groupe relatif déterminatif

4. Six de ces groupes peuvent être autonomes

Ils peuvent, par exemple, être utilisés comme titres (d'un ouvrage, d'un chapitre, d'un tableau, d'un film) :

- Le groupe nominal et quasi-nominal :

Das Lied von der Erde Le chant de la terre (Mahler)
Ich und du Toi et moi (comptine)
Wer keine Hilfe weiß Celui qui ne sait comment s'en sortir (Brecht)

Le groupe adverbial :

"Wie spricht sie?" "Viel zu laut."

– Comment parle-t-elle ? – Bien trop fort.

Le groupe prépositionnel :

auf hoher See en haute mer (titre de marine)

Le groupe conjonctionnel :

"Warum ich so gute Bücher schreibe." « Pourquoi j'écris de si bons livres. » (Nietzsche)

Le groupe infinitif :

die Tür schließen fermer la porte

5. Trois groupes ne sont jamais autonomes

Le groupe verbal :

~~*...erhält eine genaue Auskunft*~~ ~~...obtient un renseignement précis~~

Le groupe adjectival :

~~*...zehn Meter langer...*~~ ~~... long de dix mètres~~

Le groupe relatif :

~~*... der gestern kam,*~~ ~~... qui est venu hier~~

HOMONYMES

Les homonymes allemands 198

1. Les homonymes de même racine

masculin		neutre		féminin	
der Band (¨e)	le livre	*das Band*	• *(e)* le lien • *(¨er)* le ruban	*die Band (s)*	l'orchestre
der Bauer	• *(n)* le paysan • (-) le constructeur	*das Bauer (-)*	la cage		
der Bund (¨e)	l'union l'alliance	*das Bund (e)*	le faisceau la botte		
der Chartreuse	la liqueur de chartreuse			*die Chartreuse*	la chartreuse (couvent)
der Chor (¨e)	• le chœur (musical) • le chœur (architecture)	*das Chor (e)*	• le chœur (architecture)		
der Erbe (n)	l'héritier	*das Erbe* (pas de pluriel)	l'héritage		
		das Erkenntnis(se)	le jugement	*die Erkenntnis(se)*	la connaissance

der Flur (e)	le vestibule			*die Flur (en)*	les champs
der Gefallen (pas de pluriel)	la complaisance	*das Gefallen* (pas de pluriel)	le plaisir le goût		
der Gehalt (e)	le contenu	*das Gehalt (¨er)*	le salaire		
der Gummi (s)	la gomme	*das Gummi (s)*	le caoutchouc		
der Hut (¨e)	le chapeau			*die Hut* (pas de pluriel)	la surveillance la garde
der Junge (n)	le garçon	*das Junge (n)*	le petit (d'un animal)		
der Kaffee (pas de pluriel)	le café (boisson)	*das Café (s)*	le café (établissement)		
der Kredit (e)	le prêt	*das Kredit (s)*	le crédit		
der Kristall (e)	le cristal (roche)	*das Kristall (e)*	le cristal (taillé)		
der Kunde (n)	le client			*die Kunde (n)*	la nouvelle
der Laster (-)	le camion	*das Laster (-)*	le vice		
der Linke (n)	joueur placé à gauche			*die Linke (n)*	la gauche • main • politique
der Mensch (en)	l'être humain	*das Mensch (er)*	la garce		
der Militär (s)	l'officier supérieur	*das Militär* (pas de pluriel)	• l'état militaire • l'armée		
der Moment (e)	le moment	*das Moment (e)*	• facteur décisif • moment (force)		
der Morgen (-)	le matin	*das Morgen* (pas de pluriel)	l'avenir		
der Patriot (en)	le patriote			*die Patriot (s)*	le patriot (missile)
der Pony (s)	la queue de cheval (coiffure)	*das Pony (s)*	le poney		
der Schild (e)	le bouclier	*das Schild (er)*	l'enseigne		
der See (n)	le lac			*die See*	la mer
		das Steuer (-)	le volant	*die Steuer (n)*	l'impôt
der Verdienst(e)	le salaire	*das Verdienst(e)*	le mérite		
		das Wehr (e)	la digue, le barrage	*die Wehr (en)*	la défense
der Weise (n)	le sage			*die Weise (n)*	l'air, la mélodie

2. Les homonymes de racine différente

der Bulle (n)	le taureau	*die Bulle (n)*	la bulle (pontificale)
der Harz (pas de pluriel)	le Harz (montagne)	*das Harz (e)*	la résine
der Heide (n)	le païen	*die Heide (n)*	la lande
der Kiefer (-)	la mâchoire	*die Kiefer (n)*	le pin
der Lama (s)	le lama (bouddhisme)	*das Lama (s)*	le lama (animal)
der Leiter (-)	le dirigeant	*die Leiter (n)*	l'échelle
der Mast (e/en)	le mât	*die Mast (en)*	l'engrais
der Messer (-)	l'appareil de mesure	*das Messer (-)*	le couteau
der Otter (-)	la loutre	*die Otter (n)*	la vipère
der Reis (pas de pluriel)	le riz	*das Reis (er)*	la brindille
der Stift (e)	le crayon	*die Stift (e)*	la fondation (institution)
der Tau (pas de pluriel)	la rosée	*das Tau (e)*	le câble (marine)
der Taube (n)	le sourd	*die Taube (n)*	le pigeon
der Tor (en)	le fou	*das Tor (e)*	• la porte cochère • le but (sport)

HYPOTHÈSE

Expression de l'hypothèse 199

hypothèse	condition
pas de lien nécessaire entre les deux idées exprimées ▼ S'il fait beau, je vais me promener.	lien nécessaire entre les deux idées exprimées ▼ Je vais me promener [uniquement] s'il fait beau.

1. L'expression de l'hypothèse par des groupes prépositionnels

***Bei** strömendem Regen bleibe ich zu Hause.* S'il pleut à verse, je reste à la maison.

2. L'expression de l'hypothèse par des groupes conjonctionnels

Groupe conjonctionnel introduit par ***wenn*** :

***Wenn** Ostern und Pfingsten auf einen Tag fallen, so bezahlt er seine Schulden.*
Si Pâques et la Pentecôte tombent le même jour, il paiera ses dettes.
(= Quand les poules auront des dents...)

Groupe conjonctionnel introduit par ***falls*** :

***Falls** sie noch anruft, benachrichtige mich.* Si d'aventure elle appelle, préviens-moi.

- Groupe conjonctionnel introduit par ***im Falle, dass*** :

*Nimm deinen Regenmantel mit, **im Falle, dass** es regnet.*
Prends ton imperméable pour le cas où il pleuvrait.

- Groupe conjonctionnel introduit par ***gesetz den Fall, dass*** :

***Gesetzt den Fall, dass** er die Stelle bekommt, würde er sie auch annehmen?*
À supposer qu'il obtienne le poste, est-ce qu'il l'accepterait ?

- Groupe conjonctionnel introduit par ***angenommen, dass*** :

***Angenommen, dass** keiner gelogen hat, muss man daraus eine Lehre ziehen.*
Si on part de l'hypothèse que personne n'a menti, il faut en tirer un enseignement.

3. L'expression de l'hypothèse par une proposition avec le verbe en première position

- La proposition est intégrée :

Elle est le 1er élément de la phrase, le verbe de la phrase est en 2e position.
***Hätte** ich das früher gewusst, [so/dann] **wäre** ich schneller gekommen.*
Si j'avais su cela plutôt, (alors) je serais venu plus vite.

PHRASE

***Hätte** ich das früher gewusst, [so/dann] **wäre** ich schneller gekommen.*

***Hätte** ich das früher gewusst,*	*[so/dann]*	***wäre***
élément 1 proposition intégrée avec verbe en 1re position	reprise de l'élément 1	verbe en 2e position

***Hätte** man mich eingeladen, wäre ich auch gekommen.*
Si j'avais été invité, je serais venu.

- La proposition est non intégrée :

***Hätten** sie nicht zwei starke Arme aufgefangen, **sie** wäre sofort gestürzt.*
Si deux bras puissants ne l'avaient pas retenue, elle serait immédiatement tombée.

PHRASE

*[**Hätten** sie nicht zwei starke Arme aufgefangen,] **sie wäre** sofort gestürzt.*

*[**Hätten** sie nicht zwei starke Arme aufgefangen,]*	***sie***	***wäre***
proposition avec verbe en 1re position non intégrée	élément 1	verbe en 2e position

***Hätte** ich mich nicht für den Beruf einer Schneiderin entschieden, **ich wäre** sicher Lehrerin geworden.*
Si je ne m'étais pas décidée pour le métier de couturière, je serais certainement devenue institutrice.

4. Les modes et les temps de l'hypothèse

Contrairement au français, l'allemand utilise la **même forme verbale** (temps et mode) dans les deux propositions.

- L'hypothèse est réalisable dans le futur :

On emploie l'**indicatif présent** :
*Wenn ich mal fließend Russisch **spreche, fahre** ich nach Russland.*
Si un jour je parle couramment le russe, j'irai en Russie.

- L'hypothèse est non réalisée dans le présent :
  On emploie le **subjonctif 2 présent** :
  Wenn ich fließend Russisch ***sprechen würde*** *(spräche),* ***würde*** *ich nach Russland* ***fahren****.*
  Si je parlais couramment le russe, j'irais en Russie.
- L'hypothèse est non réalisée dans le passé :
  On emploie le **subjonctif 2 passé** :
  Wenn ich fließend Russisch ***gesprochen hätte, wäre*** *ich nach Russland* ***gefahren****.*
  Si j'avais parlé couramment le russe, je serais allé en Russie.

À VOUS !

234. Reliez les deux phrases en exprimant entre elles une relation hypothétique.
Du kommst heute Abend zu mir. Wir können zusammen Schach spielen.
→ Wenn du heute Abend zu mir kommst, können wir zusammen Schach spielen.
a. Sie fahren nach Hamburg. Sie können den Fernsehturm besichtigen. – b. Es regnet heute Nachmittag. Wir bleiben zu Hause. – c. Es ist genug Schnee da. Sie laufen Ski. – d. Er wird eines Tages wieder gesund. Er unternimmt eine Reise um die Welt. – e. Du brauchst mich. Rufe mich an! – f. Du suchst ein ganz besonderes Buch. Geh in eine große Buchhandlung. – g. Er will eine Forelle essen. Er muss sie selber fangen. – h. Du möchtest die Zusammenhänge in der Weltpolitik verstehen. Lies täglich die Zeitung. – i. Ich kaufe einen neuen Wagen. Ich kaufe einen VW. – j. Ich bin morgen den ganzen Tag allein. Ich kann gut arbeiten.

IL Y A

Traduction de « il y a » 200

1. « Il y a » exprime l'existence

On emploie *es gibt* + accusatif :

Gibt *es was Neues?*	**Y a-t-il** du nouveau ?
Es ***gibt*** *nichts Neues unter der Sonne.*	**Il n'y a** rien de nouveau sous le soleil.
Es ***gibt*** *bestimmt eine Lösung.*	**Il y a** certainement une solution.

Attention !
Es est obligatoire, même quand la première position est déjà occupée :
Etwas Neues gibt ***es*** *nicht.* Il n'y a rien de nouveau.
Eine Lösung gibt ***es*** *bestimmt.* Il y a certainement une solution.

2. « Il y a » est un présentatif

On emploie *es ist/sind* + nominatif :

Es ist *ein Vogel in dem Käfig.*	**Il y a** un oiseau dans la cage.
Es ist *kein Wasser im Glas.*	**Il n'y a** pas d'eau dans le verre.
Es ist *jemand an der Tür.*	**Il y a** quelqu'un à la porte.

Attention !
Es disparaît quand la première position est déjà occupée :

Ist *Wasser im Glas?*	**Est-ce qu'il y a** de l'eau dans le verre ?
Im Glas ist *kein Wasser.*	**Il n'y a** pas d'eau dans le verre.
Waren *viele Leute im Konzert?*	**Est-ce qu'il y avait** beaucoup de monde au concert ?

Gestern Abend *waren nicht viele Leute im Konzert.*
Il n'y avait pas beaucoup de monde au concert hier soir.

3. « Il y a » exprime une position

On emploie les verbes de position (voir **211**)

An der Decke ***hängt*** *ein Kronleuchter aus Kristall.*	Il y a un lustre en cristal au plafond.
Auf dem Dorfplatz ***steht*** *ein Kastanienbaum.*	Il y a un marronnier sur la place du village.
Steckt *ein Schlüssel im Schloss?*	Est-ce qu'il y a une clé dans la serrure ?
Im Esszimmer ***liegt*** *kein Teppich.*	Il n'y a pas de tapis dans la salle à manger.

4. « Il y a » a un sens temporel

« Il y a » traduit un moment situé dans le passé :

On emploie ***vor* + datif** :

Sie ist ***vor*** *einem Monat umgezogen.*	Elle a déménagé **il y a** un mois.
Sie haben ***vor*** *zwei Jahren geheiratet.*	Ils se sont mariés **il y a** deux ans.

« Il y a » traduit un moment situé dans le passé et est mis en relief :

On emploie ***Es ist* + accusatif + *her, dass*** ; le verbe est au passé composé :

Es ist *einen Monat* ***her, dass*** *sie umgezogen ist.*	**Il y a** un mois **qu**'elle a déménagé.
Es sind *zwei Jahre* ***her, dass*** *sie geheiratet haben.*	**Il y a** deux ans **qu**'ils se sont mariés.

« Il y a » traduit une durée :

On emploie ***seit* + datif** ; ***schon* + accusatif** ; le verbe est au présent

Sie ist ***seit einem*** *Monat in Ferien.* **Il y a** un mois qu'elle est en vacances.
Sie ist ***schon einen*** *Monat in Ferien.*

À VOUS !

235. Traduisez.
a. Il y a deux ans qu'il est parti. – b. Il y a une souris dans l'armoire. – c. Il y a une bouteille de bière dans le réfrigérateur. – d. Il n'y a plus de pain à la maison. – e. Il y a trop d'eau dans la baignoire *(die Badewanne)* – f. Il y a quelqu'un qui vous demande. – g. Il n'y a qu'un cheveu sur la tête à Matthieu. – h. Il y a longtemps que je ne suis pas allé au cinéma. – i. Il y a des gens qui rêvent les yeux ouverts. – j. Il y a une semaine elle n'était pas encore de retour.

236. Traduisez.
a. Il y avait beaucoup de monde au supermarché. – b. Il y a six semaines qu'il a été chez le coiffeur pour la dernière fois. – c. Il y a une cabine téléphonique au coin de la rue. – d. Il y a un beau sapin de Noël dans la vitrine. – e. Est-ce qu'il y a un train demain matin pour Wiesbaden ? – f. On dit qu'il y a des loups dans cette forêt. – g. Il y a un enfant qui n'a pas encore mangé. – h. Est-ce qu'il y aura du soleil aujourd'hui ? – i. Il y a une voiture devant notre maison. – j. Il va y avoir des surprises quand on ouvrira son testament.

237. Traduisez.
a. Dans cette affaire il y a des détails que je ne comprends pas. – b. Il est passé il y a deux jours, mais tu n'étais pas là. – c. Il y a un très beau film ce soir à la télévision. – d. Il y a un problème. – e. Est-ce qu'il y a encore de l'argent dans le porte-monnaie ? – f. Il y avait un article intéressant dans le journal d'hier. – g. Il y avait deux policiers en faction devant sa porte. – h. Il y a de l'orage dans l'air. – i. Est-ce qu'il y a quelqu'un qui ne s'est pas encore déclaré ? – j. Il y a encore trop de gens en Afrique qui ont faim.

IMPERSONNELS (VERBES)

Les différents types de verbes impersonnels 201

Il faut distinguer :
- Les verbes **réellement impersonnels**.
- Les verbes **semi-impersonnels**.
- Les verbes personnels **employés impersonnellement**.

1. Les verbes réellement impersonnels

Les verbes réellement impersonnels au sens propre :
Ils n'existent qu'à la troisième personne du singulier. Ils n'ont pas de sujet réel.

→ Verbes exprimant une sensation, un sentiment :
- ***es*** est obligatoire uniquement en 1re position :

Es graust mir vor diesem Menschen. Cet homme me donne la chair de poule.

- ***es*** est facultatif en 3e position :

*Mir /mich **graust** [es] vor diesem Menschen.* Cet homme me donne la chair de poule.

→ Verbes exprimant des phénomènes atmosphériques (***es*** est toujours obligatoire) :
Es regnet. Il pleut.
Es schneit. Il neige.
Es nieselt. Il bruine.
Es hagelt. Il grêle.
Es blitzt. Il fait des éclairs.
Es donnert. Il tonne.
Es graupelt. Il grésille.

Les verbes réellement impersonnels au sens figuré :
Les verbes exprimant des phénomènes atmosphériques peuvent avoir un sujet personnel :

→ ***regnen***
- Avec un verbe au pluriel :

*Es **regneten** die Hiebe.* Les coups se mirent à pleuvoir.
*Die Leuchtkugeln **regneten** nieder.* Les balles traçantes s'abattirent en pluie.

*Da schüttelte es den Baum, dass die Äpfel fielen, als **regneten** sie.*
Elle se mit à secouer l'arbre et les pommes tombèrent, comme s'il en pleuvait.

*Von den Balkons **regneten** Blumen.* Des balcons tombait une pluie de fleurs.

- Avec un verbe au singulier :

*Es **regnet** Bindfäden.* Il pleut des cordes.
*Wenn's Märzenbier **regnet** und Weißwürste **schneit**, so bitten wir den Himmel, dass das Wetter so bleibt.*
S'il pleut de la bière de mars et s'il neige des saucisses blanches, nous prions le ciel pour que le temps se maintienne.

*Es **regnete** Beschwerden, Anfragen.* Des plaintes, des questions comme s'il en pleuvait.

→ ***schneien***
*Es **schneit** dicke Flocken.* Il neige à gros flocons.
*Blätter **schneiten** auf die Straße.* Des feuilles tombaient comme de la neige sur la route.

*Er kam wie vom Himmel **geschneit** ... als hätte es Steine **geschneit**.*
C'est comme s'il tombait du ciel ... comme s'il avait plu des pierres.

*Wie **geschneit** kamen sie gelaufen.* Ils arrivèrent comme s'ils étaient tombés du ciel.
*Er kam in die Praxis **geschneit**.* Il fit une apparition inopinée dans le cabinet médical.

→ ***hageln***
*Es **hagelt** Taubeneier.* Il tombe des grelons gros comme des œufs de pigeon.
*Und wenn es Frösche **hagelt**!* Et même les grenouilles grêlent !
*Plötzlich **hagelten** Schläge auf ihn nieder.* Des coups s'abattirent sur lui.
*Es **hagelten** die Witze so dicht wie Pfeile.* Les plaisanteries fusèrent comme des flèches.

→ ***blitzen***
*Das Geschirr **blitzte** vor Sauberkeit.* La vaisselle étincelait de propreté.
*Seine Augen **blitzten** vor Wut.* Ses yeux lançaient des éclairs de rage.

→ ***donnern***
*Der LKW **donnert** über die Brücke.* Le camion fait un bruit assourdissant en traversant le pont.
*Sie **donnert**, weil die Kinder Unfug treiben.* Elle gronde les enfants qui font des bêtises.

2. Les verbes semi-impersonnels

Ils n'existent qu'à la troisième personne du singulier (sauf *geschehen*, qui existe aussi à la 3e personne du pluriel). Ils peuvent avoir un sujet réel.

→ ***gelingen***
*Es **gelang** mir, die Festplatte zu wechseln.* → *Mir gelang es, die Festplatte zu wechseln.*
J'ai réussi à changer le disque dur.

Der Trick ist ihm gelungen. Il a réussi son tour de passe-passe.

→ ***geschehen***
*Es **geschieht** nichts Neues unter der Sonne.* Il n'y a rien de nouveau sous le soleil.
*Es **geschieht** ihm recht.* (expression figée) C'est bien fait pour lui.
*Es ist um ihn **geschehen**.* → *Um ihn ist es geschehen.* C'en est fait de lui.
*Es **geschehen** noch Zeichen und Wunder.* Il y aura des signes et des prodiges.
Ein Unglück ist geschehen. → *Es ist ein Unglück geschehen.* Un accident s'est produit.

3. Les verbes employés impersonnellement

Ils existent à toutes les personnes, mais ont aussi un emploi impersonnel.

Avec le **datif** (***es*** est toujours obligatoire) :

→ ***gehen***
***Es** geht mir gut.* → *Gut geht **es** mir.* → *Mir geht **es** gut.* Je vais bien.

→ ***gefallen***
***Es** gefällt mir ungeheuer hier.* → *Ungeheuer gefällt **es** mir hier.* → *Hier gefällt **es** mir ungeheuer.* Je me plais énormément ici.
Du gefällst mir. Tu me plais.

→ ***fehlen***
***Es** fehlt an Lehrkräften.* → *An Lehrkräften fehlt **es**.* Il manque des enseignants.
Hier fehlen zwei Buchstaben. Ici il manque deux lettres.
Du hast mir gefehlt. **mais :** *Ich habe dich vermisst.* Tu m'as manqué.

Avec **l'accusatif** (***es*** est obligatoire uniquement en 1re position) :
***Es** hungert mich.* → *Mich hungert.* **mais :** *Ich hungere.* J'ai faim.

Avec **le datif** (le plus souvent) ou **l'accusatif** (*es* est obligatoire uniquement en 1re position) :

→ ***schwindeln***

***Es** schwindelt mir (mich).* → *Mir (mich) schwindelt [es].* J'ai le vertige.

mais : *Der Kopf schwindelt mir.* La tête me tourne.

→ ***ekeln***

***Es** ekelt mich vor diesem Blut.* → *Mich / mir **ekelt**[es]vor diesem Blut.*

mais : *Ich ek[e]le mich vor diesem Blut.* Ce sang me dégoûte.

Voir *es* 164

À VOUS !

238. Traduisez.

a. Qu'il pleuve, qu'il vente ou qu'il neige, il fait sa promenade quotidienne. – b. Je n'ai pas réussi à la convaincre. – c. Comment allez-vous ? Merci, je vais bien. – d. Cela vous plaît ici ? – e. Ce poisson mort l'a profondément dégoûtée. – f. Quand le tonnerre gronde, le chat se cache sous le lit. – g. Il se passe des choses bizarres ici. – h. Monsieur Mayer ne va pas très bien. – i. Il a des vertiges. – j. Est-ce qu'il bruine ou est-ce qu'il grésille ?

INFINITIF SUBSTANTIVÉ

Nature et fonction de l'infinitif substantivé 202

1. La nature de l'infinitif substantivé

L'infinitif substantivé est un infinitif employé comme nom. Il s'écrit avec une majuscule. Il est de genre neutre.

Il exprime le plus souvent le procès (l'action en train de se faire). Il n'a pas de pluriel :

das Schreiben le fait d'écrire

Il peut exprimer aussi le résultat du procès (le résultat de l'action) :

das Schreiben la lettre (= le résultat de l'action d'écrire)

2. La fonction de l'infinitif substantivé

L'infinitif substantivé peut être sujet :

***Schlagen** ist verboten, aber **das Wehren** nicht.*

Frapper est interdit, mais se défendre ne l'est pas.

Il peut être précédé d'un adjectif :

***Das** lange **Warten** hat ihn ungeduldig gemacht.* La longue attente l'a rendu impatient.

- L'infinitif substantivé peut être complément :

→ Direct :

*Sie hat ihm **das Tanzen** beigebracht.* Elle lui a appris à danser.

*Sie hat **das Rennen** gewonnen.* Elle a gagné la course.

*Sie hat ihm **das Lächeln** abgewöhnt.* Elle lui a fait passer l'envie de sourire.

→ Indirect :

*Sie ist über **dem Lesen** eingeschlafen.* Elle s'est endormie en lisant.

À VOUS !

239. Traduisez.

a. Das Lernen ist schwer, das Können leicht. – b. Lügen ist keine Kunst. – c. Schweigen ist auch eine Antwort. – d. Lieben ist Leiden. – e. Das Fragen hat man umsonst. – f. Freien und Backen geraten nicht immer. – g. Geben ist leichter als Bitten. – h. Haben ist Haben, aber Bekommen eine Kunst. – i. Können geht über Wollen. – j. Finden und Verhehlen ist so gut wie Stehlen.

240. Traduisez.

a. Hoffen ist ein süßes Leiden. – b. Das Klagen hilft den Toten nicht. – c. Vergleichen und Vertragen ist besser als Zanken und Klagen. – d. Bei Hunden und Katzen ist Beißen und Kratzen. – e. Schlagen und Küssen ist zweierlei. – f. Es ist nicht zum Lachen, wenn einer vom Turm fällt. – g. Lästern ist keine Kunst. – h. Lachen ist gesund. – i. Lachen und Weinen sind in einem Sack. – j. Mit Austeilen gewinnt man Freunde.

INJONCTION

203 Les 16 formes de l'injonction

L'injonction est l'expression de l'ordre ou de la demande adressée par une personne à une autre.
L'injonction s'exprime avant tout par l'intonation mais aussi par de nombreuses autres formes syntaxiques :

l'impératif	***Hebe** den Bleistift auf!*	Ramasse le crayon !
l'indicatif présent	*Du **machst** jetzt deine Aufgaben!*	Maintenant tu fais tes devoirs !
l'indicatif futur	*Du **wirst** jetzt schön ruhig sitzen **bleiben**!*	Tu vas rester tranquille sur ta chaise !
un infinitif	*Nicht **laufen**!*	Ne pas courir !
un participe 2	***Aufgesessen!***	En selle ! (cavaliers)
sollen + infinitif	*Ihr **sollt** stehen **bleiben**!*	Halte !
müssen + infinitif	*Sie **müssen nachgeben**!*	Il faut que vous cédiez !

nicht dürfen + infinitif	*Du **darfst nicht** aufstehen!*	Tu n'as pas le droit de te lever !
passif	*Das Betreten der Rasenflächen ist **untersagt**.*	Il est interdit de marcher sur les pelouses.
werden + participe 2	*Hier **wird gearbeitet**!*	Ici on travaille !
un préverbe	***Los! Fort!*** ***Weg!*** ***Her** damit! Tür **zu**!* ***Raus** mit der Sprache!*	Vas-y ! / Allons-y ! Va-t'en ! Allez-vous-en ! Donne-moi ça ! La porte ! Abrège !
un adverbe	***Schnell!***	Vite !
un nom	*Kein **Zutritt**!*	Entrée interdite !
subjonctif 1	*Man beachte die Anweisungen!*	Prière de respecter les consignes !
haben + *zu*	*Du **hast zu** gehorchen!*	Tu as à obéir !
dass	***Dass** du mir ja nicht ins Gehege kommst!*	Ne t'avise pas de marcher sur mes brisées !

À VOUS !

241. Exprimez l'injonction sous une autre forme.

Steh auf! → Auf!

a. Geh rein! – b. Sie haben zu schweigen! – c. Sie müssen das aufschreiben! – d. Macht das schneller! – e. Sie sollen zuhören! – f. Tür auf! – g. Räum dein Zimmer auf! – h. Sei vernünftig! – i. Hier wird nicht geraucht! – j. Bring mir das!

INTERROGATION

L'interrogation globale et partielle 204

L'interrogation s'exprime avant tout par l'intonation.

Un énoncé avec un verbe en 2e position, normalement déclaratif, peut exprimer l'interrogation globale ; le point d'interrogation permet de distinguer un énoncé déclaratif d'un énoncé interrogatif :

Barbara kommt morgen? Barbara vient demain ?

Voir Énoncés 74-77

On distingue deux types d'interrogation :

1. L'interrogation globale

2. L'interrogation partielle

L'interrogation partielle porte sur un groupe **syntaxique**, à l'exclusion du verbe.

Comme en anglais, l'interrogation partielle est introduite par un mot en ***w-***, qui est :

→ simple :

Wer? Qui ?
Was? Qu'est-ce que ?
Wie? Comment ?
Wo? Où ?
Wann? Quand ?

→ composé :

Warum? Weshalb? Weswegen? Pourquoi ?

→ composé avec ***wo-*** :

Worum? Wofür?... Pourquoi ? (voir 190)

(en anglais : *Who? What? Why? When? Where?...*)

Le terme interrogatif est en première position :

***Wo** liegt mein Handy?* Où est mon portable ?

La préposition fait partie du groupe **syntaxique** interrogatif :

***Seit wann** ist er krank?* Depuis quand est-il malade ?
***Mit wem** hast du gesprochen?* À qui as-tu parlé ?

Le verbe est en seconde position :

*Wer **hat** angerufen?* Qui a appelé ?
*Wo **bist** du geblieben?* Mais où étais-tu donc ?

3. Les mots interrogatifs introduisant l'interrogation partielle

Les quasi-noms introduisant l'interrogation partielle

→ Les quasi-noms qui interrogent sur le **sujet** ou le **complément**

• ***Wer?***

nominatif	***Wer** ist da?*	Qui est là ?
accusatif	***Wen** hast du eingeladen?*	Qui as-tu invité ?
datif	***Wem** hat er eine E-Mail geschickt?*	À qui a-t-il envoyé un e-mail ?
génitif	***Wessen** Handy ist das?*	C'est le téléphone mobile de qui ?

• ***Was?***

nominatif	***Was** ist geschehen?*	Que s'est-il passé ?
accusatif	***Was** hast du gesehen?*	Qu'est-ce que tu as vu ?

• ***Welch –?***

***Welcher** von beiden?* Lequel des deux ?

Attention !
Welches est invariable, quel que soit le sujet de la phrase :
***Welches** sind **die ältesten** Städte der Welt?*
Quelles sont les plus vieilles villes au monde ?
~~*Welche sind die ältesten Städte der Welt?*~~

***Welches** ist **die schönste** Frau?*
Quelle est la plus belle femme ?
~~*Welche ist die schönste Frau?*~~

• ***Was für ein?*** [singulier] / ***was für welche?*** [pluriel]

singulier	pluriel	
***Was für einer** ist denn das?*	*"Ich habe Briefmarken für dich."*	– J'ai des timbres pour toi.
Mais quel genre d'individu est-ce ?	***"Was für welche?"***	– Quel genre de timbres ?

→ Les quasi-noms qui interrogent sur le **lieu**, le **temps**, la **durée**, la **cause**, la **manière**

• ***Wo** ist es geschehen?* Où cela s'est-il passé ?
***Wohin** führt diese Straße?* Où mène cette route ?
***Woher** kommt sie?* D'où vient-elle ?

• ***Wann** sind Sie geboren?* Quand êtes-vous né ?
***Seit wann** ist er in Frankreich?* Depuis quand est-il en France ?
***Bis wann** bleibt er hier?* Jusqu'à quand reste-t-il ici ?

• ***Wie lange** hat es gedauert?* Combien de temps cela a-t-il duré ?

• ***Warum** bist du so traurig?* Pourquoi es-tu si triste ?
• ***Weshalb** soll sie weiter studieren?* Pourquoi doit-elle poursuivre ses études ?
• ***Weswegen** übt Ihr Tugend?* Pourquoi être vertueux ?

• ***Wie** bist du hierher gekommen?* Comment as-tu fait pour venir jusqu'ici ?

Les groupes prépositionnels introduisant l'interrogation partielle : ***woran? worauf?***

La plupart des prépositions peuvent se combiner avec l'élément invariable ***wo-*** pour former des **groupes prépositionnels interrogatifs** qui interrogent sur le complément prépositionnel. Ils sont tous indéclinables.
Dans ces composés en *w-*, ***wo-*** est mis en fait pour ***was*** (*wofür* = *für was?* qui est un quasi-nom) :

→ ***Wofür** interessierst du dich?*	À quoi t'intéresses-tu ?
→ ***Womit** hat er die Scheibe eingeschlagen?*	Avec quoi a-t-il brisé la vitre ?
→ ***Wonach** sehnt er sich?*	À quoi aspire-t-il ?
→ ***Woran** denken Sie?*	À quoi pensez-vous ?
→ ***Worauf** hat sie so lange gewartet?*	Qu'a-t-elle attendu si longtemps ?
→ ***Woraus** besteht ein Komet?*	De quoi se compose une comète ?
→ ***Worin** liegt der Unterschied?*	En quoi consiste la différence ?
→ ***Worüber** hat sie geredet?*	De quoi a-t-elle parlé ?
→ ***Worum** handelt es sich?*	De quoi s'agit-il ?
→ ***Worunter** leidet er?*	De quoi souffre-t-il ?
→ ***Wovor** hast du Angst?*	De quoi as-tu peur ?
→ ***Wozu** leben?*	À quoi bon vivre ?

Les déterminatifs introduisant l'interrogation partielle :

→ ***Welcher? welches? welche?*** Pluriel : ***welche?***

Welcher Schlüssel ist der richtige? Quelle est la bonne clé ? (parmi plusieurs clés)
*(**Which** key is the right one?)* Quelle clé est la bonne ?

Attention !
Welch-? sert à interroger sur **la désignation en général** (***which?*** ou ***what?***)

Welchen *Filzstift brauchst du?*	De quel feutre as-tu besoin ?
Welcher *Student hat sich gemeldet?*	Quel étudiant s'est présenté ?
Welche *Stiefel soll ich anziehen?*	Quelles bottes dois-je mettre ?

→ ***Was für ein? was für ein? was für eine?*** Pluriel : ***Was für?***

Was für ein *Schuh ist das?*	Quelle chaussure est-ce ?
*(**What** shoe ? = **What kind of** shoe?)*	(Quelle sorte de chaussure ?)
Ein Sportschuh? Ein Tennisschuh?	Une chaussure de sport ? De tennis ?
Ein Schuh mit Stollen?	À crampons ?
Was für *Schuhe?*	Quelles chaussures ?

À VOUS !

242. Posez les questions correspondant aux réponses données (interrogation partielle).
a. Claudia hat angerufen. – b. Morgen früh kommt er. – c. Wir haben den Nachmittag auf der Uni verbracht. – d. Meine Mappe liegt auf dem Tisch. – e. Die Feuerwehr hat die Tür mit einem Beil eingeschlagen. – f. Petra haben wir zum Geburtstag gratuliert. – g. Es ist Pauls Fahrrad. – h. Er glaubt noch an den Weihnachtsmann. – i. Ich habe deutsche Briefmarken für dich. – j. Gib mir den roten Stift!

243. Même exercice.
a. Es ist Herrn Schmids Wagen. – b. Er hat ein Bier getrunken. – c. Heute Abend holt er mich ab. – d. Dagmar hat ihr Abitur bestanden. – e. Du musst in Paderborn umsteigen. – f. Ich fahre morgen früh nach Straßburg. – g. Der Zug fährt um 13 Uhr fünfzig ab. – h. Sie hat ihm Zigarren geschenkt – i. Ich war mit Hans-Peter im Kino. – j. Ich habe die Tür mit einem Schraubenzieher geöffnet.

JA / DOCH / EBEN

205 Les emplois de *ja, doch* et *eben*

1. Les emplois et les sens de *ja*

ja est accentué

→ Il est suivi d'une virgule et signifie « oui » :
"Bist du bereit ?" – Est-ce que tu es prêt ?
"Ja, ich bin bereit." – **Oui**, je suis prêt.

→ Il est suivi d'une virgule et signifie « [et] même » :
*Das Stück hat mir gefallen, **ja**, ich bin sogar begeistert.*
La pièce m'a plu, je suis même enthousiaste.

→ Il est employé dans un énoncé à l'impératif (souvent avec une négation ; sans virgule) et signifie « surtout pas » :
*Komm mir **ja** nicht ins Gehege!*
Et ne t'avise **surtout** pas de marcher sur mes plates-bandes !

*Stör mich **ja** nicht bei der Arbeit!*
Ne me dérange **surtout pas** pendant que je travaille !

ja est non accentué

→ Il est non intégré dans la phrase (suivi d'une virgule) :
***Ja**, und was machen wir jetzt?* **Bon, très bien**, et maintenant, qu'est-ce qu'on fait ?
***Ja**, das waren noch Zeiten!* C'était le bon temps !
***Ja**, so war es halt damals!* **Eh oui !** La vie était ainsi faite autrefois...

→ Il établit une complicité avec l'interlocuteur (sans virgule) :
"Warum sollte ich dir das erklären?" – Pourquoi est-ce que je devrais t'expliquer ça ?
*"Du verstehst **ja** sowieso nichts davon".* – De toute façon, tu n'y comprends rien.
*Du bist **ja** völlig beknackt!* **Mais** tu es complètement cinglé !

*Das wäre **ja** gelacht, wenn es nicht klappen würde!*
Ce serait bien le diable si ça ne marchait pas !

*Das ist **ja** wohl ein Witz!* C'est une aimable plaisanterie, **je suppose** !

2. Les emplois et les sens de *doch*

doch exprime un décalage par rapport à une attente

*Das hast du mir **doch** versprochen!*
Mais tu me l'as **pourtant** promis !

*Das kannst du **doch** jetzt nicht einfach rückgängig machen!*
Tu ne peux **tout de même** pas annuler cela !

*Hätte ich **doch** nur studiert!*
Ah si **seulement** j'avais fait des études !

*Du weißt **doch**, dass ich kein Fleisch esse.*
Tu sais **pourtant** que je ne mange pas de viande.

doch traduit une opposition à ce qui précède

*Es war eine schwere, **doch** auch eine glückliche Zeit.*
C'était une époque difficile, et **pourtant** heureuse.

*Er hatte sie alle eingeladen, **doch** keiner kam.*
Il les avait tous invités, **pourtant** personne ne vint.

doch traduit une insistance ou une confirmation

*Du weißt **doch**, was ich will!* Tu sais bien ce que je veux !
*Komm **doch**!* Mais viens donc !

3. Les emplois et les sens de *eben*

eben traduit la confirmation

*Das ist es **eben**!* Tout juste !

eben traduit la concession, la résignation

*Sie ist **eben** nicht zu gebrauchen.* Elle n'est bonne à rien.
*Wir müssen uns **eben** damit abfinden.* Il faut qu'on se fasse une raison.

eben situe un événement dans le temps : passé récent

*Er war **eben** noch mit uns.* Il était avec nous il y a **encore** un instant.

4. Les emplois et les sens de *ja* et *doch*

"Kommst du mit uns?" – Est-ce que tu viens avec nous ?
"Ja, ich komme mit." – **Oui**, je viens avec vous.
"Kommst du nicht?" – Tu ne viens pas ?
"Doch, ich komme." – **Si**, je viens.

JAMAIS

206 Traductions de « jamais »

1. Traduction de « jamais » par *je, immer, einmal* (*ever* en anglais)

*Es ist die schönste Stimme, die ich **je** gehört habe.*
C'est la plus belle voix que j'aie **jamais** entendue.

*Sie ist schöner denn/als **je**.*
Elle est plus belle que **jamais**.

*"Lieben Sie ihn?" – "Mehr als/denn **je**."* – Vous l'aimez ? – Plus que **jamais** !

*Du kannst dich noch so sehr anstrengen, wie du willst, ohne Dünger wirst du **immer** nur kümmerliches Gemüse ernten.*
Tu as beau travailler comme un forcené, sans engrais tu n'auras **jamais** que des légumes chétifs.

*Wenn du **einmal** zu mir kommst...* Si **jamais** tu viens un jour chez moi...

2. Traduction de « jamais » par *nie, niemals, nimmermehr* (*never* en anglais)

*Das habe ich **nie** gewollt.* Je **n'**ai **jamais** voulu cela.
*Sie wird **nie** wieder kommen.* Elle **ne** viendra plus **jamais**.
*Das verzeihen sie dir **niemals**.* Cela, ils ne te le pardonneront **jamais**.
*Ich weiß, dass ich ihn **niemals** wiedersehen werde.* Je sais que je ne le verrai plus **jamais**.
*Da ging er, und kam **nie** und **nimmermehr** wieder.* Il s'en alla et ne revint plus **jamais**.

JEDER / EIN JEDER - CHACUN

207 Les différentes natures de *jeder / ein jeder*

C'est un quantificateur global qui peut être à la fois déterminatif, adjectif, quasi-nom et pronom.

1. *jeder, ein jeder* est un déterminatif

***Jeder** neue Student muss sich vorstellen.* Chaque nouvel étudiant doit se présenter.
***Jede** Arbeit verdient ihren Lohn.* Tout travail mérite salaire.

2. *jeder, ein jeder* est un adjectif

*Ein **jeder** Kopf hat seinen Sinn.* Chacun n'en fait qu'à sa tête.
*Herren **jeden** Alters* des hommes de tous âges

3. *jeder, ein jeder* est un quasi-nom

***Jeder** lobt sein Handwerk.* Chacun loue son ouvrage.
***Ein jeder** ist Hahn auf seinem Mist.* Un chacun est coq sur son fumier. (Charbonnier est maître chez soi.)

4. *jeder, ein jeder* est un pronom

*"In dem Vorsaale wimmelten sechs Kinder von elf zu zwei Jahren um ein Mädchen von schöner Gestalt; [...] sie hielt ein schwarzes Brot und schnitt ihren Kleinen ringsherum **jedem** sein Stück nach Proportion ihres Alters und Appetits ab, gab's **jedem** mit solcher Freundlichkeit, und **jedes** rief so ungekünstelt: Danke!"* (Goethe, *Werther)*
« Dans l'antichambre six enfants de deux à onze ans entouraient bruyamment une jeune fille de belle prestance ; [...] elle tenait un pain noir et coupait à **chacun** des petits qui étaient autour d'elle un morceau selon son âge et son appétit, elle le donnait à **chacun** avec tellement d'amabilité et **chacun** s'écriait si naturellement : Merci ! »

Voir Déclinaison du groupe nominal 43-45
Voir Quantificateurs 257

JETZT / NUN

Les sens de *jetzt* et *nun* 208

1. Les sens de *jetzt*

***jetzt* signifie « maintenant » (moment précis où l'on parle) :**
*Ich habe **jetzt** keine Zeit. Ruf später an!*
Je n'ai pas le temps maintenant. Appelle plus tard !

***jetzt* signifie « de nos jours » (*heute, heutzutage*) :**
*Früher hat man das so gemacht. **Jetzt** geht das viel schneller.*
Autrefois on faisait ainsi. **Aujourd'hui** tout va beaucoup plus vite.

***jetzt* accentué est une particule illocutoire** (voir 240) **qui exprime un léger agacement :**
*Wer kommt denn **jetzt** noch?* Qui est-ce qui vient encore ?
*Was machst du denn **jetzt** schon wieder?* Mais qu'est-ce que tu fabriques encore ?

2. Les sens de *nun*

***nun* est accentué et a un sens temporel :**
→ *nun* est adverbe et signifie « maintenant » (*jetzt*) :
*von **nun** an* à partir de maintenant, désormais, dorénavant
*Was **nun**?* Et maintenant ?
***nun** und nimmermehr* au grand jamais
→ ***nun* est un subjoncteur et signifie « maintenant que » :**
***Nun** sie endlich allein ist...* À présent qu'elle est enfin seule...

- ***nun*** **est une particule de liaison accentuée, en tête de phrase, et signifie « or » « et voici que » :**

Bis jetzt war alles einfach. ***Nun*** *erfahren wir, dass die Lage eigentlich ganz anders ist.*
Jusqu'à présent, tout était simple. **Et voici** qu'on apprend qu'en fait la situation est toute différente.

- ***nun*** **est une particule illocutoire** (voir 240) **non accentuée :**

→ ***nun*** signifie « Voyons ! » « Par exemple ! » « Allons donc ! » (dans une exclamation) :

Nun *gut!* Soit ! C'est bon !
Nun *ja!* Oui, je veux bien ! Bon, d'accord !

→ ***nun*** signifie « or », « donc », « eh bien » :

Nun *also, zur Sache!* Eh bien, venons-en au fait !
Nun*, was tun wir jetzt?* Bon, eh bien, que faisons-nous à présent ?

→ ***nun*** exprime une opposition entre une attente et la réalité :

Wir waren von seiner Unschuld überzeugt; inzwischen hat sich ***nun*** *herausgestellt, dass...*
Nous étions convaincus de son innocence, **mais** il s'avère que...

Voir Particules illocutoires 240

KÖNNEN

209 Être en état de (capacité physique ou intellectuelle)

1. Conjugaison de *können*

können est un verbe mixte régulier

- L'indicatif

formes simples		formes composées	
présent	**prétérit**	**parfait**	**plus-que-parfait**
ich kann	*ich konnte*	*ich habe (das) gekonnt*	*ich hatte (das) gekonnt*
*du kann**st***	*du konnte**st***	*ich habe (reiten)*	*ich hatte (reiten)*
er kann	*er konnte*	*können*	*können*
*wir könn**en***	*wir konnt**en***		
*ihr könn**t***	*ihr konnte**t***		
*sie könn**en***	*sie konnt**en***		

- Le subjonctif

formes simples		formes composées	
subjonctif 1	**subjonctif 2**	**parfait**	**plus-que-parfait**
ich könne	*ich könnte*	*ich habe*	*ich hätte*
*du könne**st***	*du könnte**st***	*gekonnt/können*	*gekonnt/können*
er könne	*er könnte*	*du habest*	*du hättest*
*wir könnt**en***	*wir könnt**en***	*gekonnt/können*	*gekonnt/können*
*ihr könne**t***	*ihr könnte**t***		
*sie könn**en***	*sie könnt**en***		

Voir 58/224-225

2. Sens de *können*

Sens de *können* employé seul :

*Wer will, der **kann**.* Vouloir, c'est pouvoir.

*Mancher **kann**, der nicht will, und mancher will, der nicht **kann**.*
Un tel peut, mais ne veut pas, et tel autre veut, mais ne peut pas.

*Ein Mann, der will, **kann** mehr als zehn, die müssen.*
Un homme qui est volontaire peut plus que dix qui agissent sous la contrainte.

*Die am wenigsten **können**, wollen am meisten.*
Ceux qui peuvent le moins sont ceux qui veulent le plus.

Sens de *können* employé avec un complément :

*Er **kann** nichts.* Il ne sait rien (faire). *(He knows nothing.)*
*Laufe, was du **kannst**.* Cours aussi vite que tu peux.

Sens de *können* employé avec un infinitif :

→ Expression de la modalité : sens propre
*Er **kann** gut schwimmen.* Il sait bien nager. *(He **can** swim well.)*

*Sie **kann** Klavier spielen, aber heute **kann** sie nicht, weil sie krank ist.*
Elle **sait** jouer du piano, mais aujourd'hui elle ne **peut** pas, car elle est malade.

*Ich **kann** es Ihnen nicht **sagen**.* Je ne **saurais** vous le dire.
*Ich habe ihn sprechen **können**.* J'ai pu lui parler. *(I have been able to speak with him.)*
*Er hat es tun **können**.* Il a pu le faire. *(He was able to do it.)*

→ Expression de la modalisation (voir 180)
*Sie **kann** ihn gesprochen haben.* Il se peut qu'elle lui ait parlé. *(She **may** have spoken with him.)*
*Er **kann** es getan haben.* Il se peut qu'il l'ait fait. *(He **may** have done it.)*

Attention !
• *können* remplace souvent *dürfen*, surtout à l'oral :
***Kann** ich heute Abend noch kommen?* Est-ce que je peux encore venir ce soir ?
*Ich **kann** nicht **umhin**, wie Espenlaub **zu** zittern.* Je ne peux m'empêcher de trembler comme une feuille morte.

LASSEN

Sens et emplois de *lassen* 210

1. *lassen* signifie « laisser »

*Ich habe meine Jacke zu Hause **gelassen**.* J'ai laissé ma veste à la maison.
*Er hat die Schlüssel im Wagen liegen **lassen**.* Il a laissé les clés dans la voiture.

2. Les sens de *lassen* employé comme auxiliaire + infinitif sans *zu*

Il sert à former l'hortatif, c'est-à-dire l'expression de l'injonction à la 1re personne :
→ Sous la forme ***lass [uns]*** quand le locuteur ne s'adresse qu'à une personne que l'on tutoie :
*O Vater, **lass uns** ziehen!* Ô père, partons ! (en anglais : *let's [= let us] go!*)

→ Sous la forme ***lasst [uns]*** quand le locuteur s'adresse à plus d'une personne :
Lasst *sehen, wie es anders sein könnte!* Voyons si cela peut se faire autrement.
Lasst *uns sehen, ob man so teuflisch zu sein vermag!* Voyons si l'on peut être aussi diabolique !

Il sert à former le factitif (faire faire quelque chose à quelqu'un) :
Lasst *mich nur machen!* Laissez-moi faire !
Er ***lässt*** *mich warten.* Il me fait attendre.
Sie will sich ein Kostüm machen ***lassen.*** Elle veut se faire faire un tailleur.
Die Enttäuschung hatte sie blind werden ***lassen.*** La déception l'avait rendue aveugle.
Der König ***ließ*** *ihm eine goldene Kette holen.* Le roi fit venir pour lui une chaîne en or.

Geht hinab ins Dorf und ***lasst*** *euch jeder sich einen Hahn von den Bauern geben.*
Descendez au village et faites-vous remettre à chacun un coq par les paysans.

Lass *es dir schmecken! Bon appétit !*

sich lassen :
Hier unter der Laube ***lässt es sich*** *gut plaudern.* Ici sous la tonnelle, il fait bon bavarder.
Ich will mal sehen, was ***sich*** *tun* ***lässt.*** Je verrai bien ce que l'on peut faire.

Voir Faire 168

LIEU (EXPRESSION DU)

211 Le locatif et le directif

le locatif indique le lieu où l'on est	le directif indique un changement de lieu
Sie tanzen ***in dem*** *Saal.*	*Sie tanzen* ***in den*** *Saal hinein.*
Ils dansent dans la salle.	Ils entrent dans la salle en dansant.
Wir fahren ***auf der*** *Straße.*	*Er geht* ***über die*** *Straße.*
Nous roulons sur la route.	Il traverse la rue.
pour interroger sur le locatif, on pose la question : ***wo?***	pour interroger sur le directif, on pose la question : ***wohin?***

En français et en anglais, il n'y a pas de différence entre les deux questions : où ? *where?*

1. Les prépositions qui expriment le locatif

Les prépositions qui expriment le locatif et qui entraînent le datif :

→ ***bei***

- ***bei*** signifie **« près de »**

Die Schule liegt ***beim*** *Bahnhof.* L'école est près de la gare.
die Schlacht ***bei*** *Iena* la bataille près d'Iéna

- ***bei*** signifie **« chez, dans »**

*"****Bei*** *welcher Firma arbeitet sie?"* – Dans quelle entreprise travaille-t-elle ?
"Sie arbeitet ***bei*** *Kodak."* – Elle travaille chez Kodak.

→ ***zu***
*Sie arbeitet **zu** Hause.* Elle travaille à la maison.
*Sie wohnt **zu** ebener Erde.* Elle habite au rez-de-chaussée.
*zu Wasser und **zu** Lande* sur terre et sur mer
*Die Katze lag ihr **zu** Füßen.* Le chat était couché à ses pieds.

→ ***an – auf – hinter – in – neben – über – unter – vor – zwischen*** (voir ci-dessous)

La préposition qui exprime le locatif et qui entraîne l'accusatif : ***um*** + accusatif
*Sie saßen **um** das Feuer (herum).* Ils étaient assis autour du feu.
*Sie ging **um** die Ecke.* Elle tourna au coin de la rue.
*Er musste zehnmal **um** den Hof laufen.* Il dut faire dix fois le tour de la cour.
*Der Mond kreist **um** die Erde.* La lune tourne autour de la Terre.

2. Les prépositions qui expriment le directif

Les prépositions qui expriment le directif et qui entraînent le datif :

→ ***nach***

- ***nach*** **signifie « vers »**

*der Zug **nach** Mainz* le train pour Mayence
*"Es führt kein anderer Weg **nach** Küssnacht."* Il n'y a pas d'autre chemin pour Kussnacht.
***nach** rechts, **nach** links gehen* aller à droite, à gauche
nach** Norden **zu en direction du nord
nach** dem Hof **hin vers la cour
***nach** allen Seiten* en tous sens
*von oben **nach** unten* de haut en bas
*Das Zimmer geht/liegt **nach** dem Hof [**hinaus.**]* La fenêtre donne sur la cour.
*Er griff **nach** dem Ruder.* Il tendit le bras pour prendre la rame.
*Alle Wege führen **nach** Rom.* Tous les chemins mènent à Rome.

- ***nach*** **signifie « après, derrière »**

*Eine Lüge schleppt zehn andere **nach** sich.* Un mensonge en entraîne dix autres à sa suite.

→ ***zu***
*Er führte sie **zum** Direktor.* Il la conduisit chez le directeur.
*Er geht schon **zur** Schule.* Il est déjà scolarisé.
*Es kam mir **zu** Ohren.* C'est venu à mes oreilles.
*die Tür **zum** Weinkeller* la porte qui mène au cellier
*von Hand **zu** Hand* de la main à la main
*Er fiel **zu** Boden.* Il tomba à terre.
*Er warf sich ihr **zu** Füßen.* Il se jeta à ses pieds.
*Sie sprang **zum** Fenster hinaus.* Elle sauta par la fenêtre.

Les prépositions qui expriment le directif et qui entraînent l'accusatif :

→ ***über***
*Da kam ein Mann **übers** Feld dahergelaufen.* C'est alors que, traversant les champs, accourut un homme.
*Das geht **über** meine Kräfte.* C'est au-dessus de mes forces.
*Das Pferd sprang **über** den Zaun.* Le cheval sauta par-dessus la palissade.
*Wir gehen jetzt **über** die Straße.* Nous allons à présent traverser la rue.

→ ***an – auf – hinter – in – neben – über – unter – vor – zwischen*** (voir ci-dessous)

3. Les prépositions qui expriment le locatif ou le directif et qui entraînent le datif ou l'accusatif

an, auf, hinter, in, neben, über, unter, vor, zwischen expriment :

→ Le locatif, quand elles sont suivie du datif.

→ Le directif, quand elles sont suivies de l'accusatif.

	directif *(Wohin?)* →	**locatif** *(Wo?)* X
an	*Sie setzt sich an den Tisch.* Elle s'asseoit à table.	*Sie sitzt am Tisch.* Elle est assise à table.
auf	*Er kniet sich auf den Boden hin.* Il s'agenouille par terre.	*Er kniet auf dem Boden.* Il est à genoux par terre.
hinter	*Sie läuft hinter den Baum.* Elle court derrière l'arbre.	*Sie versteckt sich hinter dem Baum.* Elle est cachée derrière l'arbre.
in	*Sie geht in das Zimmer hinein.* Elle entre dans la chambre.	*Sie geht in ihrem Zimmer auf und ab.* Elle fait les cent pas dans sa chambre.
neben	*Setze dich neben mich.* Assieds-toi à côté de moi.	*Sie sitzt neben mir.* Elle est assise à côté de moi.
über	*Der Adler erhebt sich über die Wolken.* L'aigle s'élève au-dessus des nuages.	*Über der Stadt liegt ein dichter Nebel.* Un épais brouillard recouvre la ville.
unter	*Die Katze kriecht unter das Bett.* Le chat se glisse sous le lit.	*Sie schlafen unter freiem Himmel.* Ils dorment à la belle étoile.
vor	*Sie trat vor die Tür.* Elle alla sur le pas de la porte.	*Sie stand vor der Tür.* Elle était sur le pas de la porte.
zwischen	*Sie setzt sich zwischen zwei Stühle.* Elle s'assied entre deux chaises.	*Sie sitzt zwischen zwei Stühlen.* Elle est assise entre deux chaises.

Attention !
*Sie sitzt **bei** Tisch.* Elle est à table (en train de manger).

directif →	**locatif** X
pour les noms de villes et de pays	
*Sie fährt **nach** Berlin.* Elle va à Berlin.	*Sie arbeitet **in** Berlin.* Elle travaille à Berlin.
*Sie fährt **nach** Spanien.* Elle va en Espagne.	*Sie arbeitet **in** Spanien.* Elle travaille en Espagne.
*Er fährt **in die** Schweiz.* Il va en Suisse.	*Er arbeitet **in der** Schweiz.* Il travaille en Suisse.
*Er fährt **in die** Türkei.* Il va en Turquie.	*Er arbeitet **in der** Türkei.* Il travaille en Turquie.
*Er fährt **in die** Vereinigten Staaten.* Il va aux États-Unis.	*Er arbeitet **in den** Vereinigten Staaten.* Il travaille aux États-Unis.
pour les personnes	
*Sie geht **zum** Direktor.* Elle va chez le directeur.	*Sie ist **beim** Direktor.* Elle est chez le directeur.
*Sie geht **zum** Friseur.* Elle va chez le coiffeur.	*Sie ist **beim** Friseur.* Elle est chez le coiffeur.

traduction de « à la maison »

*Sie geht **nach** Hause.*	*Sie ist **zu** Hause.*
Elle va à la maison.	Elle est à la maison.

avec les verbes de position

***stellen** (stellte, gestellt)*	***stehen** (stand, gestanden)*
poser, placer, mettre	être, se trouver
*Stell das Glas **auf den** Tisch!*	*Das Glas steht **auf dem** Tisch.*
Pose le verre sur la table !	Le verre est sur la table.
(Put the glass on the table!)	*(The glass is on the table.)*
sich stellen : se mettre	
*Stell dich **unter den** Baum!*	*Er steht **unter dem** Baum.*
Mets-toi sous l'arbre !	Il est sous l'arbre.
(Stand under the tree!)	*(He is standing under the tree.)*
***legen** (legte, gelegt)*	***liegen** (lag, gelegen)*
poser, placer, mettre	être, se trouver
(to lay, laid, laid)	*(to lie, lay, lain)*
*Leg die Wäsche **in den** Schrank!*	*Die Wäsche liegt **im** Schrank.*
Mets le linge dans l'armoire !	Le linge est dans l'armoire.
(Put the linen in the closet!)	*(The linen is in the closet.)*
*Er legte das Kind **in das** Bett.*	*Das Kind lag **im** Bett.*
Il mit l'enfant au lit.	L'enfant était au lit.
(He laid the child in his bed.)	*(The child lay in bed.)*
sich legen	
*Er legte sich **ins** Bett.*	*Er lag **im** Bett.*
Il se mit au lit.	Il était au lit.
(He laid down.)	*(He lay in bed.)*
***setzen** (setzte, gesetzt)*	***sitzen** (saß, gesessen)*
poser, placer, mettre	être assis
(to set, set, set ; to sit, sat, sat)	*(to sit, sat, sat)*
*Er war der Erste, der den Fuß **auf den** Mond setzte.*	*Das Kind saß **auf dem** Stuhl.*
C'était le premier homme qui a marché sur la Lune.	L'enfant était assis sur la chaise.
(He was the first man to set foot on the moon.)	*(The child was sitting on the chair.)*
*Er setzte das Kind **auf den** Stuhl.*	
Il assit l'enfant sur la chaise.	
(He sat the child on the chair.)	
sich setzen	
*Setzen Sie sich **neben die** Dame!*	*Er sitzt **neben der** Dame.*
Asseyez-vous à côté de la dame !	Il est assis à côté de la dame.
(Sit (down) next to the lady!)	*(He's sitting next to the lady.)*
***hängen** (hängte, gehängt)*	***hängen** (hing, gehangen)*
accrocher, suspendre	être accroché, être suspendu
(to hang, hung, hung)	*(to hang, hung, hung)*
*Er hängte das Gemälde **an die** Wand.*	*Das Gemälde hing **an der** Wand.*
Il accrocha le tableau au mur.	Le tableau était accroché au mur.
(He hung the painting on the wall.)	*(The painting was hanging on the wall.)*
sich aufhängen, sich erhängen : se pendre	*Er hing **an dem** Baum.*
Er ging hinaus und erhängte sich.	Il était pendu à l'arbre.
Il sortit et alla se pendre.	*(He was hanging from the tree.)*
(He went out and hung himself.)	

212 Deux autres compléments de lieu

1. L'expression du lieu d'où l'on vient : l'origine, la provenance

Ce complément de lieu répond à la question ***woher?***

→ On emploie la préposition ***aus*** + datif :

*Sie steigt **aus** dem Wagen.* Elle sort de la voiture.
*Anna kommt / stammt **aus** Italien.* Anna est d'origine italienne.
*Sie nahm das Geld **aus** der Schublade.* Elle a pris l'argent dans le tiroir.
*Er übersetzt den Text **aus** dem Dänischen ins Deutsche.* Il traduit le texte du danois en allemand.

→ On emploie la préposition ***von*** + datif :

*Sie ist **von** Belgien zurückgekommen (= from).* Elle est revenue de Belgique.
*Sie kommt **von** zu Haus(e).* Elle vient de chez elle.
*Er kommt **vom** Arzt.* Il vient de chez le médecin.
*Der Wind weht **von** Südosten.* Le vent souffle du sud-est.
*Sie wischte sich den Schweiß **von der** Stirne.* Elle essuya la sueur sur son front.
*Grüßen Sie ihn **von** mir!* Saluez-le de ma part !
Von** dem oberen Fenster **aus depuis la fenêtre du haut
*Das wundert mich sehr **von** ihm.* Cela m'étonne beaucoup de sa part.
von** unserem Standpunkt **aus de notre point de vue

2. L'expression du lieu par où l'on passe

Ce complément de lieu répond à la question ***wodurch?***

→ On emploie la préposition ***durch*** + accusatif :

*Die Kugel fliegt **durch** die Scheibe.* La balle traverse la vitre.
*Sie ging **durch** den Park, **durch** den Wald.* Elle traversa le parc, la forêt.
*Sie bummelten **durch** die Straßen.* Elles flânaient dans les rues.
*Wir fahren **durch** die Stadt.* Nous traversons la ville.
***Durch** diese hohle Gasse muss er kommen.* Il empruntera sûrement ce chemin creux.
*Für sie geht er **durchs** Feuer.* Pour elle il se jetterait à l'eau.
*Die Garnison musste **durchs** Wasser waten.* La garnison dut passer à gué.

Ce complément de lieu répond à la question ***worüber?***

→ On emploie la préposition ***über*** + accusatif :

*Die Kinder laufen **über** die Straße.* Les enfants traversent la rue en courant.
*Sie schwamm **über** den Kanal nach England* Elle a traversé la Manche à la nage.
*Wir fahren **über** Hannover nach Hamburg.* Nous allons à Hambourg en passant par Hanovre.

→ Locutions

*Sie blickt **zum** Fenster **hinaus**.* Elle regarde par la fenêtre.
*Er ging **auf** Umwegen zurück.* Il retourna par des chemins de traverse.

213 Groupes prépositionnels pronominaux exprimant le lieu

Voir Groupe prépositionnel 190

À VOUS !

244. Complétez les phrases suivantes en choisissant l'une des deux solutions proposées. Attention ! Il faut être attentif à l'accusatif qui entre dans la valence de certains verbes avec préposition.

a. Es steht jemand vor die/der Tür. – b. Sie hält die Hand vor den/dem Mund. – c. Der Fluss mündet in das/dem Meer. – d. Das Kind war in eine/einer Decke eingehüllt. – e. Die Hefte liegen auf den/dem Tisch. – f. Die Zeitschrift war zwischen die/den Flaschen geklemmt. – g. Sie war versunken in ihre/ihren Gedanken. – h. Er hat den Arm in den/dem Sand gestützt. – i. Er ist über alle/allen Berge/n. – j. Die Klasse der Pfeifenraucher ist in die/der Klasse der Raucher eingeschlossen.

245. Même exercice.

a. Er saß in seinem Zimmer über den/dem Tisch gebeugt. – b. Er geht über die/der Straße. – c. Sie sind ins/in dem Gespräch vertieft. – d. Er stützt sich auf seine/seiner Erfahrung. – e. Die Lampe hängt an die/der Decke. – f. Das steht ihr so deutlich ins/in dem Gesicht geschrieben. – g. Er geht in den/dem Wald spazieren. – h. Sie hält die Hand vor die/den Augen. – i. Auf einige/einigen Statuen war Wäsche aufgehängt. – j. Er sitzt auf die/der Couch.

LOCUTIONS

Les locutions prépositionnelles 214

Les locutions prépositionnelles jouent dans la phrase un rôle analogue aux prépositions.

an
am Anfang von
au début de
auf
auf Antrag von
sur demande de
auf Anweisung (+ Gén.)
sur l'ordre de
auf Befehl von
par ordre de
auf Ersuchen von
sur la demande de
auf Rechnung von
pour le compte de
auf Vorschlag von
sur proposition de
auf (das) Risiko von
aux risques et périls de
auf dem Gebiet (+Gén.)
en matière de
auf der Grundlage von
sur la base de

in Ausführung von
en exécution de
in Ausübung von
dans l'exercice de
in Beantwortung von
comme suite à, en réponse à
in Ermangelung von
à défaut de, faute de
in Form von
sous forme de
in Gegenwart von
en présence de
in Übereinstimmung mit
en accord avec
in Verbindung mit
en liaison avec
in seiner Eigenschaft als
en sa qualité de, à titre de
im Anschluss (an + Acc.*)*
à la suite de, comme suite à
im Auftrag (+ Gén.)
sur ordre de

im Zusammenhang mit
en corrélation avec
im/in Einklang mit
en conformité avec
mit
mit Ausnahme von
à l'exception de
mit der Bitte um
avec prière de
unter
unter Ausschluss von
à l'exclusion de
unter Ausschluss der Öffentlichkeit
à huis clos
unter Berücksichtigung von
eu égard à
unter Bezugnahme auf
se référant à
unter Würdigung von
eu égard à
unter Zugrundelegung von
à la lumière de

aus

aus der Mitte (+ Gén.)
au sein de

bei

bei (nach) Ablauf von
à l'expiration de

bei Ende (+ Gén.)
à l'issue de

bei Fehlen von
en l'absence de, à défaut de

durch Einschaltung von
par l'intermédiaire de

durch Vermittlung von
par l'entremise de

für

für die Dauer von
pour la période de

gegen

gegen Vorlage von
sur présentation de

in

in Abweichung von
par dérogation à

in Anwendung von
en application de

in (bei) Anwesenheit von
en présence de

im Auftrag von
pour le compte de

im Einvernehmen mit
de concert avec

im Einverständnis mit
de concert avec

im Gegensatz zu
en opposition à

im Geiste (+ Gén.)
dans un esprit de

im Hinblick auf (+Acc.)
en vue de

im (Ver-)Laufe von
au cours de

im Lichte von
à la lumière de

im Nachgang von
comme suite à

im Namen von
au nom de

im Rahmen von
dans le cadre de

im Verhältnis von
en fonction de

im Widerspruch zu
en contradiction avec

unter dem Datum von
en date du

unter dem Vorwand von
sous le prétexte de

zu

zu Beginn von
au début de

zu Ehren von
en l'honneur de

zu Lasten von
à la charge de

zu Händen von
à l'attention de

zum Nachteil von
au préjudice de

zum Nutzen von
au profit de

zum Schaden von
au préjudice de

zum Unterschied von
à la différence de

zum Vorteil von
au profit de

zur Befürwortung von
à l'appui de

zur Unterstützung von
à l'appui de

MAIS

215 Traduction de « mais » : *aber ou sondern ?*

1. « mais » exprime une opposition fortement marquée

On emploie *sondern*, toujours précédé d'une négation :

*Nicht Herr Mayer, **sondern** Frau Mayer hat angerufen.*
Ce n'est pas M. Mayer, **mais** Mme Mayer qui a appelé.

*Ich möchte **kein** Bier, **sondern** ein Glas Wein.*
Je ne prends pas de bière, **mais** un verre de vin.

Traduction de « non seulement ... **mais** encore » : on emploie la locution *nicht nur .... **sondern** auch*

Nicht nur Bach, sondern auch Händel wurden in ihren letzten Jahren blind.
Non seulement Bach, mais aussi Haendel devint aveugle à la fin de sa vie.

2. « mais » exprime une opposition plus faible ou un revirement dans le discours

On emploie ***aber*** :

*Klein, **aber** mein.* C'est peut-être petit, **mais** c'est à moi.
*Arm, **aber** glücklich.* Pauvre, **mais** heureux.
*"Ich bin schwarz, **aber** gar lieblich." (Luther)*
« Je suis noire, **mais** je suis très belle. »

*Eine Mutter kann man verlieren, **aber** nicht wiederfinden.*
On peut perdre une mère, **mais** pas en retrouver une.

*Sie blieben alle sitzen. Er **aber** stand auf und ging hinaus.*
Ils restèrent tous assis. **Quant à** lui, il se leva et sortit.

Attention !
La notion d'opposition est parfois assez subtile :

*Er kam nicht gestern Abend, **sondern** heute früh.*	*Heute kann ich nicht kommen, **aber** vielleicht morgen.*
Il n'est pas venu hier soir, mais ce matin.	Je ne peux pas venir aujourd'hui, mais peut-être demain.
▼	▼
le fait est avéré	le fait est suggéré
l'opposition entre *gestern Abend* et *heute früh* peut être affirmée	l'opposition entre *heute* et *morgen* est irréelle
▼	▼
référence au présent/passé	référence au futur

3. Traduction de « mais » dans certaines locutions exprimant la prise de position du locuteur ou le renforcement de son propos

On emploie ***aber***, particule non accentuée :

Aber gern! Mais volontiers !
Aber ja! Mais bien sûr que oui !
Aber natürlich! Mais naturellement !
Aber sicher! Mais bien sûr !

Alles, aber ja alles würde er für sie tun.
Il ferait tout, mais vraiment tout pour elle.

MANCH- PLUS D'UN, MAINT

Les différentes natures de *manch-* 216

C'est un quantificateur partiel qui peut être à la fois déterminatif, adjectif, quasi-nom et pronom.

1. *manch-* est un déterminatif

Au singulier uniquement :

***mancher** alte Mann* tel vieil homme (= plus d'un vieil homme)
***mancher** Beamte* tel fonctionnaire (= plus d'un fonctionnaire)

2. *manch-* est un adjectif

Au pluriel uniquement :

__manche__ alte Männer certains hommes âgés
die Ansicht __mancher__ Gelehrter le point de vue d'un certain nombre d'intellectuels
__manche__ wichtige Irrtümer (__many a__ mistake : singulier*)* maintes erreurs importantes

3. *manch-* est un quasi-nom

Au singulier :

__Mancher__ heißt Wolf und ist ein Schaf. Certains s'appellent « Loup » et sont des brebis.
Er hat so __manches__ zu erzählen. Il a tant de choses à raconter.

Au pluriel :

__Manche__ kamen ohne Schlips. Certains sont venus sans cravate.

4. *manch-* est un pronom

Fehler hat er __manche__ gemacht. Des fautes, il en a fait un certain nombre.

Voir Déclinaison du groupe nominal 43-45
Voir Mutants 230
Voir Quantificateurs 257

MANIÈRE

217 L'expression de la manière

L'expression de la manière répond à la question ***wie*** **?** comment ?

1. Les adverbes de manière

__laut__ schreien crier fort
__grob__ behandeln traiter avec rudesse
fälschlicher__weise__ de façon erronée *herkömmlicher__weise__* traditionnellement
lächerlicher__weise__ de façon grotesque *zufälliger__weise__* par hasard

2. Les groupes prépositionnels exprimant la manière

Ils sont introduits par :

auf + accusatif :

auf diese Weise de cette manière
auf folgende Weise de la manière suivante
auf leeren Magen à jeun
Sie hielt ihre Rede auf Englisch. Elle fit son discours en anglais.

in + datif :

sich im Kreise drehen tourner en rond

mit + datif :

mit einem Wort en un mot
mit Recht, zu Unrecht à juste titre, à tort

mit offenen Augen les yeux ouverts
mit Gewalt de force
mit gutem Gewissen en bonne conscience
mit langsamen Schritten à pas lents
mit Appetit essen manger de bon appétit
mit vollen Händen à pleines mains
mit lauter Stimme à haute voix
mit Müh und Not à grand-peine
mit knapper (harter) Not à grand-peine

zu + datif :

zu zweien (= zu zweit) à deux
zu dritt à trois
zu viert à quatre
zu Fuß à pied
zu Dutzenden par douzaines
Sendungen zu ermäßigtem Entgelt envois à tarif réduit

***ohne zu* + infinitif :**

Er verließ das Zimmer, ***ohne*** *ein Wort* ***zu*** *sagen.* Il quitta la pièce sans dire un mot.

3. L'expression de la manière par un cas sans préposition

Le génitif :

erster Klasse fahren voyager en première classe
langsamen Schrittes à pas lents
schweren Herzens le cœur gros
unverrichteter Dinge (unverrichteterdinge) sans avoir rien fait, bredouille
unverrichteter Sache (unverrichtetersache) sans avoir rien fait, bredouille

L'accusatif :

Den rechten Fuß *auf der Schwelle sagte er noch...*
Le pied droit sur le seuil de la porte, il dit encore...

"Zu Dionys, dem Tyrannen, schlich Damon, ***den Dolch*** *im Gewande."*
Damon se glissa jusqu'à Denis, le tyran, **le poignard** caché dans son vêtement.

Er lag ausgestreckt, ***das Badetuch*** *um die Brust geschlungen.*
Il était étendu, l**a serviette** enroulée autour de la poitrine.

Voir aussi Bien 129
Voir aussi Volontiers 276

À VOUS !

246. Traduisez.

a. Il marchait à pas lents. – b. Elle courait très vite. – c. Elle l'a fait avec plaisir. – d. Il est parti sans fermer la porte à clé. – e. Ils tournaient en rond. – f. Elle parlait à voix basse. – g. Elle dansait avec grâce. – h. Elle l'a défendu courageusement. – i. Il chantait très fort. – j. Il a facilement trouvé la bonne réponse.

247. Traduisez.

a. Er lag ausgestreckt, das Kinn in der hohlen Hand. – b. Er fragte mich höflich. – c. Unter Aufbietung aller Kräfte gelang es ihm, sein Ziel zu erreichen. – d. Sie hat sehr vernünftig gehandelt. – e. Er arbeitet ohne zu meckern. – f. Sie hat das ohne sonderliche Begeisterung getan.

*M*EHRER- PLUSIEURS

218 Les différentes natures de *mehrer-*

C'est un quantificateur partiel qui peut être à la fois adjectif, quasi-nom et pronom.

1. *mehrer-* est un adjectif

Au pluriel uniquement :

__Mehrere__ wertvolle Bücher wurden verbrannt. Plusieurs livres précieux furent brûlés.

2. *mehrer-* est un quasi-nom

Au singulier (collectif uniquement) :

Ich muss noch __mehreres__ hinzufügen. J'ai encore plusieurs choses à ajouter.

3. *mehrer-* est un pronom

Au pluriel :

__Mehrere__ von ihnen wurden vermisst. Plusieurs d'entre eux furent portés disparus.
Sie kamen zu __mehreren__. Ils vinrent à plusieurs.

Voir Déclinaison 43-45
Voir Quantificateurs 257

DER *M*EISTE - LA PLUPART DE

219 Les différentes natures de *der meiste*

C'est un quantificateur partiel qui peut être à la fois adjectif, adverbe, quasi-nom et pronom.

1. *der/die/das meiste; die meisten* est un adjectif

Au singulier :

die __meiste__ Zeit la plupart du temps

Au pluriel :

die __meisten__ Studenten la plupart des étudiants

2. *meist[ens]* est un adverbe

Er ist __meist__ / __meistens__ im Ausland. Il est la plupart du temps à l'étranger.

3. *der/die/das meiste; die meisten* est un quasi-nom

Au singulier :

Sie hat __das meiste__ vergessen. Elle a oublié la plupart des choses.

Au pluriel :

***Die meisten** waren schon weg.* La plupart des gens étaient déjà partis.

4. *der/die/das meiste; die meisten* est un pronom

*Von den Gästen kamen **die meisten** zu spät.* La plupart des invités arrivèrent en retard.

Voir Déclinaison 43-45
Voir Quantificateurs 257

MÊME

Traduction de « même » 220

1. « Même » signifie « en plus », « aussi »

On emploie ***sogar*** placé devant l'élément de la phrase mis en relief :

*Er hat mich von der Bahn abgeholt und hat **sogar** meinen Koffer getragen.*
Il est venu me chercher à la gare et il a **même** porté ma valise.

*Er hat sie alle eingeladen, **sogar** die Schwiegermutter.*
Il les a tous invités, **même** la belle-mère.

On emploie ***selbst*** placé devant l'élément de la phrase mis en relief :

***selbst** er* **même** lui
***Selbst** mit dem besten Willen geht es nicht.*
Cela n'ira pas, **même** avec la meilleure volonté au monde.

***Selbst** in Amerika hat man so etwas noch nicht erfunden.*
Même en Amérique on n'a pas encore inventé cela.

2. « Même » signifie « en personne »

On emploie ***selbst*** placé après le nom ou le pronom auquel il se rapporte :

*ich **selbst*** moi-**même**
*Er kam **selbst**.* Il vint **en personne**.
*Er ist die Güte **selbst**.* Il est la bonté **même**.
*Das musst du halt **selbst** tun.* Cela, il faut que tu le fasses toi-**même**.
*Sie war sich **selbst** überlassen.* Elle était abandonnée à elle-**même**.

On emploie ***selber*** :

*ich **selber*** moi-**même**
*zur **selben** Zeit* au **même** moment
*am **selben** Abend* le **même** soir

*Er hat anderen geholfen und kann sich **selber** nicht helfen.*
Il a aidé les autres et il ne peut pas s'aider lui-même.

« même » dans les mots composés :

adjectifs		noms	
***selbst**ständig*	autonome	*die **Selbst**ständigkeit*	l'autonomie
***selbst**bewusst*	conscient de soi	*das **Selbst**bewusstsein*	la conscience de soi
***selbst**mörderisch*	suicidaire	*der **Selbst**mord*	le suicide
***selbst**verständlich*	évident	*die **Selbst**verständlichkeit*	l'évidence
***selbst**süchtig*	égoïste	*die **Selbst**sucht*	l'égoïsme

3. « Même » signifie « semblable, égal »

On emploie ***gleich***

***gleich** bleiben*	rester le **même**
***gleich**stellen*	mettre sur le **même** pied
***gleich** lang*	de **même** longueur
***gleich** lautende Wörter*	des homonymes
***gleich**berechtigte Menschen*	des hommes qui ont les **mêmes** droits
*Das kommt **aufs Gleiche** hinaus.*	Cela revient **au même**.
*zu **gleicher** Zeit*	en **même** temps
*in **gleichem** Schritt*	du **même** pas

221 Traduction de « même si », « quand bien même »

Traduction de « même si » : ***selbst wenn***

***Selbst** wenn ich alle Sprachen der Welt sprechen würde, könnte ich mich nicht verständlich machen.*

Même si je parlais toutes les langues du monde, je ne pourrais pas me faire comprendre.

Traduction de « quand bien même » : ***auch wenn, wenn ... auch***

***Auch wenn** er es wollte, er wäre nicht im Stande, das zu erledigen.*

***Wenn** er es **auch** wollte, er wäre nicht im Stande, das zu erledigen.*

Quand bien même il le voudrait, il ne serait pas en état de régler cela.

222 Expressions avec « même »

nicht einmal	pas **même**
*Er hat es **doch** getan.*	Il l'a tout de **même** fait.
ebenso, ebenfalls, auch	de **même**
nicht einmal	même **pas**
gar nicht	pas **même**
immerhin	quand **même**
dennoch, trotzdem	tout de **même**
gleich aus der Flasche trinken	boire à **même** la bouteille
in der Lage sein, etwas zu tun	être à **même** de faire quelque chose
fähig sein, etwas zu tun	être à **même** de faire quelque chose
das Gleiche tun	faire de **même**

Voir le même *(derselbe, der gleiche)* 19

MODALISATION ET MODALITÉ

Définition de la modalisation et de la modalité 223

Les six verbes prétérito-présents *(können, dürfen, sollen, müssen, wollen, mögen)* peuvent s'employer avec un infinitif. On les appelle alors des « auxiliaires de mode ». On distingue :

- Un emploi où ils conservent leur sens propre : ils expriment alors la modalité d'un autre verbe, c'est-à-dire l'idée de « pouvoir », « vouloir, désirer » ou « falloir ». C'est un point de vue objectif.

Sie kann schwimmen. Elle sait nager.
Sie mag Rotwein trinken. Elle aime le vin rouge.
Sie soll antworten. Elle doit répondre.

- Un emploi où ils prennent un sens figuré : ils expriment alors la modalisation de tout l'énoncé. C'est un point de vue subjectif.

Sie kann noch kommen. Elle peut encore venir.
▼
Il est possible qu'elle vienne.

Er muss sich geirrt haben. Il a dû se tromper.
▼
Il s'est nécessairement trompé.

Sie will ihn gestern gesehen haben. Elle prétend l'avoir vu hier.
▼
Elle le dit, mais on peut ne pas la croire.

Voir Modalisation 224
Voir Modalité 225

MODALISATION

L'expression de la modalisation 224

La modalisation est une prise de position du locuteur à propos de ce qu'il dit, ou de ce qui est dit : elle indique le degré de probabilité d'un fait énoncé :

- Le locuteur peut totalement adhérer à ce qu'il énonce :

« Célia est avocate.»

- Le locuteur peut prendre ses distances par rapport à ce qu'il énonce :

« Je crois que Célia est avocate. »

- Le locuteur peut hésiter ou douter :

« Il paraît que Célia est avocate. »

« Célia serait, dit-on, avocate. »

▲

les deux derniers énoncés sont modalisés

En allemand, comme en français ou en anglais, il a plusieurs façons d'exprimer la modalisation.

1. Les six verbes « prétérito-présents » : *müssen, dürfen, können, mögen, sollen, wollen*

Ces six verbes expriment toutes les nuances qui s'échelonnent entre la **quasi-certitude** acquise par soi-même et **le peu de crédit** que l'on accorde à ce que l'on rapporte. Ces verbes sont donc employés **subjectivement**, alors que dans la modalité ils sont employés **objectivement** (voir Modalité 225 ◄).

Expression de la quasi-certitude : *Er **muss** es getan haben.* Il doit l'avoir fait. *(He **must** have done it.)* *Durch diese hohle Gasse **muss** er kommen.* Il doit nécessairement emprunter cette ruelle étroite.	***müssen*** Voir 229 ◄
Expression de la probabilité réelle (subjonctif 2) : *Das **dürfte** so sein.* Il devrait en être ainsi. *(That is **probably** so. = That **may** well be so.)* *Es **dürfte** zu spät werden, wenn wir nicht gleich gehen.* Nous risquerions d'être en retard si nous ne partions pas sur-le-champ.	***dürfen* au subjonctif 2** Voir 156 ◄
Expression de la possibilité, sans plus : *Er **kann** es getan haben.* Il peut l'avoir fait. *(He **may** have done it. = He **can** have done it.)* *Sie **könnte** gelogen haben.* Il se pourrait qu'elle ait menti. *Es **könnte** so gewesen sein.* Il est possible que les choses se soient passées ainsi.	***können*** Voir 209 ◄
Expression de la faible éventualité : *Wir **mochten** drei Wochen gefahren sein.* Nous avons voyagé pendant trois semaines environ. *Sie **mögen** sich wohl irren.* Peut-être que vous vous trompez. *(You **may** perhaps be mistaken.)*	***mögen*** Voir 226 ◄
Le locuteur ne s'engage pas : *Sie **soll** über dreißig sein.* Elle doit avoir un peu plus de trente ans. ***Sollte** er vielleicht abwesend sein?* Se pourrait-il qu'il soit absent ? *(Is he perhaps absent?)*	***sollen*** Voir 266 ◄
Le locuteur prétend que... : *Er **will** sie gestern gesehen haben.* Il prétend l'avoir vue hier. *(He **claims to have** seen her yesterday.)* *Im Tunnel tauchte eine weißgekleidete Frau auf, die viele Menschen gesehen haben oder gesehen haben **wollten**.* Dans le tunnel apparut une femme en blanc qu'un grand nombre de personnes avaient vue ou prétendaient avoir vue.	***wollen*** Voir 280 ◄

2. L'expression de la modalisation par un adverbe de phrase

Les adverbes de phrase exprimant le degré de certitude d'un fait :

*Er ist **bestimmt** schon zu Hause.* Il est **certainement** déjà chez lui. *Er ist **gewiss** schon zu Hause.* Il est **certainement** déjà chez lui. *Er wird **ohne Zweifel** kommen.* Il viendra **sans aucun doute**. *Er wird **zweifelsohne** kommen.* Il viendra **sans aucun doute**. *Du hast **sicher** nichts dagegen.* Tu n'as **sûrement** rien contre. *Sie hat das **wirklich** gesagt.* Elle a **réellement** dit cela. *Ich war **tatsächlich** hier gestern Abend.* J'étais **effectivement** ici hier soir. *Sie war **selbstverständlich** dabei.* Il fallait **évidemment** qu'elle en soit. *Er hat **natürlich** gelogen.* **Bien entendu**, il a menti.	**quasi-certitude**
*Es wird **wahrscheinlich** regnen.* Il va **vraisemblablement** pleuvoir. *Sie sind **vermutlich** weg.* Ils sont **probablement** partis. *Meine Freundin wird **eventuell** auch kommen.* Mon amie viendra **éventuellement** aussi.	**probabilité**
*Sie ist **wohl** über dreißig.* Elle a **sans doute** plus de trente ans. *Ich komme **vielleicht** vorbei.* Je passerai **peut-être.**	**doute**

Les adverbes de phrase exprimant l'appréciation d'un fait :

appréciation positive	appréciation négative
***Zum Glück** ist nichts passiert.* **Heureusement** il ne s'est rien passé. ***Glücklicherweise** ist nichts passiert.* **Heureusement** il ne s'est rien passé. ***Hoffentlich** klappt alles!* **J'espère que** tout va bien se passer !	*Es hat **leider** geregnet.* **Malheureusement** il a plu.

3. L'expression de la modalisation par une forme verbale conjuguée

Ich bin sicher, dass... Je suis sûr que... *Ich bin überzeugt, dass...* Je suis convaincu que... *Ich behaupte, dass...* J'affirme que...	**certitude**
Ich bin der Meinung, dass... Je suis d'avis que... *Ich glaube, dass...* Je crois que... *Ich denke, dass...* Je pense que... *Ich nehme an, dass...* Je suppose que... *Ich vermute, dass...* Je suppose que...	**probabilité**
Ich bin nicht sicher, dass... Je ne suis pas sûr que... *Ich bin nicht sicher, ob...* Je ne suis pas sûr que... *Ich zweifle daran, dass...* Je doute que... *Er sagte, dass...* (+ subj. 2) Il prétendait que...	**doute**

4. L'expression de la modalisation par une phrase impersonnelle

Es ist sicher, dass... Il est sûr que... *Es steht fest, dass...* Il est établi que... *Es ist klar, dass...* Il est clair que...	**certitude**
Es ist möglich, dass... Il est possible que... *Es ist wahrscheinlich, dass...* Il est vraisemblable que...	**probabilité**
Es ist zweifelhaft, ob... Il est douteux que...	**doute**

5. Équivalences

*Sie **kann** noch anrufen.*
Elle **peut** encore téléphoner.

▼

*Sie ruft **wahrscheinlich** noch an.*
Elle téléphonera **probablement**.

▼

***Ich denke, dass sie** noch anruft.*
Je pense qu'elle va téléphoner.

▼

***Es ist möglich, dass** sie noch anruft.*
Il est encore possible qu'elle téléphone.

Voir Modalité 225

MODALITÉ

L'expression de la modalité 225

Les « auxiliaires de modalité » ou « auxiliaires de mode » sont des verbes qui expriment les idées de **pouvoir, devoir, vouloir**.
Leur emploi est **objectif**, contrairement à la modalisation, où il est subjectif.
Ils sont toujours employés avec un infinitif.

1. L'expression du pouvoir

« pouvoir » signifie « être capable de » : *können* (voir 209)

*Er **kann** das nicht tragen, es ist zu schwer.*
Il ne peut pas porter cela, c'est trop lourd.
*(He **can't** carry it, it is too heavy.)*

« pouvoir » signifie « être autorisé à » : *dürfen* (voir 156)

*Ich **darf** nicht ausgehen.*
Je ne peux pas (= je n'ai pas le droit de) sortir le soir.
*(I **am** not **allowed** to go out. / I **can't** go out.)*

2. L'expression du devoir

« devoir » signifie « être contraint de » : *müssen* (voir 229)

*Sie **müssen** Tag und Nacht arbeiten, um ihr Leben zu erhalten.*
Il faut qu'ils travaillent jour et nuit pour survivre.
*(They **have to (must)** work day and night to survive.)*

« devoir » signifie « être obligé de » : *sollen* (voir 266)

*Sie **soll** liegen bleiben.*
Elle doit rester alitée. (= Je veux qu'elle reste alitée.)
*(I **want** her to stay in bed. She **must** stay in bed.)*

3. L'expression du vouloir

« vouloir » signifie « désirer, aimer » : *mögen* (voir 226)

*Sie **mag** nicht ausgehen.*

Elle n'a pas envie de sortir.

(She does not want to go out. = She does not feel like going out.)

« vouloir » signifie « vouloir, exiger » : *wollen* (voir 280)

Ich will auf sie warten.

Je veux l'attendre.

(I will wait for her. = I want to wait for her. = I would like to wait for her.)

Voir Modalisation 224

À VOUS !

248. Traduisez avec un verbe prétérito-présent.

a. Il peut encore venir. – b. Je veux absolument partir encore aujourd'hui. – c. Il faut qu'il garde le lit. – d. Il ne sait pas nager. – e. Nous ne sommes pas autorisés à sortir. – f. Il ne veut absolument pas m'écouter. – g. On peut compter sur lui. – h. Nous devrions l'inviter. – i. Il faut absolument que tu signes ce document. – j. Je fais ce que je veux.

249. Modalisez les énoncés suivants au niveau : a) quasi-certitude – b) probabilité – c) doute.

a. Sie hat die Prüfung bestanden. – b. Morgen regnet es. – c. Nächste Woche höre ich auf zu rauchen. – d. Alles wird billiger. – e. Mit dem Euro werden wir besser leben. – f. Sie wird es schaffen. – g. Sie lassen sich scheiden. – h. Er ist an Aids gestorben. – i. Die Nachbarin ist schwanger. – j. Morgen streikt die Eisenbahn.

250. Traduisez.

a. Er kann jetzt alles lesen. – b. Sie sollte zuerst mal ihr Abitur machen. – c. Er will alles selbst erledigen. – d. Wir können alle beide kochen. – e. Ihr sollt aufhören zu streiten! – f. Sie mag nicht allein bleiben. – g. Ordnung muss sein. – h. Er hat den Wagen nicht reparieren können. – i. Ich habe nicht fragen dürfen. – j. Sie muss nun ihre Schulden zahlen.

251. Traduisez.

a. Il sait l'allemand. – b. Elle doit rendre le livre. – c. Il faut absolument que nous trouvions une solution. – d. Il peut maintenant conduire la voiture tout seul. – e. Il veut toujours tout tout de suite. – f. Elle n'aime pas son arrogance. – g. Nous ne sommes pas autorisés à lui poser des questions. – h. Il ne peut pas comprendre cela. – i. Tu devrais avoir honte ! – j. Qui est autorisé à ne pas aller se coucher ?

MÖGEN

226 Expression du désir, de la probabilité

1. Conjugaison de *mögen*

mögen est un verbe mixte irrégulier.

L'indicatif

formes simples		formes composées	
présent	prétérit	parfait	plus-que-parfait
ich mag *du mag**st*** *er mag* *wir mög**en*** *ihr mög**t*** *sie mög**en***	*ich mochte* *du mocht**est*** *er mochte* *wir mocht**en*** *ihr mocht**et*** *sie mocht**en***	*ich habe (das) gemocht/mögen* *ich habe (mitgehen) mögen*	*ich hatte (das) gemocht* *ich hatte (mitgehen) mögen*

Le subjonctif

formes simples		formes composées	
subjonctif 1	subjonctif 2	parfait	plus-que-parfait
ich möge *du mög**est*** *er möge* *wir mög**en*** *ihr möget* *sie mög**en***	*ich möchte* *du möcht**est*** *er möchte* *wir möcht**en*** *ihr möcht**et*** *sie möcht**en***	*ich habe gemocht/mögen* *du habest gemocht/mögen*	*ich hätte gemocht/mögen* *du hättest gemocht/mögen*

Voir 58

2. Sens de *mögen*

Sens de *mögen* employé seul :

*Man muss tun, wie man kann, und nicht, wie man **mag**.*
Il faut faire comme on peut, et non comme on le voudrait.

Sens de *mögen* employé avec un complément :

*Wir **mögen** ihn.* Nous l'aimons bien.
***Magst** du keinen Weißwein?* Tu n'aimes pas le vin blanc ? *(Don't you care for white wine?)*

Sens de *mögen* au subjonctif 2 :

***Möchten** Sie noch ein Stück Kuchen?* Voulez-vous encore un peu de gâteau ? *(Would you like another piece of cake?)*

Sens de *mögen* employé avec un infinitif :

→ **Expression de la modalité : sens propre : « vouloir », « désirer faire »**

• À l'indicatif :

*Ich **mag** nicht ausgehen.* Je n'ai pas envie de sortir. *(I don't feel like going out.)*
*Er **mag** heute nicht singen.* Il n'a pas envie de chanter aujourd'hui.

• Au subjonctif 2 :

***Möchten** Sie mitkommen?* Voudriez-vous venir avec nous ?

→ **Expression de la modalisation : sens figuré : probabilité**

*Das **mag** wohl wahr sein.* Cela est peut-être vrai. *(That **may/might** be true.)*
*Er **mag** krank sein.* Il est probablement malade. *(He **may/might** be sick.)*
*Es **mag** für Sie ein Schock sein.* C'est peut-être un choc pour vous.
*Er **mochte** ungefähr dreißig sein.* Il pouvait avoir la trentaine.
*Wer **mag** mich (wohl) um die Zeit noch anrufen?* Qui peut bien m'appeler encore à cette heure ?

MOINS, (LE) MOINDRE

227 Emplois et traduction de « moins », « moindre »

1. Traduction de « moins » : *weniger, minder-*

*Sieben **weniger** fünf ist zwei.*	Sept **moins** cinq font deux.
*Wir haben **minus** fünfzehn.*	Il fait **moins** quinze.
*Es ist fünf **vor** Mitternacht.*	Il est minuit **moins** cinq.
*viel **weniger***	bien **moins**
*immer **weniger***	de **moins** en **moins**
***minder**bemittelt*	**moins** fortuné

2. Traduction de « moins de », « moins de ... que »

*Dieses Mädchen ist noch **keine** sechs Jahre alt.*	Cette fillette a **moins de** six ans.
*Der Film ist **ab** 16 frei.*	Le film est interdit aux **moins de** 16 ans.
*Sie haben **weniger** Kunden **als** ihr Partner.*	Ils ont **moins de** clients **que** leur partenaire.
*Es gab **weniger** Verkehrsunfälle als voriges Jahr.*	Il y a eu **moins d'**accidents de la route **que** l'an dernier.

3. Traduction de « moins ... que »

*Er hat **weniger** Geld **als** sie.*	Il a **moins** d'argent **qu'**elle.
*Er hat **weniger** verdient **als** sie.*	Il a **moins** gagné **qu'**elle.
*Es ist **weniger als** nichts.*	C'est **moins que** rien.
*Er ist **nicht so** dumm, **wie** er aussieht.*	Il est **moins** bête **qu'**il en a l'air.
*Sie ist **eher** elegant **als** wirklich schön.*	Elle est **moins** belle **qu'**élégante.

4. Traduction de « à moins »

*Ich gebe das **nicht billiger** ab.* Je ne le céderai pas **à moins**.

5. Traduction de « à moins de »

nicht unter

*Er verkauft das Haus **nicht unter** 300 000 Euro.*
Il ne vendra pas sa maison **à moins de** 300.000 euros.

es sei denn + verbe en 2e position + [*dass*]

*Du wirst nie rechtzeitig ankommen, **es sei denn**, du nimmst ein Taxi.*
Tu n'arriveras jamais à temps, **à moins de** prendre un taxi.

6. Traduction de « à moins que »

es sei denn + verbe en 2e position + [*dass*] :

*Ich bin morgen bei dir, **es sei denn**, es kommt etwas dazwischen.*
Je serai chez toi demain, **à moins que** j'aie un contretemps.

*Er hat keine Geschwister, **es sei denn, dass** ich mich irre.*
Il n'a ni frère ni sœur, **à moins que** je me trompe.

denn :

*Ich nehme an dem Symposium teil, ich müsste **denn** krank sein.*
Je participerai au colloque, à moins que je sois malade.

7. Traduction de « au moins » : *wenigstens, mindestens*

Er ist ***mindestens*** *60 (Jahre alt).*
Il a **au moins** soixante ans.

Er hätte ja ***zum Mindesten (zumindest)*** *einmal anrufen können.*
Il aurait **au moins** pu téléphoner.

8. Traduction de « de moins »

Jetzt hat er zehn Arbeiter ***weniger.*** Il se retrouve avec dix ouvriers **de moins**.

9. Traduction de « de moins en moins »

Er isst ***immer weniger.*** Il mange **de moins en moins**.

10. Traduction de « en moins de »

Sie hat das in ***weniger als*** *einer Stunde erledigt.* Elle a fait cela **en moins** d'une heure.

11. Traduction de « le moins »

Das Geringste, *was er tun kann, ist anzurufen.*
Le moins qu'il puisse faire, c'est de passer un coup de fil.

nicht ***im Geringsten,*** *nicht* ***im Mindesten*** pas **le moins** du monde
Das stört mich nicht ***im Geringsten.*** Cela ne me dérange pas **le moins** du monde.
Das wird ***am wenigsten*** *auffallen.* C'est ce que l'on remarquera **le moins**.
Das wird ***am geringsten*** *auffallen.*

12. Traduction de « pas moins »

Er ist ***doch (trotzdem, nichtsdestoweniger)*** damit zufrieden. Il n'en est **pas moins** satisfait.

Auch wenn alle gegen ihn sind, er bleibt (bleibt er) ***trotz allem*** *überzeugt, das er Recht hat.*
Il a beau avoir tout le monde contre lui, il n'en est **pas moins** convaincu qu'il a raison.

13. Traduction de « pas moins de »

Sie waren ***nicht weniger als*** *zwanzig.* Ils n'étaient **pas moins de** vingt.

14. Traduction de « pas moins ... que »

Nichtsdestoweniger *ist es wahr, dass...* Il n'en est **pas moins** vrai **que**...

15. Traduction de « pour le moins »

Seine Reaktion war ***schon*** *überraschend.* Sa réaction était **pour le moins** étonnante.

16. « moins » dans les comparaisons symétriques

« Moins ... moins » :

Je weniger *sie raucht,* ***desto weniger*** *gibt sie aus.* **Moins** elle fume, **moins** elle dépense.

« Moins ... plus » :

Je weniger *er schläft,* ***desto müder*** *ist er.* **Moins** il dort, **plus** il est fatigué.

« Plus ... moins » :

Je mehr *er liest,* ***desto weniger*** *versteht er.* **Plus** il lit, **moins** il comprend.

17. Traduction de « moindre », « le moindre »

*ohne den **mindesten** Zweifel* sans le **moindre** doute
***minder**bedeutend* de **moindre** importance
***minder**wertig* de **moindre** valeur

18. Locutions avec « moins », « moindre »

Es ist höchste Zeit. Es ist (die) höchste Eisenbahn.	Il est **moins** une. (Il est grand temps.)
eine Nebensache	une affaire de **moindre** importance
das Mindeste, das Geringste	la **moindre** chose
bis ins Einzelne geregelt	réglé jusque dans les **moindres** détails
das kleinere Übel	le **moindre** mal
Ich helfe dir, das heißt, wenn ich kann.	Je t'aiderai, **du moins** si je peux.

MOYEN

228 L'expression du moyen

L'expression du moyen répond aux questions : ***Wodurch, Womit ?***

1. L'expression du moyen par des groupes prépositionnels introduits par :

durch + accusatif

***Durch** welches Mittel?* Par quel moyen ?

*Die Häuser wurden **durch** ein Erdbeben zerstört.*
Les maisons furent détruites par un tremblement de terre.

*Sie wurde **durch** eine Kugel getroffen.*	Elle fut atteinte par une balle.
*Sie redet **durch** die Nase.*	Elle parle du nez.
***Durch** seine Ablehnung hat er alles verloren.*	En refusant, il a tout perdu.
***Durch** seinen Fleiß hat er viel erreicht.*	Il a réussi en travaillant.

mit + datif

*Ich schicke das Paket **mit** der Post.*	J'envoie le paquet par la poste.
***mit** Gewalt*	de [vive] force
*Er reist **mit** der Eisenbahn.*	Il voyage en train.
***Mit** welchem Zug sind Sie gekommen?*	Par quel train êtes-vous arrivé ?
*Sie fuhr **mit** dem Wagen in die Stadt.*	Elle prit la voiture pour aller en ville.
*Sie öffnet die Tür **mit** einem Schlüssel.*	Elle ouvre la porte avec une clé.
*Ich schicke das Paket **mit** der Post.*	J'envoie le paquet par la poste.
*Was hat er **damit** sagen wollen?*	Qu'a-t-il voulu dire par là ?

mit Hilfe / mithilfe + génitif

***Mit Hilfe** einer Eisenstange brach er die Tür auf.*
Il ouvrit la porte à l'aide d'une barre de fer.

***Mithilfe** einer Eisenstange brach er die Tür auf.*
Il ouvrit la porte à l'aide une barre de fer.

anhand + génitif

anhand *eines Wörterbuches*	à l'aide d'un dictionnaire
anhand *der Beweise*	grâce aux preuves

Attention !
anhand von **+ datif**
anhand von *Unterlagen*
à l'aide des documents

2. L'expression du moyen par des expressions figées (moyen de locomotion)

per

per *Bahn, per Schiff*	par voie ferrée, par bateau
per Auto, per Flugzeug	par voiture, par avion
per Anhalter	en auto-stop
per Post	par la poste
per Eilboten	par porteur spécial
per Einschreiben	en recommandé
per pedes	à pied

zu

zu *Fuß, zu Pferd*	à pied, à cheval
Sie kam ***zu*** *Fuß.*	Elle est venue à pied.
Sie reist ***zu*** *Schiff.*	Elle voyage en bateau.

3. L'expression du moyen par un groupe conjonctionnel avec *indem*

Am besten erzieht man die Kinder, ***indem*** *man mit gutem Beispiel vorangeht.*
Le meilleur moyen d'éduquer les enfants c'est de leur donner le bon exemple.

À VOUS !

252. Traduisez.
a. Ils sont venus à pied. – b. Elle a ouvert la porte à l'aide d'un tournevis. – c. Elle aime bien voyager en auto-stop. – d. En parlant plus lentement, elle se fait mieux comprendre. – e. Il casse les noix avec un marteau. – f. Il va à l'université en voiture. – g. Elle écrit avec un stylo à bille. – h. Elle accroche l'affiche avec des punaises. – i. Il nettoie la lampe avec un chiffon sec. – j. Il fait cuire le gâteau au micro-ondes.

MÜSSEN

Devoir, falloir — 229

1. Conjugaison de *müssen*

Müssen est un verbe mixte régulier.

L'indicatif

formes simples		formes composées	
présent	**prétérit**	**parfait**	**plus-que-parfait**
ich muss	*ich musste*	*ich habe gemusst/(gehen) müssen*	*ich hatte gemusst/(gehen) müssen*
du musst	*du musstest*		
er muss	*er musste*		
wir müssen	*wir mussten*		
ihr müsst	*ihr musstet*		
sie müssen	*sie mussten*		

Le subjonctif

formes simples		formes composées	
subjonctif 1	**subjonctif 2**	**parfait**	**plus-que-parfait**
ich müsse	*ich müsste*	*ich habe gemusst/(gehen) müssen*	*ich hätte gemusst/(gehen) müssen*
du müssest	*du müsstest*		
er müsse	*er müsste*		
wir müssen	*wir müssten*		
ihr müsset	*ihr müsstet*		
sie müssen	*sie müssten*		

Voir 58/224-225

2. Sens de *müssen*

Sens de *müssen* employé seul :

Ein Mann der will, kann mehr als zehn, die ***müssen****.*
Un homme qui agit volontairement peut plus que dix qui agissent sous la contrainte.

Wer nicht will, der ***muss****.* Celui qui ne veut agir volontairement, agira par contrainte.

Sens de *müssen* employé avec un complément :

Was einer ***muss****, das tut er mit Verdruss.*
Ce qu'un homme fait sous la contrainte, il le fait avec dépit.

Sens de *müssen* employé avec un infinitif :

→ **Expression de la modalité : sens propre : « obligation, nécessité »**

Sie ***müssen*** *Tag und Nacht arbeiten.*	Il faut qu'ils travaillent jour et nuit.
Das nächste Mal ***musst*** *du vorsichtiger sein.*	La prochaine fois il faudra que tu sois plus prudent.
Das ***müssen*** *Sie nicht tun.*	Vous n'êtes pas obligé de faire cela. *(You needn't do that. = You don't have to do that.)*
Er hat es tun ***müssen****.*	Il a dû le faire.

→ **Expression de la modalisation : sens figuré : « nécessité logique »**

Es ***muss*** *ein Irrtum vorliegen.*	Il doit y avoir une erreur.
Es ***muss*** *geregnet haben.*	Il a dû pleuvoir.
Sie ***muss*** *mich überhört haben.*	Elle n'a pas dû m'entendre.
Er ***muss*** *es getan haben.* (er accentué)	C'est très certainement lui qui l'a fait.
Sie ***muss*** *geahnt haben, dass es so enden würde.*	Elle a dû se douter que cela finirait ainsi.

MUTANTS

folgend- et manch- 230

folgend et ***manch*** sont des mutants :
- Au singulier, ce sont des **déterminatifs** ; **l'adjectif** qui suit adopte la déclinaison **faible.**
- Au pluriel, ce sont des **adjectifs** ; **l'adjectif** qui suit adopte la déclinaison **forte**.

folgend-

au singulier, il est déterminatif	au pluriel, il est adjectif
folgender *interessante Vorschlag* l'intéressante proposition suivante ***folgendes*** *interessante Beispiel* l'exemple intéressant suivant ***folgender*** *Angestellte* l'employé suivant	***folgende*** *neue Bücher* les nouveaux livres suivants ***folgende*** *Angestellte* les employés suivants

manch-

au singulier, il est déterminatif	au pluriel, il est adjectif
mancher *alte Mann* tel vieil homme (plus d'un vieil homme) ***mancher*** *Beamte* tel fonctionnaire (plus d'un fonctionnaire)	***manche*** *interessante Bücher* un certain nombre de livres intéressants ***manche*** *Beamte* maints fonctionnaires *das Leben* ***mancher reicher*** *Leute* la vie de certaines personnes fortunées

Voir Quantificateurs 257
Voir *etlich-* 165
Voir *einig-* 158
Voir *viel-*, 272
Voir Déclinaison du groupe nominal 43-45

À VOUS !

253. Complétez les groupes nominaux suivants.
a. folgendes falsch... Zitat – b. manche Angestellt... – c. folgende neu... Zeitungen – d. manches scheu... Mädchen – e. folgender schön... Vers – f. manche hungrig... Kinder – g. mit folgend... gut... Schlussbetrachtung (conclusion) – h. der Beruf mancher jünger... Leute – i. ohne folgend... seltsam... Satz – j. aus manch... alt... Märchen.

254. Complétez.
a. Kennen Sie folgend... geflügelt... Wort? – b. Manch... alt... Bücher sind interessanter als die neuen. – c. Folgend... stark... Verb ist unregelmäßig. – d. Folgend... schwach... Verben sind regelmäßig. – e. Manch... klein... Kinder sprechen sehr früh. – f. Manch... klein... Kind gleicht überhaupt nicht seiner Mutter. – g. Die Auffassungen manch... jung... Leute sind oft überraschend. – h. Die tiefe Verzweiflung manch... Arbeitslos... (pluriel) kann kaum überwunden werden. – i. Das Pathos folgend... rührend... Worte ist nicht zu leugnen. – j. Der Mut manch... gelähmt... Kinder ist bewundernswert.

NOMBRE

231 Particularités du nombre

1. Tout nom n'a pas obligatoirement un nombre

- Certains noms sont toujours au singulier :

das Gekritzel le griffonnage
das Ich le moi

- D'autres noms sont toujours au pluriel :

die Leute les gens
die Ferien les vacances
die Diäten les indemnités
die Lebensmittel les vivres
die Geschwister les frères et sœurs
die Spesen les frais
die Gebrüder les frères
die Trümmer les décombres
die Eltern les parents
die Kosten les frais

2. Le singulier grammatical peut renvoyer à du pluriel dans la réalité

- Il s'agit des noms désignant des collectifs :

*das **Gebirge*** les montagnes
*das **Getue*** les agissements
*drei **Stück** Kuchen* trois morceaux de gâteau
*zwei **Glas** Wein* deux verres de vin

- Il en va de même pour certains quasi-noms :

*Er hat **manches** übersehen.* Il y a des choses qu'il n'a pas vues.
*Sie weiß **vieles**, was er nicht weiß.* Elle sait beaucoup de choses qu'il ne sait pas.
beides les deux

3. Le pluriel grammatical peut renvoyer à du singulier dans la réalité

Weihnachten Noël
die Blattern / die Pocken la variole
die Röteln la rubéole
die Flitterwochen la lune de miel
Ostern Pâques
die Masern la rougeole
die Möbel le mobilier

4. Il peut y avoir une différence de sens entre le singulier et le pluriel

- L'opposition singulier/pluriel renvoie à des objets concrets différents :

das Kleid la robe → *die Kleider* les habits
(*cloth* du tissu → *clothes* des vêtements)
das Haar le poil → *die Haare* les cheveux

- L'opposition singulier/pluriel peut correspondre à une opposition entre abstrait et concret :

das Unglück le malheur → *die Schicksalsschläge* les malheurs
die Untreue l'infidélité → *die Treubrüche* les infidélités
die Persönlichkeit la personnalité → *die namhaften Personen* les personnalités

Voir Accord du verbe 89

NOMINATIF

Les emplois du nominatif

232

Le nominatif est le cas qui sert à indiquer l'**absence de fonction grammaticale**. C'est le cas **zéro**, le cas initial.
C'est la raison pour laquelle, dans les dictionnaires, les noms sont au nominatif.

1. L'emploi du nominatif comme sujet

Der Magen *hat kein Gewissen.* L'estomac n'a pas de conscience.

2. L'emploi du nominatif comme attribut du sujet avec les verbes d'état (ou attributifs)

Er ist ***der Beste.*** C'est le meilleur.
Er wird ***erster Präsident.*** Il devient premier président.

3. L'emploi du nominatif dans l'apposition

Rommel, ***der berühmte deutsche General,*** *führte das Afrikakorps.*
Rommel, le célèbre général allemand, était à la tête de l'Afrikakorps.

Der Tod des großen Forschers, ***Mitglied*** *unserer Akademie, ...*
La mort de ce grand chercheur, membre de notre Académie, ...

Voir Apposition 38-40

4. L'emploi du nominatif après certaines prépositions « transparentes », comme *als* ou *qua*

Er spricht ***als*** *erster Präsident.* Il parle en tant que premier président.
Er tat es ***qua*** *Beamter.* Il l'a fait en sa qualité de fonctionnaire.

À VOUS !

255. Précisez si les nominatifs sont sujet (S) ou attribut du sujet (A).
a. Ein guter Nachbar ist die beste Wache. – b. Einer muss der Letzte sein. – c. Andere Leute sind auch keine Narren. – d. Allen kann auch kein König gefallen. – e. Je größer die Gefahr, je größer der Mut. – f. Geschenkter Essig ist besser als gekaufter Honig. – g. Die Nacht ist die Mutter der Gedanken. – h. Auch weißer Wein macht eine rote Nase. – i. Rost (la rouille) und Feile (la lime) werden nie Freunde. – j. Besser der Erste im Dorf als der Letzte in der Stadt.

256. Même exercice.
a. Ein reines Kleid ist ein guter Empfehlungsbrief. – b. Reden ist Silber, Schweigen ist Gold. – c. Goldene Ketten sind auch Ketten. – d. Hast du was, so bist du was. – e. Jeder Zwerg ist ein halber Riese. – f. Reinlichkeit ist das halbe Leben. – g. Junge Mäuse sind der Katzen Spiel. – h. Ein gutes Beispiel ist der beste Lehrmeister. – i. Der Schmerz ist kein gerechter Richter. – j. Ein treuer Freund ist ein großer Schatz.

NOMS PROPRES (PLURIEL DES)

233 Le pluriel des noms propres

1. Le pluriel des prénoms et des noms de personne

Le pluriel des prénoms et des noms de personne masculins

→ *e* : les noms qui se terminent par une consonne :
die Heinriche, die Rudolphe, die Friedriche

→ *s* :
- les noms qui se terminent par une voyelle :
die Albas, die Platos, die Ottos, die Hugos
- à l'oral :
die Heinrichs

→ *nen*
les noms qui se terminent par **-o**, et qui désignent des hommes célèbres :
die Ottonen, die Scipionen

→ invariables : les noms qui se terminent par ***-el, -en, -er, -chen*** :
die Hänschen, die Peter, die Jürgen

Le pluriel des prénoms et des noms de personne féminins

→ *n* : les noms qui se terminent par **-e** :
die Greten

→ *en* : les noms qui se terminent par ***-a*** :
die Annen, die Sophien (littéraire)

→ *s* : les noms qui se terminent par ***-a, -o, -i, -y*** :
die Annas, die Sapphos, die Liddys

2. Le pluriel des noms de famille

→ *e*
die Gottschede (très littéraire)

→ *ens*
die Schulzens

→ *s* : c'est la règle générale
die Buddenbrooks

→ invariables
- *die Grimm*
- surtout si les noms qui se terminent par ***-chen, -el, -s*** :
die beiden Schlegel

ON

Traductions de « on »

234

1. « on » signifie « on, vous »

On emploie ***man*** au nominatif :

*Bei wem kann **man** sich beschweren?* Auprès de qui peut-on se plaindre ?
*Wie **man** sich bettet, so liegt **man**.* Comme on fait son lit, on se couche.

On emploie ***einen*** à l'accusatif, ***einem*** au datif :

*Was **man** nicht weiß, macht **einen** nicht heiß.* Ce qu'on ne connaît pas ne **vous** échauffe pas.
***Man** weiß nie, was **einem** passieren kann.* **On** ne sait jamais ce qui peut **vous** arriver.

2. « on » est un sujet impersonnel

On emploie ***es*** :

Es klopft. **On** frappe. *Es klingelt.* **On** sonne.

Voir *es* 164

3. « on » exprime le passif

Le sujet est obligatoire :

*Lustige Lieder **wurden gesungen**.* → *Es **wurden** lustige Lieder **gesungen**.*

On a chanté de joyeuses chansons.

*In Deutschland **wird** viel Bier **getrunken**.* En Allemagne on boit beaucoup de bière.

Voir Passif 241-242

4. « on » exprime un procès pur

Il n'y a pas de sujet : on emploie ***werden*** **+ participe 2** :

*Hier **wird** nicht **geschlafen**!* **On** ne dort pas ici !
*Es **wurde** lange **verhandelt**.* **On** a longtemps négocié.
*In Schweden **wird** am Wochenende viel **getrunken**.*
En Suède **on** boit beaucoup pendant le week-end.

5. « on » signifie « nous »

On emploie ***wir*** :

*Morgen gehen **wir** etwas früher fort.* Demain **on** partira un peu plus tôt.
*Darüber reden **wir**, wenn **wir** alle zusammen sind.*
On en reparlera quand **on** sera tous ensemble.
***Wir** haben gewonnen!* **On** a gagné !
***Wir** haben's geschafft!* **On** a réussi !

À VOUS !

257. Traduisez.

a. On n'envoie plus les formulaires ; il faut venir les chercher. – b. On en parlera demain. – c. Où peut-on téléphoner ici ? – d. On a fumé ici. – e. On ne sait jamais. – f. On a beaucoup ri. – g. On cueille les bananes quand elles sont encore vertes. – h. Du haut de la tour on a une vue magnifique. – i. On a réparé la chaussée. – j. En Allemagne du Nord on mange la salade avec du sucre.

ORTHOGRAPHE (NOUVELLE)

235 Les règles de la nouvelle orthographe

La nouvelle orthographe est entrée en vigueur le 1er août 1998.
Une période de transition est prévue jusqu'au 31 juillet 2005, date à laquelle elle devient obligatoire.

1. Majuscule ou minuscule ? (*Groß- oder Kleinschreibung?*)

ancienne orthographe		nouvelle orthographe
locutions		locutions
acht geben auf	prêter attention à	*Acht geben auf*
im allgemeinen	en général	*im Allgemeinen*
angst machen	faire peur	*Angst machen*
ich halte es für das beste, wenn...	je considère que le mieux est de ...	*ich halte es für das Beste, wenn...*
auf deutsch	en allemand	*auf Deutsch*
nicht das geringste	pas le moins du monde	*nicht das Geringste*
im großen und ganzen	en général	*im Großen und Ganzen ;*
im klaren sein	être au clair	*im Klaren sein*
auf dem laufenden sein	être au courant	*auf dem Laufenden sein*
Es tut mir leid.	Cela me fait de la peine.	*Es tut mir Leid.*
sein möglichstes tun	faire son possible	*Sein Möglichstes tun*
recht haben	avoir raison	*Recht haben*
Das ist das richtige.	C'est ce qu'il fallait faire.	*Das ist das Richtige.*
im reinen sein	être au clair	*im Reinen sein*
schuld geben	donner la faute à quelqu'un	*Schuld geben*
im trüben fischen	pêcher en eaux troubles	*im Trüben fischen*
alles übrige	tout le reste	*alles Übrige*
indications temporelles		indications temporelles
heute mittag	ce midi	*heute Mittag*
gestern abend	hier soir	*gestern Abend*
vorgestern morgen	avant-hier matin	*vorgestern Morgen*
dans les lettres		dans les lettres
Besten Dank für Deinen netten Brief...	grand merci pour ta lettre	*Besten Dank für deinen netten Brief...*

2. Attaché ou détaché ? (*Zusammen oder getrennt?*)

ancienne orthographe		nouvelle orthographe
aneinanderreihen	aligner, enfiler	*aneinander reihen*
eislaufen	patiner	*Eis laufen*
gefangennehmen	faire prisonnier	*gefangen nehmen*
haltmachen	faire halte	*Halt machen*
kegelschieben	jouer aux quilles	*Kegel schieben*

maschineschreiben	écrire à la machine	*Maschine schreiben*
sitzenbleiben	redoubler/ne pas trouver de mari	*sitzen bleiben*
radfahren	faire du vélo	*Rad fahren*
hierbleiben	rester ici	*hier bleiben*
übrigbleiben	rester	*übrig bleiben*
am Sonntag abend	dimanche soir	*am Sonntagabend*
Sonntag abends	le dimanche soir	*sonntagabends*
soviel	autant	*so viel*
wieviel	combien	*wie viel*
irgend etwas	n'importe quoi	*irgendetwas*
irgend jemand	n'importe qui	*irgendjemand*

3. *ss* ou *ß* ?

ancienne orthographe	nouvelle orthographe
• ***ss*** entre deux voyelles quand la première est brève ▼ *die Küsse*	• ***ss*** après une voyelle brève ▼ *dass der Kuss er muss der Prozess das Schloss der Pass*
• ***ß*** dans tous les autres cas ▼ *der Gruß die Grüße* le ***u*** est long *der Kuß daß* ▼ le ***u*** et le ***a*** sont brefs mais le son **/s/** n'est pas entre 2 voyelles	• ***ß*** → après une voyelle longue *der Gruß* → après une diphtongue *heiß schließen außer Preußen*

PAAR/EIN PAAR/DIE PAAR - QUELQUES-UNS, UN PETIT NOMBRE DE

Les différentes natures de *paar / ein paar / die paar* 236

C'est un quantificateur partiel qui peut être à la fois adjectif et pronom.

1. *ein paar* est un adjectif invariable

Jeff schlug vor, noch ***ein paar*** *interessante Orte im Cybernetwork zu besuchen.*
Jeff proposa de visiter encore quelques sites sur Internet.

Er hat ***ein paar*** *kleine, unvorhergesehene Probleme zu bewältigen.*
Il avait quelques petits problèmes imprévus à régler.

2. *die paar, diese paar, alle paar, meine paar, deine paar, seine paar...* est un adjectif invariable

die paar *schönen Tage* ces quelques beaux jours
Er kommt ***alle paar*** *Wochen mal zu uns.* Il passe nous voir de temps en temps.

3. *ein paar* est un pronom

Du hast so viel Bücher. Kannst du mir ***ein paar*** *davon abgeben?*
Tu as tant de livres. Peux-tu m'en donner quelques-uns ?

Ich kann dir Aktien abgeben. Willst du ***ein paar****?*
Je peux te céder des actions. En veux-tu quelques-unes ?

Voir Quantificateurs 257
Voir Déclinaison du groupe nominal 43-45

PAR

237 Traduction de « par »

1. « par » exprime le lieu

On emploie la préposition *durch* + accusatif, *auf* + datif :

Die Nachtluft zog ***durch*** *die Lücken in der Mauer.*
L'air de la nuit passait par les trous dans le mur.

Durch *diese hohle Gasse muss er kommen.* Il viendra sûrement par ce chemin creux.
durch *das Fenster hereinkommen* entrer par la fenêtre
Er sitzt ***auf*** *dem Boden.* Il est assis par terre.
der Weg, ***auf*** *dem er kam...* le chemin par lequel il est venu...

On emploie la préposition *zu* + datif :

zum *Fenster hinauswerfen* jeter par la fenêtre
zum *Fenster hinausschauen* regarder par la fenêtre

On emploie la préposition *über* + accusatif :

über *Paris reisen* passer par Paris

über *Berg und Tal*
par monts et par vaux

On emploie la préposition *von* :

von hinter par derrière
von vorn par devant

2. « par » exprime le temps (*das Wetter*)

« par » + nom sans déterminant : *bei* + datif

bei *Regen* par temps de pluie
bei *Nebel* par brouillard
bei *Glatteis* par verglas

« par » + nom avec déterminant : *an* + datif

an *einem schönen Sommernachmittag* par un bel après-midi d'été

3. « par » exprime le moyen

Durch *welches Mittel?* Par quel moyen ?
vermittels par le moyen de
damit, so, mit solchen Mitteln par ce moyen
Er wurde ***durch*** *eine Kugel getroffen.* Il fut touché par une balle.

*Sie schickt das Paket **mit** der Post.*	Elle envoie le paquet par la poste.
*jemanden **bei** seinem Namen rufen*	appeler quelqu'un par son nom
auswendig	par cœur
zufällig	par hasard
auf Umwegen	par ricochet
*zwangs**weise***	par contrainte
*stufen**weise***	par degrés
*etappen**weise**, schritt**weise***	par étapes
*stück**weise***	par morceaux, pièce par pièce

4. « par » exprime la cause

*zufällig, **durch** Zufall, **von** ungefähr*	par accident
***durch** seine Schuld*	par sa faute
***aus** Neugierde*	par curiosité
***aus** Interesse handeln*	agir par intérêt
***wegen** Mangels an Beweisen*	par manque de preuves
***vor** (lauter) Angst*	par peur

5. « par » introduit un complément d'agent

On emploie *von* quand ce complément d'agent est la cause directe du passif :

*Er ist **von** einem LKW überfahren worden.*	Il a été renversé par un camion.
*Sie ließ sich **von** einem Spezialisten operieren.*	Elle s'est fait opérer par un spécialiste.

on emploie *durch* :

→ Quand la cause est plus lointaine :

*Die Gesetze, **durch** welche das Wohl aller gesichert wird...*

Les lois, par lesquelles est assuré le bien de tous...

→ Avec les nominalisations :

*Er wurde von der Polizei verhört. → Nach dem Verhör **durch** die Polizei.*

Il a été interrogé par la police. → Après l'audition par la police.

6. « par » traduit un point de contact

On emploie *bei* + datif :

*Er nahm die Frau **bei** der Hand.*	Il prit la femme par la main.
*den Stier **bei** den Hörnern packen*	saisir le taureau par les cornes

7. « par » dans les locutions

zum Glück, glücklicherweise	par bonheur
zum Beispiel, etwa	par exemple
zu allem Unglück, unglücklicherweise	par malheur
pro Kopf	par personne

Voir Moyen 228

À VOUS !

258. Traduisez.

a. Pour la vaccination, le vétérinaire commença par les moutons. – b. Par qui avez-vous été informé ? – c. Les enfants sont assis par terre. – d. Pour se rendre à Berlin, il passe par Cologne. – e. Elle voyage toujours par avion. – f. Par pure paresse il est resté à la maison au lieu d'aller la chercher. – g. Il a été renversé par une voiture. – h. Vous prendrez trois comprimés par jour. – i. Il a mangé tout le gâteau morceau par morceau. – j. Les ennemis ont attaqué la forteresse par milliers.

PARONYMES

238 Les paronymes allemands

On appelle « paronymes » des mots proches par leur forme.
Ils peuvent avoir le même sens, ou un sens différent.

1. Paronymes avec le même sens

féminins	masculins	masculins	féminins	neutres	féminins
die Backe	*der Back**en***	*der Drohn*	*die Drohn**e***	*das Eck*	*die Eck**e***
la joue		le frelon, le faux bourdon		le coin	
die Karre	*der Karr**en***	*der Gurt*	*die Gurt**e***	*das Omelett*	*die Omelett**e***
la carriole		la sangle, la courroie		l'omelette	
die Scherbe	*der Scherb**en***	*der Quell*	*die Quell**e***		
les éclats (verre)		la source			
die Socke	*der Sock**en***	*der Spalt*	*die Spalt**e***		
la chaussette		la fente, la colonne (du journal)			
die Stapfe	*der Stapf**en***	*der Zeh**en***	*die Zehe**(n)***		
la trace de pas		l'orteil			

2. Paronymes de sens différents

masculins	féminins	neutres	féminins	féminins	masculins
der Akt l'acte (étude de nu/peinture)	*die Akt**e*** la pièce le document le dossier	*das Deck* le pont (navire)	*die Deck**e*** la couverture le plafond	*die Lade* le tiroir	*der Lad**en*** le magasin le volet
der Kohl le choux	*die Kohl**e*** le charbon	*das Etikett* le morceau de papier	*die Etikett**e*** l'étiquette (cérémonial)	*die Streife* la patrouille	*der Streif**en*** la bande
der Spross le rejeton, la pousse	*die Spross**e*** l'échelon	*das Tablett* le plateau, le petit plat	*die Tablett**e*** le comprimé la pilule		
der Spitz le loulou (chien)	*die Spitz**e*** la pointe, la dentelle				

À VOUS !

259. Traduisez.

a. J'ai commandé une omelette au jambon. – b. Il y avait par terre des éclats de verre. – c. Cette page du livre a deux colonnes. – d. Elle m'a marché sur les orteils. – e. Attache ta ceinture ! – f. Tous les hommes sur le pont ! – g. La lampe est suspendue au plafond. – h. Cette échelle a dix échelons. – i. Elle va se promener avec son loulou. – j. Il me manque une chaussette.

PARTICIPE 2

La formation du participe 2 239

1. La formation du participe 2 des verbes forts, faibles et mixtes, réguliers et irréguliers

forts		faibles		mixtes	
réguliers	irréguliers	réguliers	irréguliers	réguliers	irréguliers
• modification possible de la voyelle du radical • participe 2 en en	• modification possible de la voyelle du radical • participe 2 en en sauf : *tun get an*	• participe 2 en t	• participe 2 en t pour *haben* uniquement : *gehab t*	• modification de la voyelle du radical • participe 2 en t	• modification de la voyelle du radical • participe 2 en t
	+ altération du radical		participe 2 en en		+ altération du radical
kommen ▼ *gekomm en*	*ziehen* ▼ *ge zogen*	*reisen* ▼ *gereis t*	*backen* ▼ *geback en*	*brennen* ▼ *gebr annt*	*bringen* ▼ *gebr acht*

Voir verbes forts, faibles, mixtes 58
Voir verbes réguliers, irréguliers 58

2. Les verbes dont le participe 2 ne prend pas le préfixe *-ge*

Les verbes qui ne sont pas accentués sur la 1re syllabe

→ Les verbes avec préverbes inséparables *(be-, emp-, ent-, er-, ge-, miss-, ver-, zer-)* :

befehlen ordonner	***befohlen*** ordonné
empfinden ressentir	***empfunden*** ressenti
entnehmen emprunter	*ent**nommen*** emprunté
ergreifen saisir	*er**griffen*** saisi
gefallen plaire	*ge**fallen*** plu
misslingen rater	*miss**lungen*** raté
vernehmen entendre	*ver**nommen*** entendu
zerreißen déchirer	*zer**rissen*** déchiré

→ Les verbes avec préverbes mixtes, quand ils sont inséparables :

*Er hat es **wiederholt**.*	Il a répété cela.
*Sie hat ihre Arbeit **vollendet**.*	Elle a achevé son travail.
*Er hat den Park **durchquert**.*	Il a traversé le parc.
*Sie hat ihn **umarmt**.*	Elle l'a pris dans ses bras.
*Ich habe den Text **übersetzt**.*	J'ai traduit le texte.
*Sie haben sich lange **unterhalten**.*	Ils se sont longement entretenus.

→ Les verbes d'origine étrangère qui se terminent par *-ieren* :

*Er hat sich **rasiert**.* Il s'est rasé.

*Sie hat sich amü**siert**.* Elle s'est amusée.

→ le verbe ***stibitzen*** subtiliser

Er hat den Schlüssel stibitzt. Il a subtilisé la clef.

- *werden* après un participe 2 :

Er ist eingeladen worden. Il a été invité.

- Après un infinitif, le participe 2 des verbes suivants a une forme identique à l'infinitif, mais ce n'est pas un infinitif :

→ ***sollen, wollen, können, dürfen, müssen, mögen***

Er hat nicht kommen wollen. Il n'a pas voulu venir.

→ ***lassen, sehen, hören***

Sie haben sich scheiden lassen. Ils ont divorcé.

Sie hat mich nicht kommen sehen. Elle ne m'a pas vu venir.

Sie hat ihn nicht hereinkommen hören. Elle ne l'a pas entendu entrer.

→ ***brauchen*** :

Das hättest du nicht zu tun brauchen. Tu n'avais pas besoin de faire cela.

Voir Préverbes inséparables 252
Voir Préverbes mixtes 253

À VOUS !

260. Mettez les phrases suivantes au parfait.

a. Er empfiehlt mir ein gutes Restaurant. – b. Sie übersetzt den Brief. – c. Er wiederholt die Übung. – d. Sie verzeiht ihm. – e. Wir analysieren den Text. – f. Ich lese die Zeitung. – g. Der Film gefällt mir. – h. Er zerbricht die Platte. – i. Ich hebe die Schraube auf. – j. Sie bekommt ein Kind.

261. Mettez les phrases suivantes au passif (sans le complément d'agent).

a. Sie verkauft ihr Haus. – b. Jemand hat ihn überfallen. – c. Sie frankiert die Briefe. – d. Sie haben ihn empfangen. – e. Man importiert allerlei Güter. – f. Er genehmigt den Anbau. – g. Sie vermieten das Zimmer. – h. Er radiert das Wort aus. – i. Sie idealisiert ihre Kindheit. – j. Sie umzingelten den Feind.

262. Traduisez.

a. Il n'a pas voulu venir. – b. Elle l'a entendu chanter. – c. Je l'ai laissé entrer. – d. Il n'a pas pu trouver cela tout seul. – e. Elle n'a pas pu téléphoner. – f. Nous l'avons vu partir. – g. Je vous ai entendu arriver. – h. Il a voulu acheter cette maison. – i. Tu n'aurais pas dû le laisser entrer. – j. Je n'ai pas pu l'en empêcher.

PARTICULES ILLOCUTOIRES

240 Valeurs et emplois des particules illocutoires

Les particules illocutoires portent sur la relation entre le **locuteur** et **l'interlocuteur et non sur le contenu du message**.

also

*Ich kann **also** den Wagen heute nehmen.* — Je peux **donc** prendre la voiture aujourd'hui.
*Wir sehen uns **also** nächste Woche.* — Nous nous voyons **donc** la semaine prochaine.

▼

rappel d'un accord conclu entre les partenaires

denn

*Was ist **denn** mit ihm los?* — Qu'est-ce qu'il a **encore** ?
*Was willst du **denn**?* — **Mais enfin**, qu'est-ce que tu veux ?

▼

marque une certaine impatience du locuteur

doch

Voir *ja/doch/eben* 205

*Ich habe den Brief **doch** nicht bekommen!* — **Mais** je n'ai pas reçu la lettre !
*Ich weiß **doch** besser als du, was wir jetzt tun müssen.* — Je sais **tout de même** mieux que toi ce que nous devons faire à présent.

▼

on exprime au partenaire que l'on est sûr de son fait

eben

Voir *ja/doch/eben* 205

etwa

*"So? Kann ich mich **etwa** wirklich irren?"* — – Ah bon ? Ainsi donc, je **pourrais** vraiment me tromper ?
*Bist du **etwa** beleidigt?* — Est-ce que **par hasard** tu **serais** vexé ?

▼

forme d'atténuation qui simule l'hypothèse

nicht etwa

*Sie soll sich **nicht etwa** einbilden, dass man sie vernachlässigt hat.*
Qu'elle **n'aille pas** s'imaginer qu'on l'a négligée.

▼

forme d'atténuation qui simule l'hypothèse

ja

Voir *ja/doch/eben* 205

nämlich

*Ich kann dir leider nicht helfen, ich bin **nämlich** selber krank.*
Je ne peux malheureusement pas t'aider, je suis **en effet** moi-même malade.

*Ich glaube dir, ich habe **nämlich** die gleiche Erfahrung gemacht.*
Je te crois ; j'ai fait **en effet** une expérience analogue.

▼

justification de la proposition précédente

noch

*Die ist immer **noch** da.* — Elle est **encore** là, celle-là !
*Du kannst **noch** bleiben.* — Tu peux **encore** rester.

▼

dépassement d'une limite fixée antérieurement

schon

*Das wird sie **schon** tun.* — Elle le fera, **n'en doutez pas**.
*Ich denke **schon**.* — Je pense **bien**.

▼

renforce l'affirmation

überhaupt

*Kannst du mir sagen, warum wir **überhaupt** dahin wollen?*
Peux-tu me dire pourquoi nous voulons **au juste** aller là-bas ?

*Sie haben den Vorschlag, ohne uns **überhaupt** zu fragen, einfach abgelehnt.*
Ils ont tout simplement rejeté la proposition, sans **même** nous demander.

▼

élargissement de la perspective

PASSIF

241 Emplois, formation, temps du passif

1. Les emplois du passif

On emploie la forme passive :

- pour exprimer que le sujet grammatical **subit l'action** :
Sie wird operiert. Elle est opérée.

- pour **mettre en relief** un élément, qui porte l'accent d'insistance (Accentuation, voir 88) :
Der gesamte "Faust" *wurde uraufgeführt.*
C'est le Faust en entier qu'on a joué pour la première fois.

- pour **enchaîner avec ce qui précède** :
Der Minister *musste sich vorstellen, weil **er** von keinem erkannt wurde.*
Le ministre dut se présenter, car personne ne l'avait reconnu.

2. La formation du passif

Une construction passive requiert un **sujet + *werden* + un participe 2**.
Le complément d'agent est facultatif.

3. Les temps du passif

présent	*Er **wird***	*gefeiert.*	Il est célébré.
prétérit	*Er **wurde***	*gefeiert.*	Il fut célébré.
parfait	*Er **ist***	*gefeiert **worden**.*	Il a été célébré.
p.-q.-parfait	*Er **war***	*gefeiert **worden**.*	Il avait été célébré.
futur	*Er **wird***	*gefeiert **werden**.*	Il sera célébré.

Le complément d'agent 242

1. Le complément d'agent de la tournure passive

Il faut faire la distinction entre :

- le **sujet grammatical** qui s'accorde avec le verbe ;
- et l'**agent**, qui fait l'action ;

actif	passif
*Das ganze Land feiert **seinen Helden**.* Tout le pays célèbre **son héros**. ▼ sujet (**et** agent) ▼ **C1**	*Der Held wird **von dem ganzen Land** gefeiert.* Le héros est célébré **par tout le pays**. ▼ sujet (mais **pas** agent) ▼ **complément d'agent**

Sujet, Agent, voir 79/81

2. Le complément d'agent est introduit par *von* ou *durch*

- On emploie ***von*** :

Quand le complément d'agent est la **cause directe** du passif, il est introduit par ***von*** :
*Der Bericht wurde **von** dem Richter vorgelesen.* Le rapport fut lu à haute voix par le juge.

- On emploie ***durch*** :

→ quand la cause est **plus lointaine** (ou indirecte) :
*Die Gesetze, **durch** welche das Wohl aller gesichert wird...*
Les lois, par lesquelles est assuré le bien de tous...

→ avec les nominalisations, c'est-à-dire quand un verbe devient un nom :
Er wurde von der Polizei verhört. Il a été interrogé par la police.
→ *Nach dem Verhör **durch** die Polizei* Après l'audition par la police.

→ La distinction entre ***von*** et ***durch*** ne repose donc pas sur une distinction entre animé et inanimé, car ***von*** peut aussi servir à exprimer un agent inanimé :
*Sie wurde **von** einem Wagen überfahren.* Elle fut renversée par une voiture.
*Die Festplatte wurde **von** einem Virus gelöscht.* Le disque dur fut effacé par un virus.

À VOUS !

263. Mettez au passif les phrases suivantes (sans le complément d'agent).
a. Jeden Tag bauen sie ein neues Haus. – b. Er löst das Problem. – c. Diese Entscheidung hat alles geändert. – d. Wir zeigen den Film heute Abend. – e. Sie laden ihn nächste Woche ein. – f. Wir verkaufen den Wagen. – g. Ich analysiere den Text. – h. An allen Straßenecken verkauft man Blumen. – i. Sie hat den Teppich gesaugt. – j. Ich buche den Flug.

264. Mettez à l'actif les phrases suivantes.
a. Der Jäger wurde durch eine Kugel verwundet. – b. Das Zimmer ist vom Dienstmädchen aufgeräumt worden. – c. Er wurde vom Direktor selbst empfangen. – d. Die Bäume wurden durch den Sturm entwurzelt. – e. Die Schlacht wurde von Napoleon gewonnen. – f. Die Löwen werden von allen Tieren gefürchtet. – g. Der Präsident wird vom Volk gewählt. – h. Sie wurden von der Polizei zurückgewiesen. – i. Sie ist von dem Richter freigesprochen worden. – j. Sie wurde von ihrem Freund in diesen Kreis eingeführt.

PERSONNES DU DIALOGUE

243 *ich/du/wir/ihr/Sie*

- Les personnes du dialogue ne sont pas des pronoms, **puisqu'elles ne remplacent aucun nom.**
- La 1re personne est le locuteur, point d'ancrage de l'énoncé, à partir duquel s'organisent l'espace, et, dans une moindre mesure, le temps.
- La 1re personne ***(ich)*** est dans un triple système d'opposition :
  → de **personnes** : elle s'oppose à la 2e personne du singulier ***(du)*** et du pluriel ***(ihr)*** ;
  → **spatiale** : ***hier*** s'oppose à ***da*** et ***dort*** ; et ***dieser*** à ***jener*** ;
  → temporelle : ***dieser*** s'oppose à ***jener***.
- Déclinaison :

nominatif	accusatif	datif	génitif
ich	*mich*	*mir*	*meiner*
du	*dich*	*dir*	*deiner*
wir	*uns*	*uns*	*unser*
ihr	*euch*	*euch*	*euer*
Sie	*Sie*	*Ihnen*	*Ihrer*

1. La 1re personne dans l'opposition de personnes

ich ⇔ ***du*** / ***Sie*** (singulier), ***Sie*** (pluriel)
wir ⇔ ***ihr*** / ***Sie*** (singulier), ***Sie*** (pluriel)

locuteur : 1re **personne** (verbe au singulier)	adlocuté : 2e **personne** (verbe au singulier)
Ich *bin höflich.* **Je** suis polie. *(**I** am polite.)*	***Du*** *bist höflich.* **Tu** es poli(e). *(**You** are polite.)*
*Ich sehe **mich** im Spiegel.* Je **me** vois dans le miroir.	*Du siehst **dich** im Spiegel* Tu **te** vois dans le miroir.
Ich wasche mir die Hände Je **me** lave les mains	*Du wäschst **dir** die Hände.* Tu **te** laves les mains.
*Es passt **mir**.* Cela **me** convient.	*Es passt **dir**.* Cela **te** convient.
*Es hungert **mich**.* J'ai faim.	*Es hungert **dich**.* Tu as faim.
mein *Hammer* mon marteau	***dein*** *Hammer* ton marteau
meine *Ankunft (←* ***ich*** *komme an)* **mon** arrivée (← **j'**arrive) ***my*** *coming (←* ***I*** *come)*	***deine*** *Ankunft (←* ***du*** *kommst an)* **ton** arrivée (← **tu** arrives) ***your*** *coming (←* ***you*** *come)*
der *(das, die)* ***meine*** *(=* ***meiner****)* le mien (la mienne) *(mine)*	***der*** *(das, die)* ***deine*** *(=* ***deiner****)* le tien (la tienne) *(yours)*
morphèmes de conjugaison : **e** ou ø *ich lese, ich kann*	morphèmes de conjugaison : ***(s)t*** *du liest, du kannst* la voyelle du radical est parfois modifiée

locuteur : 1re personne (verbe au pluriel)	adlocuté : 2e personne (verbe au pluriel)	
wir	***ihr*** est le pluriel de ***du***	***Sie*** peut renvoyer à une personne (singulier) ou à plusieurs (pluriel)
Wir *sind höflich.* **Nous** sommes poli(e)s. *(**We** are polite.)* ***Wir*** *sehen* ***uns*** *im Spiegel.* Nous nous voyons dans le miroir. ***Wir*** *waschen* ***uns*** *die Hände.* Nous nous lavons les mains. ***Wir*** *armen Leute!* Nous autres pauvres gens !	***Ihr*** *seid höflich.* **Vous** êtes poli(e)s. *(**You** are polite.)* ***Ihr*** *seht* ***euch*** *im Spiegel.* Vous vous voyez dans le miroir. ***Ihr*** *wascht* ***euch*** *die Hände.* Vous vous lavez les mains. ***Ihr*** *armen Leute!* Pauvres gens que vous êtes !	***Sie*** *sind höflich.* **Vous** êtes poli(e)s. *(**You** are polite.)* ***Sie*** *sehen* ***sich*** *im Spiegel.* Vous vous voyez dans le miroir. ***Sie*** *waschen* ***sich*** *die Hände.* Vous vous lavez les mains. ***Sie*** *armen Leute!* Pauvres gens que vous êtes !
unser *Bus;* ***der*** *(die, das)* ***unsere; unserer*** notre bus ; le nôtre	***euer*** *Bus;* ***der*** *(die, das)* ***eu(e)re; eu(e)rer*** votre bus, le vôtre	***Ihr*** *Bus;* ***der*** *(die, das)* ***Ihre; Ihrer*** votre bus, le vôtre
morphème du verbe : ***-en*** *(wir) seh-**en***	morphèmes du verbe : ***(e)t*** *(Ihr) seh-**t***	morphèmes du verbe : ***en*** *(Sie) wasch-**en***

2. La 1re personne dans l'opposition spatiale

près	loin
hier ici (sans changement de lieu) *"**Hier** sitz' **ich**, forme Menschen* *Nach **meinem** Bilde,* *Ein Geschlecht, das **mir** gleich sei!"* C'est **ici** que **je** suis assis, je façonne des hommes à **mon** image, une lignée qui **me** ressemble !	*da* là, là-bas (sans changement de lieu) *"**Da** droben auf **jenem** Berge* ***Da** steht ein feines Haus."* Là-haut, dans la montagne au loin, Il y a une belle maison. *dort* là, là-bas (sans changement de lieu) *Wer ist **dort**?* Qui va **là** ?
hierhin ici (avec changement de lieu) *Geht Ihr den Weg hinab zum Kapitol.* ***Hierhin** will ich.* Vous prendrez le chemin qui descend vers le Capitole. Moi, **je** rentre **ici**.	*dahin* là, là-bas (avec changement de lieu) ***Dahin** geht unser Weg.* C'est là-bas que mène notre chemin. *dorthin* là-bas (avec changement de lieu) *"Er deutete hinaus auf das Riff: **dorthin**!* *Da hinaus müssen wir, **da** ist die Rettung."* « Il indiqua la direction du Riff : là-bas ! C'est là-bas qu'il nous faut aller ! Là est notre salut. »

hierher	*daher, dorther*
*Ich bin **hierher** gekommen.*	*Ich komme gerade **daher** (= **dorther**).*
Je suis venu ici.	Je viens à l'instant de là-bas.
dieser	*jener*
celui-ci	celui-là
*Aus **dieser** Erde quillen **meine** Freuden,* *Und **diese** Sonne scheinet **meinen** Leiden.* C'est de **cette** terre-**ci** que jaillissent **mes** joies, Et c'est **ce** soleil-**ci** qui éclaire **mes** peines.	***Da** droben auf **jenem** Berge...* Là-haut, dans la montagne au loin...

3. La 1re personne dans l'opposition temporelle

*in **diesen** Tagen*	*zu **jener** Zeit*
ces jours-**ci**	en ce temps-**là**

POSTÉRIORITÉ

244 Traduction de « après »

1. On emploie un groupe prépositionnel introduit par *nach* + datif

nach dem Abendessen après le dîner
nach einiger Zeit après quelque temps
nach Christi Geburt après la naissance de J.-C.
nach Christus après J.-C.
nach dem Krieg après la guerre
Nach getaner Arbeit ist gut ruhen. Après le travail fait, il fait bon se reposer.
eins nach dem anderen une chose après l'autre
einer nach dem anderen l'un après l'autre

2. On emploie les groupes prépositionnels pronominaux

*Das wird nicht so weiter gehen; das wird sich **demnächst** ändern.* Cela ne continuera pas ainsi ; cela va bientôt changer.
*Ich lese den Text; erst **danach** fasse ich ihn zusammen.* Je lis le texte ; ce n'est qu'ensuite que je le résume

3. On emploie des mots invariables

*Ich komme erst **später**.* Je ne passerai que plus tard.
*Was tust du **nachher**?* Que fais-tu ensuite ?

245 Traduction de « après que », « dès que »

1. Traduction de « après que » : on emploie un groupe conjonctionnel introduit par *nachdem*

***Nachdem** er das gesagt hat, geht er hinaus.*

parfait présent

Après qu'il **a** dit cela, il sort.

Après qu'il ~~ait~~ dit cela, il sort.

Après avoir dit cela, il sortit.

***Nachdem** er das gesagt hatte, ging er hinaus.*

plus-que-parfait prétérit

Après qu'il **eut** dit cela, il sortit.

Après qu'il ~~eût~~ dit cela, il sort.

Après avoir dit cela, il sortit.

Attention !
***nachdem* + infinitif est impossible en allemand**

2. Traduction de « dès que » : on emploie *sobald*

*Ich rufe dich an, **sobald** ich ankomme.*
Je te téléphonerai dès que je serai arrivé.

À VOUS !

265. Traduisez.

a. Après la tempête, les compagnies d'assurances ont augmenté leurs primes. – b. Longtemps après que les poètes ont disparu, leurs chansons courent encore dans les rues. – c. Après avoir refermé la porte derrière lui, il partit en courant. – d. Après les examens, elles ont invité toutes leurs amies. – e. Des années après qu'elle l'eut quitté, elle le croisa par hasard dans un aéroport. – f. Après être sorti de prison, il se mit à chercher du travail. – g. Après avoir vidé son verre, il se leva et tint un discours. – h. Après le baccalauréat il s'inscrit dans un IUT. *(Fachhochschule)* – i. Après les vacances il est encore plus fatigué qu'avant. – j. Une semaine après être revenue de Chine, elle tomba brusquement malade.

POUR

Traduction de « pour » 246

1. « pour » est une préposition

***für* + accusatif :**

*Ist Post **für** mich da?* Est-ce qu'il y a du courrier **pour** moi ?

***zuliebe* + datif :**

*Ich habe es **dir zuliebe** getan.* Je l'ai fait **pour** toi (par amour pour toi).

***aus* + datif :**

Aus welchem Grunde? Pour quelle raison ?

Aus diesem Grunde pour cette raison

wegen + génitif ou datif :

*Er wurde **wegen** Diebstahls verurteilt.* Il a été condamné pour vol.

*Ich habe es **wegen** ihm (seinetwegen) getan.* Je l'ai fait pour lui (à cause de lui).

nach + datif :

le train pour Berlin, la capitale de la R.F.A.

*der Zug **nach** Berlin, der Hauptstadt der Bundesrepublik*

2. « pour » est une conjonction

« pour » exprime le but :

*Er kam, **um** mich etwas **zu** fragen.* Il est venu **pour** me demander quelque chose.

*Er kämpft **um** sein Leben [zu retten].* Il se bat **pour** [sauver] sa vie.

« pour » exprime la conséquence :

*Ich bin zu alt, **als dass** ich das glauben könnte.* Je suis trop vieux **pour** croire cela.

▼

*Ich bin zu alt, **um** das **zu** glauben.*

« pour » exprime la cause :

*Viel Lärm **um** nichts.* Beaucoup de bruit **pour** rien.

***Da** ich in einer Grundschule unterrichtet habe, kann ich Ihnen sagen, dass...*

Pour avoir enseigné dans le primaire, je peux vous dire que...

« pour » exprime la concession :

*"**Wie** groß die Könige **auch** sein mögen, sie sind, was wir auch sind."*

« **Pour** grands que soient les rois, ils sont ce que nous sommes.» (Corneille, *Le Cid*)

3. « pour » dans les locutions

was das Zahlen betrifft **pour** ce qui est de payer

was mich betrifft **pour** ce qui me concerne

Auf meine Kosten werde ich nicht kommen. J'en suis **pour** mes frais.

Das geschieht dir recht! C'est bien fait **pour** toi.

Seine gesamte Kleidung bestand nur aus Shorts und einem Strohhut.

Pour tout habit, il n'avait qu'un short et un chapeau de paille.

Als Gepäck hatte er nur einen Handkoffer. **Pour** tout bagage, il n'avait qu'une valise.

mit dem bloßen Schrecken davongekommen sein en être quitte **pour** la peur

Du hälst mich für einen Idioten. Tu me prends **pour** un imbécile.

Er wird als ein ehrlicher Mann angesehen. Il passe **pour** un homme honnête.

*Es ist schade **für** ihn.* C'est dommage pour lui.

Ich werde spätestens um 5 da sein. Je serai là **pour** 5 heures.

À VOUS !

266. Traduisez.

a. Je ne l'inviterai pour rien au monde. – b. C'est bien le train pour Paderborn ? – c. Ils luttèrent pour la liberté. – d. Nous avons travaillé pour le roi de Prusse. – e. Il est plutôt bel homme pour son âge. – f. œil pour œil, dent pour dent. – g. Elle sera de retour pour midi. – h. Le pour et le contre. – i. Elle travaille pour deux. – j. J'ai fait de la monnaie pour vingt euros.

PRÉPOSITION

Spécificités de la préposition 247

- La préposition est un mot invariable qui ne peut jamais être utilisé seul.
- Elle est la base du groupe prépositionnel.
- Elle est le plus souvent le premier élément du groupe dont elle est la base :
  auf *dem Berg* sur la montagne
- Mais elle peut aussi en constituer le dernier élément
  ihr ***zuliebe*** par amour pour elle
- Certaines prépositions admettent les deux constructions
  gegenüber *seinem Bruder* → *seinem Bruder* ***gegenüber*** vis-à-vis de son frère
- Elle exige généralement un seul cas, et peut parfois en avoir deux.
- Les locutions prépositionnelles jouent un rôle analogue à celui des prépositions.

Groupe prépositionnel voir 189-191
Locutions prépositionnelles voir 214

PRÉPOSITIONS AVEC L'ACCUSATIF

Sens et emplois des prépositions avec l'accusatif 248

1. Les prépositions qui exigent toujours l'accusatif

bis jusqu'à	• ***bis*** peut s'employer **seul** ***bis*** *nächsten Monat* d'ici le mois prochain • ***bis*** peut s'employer **avec d'autres prépositions** ***bis in die*** *Nacht* ***hinein*** jusqu'à la nuit tombée • avec les prépositions mixtes, ***bis*** exige toujours l'accusatif ***bis*** *an* ***den*** *Rand* jusqu'au bord
durch	• « à travers, par » voir Lieu 211-213 • « au moyen de », « par l'intermédiaire de », « par » voir Moyen 228
entlang le long de	• ***entlang*** se place généralement **après** l'accusatif : ***Den Weg entlang*** *standen kleine Häuser.* Il y avait de petites maisons le long du chemin. • ***entlang*** peut aussi se placer **avant** le datif : ***Entlang dem Haus*** *läuft eine Hecke.* Une haie court le long de la maison.

für
pour

• « pour » signifie « dans l'intérêt de »
*ein Paket **für** dich* un paquet pour toi
*ich **für** meinen Teil* quant à moi
*Hat jemand **für** mich angerufen?*
Est-ce que quelqu'un a appelé pour moi ?
• « pour » signifie « à la place de, en échange de »
*ein **für** allemal* une fois pour toutes
*Ich danke dir **für** deine Hilfe.* Je te remercie de ton aide.
• « pour » exprime l'identité
*Ich halte ihn **für** einen Ehrenmann.* Je le tiens pour un homme d'honneur.
*Er hielt die Nachricht **für** wahrscheinlich.*
Il considérait l'information vraisemblable.
• « pour » exprime la destination
*ein Wohnheim **für** Studenten* une résidence universitaire
*ein Lehrstuhl **für** Geschichte* une chaire d'histoire

gegen
vers,
contre

• *gegen* signifie « vers, en direction de »
*Sie hielt die Dias **gegen** das Licht.*
Elle tenait les diapositives vers la lumière.
• *gegen* signifie « environ »
*Sie kam **gegen** Mittag nach Hause zurück.*
Elle revint à la maison aux alentours de midi.
• *gegen* signifie « contre »
– opposition
***gegen** einen Feind kämpfen* combattre un ennemi
– échange
***gegen** Barzahlung* contre paiement comptant
– comparaison
***Gegen** ihre Schwester ist sie sehr klein.*
En comparaison de sa sœur, elle est très petite.
• *gegen* signifie « envers, à l'égard de »
*Sie war voll Misstrauen **gegen** den eigenen Sohn.*
Elle était pleine de défiance envers son propre fils.

ohne
sans

***ohne** jeden Zweifel* sans aucun doute
***ohne** mein Wissen* à mon insu
*der Ritter **ohne** Furcht und Tadel* le chevalier sans peur et sans reproche
*Der Mann **ohne** Eigenschaften* L'homme sans qualités

per

***per** Bahn, **per** Post, **per** Schiff*
par le train, par la poste, par bateau
***per** pedes* à pied
*Ware ist **per** ersten Juni lieferbar.*
La marchandise doit être livrée pour le premier juin.
*Ich habe **per** E-Mail erfahren, dass...* J'ai appris par e-mail que...

um

• ***um*** dans l'expression du lieu, voir Lieu 211-213
• ***um*** dans l'expression du temps, voir Temps 269
• les sens abstraits de ***um***
***um** jeden Preis* à n'importe quel prix
***um** die Wette* à l'envi
• ***um*** exprime la **continuité**
*Stunde **um** Stunde verging.* Les heures se succédaient.

• ***um*** exprime l'**alternance**

*einen Tag **um** den anderen* un jour sur deux

*eine Sprosse **um** die andere erklimmen* gravir un échelon après l'autre

• ***um*** exprime la **différence**

*Sie ist **um** einen Kopf größer als er.* Elle fait une tête de plus que lui.

*Er hat es **um** den halben Preis erstanden.* Il l'a acheté à moitié prix.

*Der Weg ist **um** ein Kilometer kürzer.* La route est plus courte d'un kilomètre.

*Die Milch schlägt **um** 2 Prozent auf.* Le lait augmente de deux pour cent.

• ***um*** signifie **« à propos de »**

*Es ist schade **um** ihn.* C'est dommage pour lui.

*Es steht nicht gut **um** ihn.* Il ne va pas bien.

*Es ist **um** sie geschehen.* C'en est fait d'elle.

***Um** seine Gesundheit ist es schlecht bestellt.* Sa santé est plutôt mauvaise.

• ***um*** exprime **un échange, un prix**

*Auge **um** Auge, Zahn **um** Zahn* œil pour œil, dent pour dent

***um** alles in der Welt* pour tout au monde

*Er tat es **um** Gottes Lohn.* Il l'a fait gracieusement.

• ***um*** + infinitif : ***um... zu***, voir Infinitif 180-183

• ***um* en composition**

*Und Erstaunen ergreifet das Volk **um**her.*

Et la stupeur saisit la foule aux alentours.

*"Und her**um** im Kreis lagern die greulichen Katzen."*

Et dans l'arène circulaire sont couchés les horribles félidés.

• ***um*** en **association**

*"Er saß beim Königsmahle, die Ritter **um** ihn **her**."*

Il était assis à la table royale, les chevaliers tout autour de lui.

***um** Gottes willen* pour l'amour de Dieu

wider (résistance)

***wider** alles Erwarten* contre toute attente

***wider** mein Wissen und Willen* à mon insu et malgré moi

*Ist dies eigentlich nicht eine Sünde **wider** den Geist?*

Cela n'est-il pas un péché contre l'esprit ?

*Er sträubte sich **wider** den Frieden.* Il s'opposait vivement à la paix.

*Sie ließ sich **wider** ihre Gewohnheit lange bitten.*

Contrairement à son habitude, elle se fit longtemps prier.

2. Les prépositions qui exigent soit le datif, soit l'accusatif

ab - an - auf - hinter - in - neben - über - unter - vor - zwischen

Voir Prépositions avec le datif ou l'accusatif 250

PRÉPOSITIONS AVEC LE DATIF

Sens et emplois des prépositions avec le datif 249

Il faut distinguer les 14 prépositions qui exigent toujours le datif des 10 qui peuvent exiger aussi l'accusatif.

Enfin 7 ont des particularités de construction.

1. Les prépositions les plus courantes qui exigent toujours le datif

aus

- ***aus*** exprime la « sortie »

*Sie kommt **aus** der Schule.* Elle revient de l'école.
***aus** dem Englischen ins Deutsche übersetzen* traduire de l'anglais en allemand
***aus** dem Schlaf wecken* tirer du sommeil
***aus** der Mode kommen* passer de mode
***aus** den Augen, **aus** dem Sinn* loin des yeux, loin du cœur

- ***aus*** exprime l'origine

*Er ist **aus** Hannover.* Il est originaire de Hanovre.
***Aus** Trauben macht man Wein.* On fait le vin avec du raisin.

- ***aus*** exprime la matière

***aus** Holz, **aus** Elfenbein, **aus** Gold* en bois, en ivoire, en or

- ***aus*** exprime la manière

***aus** allen Kräften* de toutes ses forces
***aus** Erfahrung* par expérience

- ***aus*** exprime la cause

***Aus** welchem Grunde?* Pour quelle raison ?
***aus** Schwäche* par faiblesse

bei

- ***bei* exprime** « près de », « chez », voir Lieu 211-213
- ***bei* exprime** la simultanéité, voir Simultanéité 265
- **les sens abstraits de *bei* :** « étant donné », « malgré »

***bei** alledem* malgré tout cela
***bei** meiner Unwissenheit* dans mon ignorance
*Er ist **bei** dem Regen spazieren gegangen.* Il est parti se promener malgré la pluie.
*die Schüler **bei** ihren Namen nennen* appeler les élèves par leur nom
*Ich fasste ihn **beim** Wort.* Je l'ai pris au mot.
*Sie packte ihn **bei** der Schulter.* Elle le saisit par l'épaule.
*Er nahm das Kind **bei** der Hand.* Il prit l'enfant par la main.
***Bei** Gott!* Par Dieu !
*Sie schwur es **bei** ihrer Ehre.* Elle le jura sur son honneur.

mit

- ***mit*** exprime la simultanéité, voir Simultanéité 265
- ***mit*** exprime le moyen, voir Moyen 228
- ***mit*** exprime la manière, voir Manière 217
- ***mit*** exprime l'**accompagnement**

*Kommen Sie **mit** mir!* Venez avec moi !
*ein Mann **mit** einem Hut* un homme avec un chapeau

- ***mit*** signifie « à propos de »

*Was ist **mit** dir los?* Qu'est-ce qui t'arrive ?
*Es ist aus **mit** ihm.* C'est un homme fini.
*Wie steht es **mit** ihm?* Où en est-il ?
***Mit** ihm ist es schlecht bestellt.* Il est plutôt mal en point.
***Mit** dem Sanieren hat es nicht geklappt.* L'assainissement a été un échec.

nach

- ***nach*** signifie « vers », voir Lieu 211-213
- ***nach*** signifie « après », voir Postériorité 244-245
- ***nach*** signifie « d'après », « suivant », « conformément à » (pré- et postposition)

*meiner Meinung **nach*** à mon avis

nach *Belieben* à volonté
nach *ihrem Geschmack* à son goût
ein Anzug ***nach*** *Maß* un costume sur mesure
Spaghetti ***nach*** *Bologneser Art* des spaghetti à la bolognaise
Sie malt ***nach*** *der Natur.* Elle peint d'après nature.

---

seit

• ***seit*** signifie « depuis », voir Temps 269

---

von

• ***von*** exprime l'éloignement, l'origine, la provenance, voir Lieu 211-213

• ***von*** signifie « depuis », « à partir de », voir Temps 269

• ***von*** exprime la matière
ein Herz ***von*** *Stein* un cœur de pierre

• ***von*** introduit le complément d'agent du passif
Voir Sujet et agent 79/81, Passif 241-242
Sie wurde ***von*** *einem LKW überfahren.* Elle a été renversée par un camion.

• ***von*** signifie « d'après », « suivant », « conformément à »
Es ist eine Novelle ***von*** *H. Böll.* C'est une nouvelle de H. Böll.
ein Abstand ***von*** *zwei Metern* une distance de deux mètres
von *ganzem Herzen* de tout cœur
von *Grund* ***aus*** de fond en comble
ein Teufel ***von*** *einem Menschen* un diable d'homme
eine Sache ***von*** *Wichtigkeit* une affaire d'importance
eine Frau ***von*** *Charakter* une femme de caractère

---

zu

• ***zu*** dans l'expression du lieu, voir Lieu 211-213

• ***zu*** dans l'expression du temps, voir Temps 269

• **les autres emplois de *zu***

→ Sens abstrait
zur *Welt kommen (= auf die Welt kommen)* venir au monde
jemandem ***zu*** *Hilfe kommen* venir en aide à quelqu'un
Endlich kam die Finanzierung ***zur*** *Sprache.* On parla enfin du financement.
Nimm dir nicht alles ***zu*** *Herzen.* Ne prends pas tout à cœur.

→ Transformation
zu *Staube werden* devenir poussière
jemanden ***zum*** *Sklaven machen* réduire quelqu'un en esclavage
Man beförderte ihn ***zum*** *Leutnant.* Il fut promu sous-lieutenant.

→ Au sujet de, à propos de
*Was sagst du da**zu**?* Qu'en dis-tu ?
3 verhält sich ***zu*** *4 wie 6* ***zu*** *8.* 3 est à 4 ce que 6 est à 8.
Er hat alles ***zum*** *selben Preis bekommen.* Il a tout eu pour le même prix.
Ich gratuliere dir ***zu*** *deinem Geburtstag.* Heureux anniversaire !

→ Addition
Was wollen Sie ***zu*** *ihrem Braten trinken?* Que voulez vous boire avec votre rôti ?
Ich nehme keinen Zucker ***zu*** *meinem Kaffee.* Je ne prends pas de sucre avec mon café.
*Da**zu** möchte ich noch sagen...* Je voudrais ajouter à cela...
Um zu sparen legte sie Pfennig ***zu*** *Pfennig.* Pour faire des économies, elle gardait le moindre sou.

2. Les prépositions moins courantes qui exigent le datif

außer excepté, sauf	voir *außer* 119-120
binnen dans un délai de, en	***binnen** zehn Tagen* dans un délai de dix jours ***binnen** kurzem* sous peu Attention ! • ***binnen*** + génitif ***binnen** knapper zwei Wochen* dans un délai de tout juste deux semaines • ***binnen*** (sans cas) ***binnen*** Jahr und Tag dans le délai d'une année
dank grâce à	***dank** seinem guten Willen* grâce à sa bonne volonté Attention ! • ***dank*** + génitif *Er bestand die Prüfung **dank** seiner großen Kenntnisse.* Il a réussi ses examens grâce à ses vastes connaissances.
fern loin de	*Sie wohnt **fern** der Stadt.* Elle habite loin de la ville. *Er lebte **fern** allem Trubel.* Il vivait loin de toute agitation.
nächst à côté de, immédiatement après	*Der Bauer liegt **nächst** dem Baum.* Le paysan est étendu à côté de l'arbre. ***Nächst** des Waldes steht ein Forsthaus.* À côté de la forêt il y a une maison de forestier. ***Nächst** seiner Mutter ist ihm seine Frau die liebste Person auf der Welt.* Après sa mère, sa femme est la personne qu'il aime le plus au monde.
nebst avec, et, ainsi que	*Familie Meyer **nebst** Kindern* la famille Meyer avec les enfants *Er kaufte den Wagen **nebst** den Pferden.* Il acheta la voiture ainsi que les chevaux.
samt avec	*der Oberst **samt** seinem Regiment* le colonel et son régiment *das Haus **samt** allem Zubehör* la maison avec tout le fourbi

3. Les prépositions qui exigent soit le datif, soit l'accusatif

ab - an - auf - hinter - in - neben - über - unter - vor - zwischen

Voir Prépositions avec le datif ou l'accusatif 250

4. Les prépositions qui exigent le datif et qui ont des particularités de construction

Les prépositions toujours postposées :

zuliebe pour l'amour de	*Tu es mir **zuliebe**.* Fais-le pour moi.
zuwider contrairement à	*dem Gesetz **zuwider*** contrairement à la loi

Les prépositions pré- ou postposées :

gemäß conformément à	*dem Gesetz **gemäß** → **gemäß** dem Gesetz* (plus rare) conformément à la loi

zufolge d'après, en vertu de	*seinem Wunsch **zufolge*** conformément à son désir Attention ! ***zufolge*** préposé est suivi du génitif : ***zufolge** seines Wunsches* conformément à son désir
zugunsten en faveur de	*seinen Kindern **zugunsten*** en faveur de ses enfants Attention ! ***zugunsten*** préposé est suivi du génitif : ***zugunsten** seiner Kinder* en faveur de ses enfants
entgegen contrairement à	***entgegen** allen Vermutungen → allen Vermutungen **entgegen*** contrairement à toutes les suppositions
gegenüber en face de (postposé) ***gegenüber von*** en face de (préposé) ***gegenüber*** à l'égard de	*Sie sitzt **ihrem Mann gegenüber**.* Elle est assise en face de son mari. ***Gegenüber von** Straßburg liegt Kehl.* Kehl est en face de Strasbourg. ***gegenüber** dem Internet → dem Internet **gegenüber*** à l'égard d'Internet

PRÉPOSITIONS AVEC LE DATIF OU L'ACCUSATIF

Sens et emplois des prépositions avec le datif ou l'accusatif 250

ab

temps	espace	sens abstrait
• avec l'accusatif ***ab** 1. (den ersten) Januar* à partir du premier janvier ***ab** nächsten Monat* à partir du mois prochain		
• avec le datif ***ab** 18 Jahren* interdit aux moins de 18 ans ***ab** dem 1. Januar* à partir du premier janvier	• avec le datif ***ab** der Fabrik* au départ de l'usine	
• sans cas ***ab** morgen* à partir de demain ***ab** zehn Uhr* à partir de dix heures ***ab** 18* interdit aux moins de 18 ans	• sans cas *frei **ab** München* sans frais de port au départ de Munich	• sans cas ***ab** Diskont(o)* sous déduction de l'escompte

an

temps	espace	sens abstrait
	• **avec l'accusatif** Expression du directif, voir Directif **211-212**	
• **avec le datif** Voir Temps **269**	• **avec le datif** Expression du locatif, voir Locatif **211-212**	• **avec le datif** *die Sache **an** sich* la chose en soi *Es ist **an** ihm zu antworten.* C'est à lui de répondre.

auf

temps	espace	sens abstrait
• **avec l'accusatif** Voir Temps **269**	• **avec l'accusatif** Expression du directif, voir Directif **211-212**	• **avec l'accusatif** ***auf** diese Weise* de cette manière ***Auf** einen Schlag fällt kein Baum.* Aucun arbre ne tombe d'un seul coup. • **avec le datif** *Er ist **auf** der Jagd, **auf** der Flucht.* Il est à la chasse, en fuite. *Sieben **auf** einem Schlag!* Sept d'un coup ! • **sans cas** ***Auf** Regen folgt Sonnenschein.* Après la pluie, le beau temps. *Der Hahn kräht nicht **auf** Befehl.* Le coq ne chante pas sur commande. *Schlag **auf** Schlag* coup sur coup
	• **avec le datif** Expression du locatif, voir Locatif **211-212**	
		• En association, avec un sens affaibli ***auf** und **ab** gehen* faire les cent pas *(to pace **up** and **down**)* ***auf** und **davon** fliehen* s'enfuir dans toutes les directions *sich **auf** und **davon** machen* prendre la poudre d'escampette ***von** klein **auf** = **von** Kind(heit) **auf*** depuis l'enfance ***von** Jugend **auf*** depuis la jeunesse

hinter

temps	espace	sens abstrait
	• **avec l'accusatif** Expression du directif, voir Directif 211-212	
	• **avec le datif** Expression du locatif, voir Locatif 211-212	

in

temps	espace	sens abstrait
	• **avec l'accusatif** Expression du directif, voir Directif 211-212	
• **avec le datif** Voir Temps 269	• **avec le datif** Expression du locatif, voir Locatif 211-212	

neben

temps	espace	sens abstrait
	• **avec l'accusatif** Expression du directif, voir Directif 211-212	
	• **avec le datif** Expression du locatif, voir Locatif 211-212	• **avec le datif** → outre, en plus de *Neben seinem Beruf gibt er noch Privatstunden.* En plus de sa profession, il donne des cours particuliers. → en comparaison de *Neben ihm sind alle anderen nur Anfänger.* Comparés à lui, tous les autres ne sont que des débutants.

über

temps	espace	sens abstrait
• **avec l'accusatif** Voir Temps 269	• **avec l'accusatif** Expression du directif, voir Directif 211-212	• **avec l'accusatif** *Der Zufall begünstigte ihre Absicht **über** ihre Erwartung.* Le hasard favorisa leur entreprise au-delà de leurs espérances. *Hals **über** Kopf* en toute hâte *Erröten Sie **über** diese Tat!* Rougissez de ce fait !
	• **avec le datif** Expression du locatif, voir Locatif 211-212	

unter

temps	espace	sens abstrait
	• **avec l'accusatif** Expression du directif, voir Directif **211-212**	• **avec l'accusatif** *Napoleon mischte sich **unter** die Soldaten.* Napoléon se mêla aux soldats.
• **avec le datif** Expression de la **simultanéité**, voir **265**	• **avec le datif** Expression du locatif, voir Locatif **211-212**	• **avec le datif** ***unter** uns gesagt* entre nous soit dit ***unter** vier Augen* entre quatre yeux ***unter** anderem* entre autres *ein Wolf **unter** Schafen* un loup dans la bergerie *Hier sind wir **unter** Freunden.* Ici nous sommes entre amis. *Das ist **unter** aller Kanone!* C'est en dessous de tout ! ***unter** irgendeinem Vorwand* sous un prétexte quelconque ***unter** dieser Bedingung* à cette condition *ein Konzert **unter** der Leitung von B. Haitink* un concert sous la direction de B. Haitink ***unter** großen Schwierigkeiten arbeiten* travailler dans des conditions très difficiles ***unter** Lebensgefahr* danger de mort

vor

temps	espace	sens abstrait
	• **avec l'accusatif** Expression du directif, voir Directif **211-212**	
• **avec le datif** Expression de l'Antériorité, voir **109-110**	• **avec le datif** Expression du locatif, voir Locatif **211-212**	• **avec le datif** Expression de la cause, voir **135**

zwischen

temps	espace	sens abstrait
	• **avec l'accusatif** Expression du directif, voir Directif **211-212**	
• **avec le datif** Voir Temps **269**	• **avec le datif** Expression du locatif, voir Locatif **211-212**	• **avec le datif** *Es endete mit einem Streit **zwischen** den Liebenden.* Cela s'est terminé par une dispute entre les amants. *Sie soll **zwischen** diesen beiden Büchern wählen.* Il faut qu'elle choisisse entre ces deux livres. ***Zwischen** uns bleibt viel aufzuklären.* Il y a beaucoup de choses à éclaircir entre nous.
		• en association ***dazwischen*** entre deux ***inzwischen*** sur ces entrefaites

À VOUS !

267. Complétez les phrases suivantes.
a. Stellen Sie sich hinter d... Tisch! – b. Setzen Sie sich auf dies... Stuhl! – c. Hinter d... Mauer fließt ein Bach. – d. Über d... Tür hängt ein Schild. – e. Sie standen an d... Fuß des Berges. – f. vor d... Sonnenaufgang. – g. In d... Nacht hörte er einen Schuss. – h. Die Truppen rücken bis vor d... Stadt. – i. Die Uni liegt zwischen d... Bahnhof und d... Arbeitsamt. – j. In d... nächsten Wochen wird sich manches verändern.

268. Même exercice.
a. Er hat auf sie vor d... Theater gewartet. – b. Der Wagen hält vor d... Haus. – c. Sie fährt den Wagen vor d... Haus. – d. Sie kamen vor d... Restaurant. – e. Die Menschen breiteten sich über d... Erde aus. – f. Sie fahren auf d... Autobahn. – g. Das kostet über ein... Mark. – h. Sie liegt in d... Sonne. – i. Sie hält die Hand vor d... Mund. – j. Er saß über d... Tisch gebeugt.

269. Même exercice.
a. Den Wald vor lauter Bäum... nicht sehen. – b. An ein... schwankend... Wand darf man sich nicht lehnen. – c. Was über all... schwebt, kann alle treffen. – d. Wer über d... Schwelle ist, hat die Reise halb getan. – e. Auf ein... schwer... Tag gehört ein guter Abend. – f. Man muss nicht alles an d... groß... Glocke hängen. – g. Ein jeder Mann ist Kaiser auf sein... Land. – h. Was hilft das Laufen, wenn man nicht auf d... recht... Weg ist? – i. In ein... hart... Schale steckt oft ein weicher Kern. – j. Wie man in d... Wald hineinruft, so schallt es heraus.

PRÉPOSITIONS AVEC LE GÉNITIF

Sens et emplois des prépositions avec le génitif 251

La plupart des prépositions avec le génitif appartiennent à la langue spécialisée (technique, juridique, administrative) et littéraire. Seules 4 sont courantes.

1. Les prépositions courantes

anstatt* / *statt au lieu de :

***anstatt*/ *statt*dessen** au lieu de cela

*Er rief den Arzt **statt** der Polizei.* Il appela le médecin au lieu de la police.

***Statt** einer Antwort schüttelte er nur mit dem Kopf.* Au lieu de répondre, il se contenta de hocher la tête.

Attention !

***(an-)statt* sans cas** signifie « au lieu de »

*Er schlenderte die Straße aufwärts, **statt** abwärts.*

Il remontait la rue en flânant, au lieu de la descendre.

• ***(an-)statt zu*** + infinitif signifie « au lieu de »

***Anstatt** mir **zu** antworten, fing er an laut aufzulachen.*

Au lieu de me répondre, il éclata de rire.

• ***(an-)statt dass*** est une conjonction de subordination

***Anstatt dass** wir hier sitzen, sollten wir draußen demonstrieren.*

Au lieu d'être assis ici, nous devrions manifester dehors.

trotz malgré :

*Er kam **trotz** des Regens.* Il est venu malgré la pluie.

*Man konnte **trotz** des Lärms alles hören.* Malgré le bruit, on pouvait tout entendre.

*Ich kehrte **trotz** aller Gefahr in das Land zurück.* Malgré tous les dangers, je retournais dans ce pays.

Attention !
trotz est parfois suivi du datif :
trotz** allem, **trotz** alledem, **trotzdem malgré tout

während pendant :

***während** der Ferien* pendant les vacances

*Auch **während** der nächsten Tage kam er nicht.* Les jours suivants non plus il ne vint pas.

Attention !
- Si le groupe nominal qui suit ***während*** ne peut pas porter la marque du génitif :
– on emploie le datif :
***während** zehn Jahren* pendant dix ans
– ou l'accusatif suivi de ***lang*** :
*zehn Jahre **lang*** pendant dix ans
- ***während*** est aussi une conjonction de subordination (pendant que)

wegen à cause de :

→ *wegen* est une préposition

***wegen** des schlechten Wetters* à cause du mauvais temps

→ *wegen* est une postposition

*Sie taten es **der Kinder wegen**.* Ils l'ont fait pour les enfants.

→ *Weswegen? Deswegen*

*Mein**etwegen**, dein**etwegen**, sein**etwegen**, ihr**erwegen*** 1. À cause de moi (toi, lui, elle, etc.)
*unser**twegen**, eur**etwegen**, Ihr**etwegen**, ihr**etwegen*** 2. Soit, je veux bien !

Attention !
wegen est parfois suivi du datif :
*Ich habe es wegen **ihm** getan.*
Je l'ai fait à cause de lui.

2. Les prépositions moins courantes suivies du génitif

diesseits	de ce côté-ci	***diesseits** der Vogesen*	de ce côté-ci des Vosges
jenseits	de l'autre côté de	***jenseits** des Flusses*	de l'autre côté du fleuve
außerhalb	en dehors de	*Sie wohnt **außerhalb** der Stadt.*	Elle habite en dehors de la ville.
innerhalb	à l'intérieur de	*Das bleibt **innerhalb** der Familie.*	Cela reste à l'intérieur de la famille.
oberhalb	au-dessus de	***oberhalb** des Fensters*	au-dessus de la fenêtre
unterhalb	au-dessous de	***unterhalb** des Turms am Berg*	en-dessous de la tour sur la colline
inmitten	au milieu de	***inmitten** des Reviers*	au milieu du secteur
um... willen	pour	***um** Himmels **willen***	pour l'amour du ciel
unweit	non loin de	***unweit** des Spitals*	non loin de l'hôpital
von... wegen	par	***von** Rechts **wegen***	légalement

3. Les prépositions de la langue spécialisée

abseits	loin de	***abseits** des Weges*	à l'écart du chemin
angesichts	vu	***angesichts** der Ereignisse*	vu les événements
anhand	à l'aide de	***anhand** dieser Urkunde*	à l'aide de ce document
anlässlich	à l'occasion de	***anlässlich** des Feiertages*	à l'occasion de ce jour férié
anstelle	à la place de	***anstelle** des Direktors*	à la place du directeur
aufgrund	en vertu de	***aufgrund** seines Rechtes*	en vertu de son bon droit
ausweislich	selon	***ausweislich** der Akten*	vu les pièces du dossier
behufs	en vue de	***behufs** besserer Verhältnisse*	en vue d'établir de meilleures conditions
beiderseits	de part et d'autre	***beiderseits** des Weges*	de part et d'autre du chemin
betreffs	au sujet de	***betreffs** des Geldes*	au sujet de l'argent
bezüglich	concernant	***bezüglich** Ihres Schreibens*	concernant votre courrier
eingangs	au commencement de	***eingangs** dieses Jahres*	au commencement de cette année
fernab	loin de	***fernab** des Lärms*	loin du bruit
gelegentlich	à l'occasion de	***gelegentlich** Ihres Besuches*	à l'occasion de votre visite
hinsichtlich	en ce qui concerne	***hinsichtlich** dieses Punktes*	en ce qui concerne ce point
infolge	à la suite de	***infolge** deines Irrtums*	à la suite de ton erreur
kraft	en vertu de	***kraft** des Gesetzes*	en vertu de la loi
längs	le long de	***längs** des Flusses*	le long du fleuve
längsseits	le long de	***längsseits** des Schiffes*	le long du bateau
links	à gauche de	***links** des Bahnhofes*	à gauche de la gare
namens	au nom de	***namens** des Direktors*	au nom du directeur
rechts	à droite de	***rechts** des Gebäudes*	à droite du bâtiment
rücksichtlich	par égard pour	***rücksichtlich** seines Zustandes*	par égard pour son état
seitens	de la part de	***seitens** des Klägers*	de la part du plaignant
unbeschadet	sans préjudice de	***unbeschadet** der Verluste*	sans préjudice des pertes
unerachtet	sans égard pour	***unerachtet** seines Alters*	sans égard pour son âge
unfern	non loin de	***unfern** des Schlosses*	non loin du château
vermöge	grâce à	***vermöge** ihrer Sprachkenntnisse*	grâce à ses connaissances en langues
vorbehaltlich	sous réserve de	***vorbehaltlich** ihres Zusagens*	sous réserve de son accord
zuzüglich	en plus, en sus	***zuzüglich** der Zinsen*	les intérêts en plus

4. La postposition de la langue spécialisée

halber	pour	*der Ordnung halber*	pour maintenir l'ordre

5. Les pré- et postpositions de la langue spécialisée

bar	sans	***bar** jeglicher Hoffnung* *allen Wissens **bar***	sans le moindre espoir sans les moindres connaissances
ungeachtet	en dépit de	***ungeachtet** seines Alters* ***dessen** ungeachtet*	en dépit de son âge en dépit de cela

PRÉVERBES INSÉPARABLES

252 Valeurs des préverbes inséparables

be-	• les verbes en *be-* sont presque tous transitifs	
	• renforce le sens du verbe simple	*grüßen / **be**grüßen ; rechnen / **be**rechnen*
	• rend transitif un verbe intransitif	*Sie wohnt in einem Schloss.* Elle habite dans un château. → *Sie **be**wohnt ein Schloss.* Elle habite un château. *Ich antworte auf die Frage.* Je réponds à la question. → *Ich **be**antworte die Frage.* Je réponds à la question.
emp-	• dans 3 verbes	***emp**fangen* accueillir ***emp**fehlen* recommander ***emp**finden* ressentir
ent-	• origine	*Angst **ent**steht aus dem Unerwarteten.* La peur naît de l'inattendu.
	• éloignement	*Er **ent**fernt sich von den Regeln.* Il enfreint les règles.
	• début du procès	*Das Papier **ent**zündete sich.* Le papier a pris feu.
	• privation	*Der Dieb wurde **ent**waffnet.* Le voleur fut désarmé.
er-	• aspect inchoatif (début du procès : verbes intransitifs) Voir Aspect 113-114	*Dann **er**krankte sie plötzlich und starb.* Puis elle tomba brusquement malade et mourut. *Aber allmählich **er**lahmte ihre Kraft.* Mais ses forces l'abandonnaient insensiblement.

	• **aspect résultatif** (fin du procès : verbes intransitifs) Voir Aspect 113-114	*Sie sind über Nacht **er**froren.* Ils sont morts de froid pendant la nuit. *Sie hat den Brief **er**halten.* Elle a reçu la lettre. *Die Kerze auf seinem Tisch **er**löscht.* La bougie sur sa table s'éteint.
	• permet à certains verbes transitifs indirects de devenir transitifs directs	*hoffen auf → etwas **er**hoffen* espérer quelque chose *warten auf → etwas **er**warten* attendre quelque chose *zwingen zu → etwas **er**zwingen* contraindre à ; obtenir de force
ge-	• aspect résultatif	***ge**winnen* gagner au jeu ***ge**bären* mettre au monde ***ge**nesen* recouvrer la santé ***ge**lingen* réussir
	• renforce le sens du verbe simple	*brauchen* avoir besoin de → ***ge**brauchen* utiliser *trauen* avoir confiance → ***ge**trauen* oser *leiten* conduire → ***ge**leiten* accompagner
	• modifie profondément le sens du verbe simple	***ge**hören* appartenir ***ge**stehen* avouer ***ge**währen* accorder ***ge**fallen* plaire
hinter		*Er hat seinen Neffen Millionen **hinter**lassen.* Il a laissé des millions à ses neveux.
miss-	• action qui se fait mal	***miss**achten* mésestimer, mépriser ***miss**bilden* déformer ***miss**billigen* désapprouver, blâmer ***miss**deuten* mal interpréter ***miss**fallen* déplaire, mécontenter ***miss**glücken* mal réussir ***miss**handeln* maltraiter (transitif) mal agir (intransitif) ***miss**lingen* ne pas réussir, échouer ***miss**trauen* se défier de ***miss**verstehen* mal comprendre
ver-	→ ver- + verbes • **disparaître, mourir** (verbes intransitifs)	*Die Hiacinthen waren längst **ver**blüht.* Les jacinthes étaient fanées depuis longtemps.
	• **déplacer** (verbes transitifs)	*Der Beamte wurde **ver**setzt.* Le fonctionnaire fut muté.
	• **céder** (verbes transitifs)	*Zimmer zu **ver**mieten* chambre à louer
	• **cacher, barrer** (verbes transitifs)	*Wo **ver**steckst du dich?* Où te caches-tu ? *Alle Türen waren **ver**schlossen.* Toutes les portes étaient fermées.

	• **se tromper**	*Ich habe mein Handy* ***verlegt.*** Je ne sais plus où j'ai mis mon portable. *Er hat sich leider* ***verrechnet.*** Il s'est malheureusement trompé dans ses calculs.
	• **exprime l'excès** – verbes intransitifs – verbes transitifs	*Sie hat* ***verschlafen.*** Elle ne s'est pas réveillée. *Er hat das Fleisch* ***versalzen.*** Il a trop salé la viande.
	• **exprime un jugement négatif**	*Er hat seine Kinder* ***verwöhnt.*** Il a gâté ses enfants.
	• **exprime le contraire du verbe simple**	*Man sollte keinen Menschen* ***verachten.*** On ne devrait mépriser personne. *Er hat seine Muttersprache* ***verlernt.*** Il a oublié sa langue maternelle.
	• **renforce le sens du verbe simple**	*binden* attacher → ***verbinden*** mettre en liaison *schreiben* écrire → ***verschreiben*** prescrire
	• **permet de rendre transitifs des verbes intransitifs**	*folgen* suivre → ***verfolgen*** persécuter *schweigen* se taire → ***verschweigen*** taire qqch
	→ ***ver-*** **+ adjectifs** – verbes intransitifs – verbes transitifs « faire devenir » ce qu'exprime l'adjectif :	*arm* → ***verarmen*** s'appauvrir *faul* → ***verfaulen*** pourrir *besser* → ***verbessern*** améliorer *gegenwärtig* → ***vergegenwärtigen*** rendre présent *groß* → ***vergrößern*** agrandir *klein* → ***verkleinern*** réduire
	→ ***ver-*** **+ noms** – verbes intransitifs : « devenir » – verbes transitifs : « faire devenir »	*die Witwe* → ***verwitwen*** devenir veuf *die Waise* → ***verwaisen*** devenir orphelin *Alle Brunnen waren* ***vergiftet.*** Tous les puits étaient empoisonnés. *Das Eis sah aus wie eine* ***versteinerte*** *Träne.* La glace ressemblait à une larme pétrifiée.
zer-	• **dispersion**	*Die Tasse fiel auf den Boden und* ***zerbrach.*** La tasse est tombée par terre et s'est brisée.
	• **dissolution, dislocation, destruction** – verbes transitifs – verbes intransitifs	*Können Sie den Satz* ***zerlegen?*** Pouvez-vous analyser la phrase ? *Die Windschutzscheibe* ***zersplitterte.*** Le pare-brise a volé en éclats.

À VOUS !

270. Traduisez.

a. L'eau couvre le pays et la neige couvre les montagnes. – b. Elle a perdu ses illusions. – c. Je n'ai pas reçu le fax que vous m'avez envoyé. – d. Vous avez deviné mes pensées. – e. Il devient aveugle. – f. Avez-vous répondu à la lettre ? – g. Il a cassé deux verres. – h. Je vous ai mal compris. – i. Cela lui a déplu. – j. Le médecin m'a prescrit beaucoup de médicaments.

271. Complétez les phrases avec des verbes en *ver-* composés à partir des adjectifs suivants :
faul – groß – klein – wirklich – lang – kurz – doppel – besser – spät – stark
a. Er verdient zweimal so viel wie voriges Jahr. Er hat also seinen Lohn ... . – b. Das Bild ist zu groß; ich lasse es ... . – c. Sie haben das ... Obst wegwerfen müssen. – d. Die Werkstatt ist zu klein; sie wird demnächst ... . – e. Der Sprinter läuft immer schneller: er hat seinen Rekord ... . – f. Das Deck des Flugzeugträgers musste .... werden. – g. Er ist noch nicht da: er muss sich ... haben. – h. Das Brett ist zu lang; kannst du es um 5 cm ...? – i. Ihre Träume haben sich leider nie ... . – j. Das Team hat sich um 50 Leute ... .

272. Traduisez
a. Er hat sich verlaufen. – b. Sein Sohn ist verwöhnt. – c. Der Buchführer hat sich verrechnet. – d. Sie haben sich im Nebel verirrt. – e. Ich habe ihn nicht erreichen können, weil ich mich verwählt habe. – f. Sie hat es aus Versehen getan. – g. Der Braten ist versalzen. – h. Der Pilot hat sich über dem Ozean verflogen. – i. Sie hat verschlafen. – j. Er hat sich verschrieben.

273. Traduisez.
a. Ich habe Sie missverstanden. – b. Alles, was er unternommen hatte, ist ihm misslungen. – c. Nachdem was passiert ist, misstraut sie ihm. – d. Die ganze Angelegenheit missfiel mir von Anfang an. – e. Wir haben die Ikonen leider missdeutet. – f. Man darf keinen Menschen missachten. – g. Er wurde gestraft, weil er seine Kinder misshandelt hatte. – h. Sogar sein letzter Versuch missglückte. – i. Schlechten Leuten missfallen ist kein Unglück. – j. Wer nichts tut, dem misslingt nichts.

PRÉVERBES MIXTES

durch(-) um(-) über(-) unter(-) voll(-) wider(-) wieder(-) 253

Les préverbes mixtes sont séparables ou inséparables.

durch

inséparable au sens propre : « à travers »	séparable au sens figuré : « aller jusqu'au bout »
*Die Tür war von vielen Kugeln **durch**schossen.* La porte était criblée de balles.	*Ich habe das Buch nur **durch**geblättert.* Je n'ai fait que feuilleter le livre.
*Dieses Thema **durch**zieht den ganzen Roman.* Ce thème est présent dans tout le roman.	*Sie hat den ganzen Artikel **durch**gelesen.* Elle a lu l'article de bout en bout.
*Er hat das Brett **durch**bohrt.* Il a transpercé la planche.	*Sie hat **durch**gedreht.* Elle a perdu la boule.
*Die Polizei hat alles **durch**sucht.* La police a tout fouillé.	*Fürs Ausland, wähle **durch**!* Pour l'étranger, compose directement le numéro.
*Ich habe ihn **durch**schaut.* J'ai vu clair dans son jeu.	

um

inséparable au sens propre : « autour de »	séparable au sens figuré : « (se) renverser, tuer ; changer, transformer »
• verbes transitifs	• verbes transitifs
*Lindenbäume **um**geben den Platz.* La place est bordée de tilleuls.	*Er warf den Stuhl **um**.* Il renversa la chaise.
*Sie **um**segelten die Halbinsel.* Ils contournèrent le promontoire à la voile.	*Sie wurde in ihrem Bett **um**gebracht.* Elle fut assassinée dans son lit.
*Eine kleine Mauer **um**grenzt den Garten.* Un muret délimite le jardin.	*Sie bauen ihr Haus **um**.* Ils font des transformations dans leur maison.
*Ich **um**gehe die Schwierigkeiten nicht.* Je ne contourne pas les difficultés.	*Sie hat alles **um**geändert.* Elle a tout modifié.
	• verbes intransitifs
	*Der Wagen kippt **um**.* La voiture se renverse.
	*Sie bauen **um**.* Ils font des transformations dans leur maison.
	*Wir sind in Kiel **um**gestiegen.* Nous avons changé de train à Kiel.
	*Nächsten Monat ziehen wir **um**.* Nous déménageons le mois prochain.

über

inséparable au sens propre : « au-dessus de »	séparable au sens figuré : « au-delà de »
• verbes transitifs	
*Ich habe Ihre Frage leider **über**hört.* Je n'ai malheureusement pas entendu votre question.	*Das Feuer griff schnell auf die nächsten Bäume **über**.* Le feu s'est rapidement propagé aux arbres proches.
*Sie hat den Krieg **über**lebt.* Elle a survécu à la guerre.	*Die Truppen wurden auf das andere Ufer **über**gesetzt.* Les troupes furent transportées sur l'autre rive.
*Er **über**legte nicht lange.* Il ne mit pas longtemps pour réfléchir.	*Einige Soldaten sind zum Feind **über**gelaufen.* Quelques soldats ont passé à l'ennemi.
*Sie hat das Gedicht **über**setzt.* Elle a traduit le poème.	

unter

inséparable au sens figuré	séparable au sens propre : « sous »
*Sie **unter**halten sich über Musik.* Ils parlent de musique.	*Sie hat ihre Nichte bei ihrer Firma **unter**gebracht.* Elle a casé sa nièce dans son entreprise.
*Warum haben Sie das Gespräch **unter**brochen?* Pourquoi avez-vous interrompu la conversation ?	*Der Kahn geht **unter**.* La barque coule.
*Dieser Fehler ist mir leider **unter**laufen.* J'ai malencontreusement commis cette faute.	*Die Oma ist in einem Altersheim **unter**gekommen.* La grand-mère a trouvé une place dans un hospice.
*Sie **unter**richtet in der Oberstufe.* Elle enseigne dans le second cycle.	*Er stellte sich **unter** einem Baum **unter**.* Il s'est abrité sous un arbre.

voll

inséparable au sens figuré : « accomplir, exécuter, achever »	séparable au sens propre : « remplir »
*Sie **voll**brachte ein großes Werk.* Elle a accompli une grande œuvre. *Ein Schicksal **voll**zieht sich da unter uns.* Un destin s'accomplit sous nos yeux. ***Voll**enden Sie Ihre Arbeit!* Terminez votre travail ! *Er **voll**führte treulich, was ihm geboten wurde.* Il exécuta fidèlement ce qu'on lui avait ordonné.	*Schenk mir das Glas **voll**!* Remplis mon verre !

wider

inséparable au sens figuré et dans le sens de « s'opposer à »	séparable idée de renvoi, de retour
*Ihr ist ein Unglück **wider**fahren.* Il lui est arrivé un malheur. *jemandem Gerechtigkeit **wider**fahren lassen* rendre justice à quelqu'un *Er hat mir **wider**sprochen.* Il m'a contredit. *Er **wider**setzte sich dem Befehl.* Il s'opposa à l'ordre reçu. *Charlotte **wider**setzte sich nicht.* Charlotte ne s'y opposa pas. *Das **wider**streitet unsern Freiheitsbriefen.* C'est contraire aux lettres de franchise.	*Aus dem Wald hallte das Echo **wider**.* La forêt renvoyait l'écho. *Seine rauhe Stimme schallte im leeren Raum **wider**.* Sa voix rauque résonnait dans l'espace vide. *Der tote Fluss spiegelte die Pappeln **wider**.* Les peupliers se reflétaient dans les eaux mortes du fleuve. *Ihr Charakter spiegelt sich in ihren Handlungen **wider**.* Son caractère se reflète dans sa manière d'agir.

wieder

inséparable dans un seul verbe : *wiederholen*	séparable
*Kannst du das bitte **wieder**holen?* Peux-tu répéter cela, s'il te plaît ?	*Wann sehen wir uns **wieder**?* Quand nous reverrons-nous ? *Was man **wieder**finden kann, ist nicht verloren.* Ce qu'on peut retrouver n'est pas perdu. *Was hin ist, kehrt nicht **wieder**.* Ce qui est perdu est perdu. *Hole das Buch **wieder**!* Va rechercher le livre !

À VOUS !

274. Complétez les phrases suivantes avec les verbes qui vous sont donnés.
untersuchen – durchblättern – sich umziehen – untergehen – überlaufen – durchreisen – unternehmen – durchsuchen – durchbohren – unterhalten.
a. Er hat viele Länder ... . – b. Sie ... das Buch. – c. Mit der Bohrmaschine hat sie das Brett ... . – d. Die Polizei hat das Haus .... . – e. Die kochende Milch ... . – f. Sie haben alle Urkunden sorgfältig ... . – g. Nächstes Jahr ... sie eine Reise um die Welt. – h. Die Sonne ist ... . – i. Sie haben sich lange ... . – j. Bevor sie laufen ging, hatte sie sich ... .

275. Même exercice.

übersetzen – untergehen – umgeben – unterrichten – umbringen – umkommen – unterschreiben – überreichen – durchschneiden – überreden

a. Sie ... an einem Gymnasium. – b. Alle Passagiere sind ... . – c. Der Diktator hat seine eigenen Leute ... . – d. Wer kann mir diese E-Mail ...? – e. Eine hohe Mauer ... die Residenz. – f. Die Titanic stieß mit einem Eisberg zusammen und ... . – g. Sie hat den Vertrag noch nicht ... . – h. Sie hat ihm das Geschenk ... . – i. Der Bürgermeister hat das Band mit der Schere ... . – j. Er blieb so stur, ich habe ihn nicht ... können.

PRÉVERBES SÉPARABLES

254 Sens des préverbes séparables

ab

- Voir **Prépositions avec l'accusatif ou le datif** 250
- **éloignement**

*Er fuhr sofort **ab**.* Il partit aussitôt.
*Er nahm den Hut **ab**.* Il enleva son chapeau.

- **distance**

*von hier **ab*** à partir d'ici

- **descente**

*Das Flugzeug ist **abgestürzt**.* L'avion s'est écrasé.

- **diminution, soustraction**

*Sie hat sehr **abgenommen**.* Elle a beaucoup maigri.

- **achèvement**

*Die Zeit ist **abgelaufen**.* Le délai est expiré.
*Pflanzen sterben **ab**.* Les plantes dépérissent.

an

- Voir **Prépositions avec l'accusatif ou le datif** 250
- **proximité**

*Sie hat ihre Handschuhe **an**.* Elle porte ses gants.
*Der LKW hält an der Ampel **an**.* Le camion s'arrête au feu tricolore.

- **rapprochement**

*Ich ziehe meinen Mantel **an**.* Je mets mon manteau.
*Der Zug kommt pünktlich **an**.* Le train arrive à l'heure.

- **mouvement vers le haut**

*Die Preise ziehen **an**.* Les prix augmentent.

- **aspect inchoatif** (début de l'action) (Voir Aspect 113-114)

*Der Film fängt **an**.* Le film commence.
*Der Tag bricht **an**.* Le jour se lève.
*Mach das Licht **an**!* Allume la lumière !

- **élément du groupe verbal** (ellipse du verbe)

*Das Licht ist **an**. (angemacht)* La lumière est allumée.

auf

- **placer sur**

*Stell Wasser **auf**!* Mets de l'eau à chauffer !

- **mouvement vers le haut**

*Er steht früh **auf**.* Il se lève tôt.
*Sie schrak **auf**.* Elle sursauta.

- **ouverture**

*Mach das Fenster **auf**!* Ouvre la fenêtre !
*das Bett **auf**decken* défaire le lit

- **achèvement**

*Die Mäuse fressen sich untereinander **auf**.* Les souris se dévorent entre elles.

- **sens abstrait**

*Pass **auf**!* Fais attention !

- **élément du groupe verbal** (ellipse du verbe)

*Die Sonne ist **auf**. (aufgegangen)* Le soleil est levé.
*Augen **auf**! (aufgemacht)* Ouvrez les yeux !

- **en composition**

*Sie fährt berg**auf**.* Elle monte en voiture.
*Sie läuft trepp**auf**.* Elle monte les escaliers en courant.

aus

- Voir **Prépositions avec le datif** 249
- **sortie**

***aus** der Stadt fahren* sortir de la ville
*Sie räumte die Geschirrspülmaschine **aus**.* Elle vida le lave-vaisselle.

- **achèvement**

*Morgen früh kann ich **aus**schlafen.* Demain je peux faire la grasse matinée.
*Diese adelige Familie ist **aus**gestorben.* Cette famille noble est éteinte.
*Trink dein Glas **aus**!* Vide ton verre !

- **élément du groupe verbal** (ellipse du verbe)

*Das Lied ist **aus**. (ausgesungen)* La fête est finie.
*Das Licht ist **aus**. (ausgemacht)* La lumière est éteinte.
*Das Feuer ist **aus**. (ausgelöscht)* Le feu est éteint.
*Der Wein ist **aus**. (ausgetrunken)* Il n'y a plus de vin.

- **en composition :** *heraus, hinaus*

auseinander

- **séparation**

*Sie nimmt den Motor **auseinander**.* Elle démonte le moteur.
*Unsere Wege gehen **auseinander**.* Nos chemins se séparent.

- **explication**

*Er legt den Text **auseinander**.* Il explique le texte.
*Er wird sich mit ihr **auseinander**setzen.* Il va s'expliquer avec elle.

bei

- Voir **Prépositions avec le datif** 249
- **proximité**

*Dem Brief liegt ein Geldschein **bei**.* Un billet de banque est joint à la lettre.
***bei**liegend* ci-joint
*Wir haben dem Konzert **bei**gewohnt.* Nous avons assisté au concert.

- **rapprochement**

*Er legte die Rechnung **bei**.* Il ajouta la facture.
*Ich messe dieser Sache keine Wichtigkeit **bei**.*
Je n'accorde aucune importance à cette affaire.
*Man kann ihm nichts **bei**bringen.* On ne peut rien lui apprendre.
*Sie stimmte ihm darin **bei**.* Elle était d'accord avec lui sur ce point.

dar

- **présentation, représentation**

*Du musst das Problem zuerst **dar**legen.*
Il faut qu'au préalable tu exposes le problème.

*Wer ist auf dem Gemälde **dar**gestellt?*
Qui est représenté sur ce tableau ?
*Sein Aufsatz legt **dar**, dass er verstanden hat.*
Sa dissertation montre qu'il a compris.

---

davon

• **éloignement**
*Er fuhr **davon**. Sie lief, rannte **davon**.*
Il partit en voiture. Elle s'enfuit en courant.
*Sie trug den Sieg **davon**.*
Elle remporta la victoire.
• **sens abstrait**
*Hast du der Hochzeit beigewohnt? Nein, ich habe nur die Bilder **davon**.*
As-tu assisté au mariage ? Non, j'ai juste les photos.

---

ein

• **entrer, introduire**
*Ich will alles in dieses Buch **ein**schreiben.* Je veux tout inscrire dans ce livre.
*Er ist **ein**kaufen gewesen.* Il est allé faire des courses.
• **sens affaibli**
*Der LKW holt den PKW **ein**.* Le camion rattrape la voiture.
*Er soll Nachricht über den Feind **ein**holen.*
Il doit recueillir des informations sur l'ennemi.
*Seine Hose war **ein**gelaufen.* Son pantalon avait rétréci.
*Schöne Tage schrumpfen zu Augenblicken **ein**.*
Les beaux jours se réduisent à des instants.

---

entgegen

• **« au-devant de »**
*Er ging der Gefahr **entgegen**.* Il alla au-devant du danger.
*Er kommt mir **entgegen**.* Il vient à ma rencontre. / Il va au-devant de mes désirs.
• **« contre »**
– **idée négative**
*Sie arbeitete ihm **entgegen**.* Elle lui mettait des bâtons dans les roues.
*Steht diesem Projekt etwas **entgegen**?*
Y-a-t-il quelque chose qui s'oppose à ce projet ?
– **idée positive**
*Sie brachte mir eine gute Nachricht **entgegen**.*
Elle vint à ma rencontre m'apporter une bonne nouvelle.

---

fort

• **éloignement**
*Sie eilte **fort**.* Elle a filé.
*Mach, dass du **fort**kommst!* Tu as intérêt à déguerpir !
• **continuation, prolongation**
*Die Armut entwickelt sich **fort**.* La pauvreté se développe.
*Das Unwetter dauert **fort**.* La tempête continue.
*Er fuhr in seiner Rede **fort**.* Il reprit son discours.

---

her

• **rapprochement**
*Kommen Sie mal **her**!* Venez donc par ici !
*Bring das **her**!* Apporte-moi ça !
• **simultanéité de deux actions**
*Er lief hinter seinem Pferd **her**.* Il courut après son cheval.
*Er ging neben dem Minister **her**.* Il marchait à côté du ministre.
• **sens affaibli**
*Wo werden diese Wagen **her**gestellt?* Où fabrique-t-on ces voitures ?
*Das Kaninchen lief hin und **her**.* Le lapin courait dans tous les sens.
*Hier geht's lustig **her**!* On s'amuse bien ici.

hin	• **éloignement** *Sie fährt **hin**.* Elle y va. *Ich fahre **hin** und zurück.* Je fais l'aller-retour. • **élément du groupe verbal** – **espace** *Ich muss unbedingt **hin**.* Il faut absolument que j'y aille. – **temps** *Der Sommer ist **hin**. [vorbei]* L'été est passé. *Meine Ruhe ist **hin**.* Mon repos s'en est allé.
los	• **détachement** *Bei ihnen ist der Teufel immer **los**.* Chez eux le diable est toujours déchaîné. *Man ließ die Hunde **los**.* On lâcha les chiens.
mit	• Voir **Prépositions avec le datif** 249 • **accompagnement, participation** ***mit**gegangen, **mit**gefangen, **mit**gehangen* partis ensemble, arrêtés ensemble, pendus ensemble *Willst du **mit**essen?* Tu veux manger avec nous ? *Ich kann schon **mit**empfinden, was sie leidet.* Je peux imaginer combien elle souffre. *Sie singt immer gern **mit**.* Elle aime toujours se joindre à nous pour chanter. *Er will immer **mit**machen.* Il veut toujours être de la partie. *Nimmst du mich **mit** ins Kino?* Tu m'emmènes au cinéma ? • **sens abstrait** *Hast du das **mit**bekommen?* Est-ce que tu as compris cela ? *Was hat sie nicht alles **mit**erlebt!* Elle en a vu des choses dans sa vie ! • **élément du groupe verbal** *Er will auch **mit**.* Il veut venir aussi. *Er war **mit** dabei.* Il en était aussi.
nach	• **suivre, venir après (espace)** *Wem läufst du denn so **nach**?* Après qui cours-tu donc ainsi ? *Sie jagt dem Geld **nach**.* Elle court après l'argent. • **après (temps)** *Ich schicke / sende dir deine Post **nach**.* Je te fais suivre ton courrier. *Diese Uhr geht **nach**.* Cette montre retarde. • **sens abstrait : imitation** *Die Schüler äffen ihre Lehrerin **nach**.* Les élèves singent leur institutrice. *Er hat meine Unterschrift **nach**gemacht.* Il a imité ma signature.
nieder	• **mouvement vers le bas** *Der Offizier legt seine Waffe **nieder**.* L'officier dépose son arme. • **abattre** *Sie haben die Mauer **nieder**gerissen.* Ils ont abattu le mur.
vor	• **devant, à l'avance** *Darf ich mich **vor**stellen?* Puis-je me présenter ? *Er hatte alles **vor**gesehen.* Il avait tout prévu.
statt	• **dans deux verbes** *Morgen findet im Rathaus eine Sitzung **statt**.* Demain a lieu une réunion à l'hôtel de ville. *Er wollte ihrer Bitte nicht **statt**geben.* Il ne voulait pas donner suite à sa demande.
weg	• **éloignement** *Wer **weg**geht, verliert seinen Platz.* Qui va à la chasse perd sa place.

• **perte, disparition**
*Was man **weggibt**, das ist man los.* Ce que l'on donne, on en est débarrassé.
• **élément du groupe verbal**
*Sie ist von zu Hause **weg**.* Elle est partie de chez elle.
*Wenn der Mut **weg** ist, taugt der Mann nichts.*
Quand il a perdu courage, l'homme ne vaut plus rien.
*Die Finger **weg** vom Geld!* Touche pas au grisbi !
*Er ist ganz **weg**.* Il est très enthousiaste.

zu

• **direction : « vers »**
*Die Hunde liefen auf sie **zu**.* Les chiens coururent vers elle.
*Der Fluss strömt dem Ozean **zu**.* Le fleuve coule vers l'océan.
• **fermeture**
*Dreh den Hahn **zu**!* Ferme le robinet !
*Binde den Sack **zu**!* Ferme le sac !
• **augmentation**
*Der Schatten des Mondes nimmt **zu**.* L'ombre de la lune augmente.
• **sens abstrait**
*Ich gebe **zu**, dass du Recht hast.* Je reconnais que tu as raison.
*Er misst diesem Vorfall keine Bedeutung **zu**.*
Il n'accorde aucune importance à cet incident.
• **élément du groupe verbal**
*Um diese Zeit sind die Geschäfte **zu**.*
À cette heure-ci les magasins sont fermés.
*Augen **zu**!* Fermez les yeux !

zurecht

• **arranger, rectifier, mettre en ordre**
*Ich richtete das, was ich brauchte, **zurecht**.*
J'arrangeais ce dont j'avais besoin.
*Ich schob die Mütze **zurecht**.*
Je remis ma casquette en place.
*Wir müssen sehen, wie wir miteinander **zurecht**kommen.*
Il faut voir comment nous pourrons nous arranger.

zurück

• **retour (espace)**
*Sie kann nicht zu ihm **zurück**kehren.* Elle ne peut pas retourner chez lui.
*Sie blieb etwas **zurück**.* Elle resta un peu en arrière.
• **retour (temps)**
*Nach einer Weile kam ihm das Bewusstsein **zurück**.*
Au bout d'un moment, il recouvra ses esprits.
*Die Zeit läuft nicht **zurück**.* On ne peut remonter le temps.
• **sens abstrait**
*Das blieb mir noch **zurück**.* C'est ce qui me restait.
*Nimm dein Geld **zurück**!* Reprends ton argent !

zusammen

• **avec**
*alles **zusammen** genommen* tout bien considéré
*Sie legte die Handtücher schön **zusammen**.*
Elle plia soigneusement les serviettes.
*Am Ende seiner Rede fasste er sie **zusammen**.*
À la fin de son discours, il en fit un résumé.

zuwider

• **contrairement à**
*Sie handelte dem Gesetz **zuwider**.* Elle a agi contrairement à la loi.
*Das war ihrer spröden Natur **zuwider**.* C'était contraire à sa pudeur naturelle.
*Die rote Farbe ist den Tieren **zuwider**.* Les animaux n'aiment pas la couleur rouge.

À VOUS !

276. Complétez avec un préverbe séparable.
ab-, an-, bei-, ein-, fort-, heim-, hin-, mit-, los-, zu-
a. Um wie viel Uhr kommt der Zug aus Bremen ... ? – b. Sie reist morgen früh nach Hamburg ... . – c. Nach zwei Tagen Aufenthalt setzt sie jetzt ihre Reise ... . – d. Gib endlich mal ..., dass du dich geirrt hast! – e. Sie langweilt sich im Ausland; sie will ...fahren. – f. Wo soll ich diese Vase ...stellen? – g. Ich habe Ihnen etwas Wichtiges ...zuteilen. – h. Der arme Hund war den ganzen Tag an der Kette; mach ihn endlich mal ... ! – i. Wir laden die Meyers zum Abendessen ... . – j. Sie brauchen keine Angst zu haben: ich stehe Ihnen ... .

277. *stellen* et ses composés. Complétez les phrases suivantes avec les préverbes donnés.
ab-, an-, auf-, aus-, dar-, ein-, her-, vor-, zurück-, zusammen-
a. Alle Waren sind im Schaufenster ...gestellt. – b. Er hat die umgeworfenen Kegel wieder ...gestellt. – c. Er wurde als Lehrer ...gestellt. – d. Der Maler hat diese Landschaft wunderbar ...gestellt. – e. Die Sendung ist zu Ende; kannst du den Fernseher ...stellen? – f. Darf ich Ihnen meinen Mann ...stellen? – g. Arbeitskräfte wurden ...gestellt. – h. Warum hast du die Uhr ...gestellt? – i. Sie hat eine einmalige Sammlung ...gestellt. – j. Dieser Computer wurde in Japan ...gestellt.

278. *nehmen* et ses composés. Complétez les phrases suivantes avec les préverbes donnés.
ab-, an-, auf-, ein-, mit-, vor-, weg-, zu-, zurück-, zusammen-
a. Alle Staaten in der Welt nehmen Steuern ... . – b. Du musst deine ganze Kraft ...nehmen! – c. Dieser schwere Vorhang nimmt viel zu viel Licht ... . – d. Das Tischtuch ist schmutzig. Kannst du es ...nehmen? – e. Sie nimmt ihren Computer immer auf ihre Reisen ... . – f. Was hast du dir für heute ...genommen? – g. Nach einer Woche Urlaub hat sie die Arbeit wieder ...genommen. – h. Waren aus dem Schlussverkauf werden nicht ...genommen! – i. Er wird immer dicker. Er hat schon wieder 5 Kilo ...genommen. – j. Er hat das Trinkgeld mit einem Lächeln ...genommen.

279. Complétez les phrases suivantes avec les verbes donnés.
blasen – gehen – halten – heben – legen – lösen – machen – passen – reißen – stehen
a. Es ist warm hier; kannst du das Fenster auf... ? – b. Sie ... die Tablette in Wasser auf. – c. Er ... den Ball auf. – d. Sie ... die Luftmatratze mit dem Mund auf. – e. Die Sonne ... im Osten auf. – f. Er ist so müde, dass er die Augen kaum noch auf... kann. – g. Er möchte eine neue Schallplatte auf... . – h. Im Unterricht muss man immer auf...! – i. Mach die Wagentür langsam auf, anstatt sie aufzu...! – j. Um wie viel Uhr ... du gewöhnlich auf?

280. . Complétez les phrases suivantes avec les verbes donnés.
gehen – halten – hängen – klammern – machen – nutzen – packen – schlafen – sprechen – ziehen
a. Wie ... man "Colonel" auf Englisch aus? – b. Wir wollen dieses Thema heute nicht besprechen; wir ... es besser aus. – c. Wenn du die Tür anstreichen willst, dann ... sie vorher aus. – d. Kommen Sie herein und ... Sie Ihren Mantel aus! – e. Es ist viel zu warm in diesem Raum. Ich ... es hier nicht länger aus. – f. Es ist nun hell genug; du kannst das Licht aus... . – g. An deiner Stelle würde ich diese günstige Gelegenheit aus... . – h. Kaum war sie angekommen, ... sie schon ihre Koffer aus. – i. Morgen arbeite ich nicht; da kann ich endlich mal aus... . – j. Mit wem ... du heute Abend aus?

PRONOMINAUX (VERBES)

255 Les verbes et locutions pronominales français

1. Les verbes pronominaux français correspondant à des verbes non pronominaux allemands

s'arranger	*aus-kommen*	**s'**entendre avec tout le monde *mit allen Menschen **auskommen***
se composer de	*bestehen aus*	La RFA **se** compose de 16 Länder. *Die BRD **besteht aus** 16 Ländern.*
	zerfallen	Le poème **se** compose de deux parties. *Das Gedicht **zerfällt** in zwei Teile.*
se contenter de	*vorlieb-nehmen*	Il **se** contente de peu. *Er **nimmt** mit wenig **vorlieb.***
se défier	*misstrauen*	Le nouveau **se** défiait de ses camarades. *Der neue Schüler **misstraute** seinen Kameraden.*
s'écarter	*ab-weichen*	**s'**écarter du droit chemin *vom geraden Weg **abweichen***
s'écarter de	*ab-kommen*	L'avion **s'**est détourné de son cours. *Das Flugzeug **kam** von seinem Kurs **ab.***
s'élancer vers	*drängen*	**s'**élancer vers l'est *nach dem Osten **drängen***
se fier à	*trauen*	On peut **se** fier à lui. *Man kann ihm **trauen.***
se fonder sur	*gründen*	Sa vie **se** fonde sur des idées étranges. *Ihr Leben **gründet** auf seltsame[n] Auffassungen.*
se jeter dans	*münden*	Le fleuve **se** jette dans l'océan. *Der Fluss **mündet** in das Meer.*
se lamenter	*jammern*	Elle **se** lamentait sur le sort de son frère. *Sie **jammerte** um ihren Bruder.*
se passer	*geschehen*	Que **s'**est-il passé ? *Was ist **geschehen?***
se moquer de	*lachen über*	Ils **se** moquèrent de leur patron. *Sie **lachten über** ihren Chef.*
se plaindre de	*klagen über*	Elle **se** plaint de la nourriture. *Sie **klagt** über das Essen.*
se porter garant de	*haften*	Qui **se** porte garant pour toi ? *Wer **haftet** für dich?*
se précipiter	*nach-stürmen*	Il **se** précipita à sa poursuite. *Er **stürmte** ihr nach.*
se terminer par	*enden*	La discussion **s'**est terminée par une dispute. *Die Diskussion **endete** mit einem Streit.*
s'étonner de	*staunen über*	Je **m'**étonne du résultat. *Ich **staune** über das Ergebnis.*
se vanter de	*prahlen*	Il **se** vante de ses ancêtres. *Er **prahlt** mit seinen Ahnen.*

2. Les locutions pronominales françaises correspondant à des locutions non pronominales allemandes

ins Stottern geraten **se mettre à** bégayer
in die Saiten, in die Tasten greifen **se mettre à jouer** (un instrument de musique)
anfangen zu kochen **se mettre en** ébullition

Les verbes pronominaux allemands

256

Verbes pronominaux allemands correspondant à des verbes non pronominaux français

sich absprechen	discuter avec	*Ich muss **mich** mit dem Direktor absprechen.* Il faut que je discute avec le directeur.
sich bedanken	remercier	*Er bedankte **sich** für das Geschenk.* Il a exprimé ses remerciements pour le cadeau.
sich bemühen	prendre soin de	*Der Arzt bemüht **sich** um den Verletzten.* Le médecin s'occupe du blessé.
sich beteiligen	participer à	***Sich** an einem Wettbewerb beteiligen.* Participer à un concours.
sich bewerben	être candidat à	*Er bewarb **sich** um diese Stelle.* Il a posé sa candidature à ce poste.
sich eignen	convenir	*Das eignet **sich** nicht für Mädchen.* Cela ne convient pas aux jeunes filles.
sich entsetzen	être épouvanté par	*Sie entsetzten **sich** bei diesem Anblick.* Ils furent épouvantés en voyant cela.
sich erbarmen	avoir pitié de	*Er erbarmte **sich** des armen Schülers.* Il prit le pauvre élève en pitié.
sich ergeben	résulter	*Aus dem Bericht ergibt **sich**, dass...* Il ressort du rapport que...
sich ergötzen	prendre plaisir à	*Sie ergötzte **sich** an seiner Schüchternheit.* Sa timidité l'amusait.
sich erstrecken	concerner	*Die Maßnahme erstreckt **sich** auf alle.* Cette mesure concerne tout le monde.
sich fürchten	redouter	*Du brauchst **dich** vor ihm nicht zu fürchten.* Tu n'as pas besoin d'avoir peur de lui.
sich getrösten	attendre	*Sie getröstete **sich** eines Besseren.* Elle attendait une amélioration de son sort.
sich schämen	avoir honte	*Warum schämst du **dich** deiner Worte?* Pourquoi as-tu honte de ce que tu as dit ?
sich scheuen	avoir peur de	*Scheust du **dich** vor deinem Vorgesetzten?* As-tu peur de ton supérieur hiérarchique ?
sich sehnen	avoir la nostalgie de	*Er sehnt **sich** nach seiner Geliebten.* Sa bien-aimée lui manque beaucoup.

sich stören	être offusqué par	*Ich störe **mich** an ihr.* Elle m'offusque.
sich um-sehen	chercher	*Sie sieht **sich** nach einer Stelle um.* Elle recherche un emploi.
sich verabreden	donner rendez-vous	*Wir haben **uns** mit ihm verabredet.* Nous lui avons donné rendez-vous.
sich vorsehen	faire attention à	*Er sieht **sich** vor ihr vor.* Il est sur ses gardes face à elle.

QUANTIFICATEURS

257 Les différentes natures des quantificateurs

- Les quantificateurs sont des mots qui expriment des quantités **globales** (tout, rien, chaque...) ou **partielles** (quelques-uns, plusieurs...)

→ déterminatifs : ***manches** interessante Buch* maint livre intéressant

→ adjectifs : *das **viele** Geld = das große Geld* la grande quantité d'argent

→ adverbes : ***viel** arbeiten* beaucoup travailler

→ quasi-noms : ***Viele** waren krank.* Beaucoup étaient malades.

→ pronoms : *Ausländer? Ja, ich habe **einige** gesehen.* Des étrangers ? Oui, j'en ai vu quelques-uns.

- Classement des quantificateurs :

→ certains sont uniquement quasi-noms : ***niemand, jedermann ; nichts, etwas.***

Voir Quasi-noms 46-50

→ certains sont uniquement adjectifs : ***einzeln, einzig, ganz, übrig***.

Voir Adjectifs désignatifs 23

→ 5 adjectifs peuvent être adverbes et adjoints : ***halb, völlig, total, gänzlich, vielfach***.

Voir Adjectifs 91-103

→ certains ont deux ou trois natures : déterminatif, adjectif, et/ou quasi-noms et/ou pronom :

déterminatifs	adjectifs	adverbes	quasi-noms	pronoms	
			quantificateurs globaux		
ein/kein			*einer/keiner*		Voir **157**
beide	*die beiden Hände*			*beide, die beiden*	Voir **127**
jeder	*ein jeder Kopf*		*ein jeder*	*jeder*	Voir **207**
sämtlich-	*das sämtliche Vieh*			*sämtlich* (invariable)	Voir **260**
	das gesamte Werk			*gesamt* (invariable)	
all-	*all die*		*alles, alle*	*alles, alle*	Voir **106**
			quantificateurs partiels		
	ein paar/ die paar Fehler			*ein paar* (invariable)	Voir **236**
manch- (singulier)	*manche alte Leute* (pluriel)		*manche[r]*	*manch-*	Voir **216**
	das wenige Geld	*wenig*	*wenig*	*wenig-*	Voir **277**
	etlich-		*etliches*	*etliche*	Voir **165**
	einig-		*einiges* (singulier)	*einige*	Voir **158**
	mehrer-		*mehreres* (singulier)	*mehrere* (pluriel)	Voir **218**
	das viele Geld	*viel*	*viel* (singulier)	*viel-*	Voir **272**
	die meiste Zeit	*meist, meistens*	*das meiste, die meisten*	*das meiste, die meisten*	Voir **219**

→ À l'exception de ***gesamt***, doublet de ***sämtlich***, les quantificateurs globaux sont tous des déterminatifs : l'adjectif qui suit est **faible**.

keine alten *Bücher* pas de vieux livres ***beide alten*** *Bücher* les deux vieux livres ***sämtliche alten*** *Bücher* tous les vieux livres ***alle alten*** *Bücher* tous les vieux livres

→ À l'exception de ***manch***, qui est un mutant, les quantificateurs partiels ne peuvent pas être déterminatifs : l'adjectif qui suit est **fort**.

ein paar *alte Bücher* quelques vieux livres ***manche*** *alte Bücher* maints vieux livres ***wenige*** *alte Bücher* peu de vieux livres ***etliche*** *alte Bücher* quelques vieux livres ***mehrere*** *alte Bücher* plusieurs vieux livres ***viele*** *alte Bücher* beaucoup de vieux livres ***die meisten*** *alte Bücher* la plupart des vieux livres

Voir Déclinaison du groupe nominal **43-45**
Voir Mutants **230**

À VOUS !

281. Traduisez.

a. Elle a beaucoup travaillé. – b. As-tu un peu de temps pour moi ? – c. Depuis quelques jours il ne répond plus au téléphone. – d. Il a été opéré aux deux pieds. – e. Je pense chaque jour à elle. – f. Mes amis étaient tous venus. – g. Qu'as-tu fait pendant tout ce temps ? – h. Je n'ai plus d'argent. – i. Le peu de fuel qui me reste ne suffit pas pour l'hiver. – j. Elle a dû apprendre de nombreuses phrases par cœur.

282. Complétez les phrases suivantes.

a. Ich habe einig... schön... Tage in Bayern verbracht. – b. Alle neu... Schüler müssen sich melden. – c. Ich fahre sie beid... zum Flughafen. – d. Sie haben mehrer... ausländisch... Gäste eingeladen. – e. Sämtlich... Beamt... haben gestern gestreikt. – f. Alle neugeboren... Kinder sind niedlich. – g. Diese Firma zählt nur noch wenig... Angestellt... . – h. Man kann heutzutage viel... gut... Zeitschriften finden. – i. Jedes neu... Mitglied muss unterschreiben! – j. Sie hat die paar dumm... Druckfehler korrigiert.

QUE

258 Traduction de « que »

1. « que » est une conjonction de subordination

dass :

*Ich weiß, **dass** du bleiben willst.* Je sais **que** tu veux rester.

ob... ob... :

***Ob** du gehst oder **ob** du bleibst, für mich kommt es aufs Gleiche hinaus.*
Que tu restes ou **que** tu partes, pour moi, c'est pareil.

2. « que » est un pronom relatif : *den, die, das ; was*

L'antécédent est un nom :

*Der Computer, **den** sie gekauft hat, ist fabelhaft.*
L'ordinateur **qu'**elle vient d'acheter est fabuleux.

L'antécédent est un quasi-nom :

*Niemand, **den** ich kenne, würde diesen Vertrag unterzeichnen.*
Aucune personne de ma connaissance n'accepterait ce contrat.

*Etwas, **was** ich noch nie gesehen habe.* Quelque chose **que** je n'ai jamais vu.
*Das, **was** du sagst, ist mir neu.* Ce **que** tu me dis est nouveau pour moi.
= *Was du sagst ist mir neu.*

Attention !
• *das* peut remplacer *was* :
*Er hat nichts gesagt, **was** ich nicht schon kannte.*
Il n'a rien dit que je ne connaissais déjà.
• de même :
*dasjenige, **was** – dasselbe, **was** – einiges, **was** – vieles, **was** – weniges, **was** – manches, **was** – sonstiges, **was** – allerlei, **was** – Folgendes, **was***

3. « que » est un pronom interrogatif : *was?*

Was willst du von mir? **Que** me veux-tu ?
Was hat er dir versprochen? **Que** t'a-t-il promis ?

4. « que » est un support de l'exclamation : *wie*

Wie alt das ist! **Que** c'est vieux !

5. « que » est un support de la comparaison : *als, wie*

*Sie ist größer **als** er.* Elle est plus grande **que** lui.
*Sie ist größer, **als** ich dachte.* Elle est plus grande **que** je pensais.
*Sie ist so groß **wie** er.* Elle est aussi grande **que** lui.

RELATEURS

Les relateurs de la coordination et de la subordination 259

On distingue :

- Les relateurs de la coordination : conjonctions de coordination ou **« conjonctions »**
- Les relateurs de la subordination : { conjonctions de subordination ou **« subjoncteurs »** ; **prépositions** }

1. Les relateurs de la coordination (« conjonctions de coordination »)

- Les conjonctions sont des relateurs qui relient des éléments de même fonction, mais pas forcément de même nature :

*Er ist sehr jung **und** blass **und** früh verstorben.* Il est très jeune et pâle et tôt disparu.

- Les relateurs peuvent être simples ou composés :

und et *oder* ou *aber* mais
weder... noch ; oder aber ni... ni ; ou encore

2. Les relateurs de la subordination (« conjonctions de subordination » ou « subjoncteurs ») et prépositions

prépositions		**subjoncteurs**	
außer	hors de, sauf	*außer* + verbe en 2e position	sauf que
		außer dass	sauf, hormis que
		außer wenn	à moins que
bis	jusqu'à	*bis*	jusqu'à ce que
in	dans	*indem*	pendant que
		indessen	pendant que
ohne	sans	*ohne dass*	sans que
nach	après	*nachdem*	après que
seit	depuis	*seit[dem]*	depuis que
vor	avant	*bevor*	avant que

[an-]statt	au lieu de	*[an-]statt dass*	au lieu de
		[an-]statt zu	au lieu de
trotz	malgré	*trotzdem*	malgré que[1]
während	pendant	*während*	pendant que[2]

1. ***trotzdem***, subjoncteur, est familier :
*Sie arbeitet, **trozdem** sie krank ist.* Elle travaille, **malgré** qu'elle soit malade.

2. ***während*** est primitivement le participe 1 du verbe ***währen*** durer.
Sa traduction exacte est : « durant ».

SÄMTLICH - TOUT

260 Les différentes natures de *sämtlich*

C'est un quantificateur global qui peut être à la fois déterminatif, adjectif et pronom.

1. *sämtlich* est un déterminatif

Au singulier :

***sämtliches** neue Material* tout le matériel nouveau

Au pluriel :

***sämtliche** deutschen Bücher* tous les livres allemands
***sämtliche** Gefangenen* tous les prisonniers

2. *sämtlich* est un adjectif

Au singulier :

*das **sämtliche** Vieh* tout le bétail
*die Dame mit ihrer **sämtlichen** Begleitung* la dame avec toute sa suite

Au pluriel :

*die **sämtlichen** Mitglieder der Akademie* tous les membres de l'académie
*die Übersetzung der **sämtlichen** Werke* la traduction des œuvres complètes
*seine **sämtlichen** Neffen* tous ses neveux

Attention !
• **Au génitif pluriel**, quand ***sämtlich*** n'est pas précédé d'un déterminatif, il peut fonctionner comme un **adjectif fort**.
*angesichts **sämtlicher** deutscher Offiziere* en présence de tous les officiers allemands
*die Kleidung **sämtlicher** Gefangener* les vêtements de tous les prisonniers

3. *sämtlich* est un pronom

Au pluriel (invariable) :

*Die Verwandten waren **sämtlich** da.* Les parents étaient tous là.

Voir Déclinaison du groupe nominal 43-45
Voir Quantificateurs 257

SANS

Traduction de « sans » 261

1. Traduction de « sans » suivi d'un groupe nominal

On emploie ***ohne*** + accusatif :
*Er ist **ohne** seine Frau gekommen.* Il est venu **sans** sa femme.
*Im Winter geht er immer **ohne** Handschuhe spazieren.*
En hiver il se promène toujours **sans** gants.

2. Traduction d'adjectifs exprimant la privation

On emploie le suffixe ***–los*** :
*ein arbeits**loser** Schreiner* un menuisier **sans** travail
*eine obdach**lose** Familie* une famille **sans** toit
*schlaf**lose** Nächte* des nuits **sans** sommeil
*ein wolken**loser** Himmel* un ciel **sans** nuage
*ein humor**loser** Mensch* un individu **sans** humour

3. Traduction de « sans » suivi d'un verbe à l'infinitif

On emploie ***ohne*** + groupe prépositionnel avec ***zu*** :
*Er nahm das Geld an, **ohne** ihr **zu** danken.* Il accepta l'argent **sans** la remercier.
*Sie ist gekommen, **ohne** vorher angerufen **zu** haben.* Elle est venue **sans** avoir téléphoné.

4. Traduction de « sans que » suivi d'un verbe au subjonctif

On emploie ***ohne*** + groupe conjonctionnel avec ***dass*** suivi d'un verbe à l'indicatif :
*Er ist ins Ausland gereist, **ohne dass** seine Frau etwas davon wusste.*
Il est parti à l'étranger **sans que** sa femme le sache.

SEMI-AUXILIAIRES

bekommen, brauchen, bringen, lassen 262

À côté des auxiliaires bien identifiés *(sein, haben, werden)* et des « auxiliaires de modalité » *(können, dürfen, mögen, wollen, müssen, sollen)*, il existe un certain nombre de verbes qui ont acquis des emplois proches de ceux des auxiliaires.
Il s'agit essentiellement de :
bekommen, brauchen, bringen, lassen.

Voir *bekommen* 128
Voir *brauchen* 132
Voir *bringen* 133
Voir *lassen* 210
Voir faire 168

SEUL

263 Traduction de « seul »

1. « seul » signifie « isolé »

On emploie ***allein***

*Sie kam **allein**.* Elle est venue **seule**.

*Er steht **allein**.* Il est **seul.**

*eine **allein stehende** Frau* une femme **seule**

*Der Direktor **allein** kennt die Antwort.* Le directeur est **seul** à le savoir.

***Allein** der Direktor kennt die Antwort.*

2. « seul » signifie « unique »

On emploie ***einzig***

***Ein einziger** Kandidat hat die richtige Antwort gefunden.* **Un seul** candidat a trouvé la bonne réponse.

*Er ist **der Einzige**, der das verstehen kann.* Il est **le seul** qui comprenne.

*Wir waren **die Einzigen**, die gekommen waren.* Nous étions **les seuls** à être venus.

*Es ist **das einzig** Wichtige.* C'est **la seule chose** qui importe.

3. « seul » signifie « solitaire »

On emploie ***einsam***

*Er führt ein **einsames** und zurückgezogenes Leben.* Il vit **seul** et retiré du monde.

*Er fühlt sich **einsam**.* Il se sent **seul.**

4. Traduction de « un seul »

*Ich kenne nur **einen**, der uns noch helfen kann.*
Je n'en connais qu'un seul qui puisse encore nous aider.

SI

264 Traduction de « si »

1. Traduction du mot-phrase « Si ! »

On emploie ***Doch!***

"Möchten Sie nicht etwas trinken?" – Vous ne voulez pas boire quelque chose ?

"Doch!" – **Si !**

2. Traduction de « si » graduatif

On emploie ***so*** devant un adjectif ou un adverbe :

*Bitte, sprechen Sie nicht **so** laut!* S'il vous plaît, ne parlez pas **si** fort !

*Der Kleine ist **so** süß!* Le petit est **si** mignon !

3. « si » est une conjonction de subordination

« si » dans l'expression du souhait :

***Wenn** ich doch nur studiert hätte !* Si seulement j'avais fait des études !
***Hätte** ich doch nur studiert !*

« si » dans l'expression de l'hypothèse :

On emploie ***Wenn*** ou **une phrase avec le verbe en 1re position V1** (voir 76/199) :
***Wenn** du nach Paris fährst, kannst du den Eiffelturm besichtigen.*
= Fährst du nach Paris...
Si tu vas à Paris, tu pourras visiter la Tour Eiffel.

« si » dans l'expression de la condition :

On emploie ***Wenn*** ou **une phrase avec le verbe en 1re position [V1]** (voir 76/146-147) :
***Wenn** du den Eiffelturm besichtigen willst, musst du nach Paris kommen.*
Si tu veux visiter la Tour Eiffel, tu dois venir à Paris.

« si » dans l'interrogation indirecte :

On emploie ***ob*** (Voir 153) :
*Ich weiß nicht, **ob** Sie das verstanden haben.* Je ne sais pas **si** vous avez compris cela.

« si » dans l'expression de la conséquence :

On emploie ***so ... dass*** (Voir 148) :
*Er ist **so** müde, **dass** er nicht einmal aufstehen kann.* Il est **si** fatigué **qu'il** ne peut même pas se lever.

« si » dans l'expression de la concession :

On emploie ***so ... auch*** (Voir 143-145) :
*So reich sie auch sein mag, sie **kann** sich diese Wohnung nicht leisten.*
Si riche qu'elle soit, elle ne peut pas se payer cet appartement.

SIMULTANÉITÉ

L'expression de la simultanéité

265

1. L'expression de la simultanéité par des groupes prépositionnels introduits par *bei, in, mit, über, unter, während, wobei*

bei	***bei** Tag und Nacht*	de jour et de nuit
	***bei** Sonnenaufgang*	au lever du soleil
	***bei** Sonnenuntergang*	au coucher du soleil
	***bei** Sonnenfinsternis*	lors de l'éclipse de soleil
	***bei** Nacht und Nebel*	à la faveur de la nuit
	***bei** der Arbeit sein*	être au travail
	***bei** Kaffee und Kuchen*	en buvant une tasse de café et en mangeant un morceau de gâteau
	***bei** der Ankunft des Zuges*	au moment où le train arrive
	***Bei** Sonnenschein gehe ich spazieren.*	Par beau temps je vais me promener.
in	***in** demselben Augenblick*	au même moment
mit	***mit** dem Schlag zwölf*	quand minuit sonna
	***mit** zwölf Jahren*	à l'âge de douze ans
	***Mit** der Zeit wurde er vernünftig.*	Il a fini par devenir raisonnable.

über	***Über*** *dem Lesen ist er eingeschlafen.*	Il s'est endormi en lisant.
unter	***unter*** *diesen Umständen* ***unter*** *dem Beifall der Zuschauer* ***unter*** *Tränen*	dans ces circonstances sous les applaudissements des spectateurs en pleurant
während	***während*** *des Krieges*	pendant la guerre

2. L'expression de la simultanéité par des groupes prépositionnels pronominaux

__in__dessen, __in__zwischen, __unter__dessen pendant ce temps
__während__dem, __während__dessen pendant ce temps
Deck den Tisch; __währenddessen__ werde ich etwas kochen.
Mets la table ; pendant ce temps je prépare quelque chose à manger.

Er reichte mir die Hand, __wobei__ er vermied mich anzusehen.
Il me tendit la main en évitant de me regarder. (Voir en, 159)

3. L'expression de la simultanéité par des groupes conjonctionnels

Während *du das Geschirr spülst, räume ich auf.* Je range pendant que tu fais la vaisselle.
Solange *er hier war, sprach er nur Deutsch.* Tant qu'il était ici, il ne parlait qu'allemand.

Wie *er an ihrem Haus vorbeiging, sah er sie plötzlich am Fenster.*
Comme il passait devant sa maison, il la vit soudain à la fenêtre. (Voir *wie*, 279)

Ich war beim Lesen, __als__ jemand an der Tür klopfte. J'étais en train de lire quand on frappa à la porte.
Er ist immer froh, __wenn__ er zu mir kommt. Il est toujours content quand il vient chez moi.

4. L'expression de la simultanéité par la conjonction de coordination *und (dabei)*

Er liest __und__ raucht __(dabei)__ eine Zigarre. Il lit en fumant un cigare.

SOLLEN

266 Devoir

1. Conjugaison de *sollen*

sollen est un verbe faible régulier.

L'indicatif

formes simples		formes composées	
présent	**prétérit**	**parfait**	**plus-que-parfait**
ich soll *du soll__st__* *er soll* *wir soll__en__* *ihr soll__t__* *sie soll__en__*	*ich soll__te__* *du soll__test__* *er soll__te__* *wir soll__ten__* *ihr soll__tet__* *sie soll__ten__*	*ich habe (zahlen) sollen*	*ich hatte (zahlen) sollen*

Le subjonctif

formes simples		formes composées	
subjonctif 1	**subjonctif 2**	**parfait**	**plus-que-parfait**
ich solle *du sollest* *er solle* *wir sollen* *ihr sollet* *sie sollen*	*ich sollte* *du solltest* *er sollte* *wir sollten* *ihr solltet* *sie sollten*	*ich habe (zahlen) sollen*	*ich hätte (zahlen) sollen*

Voir 58/224-225

2. Sens de *sollen*

Sens de *sollen* employé seul :

*Du kannst, also **sollst** du.* Tu peux, donc tu dois.

Sens de *sollen* employé avec un complément :

*Was **soll** das? (heißen?)* Qu'est-ce que cela signifie ? (nuance de reproche)
*Was **sollen** diese Tränen (bedeuten)?* Que signifient ces larmes ?
*Tu, was du **sollst**, und lass die Leute reden.* Fais ce que tu dois, sans t'occuper de l'opinion d'autrui.

Sens de *sollen* employé avec un infinitif :

→ expression de la modalité : sens propre : « devoir, contrainte venant d'autrui »
*Sie **soll** ihre Schulden zahlen.* Elle doit payer ses dettes.
*Er **soll** mit dem Gejammer aufhören!* Je veux qu'il cesse ces jérémiades !
*Sie **soll** hier bleiben!* Je veux qu'elle reste ici !

→ expression de la modalisation : sens figuré : le locuteur n'est pas certain de ce qu'il dit
*Es **soll** in diesem Schloss spuken.* On dit qu'il y a des revenants dans ce château.
*Sie **soll** sehr reich sein.* On prétend qu'elle est très riche.
*Sie **soll** gestern die Stadt verlassen haben.* On dit qu'elle a quitté la ville hier.

SOUHAIT / REGRET

L'expression du souhait et du regret 267

1. Les moyens d'expression du souhait

Un mot invariable :

***Hoffentlich** hat er den Brief frankiert!* J'espère qu'il a affranchi la lettre !
*Glück **auf**!* Bonne chance ! (salut aux mineurs)
*Glück **ab**!* Bonne chance ! (salut aux aviateurs)

Un groupe conjonctionnel introduit par ***wenn*** ; le verbe est à l'indicatif :

***Wenn** nur nichts dazwischen kommt!* Pourvu qu'il n'y ait pas de contretemps !

Une phrase au subjonctif 1 :

*Gott **sei** Dank!* Dieu soit loué ! *(Thank God!)*
*Gott **segne** dich!* Dieu te bénisse ! *(God bless you!)*
*Es **lebe** die Freiheit!* Vive la liberté ! *(Long live liberty!)*

- Une phrase avec *mögen* :

Möge sie glücklich sein! Puisse-t-elle être heureuse ! *(May she be happy!)*
Ich wünsche, dass sie kommen möge. Je souhaite qu'elle vienne. *(I wish she would come.)*

2. Les moyens d'expression du regret

- Le subjonctif 2 ; le verbe est en 1re position :

→ au présent
Hätte ich Flügel wie Tauben! Si seulement je pouvais voler !

→ au passé
Hätte er das doch nur früher gesagt! Si seulement il avait dit cela plus tôt !

- Un groupe conjonctionnel introduit par ***wenn*** ; le verbe est au subjonctif 2 :

→ au présent
Wenn sie (doch) nur anriefe! Si seulement elle téléphonait !

→ au passé
Wenn sie (doch) nur angerufen hätte! Si seulement elle avait téléphoné !

→ au futur dans le passé
*Ich hoffte, dass du dein Wort **halten würdest**.* J'espérais que tu tiendrais parole.
Ich hoffte, du würdest dein Wort halten.

À VOUS !

283. Exprimez sous forme de souhait les groupes verbaux suivants sur le modèle :
Urlaub machen → Könnte ich doch nur Urlaub machen! → Wenn ich doch nur Urlaub machen könnte!
a. einen neuen Computer kaufen – b. zehn Zentimeter größer sein – c. mit dir nach Venedig fahren – d. mein Handy wieder finden – e. viele Bücher verkaufen – f. meine Prüfung bestehen – g. diese Kartei (fichier) öffnen – h. sofort ins Bett gehen – i. ausschlafen – j. eingestellt werden.

284. Complétez librement les amorces de phrases suivantes en variant les expressions du souhait.
a. Ich wünsche, ... – b. Es würde mir passen, ... – c. Mir wäre es recht, ... – d. Es wäre toll, ... – e. Ich hätte gern, ...

285. Construisez des phrases exprimant un souhait non réalisé (regret).
Utilisez d'abord le subjonctif 2 présent, puis le subjonctif 2 passé, comme dans l'exemple suivant :
schwimmen können
→ Ach, könnte ich doch [nur]schwimmen!
→ Ach, hätte ich doch [nur]schwimmen können!
a. Maschine schreiben – b. Rollschuh laufen – c. Rad fahren – d. gesund sein – e. Kopf stehen – f. Schach spielen – g. kegeln – h. dableiben – i. Recht haben – j. fließend Deutsch sprechen.

286. Traduisez.
a. Si seulement je pouvais gagner le gros lot ! – b. Si seulement il pouvait décrocher ! – c. Si seulement elle venait ! – d. Je souhaite que cette fois il réussisse. – e. Puisse-t-il trouver rapidement du travail ! – f. Ah ! que n'ai-je étudié ! (Si seulement j'avais étudié !) – g. Si seulement j'avais su dès le début à qui j'avais affaire ! – h. Si seulement tout était plus simple ! – i. Si seulement elle avait pu me répondre à temps ! – j. Si seulement elle avait pu m'expliquer ce qui s'était passé !

SUBJONCTIF

Formes et emplois des subjonctifs 1 et 2

268

1. Les formes du subjonctif

Voir 64

2. Les emplois du subjonctif 1 et 2

L'emploi du subjonctif 1 dans l'expression de l'injonction :

*Ich **sei**, gewährt mir die Bitte, in eurem Bund der Dritte.* Je voudrais être, accédez à ma prière, le troisième homme dans votre alliance.

*Es **werde** Licht!* Que la lumière soit !

L'emploi du subjonctif 2 :

→ dans l'expression de l'hypothèse et de la condition (Voir 147/199)

*Falls er noch **käme** = falls er noch kommen **sollte**.* Au cas où il viendrait.

*Wenn ich Zeit **hätte**, **würde** ich mit dir Karten **spielen**.*

Si j'avais le temps, je jouerais aux cartes avec toi.

→ dans l'expression de l'irréel

*Sie tat, als ob sie taub **wäre**.* Elle faisait comme si elle était sourde.

*So was **hätte** ich nie getan.* Je n'aurais jamais fait une chose pareille.

*Wenn ich so dächte wie Sie, **möchte** ich lieber absagen.*

Si je pensais comme vous, je préférerais renoncer.

L'emploi du subjonctif 1 ou 2 :

→ dans l'expression du souhait (optatif) ou du regret

*Wer wünscht, dass sie bestraft **werde**?* Qui souhaite qu'elle soit punie ?

*Das Hirschlein wünscht, es **läge** tot.* La faon souhaite être mort.

*Ich **wünscht'**, ich **wäre** lieber blind.* Je souhaiterais être plutôt aveugle.

*Ich **wünschte** sehr, er **wäre** kein Matrose.* Je souhaiterais vivement qu'il ne soit pas marin.

***Wäre** er doch nur früher gekommen!* Si seulement il était venu plus tôt !

→ dans l'expression de la concession, de l'acquiescement à une possibilité

***Sollte** er auch alles richtig haben...* Quand bien même il aurait tout bon...

*So klug sie auch **sei**...* Aussi futée soit-elle (= Elle a beau être futée...)

*Es **sei** wie es **wolle**, es war doch so schön.* Quoi qu'il en soit, c'était tout de même si beau.

*Es mag sein, dass er Recht **habe**.* Il se peut qu'il ait raison.

→ dans le discours rapporté (Voir 153-154)

*Sie hat gesagt, dass sie die Prüfung bestanden **habe**.* Elle a dit qu'elle a réussi son examen.

*Sie hat gesagt, dass sie die Prüfung bestanden **hätte**.* Elle a dit qu'elle aurait réussi son examen.

TEMPS

269 L'expression du temps

1. Comment traduire un moment précis ? : *Wann?* Quand ?

Groupes nominaux à l'accusatif :

→ sans déterminatif

nächsten Freitag vendredi prochain
vorigen Monat le mois dernier
nächstes Mal la prochaine fois
nächste Woche la semaine prochaine
voriges Jahr l'année dernière

→ avec déterminatif

das nächste Mal la prochaine fois
diesen Donnerstag ce jeudi-ci
diesen Monat ce mois-ci
das vorige Mal la dernière fois
diese Woche cette semaine
dieses Jahr cette année

Groupes prépositionnels :

→ groupes prépositionnels introduits par ***an, in, zu, zwischen*** **+ datif**

• ***am** selben Tag* le même jour
***am** Samstag Nachmittag* samedi après-midi
***am** Tag zuvor* la veille
• ***in** derselben Nacht* la même nuit
***im** Jahre 2000* en l'an 2000
***im** 20. Jahrhundert* au XXe siècle
***im** Altertum* dans l'antiquité
***im** Frühling* au printemps
***in** der Nacht zuvor* la nuit précédente
***in** dieser Zeit* à cette époque-ci
***in** einer Minute* dans une minute
• ***zu** Weihnachten* à Noël
***zu** Zeiten Napoleons* à l'époque de Napoléon
***zu** derselben Zeit* au même moment
***zu** Mittag essen* au déjeuner
***zum** zehnten Mal* pour la dixième fois
• ***zwischen** Weihnachten und dem 1. Januar* entre Noël et le jour de l'an

→ groupes prépositionnels introduits par ***auf, über, um*** **+ accusatif**

• ***auf** den Glockenschlag* à l'heure sonnante
*Schlag **auf** Schlag* coup sur coup
***auf** seine alten Tage* sur ses vieux jours
*nur **auf** kurze Zeit* uniquement pour un bref laps de temps
***auf** die Minute* à la minute
*Es geht **auf** zehn.* Il va être dix heures.
• ***über** Nacht* pendant la nuit
*den Sommer **über*** pendant l'été
*Es ist **über** ein Jahr geschehen.* Cela s'est passé il y a plus d'un an.
• ***um** drei Uhr* à trois heures

Mots invariables :

gestern hier
gestern Vormittag hier en fin de matinée
vorgestern avant-hier
vorgestern Nachmittag avant-hier après-midi
gestern Morgen hier matin
gestern Nachmittag hier après-midi
vorgestern Morgen avant-hier matin
morgen demain
morgen Nachmittag demain après-midi
übermorgen après-demain
übermorgen Nachmittag après-demain après-midi
morgen früh demain matin
morgen Abend demain soir
übermorgen früh après-demain matin
übermorgen Abend après-demain soir
heute aujourd'hui
heute Vormittag aujourd'hui en fin de matinée
heute Morgen ce matin
heute Nachmittag cet après-midi

heute Abend ce soir
heute Nacht cette nuit
immer, nie toujours, jamais
jetzt, nun maintenant
gerade, eben; sofort il y a un instant ; immédiatement

Groupes conjonctionnels avec ***als*** ou ***wenn*** : quand

→ On emploie *wenn* pour situer une action ou une situation unique dans le présent et le futur.

→ On emploie *als* pour situer une action ou une situation unique dans le passé.

→ On emploie *wenn* pour situer une action répétée dans le présent, le futur et le passé.

	présent et futur	passé
action unique	• *wenn* ***Wenn** du damit fertig bist, komm vorbei!* Quand tu auras fini, passe me voir !	• *als* ***Als** er ankam, war sie schon weg.* Quand il est arrivé, elle était déjà partie.
situation unique	*Er wird das schon einsehen, **wenn** er älter ist.* Il comprendra cela quand il sera plus âgé.	***Als** er noch in der Schule war...* Quand il était écolier...
action répétée	• *wenn* ***Wenn** das Meer ruhig ist, fahren wir aus.* Quand la mer est calme, nous sortons.	• *wenn* ***Wenn** er kam, rief er vorher an.* Quand il venait, il téléphonait toujours avant.

Groupes conjonctionnels introduits par :

→ ***sobald***

Sobald du damit fertig bist, komm vorbei! Dès que tu auras fini, passe me voir !

→ ***jedesmal/immer wenn; sooft***

Jedesmal wenn das Meer ruhig ist, fahren wir aus.
Chaque fois que la mer est calme, nous sortons.

Immer wenn das Meer ruhig ist, fahren wir aus.
Toujours quand la mer est calme, nous sortons.

Sooft das Meer ruhig ist, fahren wir aus.
Chaque fois que la mer est calme, nous sortons.

(Jedesmal) wenn er kam, rief er vorher an. Il appelait toujours avant de venir.

Proposition avec verbe en 1re position :

→ la proposition est intégrée : elle est le 1er élément de la phrase, le verbe de la phrase est en 2e position.

PHRASE

[____]

***Rollte** man in den gepflasterten Hof, **fühlte** man sich um hundert Jahre zurückversetzt.*

↓ 1er élément de la phrase ↓ **V2**

Quand on pénétrait dans la cour pavée, on se sentait transporté cent ans en arrière.

→ la proposition est non intégrée :

PHRASE

[______________]

*[**Hatte** sie Entwürfe anzufertigen,] Falk **war** in ihrer Nähe.*

↓ proposition en V1 hors construction ↓ **1** ↓ **V2**

Quand elle avait des projets à mettre en œuvre, Falk était à ses côtés.

2. Comment traduire une durée ?

Wie lange? Combien de temps ?

→ Groupes nominaux à l'accusatif

• sans déterminatif

*Er hat **lange Zeit** geschlafen.* Il a dormi longtemps.

• avec déterminatif

*Er hat sich **den ganzen Tag** ausgeruht.* Il s'est reposé toute la journée.
*Er hat **ein halbes Jahr** nicht gearbeitet.* Il n'a pas travaillé pendant six mois.
*Er war **die ganze Woche** weg.* Il était absent toute la semaine.

→ Groupes prépositionnels

***Während der ganzen Ferien** war er krank.* Il était malade pendant toutes les vacances.
*Er war **drei Tage lang** weg.* Il était absent pendant trois jours.

→ Mots invariables

*Er hat **lange** geschlafen.* Il a dormi longtemps.
*Er wird es sein Leben **lang** nicht vergessen.* Il s'en souviendra toute sa vie.

Bis wann? Jusqu'à quand ?

→ Groupes prépositionnels

***bis** nächsten Montag* d'ici lundi prochain
***bis** Ende April* d'ici fin avril
*Er bleibt **bis** zum 31. Dezember.* Il reste jusqu'au 31 décembre.
*Sie liest **bis** zum Abend.* Elle lit jusqu'au soir.
*Sie arbeitet **bis** in die Nacht hinein.* Elle travaille jusque tard dans la nuit.
*in der Nacht **zum** 6. April* dans la nuit du 5 au 6 avril
***zu** Ende gehen* se terminer
*von Stunde **zu** Stunde* d'heure en heure
*von Tag **zu** Tag* de jour en jour

→ Groupe conjonctionnel introduit par ***bis*** : jusqu'à ce que

*Ich warte, **bis** sie anruft.* J'attends qu'elle appelle.
*Du darfst nicht fernsehen, **bis** du mit deiner Arbeit fertig bist.*
Tu ne regarderas pas la télévision tant que tu n'auras pas fini ton travail.

→ Mots invariables

***bis** übermorgen* jusqu'à après-demain
***bis** heute früh* jusqu'à ce matin
***bis** zwei Uhr* jusqu'à deux heures

Seit wann? Depuis quand ?

→ Groupes prépositionnels introduits par ***seit*** ou ***von***

• ***Seit** dem 1. April wohnt er in Kiel.* Il habite à Kiel depuis le premier avril.
***seit** den Siebzigerjahren* depuis les années soixante-dix
*Er hat **seit** drei Wochen nicht mehr geschrieben.* Il n'a pas écrit depuis trois semaines.
*Die Brücke besteht **seit** langem.* Le pont existe depuis longtemps.
***seit** kurzem* *depuis peu*

• ***von** heute **an*** à partir d'aujourd'hui
von** Anfang **an depuis le début
von** nun **an désormais
*die Nacht **von** Montag **auf** Dienstag* la nuit de lundi à mardi
***von** heute **auf** morgen* d'ici demain
von** Jugend **auf dès la jeunesse
vom** ersten Mai **an à partir du premier mai
***von** neuem* à nouveau

→ Groupe prépositionnel pronominal

***seit**dem* depuis cette époque

→ Groupe conjonctionnel introduit par ***seit***
Seit (= seitdem) der Krieg zu Ende ist... Depuis que la guerre est finie...

3. Comment traduire une fréquence ?

La fréquence (ou répétition) s'exprime par la question ***Wie oft?*** : À quelle fréquence ?

Groupes nominaux à l'accusatif :

*Sie geht **jeden Monat** zum Friseur.* Elle va tous les mois chez le coiffeur.
alle halbe(n) Stunde(n) toutes les demi-heures

Mots invariables :

Er kommt donnerstags. Il vient le jeudi.
Es ist täglich dasselbe. C'est tous les jours la même chose.
tagaus, tagein tous les jours, quotidiennement

4. Comment traduire un moment ou une durée indéterminée ?

Groupes nominaux au génitif :

eines Tages un jour
eines Nachts une nuit
Anfang März début mars
Ende September fin septembre
Anfang des Monats au début du mois
eines Morgens un matin
Mitte Juli à la mi-juillet
Ende der Woche à la fin de la semaine

Groupes prépositionnels :

***am** Anfang* au début
***bei** Tag* de jour
um** Mitternacht **[herum] aux environs de minuit
***am** Ende* à la fin
***bei** Nacht* de nuit

Mots invariables :

anfangs au début
vormittags en fin de matinée
mittags vers midi
abends le soir
samstagmorgens le samedi matin
morgens le matin
nachmittags dans l'après-midi
nachts la nuit
freitagnachmittags le vendredi après-midi

Voir Antériorité **109-110**
Voir Simultanéité **265**
Voir Postériorité **244-245**

À VOUS !

287. Traduisez.
a. Man hat lange zu lernen, bis man alles kann. – b. Im Sommer bleibe ich immer zu Hause. – c. Nächstes Jahr wird er pensioniert. – d. Vorgestern habe ich den Zug verpasst. – e. Während der Pause plauderte er mit seinen Kollegen. – f. Er fährt jeden Monat nach Saarbrücken. – g. Lang essen und viel ist ein schlimmes Spiel. – h. Er hat den ganzen Tag gearbeitet. – i. Heute Morgen war der Boden mit Schnee bedeckt. – j. Der Wind kam während unserer Fahrt aus Norden.

288. Traduisez.
a. Elle passe tous les jours me voir. – b. Elle a dansé toute la nuit. – c. La semaine prochaine j'attends de la visite. – d. Pendant les vacances, il a travaillé dans le jardin. – e. Il a vécu longtemps à l'étranger. – f. Dans deux mois il sera de retour. – g. Hier soir j'ai lu jusqu'à minuit. – h. Peux-tu attendre jusqu'à demain matin ? – i. Cela fait quinze jours qu'il est absent. – j. Aujourd'hui il ne pleut pas.

289. Complétez les phrases suivantes par *als* ou *wenn*.

a. ... man vom Hunde redet, so wedelt er mit dem Schwanz. – b. ... sie die Tür aufmachte, sah sie, dass das Zimmer leer war. – c. ... er heimkam, waren alle schon weg. – d. ... ich in die Stadt fahre, nehme ich immer mein Handy mit. – e. ... das Licht ausging, saßen wir alle im Dunkeln. – f. ... man einem den kleinen Finger gibt, so nimmt er die ganze Hand. – g. Ich komme erst dann, ... das Essen auf dem Tisch steht. – h. ... er noch im Ausland lebte, ging es ihm viel besser, sagte er. – i. .... ein Unfall geschehen ist, kommt guter Rat zu spät. – j. ... ich meinen Computer einschaltete, fiel der Strom plötzlich aus.

TOUT

270 Traduction de « tout »

1. « tout » désigne des unités dénombrables

On emploie ***all-*** (en anglais : *all*) (voir **106**)

Alle *Nägel waren krumm.* Tous les clous étaient tordus.

Alle *Menschen wollen glücklich sein.* Tous les hommes recherchent le bonheur.

2. « tout » signifie « dans son intégralité, complètement »

On emploie ***ganz*** (en anglais : *whole*)

*in dem **ganzen** Land* dans tout le pays *(in the **whole** country)*

*die **ganze** Nacht* toute la nuit

*in **ganz** Frankreich* dans toute la France

***ganz** genau* très exactement

***ganz** in der Nähe* tout près d'ici

*Sie ist **ganz und gar** verrückt.* Elle est complètement folle.

3. « tout désigne un ensemble cohérent »

On emploie ***sämtlich*** (en anglais : *whole*)

die sämtliche kleine Mannschaft toute la petite équipe *(the whole little team)*

das sämtliche Publikum l'ensemble du public

die sämtliche schulpflichtige Jugend l'ensemble de la jeunesse soumise à l'obligation scolaire

4. « tout » signifie « chaque »

On emploie ***jeder***, quantificateur à la fois déterminatif et pronom.

- *jeder* est un déterminatif :

jeder Mensch tout homme, chaque homme *(each man)*

- *jeder* est un pronom :

Jeder weiß es. Tout le monde le sait. *(Everybody/everyone knows it.)*

À VOUS !

290. Traduisez.

a. Il a tout mangé. – b. Que fais-tu toute la journée ? – c. Tous les étudiants étaient présents. – d. Les Allemands ne boivent pas tous de la bière. – e. Dans toute l'Allemagne du sud on fête le carnaval. *(der Fasching)* – f. Toute la plage *(der Strand)* était couverte de mazout. *(Öl)* – g. Tous les élèves du lycée ont été vaccinés. *(impfen)* – h. Tous les avions sont dangereux. – i. Toute la classe a été punie. – j. Il a bu toute la bouteille.

TROP

Traduction de « trop » 271

1. Traduction de « trop » devant un adjectif de nom ou de verbe

On emploie ***zu*** :

Er is ***zu*** *alt für sie.* Il est **trop** âgé pour elle.

Du fährst ***zu*** *schnell!* Tu roules **trop** vite !

Attention !

• Dans la nouvelle orthographe, ***allzu*** : « **bien trop** » n'est plus soudé au mot qui suit :

allzu oft bien trop souvent

allzu selten bien trop rarement

allzu sehr bien trop

2. « trop » est un quantificateur

« trop » est un quantificateur exprimant une quantité

On emploie ***zu viel*** :

→ Cette quantité est comptable :

Es sind ***zu viel*** *Leute im Saal.* Il y a **trop** de monde dans la salle.

= *Es sind* ***zu viele Leute*** *im Saal.*

→ Cette quantité est non comptable :

Es ist ***zu viel*** *Wasser in der Badewanne.* Il y a trop d'eau dans la baignoire.

« trop » est un quantificateur exprimant une intensité

On emploie ***zu sehr*** :

Er liebt sie ***zu sehr****.* Il l'aime **trop**.

Er hat sich ***zu sehr*** *angestrengt.* Il a **trop** forcé.

3. Traduction de « trop ... pour »

On emploie ***zu ... , als dass ; zu ... um ... zu*** :

Sie ist ***zu*** *empfindlich,* ***als dass*** *sie ihm verzeihen könnte.*

Elle est **trop** susceptible **pour** pouvoir lui pardonner.

Er ist ***zu*** *spät angekommen* ***um*** *noch rechtzeitig anrufen* ***zu*** *können.*

Il est arrivé **trop** tard **pour** pouvoir encore téléphoner.

VIEL- BEAUCOUP DE

272 Les différentes natures de *viel-*

C'est un quantificateur partiel qui peut être à la fois déterminatif, adjectif, adverbe, quasi-nom et pronom.

1. *viel-* est parfois déterminatif

Au singulier :

→ au datif masculin :

mit vielem guten Willen avec beaucoup de bonne volonté

→ aux nominatif, accusatif, datif neutre

***vieles** bare Geld = viel bares Geld* beaucoup d'argent liquide

*mit **vielem** baren Geld* avec beaucoup d'argent liquide

Au pluriel :

→ assez souvent au génitif

*der Preis vieler **neuen** Bücher* le prix d'un grand nombre de nouveaux livres

2. *viel-* est un adjectif

Au singulier, à tous les cas du féminin :

*das **viele** Geld* tout cet argent

Sie hat vielen guten Willen. Elle a beaucoup de bonne volonté.

mit vieler inniger Freude avec une grande joie intérieure

Au pluriel :

***viele** gute Bücher* beaucoup de bons livres

***viele** Kranke* beaucoup de malades

***viele** andere* beaucoup d'autres

récapitulatif des emplois de *viel-* comme déterminatif/adjectif

	masculin	neutre	féminin
nominatif	*vieler gute**r** Wille*	*vieles bare Geld*	*viele innige Freude*
accusatif	*vielen gute**n** Willen*	*vieles bare Geld*	*viele innige Freude*
datif	*vielem gute**n** Willen*	*vielem bare**n** Geld*	*viele innige**r** Freude*
génitif	*vieles gutes Willens* (rare)	*vieles bares Geldes* (rare)	*vieler innige**r** Freude*

3. *viel-* est un adverbe

*Er ist **viel** gelaufen.* Il a beaucoup couru.

4. *viel-* est un quasi-nom

Au singulier :

*Hast du **viel**, so brauchst du mehr.* Quand tu as beaucoup, tu veux davantage.

*Sie hat **vieles** nicht gewusst.* Il y a beaucoup de choses qu'elle ne savait pas.

Au pluriel :

*Wo **viele** tanzen, da ist viel Staub.* Là où beaucoup dansent, il y a beaucoup de poussière.
***Viele** sind berufen, aber wenige sind auserwählt.* Il y a beaucoup d'appelés, mais peu d'élus.

5. *viel-* est un pronom

Au singulier :

*Bier hat er **viel** getrunken.* De la bière, il en a bu beaucoup.

Au pluriel :

*Bücher habe ich **viele**.* Des livres, j'en ai beaucoup.

Voir Déclinaison du groupe nominal 43-45
Voir Quantificateurs 257

VIRGULE

Les emplois de la virgule 273

1. La virgule d'énumération

La virgule d'énumération est fortement marquée à l'oral.

Elle est l'équivalent de ***und*** (et) :

*Kaufe dir einen roten, einen blauen **und** einen gelben Schlips.*
Achète-toi une cravate rouge, bleue **et** jaune.

Elle est l'équivalent de ***oder*** (ou) :

*Kaufe dir einen roten, einen blauen **oder** einen gelben Schlips.*
Achète-toi une cravate rouge, bleue **ou** jaune.

Elle joue un rôle important dans l'identification de la nature des adjectifs épithètes devant un nom (voir 24):

ein guter, billiger Käse un bon fromage pas cher

▼

la virgule d'énumération indique
que *gut* et *billig* sont de même nature :
Ils sont **qualificatifs**

ein guter französischer Käse un bon fromage français

▼

gut est un adjectif **qualificatif**
französisch est un adjectif **désignatif**

2. La virgule de délimitation

Elle délimite un groupe de mots qui vont ensemble. Comme la virgule d'énumération, elle doit être perçue à l'oreille.

Elle est obligatoire :

→ avec l'apposition

*K. Adenauer, **der erste Kanzler der BRD**, wurde 1876 in Köln geboren.*
K. Adenauer, le premier chancelier de la RFA, est né à Cologne en 1876.

→ devant les conjonctions de coordination

• devant les conjonctions de coordination simples

*Sie arbeitet viel, **aber** langsam.* Elle travaille beaucoup, mais lentement.
*Er ist nicht krank, **sondern** nur faul.* Il n'est pas malade, mais seulement paresseux.
*Ich habe geklopft, **[je]doch** hat keiner aufgemacht.* J'ai frappé, mais personne n'a ouvert.
*Das glaube ich nicht, ich bin **vielmehr** der Meinung, dass...*
Je ne le pense pas, et je suis même plutôt d'avis que...
= *Das glaube ich nicht, **vielmehr** bin ich der Meinung, dass...*

• devant les conjonctions de coordination doubles

***Bald** lesen sie, **bald** sehen sie fern.* Tantôt ils lisent, tantôt ils regardent la télévision.
***Einmal** wir, **einmal** ihr.* Une fois nous, une fois vous.
*Sie war **halb** überrascht, **halb** enttäuscht.* Elle était à moitié surprise, et à moitié déçue.
***Ob** reich, **ob** arm: alles war gekommen.* Riches ou pauvres : tout le monde était venu.
*Es hat **teils** geregnet, **teils** geschneit.* Il a tantôt plu, tantôt neigé.
*Sie waren **einerseits** beruhigt, **and[e]rerseits** unzufrieden.* Ils étaient d'une part rassurés, d'autre part mécontents.
***Nicht nur** mir, **sondern auch** dir schadet dein Qualm.*
La fumée de ta cigarette est mauvaise non seulement pour moi, mais aussi pour toi.

Elle n'apparaît pas devant les conjonctions de coordination :

oder	*und*	*sowie*	*beziehungsweise (bzw.)*
sowohl... als auch	*entweder... oder*	*weder... noch*	

Attention !
Pour éviter une ambiguïté, on peut en mettre une :
*Wir warten auf euch, **oder** die Kinder gehen schon voraus.*
Nous vous attendons, ou bien les enfants peuvent nous précéder.

3. La virgule de syntaxe

Elle est propre à l'allemand. C'est la virgule qui introduit tout groupe dépendant avec verbe, c'est-à-dire toute subordonnée. Elle n'est pas marquée à l'oral.

*Er glaubt, **dass** "Alle Schulen ans Netz" eine gute Losung ist.*
Il pense que « Internet dans toutes les écoles » est un bon mot d'ordre.

Er glaubt, "Alle Schulen ans Netz" ist eine gute Losung.
Il pense que « Internet dans toutes les écoles » est un bon mot d'ordre.

Ich weiß, er soll heute noch kommen. Je sais qu'il doit passer d'ici ce soir.
*Er ist zu schlau, **als dass** er das nicht verstehen könnte.*
Il est trop malin pour ne pas comprendre cela.

*Sie tut, **als ob** sie nichts gehört hätte.*
Elle fait comme si elle n'avait rien entendu.

Elle est facultative :

→ devant les conjonctions de subordination composées :

angenommen[,] dass à supposer que
ausgenommen[,] dass sauf que
ausgenommen[,]wenn sauf si
es sei denn[,] dass à moins que
gesetzt den Fall[,] dass à supposer que
vorausgesetzt[,] dass à supposer que
im Fall[e] [,] dass au cas où

insofern / insoweit[,] als dans la mesure où
je nachdem[,] ob / wie selon que
umso mehr [,] als d'autant plus que
umso weniger[,] als d'autant moins que
vor allem[,] wenn surtout si
vor allem[,] weil surtout parce que

Attention !
Elle est obligatoire devant ***als dass, als ob***
*Er ist zu schlau, **als dass** er das nicht verstehen könnte.*
Il est trop malin pour ne pas comprendre cela.

*Sie tut, **als ob** sie nichts gehört hätte.*
Elle fait comme si elle n'avait rien entendu.

→ devant un groupe infinitif :
Ich verspreche dir[,] mit meiner Freundin zu kommen.
Je te promets de venir avec mon amie.

→ après un groupe participe :
Mit einem neuen Modem ausgerüstet[,] surfte sie auf dem Internet.
Équipée d'un nouveau modem, elle surfait sur Internet.

VOLL, VOLLER

Sens et emplois de *voll* 274

1. *voll* est un adjectif qui signifie « plein »

voll est un adjectif épithète

*mit **vollem** Recht(e)* de plein droit
*mit **voller** Kraft* avec toutes ses forces
*Er wollte die **volle** Wahrheit erfahren.* Il voulait connaître la vérité, toute la vérité.
*Bei **vollem** Magen ist gut fasten.* À beau jeûner qui a le ventre rempli.
*In einem **vollen** Kopf ist wenig Verstand.* Une tête bien pleine n'est pas une tête bien faite.
*Über **volle** Speicher klagt niemand.* Personne ne se plaint de greniers remplis.
*eine Hand **voll** trockner Datteln* une main pleine de dattes sèches

voll est un adjectif attribut

*Wenn der Krug **voll** ist, so läuft er über.* Quand la cruche est remplie, elle déborde.

*Wenn viele in einen Sack schütten, so wird er bald **voll**.*
Quand on est nombreux à remplir un sac, il se remplit vite.

Sie war granatenvoll. Elle était complètement ivre.
*Ihr Mund ist **voll von** Worten.* Sa bouche est pleine de paroles.

2. *voll* est un préfixe ou un suffixe qui signifie « plein »

voll préfixe

***voll**automatisch* entièrement automatique
***voll**ständig* complet
*die **Voll**macht* les pleins pouvoirs, la procuration

voll suffixe

*geheimnis**voll*** mystérieux (plein de mystère)
*kraft**voll*** puissant (plein de puissance)
*pracht**voll*** magnifique
*hand**voll**weise* par poignées entières
*eine Hand**voll*** une poignée (une pleine main)

3. *voll* est substantivé

*Was der Nüchterne denkt, das redet der **Volle**.*
Ce que pense celui qui est à jeun, l'ivrogne le dit.

*Was weiß der **Volle**, wie der Hunger tut?*
Celui qui est repu, que sait-il de la faim ?

275 Sens et emplois de *voller*

1. *voller* est une forme déclinée de *voll*

***Voller** Bauch studiert nicht gern.* Ventre rempli n'étudie guère.

2. *voller* est le comparatif de *voll*

*Ein Tropfen macht das Meer nicht **voller**.* C'est une goutte dans l'océan.

3. *voller* est synonyme de *voll*

*Sie steckte **voller** Energie.* Elle était pleine d'énergie.
*Die Kiste war **voller** Gläser.* La caisse était pleine de verres.
*Sie war **voller** Verzweiflung.* Elle était en proie au désespoir.

À VOUS !

291. Traduisez.
a. Wenn der Krug voll ist, so läuft er über. – b. Ein fauler Hund ist voller Flöhe. – c. Bei vollem Magen ist gut fasten. – d. Man soll den Mund nicht zu voll nehmen. – e. Voller Bauch studiert nicht gern. – f. Volle Flaschen machen leere Taschen. – g. Wenn viele in einen Sack schütten, so wird er bald voll. – h. Aus vollen Taschen ist gut schenken. – i. Bei vollen Flaschen fehlt's an Freunden nicht. – j. In einem vollen Kopf ist wenig Verstand.

292. Traduisez.
a. La valise est pleine. – b. Ils jouèrent devant une salle comble. – c. Il a mangé une assiette de soupe. – d. La table était recouverte de journaux. – e. Armelle est une personne sensible. – f. Il a les doigts pleins d'encre. – g. Je lui fait entière confiance. – h. Karl est un homme plein d'humour. – i. Il a affirmé cela de plein droit. – j. On ne parle pas la bouche pleine !

293. Complétez les phrases suivantes avec les mots donnés.
kraftvoll – geschmackvoll – teilnahmsvoll – reizvoll – humorvoll – Vollgas – Vollmond – Vollblut – volltanken – Vollbart
a. Diese elegante Dame ist ... gekleidet. – b. Er ist sehr willig und ... . – c. Dieser Kerl ist groß und ... . – d. Unser Deutschlehrer ist witzig und ... . – e. Diese Landschaft ist schön, ja sogar ... . – f. Ein Bart, der die Hälfte des Gesichts bedeckt, nennt man einen ... . – g. Ein reinrassiges Pferd nennt man auch ein ... . – h. Er fährt zu schnell: kein Wunder, er fährt mit ... . – i. Wenn der Mond wie eine runde Scheibe leuchtet, spricht man von ... . – j. An der Tankstelle lasse ich den Wagen immer ... .

VOLONTIERS

Traduction de « volontiers » 276

- ***gern***

*Er liest **gern** Krimis.* Il lit **volontiers** des romans policiers.
*Sie trinkt **gern** Bier.* Elle boit **volontiers** de la bière.
*Ich werde es herzlich **gern** tun.* Je le ferai très **volontiers**.

- **bereitwillig**

*Er nahm **bereitwillig** diese Erklärung an.* Il accepta **volontiers** cette explication.
*Ich bejahte **bereitwillig** diesen Vorschlag.* J'approuvais **volontiers** cette proposition.

- **comparatif de *gern***

*Ich arbeite **lieber** zu Hause.* Je travaille **plus volontiers** chez moi.

À VOUS !

294. Traduisez.
a. Neue Lieder singt man gern. – b. Was man gern hört, glaubt man gern. – c. Was man gern isst, schmeckt süß. – d. Was man gern tut, davon spricht man auch gern. – e. Wer fragt, gibt nicht gern. – f. Wer gern findet, stiehlt gern. – g. Wer gern lacht, der kitzelt sich (se chatouiller) selber. – h. Wer gern lügt, der stiehlt auch gern. – i. Wer nicht gern kommt, zögert lange. – j. Jeder Vogel ist gern in seinem Nest.

WENIG- PEU DE

Les différentes natures de *wenig-* 277

C'est un quantificateur partiel qui peut être à la fois adjectif, adverbe, quasi-nom et pronom.

1. *wenig* est un déterminatif

- **Au datif singulier masculin et neutre seulement :**

*mit **wenigem** guten Material* avec une petite quantité de bon matériel

2. *wenig-* est un adjectif

- **Au singulier :**

*das **wenige** Geld* le peu d'argent
*meine **wenige** Person* ma modeste personne
***weniges** billiges Material* une petite quantité de matériel bon marché

- **Au pluriel :**

*die **wenigen** Fehler* le petit nombre d'erreurs

wenige junge Leute un petit nombre de jeunes gens
wenige Beamte un petit nombre de fonctionnaires
wenige Verwandte un petit nombre de parents

3. *wenig-* est un adverbe

Das Kind hat nur ***wenig*** *geschlafen.* L'enfant n'a que peu dormi.

4. *wenig-* est un quasi-nom

Au singulier :

Besser ***wenig*** *als nichts.* Mieux vaut un peu que rien du tout.
Er konnte nur ***weniges*** *richtig beurteilen.*
Il n'a pu juger correctement qu'un petit nombre de questions.

Au pluriel :

Nur ***wenige*** *verstehen das.* Seulement un petit nombre de gens comprend cela.

5. *wenig-* est un pronom

Au singulier :

Darauf aß er so viel, als er vermochte, aber ***ein weniges*** *blieb übrig.*
Puis il mangea autant qu'il put, mais il en resta un peu.

Au pluriel :

Zuschauer waren nur ***wenige*** *da.* Des spectateurs, il n'y en avait pas beaucoup.
Sprachfehler hat er nur ***wenige*** *gemacht.* Il n'a commis que peu de fautes en parlant.

Voir Déclinaison du groupe nominal 43-45
Voir Quantificateurs 257

WERDEN

278 Les sens et les emplois de *werden*

1. *werden* est un verbe qui signifie « devenir »

Was soll bloß aus ihm werden? Que va-t-il devenir ?
Das Wasser wurde zu Eis. L'eau s'est transformée en glace.

2. Expressions courantes avec *werden*

Sie wird arm. Elle s'appauvrit.
Sie wird reich. Elle s'enrichit.
Sie wird immer größer. Elle grandit.
Sie wird zornig. Elle se met en colère.
Sie wird ganz rot. Elle rougit.
Sie wird wieder gesund. Elle recouvre la santé.
Er wird krank. Il tombe malade.
Es wird dunkel. Le ciel s'obscurcit.
Es werde Licht! Que la lumière soit !
Das Wetter wird schlechter. Le temps se dégrade.

3. Les emplois impersonnels de *werden*

es est obligatoire :

Es wird kalt. Il commence à faire froid.
Es wird bald Nacht. La nuit va tomber.
Es ist sehr spät geworden. Il est bien tard.

es est facultatif ; le datif est obligatoire :

Es wird mir übel = Mir wird [es] übel. Je me sens mal.
Es wird mir kalt = Mir wird [es] kalt. Je prends froid.

4. *werden* + infinitif exprime le futur

*Er **wird** die Gäste **empfangen**.* Il accueillera ses hôtes.

5. *werden* + infinitif exprime l'injonction

*Du **wirst** jetzt mal ganz ruhig **sitzen bleiben**!* Tu vas rester en place !

6. *werden* + sujet + participe 2 exprime le passif

*Die Einbauküche **wurde installiert**.* La cuisine intégrée fut installée.

Attention !
• au parfait, quand le participe 2 de *werden* est précédé d'un autre participe 2 :
*Die Einbauküche ist installiert **worden**.* La cuisine intégrée a été installée.

7. *werden* sans sujet + participe 2

Cette tournure exprime l'action à l'état pur et peut avoir une valeur injonctive :
*Hier **wird** nicht **geplaudert**!* On ne bavarde pas ici !

8. *werden* + infinitif accompli (ou passé) exprime la probabilité

(Voir 180)

*Er **wird** es überhört **haben**.* Il n'a **probablement** pas entendu.

À VOUS !

295. Traduisez.

a. Wir werden alles Mögliche tun. – b. Sie wird es missverstanden haben. – c. Hier wurde geraucht. – d. Sie wird die Verantwortung dafür tragen. – e. Er wird heute Nachmittag beerdigt. – f. Sie wurde sofort eingestellt. – g. Die Zeitungen wurden alle verkauft. – h. Es wird gefährlich. – i. Ich werde das nicht zulassen. – j. Du wirst jetzt deine Hausaufgaben machen!

296. Traduisez.

a. Man weiß wohl, was man ist, aber nicht, was man wird. – b. Jetzt wird es aber höchste Zeit! – c. Aus nichts wird nichts. – d. Was bald wird, vergeht auch bald. – e. Er wird so langsam alt. – f. Er wird schnell müde. – g. Wo nichts ist, kann nichts werden. – h. Sie wird empfindlich. – i. Es wird Tag. – j. Was nicht ist, kann noch werden.

297. Traduisez.

a. Le papier a jauni. – b. Il règlera l'affaire. – c. Il est grand temps ! – d. Elle devient de jour en jour plus mince. – e. Son visage s'empourpre. – f. Il doit bien savoir ce qu'il doit faire. – g. Elle a été opérée la semaine dernière. – h. Ici on travaille. – i. La glace se transforme en eau. – j. Alors, ça vient ?

WIE

279 Les sens et les emplois de *wie*

1. *wie* exprime la manière (Voir 217)

Ich frage mich, ***wie*** *du das gemacht hast.* Je me demande c**omment** tu as fait cela.
Wie *ist es dazu gekommen?* **Comment** en est-on arrivé là ?

2. *wie* exprime la comparaison (Voir 139-141)

Sie ist so hübsch ***wie*** *Claudia.* Elle est aussi jolie **que** Claudia.
Wie *zum Beispiel* **Comme** par exemple
Wie *du mir, so ich dir.* Je te traite **comme** tu m'as traité.

3. *wie* exprime la concession (Voir 143-145)

Wie *dem auch sei... =* ***Wie*** *auch immer...* Quoi qu'il en soit...

4. *wie* exprime le temps (Voir 269)

Und ***wie*** *ich über die Straße will, begegnet mir ein alter Freund.*
Et **comme** je m'apprête à traverser la rue, je tombe sur un vieil ami.

Die Dame sagt nun eines Tages, ***wie*** *man zu Nacht gegessen hat...*
La dame nous dit un jour, **alors que** nous venions dîner...

5. *wie* exprime l'identité

Er fürchtet sich vor Frauen ***wie*** *ihr.* Il redoute les femmes **comme** elle.
Säugetiere, ***wie*** *Pferde und Kühe* des mammifères, **comme** les chevaux ou les vaches

6. *wie* = *dass* (après des verbes de perception : expression de la simultanéité)

Sie spürte, ***wie*** *es langsam wärmer wurde.* Elle ressentait un réchauffement progressif.
Ich sehe, ***wie*** *das Feuer um sich greift.* Je vois comme le feu s'étend.

7. *wie* = *und*

Männer ***wie*** *Frauen meldeten sich spontan.* Des hommes **et** des femmes se présentèrent spontanément.
Alles war kaputt, außen ***wie*** *innen.* Tout était cassé, à l'extérieur **comme** à l'intérieur.

8. *wie* dans l'interrogation et l'exclamation

Wie *alt ist sie?* Quel âge a-t-elle ?
Wie *schön!* **Comme** c'est beau !

À VOUS !

298. Traduisez.
a. Er spielte wie ein geübter Schauspieler. – b. Bei manchen Tieren, wie der Spinne, zeigt sich ein großer Kunstsinn. – c. In einem Augenblick, wie der gegenwärtige, ist alles möglich. – d. Sie nickte mir zu, wie man einem Baby zunickt. – e. Ich weiß, wie er sich darüber freut. – f. Wie weit ist es noch? – g. Wie viele Fehler hat er im Aufsatz gemacht? – h. Er muss lernen, wie man Weißbrot backt. – i. Der Redner sprach weiter – monoton, wie ein Mühlrad. – j. Wie ich geboren worden bin, da war mein Onkel gerade mal wieder besoffen. (Kant)

WOLLEN

Volonté, intention

280

1. Conjugaison de *wollen*

wollen est un verbe faible régulier.

L'indicatif

Voir 58/224-225

formes simples		formes composées	
présent	**prétérit**	**parfait**	**plus-que-parfait**
ich will	*ich wollte*	*ich habe (das) gewollt/(sagen) wollen*	*ich hatte (das) gewollt/(sagen) wollen*
du willst	*du wolltest*		
er will	*er wollte*		
wir wollen	*wir wollten*		
ihr wollt	*ihr wolltet*		
sie wollen	*sie wollten*		

Le subjonctif

formes simples		formes composées	
subjonctif 1	**subjonctif 2**	**parfait**	**plus-que-parfait**
ich wolle	*ich wollte*	*ich habe (das) gewollt/(sagen) wollen*	*ich hätte (das) gewollt/(sagen) wollen*
du wollest	*du wolltest*		
er wolle	*er wollte*		
wir wollen	*wir wollten*		
ihr wollet	*ihr wolltet*		
sie wollen	*sie wollten*		

2. Sens de *wollen*

Sens de *wollen* employé seul :

*Wer **will**, der kann.* Vouloir, c'est pouvoir.

Sens de *wollen* employé avec un complément :

Wollen Sie eine Tasse Kaffee? Voulez-vous une tasse de café ?
Was wollen Sie von mir? Que me voulez-vous ?
Was er will, das hat er nicht, und was er hat, das will er nicht.
Ce qu'il veut, il ne l'a pas, et ce qu'il a il n'en veut pas.

Sens de *wollen* employé avec un infinitif :

→ Expression de la modalité : sens propre : « volonté, forte probabilité »

*Sie **will** morgen früh kommen.* Elle veut venir demain matin.
*Sie hat ihn gestern sehen **wollen**.* Elle a voulu le voir hier.
*Es **will** regnen.* Il va pleuvoir.

→ Expression de la modalisation : sens figuré : le locuteur ne croit pas vraiment ce qu'il dit

*Er **will** es gehört haben.* Il prétend l'avoir entendu.
*Sie **will** ihn gestern gesehen haben.* Elle prétend l'avoir vu hier.

Y

281 Traduction de « y »

1. « y » exprime le lieu

« y » exprime le lieu où l'on est (le locatif) :

*Bleiben Sie **dort**!* Restez-**y** !

*Sie ist in Aachen geboren und wohnt auch **dort**.*
Elle est née à Aix-la-Chapelle et elle **y** habite.

*Obwohl das Zimmer keine Heizung hatte, war es angenehm warm **darin**.*
Bien qu'il n'y eût pas de chauffage dans la chambre, il **y** faisait agréablement chaud.

« y » exprime le lieu où l'on va (le directif) :

*Aachen? Ich fahre eben **dorthin** /**dahin**.* Aix-la-Chapelle ? J'**y** vais justement.

*Sie ist **hingegangen**.* Elle **y** est allée.

2. « y » est un pronom, complément d'un verbe ou d'un adjectif

« y » est un pronom, complément d'un verbe :

*Denkt **daran**!* ← *denken **an*** Pensez-**y** !
*Sie arbeitet **daran**.* ← *arbeiten **an*** Elle **y** travaille.
*Ich verzichte **darauf**.* ← *verzichten **auf*** J'**y** renonce.
*Ich willige **darin** ein.* ← *einwilligen **in*** J'**y** consens.
*Ich rechne **damit**.* ← *rechnen **mit*** J'**y** compte bien.
*Er versteht sich **darauf**.* ← *sich verstehen **auf*** Il s'**y** entend.
*Verlassen Sie sich nicht **darauf**!* ← *sich verlassen **auf*** Ne vous-**y** fiez pas !

« y » est un pronom, complément d'un adjectif :

*Er ist aufmerksam **darauf**.* ← *aufmerksam **auf*** Il y est attentif.

3. Traduction de « y » dans les gallicismes

***Hier** bin ich, **hier** bleibe ich!* J'**y** suis, j'**y** reste !
*Ich kann nichts **dafür**!* Je n'**y** peux rien !
*Ich war **dabei**!* J'**y** étais !
*Was kann man **da** machen?* Que pouvons-nous **y** faire ?
miteinbegriffen **y** compris
***Los**!* Allons-**y** !
*Ich komme nicht **dazu**.* Je n'**y** arrive pas.
*Ich schaffe **es** nicht.* Je n'**y** arriverai pas.

Voir Compléments des adjectifs, Annexe
Voir Compléments des verbes, Annexe
Voir Il y a 200

À VOUS !

299. Traduisez.
a. J'y suis, j'y reste ! – b. Elle y habite. – c. Je t'y invite. – d. Elle y court. – e. Cela y mène. – f. Vas-y ! – g. J'y suis habitué. – h. Il y est intéressé. – i. Je n'y crois plus. – j. Je me mets au travail. Je m'y mets.

ANNEXES

LISTE ALPHABÉTIQUE DES VERBES FORTS

*réguliers et irréguliers**

infinitif	prétérit	participe 2	3e pers. présent	sens
backen	*buk/backte*	*gebacken*	*er bäckt*	cuire au four
befehlen	*befahl*	*befohlen*	*er befiehlt*	ordonner
beginnen	*begann*	*begonnen*		commencer
sich befleißen	*befliss sich*	*beflissen*		s'appliquer
beißen	*biss*	*gebissen*		mordre
bergen	*barg*	*geborgen*	*er birgt*	abriter, cacher
bersten	*barst*	*ist geborsten*	*er birst*	éclater
(be)trügen	*(be)trog*	*(be)trogen*		tromper
bewegen	*bewog*	*bewogen*		inciter à
biegen	*bog*	*gebogen*		plier
bieten	*bot*	*geboten*		offrir
binden	*band*	*gebunden*		lier
bitten	*bat*	*gebeten*		prier quelqu'un
blasen	*blies*	*geblasen*	*er bläst*	souffler (fort)
bleiben	*blieb*	*ist geblieben*		rester
braten	*briet*	*gebraten*	*er brät*	faire rôtir
brechen	*brach*	*gebrochen*	*er bricht*	briser
dingen	*dang*	*gedungen*		soudoyer, louer
dreschen	*drosch*	*gedroschen*	*er drischt*	battre au fléau
dringen	*drang*	*ist gedrungen*		pénétrer
empfehlen	*empfahl*	*empfohlen*	*er empfiehlt*	recommander
erlöschen	*erlosch*	*ist erloschen*	*es erlischt*	s'éteindre
(er)schallen	*(er)scholl*	*ist (er)schollen*	*es erschallt*	résonner, retentir
erschrecken	*erschrak*	*ist erschrocken*	*er erschrickt*	s'effrayer
(er)wägen	*(er)wog*	*(er)wogen*		peser, considérer
essen*	*aß*	*gegessen*	*er isst*	manger
fahren	*fuhr*	*ist gefahren*	*er fährt*	aller (voiture)
fallen	*fiel*	*ist gefallen*	*er fällt*	tomber
fangen	*fing*	*gefangen*	*er fängt*	attraper
fechten	*focht*	*gefochten*	*er ficht*	se battre en duel
finden	*fand*	*gefunden*		trouver
flechten	*floch*	*geflochten*	*er flicht*	tresser
fliegen	*flog*	*ist geflogen*		voler (en l'air)
fliehen	*floh*	*ist geflohen*		fuir
fließen	*floss*	*ist geflossen*		couler
fressen	*fraß*	*gefressen*	*er frisst*	dévorer
frieren	*fror*	*gefroren*		geler
gären	*gor*	*gegoren*		fermenter
gebären	*gebar*	*geboren*	*sie gebiert*	mettre au monde
geben	*gab*	*gegeben*	*er gibt*	donner
gedeihen	*gedieh*	*ist gediehen*		prospérer
gehen*	*ging*	*ist gegangen*		aller
gelten	*galt*	*gegolten*	*er gilt*	valoir, passer pour
gelingen	*gelang*	*ist gelungen* (3e pers.)		réussir
genesen	*genas*	*ist genesen*	*er genest*	être convalescent
genießen	*genoss*	*genossen*		jouir de
gewinnen	*gewann*	*gewonnen*		gagner
geschehen	*geschah*	*ist geschehen*	*es geschieht*	se passer
gießen	*goss*	*gegossen*		verser

gleichen	*glich*	*geglichen*		ressembler
gleiten	*glitt*	*ist geglitten*		glisser
glimmen	*glomm*	*geglommen*		jeter une faible lueur
graben	*grub*	*gegraben*	*er gräbt*	creuser
greifen	*griff*	*gegriffen*		saisir
halten	*hielt*	*gehalten*	*er hält*	tenir
hängen	*hing*	*gehangen*		pendre, être suspendu
hauen*	*hieb*	*gehauen*		frapper
heben	*hob*	*gehoben*		s'appeler, ordonner
heißen	*hieß*	*geheißen*		appeler
helfen	*half*	*geholfen*	*er hilft*	aider
klimmen	*klomm*	*ist geklommen*		grimper
klingen	*klang*	*geklungen*		tinter
kneifen	*kniff*	*gekniffen*		pincer
kommen	*kam*	*ist gekommen*		venir
kriechen	*kroch*	*ist gekrochen*		ramper
küren (kiesen)	*kor*	*gekoren*		élire
laden	*lud*	*geladen*	*er lädt*	charger
lassen	*ließ*	*gelassen*	*er lässt*	laisser
laufen	*lief*	*ist gelaufen*	*er läuft*	courir
leiden*	*litt*	*gelitten*		souffrir
leihen	*lieh*	*geliehen*		prêter
lesen	*las*	*gelesen*	*er liest*	lire
liegen	*lag*	*gelegen*		être couché
lügen	*log*	*gelogen*		mentir
meiden	*mied*	*gemieden*		éviter
melken	*molk*	*gemolken*	*er melkt*	traire
messen	*maß*	*gemessen*	*er misst*	mesurer
nehmen	*nahm*	*genommen*	*er nimmt*	prendre
pflegen	*pflog*	*gepflogen*	*er pflegt*	avoir coutume de
pfeifen	*pfiff*	*gepfiffen*		siffler
preisen	*pries*	*gepriesen*		vanter
quellen	*quoll*	*ist gequollen*	*es quillt*	sourdre, jaillir
raten	*riet*	*geraten*	*er rät*	conseiller
reiben	*rieb*	*gerieben*		frotter
reißen	*riss*	*gerissen*		arracher
reiten	*ritt*	*ist geritten*		aller à cheval
riechen	*roch*	*gerochen*		sentir (odeur)
ringen	*rang*	*gerungen*		lutter
rinnen	*rann*	*ist geronnen*		couler
rufen	*rief*	*gerufen*		appeler
saufen	*soff*	*gesoffen*	*er säuft*	boire (animaux), se soûler
saugen	*sog*	*gesogen*		sucer
schaffen	*schuf*	*geschaffen*		créer
scheiden	*schied*	*hat geschieden*		séparer
scheinen	*schien*	*geschienen*		luire
schelten	*schalt*	*gescholten*	*er schilt*	injurier
scheren	*schor*	*geschoren*	*er schiert*	tondre
schieben	*schob*	*geschoben*		pousser, déplacer
schießen	*schoss*	*geschossen*		tirer (arme)
schinden	*schindete /schund*	*geschunden*		écorcher

schlafen	*schlief*	*geschlafen*	*er schläft*	dormir
schlagen	*schlug*	*geschlagen*	*er schlägt*	frapper
schleichen	*schlich*	*ist geschlichen*		se glisser
schleifen	*schliff*	*geschliffen*		aiguiser
schließen	*schloss*	*geschlossen*		fermer
schlingen	*schlang*	*geschlungen*		avaler, embrasser
schmeißen	*schmiss*	*geschmissen*		lancer
schmelzen	*schmolz*	*ist geschmolzen*	*es schmilzt*	fondre (intransitif)
		hat geschmolzen	*er schmilzt*	fondre (transitif)
schnauben	*schnob*	*geschnoben*		s'ébrouer, haleter
schneiden*	*schnitt*	*geschnitten*		couper
schreiben	*schrieb*	*geschrieben*		écrire
schreien	*schrie*	*geschrie[e]n*		crier
schreiten	*schritt*	*ist geschritten*		marcher
schweigen	*schwieg*	*geschwiegen*		se taire
schwellen	*schwoll*	*geschwollen*	*es schwillt*	enfler, gonfler
schwimmen	*schwamm*	*geschwommen*		nager
schwinden	*schwand*	*ist geschwunden*		disparaître
schwingen	*schwang*	*geschwungen*		brandir, balancer
schwören	*schwor /schwur*	*geschworen*		jurer
sehen	*sah*	*gesehen*	*er sieht*	voir
sein*	*war*	*ist gewesen*	*er ist*	être
sieden*	*sott*	*gesotten*		cuire
singen	*sang*	*gesungen*		chanter
sinken	*sank*	*ist gesunken*		sombrer
sinnen	*sann*	*gesonnen*		réfléchir
sitzen*	*saß*	*gesessen*		être assis
speien	*spie*	*gespie(e)n*		cracher
spinnen	*spann*	*gesponnen*		filer
spleißen	*spliss*	*gesplissen*		fendre
sprechen	*sprach*	*gesprochen*	*er spricht*	parler
sprießen	*spross*	*ist gesprossen*		germer, éclore
springen	*sprang*	*ist gesprungen*		sauter
stechen	*stach*	*gestochen*	*er sticht*	piquer
stehen*	*stand*	*gestanden*		être debout
stehlen	*stahl*	*gestohlen*	*er stiehlt*	dérober
steigen	*stieg*	*ist gestiegen*		monter
sterben	*starb*	*ist gestorben*	*er stirbt*	mourir
stieben	*stob*	*gestoben*		voler en poussière
stinken	*stank*	*gestunken*		empester
stoßen	*stieß*	*gestoßen*	*er stößt*	heurter
streichen	*strich*	*gestrichen*		caresser
streiten	*stritt*	*gestritten*		se disputer
tragen	*trug*	*getragen*	*er trägt*	porter
treffen	*traf*	*getroffen*	*er trifft*	rencontrer
treiben	*trieb*	*getrieben*		pousser
treten	*trat*	*ist getreten*	*er tritt*	poser le pied
trinken	*trank*	*getrunken*		boire
tun*	*tat*	*getan*		faire
verderben	*verdarb*	*ist verdorben*	*er verdirbt*	pourrir
		hat verdorben	*er verdirbt*	gâter
verdrießen	*verdross*	*verdrossen*		contrarier
vergessen	*vergaß*	*vergessen*	*er vergisst*	oublier

verlieren	*verlor*	*verloren*		**perdre**
verschleißen	*verschliss*	*ist verschlissen*		**s'user prématurément (intransitif)**
		hat verschlissen		**user prématurément (transitif)**
verzeihen	*verzieh*	*verziehen*		**pardonner**
wachsen	*wuchs*	*ist gewachsen*	*er wächst*	**croître**
waschen	*wusch*	*gewaschen*	*er wäscht*	**laver**
weben	*wob*	*gewoben*	*er webt*	**tisser**
weichen	*wich*	*ist gewichen*		**céder le pas**
weisen	*wies*	*gewiesen*		**montrer**
werben	*warb*	*geworben*	*er wirbt*	**recruter, briguer**
werfen	*warf*	*geworfen*	*er wirft*	**jeter, lancer**
wiegen	*wog*	*gewogen*		**peser**
winden	*wand*	*gewunden*		**tordre, tresser**
wringen	*wrang*	*gewrungen*		**tordre, essorer**
ziehen*	*zog*	*hat gezogen*		**tirer**
		ist gezogen		**partir en groupe**
zwingen	*zwang*	*gezwungen*		**contraindre**

LES COMPLÉMENTS DES ADJECTIFS

abhängig	*Der Ausflug ist abhängig **von** dem Wetter.*	L'excursion dépend du temps qu'il fait.
ähnlich	*Er sieht **seinem Bruder** sehr ähnlich.*	Il ressemble beaucoup à son frère.
alt	*Dieses Kind ist **einen Monat** alt.*	Cet enfant a un mois.
	*Er ist **zwischen 10 und 15 Jahre** alt.*	Il a entre 10 et 15 ans.
angeboren	*Die Höflichkeit ist **ihm** angeboren.*	La politesse lui est innée.
angegliedert	*Die Vororte sind **der Stadt** angegliedert.*	Les banlieues sont rattachées à la ville.
angelegt	*ein **auf** zehn Bände angelegtes Werk*	une œuvre qui comprend dix volumes
angemessen	*Der Lohn ist **der Leistung** angemessen.*	Le salaire est conforme au travail.
angenehm	***Dein** Besuch ist **mir** sehr angenehm.*	Ta visite m'est très agréable.
angewiesen	*Er ist **auf** sie angewiesen.*	Il ne peut rien sans elle.
ansässig	*Er ist **in** der Schweiz ansässig.*	Il réside en Suisse.
ärgerlich	*Er ist ärgerlich **auf / über** mich.*	Il est fâché contre moi.
arm	*Dieses Gemüse ist arm **an** Vitaminen.*	Ces légumes sont pauvres en vitamines.
aufgebracht	*Er war **über** den Vorfall aufgebracht.*	Il était furieux de l'incident.
aufmerksam	*Er macht sie **auf** die Folgen aufmerksam.*	Il attire son attention sur les conséquences.
bedürftig	*Er war **des Trostes** bedürftig.*	Il avait besoin d'être consolé.
befreundet	*Wir sind **mit**einander befreundet.*	Nous sommes amis.
begierig	*Sie ist begierig **nach** Eis.*	Elle veut absolument manger de la glace.
	*Ich bin begierig **auf** seine Rede.*	J'attends avec impatience son discours.
begreiflich	***jemandem** eine Sache begreiflich machen*	faire comprendre quelque chose à quelqu'un
behilflich	*Sie war ihm **bei** dieser Arbeit behilflich.*	Elle l'a aidé dans ce travail.
bekannt	*Sie ist **mit** ihm bekannt.*	Ils se connaissent bien.
	*Sie ist **ihm** bekannt.*	Il la connaît.
	*Der Mann ist **mir** bekannt.*	Je connais cet homme.

beliebt	*Sie ist **bei** allen Mitarbeitern beliebt.*	Tous ses collègues l'apprécient.
bequem	*Mach es **dir** bequem!*	Mets-toi à l'aise !
bereit	*Er ist **zu** allem bereit.*	Il est prêt à tout.
beschwerlich	*Ich möchte **dir** nicht beschwerlich fallen.*	Je ne voudrais pas t'importuner.
besorgt	*Ich bin **um** deine Zukunft besorgt.*	Je me fais du souci pour ton avenir.
bestürzt	*Sie ist **über** das Ergebnis bestürzt.*	Elle est consternée par le résultat.
betroffen	*Sie ist **über** die Nachricht betroffen.*	Elle est consternée par la nouvelle.
bewandert	*Er ist **in** der Literatur gut bewandert.*	Il a de bonnes connaissances en littérature.
bewusst	*Ich bin mir **meines Irrtums** bewusst.*	J'ai conscience de mon erreur.
	***Mir** ist bewusst, dass...*	J'ai conscience que...
blass	*Sie war blass **vor** Schrecken.*	Elle était verte de peur.
bleich	*Sie war bleich **vor** Schrecken.*	Elle était verte de peur.
blind	*Er ist **auf** dem rechten Auge blind.*	Il est aveugle de l'œil droit.
	*Sie ist blind **vor** Eifersucht.*	Sa jalousie la rend aveugle.
	*Er war blind **für** ihre Schönheit.*	Il était aveugle à sa beauté.
böse	*Sei **mir** bitte nicht böse.*	S'il te plaît, ne m'en veux pas.
	*Er ist böse **auf** dich.*	Il t'en veut.
breit	*Die Straße ist **10 Meter** breit.*	La chaussée fait 10 mètres de large.
dankbar	*Ich bin **dir** dankbar für deine Hilfe.*	Je te suis reconnaissant pour ton aide.
	*Ich bin dir sehr dankbar da**für**.*	Je t'en suis très reconnaissant.
dick	*eine **10 Zentimer** dicke Schicht Schnee*	une couche de neige de dix centimètres
durstig	*Sie ist durstig **nach** Wissen.*	Elle est assoiffée de connaissances.
ebenbürtig	*Er ist ihr **an** Geist nicht ebenbürtig.*	Intellectuellement il n'est pas à sa hauteur.
	*Sie ist **ihm** ebenbürtig.*	Elle est son égal.
eifersüchtig	*Sie ist eifersüchtig **auf** ihre Nachbarin.*	Elle est jalouse de sa voisine.
eigen	*Diese Gangart ist **ihm** eigen.*	Cette façon de marcher lui est propre.
eingebildet	*Er ist eingebildet **wegen** seines Berufs.*	Il tire vanité de sa profession.
eingedenk	*seines Versprechens eingedenk*	se souvenant de sa promesse
einverstanden	*Ich bin **mit** dir/**da**mit einverstanden.*	Je suis d'accord avec toi/ avec cela.
empfänglich	*Sie ist empfänglich **für** Komplimente.*	Elle est sensible aux compliments.
empfindlich	*Blumen sind empfindlich **gegen** Hitze.*	Les fleurs sont sensibles à la chaleur.
empört	*Wir sind empört **über** den Fall.*	Ce cas nous révolte.
entfernt	*Das Haus ist 20 Meter **von** hier entfernt.*	La maison est à 20 mètres d'ici.
	*Der Bahnhof ist weit **von** der Stadt entfernt.*	La gare est loin de la ville.
entrüstet	***Über** dein Verhalten bin ich entrüstet.*	Je suis indigné par ton comportement.
entschlossen	*Er ist **zum** Kampf entschlossen.*	Il est résolu à se battre.
entsetzt	*Ich bin entsetzt **über** das, was ich höre.*	Je suis épouvanté par ce que j'apprends.
erbittert	***Über** die Ungerechtigkeit war er erbittert.*	Il était dégoûté par cette injustice.
erbost	*Ich bin **über** dein Benehmen erbost.*	Je n'apprécie pas du tout ta conduite.
erfahren	***Auf** dem Gebiet ist er ziemlich erfahren.*	Il a une certaine expérience dans ce domaine.
erfreut	*Sie war **über** seinen Besuch sehr erfreut.*	Elle était très heureuse de sa visite.
ergeben	*Sie ist **ihm** völlig ergeben.*	Elle lui est entièrement soumise.
erhaben	***Über** das Geklatsche war er erhaben.*	Il ne se souciait pas du qu'en dira-t-on.
	*Sie ist **über** jeden Verdacht erhaben.*	Elle est au-dessus de tout soupçon.
	*Ihre Arbeit ist **über** jedes Lob erhaben.*	Son travail est au-delà de toute louange.
erklärlich	*Das ist **mir** nicht erklärlich.*	Je n'arrive pas à m'expliquer cela.
erpicht	***aufs** Geld erpicht sein*	être âpre au gain
erstaunt	*Der Chef ist erstaunt **über** die Nachricht.*	Le patron s'étonne de cette nouvelle.
erwünscht	*Ihr Besuch ist **mir** nicht erwünscht.*	Je ne voudrais pas qu'elle vienne.
fähig	*Er ist **einer solchen Tat** nicht fähig.* [génitif]	Il n'est pas capable d'une telle action.
	*Er ist **zu** allem fähig.*	Il est prêt à tout.
feind sein	*Er ist **allen Vergnügen** feind.*	Il est hostile à tous les plaisirs.
fertig	*Sie ist **mit** ihrer Arbeit fertig.*	Elle a fini son travail.
	*Sie wird **mit** ihm schon fertig.*	Elle sait comment s'y prendre avec lui.

frech	*Er war ziemlich frech* ***zu*** *mir.* Il était assez effronté envers moi.
frei	*Er lebt frei* ***von*** *Sorgen.* Il vit sans souci.
freigebig	*Er ist freigebig* ***gegenüber*** *den Armen.* Il est généreux envers les pauvres.
fremd	*Die Malerei bleibt* ***ihm*** *fremd.* La peinture et lui, ça fait deux.
freundlich	*Sie war eher freundlich* ***zu*** *mir.* Elle était plutôt aimable envers moi.
froh	*Ich bin froh* ***über*** *das Ergebnis.* Je suis content du résultat.
gebunden	***an*** *feste Preise gebunden sein* être tenu de respecter des prix fixes
gebürtig	*Er ist* ***aus*** *der Schweiz gebürtig.* Il est né en Suisse.
geeignet	*Sie ist* ***zu*** *diesem Amt nicht geeignet.* Cette fonction n'est pas faite pour elle.
	Sie ist ***für*** *den Posten geeignet.* Elle est toute désignée pour ce poste.
(zu-)geneigt	*Sein Chef war* ***ihm*** *nicht geneigt.* Son patron ne lui était pas favorable.
gefährlich	*Diese Reise war* ***ihr*** *zu gefährlich.* Ce voyage était trop dangereux pour elle.
gefällig	*Was ist* ***Ihnen*** *gefällig?* Que désirez-vous ?
gefasst	*Wir sind* ***auf*** *alles gefasst.* Nous nous attendons à tout.
gefeit	***Gegen*** *Versuchungen bin ich gefeit.* Je suis vacciné contre les tentations.
gehorsam	***den Eltern*** *gehorsam sein* obéir aux parents
geizig	*Sie ist geizig* ***mit*** *ihrem Geld.* Elle est près de ses sous.
geläufig	*Dieser Ausdruck ist* ***mir*** *geläufig.* Cette expression m'est familière.
gemäß	*Die Arbeit ist* ***dem Lohn*** *nicht gemäß.* Le travail ne correspond pas au salaire.
gemeinsam	***Ihnen*** *ist vieles gemeinsam.* Ils ont beaucoup de choses en commun.
geneigt	*Sie ist* ***ihm*** *geneigt.* Elle est bien disposée à son égard.
geschaffen	*Der Posten ist wie* ***für*** *ihn geschaffen.* Cet emploi lui convient parfaitement.
geschickt	*Andrea ist sehr geschickt* ***im*** *Stricken.* Andrea tricote remarquablement bien.
gespannt	***auf*** *das Ergebnis gespannt* impatient du résultat
geübt	***Im*** *Turnen ist er geübt.* Il est fort en gymnastique.
gewachsen	*Er ist* ***der Lage*** *nicht gewachsen.* Il n'est pas à la hauteur de la situation.
	jemandem *gewachsen sein* faire le poids face à quelqu'un
gewandt	*Sie ist* ***in*** *vielen Dingen gewandt.* Elle sait faire beaucoup de choses.
gewiss	*Ich bin mir* ***seines Beistandes*** *gewiss.* Je suis sûr de son aide.
gewogen	*Er war* ***ihm*** *gewogen.* Il était bien disposé à son égard.
gewöhnt	*Ich bin* ***an*** *die Arbeit gewöhnt.* Le travail ne me fait pas peur.
gierig	*Sie ist gierig* ***nach*** *Eis.* Elle veut absolument manger de la glace.
gleich	*Keiner kommt* ***ihm an*** *Tapferkeit gleich.* Personne ne l'égale en vaillance.
gleichgültig	*Dieser Mensch ist* ***mir*** *gleichgültig.* Cet homme m'est indifférent.
	Er ist ***gegen*** *alles gleichgültig.* Il est indifférent à tout.
gleichlaufend	*Diese Gerade ist gleichlaufend* ***mit*** *jener.* Cette droite-ci est parallèle à celle-là.
glücklich	*Sie war so glücklich* ***über*** *das Geschenk.* Elle était si heureuse de son cadeau.
gram sein	*Er ist* ***allen*** *gram.* Il en veut à tout le monde.
grausam	*Er ist grausam* ***zu*** *seinem Hund.* Il est cruel avec son chien.
	Er ist grausam ***gegen*** *die Gefangenen.* Il est cruel envers les prisonniers.
grob	*Er wurde grob* ***zu*** *den Kunden.* Il se mit à rudoyer les clients.
	Er war grob ***gegen*** *seine Mitarbeiter.* Il rudoyait ses collaborateurs.
groß	*Die Schuhe sind mir* ***eine Nummer*** *zu groß.* Ces chaussures sont une pointure trop grandes.
günstig	*Das Schicksal war* ***mir*** *günstig.* Le sort m'a été favorable.
gut	*gut sein* ***zu*** *seinen Mitmenschen* être bon envers ses semblables
	Was gut ist ***für*** *dich, ist* ***für*** *alle gut.* Ce qui est bon pour toi l'est pour tous.
hart	*Sie ist hart* ***gegen*** *ihre Töchter.* Elle est dure avec ses filles.
heilig	*Ihre Gefühle sind* ***ihm*** *heilig.* Ses sentiments sont sacrés pour lui.
heilsam	*Eine* ***ihm*** *heilsame Lehre* Une leçon qui lui fait du bien.
hinderlich	*Das ist* ***mir*** *sehr hinderlich.* Cela est très gênant pour moi.
hoch	*Das Haus ist* ***zwei Stock*** *hoch.* La maison a deux étages.
hold	*Das Schicksal war* ***ihm*** *nicht hold.* Le sort ne lui a pas été propice.
hörig	*Er ist* ***ihr*** *hörig.* Il est à ses pieds.
hungrig	*Er ist hungrig* ***nach*** *Fleisch.* Il a envie de manger de la viande.

interessiert	***An** deinem Vorschlag bin ich interessiert.* Je suis intéressé par ta proposition.
karg	*Er ist karg **mit** Worten.* Il est très laconique.
klar	*Das ist **mir** völlig klar.* C'est parfaitement clair pour moi.
lahm	*Er ist lahm **auf** dem linken Bein.* Il est paralysé de la jambe gauche.
lang	*Das Brett ist **drei Meter** lang.* La planche fait trois mètres de long.
lästig	*Sie wollte **ihm** nicht lästig sein.* Elle ne voulait pas l'importuner.
leicht	***Mir** ist so leicht ums Herz.* J'ai le cœur léger.
lieb	*Er war immer lieb **zu** den Kindern.* Il était toujours gentil avec les enfants.
	*Dein Geschenk ist **mir** sehr lieb.* J'aime beaucoup ton cadeau.
	*Sei lieb **mit** den Kindern!* Sois gentil avec les enfants !
los und ledig	*Er ist **dieser Arbeit** los und ledig.* Il est débarrassé de ce travail.
mächtig	*Er ist **seiner selbst** nicht mehr mächtig.* Il ne se maîtrise plus.
möglich	*Ist es **dir** möglich, später zu kommen?* T'est-il possible de venir plus tard ?
müde	*Er ist **des Lebens** (= **es**) müde.* Il est las de vivre.
	*Ich bin müde **von** der Arbeit.* Je suis épuisé par le travail.
nachsichtig	*Er war nachsichtig **gegen** seine Kinder.* Il était indulgent envers ses enfants.
nachteilig	*Es wirkte sich nachteilig **für** ihn aus.* Cela n'a pas tourné à son avantage.
nah	*Er ist **der Verzweiflung** nahe.* Il est au bord du désespoir.
neidisch	*Er ist neidisch **auf** ihren Erfolg.* Il est jaloux de son succès.
nett	*Sie war äußerst nett **zu** mir.* Elle était charmante avec moi.
neu	*Das ist **mir** neu.* Voilà qui est nouveau.
neugierig	*Er ist neugierig **auf** das Resultat.* Il est curieux du résultat.
nötig	*die **zum** Studieren nötigen Bücher* les livres nécessaires pour étudier
nützlich	*Er war **mir** bei der Arbeit sehr nützlich.* Il m'a été très utile dans ce travail.
peinlich	*Die Lage ist **mir** peinlich.* La situation est gênante pour moi.
recht	*Diese Antwort ist **mir** recht.* Cette réponse me convient.
reich	*Brasilien ist reich **an** Bodenschätzen.* Le Brésil est riche en minerais.
schädlich	*Das ist schädlich **für** deine Gesundheit.* C'est nuisible pour ta santé.
	*Tabak ist **dem Menschen** schädlich.* Le tabac nuit à la santé.
schläfrig	*Er wurde schläfrig **von** dem Wein.* Le vin l'a rendu somnolent.
schuld sein	*Er ist **an** allem schuld.* Il est responsable de tout.
schuldig	*Er ist mir **keinen einzigen Pfennig** schuldig.* Il ne me doit pas un sou.
	*Er hat sich **des Betrugs** schuldig gemacht.* Il s'est rendu coupable de fraude.
schwer	*Das Herz ist **ihm** schwer. = **Ihm** ist schwer ums Herz.* Il a le cœur gros.
	*Dieser Sack ist **einen Zentner** schwer.* Ce sac pèse un quintal. (50 kg)
senkrecht	*senkrecht **auf** eine Gerade* perpendiculaire à une droite
sicher	*sicher **vor** der Gefahr* à l'abri de tout danger
	*Er kann **meines Schweigens** sicher sein.* Il peut compter sur mon silence.
	*Ich bin [mir] **meiner Sache** sicher.* Je suis sûr de mon affaire.
	*Sie ist **ihrer selbst** sehr sicher.* Elle est très sûre d'elle-même.
stark	*Dieses Brett ist **einen Zentimeter** stark.* Cette planche fait 1 cm d'épaisseur.
	*eine **zwanzig Mann** starke Bande.* une bande de vingt individus
starr	*Sie war starr **vor** Staunen, **vor** Schrecken.* Elle était saisie de stupeur, de frayeur.
	*Er war starr **über** eine solche Gemeinheit.* Il était stupéfait d'une telle bassesse.
stolz	*Er ist stolz **auf** seinen Hund.* Il est fier de son chien.
streng	*Sie war streng **zu** ihren Kindern.* Elle était sévère avec ses enfants.
	*Sie ist streng **mit** ihren Kindern.* Elle est sévère avec des enfants.
	*Sie ist streng **gegen** andere.* Elle est sévère envers autrui.
stumm	*Er ist stumm **vor** Staunen.* Il en est muet d'étonnement.
süchtig	*Sie waren süchtig **nach** Sensationen.* Ils étaient avides de sensations.
taub	*Er ist taub **auf** dem linken Ohr.* Il est sourd de l'oreille gauche.
	*Sie blieb taub **gegen** meine Bitten* Elle resta sourde à mes prières.
teuer	*Sie ist **mir** sehr teuer.* Elle m'est très chère.
tief	*Der Graben ist **einen Fuß** tief.* Le fossé a une profondeur d'un pied.

tolerant	*Er ist tolerant* ***gegenüber*** *seinen Kindern.* Il est tolérant envers ses enfants.
traurig	*Sie war traurig* ***über*** *diesen Tod.* Elle était affligée par cette mort.
treu	*Er ist* ***seinem Glauben*** *treu geblieben.* Il est resté fidèle à sa foi.
trunken	*Wir sind trunken* ***vor*** *Freude.* Nous sommes ivres de joie.
tüchtig	*Er ist sehr tüchtig* ***in*** *seinem Beruf.* Professionnellement il est irréprochable.
typisch	*Das ist typisch* ***für*** *diese Gegend.* C'est typique de la région.
überdrüssig	*Er ist* ***des Lebens (= es)*** *überdrüssig.* Il est dégoûté de la vie.
überlegen	*Sie ist ihm* ***an*** *Körperkraft überlegen.* Physiquement elle le surpasse.
überzeugt	*Er ist* ***von*** *Ihrer Unschuld überzeugt.* Il est convaincu de votre innocence.
unabhängig	*unabhängig* ***von*** *den Leistungen* indépendamment des résultats
unähnlich	*Sie ist ihrem* ***Vater*** *nicht unähnlich.* Elle ressemble à son père.
unbegreiflich	*Das Problem ist* ***mir*** *unbegreiflich.* Ce problème m'est incompréhensible.
unbekannt	*Dieses Gesicht ist* ***mir*** *nicht unbekannt.* J'ai déjà vu cette tête-là quelque part.
unempfindlich	*unempfindlich* ***gegen*** *den Schmerz sein* être insensible à la douleur
unentbehrlich	*Ihre Hilfe ist* ***mir*** *unentbehrlich.* Son aide m'est indispensable.
unerklärlich	*Es ist* ***mir*** *unerklärlich, wie...* Je n'arrive pas à m'expliquer que...
ungehalten	*Er war* ***über*** *die Sache sehr ungehalten.* Il a très mal pris la chose.
unklar	*Das ist* ***mir*** *unklar.* Ce n'est pas clair pour moi.
unmöglich	*Das scheint* ***mir*** *unmöglich.* Cela ne me paraît pas possible.
unterlegen	*Sie ist ihm* ***an*** *Raffinesse unterlegen.* Elle est moins retorse que lui.
	Sie ist ***ihm*** *an Mut unterlegen.* Elle lui est inférieure en courage.
unterstellt	***dem Direktor*** *unterstellt* placé sous les ordres du directeur
unverständlich	*Das bleibt* ***mir*** *unverständlich.* Je n'arrive toujours pas à comprendre ça.
verständlich	***jemandem*** *ein Wort verständlich machen* expliquer un mot à quelqu'un
unwürdig	*Sie ist* ***des Lobes*** *unwürdig.* Elle ne mérite pas de louanges.
unzufrieden	*Er ist* ***mit*** *seinem Lohn unzufrieden.* Il n'est pas satisfait de son salaire.
verantwortlich	*Ich fühle mich verantwortlich* ***für*** *dich.* Je me sens responsable de toi.
verbunden	*Ich bin* ***Ihnen*** *sehr verbunden da****für****.* Je vous en suis très obligé.
verdächtig	*Sie ist des Mordes verdächtig.* Elle est soupçonnée de meurtre.
	Der Typ ist ***mir*** *verdächtig.* Ce type me paraît suspect.
verhasst	*Sie ist* ***ihm*** *verhasst.* Elle lui est odieuse.
verheiratet	*Sie ist* ***mit*** *einem reichen Mann verheiratet.* Elle est mariée à un homme riche.
verliebt	*Der Oberst ist* ***in*** *seine Nichte verliebt.* Le colonel est épris de sa nièce.
verlobt	***Mit*** *wem ist sie verlobt?* À qui est-elle fiancée ?
vernarrt	*Sie war* ***in*** *ihren Chef vernarrt.* Elle s'était amourachée de son patron.
verrückt	*Sie ist verrückt* ***nach*** *ihm.* Elle est folle de lui.
	Sie ist verrückt ***auf*** *Lebkuchen.* Elle raffole de pain d'épice.
versessen	*Sie ist ganz versessen* ***auf*** *Bücher.* Elle est passionnée par les livres.
vertraut	***mit*** *jemandem vertraut werden* se lier d'amitié avec quelqu'un
	sich ***mit*** *einer Sache vertraut machen* se familiariser avec quelque chose
verwandt	*Sie ist* ***mit*** *dem Präsidenten verwandt.* Elle est de la famille du président.
voll	*voll Angst und Furcht* plein d'angoisse et de crainte
	Der Saal ist voll ***von*** *Leuten.* La salle est pleine de monde.
voller	*ein Leben voller ständig****er*** *Sorgen* [génitif] une vie remplie de soucis perpétuels
vorteilhaft	*Die Lage ist vorteilhaft* ***für*** *ihn.* La situation est avantageuse pour lui.
weit	*Es liegt nur* ***einen Kilometer*** *weit von hier.* Ce n'est qu'à un kilomètre d'ici.
widerlich	*Sein Benehmen ist* ***mir*** *widerlich.* Son comportement me répugne.
willkommen	*Du bist* ***mir*** *immer willkommen.* Tu es toujours le bienvenu.
wohlgesinnt	*Er ist* ***mir*** *wohlgesinnt.* Il est bien intentionné à mon égard.
wohnhaft	*Er ist wohnhaft* ***in*** *der Schweiz.* Il réside en Suisse.
würdig	*Diese Tat ist* ***des Lobes*** *würdig.* Cette action est digne d'éloges.
wütend	*Sie ist wütend* ***auf*** *mich.* Elle est furieuse contre moi.
zornig	*Ich bin zornig* ***über*** *dich.* Je suis en colère contre toi.
	Sie ist zornig ***auf*** *mich.* Elle est en colère contre moi.

zufrieden	*Er ist **mit** seinem Schicksal zufrieden.* Il est satisfait de son sort.
zugänglich	*Der Saal ist **jedem** zugänglich.* La salle est ouverte à tous.
zuträglich	*Sport ist **der Gesundheit*** [datif] *zuträglich.* Le sport est bon pour la santé.
zuvorkommend	*Er ist **gegen** die Kunden sehr zuvorkommend.* Il est très empressé avec les clients.

LES COMPLÉMENTS DES VERBES

ab-hängen	*Finanziell hängt er **von** ihr ab.* Financièrement il dépend d'elle.
ab-sagen	*Er sagte **dem Alkohol** leider nicht ab.* Il n'a malheureusement pas renoncé à l'alcool.
ab-sehen	*Er bat sie, **von** weiteren Besuchen abzusehen.* Il la pria de ne plus revenir.
	*abgesehen davo**n*** abstraction faite de cela
ab-sprechen	***Jemandem** ein Recht absprechen* Refuser un droit à quelqu'un.
ändern	*Was möchtest du **an** der Ausstattung ändern?* Que voudrais-tu modifier à la décoration ?
an-fangen	*Was sollen wir **mit** ihm anfangen?* Qu'est-ce qu'on va faire de lui ?
	*Sie hat **bei** ihm angefangen.* Elle a commencé par lui.
an-kommen	*Sie kommt **an** der Kreuzung an.* Elle arrive au croisement.
	*Es kommt **auf** das Wetter / **auf** dich an.* Cela dépend du temps, de toi.
	*Es kommt ihm **auf** das Geld an.* C'est l'argent qui compte pour lui.
an-rufen	*Ruf noch heute Abend **bei** mir an!* Appelle-moi encore ce soir.
an-spielen	*Er spielte **auf** die Schwiegermutter an.* Il faisait allusion à sa belle-mère.
antworten	***Auf** die letzte Frage antwortete er nicht.* Il n'a pas répondu à la dernière question.
	*Antworte **mir** sofort!* Réponds-moi immédiatement !
arbeiten	*Er arbeitet seit Jahren **an** dem Werk.* Il travaille depuis des années à cette œuvre.
auf-fallen	*Was ist **dir** hier aufgefallen?* Qu'est-ce qui t'a frappé ici ?
auf-fordern	***zum** Tanz, **zum** Duell auffordern* inviter à danser, provoquer en duel
auf-hören	*Sie wollen **mit** der Arbeit aufhören.* Ils veulent cesser le travail.
auf-passen	*Er passt **auf** die Kinder auf.* Il surveille les enfants.
	*Ich bleibe hier stehen und passe **auf** ihn auf.* Je reste ici et je l'attends.
aus-fragen	*Ich wurde **über** den Chef ausgefragt.* On m'a posé des questions sur mon patron.
	*Er hat ihn **nach** den Verhältnissen ausgefragt.* Il l'a interrogé sur la situation.
aus-gehen	***Von** diesem Standpunkt ausgehend...* En partant de ce point de vue...
aus-schließen	*Er wurde **von** der Gemeinde ausgeschlossen.* Il fut exclu du groupe.
aus-sehen	*Er sieht **nach** der Geliebten aus.* Il cherchait des yeux sa bien-aimée.
	*Das sieht **nach** nichts aus.* Cela ne ressemble à rien.
aus-weichen	*Der Wagen wich **dem Fahrrad** aus.* La voiture évita le cycliste.
bedecken	*Sie bedeckten den Fußboden **mit** Teppichen.* Ils recouvrirent le sol de tapis.
bedrohen	*Sie bedrohte ihn **mit** einer Pistole.* Elle le menaçait avec un pistolet.
befreien	*Er ist **vom** Wehrdienst befreit.* Il est libéré de ses obligations militaires.
(sich) befreien	*Er hat sich **aus** der Klemme befreit.* Il s'est tiré d'embarras.
begegnen	*Ich bin **ihm** auf dem Heimweg begegnet. Er ist **mir** auf dem Heimweg begegnet.* Je l'ai rencontré sur le chemin du retour.
(sich) begeistern	*Er begeistert ihn **für** die Sache.* Il l'a enflammé pour la cause.
beginnen	*Das Gedicht beginnt **mit** einem Ausruf.* Le poème commence par une exclamation.
beglücken	*Er beglückte die Kinder **mit** Geschenken.* Il a comblé les enfants de cadeaux.
beglückwünschen	*Sie wurde **zu** ihren Leistungen beglückwünscht.* Elle fut félicitée pour ses performances.
bei-bringen	***den Schülern** die Grammatik beibringen* enseigner la grammaire aux élèves
bei-fügen	***einer Sendung** etwas beifügen* joindre quelque chose à un envoi
bei-messen	***Diesem Ereignis** wurde eine große Bedeutung beigemessen.* On a accordé une grande importance à cet événement.
	***Ihm** wurde die Schuld beigemessen.* On l'a rendu responsable.

bei-stehen	*Sie stand* ***ihm*** *in der Not bei.* Elle l'a secouru quand il était dans la détresse.
bei-stimmen	*Stimmen Sie* ***mir*** *bei?* Êtes-vous d'accord avec moi ?
bei-tragen	*Sie trug ihr Teil* ***zur*** *Lösung des Konflikts bei.* Elle a contribué au règlement du conflit.
bei-treten	***einem Verband, einer Partei*** *beitreten* adhérer à un syndicat, à un parti
bei-wohnen	***der Uraufführung*** *beiwohnen* assister à la première
beneiden	*Er beneidet den Nachbarn* ***um*** *seinen Reichtum.* Il est jaloux de la fortune de son voisin.
berichten	*Er berichtete* ***über*** *alle Kollegen.* Il fit un rapport sur tous ses collègues.
beruhen	*Handel beruht* ***auf*** *ständigem Verkehr.* Le commerce repose sur des échanges permanents.
Bescheid wissen	*Ich weiß ganz genau Bescheid* ***über*** *ihn.* Je sais parfaitement qui il est.
bestehen	*Sie besteht* ***auf*** *ihrem Willen.* Elle persiste dans sa volonté.
	Das Gedicht besteht ***aus*** *drei Teilen.* Le poème se compose de trois parties.
	Der Auftrag besteht ***im*** *Überprüfen der Rechnungen.* Le travail consiste à contrôler les factures.
betrügen	*Er hat mich* ***um*** *200 DM betrogen.* Il m'a escroqué de 200 marks.
	Sie hat ihn ***mit*** *ihrem Schwager betrogen.* Elle l'a trompé avec son beau-frère.
bewegen	*Wir haben ihn* ***zum*** *Eingreifen bewogen.* Nous l'avons décidé à intervenir.
bitten	*Er bat* ***um*** *Hilfe.* Il demanda du secours.
bleiben	*Es bleibt* ***dir*** *nichts anderes übrig.* Tu sais ce qu'il te reste à faire.
	Bleibe bitte ***bei*** *der Sache.* S'il te plaît, ne change pas de sujet.
	Bleiben Sie bitte ***am*** *Apparat.* Ne quittez pas, s'il vous plaît.
bohren	***nach*** *Erdöl,* ***nach*** *Erdgas bohren* chercher du pétrole, chercher du gaz naturel
brauchen	*Was braucht es da noch* ***vieler Erklärungen****?* À quoi bon de longues explications ?
bringen	*etwas* ***zu*** *Papier, etwas* ***zum*** *Ausdruck, etwas* ***zur*** *Kenntnis bringen* mettre qqch par écrit, exprimer qqch, faire connaître qqch
	Er hat es bis ***zum*** *General gebracht.* Il a réussi à devenir général.
	ein Kind ***zur*** *Welt bringen* mettre un enfant au monde
danken	*Wir danken* ***Ihnen*** *recht herzlich.* Nous vous remercions très cordialement.
	Ich danke ***dir für*** *deinen Brief.* Je te remercie pour ta lettre
decken	*Er deckte die Flamme* ***mit*** *der Hand.* Il couvrit la flamme avec sa main.
denken	*Denkst du noch* ***an*** *ihn?* Est-ce que tu penses encore à lui ?
	Was denkst du ***von*** *ihm?* Que penses-tu de lui ?
	Was denkst du ***über*** *ihn?* Que penses-tu de lui ?
dienen	*Wo****zu*** *dient dieser neue Apparat?* À quoi sert ce nouvel appareil ?
	Niemand kann zwei ***Herren*** *dienen.* Nul ne peut servir deux maîtres.
drängen	*Sie drängte ihn* ***zur*** *Rückgabe des Manuskripts.* Elle l'a poussé à rendre le manuscrit.
	nach *dem Osten drängen* s'élancer vers l'est
drohen	*Er drohte* ***ihr*** *mit einem Dolch.* Il la menaçait d'un poignard. (**Attention !** *Er bedrohte* ***sie****.*)
ein-laden	*Wen hast du* ***zu*** *dieser Party eingeladen?* Qui as-tu invité à cette fête ?
ein-treten	*Er trat* ***für*** *den Freund ein.* Il a pris fait et cause pour son ami.
(sich) ekeln	*Ich ekle mich* ***vor*** *dem Dreck.* La saleté me dégoûte.
enden	*Die Diskussion endete* ***mit*** *einem Streit.* La discussion s'est terminée par une dispute.
	Das Wort « sie » endet ***auf*** *einen Vokal.* Le mot « sie » se termine par une voyelle.
(sich) entfernen	*Man entfernte das Kind* ***aus*** *dem Elternhaus.* On éloigna l'enfant de chez ses parents.
entgegen-arbeiten	*Sie arbeitete* ***ihm*** *entgegen.* Elle lui mettait des bâtons dans les roues.
entgegen-kommen	*Er kommt* ***mir*** *entgegen.* Il vient à ma rencontre./Il va au-devant de mes désirs.
entgegen-sehen	*Sie sah* ***dem Briefträger*** *entgegen.* Elle attendait l'arrivée du facteur.
entgegen-setzen	*Ich musste mich* ***ihm*** *entgegensetzen.* J'ai dû m'opposer à lui.
entgegen-stehen	*Steht* ***dem Projekt*** *etwas entgegen?* Est-ce que quelque chose s'oppose à ce projet ?
entgegen-stellen	*Sie stellte sich* ***mir*** *entgegen.* Elle s'est opposée à moi.
entgegnen	*Ich konnte* ***ihm*** *nichts entgegnen.* Je ne pouvais rien lui répondre.
entgehen	*Er konnte seinem Schicksal nicht entgehen.* Il ne put échapper à son destin.
entkommen	*Sie entkam* ***ihren Wächtern****.* Elle échappa à ses gardiens.
entsagen	*Der Kaiser entsagte* ***dem Thron****.* L'empereur renonça au trône.
entscheiden	*Er muss* ***über*** *den Fall entscheiden.* Il faut qu'il prenne une décision sur ce cas.
entstehen	*Schaden ist* ***aus*** *dem Unfall nicht entstanden.* L'accident n'a pas provoqué de dommages.

erben	*Er hat* ***von*** *seiner Oma geerbt.* Il a hérité de sa grand-mère.
erfahren	***Aus*** *guter Quelle erfahren wir, dass...* De bonne source nous apprenons que...
	Ich habe es eben ***vom*** *Nachbarn erfahren.* Je viens de l'apprendre du voisin.
erhalten	*Er hat einen Brief* ***von*** *seinem Sohn erhalten.* Il a reçu une lettre de son fils.
(sich) erinnern	*Er erinnert mich* ***an*** *meinen Bruder.* Il me rappelle mon frère.
erkennen	*Er hat sie* ***an*** *ihren Kleidern erkannt.* Il l'a reconnue à ses habits.
ernennen	*Sie wurde* ***zur*** *Botschafterin ernannt.* Elle fut nommée ambassadeur.
erscheinen	*Das erscheint* ***mir*** *sehr verworren.* Cela me paraît très confus.
erschrecken	***Bei*** *dieser Nachricht erschrickt er.* Il est effrayé en apprenant cette nouvelle.
	Ich erschrak ***über*** *sein Aussehen.* Je fus effrayé par sa mine.
	Hamlet erschrak ***vor*** *dem Gespenst.* Hamlet fut effrayé par le fantôme.
erwarten	*Ich erwarte nicht viel* ***von*** *ihm.* Je n'attends pas grand-chose de lui.
erwidern	*Er kann* ***ihm*** *nichts erwidern.* Il est incapable de lui répondre quoi que ce soit.
erzählen	*Sie erzählte gern* ***von*** *ihrer Großmutter.* Elle aimait parler de sa grand-mère.
essen	*Sie essen* ***aus*** *goldenen Tellern und Schüsseln.* Ils mangent dans de la vaisselle en or.
fallen	*Wenn Ostern und Pfingsten* ***auf*** *einen Tag fallen, so bezahlt er seine Schulden.* Si Pâques et la Pentecôte tombent le même jour, il payera ses dettes. (Quand les poules auront des dents...)
fehlen	*Das hat* ***mir*** *gerade noch gefehlt!* Il ne manquait plus que ça !
es fehlt an	*Es fehlt überall* ***an*** *Lehrkräften.* Il manque partout des enseignants.
fliehen	*Die Flüchtlinge flohen* ***vor*** *dem Feind.* Les réfugiés ont fui devant l'ennemi.
flüchten	***vor*** *dem Feind flüchten* fuir devant l'ennemi
folgen	*Folgen Sie* ***mir!*** Suivez-moi !
	Aus *allen den Erklärungen folgt, dass....* De toutes ces explications il s'ensuit que...
	Auf *Wilhelm I [den ersten] folgte Wilhelm II.* Guillaume II a succédé à Guillaume I.
	Er ist ***ihm*** *auf den Thron gefolgt.* Il lui a succédé sur le trône.
fordern	*Sie will Rechenschaft* ***von*** *ihm fordern.* Elle veut lui demander raison.
forschen	***nach*** *dem verlorenen Sohn forschen* être à la recherche du fils prodigue
fragen	*Hat jemand* ***nach*** *ihr gefragt?* Est-ce que quelqu'un l'a demandée ?
führen	*Das führt* ***zu*** *nichts Gutem.* Cela ne mène à rien de bon.
füllen	*Sie füllte die Weinflaschen* ***mit*** *Wasser.* Elle remplit les bouteilles de vin avec de l'eau.
gebrauchen	*« Gebraucht der Zeit, sie geht so schnell von hinnen! »* (Faust, v. 1908) Faites un bon usage du temps, il s'enfuit si vite ! [plus souvent + accusatif]
gefallen	*Das gefällt* ***mir*** *einfach nicht!* Cela ne me plaît pas, voilà tout !
es geht	*Es geht* ***um*** *die Wurst.* (familier) C'est décisif.
	Es geht ***aufs*** *Gleiche hinaus.* Cela revient au même.
gehorchen	*Gehorche* ***deinen Eltern!*** Obéis à tes parents !
gehören	*Das gehört nicht* ***zur*** *Sache.* Cela n'a rien à voir avec l'affaire.
	Der Hund gehört ***dem Nachbarn.*** Ce chien appartient au voisin.
gelingen	***Ihm*** *gelingt alles.* Tout lui réussit. (impersonnel)
genügen	*Das genügt* ***mir*** *vollständig.* Cela me suffit amplement.
geraten	*Gestern ist* ***ihm*** *der Braten wieder nicht geraten.* Hier il a encore raté le rôti.
	Er geriet ***in*** *eine fremde Stadt.* Il s'est retrouvé dans une ville inconnue.
	ins *Stocken geraten* se mettre à bégayer
	ins *Sieden geraten* se mettre en ébullition
gewinnen	*Sie hat viel* ***an*** *Sicherheit gewonnen.* Elle a davantage confiance en soi.
	Den Most gewinnt man ***aus*** *gekelterten Trauben.* On obtient le moût en pressurant le raisin.
glauben	*Er glaubt* ***an*** *die Astrologie.* Il croit en l'astrologie.
	Glauben Sie ***mir*** *das nicht?* Vous ne me croyez pas ?
gleichen	*Er gleicht* ***seinem Vater.*** Il ressemble à son père.
	Das gleicht ihm. C'est tout lui.
gratulieren	*Ich gratuliere* ***dir*** *zum Geburtstag.* Joyeux anniversaire !
	Ich gratuliere dir ***zu*** *deinem Geburtstag.* Meilleures félicitations pour ton anniversaire.
greifen	*Er muss immer tiefer* ***in*** *die Tasche greifen.* Il doit payer toujours plus.
	Er griff ***in*** *die Saiten,* ***in*** *die Tasten.* Il se mit à jouer (musique).

	*Sie greift **nach** seiner Hand.* Elle essaie de prendre sa main.
	*jemandem **unter** die Arme greifen* aider quelqu'un
	***zur** Feder greifen* prendre la plume
	***zu** den Waffen greifen* prendre les armes
halten	*Ich halte es **für** das Beste, wenn du den Arzt rufst.* Le mieux, c'est d'appeler le médecin.
	*Was halten Sie **von** ihm?* Que pensez-vous de lui ?
	*die Hand **vor** die Augen halten* mettre la main devant les yeux
	*Du hast treu **zu** mir gehalten.* Tu as été fidèlement à mes côtés.
handeln	***mit** dem Ausland handeln* faire du commerce avec l'étranger
	*Der Film handelt **von** einem Weberaufstand.* Le sujet du film est une révolte de tisserands.
es handelt sich um	*Es handelt sich **um** etwas ganz anderes.* Il s'agit de tout à fait autre chose.
hängen	*Sie hängt **an** ihren Kindern.* Elle est très attachée à ses enfants.
helfen	*Können Sie **mir** bitte helfen?* Pouvez-vous m'aider, s'il vous plaît ?
	*jemandem **aus** dem Elend helfen* aider quelqu'un à sortir de la misère
	*Kannst du mir **bei** der Arbeit helfen?* Peux-tu m'aider dans mon travail ?
hindern	*Das Licht hindert mich **am** Einschlafen.* Cette lumière m'empêche de m'endormir.
hinweisen	*Er wies mit dem Zeigefinger **auf** den Dieb hin.* Il indiqua du doigt le voleur.
hoffen	*Du hoffst wohl **auf** ein Wunder.* Tu espères certainement un miracle.
horchen	*Sie horchte **auf** seine Schritte.* Elle épiait ses pas.
hören	***auf** die Eltern hören* obéir aux parents
	***auf** ihren Rat hören* suivre leurs conseils
	*Was hast du **über** ihn gehört?* Qu'as-tu appris à son sujet ?
(sich) irren	*Ich habe mich **in** ihr geirrt.* Je me suis trompé à son sujet.
jammern	*Sie jammerte **um** ihren Bruder.* Elle se lamentait sur le sort de son frère.
	*Er jammerte **über** das Wetter.* Il n'arrêtait pas de se plaindre du temps.
	*Die Kinder jammerten **nach** ihrer Mutter.* Les enfants réclamaient leur mère en pleurant.
jubeln	*Sie jubelten **über** den Sieg.* Ils jubilent au moment de la victoire.
	*Die Zuschauer jubelten **vor** Freude.* [Datif] Les spectateurs poussèrent des cris de joie.
kämpfen	*Sie kämpfte **für** ihn.* Elle se battait pour lui.
	*Sie kämpfte allein **gegen** alle.* Elle combattait seule contre tous.
	*Wer kämpfte **mit** den Russen?* Qui a combattu avec les Russes ?
	*Sie kämpfte **um** das Leben des Patienten.* Elle a lutté pour sauver la vie du malade.
klagen	*Wir haben **über** den Hausmeister zu klagen.* Nous avons à nous plaindre du concierge.
	*Er klagte **um** seine verlorenen Illusionen.* Il pleurait ses illusions perdues.
kommen	*Wie ist es **zu** diesem Unfall gekommen?* Comment cet accident est-il arrivé ?
lachen	*Sie lachten **über** ihren Chef.* Ils se moquèrent de leur patron.
lassen	*Sie will **von** ihm nicht lassen.* Elle ne veut pas renoncer à lui.
leiden	*Die arme Studentin leidet **unter** Einsamkeit.* [Datif] La pauvre étudiante souffre de solitude.
	*Sie leidet **an** einer schlimmen Krankheit.* Elle souffre d'un mal terrible.
liegen	*Die Schuld liegt **an** ihm.* C'est lui qui est responsable.
los-kommen	*Er kommt einmal **von** ihr nicht los.* Il a beau faire, il ne peut pas la quitter.
mangeln	*Es mangelt **an** Hilfskräften.* On manque de personnel auxiliaire.
meinen	*Was meinen Sie **dazu**?* Qu'en pensez-vous ?
merken	***An** seiner Schüchternheit merkte man, dass...* On remarqua à sa timidité que...
messen	***An** ihr gemessen arbeitet er nicht viel.* Il travaille peu, comparé à elle.
missfallen	*Das Theaterstück missfiel **ihr**.* La pièce de théâtre ne lui a pas plu.
missglücken	*Das Bildnis ist **dem Maler** missglückt.* Le peintre a raté son portrait.
misslingen	*Der letzte Versuch ist **ihm** misslungen.* Il a échoué dans son dernier essai.
missraten	*Der Mirabellenkuchen ist **ihm** missraten.* Il a raté sa tarte aux mirabelles.
misstrauen	*Der neue Schüler misstraute **seinen Kameraden**.* Le nouveau se défiait de ses camarades.
mit-machen	*Er hat **bei** der Vorbereitung mitgemacht.* Il a participé à la préparation.
münden	*Der Fluss mündet **in** das Meer.* Le fleuve se jette dans l'océan.
	*Die Gassen münden **auf** den Hauptplatz.* Les rues débouchent sur la grande place.
nach-denken	*Sie denkt zu viel **über** ihre Mitmenschen nach.* Elle pense trop à ses semblables.

nach-geben	*Er gab* ***ihr*** *stets nach.* Il lui cédait constamment.
	Er gab ***seinem Zorn*** *nach.* Il donna libre cours à sa colère.
	Er gibt ***keinem*** *an Fleiß nach.* Pour l'ardeur au travail, il ne craint personne.
nach-gehen	*Der Hund ging* ***dem alten Herrn*** *nach.* Le chien suivait le vieux monsieur.
	Er geht ***seinem Studium*** *fleißig nach.* Il s'adonne avec passion à ses études.
	Ihre letzten Worte gingen ***ihm*** *lange nach.* Il ne pouvait oublier ses dernières paroles.
nach-machen	*Diesen Trick kann* ***ihm*** *keiner nachmachen.* Personne ne peut imiter son tour de magie.
nach-sagen	*Man sagt* ***ihr*** *allerlei Eigenschaften nach.* Elle passe pour avoir toutes sortes de qualités.
nach-sehen	*Er sah* ***dem Abreisenden*** *nach.* Il suivait des yeux celui qui partait.
	Die Oma sieht ***ihren Enkelkindern*** *alles nach.* La grand-mère laisse ses petits-enfants faire tout ce qu'ils veulent.
(sich) nahen	*Er naht sich* ***dem Tisch.*** Il s'approche de la table.
(sich) nähern	*Er näherte sich* ***dem Feuer.*** Il s'approchait du feu.
(sich) neigen	*Er neigt* ***zu*** *Übergewicht.* Il a tendance à prendre du poids.
	Ich neige ***zu*** *der Auffassung, dass....* J'ai tendance à penser que...
nutzen / nützen	*Kann das* ***einem*** *nutzen?* Cela peut-il être utile à quelqu'un ?
passen	*Das passt* ***mir*** *ausgezeichnet.* Cela me convient parfaitement.
	Passt die Bluse ***zu*** *dem Rock?* Est-ce que le corsage est assorti à la jupe ?
pfeifen	*Er pfiff* ***seinem Hund.*** Il siffla son chien.
rechnen	*Kann man* ***auf*** *sie rechnen?* Est-ce qu'on peut compter sur elle ?
	Man muss immer ***mit*** *ihm rechnen.* Il faut toujours compter avec lui.
	Was muss ich noch ***dazu*** *rechnen?* Que faut-il que je compte en plus ?
reden	*Sie redet* ***mit*** *der Nachbarin.* Elle discute avec la voisine.
	Er redet ***von*** *deinem Vater.* Il parle de ton père.
	Sie redet ständig ***über*** *ihren Chef.* Elle ne fait que parler de son patron.
riechen	*In dem Keller riecht es* ***nach*** *Fäulnis.* Dans la cave, ça sent le pourri.
sagen	*Was hast du* ***dazu*** *zu sagen?* Qu'as-tu à dire à ce sujet ?
	Er hat mir ***von*** *der Sache nichts gesagt.* Il ne m'a rien dit de l'affaire.
	Was wissen Sie eigentlich ***über*** *ihn?* Que savez-vous au juste à son propos ?
schaden	*Rauchen schadet* ***der Gesundheit.*** Fumer est nuisible pour la santé.
schließen	*Er schloss den Brief* ***mit*** *einem Gruß.* Il conclut sa lettre en la saluant.
	Aus *dem Bericht lässt sich schließen, dass...* On peut conclure du rapport que...
schmecken	*Schmeckt's* ***dir?*** C'est bon ?
	Ich lasse es ***mir*** *schmecken!* Je me régale !
	Dieser Wein schmeckt ***nach*** *dem Korken.* Ce vin sent le bouchon.
schreiben	*Er schreibt* ***an*** *den Direktor.* Il écrit au directeur.
	Er schreibt ***über*** *den Nobelpreisträger.* Il écrit sur le lauréat du prix Nobel.
	Wem *schreibst du denn so oft?* À qui donc écris-tu si souvent ?
	Er schreibt ***an*** *einem Roman.* Il est occupé à la rédaction d'un roman.
schreien	*Das Baby schreit* ***nach*** *der Flasche.* Le bébé réclame son biberon.
schützen	*Schütze mich* ***vor*** *meinen Freunden.* Protège-moi de mes amis.
sehen	***Nach*** *den Kindern sehen* Avoir un œil sur les enfants
	Ich sehe ***in*** *ihm einen Freund.* Je vois en lui un ami.
senden	*Ich sende einen Brief* ***an*** *jeden Studenten.* J'envoie une lettre à chaque étudiant.
sich ärgern	*Ich ärgere mich* ***über*** *mich selbst.* Je m'en veux.
	Er ärgert sich ***über*** *die vielen Fehler.* Il est agacé par les nombreuses fautes.
sich bedanken	*Er bedankte sich* ***für*** *das Geschenk.* Il a exprimé ses remerciements pour le cadeau.
	Er muss sich noch ***bei*** *dem Gastgeber bedanken.* Il faut encore qu'il remercie son hôte.
sich bedienen	*Für die Sahne bediente er sich* ***eines Quirls.*** Il se servit d'un fouet pour la chantilly.
	Ich bediene mich ***mit*** *Gemüse.* Je me sers en légumes.
sich begnügen	*Er ist gewöhnt, sich* ***mit*** *wenig zu begnügen.* Il a l'habitude de se contenter de peu.
sich bekennen	*Keiner will sich* ***zu*** *ihm bekennen.* Il n'a plus de partisan.
sich beklagen	*sich* ***über*** *die Nachbarn beklagen* se plaindre des voisins
sich bekümmern	*Wer bekümmert sich* ***um*** *die Kinder?* Qui s'occupe des enfants ?

sich bemühen	*Der Arzt bemüht sich* ***um*** *den Verletzten.* Le médecin s'occupe du blessé.
	Er bemühte sich ***um*** *die Stelle.*
	Il s'est donné du mal pour avoir ce job.
sich beschäftigen	***mit*** *den Kindern beschäftigt sein* être occupé avec les enfants
sich beschränken	*Er beschränkt sich* ***auf*** *die Sache selbst.* Il se limite à l'affaire elle-même.
sich bewerben	*Er bewarb sich* ***um*** *diese Stelle.* Il a posé sa candidature à ce poste.
sich eignen	*Das eignet sich nicht* ***für*** *Mädchen.* Cela ne convient pas aux jeunes filles.
	Eignet sie sich ***zur*** *Lehrerin?* Fera-t-elle une bonne institutrice ?
	Sie einigten sich ***über*** *das Thema.* Ils se mirent d'accord sur le sujet.
sich ein-lassen	*Ich lasse mich* ***in*** *diese Affäre nicht ein.* Je ne marche pas dans cette combine.
sich entfernen	*sich nicht* ***vom*** *Weg entfernen* ne pas s'éloigner du chemin
sich entscheiden	***Für*** *wen soll ich mich entscheiden?* En faveur de qui dois-je me décider ?
	sich ***gegen*** *jemanden entscheiden* prendre position contre quelqu'un
sich entschließen	*Ich kann mich nicht* ***zum*** *Kauf entschließen.* Je ne peux pas me décider à acheter.
sich entschuldigen	*Ich muss mich* ***bei*** *ihr entschuldigen.* Il faut que je lui présente mes excuses.
	Er entschuldigte sich ***für*** *seine Verspätung.* Il s'excusa de son retard.
sich erinnern	*Er erinnert sich noch gut* ***seiner Mutter****.* Il se souvient encore très bien de sa mère.
sich erkundigen	*Ich musste mich* ***nach*** *dem Weg erkundigen.* J'ai dû demander mon chemin.
sich ernähren	*Wer nährte sich* ***von*** *Heuschrecken?* Qui se nourrissait de sauterelles ?
sich freuen	*Freut euch* ***des Leben****!* Profitez de la vie !
	Ich freue mich ***an*** *dem Geschenk.* Ce cadeau me fait plaisir.
	Die Schüler freuen sich ***auf*** *die Ferien.* Les élèves se réjouissent en pensant aux vacances.
	Ich freue mich ***für*** *dich.* Je me réjouis pour toi.
	Er freut sich ***über*** *das Ergebnis.* Il se réjouit du résultat.
sich fügen	*Er fügt sich* ***in*** *sein Schicksal, in die Umstände.* Il accepte son destin, la situation.
	Sie hat sich ***den Anordnungen*** *zu fügen.* Il faut qu'elle suive les instructions.
sich fürchten	*Du brauchst dich* ***vor*** *ihm nicht zu fürchten.* Tu n'as pas besoin d'avoir peur de lui.
sich gewöhnen	*sich* ***an*** *die neue Ordnung der Dinge gewöhnen* s'habituer au nouvel ordre des choses
sich halten	*sich* ***an*** *die Gesetze,* ***an*** *den Vertrag halten* s'en tenir aux lois, au contrat
	Er hielt sich die ganze Zeit ***an*** *ihrer Seite.* Il se tenait tout le temps à ses côtés.
	Ich halte mich ***auf*** *dem Laufenden.* Je me tiens au courant.
sich interessieren	*Wir interessieren uns* ***für*** *Malerei.* Nous nous intéressons à la peinture.
sich kümmern	*Er kümmert sich* ***um*** *die Kinder.* C'est lui qui s'occupe des enfants.
sich rächen	*sich* ***an*** *seinen Feinden nicht rächen wollen* ne pas chercher à se venger de ses ennemis
sich schämen	*Er schämte sich* ***vor*** *sich selbst.* [Datif] Il avait honte de lui.
	Warum schämst du dich ***deiner Worte****?* Pourquoi as-tu honte de ce que tu as dit ?
sich sehnen	*Er sehnt sich* ***nach*** *seiner Geliebten.* Sa bien-aimée lui manque beaucoup.
sich sorgen	*Sie sorgt sich* ***um*** *ihre Mutter.* Elle se fait du souci pour sa mère.
sich um-sehen	*Sie sieht sich* ***nach*** *einer Stellung um.* Elle recherche un emploi.
sich unterhalten	*Sie unterhielten sich* ***über*** *den Chef.* Ils parlaient de leur patron.
	Er unterhält sich gern ***mit Kindern****.* Il aime bien s'entretenir avec les enfants.
sich verabreden	*Ich habe mich* ***mit*** *ihm verabredet.* Je lui ai donné rendez-vous.
sich verabschieden	*Darf ich mich* ***von*** *Ihnen verabschieden?* Puis-je prendre congé ?
sich verheiraten	***Mit*** *wem hat er sich verheiratet?* Qui a-t-il épousé ?
sich verlassen	*Du kannst dich nicht* ***auf*** *ihn verlassen.* Tu ne peux pas lui faire confiance.
sich verlieben	*Er verliebte sich* ***in*** *seine Nachbarin.* Il tomba amoureux de sa voisine
sich verstehen	*Sie versteht sich* ***auf*** *Barockmusik.* Elle s'y connaît en musique baroque.
	sich ***zum*** *Schadenersatz verstehen* accepter de payer des dommages-intérêts
	Er versteht sich gut ***mit*** *kleinen Kindern.* Il s'entend bien avec les jeunes enfants.
sich vor-bereiten	*sich* ***auf*** *eine Prüfung vorbereiten* se préparer à un examen
	Hast du dich ***für*** *diese Prüfung vorbereitet?* T'es-tu préparé pour cet examen ?
sich wenden	*Er wendete sich* ***an*** *den Freund.* Il s'adressa à son ami.
	Das wendete sich ***ins*** *Gegenteil.* Cela s'est transformé en son contraire.
sich wundern	*Ich wunderte mich* ***über*** *den Fremden.* L'étranger provoqua mon étonnement.

sich zusammen-setzen	*Der Ausschuss setzt sich **aus** 3 Mitgliedern zusammen.*	Le jury se compose de 3 membres.
sorgen	*Er muss **für** die ganze Familie sorgen.*	Il doit subvenir aux besoins de la famille tout entière.
sprechen	*Sie spricht nicht **mit** jedem.*	Elle n'adresse pas la parole à n'importe qui.
	*Wir haben eben **von** dir gesprochen.*	On vient de parler de toi.
	*Er sprach **über** Dritte-Welt-Länder.*	Il parlait des pays du Tiers-Monde.
stammen	*Er stammt **aus** Italien.*	Il est originaire d'Italie.
staunen	*Ich muss **über** seine Einbildungskraft staunen.*	Son imagination me surprendra toujours.
sterben	*über einem Werk, **über** einer Arbeit sterben*	mourir à la tâche
	*Die Gefangenen starben **vor** Hunger.*	Les prisonniers sont morts de faim.
	*Er ist **an** einer unbekannten Krankheit gestorben.*	Il est mort d'un mal mystérieux.
stinken	*Sie stinkt **vor** Faulheit.*	Elle est excessivement paresseuse.
	*Seine Kleider stinken **nach** Tabak.*	Ses habits sentent le tabac.
streiten	***für** das Vaterland streiten*	combattre pour la patrie
	*Das streitet ja **gegen** die gesunde Vernunft!*	Cela défie le bon sens !
	*Er muss **mit** allen streiten.*	Il ne peut pas s'empêcher de se disputer avec tout le monde.
(sich) streiten	*Sie streiten **über** den neuen Kanzler.*	Ils se disputent au sujet du nouveau chancelier.
suchen	***nach** einem Flüchtling suchen*	rechercher un fugitif
tauschen	*Briefmarken **gegen** Comics tauschen*	échanger des timbres contre des bandes dessinées
	*Den Platz **mit** der Nachbarin tauschen.*	changer de place avec la voisine
teil-nehmen	*Er hat **an** beiden Weltkriegen teilgenommen.*	Il a participé aux deux guerres mondiales.
trauen	*Kann man **ihm** noch trauen?*	Peut-on encore lui faire confiance ?
trennen	*Der Junge wurde **von** seiner Familie getrennt.*	Le garçon fut séparé de sa famille.
trinken	*Er trinkt Wasser **aus** einem Kristallglas.*	Il boit de l'eau dans un verre en cristal.
	*Wir trinken **auf** deine Gesundheit.*	Nous buvons à ta santé.
trösten	*Er tröstete sie **über** den Verlust ihrer Eltern.*	Il la consolait de la mort de ses parents.
	*Sie kann **mit** guten Worten getröstet werden.*	On peut la consoler avec de bonnes paroles.
überein-stimmen	*Ich stimme **mit** dir darin überein, dass....*	Je suis d'accord avec toi pour...
	***In** diesem Punkte stimmen wir überein.*	Nous sommes d'accord sur ce point.
übersetzen	***aus** dem Deutschen ins Italienische übersetzen*	traduire de l'allemand en italien
	***in** seine Muttersprache übersetzen*	traduire dans sa langue maternelle
überzeugen	*Ich bin **dessen** fest überzeugt.*	J'en suis fermement convaincu.
	*Ich bin **von** deiner Unschuld überzeugt.*	Je suis convaincu de ton innocence.
unterscheiden	*Ich kann die Zwillinge **von**einander unterscheiden.*	J'arrive à différencier les jumeaux.
urteilen	***nach** dem Schein urteilen*	juger sur les apparences
	Hat er richtig über den Fall geurteilt?	A-t-il jugé correctement le cas ?
verabreden	*Wir haben **mit** ihm verabredet, dass...*	Nous nous sommes mis d'accord avec lui pour...
verfallen	***dem Wahnsinn, dem Rauschgift** verfallen sein*	être victime de la folie, de la drogue
	*Er verfällt **in** den alten Schlendrian.*	Il retombe dans la même routine.
verfügen	*Der Oberst verfügt **über** 1000 Mann.* [accusatif]	Le colonel dispose de mille hommes.
vergessen	***Über** der Arbeit hat er die Zeit vergessen.*	Il travaille tellement qu'il n'a pas vu le temps passer.
vergleichen	*Sie will sich **mit** anderen vergleichen.*	Elle prétend se comparer aux autres.
verhandeln	***mit** dem Feind verhandeln*	négocier avec l'ennemi
	***über** die Preise verhandeln*	discuter des prix
verlangen	*Sie verlangt zu viel **von** ihm.*	Elle exige trop de lui.
verlieren	*Es hat bei mir **an** Interesse verloren.*	Cela a perdu tout intérêt pour moi.
versorgen	*das Lager **mit** Lebensmitteln versorgen*	approvisionner le camp avec des vivres
verstehen	*Was verstehen Sie **unter** « Freiheit »?*	Qu'entendez-vous par « liberté » ?
(sich) verteidigen	*eine Stadt **vor** dem Feind verteidigen*	défendre une ville contre les ennemis
verteilen	*Er verteilte die Bücher **an** jeden Schüler.*	Il distribua les livres à chaque élève.
	*Kleider **unter** die Armen verteilen*	distribuer des vêtements aux pauvres.
vertrauen	*Er vertraut **auf** seinen Freund.*	Il met sa confiance en son ami.
	***den Familienmitgliedern** vertrauen*	avoir confiance dans les membres de sa famille
verurteilen	*Ich wurde **zu** einer geringen Geldstrafe verurteilt.*	Je fus condamné à une légère amende.
(sich) verwandeln	*Der Frosch wurde **in** einen Prinzen verwandelt.*	La grenouille fut transformée en prince.

verzeihen	*Sie hat* ***ihm*** *alles verziehen.* Elle lui a tout pardonné.
verzichten	*Sie verzichtete* ***auf*** *das große Geld.* Elle renonça à tout l'argent.
verzweifeln	*Sie verzweifelte* ***an*** *ihren Mitmenschen.* Elle désespérait de ses semblables.
vor-halten	*Das kannst du* ***mir*** *nicht vorhalten.* Tu ne peux pas me reprocher cela.
vor-legen	*Er legt dem* ***Direktor*** *die Unterlagen vor.* Il présente les documents au directeur.
vor-schlagen	*Ich möchte* ***Ihnen*** *etwas anderes vorschlagen.* Je voudrais vous faire une autre proposition.
vor-werfen	*Was hast du mir vorzuwerfen?* Qu'as-tu à me reprocher ?
warten	*Sie wartet* ***auf*** *die Post.* Elle attend son courrier.
weichen	***dem Stärkeren*** *weichen* céder au plus fort
	Sie wichen ***vor*** *dem Feind.* Ils reculèrent devant l'ennemi.
	Er wich nicht ***von*** *ihrer Seite.* Il resta à ses côtés.
werben	***um*** *die Hand eines Mädchens werben* demander la main d'une jeune fille
	Für *eine politische Partei werben.* Il fait de la propagande pour un parti politique.
werden	*Das wurde ihm* ***zum*** *Verhängnis.* Cela lui a été fatal.
	Was ist schließlich ***aus*** *ihm geworden?* Finalement, qu'est-il advenu de lui ?
widersprechen	*Du hast* ***dir*** *erneut widersprochen.* Tu t'es une nouvelle fois contredit.
widerstehen	*Sie widersteht* ***der Versuchung, Eis zu essen.*** Elle résiste à la tentation de manger de la glace.
wirken	*Hast du die Musik* ***auf*** *dich wirken lassen?* As-tu laissé agir la musique sur toi ?
wissen	*Was wissen Sie* ***von*** *ihm?* Que savez-vous de lui ?
zählen	*Sie zählt mich* ***zu*** *ihren Freunden.* Elle me compte au nombre de ses amis.
	Man muss auch ***mit*** *ihm zählen.* Il faut aussi compter avec lui.
	Wir zählen ***auf*** *dich.* Nous comptons sur toi.
zerfallen	*Das Gedicht zerfällt* ***in*** *zwei Teile.* Le poème se compose de deux parties.
zerlegen	*die Wörter* ***in*** *ihre Einzelteile zerlegen* décomposer les mots en unités plus petites
zittern	*Wir zitterten* ***um*** *das Kind.* On tremblait pour l'enfant.
	an *allen Gliedern zittern* trembler de tous ses membres
	für *seine Mannschaft zittern* trembler pour son équipe
	Vor *deinem Vater brauchst du nicht zu zittern.* Tu n'as pas besoin de trembler devant ton père.
	Er zitterte ***vor*** *lauter Aufregung.* Il est si énervé qu'il tremble de tout son corps.
zu-hören	*Hör* ***mir*** *bitte zu!* Écoute-moi, s'il te plaît !
zu-kehren	*Sie kehrte* ***ihm*** *das Gesicht zu.* Elle tourna la tête vers lui.
zu-kommen	***jemandem*** *etwas zukommen lassen* donner à quelqu'un ce qui lui revient
	Es kommt ***ihm*** *gar nicht zu, das zu tun.* Cela ne lui ressemble pas du tout d'agir ainsi.
zu-sagen	*Sie hatte* ***mir*** *ihre Hilfe zugesagt.* Elle m'avait promis son aide.
	Sie wird ***der Einladung*** *wohl zusagen.* Elle acceptera probablement l'invitation.
	Dieser Film sagt ***mir*** *überhaupt nicht zu.* Ce film ne me plaît absolument pas.
zu-schicken	*Können Sie* ***mir*** *die Rechnung zuschicken?* Pouvez-vous m'envoyer la facture ?
	Er teilte mich ***einer neuen Abteilung*** *zu.* Il m'a affecté à un nouveau département.
zu-trauen	*Sie traute* ***ihren Kräften*** *zu viel zu.* Elle a présumé de ses forces.
	Das hätte ich ***ihm*** *nicht zugetraut...* Je n'aurais jamais cru cela de lui.
zweifeln	*Ich zweifle* ***an*** *mir.* Je doute de moi.
zwingen	*Der Gefangene wurde* ***zum*** *Sprechen gezwungen.* On contraignit le prisonnier à parler.

Corrigés

LE GENRE DES NOMS

1 **a.** F – **b.** N – **c.** N – **d.** F – **e.** M – **f.** F – **g.** F – **h.** N – **i.** N – **j.** N
2 **a.** M – **b.** M – **c.** F – **d.** M – **e.** M – **f.** F – **g.** M – **h.** M – **i.** F – **j.** N
3 **a.** N – **b.** M – **c.** F – **d.** M – **e.** N – **f.** M – **g.** M – **h.** M – **i.** M – **j.** N
4 **a.** F – **b.** M – **c.** F – **d.** M – **e.** N – **f.** M – **g.** M – **h.** M – **i.** N – **j.** M
5 **a.** M – **b.** F – **c.** M – **d.** F – **e.** M – **f.** F – **g.** M – **h.** N – **i.** M – **j.** N
6 **a.** F – **b.** M – **c.** F – **d.** M – **e.** F – **f.** M – **g.** N – **h.** N – **i.** M – **j.** F
7 **a.** F – **b.** F – **c.** M – **d.** M – **e.** F – **f.** N – **g.** N – **h.** M – **i.** F – **j.** F

LE PLURIEL DES NOMS MASCULINS

8 **a.** die Äpfel – **b.** Meine Brüder – **c.** Vögel – **d.** ihre Mäntel – **e.** Die Schäden– **f.** seine Hunde – **g.** Die Kästen – **h.** die Kataloge – **i.** Monate – **j.** Diese Morde
9 **a.** schöne Tage – **b.** Die Verluste – **c.** Die Tische – **d.** Knalle – **e.** In den Obstgärten – **f.** Diese Offiziere – **g.** ihre Termine – **h.** Die Kommissare – **i.** Die Stühle – **j.** Schüsse
10 **a.** wenige Fische – **b.** Die Ärzte – **c.** Flüsse – **d.** Freunde – **e.** Vorhänge – **f.** Wölfe/Füchse – **g.** beide Arme – **h.** Köpfe – **i.** Türme – **j.** Teppiche
11 **a.** Äste – **b.** Ausgänge – **c.** Stürme – **d.** Feriengäste – **e.** Handschuhe – **f.** Plätze – **g.** Ufer – **h.** Söhne – **i.** Männer – **j.** die alten Schränke
12 **a.** die Namen – **b.** Franzosen – **c.** große Schmerzen – **d.** die Inspektoren – **e.** Die Menschen – **f.** Die Chirurgen – **g.** Die Bauern – **h.** Augenzeugen – **i.** Die Bayern
13 **a.** Diese Kosmonauten – **b.** Diese Herren – **c.** Kameraden – **d.** Die Architekten – **e.** Studenten – **f.** Diese Autoren – **g.** Die Fotografen – **h.** Die Patienten – **i.** Kunden – **j.** Diese Jungen
14 **a.** Muskeln – **b.** Staaten – **c.** Seen – **d.** Sonnenstrahlen – **e.** Nerven – **f.** Typen – **g.** Nachbarn – **h.** Abgeordneten – **i.** Gefangenen – **j.** Journalisten
15 **a.** Adjutanten – **b.** Ochsen – **c.** Prinzen/Grafen – **d.** Advokaten – **e.** Diplomaten – **f.** Fabrikanten – **g.** Spatzen – **h.** Bären – **i.** Leoparden – **j.** Soldaten

LE PLURIEL DES NOMS NEUTRES

16 **a.** Die Dächer – **b.** die Felder – **c.** Diese Bücher – **d.** die Gläser – **e.** die Schlösser – **f.** alte Lieder – **g.** Irrtümer – **h.** Die Betten – **i.** Die Schafe – **j.** Die Museen
17 **a.** Völker – **b.** Eier – **c.** Leiden – **d.** Jahre – **e.** Pferde – **f.** Tore – **g.** Beine – **h.** Schiffe – **i.** Segel – **j.** Fahrräder
18 **a.** Die Blätter der Bäume sind grün. – **b.** Die Dörfer waren überschwemmt. – **c.** Wie viel Hemden hast du gekauft? – **d.** Die Schlösser sind kaputt. – **e.** Er hat drei Kinder. – **f.** Ich habe alle meine Bücher verkauft. – **g.** Diese Bilder sind sehr schön. – **h.** Er lernt zehn Wörter pro Tag. – **i.** Seine Kleider sind ganz nass. – **j.** Seine Ohren sind ganz rot.

LE PLURIEL DES NOMS FÉMININS

19 **a.** Die Wände – **b.** Diese Städte – **c.** Die Bänke – **d.** Die Nähte – **e.** Bars – **f.** Großmächte – **g.** Gänse – **h.** die Mäuse – **i.** Diese Kühe – **j.** Die Säue
20 **a.** Nächte – **b.** Nüsse – **c.** Hände – **d.** Kräfte – **e.** Mütter/Töchter – **f.** Mühsale – **g.** Fäuste – **h.** Kameras – **i.** Kenntnisse – **j.** Ängste
21 **a.** Die ausländischen Firmen – **b.** Die Straßen – **c.** Die Federn – **d.** Die Wunden – **e.** Diese Krankheiten – **f.** Die Inseln – **g.** Die Bäckereien – **h.** Die Fürstinnen – **i.** Lippen – **j.** Die Brücken
22 **a.** Er hat Kartoffeln gekauft. – **b.** Hast du deine Aufgaben gemacht? – **c.** Ich habe alle Farben gern. – **d.** Sie spricht drei Sprachen. – **e.** Er hat zwei Birnen gegessen. – **f.** Wir haben mehrere Stunden gewartet. – **g.** Er hat die Wurzeln geschnitten. – **h.** Die Mauern des Hauses wurden neu angestrichen. – **i.** Die Pflanzen brauchen Wasser. – **j.** Die Kühe sind krank.

LES DÉTERMINATIFS

23 **a.** meine – **b.** deinen – **c.** ihre – **d.** seine – **e.** ihre – **f.** unseren – **g.** eurem – **h.** unsere – **i.** meinen – **j.** ihren.
24 **a.** dieselbe, denselben – **b.** die gleiche – **c.** denselben – **d.** selben – **e.** gleiche – **f.** die gleiche – **g.** denselben – **h.** die gleiche – **i.** den gleichen – **j.** derselbe.
25 **a.** Er hat von sich hören lassen. – **b.** Ich bin aus Leibeskräften/aus allen Kräften gelaufen. – **c.** Grüßen Sie ihn von mir. – **d.** Ich ging ihm entgegen. – **e.** Wir liefen ihm zu Hilfe. – **f.** Er hat sie von ganzem Herzen geliebt. – **g.** Ich bin dran ; Sie sind dran. – **h.** Er fiel mir zu Füßen. – **i.** Ich sprach so gut ich konnte. – **j.** Er schrieb es mit eigener Hand.
26 **a.** Jeder neue Gast muss sich vorstellen. – **b.** Alle alten Zeitungen wurden verbrannt. – **c.** Ein einziger Student hat die richtige Antwort gefunden. – **d.** Ich habe keine ledernen Handschuhe gefunden. – **e.** Alle billigen Schuhe waren ausverkauft. – **f.** Jeder ungedeckte Scheck wird zurückgewiesen werden. – **g.** Sie will keine goldenen Ohrringe mehr. – **h.** Alle internationalen Schiedsrichter sind ehemalige Sportler. – **i.** Man hat die zwei jungen Leute wieder gefunden. **j.** Morgen ist ein langer Tag.
27 **a.** Was für ein Wörterbuch ist das? – **b.** Welcher Mut! – **c.** Was für einen Füller willst du? – **d.** In welchen Bus ist er gestiegen? – **e.** In welchem Haus wohnt er? – **f.** In was für einem Haus wohnt er? – **g.** Welche Waffen hat man gefunden? – **h.** Was für Waffen hat man gefunden? – **i.** Was für ein Athlet! – **j.** In was für einer Welt leben wir?

LE GÉNITIF ANTÉPOSÉ

28 **a.** la marine de guerre anglaise – **b.** les sportifs italiens – **c.** le dernier roman de Süsskind – **d.** les années de voyage de Wilhelm Meister – **e.** la politique extérieure de Schröder – **f.** la nouvelle capitale de l'Allemagne – **g.** le premier ministre français – **h.** l'anniversaire de maman – **i.** le père de Marie – **j.** le président russe.

29 **a.** les œuvres complète de Goethe – **b.** La volonté de l'homme, c'est son paradis. – **c.** la capitale de la Prusse – **d.** L'ange de l'homme, c'est le temps. – **e.** les forces dirigeantes de l'Afrique – **f.** le père de la patrie – **g.** les vieux monuments de Rome – **h.** les concertos pour piano de Mozart – **i.** les philosophes athéniens – **j.** la barbe du vieil homme.

30 **a.** la corne merveilleuse du garçon – **b.** Se promener, c'est la joie du meunier. – **c.** Le mai de la vie ne fleurit qu'une fois, et plus jamais ensuite. – **d.** le général du diable – **e.** Prépare-toi à tirer une pomme posée sur la tête du garçon. – **f.** les vagues de la mer et de l'amour – **g.** le beau visage de la jeune fille – **h.** la maison de l'oncle Guillaume – **i.** N'êtes-vous pas émue par l'innocence de l'enfant ? – **j.** L'âme humaine ressemble à l'eau.

31 **a.** Fortune et fin du roi Ottokar – **b.** les pérégrinations de Franz Sternbald – **c.** les ressources du sous-sol de la Sibérie – **d.** la guerre civile d'Algérie – **e.** la vie nocturne de Londres – **f.** la population de New York – **g.** le bétail d'Argentine – **h.** les vertes prairies d'Irlande – **i.** les déserts de Lybie – **j.** les villages de vacances de Tunisie.

32 **a.** le nouvel ami d'Uwe – **b.** le vieux manteau d'Anna – **c.** Helga, dont les enfants travaillent à l'étranger, vit à présent à Kiel. – **d.** le premier voyage d'Heinrich autour du monde – **e.** la vieille maison d'Helmut – **f.** le comportement curieux de Karl – **g.** l'enfant malade d'Ingrid – **h.** la nuit est l'amie de personne. – **i.** Il entra, sans susciter l'attention de quiconque. – **j.** Il le fit au vu et au su de tout le monde.

33 **a.** Brasiliens Hauptstadt – **b.** Bismarcks Außenpolitik – **c.** Norwegens Küsten – **d.** Afrikas führende Kräfte – **e.** Die Einheimischen Australiens – **f.** Chinas Präsident – **g.** Japans Premier – **h.** Roms Denkmäler – **i.** Schleswigs Landschaften – **j.** Frankreichs Könige.

LES ADJECTIFS DE NOM

34 **a.** ersten und zweiten – **b.** fünften – **c.** dritten – **d.** zweiten – **e.** vierten.

35 **a.** Je commencerais par passer un coup de fil. – **b.** Les premiers seront les derniers. – **c.** Il a embauché le premier venu. – **d.** Il doit payer son loyer le premier du mois. – **e.** Un homme sur deux devait se présenter. – **f.** D'abord garder son calme, ensuite appeler les pompiers. – **g.** Il n'a pas son pareil pour travailler. – **h.** Le troisième est arrivé trop tard. – **i.** Un homme sur trois fut licencié. – **j.** J'aimerais être le troisième homme dans votre alliance.

36 **a.** la science d'autrefois – **b.** son ancienne profession – **c.** les résultats que l'on a jusqu'à présent – **d.** une expérience unique – **e.** lors de notre première rencontre – **f.** l'ancien président – **g.** la roue avant – **h.** les circonstances extérieures – **i.** les coups répétés avec impatience.

PLACE DES ADJECTIFS DE NOM

37 **a.** qualificatif – **b.** qualificatif – **c.** qualificatif – **d.** désignatif – **e.** désignatif – **f.** désignatif – **g.** qualificatif – **h.** désignatif – **i.** qualificatif – **j.** qualificatif.

38 **a.** désignatif, qualificatif – **b.** désignatif, qualificatif – **c.** désignatif – **d.** qualificatif, qualificatif – **e.** qualificatif, qualificatif – **f.** désignatif, qualificatif – **g.** désignatif, désignatif – **h.** désignatif, qualificatif – **i.** désignatif – **j.** désignatif.

39 **a.** die schöne alte Zeit – **b.** der neue deutsche Wagen – **c.** ein billiger italienischer Wein – **d.** der erstbeste Kunde – **e.** der künftige amerikanische Präsident – **f.** das Heilige Römische Reich – **g.** der dunkelblaue wollene Anzug – **h.** eine umstritte europäische Regelung – **i.** die gefährliche österreichische Seilbahn – **j.** eine hochkarätige politische Prominenz.

40 **a.** *La vie parisienne* est une opérette d'Offenbach. – **b.** Le gruyère est fabriqué dans la ville de Gruyères. – **c.** L'emmental a des trous gros comme des cerises. – **d.** La saucisse de Lyon est une saucisse à l'ail. – **e.** Les saucisses de Francfort sont courbes…, **f.** ... alors que les viennoises sont droites. – **g.** L'escalope dite « de Vienne » est une escalope pannée. – **h.** Pendant la guerre de 1870, les Français ont combattu contre les Prussiens. – **i.** Les Beatles sont devenus mondialement célèbres au début des années soixante. – **j.** Le hamburger est un beefsteak originaire de la ville de Hambourg.

DEGRÉ 1 ET DEGRÉ 2

41 **a.** früh – **c.** frei – **d.** superlatif uniquement – **e.** interessant – **g.** alt – **i.** neu.

42 **a.** länger, längst- – **b.** größer, größt- – **c.** müder, müdest- – **d.** ängstlicher, ängstlichst- – **e.** verdorbner, verdorbenst- – **f.** stolzer, stolzest- – **g.** wilder, wildest- – **h.** teurer, teuerst- – **i.** kranker, krankest- – **j.** kälter, kältest-

43 **a.** Un monsieur d'un certain âge est passé. – **b.** Ces derniers temps beaucoup de choses ont changé. – **c.** Elle s'intéresse à l'art moderne. – **d.** Il ne s'en est pas tiré à son avantage. – **e.** Un homme assez jeune s'est présenté.

COMPARATIFS ET SUPERLATIF

44 **a.** Les gens riches ne sont pas toujours les plus généreux. – **b.** L'aigle est le plus robuste des oiseaux. – **c.** La meilleure bière vient de Munich. – **d.** Il y a en Asie des montagnes plus élevées qu'en Europe. – **e.** Le Rhin, le plus important des fleuves allemands, prend sa source en Suisse. – **f.** Certains journaux deviennent de moins en moins chers et d'autres de plus en plus chers. – **g.** Le chemin le plus long est souvent le plus court. – **h.** Mon téléphone portable n'est pas aussi lourd que le tien. – **i.** La Suisse fait partie des plus petits pays d'Europe, mais ce n'est pas le plus insignifiant. – **j.** Même l'homme le plus intelligent peut se tromper.

L'APPRÉCIATIF

45 **a.** **höchst**interessant – **b.** **stink**faul – **c.** **heiß** geliebt – **d.** **grund**anständig – **e.** **tief** betrübt – **f.** **völlig** taub – **g.** **tod**blass (=**toten**blass) – **h.** **bomben**sicher – **i.** **unheimlich** klein – **j.** **siedend** heiß.

46 **a.** **hoch**modern – **b.** **schwer** krank – **c.** **höchst**langweilig – **d.** **erz**dumm – **e.** **hoch**modisch – **f.** **äußerst** gepflegt – **g.** **grund**falsch – **h.** **grund**ehrlich – **i.** **heiß** umstritten – **j.** **hoch** poetisch.

47 a. **bild**schön – b. **stein**alt – c. **kern**gesund – d. **stroh**trocken – e. **hell**wach – f. **knall**rot – g. **spott**billig – h. **blitz**sauber – i. **hunde**elend – j. **stein**reich.
48 a. **hauch**dünn – b. **brand**neu – c. **pieks**auber – d. **feder**leicht – e. **kreide**bleich – f. **haut**nah – g. **pech-**, **kohlen-**, **kohlraben**schwarz – h. **putz**munter – i. **riesen**groß – j. **spring**lebendig.

LE GROUPE ADJECTIF ET LE GROUPE PARTICIPE

49 a. die bewunderte Sängerin. – b. die eingegangene Post – c. das operierte Mädchen – d. der ersehnte Sieg – e. der erfahrene Matrose – f. die geerbte Philosophie – g. die gekaufte Festplatte – h. das gerettete Fotoalbum – i. die üblichen Sitten – j. der berühmte Gründer der Microsoft Firma.
50 a. das vom Grafen von Zeppelin gebaute Luftschiff – b. das vorgestern in Landau geborene Kind – c. die von den Bürgern oft kritisierte Polizei – d. eine seit langem vernarbte Wunde – e. der vor kurzem ernannte Direktor – f. die vom Chirurgen untersuchte Wunde – g. die von Röntgen entdeckten Strahlen – h. der von den beiden Kammern gewählte Bundespräsident – i. die vom Volk ausgehende Staatsgewalt – j. der nach Fulda strafversetzte Beamte.

LA FORMATION DES ADJECTIFS

51 a. lustig – b. szenisch – c. witzig – d. bergmannisch – e. eckig – f. spielerisch – g. technisch – h. mächtig – i. bissig – j. aristokratisch.
52 a. königlich – b. göttlich – c. weltlich – d. natürlich – e. veränderlich – f. verbesserlich – g. amtlich – h. zeitlich – i. kaiserlich – j. weiblich.
53 a. heilbar – b. treulos – c. zündbar – d. vergleichbar – e. drahtlos – f. essbar – g. arbeitslos – h. strafbar – i. grenzenlos – j. verantwortungslos.
54 a. strafbar – b. zündbarer – c. essbare – d. heilbar – e. verantwortungslos – f. treulos – g. grenzenlose – h. drahtlose – i. vergleichbar – j. arbeitslos.
55 a. aschfarbig – b. alkoholfrei – c. blutarm – d. zollfrei – e. landarm – f. schuldfrei – g. schulfrei – h. goldfarbig – i. nikotinarm – j. vogelfrei.
56 a. alkoholfreie – b. vogelfrei – c. zollfrei – d. blutarm – e. landarm – f. schuldfrei – g. goldfarbig – h. nikotinarme – i. schulfreier – j. aschfarbig.
57 a. tarifmäßig – b. einflussreich – c. inhaltsleer – d. reiselustig – e. ichsüchtig – f. fantasievoll – g. zanksüchig – h. hilfreich – i. kokainsüchtig – j. siegreich.
58 a. ichsüchtig – b. tarifmäßig – c. kokainsüchtig – d. hilfreich. – e. fantasievoll – f. inhaltsleer – g. siegreiche – h. reiselustig – i. einflussreich – j. zanksüchtig.
59 a. **un**angenehm – b. **un**aufmerksam – c. **un**echt – d. **un**vorstellbar – e. **un**bewaffnet – f. **un**erfahren – g. **un**freundlich – h. **un**gebräuchlich – i. **un**gewöhnlich – j. **un**gekürzt.
60 a. **un**gekürzte – b. **un**gewöhnlich – c. **un**erfahren – d. **un**bewaffnet – e. **un**angenehm – f. **un**vorstellbar – g. **un**aufmerksam – h. **un**echt – i. **un**freundlich – j. **un**gebräuchlich.
61 schreibfaul – schlagfertig – treffsicher – springlebendig – denkfaul.
62 a. denkfaul – b. schlagfertig – c. springlebendig – d. schreibfaul – e. treffsicher.
63 a. hellblaue – b. herzkrank – c. zweistimmige – d. weltberühmt – e. schneeweiße – f. umweltfreundlich – g. farbenblind – h. naseweis – i. handbreit – j. lebensmüde.
64 feuerfest – wasserscheu – schwerhörig – selbstsicher – augenfällig.
65 a. feuerfest – b. schwerhörig – c. selbstsicher – d. wasserscheu – e. augenfällig.
66 schwindelfrei – dunkelblau – kreuzfidel – schwerkrank – neugeboren.
67 a. schwindelfrei – b. dunkelblau – c. neugeborenes – d. schwerkrank – e. kreuzfidel.

LE GÉNITIF POSTPOSÉ

68 a. die Städte Deutschlands – b. die Klavierkonzerte Mozarts – c. die Maßnahmen der Polizei – d. die Begriffe der Philosophie – e. die Regeln der Grammatik – f. die Regierung Frankreichs – g. die Bevölkerung Chinas – h. die Dramen Goethes – i. die Tragödie Armeniens – j. die Kultur Italiens.
69 a. der Schutz der Frauen – b. die Rechte der Menschen – c. der Sitz der Regierung – d. die Kritik der Gesellschaft – e. das Amt des Kanzlers – f. der Plan der Stadt – g. die Leitung des Betriebs – h. die Analyse des Textes – i. die Geschichte der Welt – j. der Führer der Opposition.
70 a. die Literatur Frankreichs – b. die Landschaften Spaniens – c. die Kultur Amerikas- d. die Sprachen Sibiriens – e. die Wälder Kanadas – f. die Ströme Afrikas – g. die Landwirtschaft Englands – h. die Geiser Islands – i. die Städte Belgiens – j. die Dämme Hollands.
71 a. les dialectes de l'ancienne Italie – b. sur la base de l'anglais et du français parlés – c. la population alsacienne – d. le rôle de Lohengrin – e. les verbes du sanskrit – f. les écrits de l'islam – g. l'enseignement du Coran – h. les capitales de l'Irak et de l'Iran – i. la recherche sur l'Orient moderne – j. le territoire du moyen Euphrate.
72 a. der Leiter des Betriebs – b. der Direktor der Schule – c. der Präsident der Universität – d. das Theater der Stadt – e. der Sekretär der Partei – f. die Grenze des Landes – g. die Wissenschaft der Landwirtschaft – h. der Beginn des Jahres – i. die Temperatur desTages – j. der Verband der Unternehmer.

L'APPOSITION

73 a. Ich habe Dieter und Dagmar, meine Arbeitskollegen, eingeladen. – b. Der Bundeskanzler hat mit Romano Prodi, dem Präsidenten der EG-Kommission, ein langes Gespräch geführt. – c. In Harare, der Hauptstadt von Simbabwe, fand eine wichtige internationale Konferenz statt. – d. Der Rechtsanwalt verteidigt den Angeklagten, einen ehemaligen Offizier, mit viel Energie. – e. Professor Doktor Hansen, ein weltberühmter Chirurg, hat den jungen Mann operiert. – **f.** Er stellte seinen Partner vor, einen bebrillten Vierziger mit einem kleinen Schnurrbart. – **g.** Mit seinem ersten Roman, einer historischen Kompilation, hat er Schlagzeilen geliefert. – **h.** Das Schiff, ein stolzer Dreimaster, segelte aus dem Hafen. – **i.** Der Jäger hat eine Hyäne, ein dem Hund ähnliches Raubtier, erlegt. – **j.** *Lili Marleen* ist ein Film von Fassbinder, einem deutschen Film- und Fernsehregisseur.

GROUPES PRÉPOSITIONNELS

74 **a.** der Durst **nach** Wissen – **b.** die Zärtlichkeit **zu** den Kindern – **c.** die Neugierde **auf** das Resultat – **d.** die Schuld **an** dem Unglück – **e.** der Ärger **über** den Misserfolg – **f.** der Dank **für** die Hilfe – **g.** die Empörung **über** den Vorfall – **h.** die Entfernung **von** der See – **i.** die Entrüstung **über** ihr Verhalten – **j.** die Erfahrung **auf** vielen Gebieten.

75 **a.** die Befreiung **von** der Krankheit – **b.** der Bericht **über** den Unfall – **c.** der Dank **für** die getane Arbeit – **d.** die Erinnerung **an** die Kindheit – **e.** die Frage **nach** der Wahrheit – **f.** der Glaube **an** die Menschen – **g.** der Abschied **von** den Waffen – **h.** die Vorbereitung **auf** die Reise – **i.** die Hoffnung **auf** eine bessere Zukunft – **j.** die Verwandlung **in** einen Käfer.

76 **a.** die Aufforderung **zum** Tanz – **b.** die Bürgschaft **für** einen Freund – **c.** die Fahndung **nach** Rauschgift – **d.** die Forschung **nach** den Ursachen – **e.** der Griff **in** die Tasche – **f.** der Hinweis **auf** die Folgen – **g.** der Kampf **um** sein Leben – **h.** die Klage **um** den Verlust – **i.** der Mangel **an** Geld – **j.** der Protest **gegen** die Regierung.

GROUPES INFINITIFS

77 **a.** l'invitation à prendre la parole – **b.** la capacité à prendre la direction – **c.** la patience d'attendre jusqu'à la fin – **d.** la permission d'entrer au port – **e.** l'habitude de tout faire soi-même – **f.** la peine de tout expliquer – **g.** le courage de tout recommencer – **h.** la malchance d'être pris sur le fait – **i.** l'obligation de payer ses dettes – **j.** la tentative de traverser la Manche.

78 **a.** le mal que l'on a à inculquer quelque chose aux enfants – **b.** la présomption d'avoir eu raison avant tous les autres – **c.** le courage de tout mettre en jeu – **d.** la malchance d'avoir tiré le mauvais numéro – **e.** la tendance à tout voir en noir – **f.** le devoir d'aider son prochain – **g.** la fierté d'avoir remporté la victoire – **h.** la capacité à mettre sur pied une équipe – **i.** la confirmation d'avoir payé la facture – **j.** la promesse de pouvoir participer à la session

79 **a.** dafür – **b.** daran – **c.** darüber – **d.** davor – **e.** darüber – **f.** darüber – **g.** darüber – **h.** darüber – **i.** davor – **j.** danach.

LES GROUPES AVEC UN VERBE CONJUGUÉ

80 **a.** déterminatif : Un oncle qui apporte quelque chose est préférable à une tante qui joue du piano. – **b.** qualificatif : Il a fait un portrait, que j'apprécie beaucoup. – **c.** déterminatif : Je cherche un dictionnaire qui ne me laisse pas en plan. – **d.** qualificatif : Ce paysage, qui a été immortalisé par C. D. Friedrich, est vraiment fascinant. – **e.** déterminatif : Le repas qu'on nous a servi hier n'était pas très appétissant. – **f.** qualificatif : Il a quatre enfants, qui tous les quatre font encore des études. – **g.** qualificatif : L'avocat a congédié sa secrétaire, qu'il n'a embauchée que la semaine dernière. – **h.** déterminatif : L'avocat a congédié la secrétaire qu'il n'a embauchée que la semaine dernière. – **i.** déterminatif : Le camion qui a provoqué l'accident venait de Norvège. – **j.** qualificatif : **Un** camion, qui venait de Norvège, a provoqué un accident. [Dans ces deux dernières phrases, en allemand, seul le déterminatif (seine / die ; der / ein) permet de faire la différence entre le groupe relatif **déterminatif** (die – der) et le groupe relatif **qualificatif** (seine – ein). En français il y a en plus la présence (qualificatif) ou l'absence (déterminatif) de la virgule.]

81 **a.** Ihre Bemerkung, dass... – **b.** Ihre Bestätigung, dass... – **c.** Seine Einsicht, dass... – **d.** Ihre Erkenntnis, dass... (et non : Ihr ; voir §6) – **e.** Seine Erwiderung, dass... – **f.** Ihre Meinung, dass... – **g.** Seine Meldung, dass... – **h.** Ihre Mitteilung, dass... – **i.** Sein Beweis, dass... – **j.** Ihre Versicherung, dass...

82 **a.** J'ai l'impression qu'il est trop tard. – **b.** J'ai l'impression qu'il est trop tard. – **c.** Ses paroles donnent l'impression qu'il serait contre. – **d.** Supposons qu'il soit absent. – **e.** Pour le cas où elle viendrait encore. – **f.** Dans le cas où elle viendrait encore à se présenter. – **g.** Le fait qu'il est venu montre qu'il veut participer. – **h.** La limitation à ce qui est vraiment nécessaire. – **i.** Le respect devant sa manière d'avoir mis fin à la dispute. – **j.** Le commentaire sur la manière dont il faut rénover la maison.

83 **a.** darauf – **b.** darüber – **c.** dafür – **d.** darüber – **e.** darüber – **f.** dagegen – **g.** darüber – **h.** darüber – **i.** darüber – **j.** darüber.

84 **a.** ob – **b.** wie viel – **c.** wann – **d.** warum – **e.** was – **f.** wo – **g.** wer – **h.** worauf – **i.** wofür – **j.** wem.

DÉCLINAISON DU GROUPE NOMINAL

85 **a.** die armen Ochsen – **b.** die unsicheren Nahrungsketten – **c.** ruinierte Bauern – **d.** geschlachtete Kühe – **e.** interessante Fernsehprogramme – **f.** blaue Anzüge – **g.** die teuren Bücher – **h.** die gefährlichen Krankheiten – **i.** die letzten Tage – **j.** die deutschen Wagen.

86 **a.** die billigen Zeitungen – **b.** hohe Berge – **c.** die schönen Landschaften – **d.** alte Männer – **e.** seltsame Gefühle – **f.** die bebrillten Beamten – **g.** bekannte Schauspieler – **h.** die dreckigen Lumpen – **i.** wertvolle Ringe – **j.** die roten Ameisen.

87 **a.** winzige Eisvögel – **b.** gute italienische Weine – **c.** mutige politische Entschlüsse – **d.** neue japanische Firmen – **e.** wichtige internationale Versammlungen – **f.** wertvolle goldene Ringe – **g.** schnelle Segelschiffe – **h.** lederne Handschuhe – **i.** saubere Scheiben – **j.** hübsche junge Frauen.

88 a. eine rote Fahne – b. ein französischer Käse – c. der amerikanische Arbeiter – d. der europäische Abgeordnete – e. ein süßer Bonbon – f. eine strenge Maßnahme – g. ein dickes Wörterbuch – h. ein fauler Apfel – i. das freche Kind – j. ein steiler Berg.

89 a. ein gefährliches Spiel – b. ein langsamer Zug – c. ein fettes Kalb – d. ein wunderschönes italienisches Gemälde – e. der schwarze Stein – f. die breite Straße – g. eine mittelalterliche Stadt – h. eine gute Nachricht – i. ein bunter Regenschirm – j. eine alte Kiste.

90 a. eine weiße Seite – b. eine kugelförmige Perle – c. eine saubere Hand – d. ein schwerer Schuh – e. ein grausamer Mensch – f. der weise Ratschlag – g. der gemütliche Sessel – h. die zu hoch geschätzte Aktie – i. eine ausländische Börse – j. eine gestohlene Ware.

91 a. ihren Ratschlägen – b. seit einer Woche – c. in einer ausländischen Firma – d. Das amerikanische Flugzeug – e. in den Gassen der Altstadt – f. keine frischen Semmeln – g. die Kinder, riesige Sandschlösser – h. auf dem Boden – i. Die deutschen Schnellzüge – j. Die französischen.

92 a. Manche Leute – b. das gleiche Hemd – c. Einer – d. auf das große Geld – e. drei große Kinder – f. – Alles andere – g. Viele Studenten der Mensa – h. Einige Abgeordnete – i. alte Wörterbücher – j. ihren neuen Pass.

93 a. Diese wenigen kleinen Flecken – b. Manche junge Tiere – c. deutsche Panzer – d. In diesem meinem Garten, den ganzen Sommer – e. Ihre neuen Nachbarn – f. Europäische Studenten – g. Mit seiner verletzten Hand – h. Uwes junger Bruder – i. Der Bildschirm meines alten Computers – j. alle neuen Verfahren.

94 a. unerfahrene Beamte – b. tiefe Klüfte – c. manche Franzosen – d. graue Mäuse – e. strenge Gesetze – f. die geheimnisvollen Celli (= Cellos) – g. die Schnellzüge – h. glänzende Glatzen – i. die eisernen Gießkannen – j. die tapferen Blauhelme – k. gefährliche Nägel – l. gelbe Flitzer – m. arme Bauern – n. gesalzene Rechnungen.

95 a. ein neuer Schuh – b. ein süßes Kind – c. eine althergebrachte Sitte – d. ein langes Bein – e. eine unglaubliche Geschichte – f. eine kranke Kuh – g. eine faule Birne – h. eine verrostete Waffe – i. ein schwarzes Pferd – j. ein weißer Zahn – k. ein kurzer Rock – l. eine saure Kirsche – m. ein billiges Wörterbuch – n. ein sauberes Betttuch.

96 a. deine ledernen – b. den saftigen – c. einen neuen – d. eine/die – e. Wertvolle – f. Arme hungrige – g. den/dieser – h. Der/des Angeklagten – i. der ausländischen – j. Die/der.

QUASI-NOMS

97 a. jemand – b. nichts – c. Niemand – d. etwas – e. wer – f. manches – g. Jeder – h. Man – i. Keiner – j. einer.

98 a. **spécifique**. Il faut que l'on trouve qui a téléphoné hier soir. – b. **générique**. Rira bien qui rira le dernier. – c. **générique**. Celui qui économise double sa mise. – d. **spécifique**. Elle a appris à qui j'avais confié le secret. – e. **générique**. Celui qui apporte de bonnes nouvelles n'arrive jamais trop tard. – f. **spécifique**. Je sais pertinemment à qui tu penses. – g. **générique**. Celui qui parle beaucoup ment aussi beaucoup. – h. **spécifique**. Je ne me souviens plus à qui j'ai remis la clé. – i. **générique**. Celui qui n'a pas de chaise doit s'asseoir sur le banc. – j. **spécifique**. Elle veut savoir qui doit encore venir ce soir.

99 a. Was – b. Wer – c. Wem – d. Was – e. Wer – f. Wem – g. Wen – h. Was – i. Wem – j. Wem.

100 a. Welches ist der schnellste Zug der Welt? – b. Wem hat er die Urkunden abgegeben? – c. Er hat nichts gesehen. – d. Es steht jemand vor der Tür. – e. Hat sie etwas verloren? – f. Wer hat was gesagt? – g. Jeder sucht das Glück. – h. Ich habe alles verloren. – i. Niemand hat etwas gehört. – j. Niemand hat das jemals gesagt.

101 a. Niemand – b. Keiner – c. jemand – d. manches – e. nichts – f. Jeder – g. Einer – h. Man – i. etwas – j. Wer.

102 a. G : Celui qui tombe souvent doit souvent se relever. – b. S : Je ne sais toujours pas qui doit venir me chercher. – c. G : À celui qui n'a rien, on ne peut rien ôter. – d. S : Avec qui veux-tu travailler ? – e. G : Celui qui veut apprendre trouve partout une école. – f. G : Celui qui a les mains liées ne peut pas faire grand-chose. – g. S : Qui as-tu vu hier à la piscine ? – h. S : Avec qui est-elle mariée ? – i. G : Celui qui a beaucoup veut avoir davantage. – j. G : Celui que tu laisses entrer dans ta maison entrera aussi dans ta chambre.

103 a. Toute chose a ses limites. – b. Tout neuf, tout beau. – c. On n'est jamais aussi bien servi que par soi-même. – d. Que chacun balaie devant sa porte. – e. Tout le monde sait cela. – f. L'ami de tout le monde n'est l'ami de personne. – g. Tout le monde en parle, personne n'en sait rien. – h. Aujourd'hui Monsieur de Quelque Chose, demain Monsieur de Rien. – i. L'un après l'autre. – j. L'un comme l'autre.

PRONOMS

104 a. Ja, er hat ihn schon bestellt. – b. Ja, ich habe sie. – c. Ja, ich habe ihn geschrieben. – d. Ja, sie hat sie gekauft. – e. Ja, sie gefällt mir. – f. Ja, er ist repariert. – g. Ja, er ist schon angekommen. – h. Ja, ich habe sie vergessen. – i. Ja, ich kann es dir leihen. – j. Ja, ich verstehe sie.

105 a. Nein, ich habe es noch nicht gelesen. – b. Nein, sie hat sie nicht gekauft. – c. Nein, ich habe sie nicht gebürstet. – d. Nein, ich habe sie mir nicht gewaschen. – e. Nein, er hat ihn nirgends liegen lassen. – f. Nein, er schmeckt mir nicht. – g. Nein, ich möchte ihn nicht ausziehen. – h. Nein, sie hat es nicht vermietet. – i. Nein, er hat es nicht bezahlt. – j. Nein, sie ist nicht auf.

106 a. Ja, ich habe es schon aufgehängt. / Nein, ich habe es nicht aufgehängt. – b. Ja, ich möchte ihn kosten. / Nein, ich möchte ihn nicht kosten. – c. Ja, sie hat ihn in aller Öffentlichkeit blamiert. / Nein, sie hat ihn nicht in aller Öffentlichkeit blamiert. – d. Ja, ich habe sie des Materials geprüft./ Nein, ich habe sie des Materials nicht geprüft. – **e.** Ja, er hat ihn verpasst. / Nein, er hat ihn nicht verpasst. – **f.** Ja, man hat es entdeckt. / Nein, man hat es nicht entdeckt. – **g.** Ja, sie hat ihn bestiegen. / Nein, sie hat ihn nicht bestiegen. – **h.** Ja, ich habe sie einberufen. / Nein, ich habe sie nicht einberufen. – **i.** Ja, es hat ihn freigesprochen. / Nein, es hat ihn nicht freigesprochen. – **j.** Ja, ich habe es aufgemacht. / Nein, ich habe es nicht aufgemacht.

107 **a.** Ich habe meinen neuen Computer gekauft. Hast du deinen bestellt? – **b.** Ich habe deine Telefonnummer; aber hast du meine? – **c.** Sein Handy ist teurer als meins. – **d.** Ich habe meinen Regenschirm vergessen; kannst du mir deinen leihen? – **e.** Mein Wagen ist repariert; und deiner? – **f.** Sein Fernseher ist älter als meiner. – **g.** Ich habe mir deinen Geheimcode aufgeschrieben; hast du dir meinen aufgeschrieben? – **h.** Mein Mantel ist länger als deiner. – **i.** Meine Eltern sind in Ferien; und deine? – **j.** Unser Haus ist gemütlicher als eures.

108 **a.** Wenn du Umschläge übrig hast, kannst du mir einige geben. – **b.** Es waren viele Studenten auf dem Parkplatz; die meisten (davon) saßen auf dem Boden. – **c.** Sie waren alle spazieren gegangen, aber viele hatten ihren Regenschirm vergessen. – **d.** Nicht alle Feriengäste hatten ihren Pass bei sich. – **e.** Die Fussballspieler waren auf dem Fussballfeld; jeder trug ein unterschiedliches Trikot. – **f.** Die Politiker versprechen viel, aber die meisten halten ihr Versprechen nicht ein. – **g.** Die Kühe sind alle geschlachtet worden. – **h.** Die Fernsehwerbungen sind oft ganz gut; einige sind sogar hervorragend. – **i.** Nachtisch oder Käse? Beides! – **j.** Die Kinder sprachen alle gleichzeitig, und jedes verlangte etwas anderes.

109 **a.** Nos voisins sont tous deux originaires d'Autriche. – **b.** Un jeune homme et un homme d'un certain âge, tous deux sourds-muets, ont demandé par écrit leur chemin. – **c.** Il dit à chacun de ceux qui étaient présents un mot aimable. – **d.** Les enfants étaient tous rassemblés autour du sapin de Noël, et chacun reçut son cadeau. – **e.** Les invités sont tous là. – **f.** Des fautes, il n'en a découvert que peu. – **g.** Des canards sauvages, j'en ai vu quelques-uns. – **h.** Un grand nombre d'électeurs est resté chez soi. – **i.** Les moutons ont tous été abattus. – **j.** Puis ils furent tous brûlés, mais la plupart n'étaient pas même malades.

VERBES

110 **a.** brannte / hat ... gebrannt – **b.** kannte / habe ... gekannt – **c.** rannte / ist ... gerannt – **d.** wendete / hat ... gewendet – **e.** sandte / hat ... gesandt – **f.** nannte / habe ... genannt – **g.** bekannte / hat ... bekannt – **h.** verbrannte / hat verbrannt – **i.** benannte / hat ... benannt – **j.** verkannte / hat ... verkannt.

111 **a.** schrieb / hat ... geschrieben – **b.** fuhr / ist ... gefahren – **c.** fand / hat ... gefunden – **d.** ritt / ist ... geritten – **e.** – schwieg / hat ... geschwiegen – **f.** stritten / haben ... gestritten – **g.** griff / hat ... gegriffen – **h.** pfiff / hat ... gepfiffen – **i.** glich / hat ... geglichen – **j.** schriest / hast ... geschrie(e)n.

112 **a.** wich ... aus / bin ... ausgewichen – **b.** riss / hat ... gerissen – **c.** griff / hat ... gegriffen – **d.** schlich / ist... geschlichen – **e.** biss... ab / hat ... abgebissen – **f.** strich ... durch / hat ... durchgestrichen – **g.** schmiss ... hinaus / hat ... hinausgeschmissen – **h.** schliff / hat ... geschliffen – **i.** stritten / haben ... gestritten – **j.** ritten ... aus / sind ... ausgeritten – **k.** stiegen / sind ... gestiegen – **l.** blieb / ist ... geblieben – **m.** schrie / hat ... geschrie(e)n – **n.** triebst / hast ... getrieben – **o.** schrieb / hat ... geschrieben – **p.** lieh / hat ... geliehen – **q.** rieben / haben ... gerieben – **r.** bewies / hat ... bewiesen – **s.** bewies / hat ... bewiesen – **t.** verzieh / hat ... verziehen.

113 **a.** genoss / hat ... genossen – **b.** schloss / hat ... geschlossen – **c.** schmolz / hat ... geschmolzen – **d.** schwoll an / ist angeschwollen – **e.** erlosch / ist ... erloschen – **f.** erscholl / ist ... erschollen – **g.** schoss / hat ... geschossen – **h.** roch / hat ... gerochen – **i.** begoss / hat ... begossen – **j.** kroch / ist ... gekrochen – **k.** flog / ist ... geflogen – **l.** schob ... hinaus / hat ... hinausgeschoben – **m.** fror / hat gefroren – **n.** verlor / hat ... verloren – **o.** zog / hat ... gezogen – **p.** bog / ist ... gebogen – **q.** hob ... auf / hat ... aufgehoben – **r.** log / hat ... gelogen – **s.** betrog / hat ... betrogen – **t.** schwor / hat ... geschworen

114 **a.** gab / hat ... gegeben – **b.** geschah / ist ... geschehen – **c.** las / hat ... gelesen – **d.** kamen / sind ... gekommen – **e.** sah fern / hat ferngesehen – **f.** trat ... hinaus / ist ... hinausgetreten – **g.** vergas / hat ... vergessen – **h.** maßen ... bei / haben ... beigemessen – **i.** fraßen ... auf / haben ... aufgefressen – **j.** kam / ist ... gekommen – **k.** trug / hat ... getragen – **l.** wusch / hat ... gewaschen – **m.** schlug / hat ... geschlagen – **n.** lud / hat ... geladen – **o.** grub / hat ... gegraben – **p.** fuhr / ist ... gefahren – **q.** wuchs / ist ... gewachsen – **r.** schlug ... vor / hat ... vorgeschlagen – **s.** lud ... ein / hat ... eingeladen – **t.** schuf / hat ... geschaffen.

115 **a.** blies / hat ... geblasen – **b.** briet / hat ... gebraten – **c.** riet / hat ... geraten – **d.** schlief ... ein / ist ... eingeschlafen – **e.** fiel / ist ... gefallen – **f.** rief ... an / hat ... angerufen – **g.** hieß / hat ... geheissen – **h.** lief ... nach / ist ... nachgelaufen – **i.** hielt / hat sich ... gehalten – **j.** ließ / hat es sich leben lassen.

116 **a.** Sie sang den ganzen Tag. – **b.** Das U-Boot ist gesunken. – **c.** Sie haben den ganzen Champagner getrunken. – **d.** Sie wurde gezwungen zurückzukommen. – **e.** Sie fand ihren Weg ganz allein. – **f.** Das Pferd sprang über den Graben. – **g.** Er ist spurlos verschwunden. – **h.** Er wrang die nasse Wäsche aus. – **i.** Sie schwang eine Waffe. – **j.** Alles gelang ihm / ihr.

117 **a.** Man schalt ihn einen Dieb. – **b.** Er starb in der Nacht. – **c.** Er warf das Geld zum Fenster hinaus. – **d.** Sie hilft mir viel. – **e.** Sie hat mir viel geholfen. – **f.** Der Pass galt nicht mehr. – **g.** Verdorbenes Fleisch – **h.** Hier fühle ich mich geborgen. – **i.** Er warb für ein neues Waschmittel. – **j.** Er wirbt für dieses neue Produkt.

118 **a.** Sie hat das Eis gebrochen. – **b.** Er erschrak. – **c.** Er hat viel gesprochen. – **d.** Sie hat dieses Restaurant empfohlen. – **e.** Sie ist am 31. Dezember geboren. – **f.** Die gestohlenen Gemälde wurden wieder gefunden. – **g.** Sie hat das ganze Geld genommen. – **h.** Er wurde von einer Wespe gestochen. – **i.** Wir haben uns vor dem Bahnhof getroffen. – **j.** Man hat den Soldaten befohlen zu schießen.

119 **a.** schnitt / hat ... geschnitten – **b.** gingst / bist ... gegangen – **c.** litt / hat ... gelitten – **d.** saßen / haben ... gesessen – **e.** tat / hat ... getan – **f.** zogen / sind ... gezogen – **g.** warst / bist ... gewesen – **h.** aß / hat ... gegessen – **i.** stand / hat ... gestanden – **j.** haute / hat ... gehauen.

120 **a.** mahlte / hat ... gemahlen – **b.** backte / hat ... gebacken – **c.** hatte / hat ... gehabt – **d.** spaltete / hat ... gespalten – **e.** salzte / habe ... gesalzen – **f.** mochte / habe ... gemocht – **g.** wurde / ist ... geworden – **h.** brachte / hat ... gebracht – **i.** dachte / habe ... gedacht.

121 **a.** Sie hat ihn erschreckt. – **b.** Sie hat die Lampe aufgehängt. – **c.** Die Butter ist in der Sonne geschmolzen. – **d.** Der Pfeil steckte in dem Baum. – **e.** Sein / Ihr Fuß schwoll langsam an. – **f.** Wasser quoll aus dem Sand. – **g.** Sie hat ihre Kleider gebleicht. – **h.** Sie hat das Feuer gelöscht. – **i.** Er hat seinen Durst gelöscht. – **j.** Die Lichter erloschen.

122 **a.** Er pflegte alle Kranken. – **b.** Ich habe ihn dazu bewogen, ins Ausland zu gehen. – **c.** Ich habe ihm alle Briefe gesandt. – **d.** Das Fernsehen sendet viel Werbung. – **e.** Das Obst ist verdorben. – **f.** Sie hat alle ihre Kleider gewebt. – **g.** Die Spinne hat ihr Netz gewebt. – **h.** Er hat ein gutes Beispiel angewendet. – **i.** Er hat die Kräuter gewiegt. – **j.** Er wog zuviel.

LES DEUX SUBJONCTIFS

123 **a.** Prendre deux comprimés par jour. – **b.** Quoi qu'il en soit, il ira à l'école aujourd'hui. – **c.** Soit un carré ABCD. – **d.** Soyez les bienvenus ! – **e.** Advienne que pourra ! – **f.** Il faut manger pour vivre. – **g.** Que celui qui donne, qu'il donne rapidement ! – **h.** Que chacun fasse son travail ! – **i.** Vive la liberté ! – **j.** Coûte que coûte !

124 **a.** Ne t'imagine pas que tu puisses te défendre ! – **b.** Puisse-t-elle vivre longtemps ! – **c.** Qu'il soit fait selon sa volonté ! – **d.** Tu penses peut-être que tu peux faire ici ce que tu veux ? – **e.** Elle souhaitait qu'il revienne bientôt. – **f.** Advienne que pourra ! – **g.** Elle voulait savoir à quoi il pouvait bien ressembler. – **h.** Si seulement elle appelait bientôt ! – **i.** Ton père aurait mis dans son testament que tu dois être élevé chez moi. – **j.** Puisses-tu être bientôt guéri !

125 **a.** Elle dit que si tu passes avec moi de leur côté, elle te considérerait comme sa sœur, et c'est seulement si tu refusais absolument de venir avec moi et si tu préférais retourner chez toi qu'elle me donnerait de l'argent pour toi, pour que tu ne sois pas dans la misère. – **b.** Elle pense probablement que tu sauras où tu devrais la chercher.

126 **a.** Quoi qu'il en fût, c'était tout de même si beau ! – **b.** Il a beau être riche, il ne peut pas se payer cela. – **c.** Qu'on fasse de la place ! – **d.** Prenez place ! – **e.** Elle le pria de rester.

127 **a.** C'est probablement vrai. – **b.** Pas que je sache ! – **c.** Ce serait tout pour aujourd'hui. – **d.** J'aurais encore une question. – **e.** Je serais aussi volontiers venu. – **f.** Même si c'était vrai... – **g.** Elle devrait pourtant le savoir ! – **h.** Si j'avais su cela, je serai venu plus tôt. – **i.** Auriez-vous l'amabilité de me dire où je peux passer ici un coup de fil ? – **j.** Se pourrait-il qu'il ait oublié notre rendez-vous ?

128 **a.** Ce serait gentil si tu les invitais. – **b.** Auriez-vous par hasard encore une chambre de libre ? – **c.** Et si vous téléphoniez tout de suite ? – **d.** Est-ce que vous servez encore si tard ? – **e.** Du thé ? Non, merci ; je préférerais une tasse de café. – **f.** Si elle avait pu venir, elle serait certainement venue. – **g.** « Je suis là, dénudée et sans habit ; si seulement mon amoureux venait et me jetait ma chemise sur les genoux. » (Grimm) – **h.** C'était comme si j'étais devant un miroir. – **i.** C'était comme si le sol sous elle était en feu. – **j.** Quand il voulut s'endormir, c'était comme si quelqu'un disait son nom.

L'IMPÉRATIF

129 **a.** Nimm / Nehmt die Handtasche! – **b.** Vergiss / Vergesst die Schlüssel nicht! – **c.** Lies / lest die Namen vor! – **d.** Sprich / Sprecht lauter! – **e.** Hilf / Helft mir! – **f.** Iss dein / Esst euer Butterbrot! – **g.** Sieh nach / Seht nach, wo das Wörterbuch liegt! – **h.** Komm / Kommt schneller! – **i.** Bremse / bremst sofort! – **j.** Mach / Macht die Tür auf!

130 **a.** Misch dich nicht in alles ein! – **b.** Sieh das endlich mal ein! – **c.** Erledige das selber! – **d.** Unterbrich das Gespräch nicht! – **e.** Verzichte darauf! – **f.** Geh allein hin! – **g.** Schreib das ins Reine! – **h.** Schlafe nicht ein! – **i.** Sei endlich mal vernünftig! – **j.** Pass auf!

131 **a.** Weine nicht! – **b.** Frage nicht! – **c.** Räume deine Sachen auf! – **d.** Hebe bitte den Schraubenzieher auf! – **e.** Mach das Paket nicht auf! – **f.** Kämm dich! – **g.** Gehorche! – **h.** Sag mir jetzt die Wahrheit! – **i.** Bleib hier! – **j.** Hör damit auf!

LA FORMATION DES VERBES

132 **a.** Combien dois-je retirer de cette somme ? – **b.** Que veux-tu mettre aujourd'hui ? – **c.** Avant de se mettre au lit, on se déshabille. – **d.** Une nuée blanche traverse le ciel. – **e.** Nous allons bientôt emménager dans un nouvel appartement. – **f.** Pourquoi fais-tu une telle grimace ? – **g.** Préfères-tu le vin rouge ou le vin blanc ? – **h.** Je ne voulais être à découvert. – **i.** Pourquoi déménager ? Nous sommes bien ici. – **j.** Le président fut contraint de se retirer.

133 **a.** Il faut que je remonte ma montre. – **b.** Peux-tu ouvrir le rideau ? – **c.** Il a élevé seul ses trois enfants. – **d.** Hissez les voiles ! – **e.** Elle a écorché le lapin. – **f.** De cette somme, il faut que je retire dix euros. – **g.** Elle retira sa bague. – **h.** Il enlève le drap. – **i.** Elle s'habille. – **j.** L'aimant attire le fer.

134 **a.** Enlève ton chapeau ! – **b.** Je suppose que vous avez compris cela. – **c.** Il a recueilli l'enfant. – **d.** Il faut vider le poisson. – **e.** Le mécanicien démonte le moteur. – **f.** Nous allons étudier le texte. – **g.** Peux-tu m'emmener ? – **h.** Elle a pris le commandement. –

i. Qu'as-tu l'intention de faire aujourd'hui ? – **j.** Je ne retire pas un mot de ce que j'ai dit.

135 **a.** Ils ont sérieusement discuté l'affaire. – **b.** Cela correspond à mes souhaits. – **c.** Que t'a-t-il promis ? – **d.** On ne saurait lui dénier un certain talent. – **e.** Elle s'est adressée à moi de façon très courtoise. – **f.** Je suis incapable de prononcer ce mot. – **g.** L'accusé a été acquitté. – **h.** À qui dois-je me présenter ? – **i.** Je ne peux rien te promettre. – **j.** Pourquoi me contredis-tu continuellement ?

136 **a.** Quand il apparut, nous nous sommes levés. – **b.** Je ne peux pas le supporter. – **c.** La tour existe depuis longtemps. – **d.** Je serai toujours à tes côtés. – **e.** As-tu quelque chose à avouer ? – **f.** Il lui est inférieur en tout. – **g.** Il a surmonté sa peur. – **h.** Elle a tout compris. – **i.** Il préside le conseil municipal.

LE GROUPE VERBAL

137 **a.** ist des Müllers Lust – **b.** findet leicht ein goldenes Schloss – **c.** gibt fette Suppe – **d.** wird ... neu – **e.** verkauft sich selbst – **f.** verliert das Gedächtnis – **g.** schlägt den Hunger tot – **h.** eine Frau ist hässlich – **i.** gefällt – **j.** hat scharfe Augen.

138 **a.** Sie schreibt ihre Memoiren. – **b.** Er liest einen Bericht. – **c.** Sie tanzen einen Walzer. – **d.** Sie singt gern Lieder von Franz Schubert. – **e.** Er malt wunderbare Landschaften. – **f.** Sie läuft täglich dieselbe Strecke. – **g.** Er schwimmt diese Strecke in 50 Sekunden. – **h.** Sie raucht nur Zigarren. – **i.** Sie sehen dem Fussballspiel zu. – **j.** Sie trinkt keine Milch.

139 **a.** Diese Schüler sind die Ersten. – **b.** Sie bleiben die Besten. – **c.** Sie werden Beamte. – **d.** Sie scheinen Franzosen zu sein. – **e.** Die Studenten wollen Angestellte werden. – **f.** Diese Bäume scheinen Eichen zu sein. – **g.** Sie bleiben immer dieselben. – **h.** Alle Kinder wollen eines Tages Erwachsene werden. – **i.** [Die] Spinnen sind keine Insekten. – **j.** Das sind Deutsche.

LA PHRASE

140 **a.** : ! (injonctif) – **b.** : . (déclaratif) – **c.** : ? (injonctif) – **d.** : . (déclaratif) – **e.** : ! (exclamatif) – **f.** : ! (injonctif) – **g.** : ! (injonctif) – **h.** : ! (exclamatif) – **i.** : ! (injonctif) – **j.** : (déclaratif).

141 **a.** Sie löscht die Festplatte. / Löscht sie die Festplatte? / Lösch die Festplatte! – **b.** Sie wäscht sich die Hände. / Wäscht sie sich die Hände? / Wasch dir die Hände! – **c.** Sie deckt den Tisch. / Deckt sie den Tisch? / Deck den Tisch! – **d.** Sie geht zum Postamt. / Geht sie zum Postamt? / Geh zum Postamt! – **e.** Sie fährt mit dem Wagen in die Stadt. / Fährt sie mit dem Wagen in die Stadt? / Fahre mit dem Wagen in die Stadt! – **f.** Sie schickt eine Viruswarnung weiter. / Schickt sie eine Viruswarnung weiter? / Schick eine Viruswarnung weiter! – **g.** Sie wechselt das Rad. / Wechselt sie das Rad? / Wechsle das Rad! – **h.** Sie löst eine Fahrkarte. / Löst sie eine Fahrkarte? / Lös eine Fahrkarte! – **i.** Sie spielt eine Sonate. / Spielt sie eine Sonate? / Spiel eine Sonate! – **j.** Sie öffnet eine Datei. / Öffnet sie eine Datei? / Öffne eine Datei!

142 **a.** injonctif. Lauf schneller! – **b.** injonctif. Können Sie mir Ihre Adresse geben?– **c.** injonctif. Du hast zu gehorchen! – **d.** injonctif. Du wirst dir jetzt die Zähne putzen! – **e.** interrogatif. Wie spät ist es? – **f.** interrogatif. Wo liegt Paderborn? – **g.** déclaratif. Bei null Grad wird Wasser zu Eis. – **h.** injonctif. Binde deine Schnürsenkel! – **i.** injonctif. Komm doch mit! – **j.** déclaratif. Ich friere.

143 **a.** injonctif – **b.** déclaratif – **c.** interrogatif – **d.** hypothétique – **e.** déclaratif – **f.** exclamatif – **g.** hypothétique – **h.** exclamatif – **i.** injonctif – **j.** interrogatif.

144 **a.** déclaratif – **b.** injonctif – **c.** hypothétique – **d.** exclamatif – **e.** hypothétique – **f.** déclaratif – **g.** interrogatif – **h.** exclamatif – **i.** interrogatif – **j.** injonctif.

145 **a.** injonctif – **b.** déclaratif – **c.** injonctif – **d.** déclaratif – **e.** déclaratif – **f.** injonctif – **g.** déclaratif – **h.** injonctif – **i.** injonctif – **j.** déclaratif.

146 **a.** interrogatif – **b.** déclaratif – **c.** déclaratif – **d.** injonctif – **e.** injonctif – **f.** exclamatif – **g.** interrogatif – **h.** exclamatif – **i.** injonctif – **j.** interrogatif.

147 **a.** Zu Weihnachten möchte Klaus ein Moped. – **b.** Mit diesen Leuten will sie nicht arbeiten. – **c.** Das habe ich mir ganz anders gedacht. – **d.** Alle seine CDs will er mir schenken. – **e.** Auf das Erbe verzichte ich. – **f.** Zu teuer sind mir diese CD-ROMs. – **g.** Wo mein Handy liegt, weiß ich nicht. – **h.** Abends gehe ich nicht gern aus. – **i.** Nur wenige Freunde hat er zu seinem Geburtstag eingeladen. – **j.** Nur selten strengt er sich an.

148 **a.** Vielleicht kaufe ich mir einen neuen Drucker. – **b.** Ihren Mitarbeitern hat sie den Vertrag vorgelegt. – **c.** Lehrkräfte müssen in absehbarer Zukunft eingestellt werden. – **d.** Vor Ende der Woche muss mein Wagen unbedingt repariert werden. – **e.** Ihre Ferien verbringt sie nächsten Sommer auf Korsika. – **f.** Gesucht werden Facharbeiter. – **g.** In der Barentssee hat die russische Marine ein U-Boot verloren. – **h.** Mit einer sehr knappen Mehrheit wurde der amerikanische Präsident gewählt. – **i.** Jeden Morgen muss der Briefkasten geleert werden. – **j.** In Europa wird das größte Flugzeug der Welt gebaut.

149 **a.** Ich lade am nächsten Samstag alle meine Freunde ein. – **b.** Alle Schiffe laufen abends in den Hafen ein. – **c.** Ausnahmsweise hält heute der Zug in Paderborn. – **d.** Seit Jahren essen die Fische Tiermehl. – **e.** Nächstes Jahr will die Lufthansa ihre Preise stark reduzieren. – **f.** Hier im Kino läuft nächste Woche ein neuer Film. – **g.** Den Rasen muss er jeden Tag mähen. – **h.** Morgens trinke ich keinen Tee. – **i.** Vorige Woche brach das Gebäude zusammen. – **j.** Heute wird die neue Brücke für den Verkehr freigegeben.

150 **a.** Womit hat er die Dose geöffnet? – **b.** Seit wann ist er krank? – **c.** Ist es ihm gelungen? – **d.** Sucht er immer noch Arbeit? – **e.** Wo wohnst du jetzt? – **f.** Wem hat sie Blumen geschenkt? – **g.** Wen haben Sie gestern Abend im Theater gesehen? – **h.** Für wen sind diese Bücher? – **i.** Hat sie die Wahl gewonnen? – **j.** Regnet es?

151 **a.** Wo willst du hin? – **b.** Arbeitet er am Sonntag? – **c.** Wer ist gestern Abend gekommen? – **d.** Wen hast du am Bahnhof gesehen? – **e.** Kommt er oder nicht? – **f.** Isst er mit uns zu Abend? – **g.** Mit wem bist du ins Kino gegangen? – **h.** Wem haben Sie diese Geschichte erzählt? – **i.** Für wen hast du dieses Geschenk gekauft? – **j.** Wann hört es auf zu regnen?

152 **a.** G – **b.** P – **c.** G – **d.** P – **e.** G – **f.** G – **g.** G – **h.** P – **i.** P – **j.** G.

153 **a.** Un échange n'est pas un vol. – **b.** Par beau temps on ne devrait pas sortir sans manteau. – **c.** Il n'est pas bon manger des cerises avec de grands seigneurs. – **d.** Tout ce qui brille n'est pas d'or. – **e.** Le mieux est l'ennemi du bien. – **f.** Aucun arbre ne tombe au premier coup de la hache. – **g.** Rome n'a pas été bâtie en un jour. – **h.** La nécessité ne connaît pas de loi. – **i.** Les cloches de qualité ne sonnent pas tous les jours. – **j.** Pierre qui roule n'amasse pas mousse.

154 **a.** Il ne faut pas louer le jour avant le soir. – **b.** La poule qui pondait des oeufs en or ne vit plus. – **c.** Une bride dorée ne rend pas le cheval meilleur. – **d.** Ce n'est pas toute échelle qui mène au ciel. – **e.** Si les gens sensés ne savent pas, interroge les fous. – **f.** Celui qui peut prendre n'a pas à demander. – **g.** Il n'y a pas de feu sans fumée, pas de vertu sans jalousie. – **h.** Là où il n'y a rien, on ne peut rien prendre. – **i.** Prends ton temps, et non ta vie. – **j.** La beauté ne fait pas vivre.

155 **a.** keiner – **b.** Eines – **c.** sie – **d.** Auf alles verzichten – **e.** Dreimal fünf – **f.** die Götter, die Göttinnen alle – **g.** ein Klaglied zu sein im Mund der Geliebten – **h.** die unsterbliche Mutter – **i.** der Mensch – **j.** klares Auge

156 **a.** der Wolf – **b.** Zugucken – **c.** nichts – **d.** 's – **e.** Trübes Wasser – **f.** kein Speck – **g.** Beinahe – **h.** man – **i.** eines, vieles – **j.** Volle Kammern.

157 **a.** mancher – **b.** Faule Austern – **c.** viele, einer – **d.** Es (Attention : « eine Lösung » est à l'accusatif, à cause de « geben ») – **e.** viele Kunden – **f.** alles, kein Geld – **g.** die Hiebe – **h.** Es (voir accord du verbe) – **i.** ein Einäugiger – **j.** der Winter

158 **a.** seit drei Wochen – **b.** Im schlimmsten Fall – **c.** mit seinem Wagen – **d.** Durch seinen Leichtsinn – **e.** mit größter Mühe – **f.** Bei dem Wetter – **g.** mit den Händen – **h.** vorigen Sonntag – **i.** mit eigenen Händen – **j.** an der Kunstakademie

159 **a.** ihn – **b.** Bring es mir bitte – **c.** eins – **d.** ihm – **e.** ihn – **f.** es – **g.** es – **h.** es – **i.** Hat ihnen – **j.** Hast du sie schließlich gekauft?

160 **a.** mir – **b.** der Angelegenheit – **c.** einem jeden – **d.** einem Fremden – **e.** Rindern – **f.** einem Ausländer – **g.** ihrem Chef – **h.** ihrem Mann – **i.** seinen Patienten – **j.** uns.

161 **a.** mit dem Messer – **b.** jedes Jahr – **c.** Ohne ihre Freundinnen – **d.** mit einem Stethoskop – **e.** jeden Frühling – **f.** mit einem Lumpen – **g.** ohne Mühe – **h.** die ganze Woche – **i.** im Ausland.

162 **a.** Bring sie zur Reinigung. – **b.** Iss ihn nicht ganz! – **c.** Zeig es mir mal! – **d.** Mach sie auf! – **e.** Trag ihn in den Keller! – **f.** Ich habe ihn bestellt. – **g.** Sie hat ihn ihrem Freund ein weiteres Mal geliehen. – **h.** Er hat sie verloren. – **i.** Ich möchte das. – **j.** Sie verlangt ihn.

163 **a.** Er hat ihr eine neue Armbanduhr geschenkt. – **b.** Er hat ihr die Zeitung gegeben. – **c.** Er meldet ihnen eine gute Nachricht. – **d.** Der Briefträger hat ihm die Post überreicht. – **e.** Sie zeigte ihnen einen Dokumentarfilm. – **f.** Er erzählte ihnen eine spannende Geschichte. – **g.** Er brachte ihm das kranke Tier. – **h.** Er bot ihnen einen guten Abend. – **i.** Sie konnte ihm beweisen, dass… – **j.** Er verbot ihr jedoch….

ACCENTUATION

164 Restau**rant** – Be**woh**ner – spekula**tiv** – **Brief**kasten – Com**pu**ter – **Bild**schirm – be**zah**len – zer**fet**zen – **Bü**cher – ver**rei**sen – ge**wöh**nen – stabili**sie**ren – ent**lau**fen – kapri**ziös** – er**schre**cken – **Bett**tuch – Fische**rei** – rudimen**tär** – stu**die**ren – Schreine**rei** – Ga**ra**ge – speziali**sie**ren – kleri**kal** – Barri**ka**de – Coif**feur** – bla**ma**bel – territo**rial** – ver**schrei**ben – er**klä**ren – egali**sie**ren – **Han**dy – Dekla**ra**tion – emp**foh**len – ge**win**nen – **Trep**pe – **Auf**merksamkeit – **Rek**tor – Huma**nist** – **Bahn**hof – **Sche**re – analy**sie**ren – **auf**schneiden – ver**ge**ben – be**gabt** – Fo**rel**le – ver**lie**ren.

165 nach **Hau**se fahren – die Nase **hoch** tragen – einem die Le**vi**ten lesen – Die **Map**pe meines **Ur**großvaters – Der **jün**gere Bruder – **Flö**te spielen – Die Ent**füh**rung aus dem Serail – Die **letz**ten Tage der **Mensch**heit – Fi**ga**ros Hochzeit – wie **Hund** und Katze leben – von **Luft** und **Lie**be leben – zum alten **Ei**sen gehören – Eine kleine **Nacht**musik – Prinz Friedrich von **Ham**burg – Die Mar**qui**se von O… – Der zer**bro**chene Krug – Des **Teu**fels General – Die **Hand** mit dem **Mes**ser – Die **zwölf** Brüder – Der **sin**gende Knochen – Der ge**stie**felte Kater – **Hän**sel und **Gre**tel – **Dreck** in den **Oh**ren haben – ins **Tro**ckene bringen – alles **aus**wendig lernen.

166 **a.** Professor **Arndt** hat seinen Vortrag vor vielen Studenten gehalten. / Professor Arndt hat seinen **Vor**trag vor vielen Studenten gehalten. / Professor Arndt hat seinen Vortrag vor vielen Stu**den**ten gehalten. – **b.** **Axel** hat vorige Woche einen hervorragenden Aufsatz geschrieben. / Axel hat vorige **Wo**che einen hervorragenden Aufsatz geschrieben. / Axel hat vorige Woche einen hervorragenden **Auf**satz geschrieben. – **c.** Der **Bundes**kanzler hat im Ausland über innere Angelegenheiten gesprochen. / Der Bundeskanzler hat im **Aus**land über innere Angelegenheiten gesprochen. / Der Bundeskanzler hat im Ausland über **in**nere Angelegenheiten gesprochen. – **d.** Der **Libero** hat das zweite Tor gegen Leverkusen geschossen. / Der Libero hat das **zwei**te Tor gegen Leverkusen geschossen. / Der Libero hat das zweite Tor gegen Lever**ku**sen geschossen. – **e.** **Lise** hat ihre Nachbarn zu ihrem Geburtstag eingeladen. / Lise hat ihre **Nach**barn zu ihrem Geburtstag eingeladen. / Lise hat ihre Nachbarn zu ihrem Ge**burts**tag eingeladen.

ADJECTIFS, ADJOINTS, ADVERBES

167 adjectif de nom : **a.** – **b.** – **f.** – **j.** – / adjectif de verbe : **c.** – **g.** – **h.** / adjectifs d'adjectif : **d.** – **e.** – **i.**

168 **a.** tief(e) – **b.** weit(e) – **c.** unermesslich(e) –

d. ungeheurer / ungeheuer – **e.** bitter(e) – **f.** außerordentlich(e) – **g.** enorm(e) – **h.** sagenhaft (er) – **i.** maßlos(e) – **j.** stark(e).

169 **a.** alt (es) – **b.** kalt(e) – **c.** schnell (er) – **d.** englisch (er) – **e.** jung (es) – **f.** klein(e) – **g.** frisch (es) – **h.** billig(e) – **i.** neu (en) – **j.** faul (er).

170 **a.** außergewöhnlich(e) – **b.** angenehm(e) – **c.** ganz(e) – **d.** peinlich(e) – **e.** -sonderbar (er) – **f.** unangenehm(e) – **g.** lächerlich (er) – **h.** extrem(e) – **i.** relativ (er) – **j.** winzig (er).

ALS

171 **a.** Heute ist es kälter als gestern. – **b.** Niemand anders als er kennt die richtige Antwort. – **c.** Als sie im Ausland lebte, war sie gezwungen, Englisch zu sprechen. – **d.** Sie war kaum weg, als das Telefon klingelte. – **e.** Er verhält sich, als ob nichts geschehen wäre. – **f.** Der Fremde war kein anderer als ihr Mann. – **g.** Hast du nichts Besseres zu tun, als fernzusehen? – **h.** Ich bin hier als Sachverständiger. – **i.** Er hat niemand anders gesehen als den Wächter. – **j.** Sie war um so mehr überrascht, als sie nicht darauf gefasst war.

ANTÉRIORITÉ

172 **a.** Vor dem Ende des Films geht man nicht hinaus. – **b.** Vor der Gründung der Firma gab es hier viele Arbeitslose. – **c.** Vor der Uraufführung der Oper haben die Sänger lange üben müssen. – **d.** Vor der Eröffnung des Kaufhauses haben die Eigentümer eine gezielte Werbekampagne veranstaltet. – **e.** Vor dem Mittagessen kann man einen Aperitif nehmen. – **f.** Vor ihrem Tod hatte sie alles ihren Neffen überlassen. – **g.** Vor dem Beginn des Regens wird der Himmel plötzlich dunkel. – **h.** Vor dem Erdbeben schnattern die Gänse aufgeregt. – **i.** Vor der Abfahrt muss man sich anschnallen. – **j.** Vor ihrem Besuch ruft sie immer an.

ANTONYMES

173 **a.** uninteressant / **in**intéressant – **b.** unmöglich / **im**possible – **c.** unfair / **mal**honnête – **d.** unfähig / **in**capable – **e.** unaufmerksam / **in**attentif – **f.** unbegabt / **pas** doué – **g.** ungeeignet / **im**propre – **h.** unklar / **pas** clair – **i.** unlogisch / **il**logique – **j.** unrasiert / **pas** rasé

174 **a.** farblos / **in**colore – **b.** hilflos / **dé**laissé – **c.** geschmacklos / de **mauvais** goût – **d.** gefühllos / **in**sensible – **e.** gewissenlos / **sans** scrupule – **f.** hoffnungslos / **dés**espéré – **g.** anspruchslos / **sans** prétentions – **h.** rücksichtslos / **in**délicat – **i.** taktlos / **sans** tact – **j.** erfolglos / **in**fructueux

175 **a.** treulos / **in**fidèle – **b.** unbequem / **in**commode – **c.** geistlos / **in**signifiant – **d.** empfindungslos / **in**sensible – **e.** uneinig / **dés**uni – **f.** unerfahren / **in**expérimenté – **g.** unfreundlich / **in**amical – **h.** kinderlos / **sans** enfant – **i.** ungerecht / **in**juste – **j.** kunstlos / simple, naturel.

176 **a.** schwer / lourd – **b.** niedrig / bas – **c.** klein / petit – **d.** warm / chaud – **e.** schlau / malin – **f.** böse / méchant – **g.** weich / mou – **h.** falsch / faux – **i.** schmal / étroit – **j.** dünn / mince.

177 **a.** sauer / aigre – **b.** fein / fin – **c.** glatt / lisse – **d.** hell / clair – **e.** schmutzig / sale – **f.** dicht / dense – **g.** leise / doux, léger – **h.** jung / jeune – **i.** lebendig / vivant – **j.** tief / profond.

ASPECT

178 **a.** säuselt – **b.** fröstelte – **c.** betteln – **d.** hüstelt – **e.** lächelt – **f.** streichelt – **g.** tänzelt – **h.** tröpfelt – **i.** wackeln – **j.** spöttelt.

179 **a.** erblasste – **b.** erblindete – **c.** erwache – **d.** erkrankt – **e.** erblickte – **f.** ertönte – **g.** erkältet – **h.** eröffnet – **i.** errötete – **j.** ertaubt.

180 **a.** verhungerte. – **b.** abgebaut. – **c.** verdursten – **d.** geht aus. – **e.** ausschlafen. – **f.** verblutete. – **g.** trinkt… aus. – **h.** blühen aus. – **i.** abgelaufen. – **j.** ist aus.

AUSSER

181 **a.** Ils étaient **hors d'**eux. – **b.** Sinon, c'est-à-dire **en dehors de** février à avril, il pleut au moins une fois par jour. – **c.** **En plus de** deux cents poules, le bateau avait aussi à son bord trois passagers. – **d.** Il est chassé **de** son pays. – **e.** **À part** les personnes citées ci-dessous, il n'y a plus personne dans la salle. – **f.** **À part** moi, il n'y a plus personne. – **g.** Comme il était **en dehors de** la maison, il n'avait rien entendu. – **h.** L'apparition des nains est synonyme de malheur, **sauf** si on les voit danser dans les prairies. – **i.** Je ne demande rien, **si ce n'est** que vous me rameniez à la maison. – **j.** Il ne parlait à personne, **sauf** quand il était interrogé.

182 **a.** Man hörte nichts außer dem Gesang der Vögel. – **b.** Außer ihr kenne ich niemanden hier. – **c.** Ich werde heute außer Haus[e] (= Hauses) sein. – **d.** Ich kann ihn nicht mehr hören, er ist nämlich außer Hörweite. – **e.** Wir können sie nicht mehr sehen, denn sie ist außer Sicht. – **f.** Sie ist außer Gefahr. – **g.** Er ist außer Dienst. – **h.** Diese Firma ist außer Betrieb. – **i.** Ich bin außer Atem. – **j.** Das steht außer Frage.

183 **a.** Das Flugzeug wurde außer Betrieb gestellt. – **b.** Er wurde außer Gefecht gesetzt. – **c.** Das steht außer [jedem] Zweifel. – **d.** Sie kommt, außer wenn man ihr sagt, dass sie nicht kommen soll. – **e.** Wir haben nichts erfahren können, außer dass er weg ist. – **f.** Er war außer sich. – **g.** Diese Regelung ist außer Kraft. – **h.** Keiner tut das, außer ihm [*er* est possible] – **i.** Außer seinem Beruf ist er auch freiwilliger Feuerwehrmann. – **j.** Er kommt immer außer der Zeit.

AUTANT/TANT

184 **a.** Du solltest nicht so viel trinken! – **b.** Soweit ich weiß, ist er nun pensioniert. – **c.** Er war um so mehr an dem Projekt interessiert, als er selber ein ähnliches ausgedacht hatte. – **d.** Ich habe um so weniger Lust abzureisen, als ich nicht einmal weiss, wohin. – **e.** Unser Angebot hat er sofort angenommen, zumal er immer noch keine Arbeit hatte. – **f.** Er hat die Anstellung nicht angenommen, zumal sie nicht seiner Ausbildung entsprach. – **g.** Sie hat so viel gearbeitet, dass sie nur noch eins im Sinn hat: sich ausruhen. – **h.** Er hat so viel Zeit gebraucht, und hat doch nichts erreicht. – **i.** Solange man gesund ist, braucht man sich keine Sorgen zu machen. – **j.** Ich als Jurist kann Ihnen versichern, dass Sie nicht im Recht sind.

AUXILIAIRE DES TEMPS COMPOSÉS DU PASSÉ

185 **a.** Was hast du getrunken? – **b.** Sie hat sich gewaschen. – **c.** Wir sind sofort gekommen. – **d.** Hast du die Zeitung gelesen? – **e.** Er hat mich erschreckt. – **f.** Hast du geträumt? – **g.** Ich habe mir die Fingernägel geschnitten. – **h.** Sie hat den Bleistift aufgehoben. – **i.** Er hat sich rasiert. – **j.** Er hat dem Direktor geschrieben.

186 **a.** Er hatte auf das große Geld verzichtet. – **b.** Sie hatte die Firma ganz allein geleitet. – **c.** Sie war nach Amerika geflogen. – **d.** Er hatte einen neuen Sessel bestellt. – **e.** Es war ihr alles gelungen. – **f.** Er war ihrem guten Beispiel gefolgt. – **g.** Er war ihr ausgewichen. – **h.** Er hatte sich ausgeruht. – **i.** Sie war zu schnell gefahren. – **j.** Sie war viel gereist.

BIEN

187 **a.** Er kocht genauso gut wie sie. – **b.** Ich fühle mich besser. – **c.** Er ist wohlgebaut. – **d.** Das tut wohl. – **e.** Er stand sehr gut mit dem Direktor. – **f.** Im Schwimmbecken fühlte er sich am wohlsten. – **g.** Er hat es gemacht, so gut er konnte. – **h.** Kannst du mich gut hören? – **i.** Sie hat gut gearbeitet. – **j.** Das Geschäft geht gut.

BIS

188 **a.** Er muss bis morgen warten. – **b.** Ich nehme dich bis Bielefeld mit. – **c.** Das kann drei bis vier Monate dauern. – **d.** Bis wann willst du hier bleiben? – **e.** Von Anfang bis [zu] Ende. – **f.** Er ist bis hierher gekommen. – **g.** Ich begleite dich bis zur Grenze. – **h.** Sie war nass bis auf die Haut. – **i.** Das Geschäft ist bis acht Uhr auf. – **j.** Ich bin bis zu dir gekommen.

189 **a.** Ich bleibe, bis sie geht. – **b.** Sie bummelte durch die Gassen, bis es anfing zu regnen. – **c.** Er hat immer wieder neu angefangen, bis es ihm gelang. – **d.** Sie schlief, bis er kam um sie zu wecken. – **e.** Wir haben gearbeitet, bis uns jemand sagte aufzuhören. – **f.** Sie haben geschwommen, bis das Schwimmbad zumachte. – **g.** Sie plauderten, bis jemand die Resultate brachte. – **h.** Wir haben daran geglaubt, bis jemand uns auf gewisse Einzelheiten aufmerksam machte. – **i.** Sie werden zusammen bleiben, bis der Tod sie trennt. – **j.** Sie hat auf ihn gewartet, bis das Schiff in den Hafen einlief.

BUT

190 **a.** Sie geht zum Arzt, um sich gründlich untersuchen zu lassen. – **b.** Er will ein Jahr in Deutschland verbringen, um fließend Deutsch zu sprechen. – **c.** Er braucht unbedingt einen Engländer, um das Wasser abzustellen. – **d.** Sie fährt in die Alpen, um sich zu erholen. – **e.** Sie treibt so viel Sport, um fit zu bleiben. – **f.** Sie hat ihn rufen lassen, um ihm etwas Wichtiges mitzuteilen. – **g.** Ich schreie so laut, um dich vor der Gefahr zu warnen. – **h.** Er sperrt sich in sein Zimmer ein, um besser zu arbeiten. – **i.** Er ist so früh gekommen, um sie zu überraschen. – **j.** Sie nimmt Schlaftabletten, um leichter einzuschlafen.

191 **a.** Sie spricht sehr langsam, damit man sie versteht. – **b.** Er lernt Japanisch, um seinen Kameraden durch seine Kenntnisse zu imponieren. – **c.** Sie ruft ihren Freund an, damit dieser sie an der Uni abholt. – **d.** Sie wiederholt, was sie eben gesagt hat, damit man es nicht vergisst. – **e.** Sie kauft ein neues Computerprogramm, um ihre Abrechnung schneller zu machen. – **f.** Er hält Diät, um ein paar Kilo abzunehmen. – **g.** Er kauft Tabletten, damit seine Haare wieder wachsen. – **h.** Sie lässt die Kinder fernsehen, damit sie ihre Ruhe hat. – **i.** Sie schreibt ihrer Tante, um ihr ihre bevorstehende Hochzeit mitzuteilen. – **j.** Er rückt eine Anzeige in die Zeitung ein, damit die ganze Stadt weiß, dass er am Samstag heiratet.

192 **a.** Ich bin hierher gekommen, um mich auszuruhen. – **b.** Sie lernt Maschine schreiben, um schneller arbeiten zu können. – **c.** Sie hat die Klingel abgestellt, um nicht mehr gestört zu werden. – **d.** Sie geht früh ins Bett, um früh aufzustehen. – **e.** Man impft die Schafe, um die Maul- und Klauenseuche (the foot-and-mouth disease) zu vermeiden. – **f.** Man braucht Bagger, um die Straße zu räumen. – **g.** Er hat sich einen Computer gekauft, um seinen Freunden E-Mails zu senden. – **h.** Blauhelme wurden nach Makedonien geschickt, um den Frieden aufrechtzuerhalten. – **i.** Sie geht auf die Bank, um ihr neues Scheckbuch abzuholen. – **j.** Sie geht jeden Tag schwimmen, um fit zu bleiben.

CAUSE

193 **a.** Er konnte die Inschrift nicht lesen, weil er zu weit davon entfernt war. – **b.** Sie muss sparen, weil sie während der Ferien nicht bezahlt wird. – **c.** Sie kann im Sommer nicht in Urlaub fahren, weil sie arbeiten muss. – **d.** Er muss den Brief übersetzen lassen, weil er kein Englisch versteht. – **e.** Sie haben einen Flügel gekauft, weil ihre Tochter Klavier lernen will. – **f.** Ich habe diese CD zurückschicken müssen, weil sie defekt war. – **g.** Er konnte die Datei nicht öffnen, weil sie verschlüsselt war. – **h.** Sie hat sich sofort gemeldet, weil sie diese Stelle unbedingt wollte. – **i.** Sie hat viele Freunde, weil sie sehr weltgewandt ist. – **j.** Er kann auf den Job verzichten, weil er einen besseren gefunden hat.

194 **a.** Wegen der Panne des Busses hat er nicht kommen können. – **b.** Die Kinder sind wegen des Regens zu Hause geblieben. – **c.** Ich konnte wegen des Streiks der Eisenbahnarbeiter nicht nach Paderborn fahren. – **d.** Aus Faulheit hat er seine Arbeit nicht gemacht. – **e.** Die Ausgrabungsarbeiten mussten wegen des Versagens der Bagger unterbrochen werden. – **f.** Sie hat wegen ihrer Promovierung zum Doktor der Medizin eine kleine Feier veranstaltet. – **g.** Wegen der Umstrukturierung ihres Betriebes sind die Arbeiter zwei Tage zu Hause geblieben. – **h.** Der Ausflug konnte wegen des schlechten Wetters nicht stattfinden. – **i.** Er hat den Bericht aus Zeitmangel noch nicht geschrieben. – **j.** Er hat den Wagen aus Geldmangel nicht gekauft.

CHARNIÈRES DU DISCOURS

195 **a.** Le volcan ne crache certes plus de feu, mais il expulse de ses gorges des gaz dans les lagunes. **b.** En cette saison, nous avons certes la plupart du temps un ciel bleu, mais sinon, c'est-à-dire à l'exception de la période qui va de février à avril, il pleut au moins une fois par jour. – **c.** Certes, Ramon l'avait vu au moment où il entrait dans la cabane, mais il n'y avait pas prêté attention. – **d.** L'eau avait certes envahi le canot, mais ils parvinrent tout de même à gagner la rive à temps. – **e.** Il avait certes déjà seize ans, mais il n'en paraissait que quatorze. – **f.** Il faisait certes nuit quand cela se produisit, mais le temps était magnifique. – **g.** J'avais certes un port d'armes, mais je n'avais jamais d'arme sur moi. – **h.** Ses aventures me paraissent certes étonnantes, mais je n'ai pas l'intention de les mettre en doute. – **i.** J'étais certes frappé d'étonnement, mais en aucune façon je n'avais peur. – **j.** Cette tâche était certes honorable, mais tout de même aussi purement symbolique.

196 **Zwar** bin ich gescheiter als alle die Laffen, Doktoren, Magister, Schreiber, Pfaffen; Mich plagen keine Skrupel noch Zweifel, Fürchte mich weder vor Hölle noch Teufel – **Dafür** ist mir **auch** alle Freud' entrissen. Bilde mir nicht ein, was Rechts zu wissen, Bilde mir nicht ein, ich könnte was lehren, Die Menschen zu bessern und zu bekehren. **Auch** hab' ich weder Gut noch Geld, Noch Ehr' und Herrlichkeit der Welt; Es möchte kein Hund so länger leben! **Drum** hab' ich mich der Magie ergeben. (Goethe, Faust, 366-377)

197 **a.** Nous avions l'un pour l'autre des sentiments profonds. / Et pourtant nous nous sommes merveilleusement entendus. / Nous avons souvent joué à « papa et maman », / et pourtant nous ne nous sommes pas chamaillés ni battus. – **b.** C'était un navire mexicain et les officiers étaient mexicains. C'est pourquoi personne ne se soucia de si légères infractions au réglement. – **c.** Ils se passèrent de la pommade sur la peau. Mais le soir ils eurent tout de même des cloques autour de la commissure des lèvres et sous les yeux. – **d.** – « Sans autorisation, ce n'est malheureusement pas possible.» – « Mais que se passerait-il si nous y allions tout de même ? » – **e.** Si tu restes ici, tu seras en sécurité. Mais nous avons malgré tout peur pour toi.

COMME

198 **a.** Er arbeitet als Tierarzt. – **b.** Wie dumm er doch ist! – **c.** Sie fährt weiter, als ob sie den Polizisten nicht gesehen hätte. – **d.** Alle Tiere müssen geimpft werden, die Kühe wie die Schafe. – **e.** Da kein Mensch anwesend war, ist er auch nicht geblieben. – **f.** Ich warne dich vor Leuten wie ihnen. – **g.** Ich habe ihn wie einen Freund empfangen. – **h.** Da du mich vorige Woche eingeladen hast, lade ich dich nächste Woche ein. – **i.** Wie gebettet, so geschlafen. – **j.** Er brüllt wie ein Löwe.

COMPARAISON

199 **a.** Dieser Ausflug war anstrengender, als ich dachte. – **b.** Dieser Film war nicht so spannend, wie du es mir gesagt hattest. – **c.** Dieser Vortrag war so langweilig, wie ich mir ihn vorgestellt hatte. – **d.** Dieser Versuch war so gefährlich, wie wir ihn uns vorgestellt hatten. – **e.** Dieser Videorecorder funktioniert nicht so gut, wie es die Werbung versprach. – **f.** Die Universität ist ganz anders, als das, was die Studienräte mir gesagt hatten. – **g.** Er konnte so viel Urlaub nehmen, wie er wollte. – **h.** Sie hat so lange gesprochen, wie sie es gewünscht hatte. – **i.** Er hat mehr ausgegeben, als er hatte. – **j.** Er hat weniger gearbeitet als vorgesehen.

200 **a.** Je langsamer ihr sprecht, desto besser versteht man euch. – **b.** Je höher die Sonne, desto wärmer ist es. – **c.** Je schneller man fährt, desto größer ist die Gefahr. – **d.** Je hungriger man ist, desto besser schmeckt, was man isst. – **e.** Je weniger man arbeitet, desto weniger verdient man. – **f.** Je mehr ihr kauft, desto billiger sind die Preise. – **g.** Je klarer ein Gedanke, desto weniger Wörter zählt er. – **h.** Je besser der Kaffee, desto mehr trinkt man davon. – **i.** Je mehr man arbeitet, desto angenehmer ist die Arbeit. – **j.** Je mehr er lügt, desto röter wird er im Gesicht.

201 **a.** Der Fischer tat, als ob er einen Fisch gefangen hätte. – **b.** Unser Nachbar verhält sich, als ob unser Obstgarten ihm gehören würde. – **c.** Er sprang auf, als ob er von einer Spinne gestochen worden wäre. – **d.** Er hat sein Glas ausgetrunken, als hätte er drei Tage lang nichts getrunken. – **e.** Sie sah erschöpft aus, als hätte sie den ganzen Tag gearbeitet. – **f.** Er wirft das Geld zum Fenster hinaus, als hätte er das große Los gewonnen. – **g.** Sie tut, als ob nichts geschehen wäre. – **h.** Er tippt, als ob er nichts anderes im Leben getan hätte. – **i.** Der Professor sprach mit lauter Stimme, als wären seine Schüler alle taub. – **j.** Er spricht mit seinen Kollegen, als wäre er ihr Direktor.

CONCESSION

202 **a.** Obwohl ich sehr müde war, bin ich früh aufgestanden. – **b.** Obwohl der alte Drucker noch gut war, hat er einen neuen Drucker gekauft. – **c.** Obwohl er einen wichtigen Termin hatte, ist er zu spät gekommen. – **d.** Obwohl es ziemlich kalt ist, hat sie die Heizung abgestellt. – **e.** Obwohl sie Vegetarierin ist, hat sie Hammelfleisch gegessen. – **f.** Obwohl er arm ist wie eine Kirchenmaus, reist er um die ganze Welt. – **g.** Obwohl die beiden sich nicht vertragen können, sind sie immer zusammen. – **h.** Die Wachstumsrate steigt in Europa, obwohl der Euro an Wert verliert. – **i.** Obwohl er zuckerkrank ist, nascht er den ganzen Tag. – **j.** Obwohl Deutsch die meistgesprochene Sprache in Europa ist, ist Deutsch in der EG nicht als Arbeitssprache anerkannt.

CONDITION

203 **a.** Er kann sich um diese Stelle bewerben, wenn er seine Prüfung besteht. – **b.** Sie kauft ihren nächsten Mercedes nur, wenn sie genug Geld hat. – **c.** Er wird meine E-Mail beantworten, es sei denn er hat sie nicht bekommen. – **d.** Sie wird die Arbeit tun, sofern sie genau weiss, was sie zu tun hat. – **e.** Sie wird den Eiger besteigen, aber nur wenn sie ganz gesund ist. – **f.** Er darf nur fahren, wenn er den

Führerschein hat. – **g.** Sie kommt nur, wenn es nicht schneit. – **h.** Sein Fernseher wird ihm nur geliefert, wenn er bezahlt ist. – **i.** Ich helfe dir, sofern du es wünschst. – **j.** Gusseisen wird flüssig, wenn es genügend gewärmt wird.

204 **a.** Man kann alles kaufen, wenn man zahlt. – **b.** Er nimmt die Arbeit nur auf, wenn er wieder gesund ist. – **c.** Man kann nur versetzt werden, wenn man gute Zensuren hat. – **d.** Ich nehme dich auf meinem Schiff mit, aber nur wenn du schwimmen kannst. – **e.** Er arbeitet in diesem Betrieb weiter, aber nur wenn er die Prämie erhält. – **f.** Ich kann mit euch Rad fahren, aber nur wenn mein Rad repariert ist. – **g.** Sie spielt nur Klavier, wenn sie allein zu Hause ist. – **h.** Sie fährt ihn nur zum Bahnhof, nur wenn er im Wagen nicht raucht. – **i.** Wir hätten Sie gerne besucht, wenn wir gewusst hätten, dass Sie da gewesen sind. – **j.** Ich kann die Theaterkarten nur abholen, wenn die Kasse auf ist.

CONSÉQUENCE

205 **a.** Er ist so schwach, dass er sofort ins Krankenhaus muss. – **b.** Sie ist so ungeduldig, dass sie nicht länger warten kann. – **c.** Ich habe so lange gejoggt, dass ich in Schweiß gebadet bin. – **d.** Er kritisiert die Schulleistungen seiner Kinder so sehr, dass sie keine Lust mehr an der Arbeit haben. – **e.** Es ist so kalt, dass man nicht ohne Handschuhe hinausgehen kann. – **f.** Ich bin so müde, dass ich kaum noch gehen kann. – **g.** Wir sind so überrascht, dass wir sprachlos sind. – **h.** Dieser Videorecorder ist so kompliziert, dass ich ihn nicht einmal einschalten kann. – **i.** Die Tage sind so kurz, dass ich nicht dazu komme, alles zu erledigen. – **j.** Diese Übung ist so leicht, dass ich kaum zu überlegen brauche.

DISCOURS RAPPORTÉ

206 **a.** Er sagt, dass er morgen zu Hause bleibt. – **b.** Er sagt, dass er das Öl des Wagens wechseln will. – **c.** Er sagt, dass er den Wecker nicht gehört hat. – **d.** Er sagte, dass er schwer krank ist. – **e.** Er sagte, dass er auf seinen Urlaub verzichtet. – **f.** In der Zeitung steht, dass alle Steuern abgeschafft worden sind. – **g.** Über Lautsprecher wird gemeldet, dass der Zug aus Wien zwei Stunden Verspätung hat. – **h.** Im Fernsehen habe ich gehört, dass in Kakanien zwölfjährige Kinder einen Bären gesehen haben. – **i.** Die europäischen Finanzminister behaupten einstimmig, dass der Euro die beste Währung der Welt ist. – **j.** Die heutige Zeitung berichtet, dass Hunderte von Menschen bei einem riesigen Brand in China ums Leben gekommen sind.

207 Sie fragt, **a.** ob Post für sie da ist. – **b.** ob jemand für sie angerufen hat. – **c.** Wer sie heute Abend am Bahnhof abholt. – **d.** ob das Taxi schon bestellt ist. – **e.** wo ihr Handkoffer ist. – **f.** ob es heute regnen wird. – **g.** ob sie einen Schirm braucht. – **h.** ob der Schlüssel im Schloss steckt. – **i.** ob die Fensterläden zu sind. – **j.** ob sie schön gekämmt ist.

208 **a.** Du sollst dich anstrengen. – **b.** Du sollst den Mülleimer leeren. – **c.** Du sollst dein Zimmer aufräumen. – **d.** Du sollst den Teppich im Wohnzimmer saugen. – **e.** Du sollst dir die Hände waschen. – **f.** Ihr dürft heute Abend nicht fernsehen. – **g.** Aufgepasst! – **h.** Man muss sich persönlich melden. – **i.** Sie müssen das Kind sofort ins Krankenhaus bringen. – **j.** Ihr sollt mehr arbeiten.

209 Sie hat gesagt, er soll: **a.** ihr eine Flasche Bier bringen. (ou : Sie hat gesagt, dass er ihr eine Flasche Bier bringen soll.) – **b.** nicht so laut schnarchen. – **c.** die Wäsche aufhängen. – **d.** die Scheiben im Salon putzen. – **e.** einkaufen gehen. – **f.** den Rasen mähen. – **g.** den Kronleuchter reparieren. – **h.** die Vorräte in die Küche tragen. – **i.** das Bett machen. – **j.** seine Schuhe wichsen. – **k.** sich um die Kinder kümmern. – **l.** das Fernsehen ausmachen. – **m.** den Hund ausführen. – **n.** sich die Hände waschen. – **o.** sich nicht beklagen. – **p.** ihr zum 8. März gratulieren.

DONT

210 **a.** Die Schule, deren Direktor verhaftet wurde, musste schließen. – **b.** Das Besteck, dessen sie sich bedient haben, muss gespült werden. – **c.** Der Sohn, auf den sie so stolz war, hat sie später sehr enttäuscht. – **d.** Der Nachbar, von dem ich dir gesprochen habe, ist schwer verunglückt. – **e.** Ich habe diesen Staubsauger, mit dem ich nicht zufrieden bin, dem Geschäft zurückgebracht. – **f.** Die Familie, von der er stammt, war sehr reich. – **g.** Der Wein, den ich bestellt habe, hat wieder aufgeschlagen. – **h.** Die Studenten, von denen kein einziger Deutsch sprechen konnte, haben nicht verstanden, worum es sich handelte. – **i.** Das Tiermehl, von dem man so viel gesprochen hat, ist von nun an verpönt. – **j.** Die Verträge, von denen gestern die Rede war, wurden endlich unterschrieben. – **k.** Der Bauer, dessen Schafe geschlachtet worden sind, ist nun ruiniert. – **l.** Ihre Eltern wohnen in dem Haus, aus dem sie eben gekommen ist. – **m.** Er hat das Haus gekauft, von dem ich seit langem geträumt habe. – **n.** Die Art und Weise, wie er spricht, ist eher lächerlich. – **o.** Der Schüler, dessen Mutter sich beklagt hat, ist mehr dumm als böse.

EIN/KEIN

211 **a.** Le bonheur n'est fidèle à personne. – **b.** Personne ne se plaint de soi-même. – **c.** Personne ne garde les oies pour rien. – **d.** S'amender n'est interdit à personne. – **e.** Personne n'est trop vieux pour apprendre. – **f.** Faire confiance à une seule personne est suffisant, ne faire confiance à personne n'est pas sage. – **g.** Si une personne sait une chose, une autre personne sait autre chose. – **h.** Il faut bien que l'un soit le dernier. – **i.** L'un a le pain, l'autre la faim. – **j.** L'un sème, l'autre récolte.

EN (TRADUCTION DE)

212 **a.** **Als** er nach Hause kam, stellte er fest, dass er seine Schlüssel vergessen hatte. – **b.** Er brachte eine Flasche Wein, **wobei** er bemerkte, dass sie halb leer war. – **c.** Er lief die Treppe hinunter. – **d.** Er sagte, **indem** er eine Zigarre ansteckte, dass es zu spät sei. – **e.** Sie sitzt auf einer Bank **und wartet**, dass er sie abholt. – **f.** Man spart Geld, **indem** man weniger raucht. – **g.** Wut ergriff ihn, **wobei** ihm ein unartikulierter Schrei entfuhr. – **h. Beim Weitergehen** fing er an zu überlegen. – **i. Beim Erwachen** sah ich, dass es noch dunkel war. – **j. Beim Aussteigen** ist er ausgerutscht.

213 **a.** Wir sehen uns im Elsass im Sommer wieder. – **b.** Er trägt einen Ring aus Gold. (einen goldenen Ring) – **c.** Sie kommt mit dem Fahrrad. – **d.** Hans-Peter ist ein Student der Mathematik. – **e.** Er hat die Strecke innerhalb zwei Stunden zurückgelegt. – **f.** « Hast du noch Reißzwecken? » – « Ja, ich habe noch ein paar übrig.» – **g.** « Handys? » « Habe ich mehrere.» – **h.** « Wenn du noch Tinte hast, kannst du mir davon geben? » – **i.** Ich bin davon überzeugt. – **j.** Ich denke nur Gutes davon.

214 **a.** Auf dem Heimweg begegnete ihm sein Rechtsanwalt. – **b.** Als er fortging, bedankte er sich ein letztes Mal bei ihr. – **c.** Sie war in Schweiß gebadet. – **d.** Unter Tränen gestand er seine Schuld. – **e.** Indem ich der Taube näher kam, stellte ich fest, dass sie tot war. – **f.** Du erzählst ihm / ihr, was geschehen ist, aber ohne das Unangenehme zu erwähnen. – **g.** Indem du eine Abkürzung nimmst, kannst du fünf Minuten gewinnen. – **h.** Man verteidigt seine Rechte, indem man wählt. – **i.** Sie war als Hexe verkleidet. – **j.** Er spricht mit Sachkenntnis.

215 **a.** Er wurde überfahren, als er über die Straße ging. – **b.** Als ich diesen Zeitungsartikel las, habe ich mir die Frage gestellt, wer ihn verfasst hatte. – **c.** Ich habe Ihre Telefonnummer erhalten, indem ich die Auskunft anrief. – **d.** Er hat innerhalb dieser drei Wochen viel gelernt. – **e.** Wegen des Steiks fährt heute kein Zug. – **f.** Die Stadt wurde teilweise zerstört. – **g.** In Australien isst man Kängurufleisch. – **h.** In Rheinland-Pflaz leben viele Türken. – **i.** Wenn du nur ein wenig überlegst, kannst du die Antwort selber finden. – **j.** Wenn du Paris besichtigst, vergiss den Eiffelturm nicht.

ERST

216 **a.** erst – **b.** nur – **c.** erst – **d.** erst – **e.** nur – **f.** nur – **g.** nur – **h.** erst – **i.** nur – **j.** erst.

EXCLAMATION

217 **a.** Was man nicht alles hören muss! – **b.** Wie traurig sie ist! – **c.** Wie kalt es ist! – **d.** Wie blöde du [doch] bist! – **e.** Wie groß die Kleine geworden ist! – **f.** Wie glücklich bin ich, dass es dir gelungen ist! – **g.** Wie teuer! – **h.** Wie schön! – **i.** Wie schnell er läuft! – **j.** Wie schwer das [doch] alles ist!

FAIRE

218 **a.** mach! – **b.** tut – **c.** tun – **d.** gemacht – **e.** macht – **f.** getan – **g.** machte – **h.** getan – **i.** machen – **j.** tu.

219 **a.** tun – **b.** machen – **c.** tun – **d.** macht – **e.** tut – **f.** macht – **g.** machen – **h.** tun – **i.** gemacht – **j.** tut.

GÉNITIF

220 **a.** Der Student ist faul. – **b.** Das junge Ehepaar ist glücklich. – **c.** Der Krieg ist grausam. – **d.** Die Kinder sind froh. – **e.** Das Wasser ist kalt. – **f.** Der Gefangene ist verletzt. – **g.** Der Ring ist vergoldet. – **h.** Manche Politiker sind feige. – **i.** Der Sachverständige ist klug. – **j.** Das Gebäude ist sehr alt.

221 **a.** O : la découverte des rayons X – **b.** S : la découverte de Röntgen – **c.** S : la visite de la vieille dame – **d.** O : la visite du musée – **e.** O : la retransmission de l'émission – **f.** O : la persécution et l'assassinat de Jean-Paul Marat – **g.** S : l'ébullition de l'eau – **h.** S : le vol des oiseaux – **i.** O : l'érection du monument – **j.** S : le crissement des freins.

GROUPE CONJONCTIONNEL

222 **a.** Nach dem Untergang der Sonne wird es schnell kalt. – **b.** Vor ihrem Tod hatte sie noch Zeit, ihr Testament zu diktieren. – **c.** Seit der Einführung der 35-Stunden-Woche in Frankreich geht die Arbeitslosigkeit zurück. – **d.** Ihr Mann hat seine Arbeit ohne ihre Zustimmung aufgegeben. – **e.** Vor seiner Heirat lebte er im Ausland. – **f.** Bei Regen soll man langsamer fahren. – **g.** Und bei Schneefällen soll man besonders vorsichtig sein. – **h.** Ich trage eine Gasmaske wegen der Verpestung der Luft. – **i.** Nach Beendigung seiner Arbeit ruhte er sich drei Tage aus. – **j.** Seit der Installation der Einbauküche will er nicht mehr kochen.

223 **a.** Seitdem das Penicillin entdeckt wurde, lassen sich die Bakterien besser bekämpfen. – **b.** Er wurde entlassen, weil er andauernd krank war. – **c.** Bevor man das Rad erfunden hatte, musste alles getragen werden. – **d.** Wenn Glatteis ist, lässt man den Wagen am besten in der Garage. – **e.** Ohne dass sie zustimmt, hätte er das nie unternommen. – **f.** Seitdem Ausgrabungen unternommen wurden, ist das ganze Gelände abgesperrt. – **g.** Sie sind den ganzen Tag zu Hause geblieben, weil es bitter kalt war. – **h.** Bevor die Kartoffel in Europa eingeführt wurde, gab es oft Hungersnot. – **i.** Er wurde freigesprochen, weil die Beweise fehlten. – **j.** Sie plauderten gemütlich, während sie eine Tasse Tee tranken.

GROUPE INFINITIF

224 **a.** ø – **b.** zu – **c.** zu – **d.** zu – **e.** ø – **f.** zu – **g.** zu – **h.** ø – **i.** zu – **j.** ø.

225 **a.** ø – **b.** ø – **c.** ø – **d.** zu – **e.** zu – **f.** zu – **g.** ø – **h.** zu – **i.** zu – **j.** zu.

GROUPE QUASI-NOMINAL

226 **a.** niemand hier – **b.** Jemand, der so etwas sagt – **c.** niemandem von uns – **d.** einer unter den Studenten – **e.** Alle übrigen – **f.** Mancher in diesem Gremium – **g.** niemand anders. – **h.** etwas Kostbares – **i.** Keiner von uns – **j.** Niemand anders als sie.

227 **a.** Hat jemand hier Feuer? – **b.** Wer anders als er könnte gewählt werden? – **c.** Er als Sachverständiger hat sicher die Lösung. – **d.** Kennst du jemand, der nicht gern Schokolade isst? – **e.** Er hat sein Geheimnis keinem von uns anvertrauen wollen. – **f.** Ich respektiere jemand wie dich, der weiss, was er will. – **g.** Wer mit wenig zufrieden ist, der ist reich. – **h.** Wir müssen jemand anders aussuchen. – **i.** Sie als Hauptfigur ist eine gute Idee. – **j.** Ich habe etwas Neues für dich.

GROUPE PRÉPOSITIONNEL

228 **a.** Nachdem die festgesetzte Zeitspanne abgelaufen war, wurde das Haus verkauft. – **b.** Die Firma wurde verurteilt, weil sie den Vertrag nicht erfüllt hatte. – **c.** Obwohl die vereinbarten Normen eingehalten wurden, waren die Softwarekomponenten nicht kompatibel. – **d.** Nachdem die Arbeit beendet war, wurde jeder nach seiner Leistung entlohnt. – **e.** Seitdem der Euro eingeführt worden ist, müssen alle Preise zweimal angegeben werden. – **f.** Bevor eine Seuche ausbricht, gibt es immer Vorzeichen. – **g.** Man kam zu keinem Ergebnis, weil die Verhandlungen unterbrochen wurden. – **h.** Obwohl die Blauhelme eingesetzt wurden, kamen viele Unschuldige ums Leben. – **i.** Nachdem die Blauhelme aus Bosnien zurückgezogen wurden, hat sich die Lage noch zugespitzt. – **j.** Nachdem bestimmte Maßnahmen durchgeführt wurden, wurde die Staatsgewalt wiederhergestellt.

229 **a.** Nach dem Ausbruch des Vulkans wurde die Räumung der Stadt unmöglich. – **b.** Vor dem Einsatz der Truppen müssen sie trainiert werden. – **c.** Seit dem Zusammenbruch der UdSSR dürfen die Osteuropäer in den Westen. – **d.** Der Flugzeugträger musste in den Hafen einlaufen wegen eines Ausfalls eines Propellerflügels. – **e.** Trotz seiner langen Studien konnte er keine Arbeit finden. – **f.** Nach ihrem Anruf heute Morgen ist die Stimmung hier im Hause nicht mehr dieselbe. – **g.** Wegen des Versagens seines Computers konnte er seine E-Mail nicht abschicken. – **h.** Trotz der Schneefällen fuhr er mit dem Wagen nach Mainz. – **i.** Seit der Öffnung der Geschäfte am Samstagnachmittag stürzen sich die Kunden in die Einkaufszentren. – **j.** Vor der Übertragung der Sendung muss alles mit größter Sorgfalt geplant werden.

230 **a.** Worüber freute sie sich? – **b.** Worauf beruht die Geschichte? – **c.** Worüber liest sie? – **d.** Worauf spielte er an? – **e.** Wovor warne ich Sie? – **f.** Worum war sie besorgt? – **g.** Worauf ist sie neidisch? – **h.** Wohin führt das noch? (wozu = pourquoi ?, dans quel but ?) – **i.** Womit drohte sie mir? – **j.** Worüber diskutierten wir?

231 **a.** Er zerschneidet das Fleisch damit. – **b.** Er naschte daran. – **c.** Er trinkt daraus. – **d.** Sie verzichtet darauf. – **e.** Er griff danach. – **f.** Ich versuche das Plakat davon zu lösen. – **g.** Ich habe die Lust daran verloren. – **h.** Der Garten liegt dahinter. – **i.** Er stellte den Tisch daneben. – **j.** Ich verstehe darunter etwas ganz anderes.

GROUPE RELATIF

232 **a.** Der neue Aufsichtsrat, der vorige Woche gewählt wurde, zählt zwölf Mitglieder. – **b.** Der Präsident hat die Briefe, die ihm seine Sekretärin vorgelegt hatte, unterschrieben. – **c.** Der Eisvogel, der auf Französisch « martin-pêcheur » heißt, frisst gern frische Fische. – **d.** Der Rinderwahn, der die Gesundheit der europäischen Bevölkerung bedroht, stammt aus England. – **e.** England exportierte Tiermehl, das in England verboten war, nach ganz Europa. – **f.** Die Grünen, die von den Industriellen kritisiert werden, protestieren gegen die Verpestung der Luft. – **g.** In Bosnien, wo die UNO versagt hatte, kamen viele Menschen ums Leben. – **h.** Der LKW hat einen Hund, der über die Straße lief, überfahren. – **i.** In Kalifornien, wo es zu viele Klimaanlagen gibt, wird zu wenig Strom produziert. – **j.** Barbara, die viel Geld im Lotto gewonnen hat, fliegt nächste Woche nach Ibiza.

233 **a.** Die Journalistin hat ein Interview mit einem Rechtsanwalt geführt, der die Obdachlosen verteidigt. – **b.** Der Flugzeugträger, dessen Propeller beschädigt wurde, ist nun wieder seeklar. – **c.** Ich bin gestern einem Freund begegnet, den ich seit Jahren nicht mehr gesehen hatte. – **d.** Die Bauern, deren Vieh krank ist, bekamen Subventionen von der Regierung. – **e.** Die Armbanduhr, die sie vor kurzem erst gekauft hatte, wurde ihr im Zug gestohlen. – **f.** Die Äpfel, die er im Supermarkt gekauft hatte, waren alle faul. – **g.** Der neue Bürgermeister, der gestern gewählt wurde, ist ein ehemaliger Metzger. – **h.** Die Blauhelme, die in Bosnien eingesetzt wurden, stammen aus verschiedenen europäischen Ländern. – **i.** Berlin, wo jetzt die Regierung ist, liegt nur fünfzig Kilometer von der polnischen Grenze entfernt. – **j.** Bonn, wo die ehemalige Regierung ihren Sitz hatte, ist eine kleine verschlafene Provinzstadt.

HYPOTHÈSE

234 **a.** Wenn Sie nach Hamburg fahren, können Sie den Fernsehturm besichtigen. – **b.** Wenn es heute Nachmittag regnet, bleiben wir zu Hause. – **c.** Wenn genug Schnee da ist, laufen sie Ski. – **d.** Wenn er eines Tages wieder gesund wird, unternimmt er eine Reise um die Welt. – **e.** Wenn du mich brauchst, rufe mich an! – **f.** Wenn du ein ganz besonderes Buch suchst, geh in eine große Buchhandlung. – **g.** Wenn er eine Forelle essen will, muss er sie selber fangen. – **h.** Wenn du die Zusammenhänge in der Weltpolitik verstehen möchtest, lies täglich die Zeitung. – **i.** Wenn ich einen neuen Wagen kaufe, kaufe ich einen VW. – **j.** Wenn ich morgen den ganzen Tag allein bin, kann ich gut arbeiten.

IL Y A

235 **a.** Er ist vor zwei Jahren fortgereist. – **b.** Da ist eine Maus im Schrank. – **c.** Im Kühlschrank steht eine Flasche Bier. – **d.** Es ist kein Brot mehr im Haus. – **e.** Es ist zu viel Wasser in der Badewanne. – **f.** Jemand hat nach Ihnen gefragt. – **g.** Auf Matthäus' Kopf steht nur ein Haar. – **h.** Ich bin schon lange nicht mehr ins Kino gegangen. – **i.** Es gibt Leute, die träumen mit offenen Augen. – **j.** Vor einer Woche war sie noch nicht zurück.

236 **a.** Es waren viele Leute im Supermarkt. – **b.** Er war vor sechs Wochen zum letzten Mal beim Friseur. – **c.** An der Straßenecke steht eine Telefonzelle. – **d.** Im Schaufenster steht ein schöner Weihnachtsbaum. – **e.** Fährt morgen früh ein Zug nach Wiesbaden? – **f.** Man sagt, dass es in diesem Wald Wölfe gibt. – **g.** Ein Kind hat noch nicht gegessen. – **h.** Scheint heute die Sonne? – **i.** Es steht ein Wagen vor unserem Haus. – **j.** Wenn sein / ihr Testament eröffnet wird, werden manche staunen.

237 **a.** In dieser Angelegenheit gibt es Einzelheiten, die ich nicht verstehe. – **b.** Er kam vor zwei Tagen vorbei, aber du warst nicht da. – **c.** Heute Abend läuft ein sehr schöner Film im Fernsehen. – **d.** Da stimmt was nicht. – **e.** Ist noch Geld im Geldbeutel? – **f.** In der Zeitung von gestern stand ein interessanter Artikel. – **g.** Vor seiner Tür standen zwei Polizisten als Wachen. – **h.** Ein Gewitter zieht auf (= ist im Anzug). – **i.** Gibt es jemand, der sich noch nicht gemeldet hat? – **j.** In Afrika gibt es noch zu viele Menschen, die hungern.

IMPERSONNELS (VERBES)

238 **a.** Ob es regnet, ob der Wind bläst, oder ob es schneit, er geht jeden Tag spazieren. – **b.** Es ist mir nicht gelungen, ihn zu überreden. – **c.** Wie geht es Ihnen? Danke, es geht mir gut. – **d.** Gefällt es Ihnen hier? – **e.** Es ekelte ihn vor diesem toten Fisch. – **f.** Wenn es donnert, versteckt sich die Katze unter das Bett. – **g.** Es geschehen seltsame Dinge hier. – **h.** Herrn Mayer geht es nicht sehr gut. – **i.** Es schwindelt ihm. – **j.** Nieselt es oder graupelt es?

INFINITIF SUBSTANTIVÉ

239 **a.** Apprendre est difficile, savoir est aisé. – **b.** Ce n'est pas difficile de mentir. – **c.** Le silence aussi est une réponse. – **d.** Aimer, c'est souffrir. – **e.** Poser des questions, c'est gratuit. – **f.** Frayer et faire la cuisine ne réussissent pas toujours. – **g.** Donner est plus facile que demander. – **h.** Posséder, c'est posséder, mais obtenir est difficile. – **i.** Pouvoir est plus fort que vouloir. – **j.** Trouver et receler équivaut à voler.

240 **a.** L'espoir est une douce souffrance. – **b.** Les plaintes ne sont d'aucun secours pour les morts. – **c.** Transiger et endurer est préférable à se disputer et se plaindre. – **d.** Les chiens et les chats mordent et griffent. – **e.** Frapper et embrasser sont choses différentes. – **f.** Il n'y a pas de quoi rire quand quelqu'un tombe d'une tour. – **g.** Médire n'est pas un art. – **h.** Rire entretient la santé. – **i.** Rire et pleurer vont dans le même sac. – **j.** On se fait des amis en étant généreux.

INJONCTION

241 **a.** Rein! – **b.** Mund zu! – **c.** Schreiben Sie das auf! – **d.** Schneller! – **e.** Zugehört! – **f.** Machen Sie die Tür auf! – **g.** Du sollst dein Zimmer aufräumen! – **h.** Du wirst jetzt vernünftig sein! – **i.** Hier ist das Rauchen untersagt! – **j.** Her damit!

INTERROGATION

242 **a.** Wer? – **b.** Wann? – **c.** Wo? – **d.** Wo? – **e.** Womit? – **f.** Wem? – **g.** Wessen? – **h.** An wen? – **i.** Was für Briefmarken? – **j.** Welchen Stift?

243 **a.** Wessen Wagen ist das? – **b.** Was hat er getrunken? – **c.** Wann holt er mich ab? – **d.** Was hat Dagmar bestanden? – **e.** Wo musst du umsteigen? – **f.** Wohin fährst du morgen früh? – **g.** Um wie viel Uhr fährt der Zug ab? – **h.** Was hat sie ihm geschenkt? – **i.** Mit wem warst du im Kino? – **j.** Womit hast du die Tür geöffnet?

LIEU : LOCATIF ET DIRECTIF

244 **a.** der – **b.** den – **c.** das – **d.** eine – **e.** dem – **f.** die – **g.** ihre – **h.** den – **i.** alle – **j.** die.

245 **a.** den – **b.** die – **c.** ins – **d.** seine – **e.** der – **f.** ins – **g.** den / dem – **h.** die – **i.** einige – **j.** der.

MANIÈRE

246 **a.** Er ging langsamen Schrittes. – **b.** Sie lief sehr schnell. – **c.** Sie hat es mit Vergnügen getan. – **d.** Er ging weg, ohne die Tür zu schließen. – **e.** Sie gingen im Kreise herum. – **f.** Sie sprach leise. – **g.** Sie tanzte mit Anmut. – **h.** Sie hat ihn mit viel Mut verteidigt. – **i.** Er sang sehr laut. – **j.** Er hat die richtige Antwort ohne Mühe gefunden.

247 **a.** Il était étendu, le menton appuyé dans le creux de sa main. – **b.** Il m'a interrogé poliment. – **c.** En mobilisant toutes ses forces, il parvint à atteindre son but. – **d.** Elle a agi avec beaucoup de bon sens. – **e.** Il travaille sans rouspéter. – **f.** Elle a fait cela sans enthousiasme particulier.

MODALISATION / MODALITÉ

248 **a.** Er kann noch kommen. – **b.** Ich will unbedingt heute noch fort. – **c.** Er muss das Bett hüten. – **d.** Er kann nicht schwimmen. – **e.** Wir dürfen nicht hinaus. – **f.** Er will mir absolut nicht zuhören. – **g.** Man kann sich auf ihn verlassen. – **h.** Wir sollten ihn einladen. – **i.** Du musst unbedingt diese Dokumente unterschreiben. – **j.** Ich tue, was ich will.

249 **a.** Sie hat die Prüfung **bestimmt** bestanden. = Sie **muss** die Prüfung **bestanden haben**. /Sie hat die Prüfung **vermutlich** bestanden. = Sie **mag** die Prüfung **bestanden haben**. / Sie hat die Prüfung **wohl** bestanden. = Sie **soll** die Prüfung **bestanden haben**. – **b.** **Ich bin sicher**, dass es morgen regnet. / Morgen **kann** es regnen. = Morgen wird es **wahrscheinlich** regnen. / Morgen wird es **vielleicht** regnen. – **c.** Nächste Woche werde ich **wirklich** aufhören zu rauchen. / Nächste Woche **will** ich aufhören zu rauchen. / Nächste Woche **sollte** ich aufhören zu rauchen. – **d.** Alles wird **tatsächlich** billiger. / Alles wird **vermutlich** billiger. / Alles wird **vielleicht** billiger. – **e.** Mit dem Euro werden wir **sicher** besser leben. / Mit dem Euro werden wir **wahrscheinlich** besser leben. / Mit dem Euro werden wir **wohl** besser leben. – **f.** Sie wird es **bestimmt** schaffen. / Sie **kann** es schaffen. / Sie wird es **wohl** schaffen./ – **g.** **Ich bin sicher**, dass sie sich scheiden lassen. / Sie lassen sich **wahrscheinlich** scheiden. / Sie lassen sich **vielleicht** scheiden. – **h.** Er ist **wirklich** an Aids gestorben. / Er ist **vermutlich** an Aids gestorben. / Er ist **wohl** an Aids gestorben. – **i.** Die Nachbarin ist **ohne Zweifel** schwanger. = Sie **soll** schwanger sein. / Die Nachbarin ist **anscheinend** schwanger. / Die Nachbarin ist **wohl** schwanger. – **j.** Morgen streikt **bestimmt** die Eisenbahn. / **Vermutlich** streikt morgen die Eisenbahn. / **Vielleicht** streikt morgen die Eisenbahn.

250 **a.** À présent il est capable de tout lire. – **b.** Elle devrait commencer par passer son baccalauréat. – **c.** Il veut tout régler lui-même. – **d.** Nous savons tous les deux faire la cuisine. – **e.** Arrêtez de vous disputer ! – **f.** Elle n'aime pas rester toute seule. – **g.** Il faut de l'ordre. – **h.** Il n'a pas réussi à réparer la voiture. – **i.** Je n'ai pas osé demander. – **j.** À présent il faut qu'elle paie ses dettes.

251 **a.** Er kann Deutsch. – **b.** Sie soll das Buch zurückbringen. – **c.** Wir müssen unbedingt eine Lösung finden. – **d.** Er darf jetzt den Wagen allein fahren. – **e.** Er will immer alles sofort. – **f.** Sie mag seine Arroganz nicht. – **g.** Wir dürfen ihm keine Fragen stellen. – **h.** Er kann das nicht verstehen. – **i.** Du solltest dich schämen! – **j.** Wer darf aufbleiben?

MOYEN

252 **a.** Sie kamen zu Fuß. – **b.** Sie hat die Tür mit einem Schraubenzieher geöffnet. – **c.** Sie reist gern per Anhalter. – **d.** Sie macht sich verständlich, indem sie langsamer spricht. – **e.** Er knackt die Nüsse mit einem Hammer [auf]. – **f.** Er fährt mit dem Wagen an die Uni. – **g.** Sie schreibt mit einem Kugelschreiber. – **h.** Sie heftet das Plakat mit Reißzwecken an. – **i.** Er putzt die Lampe mit einem trockenen Lumpen. – **j.** Er bäckt den Kuchen in der Mikrowelle.

MUTANTS

253 **a.** folgendes falsche Zitat – **b.** manche Angestellte – **c.** folgende neue Zeitungen – **d.** manches scheue Mädchen – **e.** folgender schöne Vers – **f.** manche hungrige Kinder – **g.** mit folgender guten Schlussbetrachtung – **h.** der Beruf mancher jüngerer Leute – **i.** ohne folgenden seltsamen Satz – **j.** aus manchem alten Märchen.

254 **a.** -es -e (= Das folgende geflügelte Wort) – **b.** -e -e – **c.** -es -e – **d.** -e -e – **e.** -e -e – **f.** -es -e – **g.** -er -er – **h.** -er -er – **i.** -er -er – **j.** -er -er.

NOMINATIF

255 **a.** sujet, attribut – **b.** sujet, attribut – **c.** sujet, attribut – **d.** sujet – **e.** sujet, sujet – **f.** sujet, attribut – **g.** sujet, attribut – **h.** sujet – **i.** sujet, attribut – **j.** attribut, attribut.

256 **a.** S, A – **b.** S, A – **c.** S, A – **d.** du : S, was : A – **e.** S, A – **f.** S, A – **g.** S, A – **h.** S, A – **i.** S, A – **j.** S, A.

ON (Traduction de)

257 **a.** Die Formulare werden nicht mehr geschickt. Man muss sie abholen. – **b.** Wir sprechen morgen darüber. – **c.** Wo kann man hier telefonieren? – **d.** Hier wurde geraucht. – **e.** Man kann nie wissen. – **f.** Wir haben viel gelacht. – **g.** Bananen werden gepflückt, wenn sie noch grün sind. – **h.** Vom Turm aus hat man eine wunderbare Aussicht. – **i.** Der Straßendamm wurde repariert. – **j.** In Norddeutschland isst man den Salat mit Zucker.

PAR

258 **a.** Was die Impfung betraf, fing der Tierarzt mit den Schafen an. – **b.** Durch wen sind Sie informiert worden? – **c.** Die Kinder sitzen auf dem Boden. – **d.** Um sich nach Berlin zu begeben, fährt er über Köln. – **e.** Sie reist immer mit dem Flugzeug. – **f.** Aus purer Faulheit ist er zu Hause geblieben, anstatt sie abzuholen. – **g.** Er ist von einem Wagen überfahren worden. – **h.** Sie nehmen drei Tabletten pro Tag. – **i.** Er hat den ganzen Kuchen Stück für Stück gegessen. – **j.** Die Feinde haben die Festung zu Tausenden angegriffen.

PARONYMES

259 **a.** Ich habe ein Omelett mit Schinken bestellt. – **b.** Auf dem Boden lagen Scherben. – **c.** Diese Buchseite hat zwei Spalten. – **d.** Sie ist mir auf die Zehen getreten. – **e.** Schnalle deinen Sicherheitsgurt an! – **f.** Alle Mann an Deck! – **g.** Die Lampe hängt an der Decke. – **h.** Diese Leiter hat zehn Sprossen. – **i.** Sie geht mit ihrem Spitz spazieren. – **j.** Ich vermisse eine Socke.

PARTICIPE 2

260 **a.** Er hat mir ein gutes Restaurant empfohlen. – **b.** Sie hat den Brief übersetzt. – **c.** Er hat die Übung wiederholt. – **d.** Sie hat ihm verziehen. – **e.** Wir haben den Text analysiert. – **f.** Ich habe die Zeitung gelesen. – **g.** Der Film hat mir gefallen. – **h.** Er hat die Platte zerbrochen. – **i.** Ich habe die Schraube aufgehoben. – **j.** Sie hat ein Kind bekommen.

261 **a.** Ihr Haus wird verkauft. – **b.** Er ist überfallen worden. – **c.** Die Briefe werden frankiert. – **d.** Er ist empfangen worden. – **e.** Allerlei Güter werden importiert. – **f.** Der Anbau wird genehmigt. – **g.** Das Zimmer wird vermietet. – **h.** Das Wort wird ausradiert. – **i.** Ihre Kindheit wird idealisiert. – **j.** Der Feind wurde umzingelt.

262 **a.** Er hat nicht kommen wollen. – **b.** Sie hat ihn singen hören. – **c.** Ich habe ihn reinkommen lassen. – **d.** Das hat er nicht allein finden können. – **e.** Sie hat nicht anrufen können. – **f.** Wir haben ihn abfahren sehen. – **g.** Ich habe Sie ankommen hören. – **h.** Er hat dieses Haus kaufen wollen. – **i.** Du hättest ihn nicht reinlassen sollen. – **j.** Ich habe ihn nicht daran hindern können.

PASSIF

263 **a.** Jeden Tag wird ein neues Haus gebaut. – **b.** Das Problem wird gelöst. – **c.** Alles ist geändert worden. – **d.** Heute Abend wird der Film gezeigt. – **e.** Er wird nächste Woche eingeladen. – **f.** Der Wagen wird verkauft. – **g.** Der Text wird analysiert. – **h.** An allen Straßenecken werden Blumen verkauft. – **i.** Der Teppich ist gesaugt worden. – **j.** Der Flug wird gebucht.

264 **a.** Eine Kugel verwundete den Jäger. – **b.** Das Dienstmädchen hat das Zimmer aufgeräumt. – **c.** Der Direktor selbst empfing ihn. – **d.** Der Sturm entwurzelte die Bäume. – **e.** Napoleon gewann die Schlacht – **f.** Alle Tiere fürchten die Löwen. – **g.** Das Volk wählt den Präsidenten. – **h.** Die Polizei wies sie zurück. – **i.** Der Richter hat sie freigesprochen. – **j.** Ihr Freund führte sie in diesen Kreis ein.

POSTÉRIORITÉ

265 **a.** Nach dem Sturm haben die Versicherungsgesellschaften ihre Prämien erhöht. – **b.** Lange nachdem die Dichter verschwunden sind, klingen ihre Lieder noch durch die Gassen. – **c.** Nachdem er die Tür hinter sich geschlossen hatte, lief er weg. – **d.** Nach den Prüfungen haben sie alle ihre Freundinnen eingeladen. – **e.** Jahre nachdem sie ihn verlassen hatte, begegnete er ihr auf einem Flughafen. – **f.** Nachdem er aus dem Gefängnis entlassen wurde, machte er sich auf die Suche nach Arbeit. – **g.** Nachdem er sein Glas ausgetrunken hatte, stand er auf und hielt eine Rede. – **h.** Nach dem Abitur immatrikuliert er sich an einer Fachhochschule. – **i.** Nach den Ferien ist er noch müder als vorher. – **j.** Eine Woche nach ihrer Rückreise aus China wurde sie plötzlich krank.

POUR

266 **a.** Nicht um alles in der Welt lade ich ihn ein. – **b.** Ist das der Zug nach Paderborn? – **c.** Sie kämpften für die Freiheit. – **d.** Wir haben umsonst gearbeitet. – **e.** Mit Rücksicht auf sein Alter (= für sein Alter) sieht er noch gut aus. – **f.** Auge um Auge, Zahn um Zahn. – **g.** Sie ist bis Mittag wieder da. – **h.** Das Für und Wider. – **i.** Sie arbeitet für zwei. – **j.** Ich habe mir Kleingeld für zwanzig Euro geben lassen.

PRÉPOSITIONS AVEC LE DATIF OU L'ACCUSATIF

267 **a.** den – **b.** diesen – **c.** der – **d.** der – **e.** dem – **f.** dem – **g.** der – **h.** die – **i.** dem, dem – **j.** den.

268 **a.** dem – **b.** dem – **c.** das – **d.** das – **e.** die – **f.** der – **g.** eine – **h.** der – **i.** den – **j.** den.

269 **a.** Bäumen – **b.** eine schwankende – **c.** allen – **d.** die – **e.** einen schweren – **f.** die große – **g.** seinem – **h.** dem rechten – **i.** einer harten – **j.** den.

PRÉVERBES INSÉPARABLES

270 **a.** Das Wasser bedeckt das Land und der Schnee bedeckt die Berge. – **b.** Sie hat ihre Illusionen verloren. – **c.** Ich habe das Fax, das Sie mir gesendet haben, nicht bekommen. – **d.** Sie haben meine Gedanken erraten. – **e.** Er erblindet. – **f.** Haben Sie meinen Brief beantwortet? – **g.** Er zerbrach zwei Gläser. – **h.** Ich habe Sie schlecht verstanden. – **i.** Das gefiel ihm nicht. (= Das missfiel ihm) – **j.** Der Arzt hat mir viele Medikamente verschrieben.

271 **a.** verdoppelt – **b.** verkleinern – **c.** verfaulte – **d.** vergrößert – **e.** verbessert – **f.** verlängert – **g.** verspätet – **h.** verkürzen – **i.** verwirklicht – **j.** verstärkt.

272 **a.** Il s'est perdu en chemin. – **b.** Son fils est gâté. – **c.** Le comptable s'est trompé. – **d.** Ils se sont égarés dans le brouillard. – **e.** Je n'ai pas pu le joindre parce que je me suis trompé en composant son numéro. – **f.** Elle l'a fait par mégarde. – **g.** Le rôti est trop salé. – **h.** Le pilote s'est égaré au-dessus de l'océan. – **i.** Elle ne s'est pas réveillée. – **j.** Il s'est trompé en écrivant.

273 **a.** Je vous ai mal compris. – **b.** Il a échoué dans tout ce qu'il a entrepris. – **c.** Après ce qui s'est passé, elle n'a plus confiance en lui. – **d.** Toute cette affaire m'a déplu depuis le début. – **e.** Nous avons malheureusement mal interprêté les icônes. – **f.** On n'a pas le droit de mépriser quiconque. – **g.** Il fut puni, parce qu'il avait maltraité ses enfants. – **h.** Même son dernier essai a échoué. – **i.** Déplaire aux gens méchants n'est pas une catastrophe. – **j.** Il n'y a que ceux qui ne font rien qui ne se trompent jamais.

PRÉVERBES MIXTES

274 **a.** durchreist – **b.** durchblättert – **c.** durchbohrt – **d.** durchsucht – **e.** läuft über – **f.** untersucht – **g.** unternimmt – **h.** untergegangen – **i.** unterhalten – **j.** umgezogen.

275 **a.** unterrichtet – **b.** umgekommen – **c.** umgebracht – **d.** übersetzen – **e.** umgibt – **f.** ging unter – **g.** unterschrieben – **h.** überreicht – **i.** durchgeschnitten – **j.** überreden.

PRÉVERBES SÉPARABLES

276 **a.** an – **b.** ab – **c.** fort – **d.** zu – **e.** heim- – **f.** hin- – **g.** mit- – **h.** los – **i.** ein – **j.** bei.

277 **a.** ausgestellt. – **b.** aufgestellt. – **c.** angestellt. – **d.** dargestellt. – **e.** abstellen? – **f.** vorstellen? – **g.** eingestellt. – **h.** zurückgestellt? – **i.** zusammengestellt. – **j.** hergestellt.

278 **a.** ein – **b.** zusammen – **c.** weg – **d.** ab – **e.** mit – **f.** vor – **g.** auf – **h.** zurück – **i.** zu – **j.** an.

279 **a.** aufmachen – **b.** löst ... auf – **c.** hebt ... auf – **d.** bläst ... auf – **e.** geht ... auf – **f.** aufhalten – **g.** auflegen – **h.** aufpassen – **i.** aufzureißen – **j.** stehst ... auf ?

280 **a.** spricht ... aus – **b.** klammern ... aus. – **c.** häng ... aus. – **d.** ziehen ... aus – **e.** halte ... aus – **f.** ausmachen – **g.** ausnutzen – **h.** packte ... aus – **i.** ausschlafen – **j.** gehst ... aus.

QUANTIFICATEURS

281 **a.** Sie hat viel gearbeitet. – **b.** Hast du ein wenig Zeit für mich? – **c.** Seit einigen Tagen geht er nicht mehr ans Telefon. – **d.** Er wurde an beiden Füßen operiert. – **e.** Ich denke jeden Tag an sie. – **f.** Meine Freunde waren alle da. – **g.** Was hast du während der ganzen Zeit getan? – **h.** Ich habe kein Geld mehr. – **i.** Das wenige Öl, das mir übrig bleibt, reicht für den Winter nicht aus. – **j.** Sie hat viele Sätze auswendig lernen müssen.

282 **a.** einige schöne – **b.** neuen – **c.** beide – **d.** mehrere ausländische – **e.** Sämtliche Beamten – **f.** neugeborenen – **g.** wenige Angestellte – **h.** viele gute – **i.** neue – **j.** dummen.

SOUHAIT/REGRET

283 **a.** Könnte ich doch nur einen neuen Computer kaufen! / Wenn ich doch nur einen neuen Computer kaufen könnte! – **b.** Könnte ich doch nur zehn Zentimeter größer sein! / Wenn ich doch nur zehn Zentimeter größer sein könnte! – **c.** Könnte ich doch nur mit dir nach Venedig fahren! / Wenn ich doch nur mit dir nach Venedig fahren könnte! – **d.** Könnte ich doch nur mein Handy wieder finden! / Wenn ich doch nur mein Handy wieder finden könnte! – **e.** Könnte ich doch nur viele Bücher verkaufen! / Wenn ich doch nur viele Bücher verkaufen könnte! – **f.** Könnte ich doch nur meine Prüfung bestehen!/ Wenn ich doch nur meine Prüfung bestehen könnte! – **g.** Könnte ich doch nur diese Kartei öffnen! /Wenn ich doch nur diese Kartei öffnen könnte! – **h.** Könnte ich doch nur sofort ins Bett gehen! / Wenn ich doch nur sofort ins Bett gehen könnte! – **i.** Könnte ich doch nur ausschlafen! / Wenn ich doch nur ausschlafen könnte! – **j.** Könnte ich doch nur eingestellt werden! / Wenn ich doch nur eingestellt werden könnte!

284 **a.** Ich wünsche, ich wäre mit meiner Arbeit schon fertig! – **b.** Es würde mir passen, wenn wir morgen frei hätten! – **c.** Mir wäre es recht, keine Steuern mehr zu bezahlen! – **d.** Es wäre toll (= irre), wenn die Ferien ewig dauern könnten! – **e.** Ich hätte gern, wenn du mich jetzt allein lassen könntest!

285 **a.** Ach, könnte ich doch [nur] Machine schreiben! / Ach, hätte ich doch [nur] Machine schreiben können! – **b.** Ach, könnte ich doch [nur] Rollschuh laufen! / Ach, hätte ich doch [nur] Rollschuh laufen können! – **c.** Ach, könnte ich doch [nur] Rad fahren! / Ach, hätte ich doch [nur] Rad fahren können! – **d.** Ach, könnte ich doch [nur] gesund sein! / Ach, hätte ich doch [nur] gesund sein können! – **e.** Ach, könnte ich doch [nur] Kopf stehen! / Ach, hätte ich doch [nur] Kopf stehen können! – **f.** Ach, könnte ich doch [nur] Schach spielen! / Ach, hätte ich doch [nur] Schach spielen können! – **g.** Ach, könnte ich doch [nur] Kegel schieben! / Ach, hätte ich doch [nur] Kegel schieben können! – **h.** Ach, könnte ich doch [nur] dableiben! / Ach, hätte ich doch [nur] dableiben können! – **i.** Ach, könnte ich doch [nur] Recht haben! / Ach, hätte ich doch [nur] Recht haben können! – **j.** Ach, könnte ich doch [nur] fließend Deutsch sprechen! /Ach, hätte ich doch [nur] fließend Deutsch sprechen können!

286 **a.** Wenn ich doch nur das große Los gewinnen könnte! – **b.** Wenn er doch nur abheben würde! – **c.** Wenn sie doch nur käme! – **d.** Hoffentlich gelingt es ihm diesmal! – **e.** Möge er schnell wieder eine Stelle finden! – **f.** Ach! Hätte dich doch nur studiert! – **g.** Hätte ich doch nur von Anfang an gewusst, mit wem ich es zu tun hatte! – **h.** Wenn doch nur alles einfacher wäre! – **i.** Wenn sie mir doch nur rechtzeitig geantwortet hätte! – **j.** Wenn sie mir doch nur hätte erklären können, was geschehen war!

TEMPS

287 **a.** Il faut apprendre longtemps avant de tout savoir. – **b.** En été je reste toujours à la maison. – **c.** Il prend sa retraite l'année prochaine. – **d.** Avant-hier j'ai manqué mon train. – **e.** Pendant la pause, il discutait avec ses collègues. – **f.** Il va tous les mois à Sarrebruck. – **g.** Manger longtemps et beaucoup est un jeu dangereux. – **h.** Il a travaillé toute la journée. – **i.** Ce matin le sol était couvert de neige. – **j.** Pendant qu'on roulait le vent soufflait du nord.

288 **a.** Sie kommt jeden Tag vorbei. – **b.** Sie hat die ganze Nacht getanzt. – **c.** Nächste Woche erwarte ich Besuch. – **d.** Er hat während der Ferien im Garten gearbeitet. – **e.** Er hat lange im Ausland gelebt. – **f.** Er wird in zwei Monaten zurück sein. – **g.** Ich habe gestern Abend bis Mitternacht gelesen. – **h.** Kannst du bis morgen früh warten? – **i.** Er ist seit vierzehn Tagen abwesend. – **j.** Heute regnet es nicht.

289 **a.** Wenn – **b.** als – **c.** als – **d.** wenn – **e.** als – **f.** Wenn – **g.** wenn – **h.** als – **i.** wenn – **j.** als.

TOUT

290 **a.** Er hat alles aufgegessen. – **b.** Was machst du den ganzen Tag? – **c.** Alle Studenten waren da. – **d.** Nicht alle Deutschen trinken Bier. – **e.** Fasching wird in ganz Deutschland gefeiert. – **f.** Der ganze Strand war mit Öl bedeckt. – **g.** Alle Schüler des Gymnasiums sind geimpft worden. – **h.** Alle Flugzeuge sind gefährlich. – **i.** Die ganze Klasse wurde bestraft. – **j.** Er hat die ganze Flasche leer getrunken.

VOLL, VOLLER

291 **a.** Quand la cruche est pleine, elle déborde. – **b.** Un chien paresseux est couvert de puces. – **c.** Il est facile de jeûner quand on a le ventre rempli. – **d.** Il ne faut pas prendre trop de nourriture dans la bouche. – **e.** Un estomac plein trouve que tout est amer. – **f.** Toute porte s'ouvre à une main pleine. – **g.** Quand on est nombreux à remplir un sac, il est vite plein. – **h.** Il est facile de faire des largesses quand on a les poches pleines. – **i.** Quand les bouteilles sont pleines, les amis ne manquent pas. – **j.** Une tête bien faite vaut mieux qu'une tête bien pleine.

292 **a.** Der Koffer ist voll. – **b.** Sie spielten vor vollem Haus. – **c.** Er hat einen Teller voll Suppe gegessen. – **d.** Der Tisch war voller Zeitungen. – **e.** Armelle ist eine Person voller Empfindung. – **f.** Er hat die Finger voll Tinte. – **g.** Ich habe volles Vertrauen auf ihn. – **h.** Karl ist ein Mensch voller Humor. – **i.** Er hat das mit vollem Recht behauptet. – **j.** Man spricht nicht mit vollem Mund.

293 **a.** geschmackvoll – **b.** teilnahmsvoll – **c.** kraftvoll – **d.** humorvoll – **e.** reizvoll – **f.** Vollbart – **g.** Vollblut – **h.** Vollgas – **i.** Vollmond – **j.** volltanken.

VOLONTIERS

294 **a.** On chante volontiers les chansons nouvelles. – **b.** On croit volontiers ce qu'on aime entendre. – **c.** Ce qu'on mange volontiers a bon goût. – **d.** On parle volontiers de ce qu'on aime faire. – **e.** Celui qui demande ne donne pas volontiers. – **f.** Celui qui aime trouver vole volontiers. – **g.** Celui qui rit volontiers se chatouille lui-même. – **h.** Celui qui aime mentir aime aussi voler. – **i.** Celui qui ne vient pas volontiers hésite longtemps. – **j.** Tout oiseau est volontiers dans son nid.

WERDEN (Les emplois de)

295 **a.** Nous ferons tout notre possible. – **b.** Elle aura probablement mal compris. – **c.** On a fumé ici. – **d.** Elle en portera la responsabilité. – **e.** Il sera enterré cet après-midi. – **f.** Elle fut immédiatement embauchée. – **g.** Les journaux furent tous vendus. – **h.** Cela devient dangereux. – **i.** Je ne tolérerai pas cela. – **j.** Maintenant tu vas faire tes devoirs.

296 **a.** On sait certes ce que l'on est, mais pas ce que l'on devient. – **b.** Il est grand temps ! – **c.** Rien ne peut provenir de rien. – **d.** Ce qui advient rapidement disparaît aussi rapidement. – **e.** Avec le temps, il se fait vieux. – **f.** Il se fatigue rapidement. – **g.** Où il n'y a rien, rien ne peut advenir. – **h.** Elle devient susceptible. – **i.** Le jour se lève. – **j.** Ce qui n'existe pas encore peut encore advenir.

297 **a.** Das Papier ist gelb geworden. – **b.** Er wird das schon erledigen! – **c.** Es wird höchste Zeit! – **d.** Sie wird jeden Tag schlanker. – **e.** Er wird ganz rot im Gesicht. – **f.** Er wird schon wissen, was er zu tun hat. – **g.** Sie ist vorige Woche operiert worden. – **h.** Hier wird gearbeitet! – **i.** Das Eis wird zu Wasser. – **j.** Na, wird's bald?

WIE

298 **a.** Il jouait comme un acteur professionnel. – **b.** Chez certains animaux, comme les araignées, se manifeste un grand talent artistique. – **c.** Dans un moment comme celui que nous vivons tout est possible. – **d.** Elle me fit un signe de la tête, comme à un bébé. – **e.** Je sais combien il s'en réjouit. – **f.** Est-ce encore loin ? – **g.** Combien a-t-il fait de fautes ? – **h.** Il faut qu'il apprenne comme on fait du pain de froment. – **i.** L'orateur poursuivait son discours, monotone comme une roue de moulin. – **j.** Quand je vins au monde, mon oncle était une nouvelle fois ivre.

Y

299 **a.** Hier bin ich, hier bleibe ich! – **b.** Sie wohnt dort. – **c.** Ich lade dich dazu ein. – **d.** Sie läuft dorthin. – **e.** Das führt dorthin. – **f.** Geh hin! – **g.** Ich bin daran gewöhnt. – **h.** Er ist daran interessiert. – **i.** Ich glaube nicht mehr daran. – **j.** Ich mache mich an die Arbeit; ich mache mich daran.

Index

Abréviations :

acc.	accusatif	adj.	adjectif
adv.	adverbe	art.	article
compl.	complément	constr.	construction
dat.	datif	déf.	défini
dém.	démonstratif	dét.	déterminatif
exclam.	exclamatif	expr.	expression
fém.	féminin	gén.	génitif
impers.	impersonnel	ind.	indicatif
indéf.	indéfini	indir.	indirect
inf.	infinitif	insép.	inséparable
interr.	interrogatif	interrog.	interrogation
irrég.	irrégulier	masc.	masculin
pers.	personnel	pr.	pronom
prép.	préposition	prév.	préverbe
pronom.	pronominal	prépos.	prépositionnel
quant.	quantificateur	quasi-N.	quasi-nom
rel.	relatif	sép.	séparable
subj.	subjonctif	trad.	traduction

Nota bene : les numéros indiqués renvoient aux numéros de paragraphes.

A

B

C

Y

Z

Couverture : **Favre & Lhaïk**
Édition : **Marie-Hélène Christensen**

N° Éditeur : 10154842 - CGI - juin 2009
Imprimé en Italie par Bona